Webdesign von Kopf bis Fuß

Ethan Watrall

Jeff Siarto

Deutsche Übersetzung von

Stefan Fröhlich

O'REILLY®

Beijing • Cambridge • Köln • Sebastopol • Taipei • Tokyo

Jeffs Eltern

Kommentare und Fragen können Sie gerne an uns richten:

O'Reilly Verlag
Balthasarstr. 81
50670 Köln
E-Mail: kommentar@oreilly.de

Ethans Tochter Taylor

Ethans Sohn Sam

1. Auflage 2009

Die Originalausgabe erschien 2009 unter dem Titel
Head First Web Design bei O'Reilly Media, Inc.

Bei der Erstellung dieses Buchs wurden keine Personas verletzt.

Bibliografische Information Der Deutschen Bibliothek
Die Deutsche Bibliothek verzeichnet diese Publikation in der Deutschen Nationalbibliografie; detaillierte bibliografische Daten sind im Internet über *http://dnb.ddb.de* abrufbar.

Übersetzung und deutsche Bearbeitung: Stefan Fröhlich, Berlin
Lektorat: Inken Kiupel, Köln
Korrektorat: Sibylle Feldmann, Düsseldorf
Satz: Conrad Neumann, München
Umschlaggestaltung: Louise Barr & Steve Fehler, Sebastopol & Michael Oreal, Köln
Produktion: Karin Driesen, Köln
Belichtung, Druck und buchbinderische Verarbeitung: Media-Print, Paderborn

ISBN 978-3-89721-906-9

Dieses Buch ist auf 100% chlorfrei gebleichtem Papier gedruckt.

Mit Liebe und Dank an meine Familie –
Jenn, Taylor, Sam (sowie Oscar und Persia).

— Ethan

Für meine Mutter – die mir beibrachte, meine Träume zu verwirklichen, und die mich dazu inspirierte, ihnen wirklich nachzugehen. Ohne dich wäre dieses Buch niemals möglich gewesen.

—Jeff

Die Autoren von Webdesign von Kopf bis Fuß

Ethan Watrall ist Junior-Professor am Matrix: The Center for Humane Arts, Letters & Social Sciences Online, Junior-Professor am Institut für Telekommunikation, Informatik und Medien und Junior-Professor am Historischen Seminar der Michigan State University. Außerdem ist Ethan Projektverantwortlicher im Games for Entertainment & Learning Lab und Mitgründer sowohl der Undergraduate Specialization and Game Design Development und des Masterstudiengangs in Serious Game Design der Michigan State University. Ethan lehrt auf einer Vielzahl von Fachgebieten, darunter Cultural Heritage Informatics (Studien zum kulturellen Erbe im Bereich der Informationsverarbeitung), nutzerorientiertes Design & User Experience-Design, Game-Design, Serious Game Design, Game Studies und altägyptische Sozialgeschichte und Archäologie. Neben unzähligen akademischen Veröffentlichungen und Präsentationen auf Konferenzen hat Ethan eine Reihe von Büchern über interaktives Design und Webdesign geschrieben.

Wenn er nicht gerade als Professor unterwegs ist, mutiert Ethan zum Weltklasse-Comic-Aficionado (Kilowog ist sein absoluter Green Lantern-Liebling), Science-Fiction-Freak (er schwört Stein und Bein, dass Tom Baker der beste »Doctor« überhaupt war) und ein leidenschaftlicher Spieler aller Arten von Spielen (digitale, Brett- und Tabletop-Spiele). Ethans digitales Alter Ego finden Sie unter **`www.captainprimate.com`** und **`www.twitter.com/captain_primate`**.

Jeff Siarto ist User Experience-Designer und Webdesigner. Schon während seines Studiums an der Michigan State University hat Jeff sich mit den standardorientierten Strömungen im Webdesign beschäftigt – ganz im Sinne von Cederholm, Zeldman und Meyer. Außerdem arbeitete er während seiner gesamten College-Zeit als Webentwickler, bevor er dann gegen Ende seines Master-Studiums den Vertrag als Co-Autor von »Webdesign von Kopf bis Fuß« unterzeichnete. Neben der Erstellung von Websites engagiert sich Jeff für die Verbesserung von Online-Kursen und Open Education durch einfaches, benutzerfreundliches Design. Im Moment nennt er Chicago sein Zuhause und arbeitet als freiberuflicher Webentwickler und Teilzeit-Herausforderer bei »Iron Chef«. Wenn er nicht gerade arbeitet, liebt er es zu kochen und (vor allem) zu essen sowie endlose Design-Änderungen an seinem Blog unter **`www.siarto.com`** zu machen.

In seinem Twitter-Feed unter **`www.twitter.com/jsiarto`** können Sie sehen, was Jeff gerade macht. Und wenn Ihnen wirklich langweilig ist, können Sie ihm unter **`jeff@siarto.com`** auch eine E-Mail schreiben.

Über den Übersetzer dieses Buchs

Stefan Fröhlich ist freier Übersetzer für IT-Fachliteratur und Software-Entwickler. Auf eine Tätigkeit als Journalist bei einer Tageszeitung folgte die Gründung einer eigenen Firma für Softwareentwicklung und Internet-Sicherheit, die ihn während des Internet-Hypes auf Trab hielt. Wenn er einmal gerade nicht am Rechner sitzt, geht Stefan mit Begeisterung seiner großen Leidenschaft nach, der improvisierten Gitarrenmusik.

Weitere Webdesignbücher von O’Reilly

Websites erstellen: Missing Manual

Webdesign mit (X)HTML und CSS

Webdesign mit CSS, 2. Auflage

CSS: Missing Manual

CSS - Das umfassende Handbuch, 2. Auflage

CSS Kochbuch, 2. Auflage

CSS - kurz & gut, 3. Auflage

HTML & XHTML - Das umfassende Handbuch, 5. Auflage

HTML & XHMTL - kurz & gut, 3. Auflage

Weitere Bücher aus unserer *Von Kopf bis Fuß*-Reihe

HTML mit CSS & XHTML von Kopf bis Fuß

JavaScript von Kopf bis Fuß

Ajax von Kopf bis Fuß

Java von Kopf bis Fuß

Entwurfsmuster von Kopf bis Fuß

Objektorientierte Analyse und Design von Kopf bis Fuß

Servlets & JSP von Kopf bis Fuß

Softwareentwicklung von Kopf bis Fuß

SQL von Kopf bis Fuß

C# von Kopf bis Fuß

Statistik von Kopf bis Fuß

Der Inhalt (im Überblick)

Der Inhalt (jetzt ausführlich)

Einführung

Ihr Gehirn und Webdesign. Sie versuchen, etwas zu lernen, und Ihr Hirn tut sein Bestes, damit das Gelernte nicht hängen bleibt. Es denkt nämlich: »Wir sollten lieber ordentlich Platz für wichtigere Dinge lassen, z.B. für das Wissen darüber, welche Tiere einem gefährlich werden könnten oder dass es eine ganz schlechte Idee ist, nackt Snowboard zu fahren.« Tja, wie schaffen wir es nun, Ihr Gehirn davon zu überzeugen, dass Ihr Leben davon abhängt, etwas über Webdesign zu wissen?

1 Schöne Webseiten bauen

Schönheit liegt immer im Auge des Benutzers

Eine große (weite) Welt ... Aber wer ist da draußen?

Sie haben ein funkelnagelneues HTML- und CSS-Diplom an der Wand hängen, und die potenziellen Kunden bringen Ihr neu angeschafftes Geschäftstelefon zum Glühen. Cool, oder? Ja ... bis Sie die erste Beschwerde erhalten: über ein schlechtes Layout oder ein Logo, das *total* nach 1998 aussieht. Wie können Sie also **wirklich schöne Websites** erstellen und darüber hinaus sichergehen, dass Sie auch **die Benutzer zufriedenstellen**? Es fängt alles mit guter **Planung** an. Außerdem müssen Sie **für das Web schreiben**, **Ihre Zielgruppe kennen** und vor allem das richtige **Design für Ihre Benutzer** finden, nicht für sich selbst.

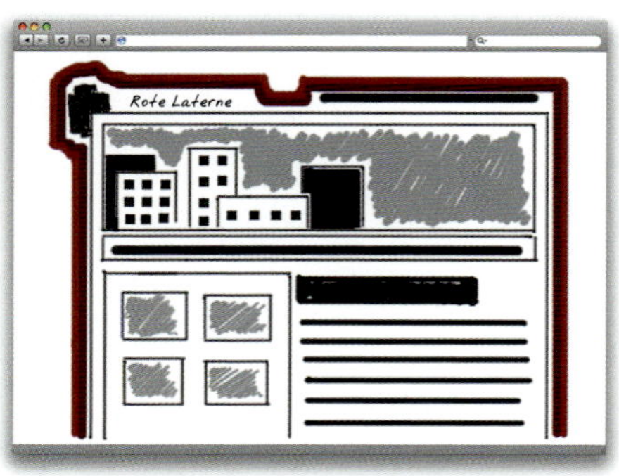

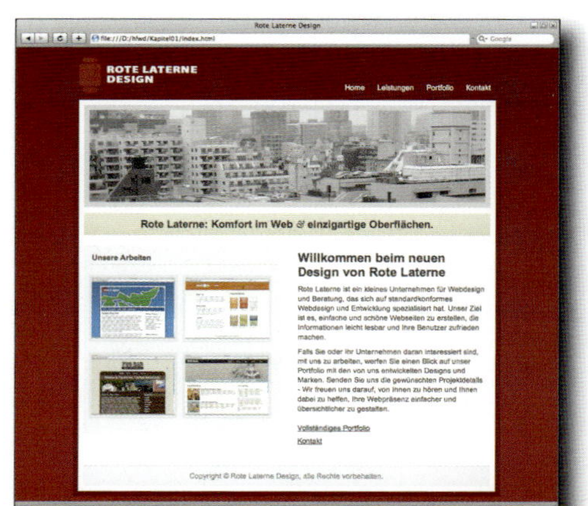

Konzeption

2 Papier wickelt Stein ein

Die Nase voll davon, sich an pingeligen Kunden die Zähne auszubeißen? Ja, Sie kennen diese Art von Kunden ... Jedes Mal, wenn Sie deren letzten verrückten Designvorschlag präsentieren, haben sie sich bereits für einen anderen Look entschieden ... ein anderes Farbschema ... wieder eine ganz andere Website. Wie gehen Sie mit **wankelmütigen Kunden** oder **Websites** um**, die einfach nicht hinzukriegen sind**? Mit Papier, Bleistift und einem großen, dicken, rosaroten Radiergummi. In diesem Kapitel lernen Sie, wie Sie kluge Vorarbeit leisten, bevor Sie sich auf Ihren HTML-Editor stürzen. Indem Sie eine **Designvorlage** und eine **visuelle Metapher** für Ihre Website finden, Skizzen mit einem **Bleistift** zurechtschustern und **Storyboards** verwenden, wird aus Ihnen ein geschickter und flexibler Webdesigner. Also raus mit dem Skizzenblock und rein in die Konzeption!

3 Strukturieren Sie Ihre Website

»Biegen Sie bei dem grünen Wasserturm links ab ...«

Ein bisschen wacklig mit der Navigation Ihrer Website?

Im Web sind die **Benutzer ungeduldig**. Sie möchten keine unnötige Zeit darauf verschwenden, den richtigen Button zu suchen oder durch die drei Ebenen Ihrer JavaScript-Pull-down-Menüs zu waten. Darum müssen Sie viel Zeit darauf verwenden, Ihre Website richtig zu strukturieren ... *bevor* Sie sich an Design und Entwicklung machen. Im vorigen Kapitel haben Sie sich eine tolle Designvorlage und eine schöne Optik für Ihre Website ausgedacht. In diesem Kapitel verpassen Sie dem Ganzen eine **klare Struktur**. Wenn Sie damit fertig sind, wissen die Besucher Ihrer Website genau, **wie sie wohin kommen,** und müssen sich nie wieder verlaufen.

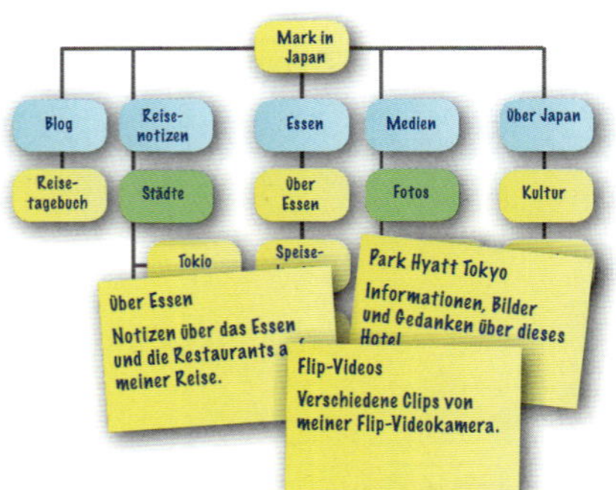

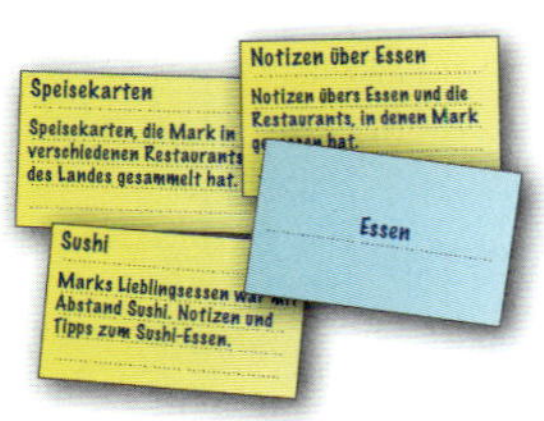

Layout und Design

4 Die goldene Regel

Es zahlt sich aus, ein guter Zuhörer zu sein ... und einen Taschenrechner dabeizuhaben. Wir sprechen seit einigen Kapiteln über **nutzerorientiertes Design**, aber jetzt werden Ihre Fähigkeiten als Zuhörer wirklich auf die Probe gestellt. In diesem Kapitel gehen Sie auf das Feedback Ihrer Benutzer ein und bauen eine Website, die ihre Bedürfnisse wirklich erfüllt. Vom **Browser** bis zur **Bildschirmgröße**, es geht darum, Ihren Benutzern zu geben, was sie wirklich wollen. Und als ob das noch nicht genug wäre, werden Sie auch in die Geheimnisse der **Drittel-Regel** eingeweiht. Finden Sie heraus, wie Sie mit ein paar Klicks mithilfe von *Taschenrechner*, *Lineal* und *Rasterlinien* aus einer lahmen Website eine **Schönheit** zaubern.

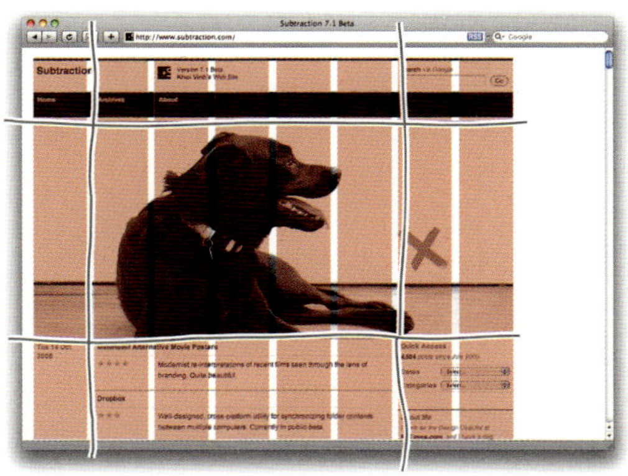

5 Mit Farbe gestalten

Jenseits des Monochromen

Farbe ist der unbesungene Held des Webdesigns. Eine gute Farbpalette kann Leser auf Ihre Website locken, sie in ein starkes Gefühl eintauchen lassen und dazu bringen, immer wieder zurückzukehren. Bei Farben im Webdesign geht es nicht nur darum, eine **gute Farbpalette auszusuchen**, sondern es geht auch um den richtigen **Einsatz** dieser Farben. Selbst mit der tollsten Farbpalette werden die Leute Ihre Website meiden wie der Teufel das Weihwasser, wenn Sie diese Farben nicht **wohlüberlegt** anwenden. Am Ende dieses Kapitels sind Sie nicht nur mit der **Wirkung** von Farben auf Webbenutzer extrem vertraut, sondern auch dazu in der Lage, eine toll aussehende Farbpalette auszusuchen, die zu nutzerorientierten Websites passt und diese hervorragend ergänzt.

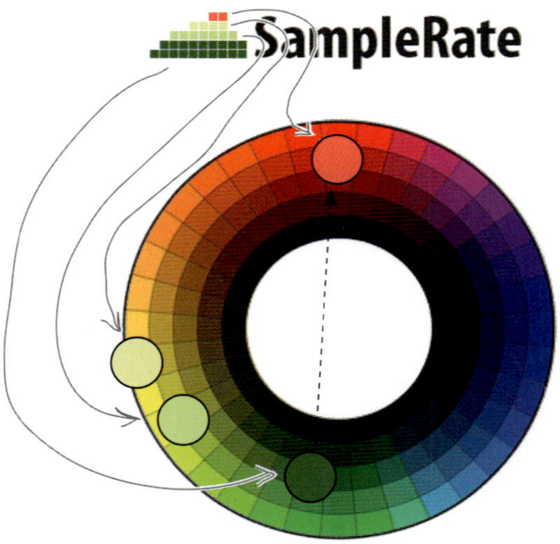

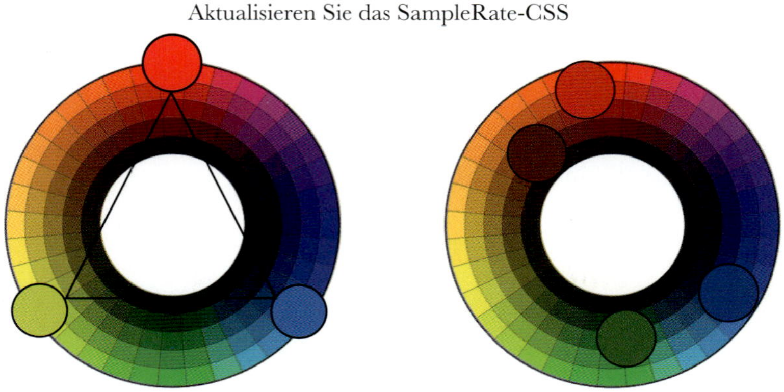

6 Smarte Navigation

»Klicken Sie in 2 Sekunden auf Home.«

Was wäre das Web ohne Navigation? Die Navigation macht das Web erst zu einem so mächtigen Informationsmedium. Aber bei der Navigation geht es um mehr als nur darum, ein paar cool aussehende Buttons zusammenzuschustern und in Ihr Design zu packen. Eine smarte Navigation fängt mit der Informationsarchitektur (IA) an und bleibt während des gesamten Designverfahrens Thema. Aber wie funktioniert das? Wie sorgen Sie dafür, dass sich Ihre Besucher nicht »verlaufen«? In diesem Kapitel beschäftigen wir uns mit verschiedenen Arten von Navigationen sowie damit, wie die IA Ihre Links bestimmt und warum Symbole (für sich allein) nicht immer so symbolisch sind.

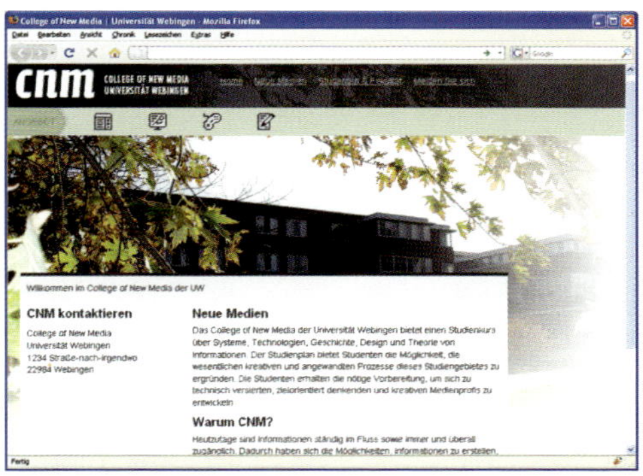

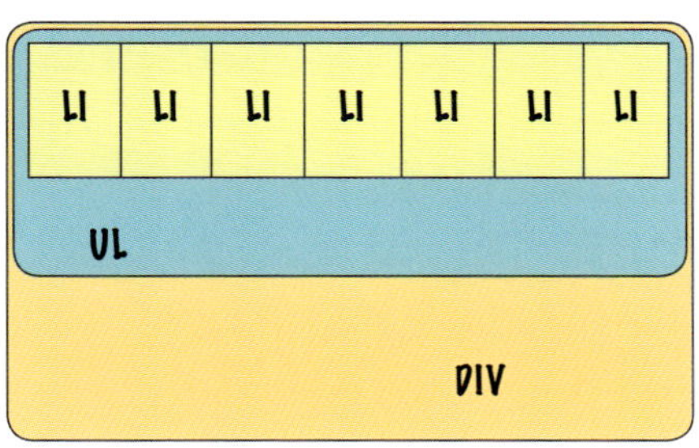

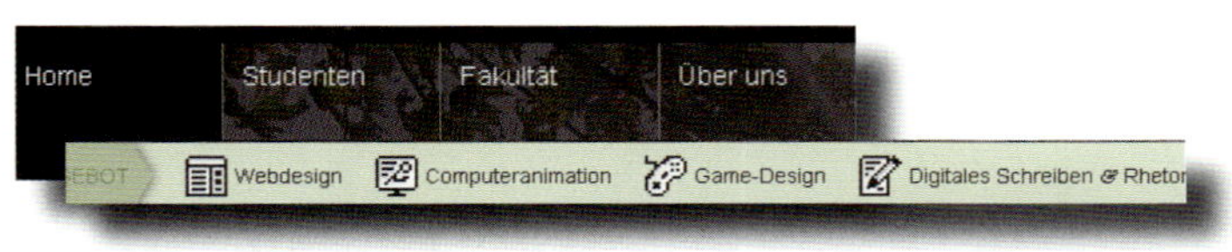

7 Schreiben für das Web

Los, überfliegen Sie!

Für das Web schreibt man genau so wie sonst auch, oder? Ehrlich gesagt, müssen Sie für das Web vollkommen anders schreiben als für Printmedien. Menschen lesen Texte im Web nicht wie Texte auf einer gedruckten Seite. Sie lesen den Text nicht von links nach rechts und von oben nach unten, sie **»scannen«** ihn. Alle Texte auf Ihrer Website müssen so geschrieben sein, dass sie schnell **überflogen werden** können und **leicht verdaulich** sind. Ansonsten *werden die Benutzer keine Zeit* auf Ihrer Website verbringen und stattdessen abwandern. In diesem Kapitel erhalten Sie eine ganze Kiste voller Tipps und Tricks, wie Sie Texte von Anfang an leicht scannbar schreiben und vorhandene Texte entsprechend überarbeiten können.

HIPSTER KURIER

TÄGLICH HIPPE NEWS + VERANSTALTUNGEN

Website-Text

1973 gründeten Gary Gygax, ein Game-Designer aus Lake Geneva, Wisconsin, und Don Kaye »Tactical Studies Rules«, um die Regeln für »Cavaliers and Roundheads«, ein Strategiespiel, das im englischen Bürgerkrieg spielt, zu veröffentlichen. »Cavaliers and Roundheads« stand zwar ursprünglich im Mittelpunkt von Tactical Studies Rules, aber Gygax und Kaye wollten auch die Regeln für »Dungeons & Dragons« veröffentlichen, ein von Gygax entwickeltes Fantasy-Rollenspiel, dessen Regeln auf »Chainmail« beruhten, einem Mittelalter-Strategiespiel von Gygax und Jeff Perren aus dem Jahr 1971. Als »Cavaliers and Roundheads« die ersten Gewinne für Tactical Studies Rules erzielte, wurde die Partnerschaft auf Dave Arneson und Brian Blume erweitert. Dave Arneson schloss sich der Partnerschaft als Game-Designer an und verließ die Firma kurz darauf wieder. Brian Blume stieg als Investor ein. Blume glaubte, dass »Cavaliers and Roundheads« nicht genug Gewinne erzielen würde, und ermunterte Gygax und Kaye, ihre Bemühungen auf die Veröffentlichung von »Dungeons & Dragons« zu konzentrieren.

Es gibt beachtliche Diskussionen darüber, wie viel Dave Arneson zum ursprünglichen Konzept von »Dungeons & Dragons« beigetragen hat. Während sich Arneson selbst als den »Vater des Rollenspiels« bezeichnet und behauptet, dass er das Spiel komplett geschrieben hat, sagt Gygax, dass er selbst in erster Linie

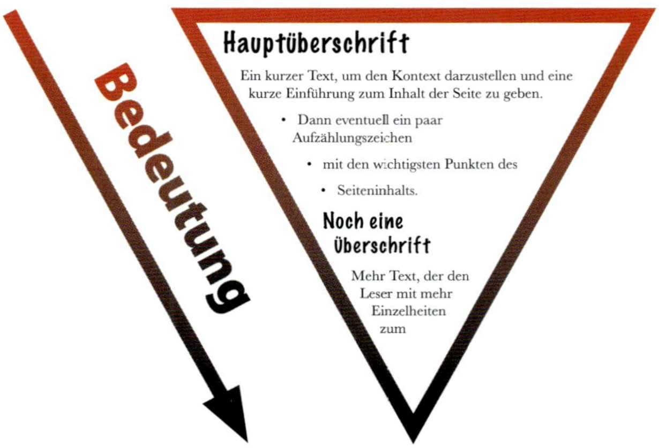

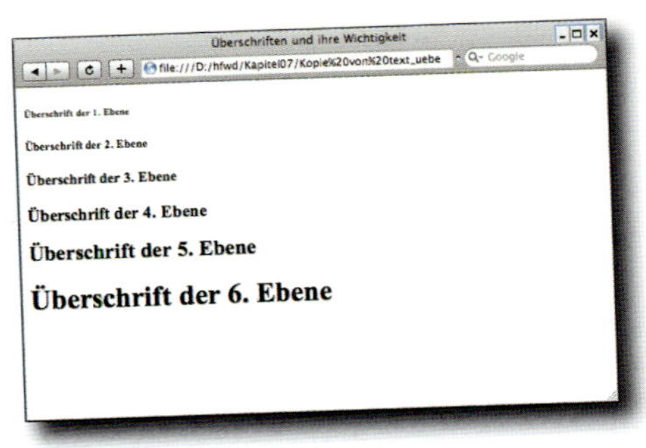

Barrierefreiheit

8 Barrieren stören

Wer muss sich im Moment Ihre Website entgehen lassen?

Sie können eine noch so schöne, perfekt gelayoutete und navigierbare Website haben ... aber das bedeutet noch lange nicht, dass sie auch jeder erleben kann. Ob für sehbehinderte Menschen oder einen Benutzer, der Schwierigkeiten hat, Blautöne von Grüntönen zu unterscheiden: Ihre Website muss **barrierefrei** sein. Andernfalls verlieren Sie Benutzer und schaden Ihrem Geschäft. Aber keine Sorge: **Barrierefreiheit ist nicht schwer!** Indem Sie **die Reihenfolge Ihres Markups planen**, **alt**- und **longdesc**-Attribute verwenden und sich **Gedanken über Farben** machen, vergrößern Sie sofort Ihr Publikum. Und vielleicht werden Sie dabei auch noch **WCAG-zertifiziert**. Was das ist? Blättern Sie um und finden Sie es heraus!

9 Hören Sie auf Ihre Benutzer

Der Weg zu harmonischem Design

Gutes Design beginnt damit, auf Ihre Benutzer zu hören.

Ihre **Benutzer können Ihnen sagen, was schiefläuft** auf Ihrer Website, **was daran gut ist**, **wie Sie Probleme beheben** (falls nötig) und *was Sie an Ihrer Website verbessern können*. Es gibt viele Möglichkeiten, auf Ihre Benutzer zu hören. Sie können ihre Meinung **in Gruppen einholen** (z.B. mit Umfragen), auch **einzeln** (z.B. mit Usability-Tests), oder ihre **kollektiven Handlungen auf der Website erforschen** (mit Tools wie Webmetriken und Statistiken). Zu welcher Methode Sie auch greifen, es geht darum, Ihren Benutzern zuzuhören. Wenn Sie das tun, geht Ihre Website auf die Bedürfnisse Ihres Publikums ein und wird entsprechend wesentlich besser ankommen.

	PRO	KONTRA
Umfragen	Nehmen die Umfrageteilnehmer nur eine kurze Zeit in Anspruch.	Erfordern eine Menge Planung im Voraus.
	Können mit einer großen Zahl von Personen durchgeführt werden	Schriftliche Umfragen können für Teilnehmer mit Leseschwierigkeiten problematisch sein.
	Können auf mehrere Arten durchgeführt werden (auf Papier, online, per Telefon, persönlich).	Fragen können missverstanden werden.
	Teilnehmer können bei der Umfrage nach Belieben mitmachen.	
Fokusgruppen	Teilnehmer können auf ihren Ideen gegenseitig aufbauen.	Verlangen den Teilnehmern mehr Zeit ab.
	Sammeln Informationen zu einem ganz bestimmten Thema von Menschen, die daran unmittelbar beteiligt sind.	Teilnehmer müssen üblicherweise vergütet werden.
	Profitieren von einem geschulten Leiter.	Öffentliche Umgebung schüchtert manche Teilnehmer ein.
		Benötigen einen geschulten Leiter.

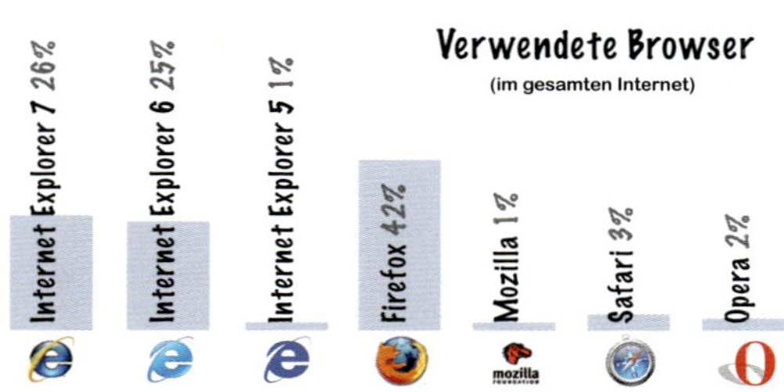

10 Evolutionäres Design

Websites frisch halten

Sie haben eine Menge toller Websites erstellt. Jetzt ist es an der Zeit, sich zurückzulehnen, zu entspannen und den Besucherzahlen beim Wachsen zuzusehen, oder? Hoppla, nicht so schnell. *Das Web hört niemals auf, sich zu entwickeln* – und Ihre Website muss Schritt halten. Sie können **neue Funktionen hinzufügen, am Design feilen** oder sogar **ein völlig neues Design entwerfen**. Eine ständig wachsende Website spiegelt Ihre wachsenden Fähigkeiten wider – **und ist Ihr bestes PR-Tool**.

Flash

jQuery JavaScript-Bibliothek

XHTML + CSS

11 Business und Webdesign

Kümmern Sie sich um Ihr Geschäft

Geschäftliches in einem Buch über Webdesign? Soll das ein Witz sein? Sie haben Konzeption, Informationsarchitektur, Navigation, Farben und sogar Barrierefreiheit gemeistert. Was noch vor Ihnen liegt auf dem Weg zur wahren Meisterschaft des Webdesigns? Nun, Sie müssen die wirtschaftliche Seite des Webdesigns angehen. Sie brauchen zwar keinen MBA aus Harvard, sollten aber mehr wissen, als wie man einen Scheck richtig einlöst ... sonst kommen vielleicht keine Schecks mehr. Werfen wir einen Blick auf die Rechte an Ihrem geistigen Eigentum und darauf, wie Sie gute Kundenbeziehungen herstellen. Wozu das alles? Höhere Gewinne und der Schutz Ihrer harten Arbeit.

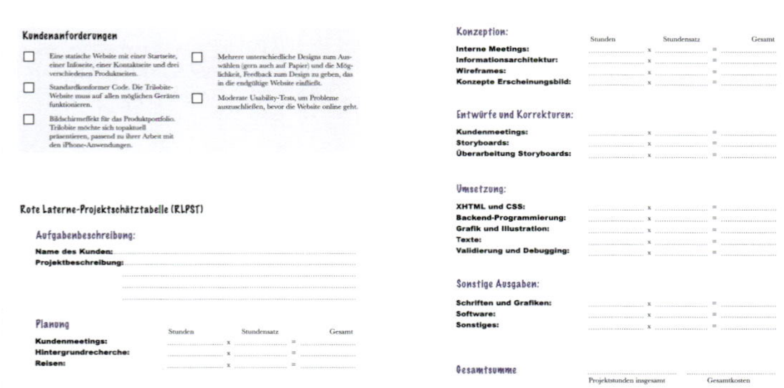

Anhang: Was übrig bleibt

Die Top Ten (der unbehandeltenThemen)

Wir haben wirklich eine Menge geschafft in diesem Buch. Allerdings gibt es noch einige wichtige Themen und Leckerbissen, die nicht in die bisherigen Kapitel gepasst haben. Wir finden sie trotzdem ziemlich wichtig und glauben, dass wir Sie schlecht beraten würden, wenn wir diese Themen nicht wenigstens anreißen würden. Daher dieses Kapitel. Nun, kein richtiges Kapitel, sondern eher ein Anhang (schon gut, es *ist* ein Anhang). Aber ein toller Anhang mit den Top Ten jener Leckerbissen, ohne die Sie uns nicht davonkommen.

Allerdings wurde das Potenzial des Webs für Applikationen im großen Stil nicht ausgeschöpft, bis Google Gmail vorstellte und kurz darauf Google Maps: webbasierte Anwendungen mit reichhaltigen Benutzeroberflächen und genauso viel Interaktivität wie auf einem PC. Die Sammlung von Technologien, die Google verwendete, wur einem wegweisenden Essay von Jesse James Ga der Webdesign-Firma Adaptive Path auf den Namen AJAX getauft.

Das Platzen der Seifenblase des Internet-Hypes im Herbst 2001 markierte einen Wendepunkt für das Web. Viele Leute haben daraus geschlossen, dass der Hype um das Internet übertrieben war. Dabei sind solche Blasen und Gesundschrumpfungen ein häufiges Phänomen aller technologischen Revolutionen. Gesundschrumpfungen kennzeichnen üblicherweise den Punkt, an dem eine aufstrebende Technologie bereit für die Hauptrolle ist.

Das erste dieser Prinzipien l Platform«. Doch auch das w kampfparole eines Web 1.0-Lieblings: Netscape, der nach einem hitzigen Kampf mit Microsoft in Flammen zu Boden ging. Zwei andere ursprüngliche Web 1.0-Figuren, DoubleClick und Akamai, waren ebenfalls Pioniere, die das Web als Plattform nutzten. Die Leute sehen das zwar meistens nicht als »Webservice« an, aber Werbung war der erste weit verbreitete Webservice – der erste eingesetzte »Mashup« (noch so ein beliebtes Modewort).

Wie man dieses Buch benutzt

Einführung

In diesem Abschnitt beantworten wir die brennende Frage: »Und? Warum STEHT so was in einem Webdesign-Buch?«

Für wen ist dieses Buch?

Wenn Sie alle folgenden Fragen mit »Ja« beantworten können ...

1. Sind Sie **mit XHTML & CSS** bereits **vertraut**, haben aber keine Erfahrung mit Webdesign?
2. Würden Sie sich selbst als Webentwickler bezeichnen (der in einer Spaßumgebung wie PHP, Ruby on Rails oder .NET arbeitet) und **möchten ein besserer Webdesigner werden**?
3. Benötigen Sie **mehr Wissen über Webdesign für einen Kurs bzw. Ihren Beruf**, oder möchten Sie einfach Leute auf Partys mit Ihrem fundierten Wissen über den Goldenen Schnitt und die Web Content Accessibility Guidelines beeindrucken?

... dann ist dieses Buch etwas für Sie.

Wer sollte lieber die Finger von diesem Buch lassen?

Wenn Sie eine der folgenden Fragen mit »Ja« beantworten müssen ...

1. Haben Sie **keinerlei Erfahrung mit HTML/XHTML & CSS**?
2. Sind Sie ein **ausgebuffter Web- oder Grafikdesigner und auf der Suche nach einem Referenzbuch?**
3. Entwickeln Sie Ihre Webseiten lieber mit Tools wie **FrontPage und Dreamweaver**, um nie etwas mit Code zu tun zu haben?

Machen Sie sich in diesem Fall keine Sorgen. Holen Sie sich einfach »HTML mit CSS & XHTML von Kopf bis Fuß« von Elisabeth Freeman und Eric Freeman und machen Sie dann mit diesem Buch weiter.

... dann ist dieses Buch nichts für Sie.

[Anmerkung der Marketing-Abteilung: Dieses Buch ist goldrichtig für jeden, der eine Kreditkarte besitzt.]

Wir wissen, was Sie gerade denken

»Kann *das* wirklich ein seriöses Webdesign-Buch sein?«

»Was sollen all die Abbildungen?«

»Kann ich das auf diese Weise wirklich *lernen*?«

Und wir wissen, was Ihr *Gehirn* gerade denkt.

Ihr Gehirn lechzt nach Neuem. Es ist ständig dabei, Ihre Umgebung abzusuchen, und es *wartet* auf etwas Ungewöhnliches. So ist es nun einmal gebaut, und es hilft Ihnen zu überleben.

Also, was macht Ihr Gehirn mit all den gewöhnlichen, normalen Routinesachen, denen Sie begegnen? Es tut alles in seiner Macht Stehende, damit es dadurch nicht bei seiner *eigentlichen* Arbeit gestört wird: Dinge zu erfassen, die wirklich *wichtig* sind. Es gibt sich nicht damit ab, die langweiligen Sachen zu speichern, sondern lässt diese gar nicht erst durch den »Dies-ist-offensichtlich-nicht-wichtig«-Filter.

Woher *weiß* Ihr Gehirn denn, was wichtig ist? Nehmen Sie an, Sie machen einen Tagesausflug und ein Tiger springt vor Ihnen aus dem Gebüsch: Was passiert dabei in Ihrem Kopf und Ihrem Körper?

Neuronen feuern. Gefühle werden angekurbelt. *Chemische Substanzen durchfluten Sie.*

Und so weiß Ihr Gehirn:

Dies muss wichtig sein! Vergiss es nicht!

Aber nun stellen Sie sich vor, Sie sind zu Hause oder in einer Bibliothek. In einer sicheren, warmen, tigerfreien Zone. Sie lernen. Bereiten sich auf eine Prüfung vor. Oder Sie versuchen, irgendein schwieriges Thema zu lernen, von dem Ihr Chef glaubt, Sie bräuchten dafür eine Woche oder höchstens zehn Tage.

Da ist nur ein Problem: Ihr Gehirn versucht, Ihnen einen großen Gefallen zu tun. Es versucht, dafür zu sorgen, dass diese *offensichtlich* unwichtigen Inhalte nicht knappe Ressourcen verstopfen. Ressourcen, die besser dafür verwendet würden, die wirklich *wichtigen* Dinge zu speichern. Wie Tiger. Wie die Gefahren des Feuers. Wie die Notwendigkeit, schnell das Browserfenster mit dem YouTube-Video zu einer Alienentführung zu verbergen, wenn Ihr Chef die Nase ins Büro steckt.

Und es gibt keine einfache Möglichkeit, Ihrem Gehirn zu sagen: »Hey, Gehirn, vielen Dank, aber egal, wie langweilig dieses Buch auch ist und wie klein der Ausschlag auf meiner emotionalen Richterskala gerade ist, ich *will* wirklich, dass du diesen Kram behältst.«

Wir stellen uns unseren Leser als einen aktiv Lernenden vor.

Also, was ist nötig, damit Sie etwas *lernen*? Erst einmal müssen Sie es *aufnehmen* und dann dafür sorgen, dass Sie es nicht wieder *vergessen*. Es geht nicht darum, Fakten in Ihren Kopf zu schieben. Nach den neuesten Forschungsergebnissen der Kognitionswissenschaft, der Neurobiologie und der Lernpsychologie gehört zum *Lernen* viel mehr als nur Text auf einer Seite. Wir wissen, was Ihr Gehirn anmacht.

Einige der Lernprinzipien dieser Buchreihe:

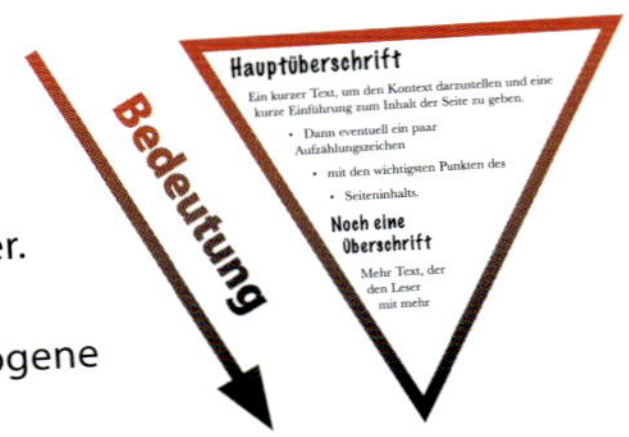

Bilder einsetzen. An Bilder kann man sich viel besser erinnern als an Worte allein und lernt so viel effektiver (bis zu 89% Verbesserung bei Abrufbarkeits- und Lerntransferstudien). Außerdem werden die Dinge dadurch verständlicher. **Text in oder neben die Grafiken setzen,** auf die sie sich beziehen, anstatt darunter oder auf eine andere Seite. Die Leser werden auf den Bildinhalt bezogene Probleme dann mit *doppelt* so hoher Wahrscheinlichkeit lösen können.

Verwenden Sie einen gesprächsorientierten Stil mit persönlicher Ansprache. Nach neueren Untersuchungen haben Studenten nach dem Lernen bei Tests bis zu 40% besser abgeschnitten, wenn der Inhalt den Leser direkt in der ersten Person und im lockeren Stil angesprochen hat statt in einem formalen Ton. Halten Sie keinen Vortrag, sondern erzählen Sie Geschichten. Benutzen Sie eine zwanglose Sprache. Nehmen Sie sich selbst nicht zu ernst. Würden *Sie* einer anregenden Unterhaltung beim Abendessen mehr Aufmerksamkeit schenken oder einem Vortrag?

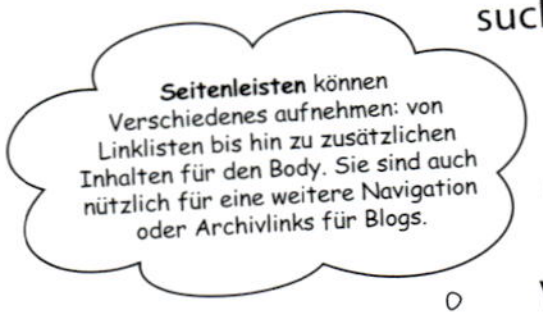

Bringen Sie den Lernenden dazu, intensiver nachzudenken. Mit anderen Worten: Falls Sie nicht aktiv Ihre Neuronen strapazieren, passiert in Ihrem Gehirn nicht viel. Ein Leser muss motiviert, begeistert und neugierig sein und angeregt werden, Probleme zu lösen, Schlüsse zu ziehen und sich neues Wissen anzueignen. Und dafür brauchen Sie Herausforderungen, Übungen, zum Nachdenken anregende Fragen und Tätigkeiten, die beide Seiten des Gehirns und mehrere Sinne einbeziehen.

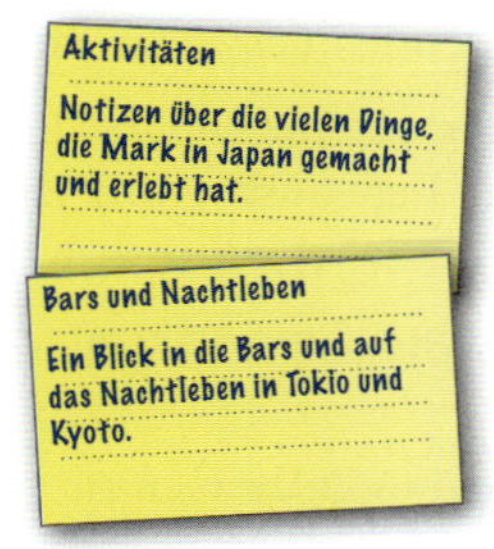

Ziehen Sie die Aufmerksamkeit des Lesers auf sich – und behalten Sie sie. Wir alle haben schon Erfahrungen dieser Art gemacht: »Ich will das wirklich lernen, aber ich kann einfach nicht über Seite 1 hinaus wach bleiben.« Ihr Gehirn passt auf, wenn Dinge ungewöhnlich, interessant, merkwürdig, auffällig, unerwartet sind. Ein neues, schwieriges, technisches Thema zu lernen, muss nicht langweilig sein. Wenn es das nicht ist, lernt Ihr Gehirn viel schneller.

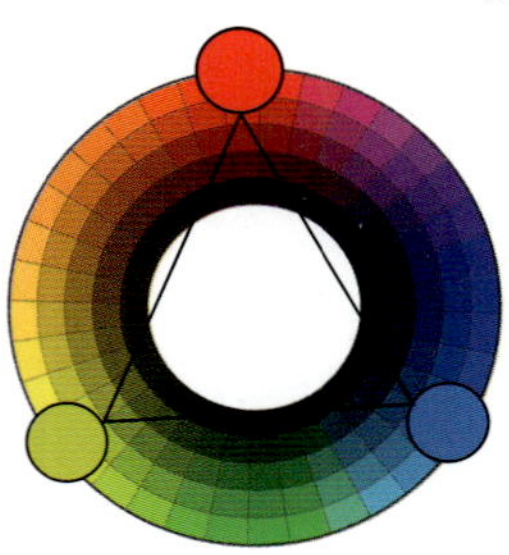

Sprechen Sie Gefühle an. Wir wissen, dass Ihre Fähigkeit, sich an etwas zu erinnern, wesentlich von dessen emotionalem Gehalt abhängt. Sie erinnern sich an das, was Sie bewegt. Sie erinnern sich, wenn Sie etwas *fühlen*. Nein, wir erzählen keine herzzerreißenden Geschichten über einen Jungen und seinen Hund. Was wir erzählen, ruft Überraschungs-, Neugier-, Spaß- und Was-soll-das?-Emotionen hervor und dieses Hochgefühl, das Sie beim Lösen eines Puzzles empfinden oder wenn Sie etwas lernen, das alle anderen schwierig finden. Oder wenn Sie merken, dass Sie etwas können, was dieser »Ich-bin-ein-besserer-Techniker-als-du«-Typ aus der Technikabteilung *nicht kann*.

Metakognition: Nachdenken übers Denken

Wenn Sie wirklich lernen möchten, und zwar schneller und nachhaltiger, dann schenken Sie Ihrer Aufmerksamkeit Aufmerksamkeit. Denken Sie darüber nach, wie Sie denken. Lernen Sie, wie Sie lernen.

Die meisten von uns haben in ihrer Jugend keine Kurse in Metakognition oder Lerntheorie gehabt. Es wurde von uns *erwartet,* dass wir lernen, aber nur selten wurde uns auch *beigebracht,* wie man lernt.

Wir nehmen aber an, dass Sie wirklich lernen möchten, wie man nutzerfreundliche Websites designt, wenn Sie dieses Buch in den Händen halten. Und wahrscheinlich möchten Sie nicht viel Zeit aufwenden. Und Sie wollen sich an das *erinnern,* was Sie lesen, und es anwenden können. Und deshalb müssen Sie es *verstehen.* Wenn Sie so viel wie möglich von diesem Buch profitieren wollen oder von irgendeinem anderen Buch oder einer anderen Lernerfahrung, übernehmen Sie Verantwortung für Ihr Gehirn. Ihr Gehirn im Zusammenhang mit *diesem* Lernstoff.

Der Trick besteht darin, Ihr Gehirn dazu zu bringen, neuen Lernstoff als etwas wirklich Wichtiges anzusehen. Als entscheidend für Ihr Wohlbefinden. So wichtig wie ein Tiger. Andernfalls stecken Sie in einem dauernden Kampf, in dem Ihr Gehirn sein Bestes gibt, um die neuen Inhalte davon abzuhalten, hängen zu bleiben.

Wie bringen SIE also Ihr Gehirn dazu, Webdesign für so wichtig zu halten wie einen Tiger?

Da gibt es den langsamen, ermüdenden Weg oder den schnelleren, effektiveren Weg. Der langsame Weg geht über bloße Wiederholung. Natürlich ist Ihnen klar, dass Sie lernen und sich sogar an die langweiligsten Themen erinnern *können,* wenn Sie sich die gleiche Sache immer wieder einhämmern. Wenn Sie nur oft genug wiederholen, sagt Ihr Gehirn: »Er hat zwar nicht das *Gefühl,* dass das wichtig ist, aber er sieht sich dieselbe Sache *immer und immer wieder* an – dann muss sie wohl wichtig sein.«

Der schnellere Weg besteht darin, ***alles zu tun, was die Gehirnaktivität erhöht***, vor allem verschiedene *Arten* von Gehirnaktivität. Eine wichtige Rolle dabei spielen die auf der vorhergehenden Seite erwähnten Dinge – alles Dinge, die nachweislich helfen, dass Ihr Gehirn *für* Sie arbeitet. So hat sich z.B. in Untersuchungen gezeigt: Wenn Wörter *in* den Abbildungen stehen, die sie beschreiben (und nicht irgendwo anders auf der Seite, z.B. in einer Bildunterschrift oder im Text), versucht Ihr Gehirn, herauszufinden, wie die Wörter und das Bild zusammenhängen, und dadurch feuern mehr Neuronen. Und je mehr Neuronen feuern, umso größer ist die Chance, dass Ihr Gehirn mitbekommt: Bei dieser Sache lohnt es sich, aufzupassen, und vielleicht auch, sich daran zu erinnern.

Ein lockerer Sprachstil hilft, denn Menschen tendieren zu höherer Aufmerksamkeit, wenn ihnen bewusst ist, dass sie ein Gespräch führen – man erwartet dann ja von ihnen, dass sie dem Gespräch folgen und sich beteiligen. Das Erstaunliche daran ist: Es ist Ihrem Gehirn ziemlich *egal*, dass die »Unterhaltung« zwischen Ihnen und einem Buch stattfindet! Wenn der Schreibstil dagegen formal und trocken ist, hat Ihr Gehirn den gleichen Eindruck wie bei einem Vortrag, bei dem in einem Raum passive Zuhörer sitzen. Nicht nötig, wach zu bleiben.

Aber Abbildungen und ein lockerer Sprachstil sind erst der Anfang.

Das haben WIR getan:

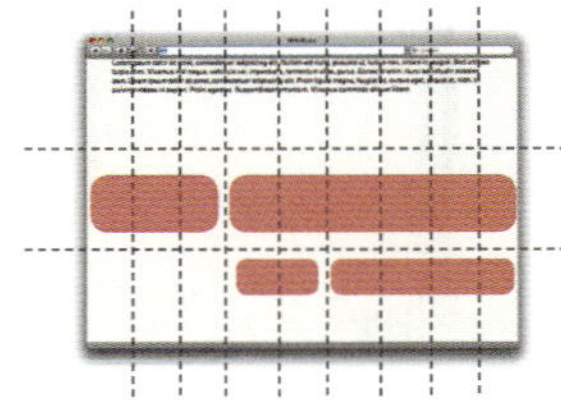

Wir haben ***Bilder*** verwendet, weil Ihr Gehirn auf visuelle Eindrücke eingestellt ist, nicht auf Text. Soweit es Ihr Gehirn betrifft, sagt ein Bild *wirklich* mehr als 1.024 Worte. Und dort, wo Text und Abbildungen zusammenwirken, haben wir den Text *in* die Bilder eingebettet, denn Ihr Gehirn arbeitet besser, wenn der Text *innerhalb* der Sache steht, auf die er sich bezieht, und nicht in einer Bildunterschrift oder irgendwo vergraben im Text.

Wir haben ***Redundanz*** eingesetzt, d.h. dasselbe auf *unterschiedliche* Art und mit verschiedenen Medientypen ausgedrückt, damit Sie es über *mehrere Sinne* aufnehmen. Das erhöht die Chance, dass die Inhalte an mehr als nur einer Stelle in Ihrem Gehirn verankert werden.

Wir haben Konzepte und Bilder in ***unerwarteter*** Weise eingesetzt, weil Ihr Gehirn auf Neuigkeiten programmiert ist. Und wir haben Bilder und Ideen mit zumindest *etwas* ***emotionalem*** *Charakter* verwendet, weil Ihr Gehirn darauf eingestellt ist, auf die Biochemie von Gefühlen zu achten. An alles, was ein *Gefühl* in Ihnen auslöst, können Sie sich mit höherer Wahrscheinlichkeit erinnern, selbst wenn dieses Gefühl nicht mehr ist als ein bisschen ***Belustigung, Überraschung oder Interesse.***

Wir haben einen ***umgangssprachlichen Stil*** mit direkter Anrede benutzt, denn Ihr Gehirn ist von Natur aus aufmerksamer, wenn es Sie in einer Unterhaltung wähnt, als wenn es davon ausgeht, dass Sie passiv einer Präsentation zuhören – sogar dann, wenn Sie *lesen.*

Wir haben mehr als 80 ***Aktivitäten*** für Sie vorgesehen, denn Ihr Gehirn lernt und behält von Natur aus besser, wenn Sie Dinge ***tun,*** als wenn Sie nur darüber *lesen.* Und wir haben die Übungen zwar anspruchsvoll, aber doch lösbar gemacht, denn so ist es den meisten Lesern am liebsten.

Wir haben ***mehrere unterschiedliche Lernstile*** eingesetzt, denn vielleicht bevorzugen *Sie* ein Schritt-für-Schritt-Vorgehen, während jemand anders erst einmal den groben Zusammenhang verstehen und ein Dritter einfach nur ein Codebeispiel sehen möchte. Aber ganz abgesehen von den jeweiligen Lernvorlieben profitiert *jeder* davon, wenn er die gleichen Inhalte in unterschiedlicher Form präsentiert bekommt.

Wir liefern Inhalte für ***beide Seiten Ihres Gehirns,*** denn je mehr Sie von Ihrem Gehirn einsetzen, umso wahrscheinlicher werden Sie lernen und behalten und umso länger bleiben Sie konzentriert. Wenn Sie mit einer Seite des Gehirns arbeiten, bedeutet das häufig, dass sich die andere Seite des Gehirns ausruhen kann; so können Sie über einen längeren Zeitraum produktiver lernen.

Und wir haben ***Geschichten*** und Übungen aufgenommen, die ***mehr als einen Blickwinkel repräsentieren,*** denn Ihr Gehirn lernt von Natur aus intensiver, wenn es gezwungen ist, selbst zu analysieren und zu beurteilen.

Wir haben ***Herausforderungen*** eingefügt: in Form von Übungen und indem wir ***Fragen*** stellen, auf die es nicht immer eine eindeutige Antwort gibt, denn Ihr Gehirn ist darauf eingestellt, zu lernen und sich zu erinnern, wenn es an etwas *arbeiten* muss. Überlegen Sie: Ihren *Körper* bekommen Sie ja auch nicht in Form, wenn Sie nur die Leute auf dem Sportplatz *beobachten.* Aber wir haben unser Bestes getan, um dafür zu sorgen, dass Sie – wenn Sie schon hart arbeiten – an den *richtigen* Dingen arbeiten. Dass Sie ***nicht einen einzigen Dendriten darauf verschwenden,*** ein schwer verständliches Beispiel zu verarbeiten oder einen schwierigen, mit Fachbegriffen gespickten oder übermäßig gedrängten Text zu analysieren.

Wir haben ***Menschen*** eingesetzt. In Geschichten, Beispielen, Bildern usw. – denn *Sie sind* ein Mensch. Und Ihr Gehirn schenkt *Menschen* mehr Aufmerksamkeit als *Dingen.*

Und das können SIE tun, um sich Ihr Gehirn untertan zu machen

So, wir haben unseren Teil der Arbeit geleistet. Der Rest liegt bei Ihnen. Diese Tipps sind ein Anfang; hören Sie auf Ihr Gehirn und finden Sie heraus, was bei Ihnen funktioniert und was nicht. Probieren Sie neue Wege aus.

1. **Immer langsam. Je mehr Sie verstehen, umso weniger müssen Sie auswendig lernen.**
Lesen Sie nicht nur. Halten Sie inne und denken Sie nach. Wenn das Buch Sie etwas fragt, springen Sie nicht einfach zur Antwort. Stellen Sie sich vor, dass Sie das wirklich jemand *fragt*. Je gründlicher Sie Ihr Gehirn zum Nachdenken zwingen, umso größer ist die Chance, dass Sie lernen und behalten.

2. **Bearbeiten Sie die Übungen. Machen Sie selbst Notizen.**
Wir haben sie entworfen, aber wenn wir sie auch für Sie lösen würden, wäre dass, als würde jemand anderes Ihr Training für Sie absolvieren. Und sehen Sie sich die Übungen *nicht einfach nur an.* **Benutzen Sie einen Bleistift.** Es deutet vieles darauf hin, dass körperliche Aktivität *beim* Lernen den Lernerfolg erhöhen kann.

3. **Lesen Sie die Abschnitte »Es gibt keine dummen Fragen«.**
Und zwar alle. Das sind keine Zusatzanmerkungen – ***sie gehören zum Kerninhalt!*** Überspringen Sie sie nicht.

4. **Lesen Sie dies als Letztes vor dem Schlafengehen. Oder lesen Sie danach zumindest nichts *Anspruchsvolles* mehr.**
Ein Teil des Lernprozesses (vor allem die Übertragung in das Langzeitgedächtnis) findet erst statt, *nachdem* Sie das Buch zur Seite gelegt haben. Ihr Gehirn braucht Zeit für sich, um weitere Verarbeitung zu leisten. Wenn Sie in dieser Zeit etwas Neues aufnehmen, geht ein Teil dessen, was Sie gerade gelernt haben, verloren.

5. **Reden Sie drüber. Laut.**
Sprechen aktiviert einen anderen Teil des Gehirns. Wenn Sie etwas verstehen wollen oder Ihre Chancen verbessern wollen, sich später daran zu erinnern, sagen Sie es laut. Noch besser: Versuchen Sie, es jemand anderem laut zu erklären. Sie lernen dann schneller und haben vielleicht Ideen, auf die Sie beim bloßen Lesen nie gekommen wären.

6. **Trinken Sie Wasser. Viel.**
Ihr Gehirn arbeitet am besten in einem schönen Flüssigkeitsbad. Austrocknung (zu der es schon kommen kann, bevor Sie überhaupt Durst verspüren) beeinträchtigt die kognitive Funktion.

7. **Hören Sie auf Ihr Gehirn.**
Achten Sie darauf, Ihr Gehirn nicht zu überladen. Wenn Sie merken, dass Sie etwas nur noch überfliegen oder dass Sie das gerade erst Gelesene vergessen haben, ist es Zeit für eine Pause. Ab einem bestimmten Punkt lernen Sie nicht mehr schneller, indem Sie mehr hineinzustopfen versuchen; das kann sogar den Lernprozess stören.

8. **Aber bitte mit Gefühl!**
Ihr Gehirn muss wissen, dass es *um etwas Wichtiges geht.* Lassen Sie sich in die Geschichten hineinziehen. Erfinden Sie eigene Bildunterschriften für die Fotos. Über einen schlechten Scherz zu stöhnen, ist *immer noch* besser, als gar nichts zu fühlen.

9. **Gestalten und erstellen Sie Websites**
Es gibt nur eine Möglichkeit, ein erfahrener Webdesigner zu werden: Gestalten und erstellen Sie Websites. Das kann heißen, dass Sie Layouts auf Papier erstellen, Card Sortings durchführen, um Ihre Informationsarchitektur weiterzuentwickeln, oder mengenweise CSS schreiben. Sie werden einfach kein guter Webdesigner, indem Sie nur darüber lesen – Sie müssen es auch *machen.* Wir bieten Ihnen jede Menge Training: Jedes Kapitel enthält Übungen, in denen Sie Probleme lösen oder sich über bestimmte Fragen Gedanken machen müssen. Blättern Sie nicht einfach weiter – ein Großteil des Lernens findet statt, wenn Sie an den Übungen arbeiten. Wir haben für alle Aufgaben auch die Lösungen abgedruckt. Also riskieren Sie ruhig einen Blick, wenn Sie nicht weiterkommen. Aber versuchen Sie erst , das Problem zu lösen, bevor Sie nachsehen. Und bringen Sie das Ganze unbedingt zum Laufen, bevor Sie mit dem nächsten Teil des Buchs weitermachen.

Lies mich

Dieses Buch ist ein Lernerlebnis, kein Nachschlagewerk. Wir haben bewusst alles weggelassen, was an irgendeiner Stelle des Buchs hinderlich für den Lernprozess sein könnte. Wenn Sie das Buch das erste Mal durcharbeiten, müssen Sie am Anfang beginnen, denn das Buch macht bestimmte Annahmen darüber, was Sie schon gesehen und gelernt haben.

Zu Beginn vermitteln wir Ihnen eines der wichtigsten Konzepte im Webdesign – das Designverfahren – und fahren dann fort mit spezifischeren Designthemen.

Das Designverfahren ist die Grundlage zum Entwickeln toll aussehender Websites. Mit jedem Schritt kommen Sie besseren Webseiten ein Stückchen näher und fertigen dabei alles von einer visuellen Metapher bis hin zur Struktur der Inhalte selbst an. Sobald Sie das Gestaltungsverfahren allgemein verstanden haben, können Sie in die Details abtauchen und damit anfangen, wundervolle Websites zu bauen.

Wir plädieren für standardkonformes XHTML & CSS.

Der gesamte Code, den Sie im Verlauf dieses Buchs schreiben, ist standardkonform. Das ist uns wirklich wichtig, weil wir (ganz entschieden) der Meinung sind, dass ein talentierter Webdesigner sich dadurch auszeichnet, dass er versteht, wie man in standardkonformem XHTML (XHTML 1.0 Strict) & CSS (CSS 2.1) denkt und schreibt. Es gibt keine Tabellen für das Layout, keine Stilinformationen in Ihrem Markup, und alle <p>-Tags werden ordnungsgemäß geschlossen.

Der gesamte Code zu diesem Buch steht auf der Verlagswebsite zu Verfügung.

Um mit diesem Buch richtig zu arbeiten, brauchen Sie die Codebeispiele, die Sie auf unserer Website unter **`http://examples.oreilly.de/german_examples/hfwebdesger/`** und unter **`http://tinyurl.com/kf-webdesign`** finden. Manchmal werden wir Sie auffordern, bereits vorhandenen Code zu verändern und Ihnen die »Vorher«- und die »Nachher«-Version des Markups und der Stylesheets zeigen.

Nicht jedes bisschen Code wird vollständig erklärt.

Wir gehen davon aus, dass Sie praktische Kenntnisse in XHTML und CSS mitbringen, und haben deshalb nicht darauf geachtet, alle Einzelheiten des Codes zu erklären. Die wichtigsten Teile werden behandelt, und die Beispiele zum Herunterladen sind gut dokumentiert. Wie gesagt, wir möchten versuchen, aus Ihnen einen besseren Designer zu machen, können Ihnen hier aber nicht alle Tricks und Kniffe von XHTML und CSS beibringen.

Die Begriffe »Entwurf« und »Storyboard« werden gleichberechtigt verwendet.

Wir stellen in diesem Buch Storyboards als Methode vor, um auf schnelle Art und Weise Designideen zu entwickeln, ohne viel Zeit mit Code zu verbringen. Manchmal bezeichnen wir sie als »Storyboards«, andere Male als »Entwuf«, meinen damit aber dieselbe Sache.

Wir gehen davon aus, dass Sie aktuelle Browser verwenden.

Wir haben zwar keine Mühen gescheut, sicherzustellen, dass unser Code browserübergreifend funktioniert, trotzdem sollten Sie einen aktuellen Browser (IE7+, Safari, Firefox) verwenden, wenn Sie die Websites in diesem Buch zusammenstellen. Wenngleich auch ältere Browser (insbesondere IE6 und früher) funktionieren, können die Ergebnisse variieren, da diese Browser fehlerhaft und unglaublich pingelig sind.

Die Übungen sind NICHT optional.

Die Übungen und sonstigen Aktivitäten sind keine Extras, sondern wichtige Bestandteile dieses Buchs. Einige sollen Ihnen helfen, das Gelernte zu verinnerlichen oder zu verstehen, in einigen anderen sollen Sie anwenden, was Sie gelernt haben. Überspringen Sie die Übungen auf keinen Fall.

Die Wiederholungen sind gewollt und wichtig

Eine Besonderheit der Reihe »Von Kopf bis Fuß« liegt darin, dass wir wollen, dass Sie den Inhalt wirklich verstehen. Und wir wollen, dass Sie sich an das Gelernte erinnern können, wenn Sie das Buch zu Ende gelesen haben. Die meisten Referenzbücher stellen Wiederholung und Erinnerung nicht in ihren Mittelpunkt, aber Ziel dieses Buchs ist das Lernen. Sie werden also dem einen oder anderen Konzept mehr als einmal begegnen.

Unsere Markup- und CSS-Beispiele sind so schlank wie möglich.

Unsere Leser sagen uns immer wieder, dass es frustrierend sei, sich durch 200 Zeilen Markup oder CSS zu kämpfen, um die beiden Zeilen zu finden, auf die es ankommt. Die meisten Beispiele in diesem Buch werden je nach Kontext so klein wie möglich gehalten, damit der Teil, den Sie lernen sollen, klar und übersichtlich ist. Nicht alle Beispiele sind stabil, vollständig oder voll funktionsfähig – sondern speziell dafür geschrieben, um Ihnen etwas beizubringen.

Wir haben die Dateien (Markup, CSS, Bilder, komplette Seiten) ins Internet gestellt, damit Sie sie in Ihren Text-/Markup-/Code-Editor kopieren bzw. einfügen können. Sie finden die Dateien unter **`http://tinyurl.com/kf-webdesign`**.

Die Fachgutachter

Sarah Collings

Johannes de Jong

Matt DiGangi

Ashley Doughty

Corey McGlone

Pauline McNamara

Jonathan Moore

Unsere Gutachter:

Sarah Collings arbeitet seit mehr als sieben Jahren als Webdesignerin und Entwicklerin und entwickelt derzeit benutzerfreundliche Webapplikationen als User Experience Software Engineer für Digital River, Inc. Sie hat einen Bachelor of Fine Arts in Grafikdesign und arbeitet auf einen Master in Software Engineering hin. In ihrer Freizeit geht Sarah gern laufen und verbringt viel Zeit im Freien mit ihrem Verlobten.

Johannes de Jong ist ein alter Mainframer-Dinosaurier, der es liebt, auf die wilde Seite zu wechseln – und von Zeit zu Zeit Websites zu bauen. Sein jüngstes Experiment ist es, eine Google Maps-Website mit Apex von Oracle aufzubauen. Und er wird sie mit genau diesem Buch neu gestalten!

Matt DiGangi ist der Schöpfer, Designer und Redakteur der Website Thieves Jargon (www.thievesjargon.com). Er lebt in Boston.

Ashley Doughty ist Senior Web Developer aus Maine und lebt und arbeitet in und um Boston. Sie ist Hardcore-Christin, Ehefrau, Tochter, Leserin und GEEK. Sie liebt es so sehr, Code zu schreiben, dass sie es sogar in ihrer Freizeit macht.

Corey McGlone mischt seit zehn Jahren in der Webentwicklung mit und hat die vergangenen sieben Jahre in erster Linie damit verbracht, Webapplikationen für Schnieder Logistics, Relion Corporation und Mayo Clinic zu entwickeln. Er ist ein leidenschaftlicher Musikliebhaber, verheiratet und hat einen kleinen Sohn.

Pauline McNamara hat in den vergangenen sechs Jahren an verschiedenen E-Learning-Projekten an Schweizer Universitäten gearbeitet, zuletzt an der Eidgenössischen Technischen Hochschule Zürich. Ihre neueste Leidenschaft ist es, ein bezauberndes junges Hündchen aufzuziehen, zusammen mit ihrem Partner (der ebenfalls bezaubernd ist).

Jonathan Moore ist Inhaber von Forerunner Design, Web Design and Development (forerunnerdesign.com).

Danksagungen

An unseren Lektor:

Ein wahnsinnig riesiges Dankeschön an **Brett McLaughlin**. Obwohl er mit einer Tonne anderer Bücher gleichzeitig beschäftigt war, gab er immer tolles Feedback und machte Vorschläge dazu, wie wir aus unserem Buch ein noch klareres, runderes und viel effektiveres Lernwerkzeug gestalten konnten.

Brett McLaughlin

Lou Barr

Ein ganz großer Dank geht an **Lou Barr**, die unsere Kapitel, die unserer Meinung nach ohnehin schon richtig toll aussahen, unglaublich aufmotzte (sodass sie sogar mehr als noch schöner aussahen) – dafür sind wir wirklich dankbar!

Bei O'Reilly:

Sanders Kleinfeld, **Caitrin McCullough**, **Karen Shaner**, die dafür gesorgt haben, dass all die verschiedenen Teile des Produktionsprozesses geschmeidig verliefen.

Brittany Smith, die die Herstellung für dieses Buch übernommen hat und dafür sorgte, dass die Produktion reibungslos und effizient ablief.

Zum guter Letzt **Laurie Petrycki**, die fest genug an unsere Fähigkeiten und unsere Vision glaubte, um uns dieses Buch schreiben zu lassen.

An Ethans Freunde, Familie und Kollegen:

Zuallererst meiner Frau **Jenn**, die einen Heiligenschein dafür verdient, dass sie sich mit den unzähligen Stunden abgefunden hat, die ich mit diesem Buch (und ohne sie) verbracht habe, und der brummeligen Stimmung, die ich deshalb beinahe ständig hatte. Und meinem Sohn **Sam**, der eines Tages (irgendwo gegen Mitte des Buchs) fragte: »Papa, hörst du jemals wieder auf zu arbeiten, damit du mit mir spielen kannst?« Das Buch ist fertig, Sam, lass uns was Lustiges machen! Meiner Tochter **Taylor**, die, auch wenn sie es wahrscheinlich nicht zugibt, es sicher ziemlich cool findet, ihren Namen (und ihr Foto) im Buch zu sehen. **Meinen Kollegen bei MATRIX** (insbesondere **Mark Kornbluh** und **Dean Rehberger**) für ihre Unterstützung (besonders als ich in der heißen Phase des Buchs steckte). An meine Studenten **Joe**, **Pete** und **Steen**, die es zu ihrem Morgenritual gemacht haben (vor allem gegen Ende des Buchs), ihre Köpfe in mein Büro zu stecken, um zu sehen, wie es dem Buch ging. Und meinem großen Elchtier von schokobraunem Labbie: **Oscar** – einfach so.

An Jeffs Freunde, Familie und Kollegen:

Allie dafür, dass sie damit klarkam, dass ich monatelang bis um zwei Uhr morgens gearbeitet habe. Auch deine InDesign-Tipps waren für die Produktion dieses Buchs Gold wert. Ohne dich wären die Bilder in diesem Buch verzerrt und pixelig. **Meiner Mom Jill, meinem Vater Jeff und meinem Bruder Jason**. Ihr wart eine echte Inspiration für mich, und ich liebe euch wirklich sehr. **Rich, Brian und Rabbott (Ryan) und allen anderen im Dekanat für Communication Arts and Sciences der MSU**. Ihr gabt mir die Gelegenheit, in einem der besten IT-Büros in Michigan zu arbeiten, und die Freiheit, die Fähigkeiten zu entwickeln, um dieses Buch zu schreiben. Ich bin euch ewig für den Weg dankbar, auf den ihr mich gebracht habt. Ohne eure Unterstützung wäre dieses Buch nicht möglich gewesen.

1 Schöne Webseiten bauen

Schönheit liegt immer im Auge des Benutzers

Eine große (weite) Welt ... Aber wer ist da draußen?

Sie haben ein funkelnagelneues HTML- und CSS-Diplom an der Wand hängen, und die potenziellen Kunden bringen Ihr neu angeschafftes Geschäftstelefon zum Glühen. Cool, oder? Ja ... bis Sie die erste Beschwerde erhalten: über ein schlechtes Layout oder ein Logo, das *total* nach 1998 aussieht. Wie können Sie also ***wirklich schöne Websites*** erstellen und darüber hinaus sichergehen, dass Sie auch ***die Benutzer zufriedenstellen***? Es fängt alles mit guter **Planung** an. Außerdem müssen Sie **für das Web schreiben**, **Ihre Zielgruppe kennen** und vor allem das richtige **Design für Ihre Benutzer** finden, nicht für sich selbst.

Ihre große Chance mit Rote Laterne Design

Jana hat gerade ein kleines Webdesign-Studio gekauft. Rote Laterne Design hat in den vergangenen Jahren kleine Websites für ortsansässige Unternehmen produziert, und jetzt möchte Jana den Kundenstamm erweitern. Aber da gibt es ein Problem ...

Der alte Webmaster von Rote Laterne hat die Website der Firma mit einem WYSIWYG-Editor erstellt, und nun kann niemand die Dateien bearbeiten. Jana beauftragt Sie, für die Firma eine neue Website zu erstellen, die den neuesten Webstandards entspricht und Ihnen dabei hilft, mehr lukrative Kunden an Land zu ziehen.

Ich habe einen Messestand auf einer internationalen Konferenz in einer Woche gebucht. Ich habe keinen blassen Schimmer von Webdesign, aber ich weiß, dass Sie sich damit auskennen. Sie müssen mir so schnell und effizient wie möglich eine *wirklich* beeindruckende neue Website erstellen. Können Sie das?

Jana. Unternehmerin und neue Inhaberin von Rote Laterne Design.

Klar können Sie das. Aber womit fangen Sie am besten an?

Spitzen Sie Ihren Bleistift

So sieht die Website von Rote Laterne im Moment aus. Werfen Sie einen Blick auf den Screenshot und kommentieren Sie ihn aufgrund Ihrer Webdesign-Erfahrung. Notieren Sie, was Ihnen gefällt. Und was Ihnen nicht gefällt. Sehen Sie irgendwelche Probleme?

Jana liebt die japanische Kultur. Deshalb hat sie die Firma gekauft: Der Name hat ihr gefallen.

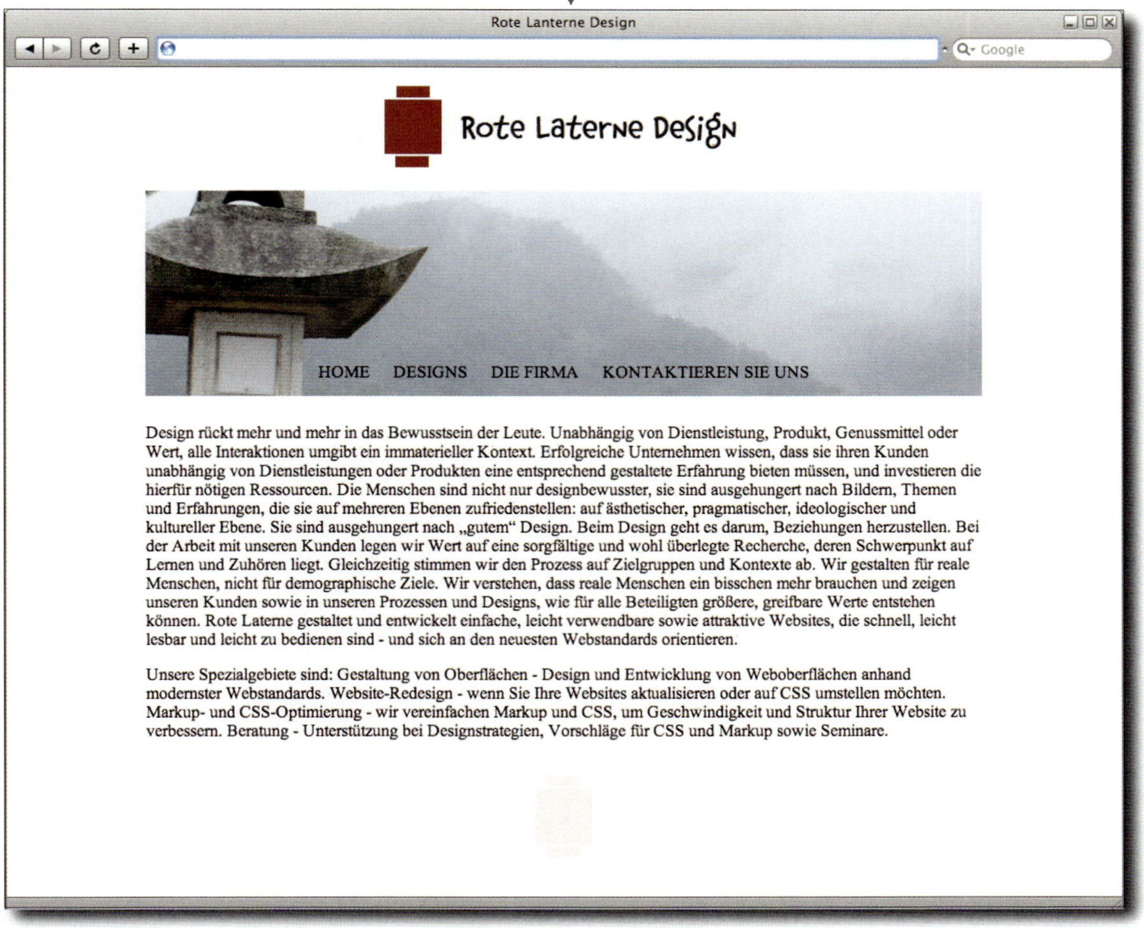

Spitzen Sie Ihren Bleistift

Lösung

Hier sehen Sie, wie wir über diese Website denken. Ihre Antworten können natürlich davon leicht abweichen. Machen Sie sich also keine Gedanken, falls Sie nicht alle Punkte gefunden haben.

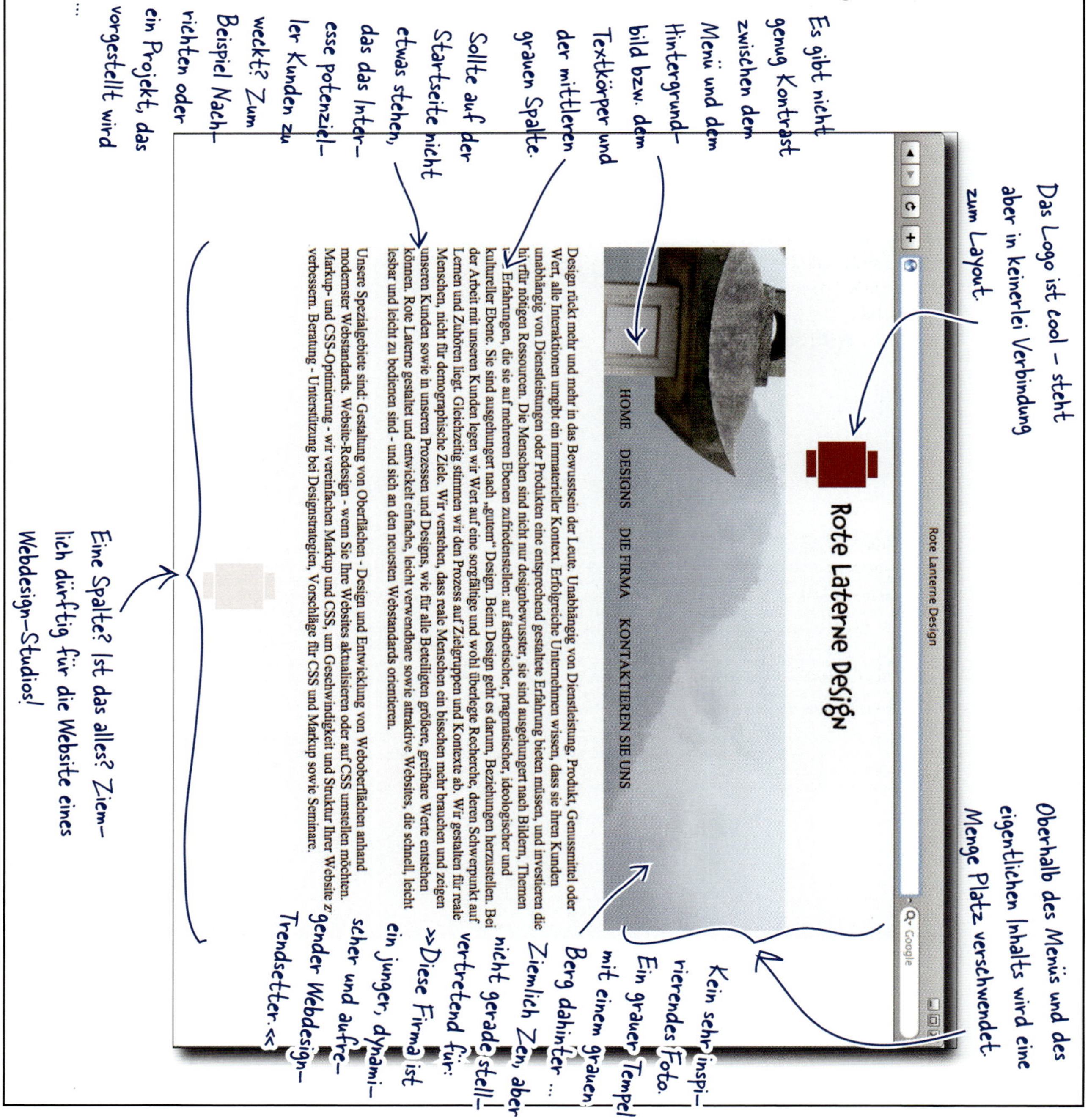

Womit anfangen?

An der vorhandenen Website von Rote Laterne ist nicht allzu viel Gutes – das Logo ist nett, aber das ist bei dem übrigen Design lediglich ein Tropfen auf den heißen Stein. Wie finden wir also heraus, woran wir als Nächstes arbeiten, wenn so vieles an dem bisherigen Design falsch ist? Womit würden ***Sie*** beginnen?

Spitzen Sie Ihren Bleistift

Hat Hans recht? Was gibt es vielleicht noch zu tun? Womit würden ***Sie*** anfangen?

....

....

....

....

....

»Womit soll ich anfangen?« und »Wie geht es dann weiter?« sind wirklich gute Fragen.

Die Tatsache, dass Sie diese Fragen stellen, ohne einen Texteditor zu öffnen, ist ein gutes Zeichen. Die Antwort auf beide Fragen lautet: Sie folgen einem **Designverfahren**. Durch ein solches Verfahren strukturieren Sie Ihr Projekt so, dass Sie bei einer Aufgabe bleiben und nicht gleichzeitig in alle möglichen Richtungen gehen, wobei Sie sowieso nichts außer Stress, Stress und noch mehr Stress ernteten.

Ein Verfahren ist einfach nur ein ***Workflow***, der die Reihenfolge festlegt, die Sie in einem Webdesign-Projekt befolgen. Stellen Sie sich vor, Sie bauten für jemanden ein Haus. Es ist dessen Traumhaus, er hat tonnenweise Ideen auf seiner Wunschliste, und natürlich müssen Sie auch an jene Dinge denken, die üblicherweise zu einem Haus gehören: Wände, Böden, Dach, Küche, Schlafzimmer, Bad, Wohnbereiche ...

Also überlegen Sie sich, wo Sie anfangen. Würden Sie zuerst die Wände bauen, Stoffe aussuchen oder einen Grundriss zeichnen? Was zahlt sich in zwei Wochen aus? In zwei Monaten? In zwei Jahren?

Zeichnen Sie zuerst eine Blaupause

Eine Website bauen Sie ***tatsächlich*** ziemlich ähnlich wie ein Haus. Wenn Sie mit der Blaupause beginnen, wissen Sie bei jedem Schritt ganz genau, was Sie machen: Fundament, tragende Wände usw. Für eine Website erstellen Sie eine **Informationsarchitektur** (**IA**). IA ist der Prozess, in dem Sie den Inhalt Ihrer Website in einzelne Blöcke herunterbrechen. Anschließend setzen Sie diese Blöcke auf logische Art und Weise hierarchisch in Beziehung zueinander.

Die Architektur Ihres Hauses beginnt mit einer Blaupause.

Meistens besteht jeder Block von Informationen aus Inhalten (Texte, Bilder usw.), die sich auf einer einzelnen Seite befinden. Die IA ist ebenfalls eng mit dem Aufbau der Navigation Ihrer Website verknüpft. Wenn Sie also eine schlechte IA haben, entwickeln Sie aller Wahrscheinlichkeit nach auch eine schlechte Navigation. Verfügt Ihre Website nicht über eine solide IA, wirkt sie auf die Benutzer schlecht strukturiert und verwirrend. Und dann werden sich die Benutzer woanders nach dem Gesuchten umsehen.

Und die Blaupause für eine typische Website ist die Informationsarchitektur.

In diesem typischen IA-Diagramm vom Typ >>auf dem Kopf stehender Baum<< befindet sich der Abschnitt >>Produkte<< unterhalb des Abschnitts >>Home<<.

Halten Sie Ihr Buch verkehrt herum. Das Diagramm sieht aus wie ein Baum.

Unterteilen Sie Ihre Inhalte in logische Blöcke, die sich in einer hierarchischen Ordnung aufeinander beziehen.

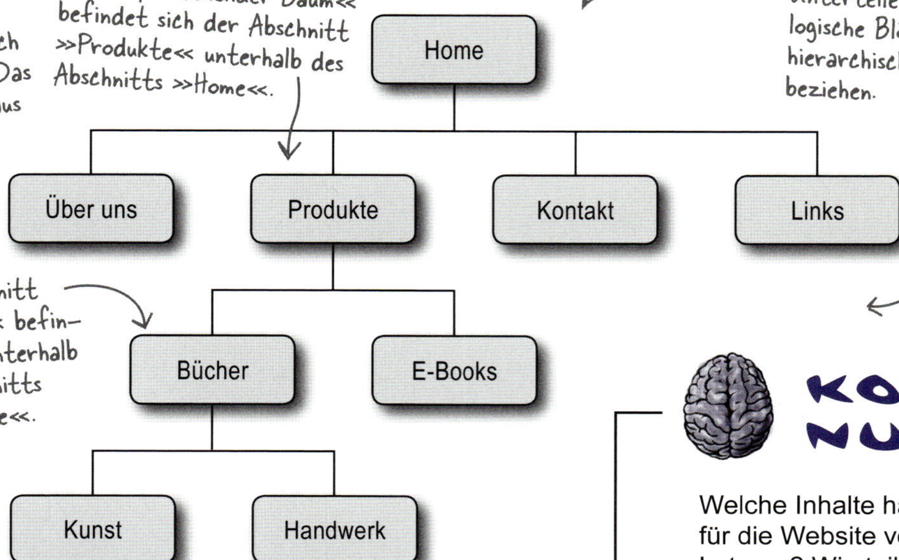

Der Abschnitt >>Bücher<< befindet sich unterhalb des Abschnitts >>Produkte<<.

Und die beiden Kategorien gedruckter Bücher stehen im Abschnitt >>Bücher<<.

KOPF-NUSS

Welche Inhalte haben Sie für die Website von Rote Laterne? Wie teilen Sie den Inhalt auf? Brauchen Sie noch mehr Material?

Spitzen Sie Ihren Bleistift

Als ersten Schritt für eine gute Informationsarchitektur sollten Sie Jana fragen, welche Inhalte sie auf der Website haben möchte.

Hier sehen Sie einen Zettel, auf dem Jana Ihnen die gewünschten Inhaltsabschnitte mitteilt. Notieren Sie für jeden dieser »Blöcke« eine Beschreibung, bestehend aus ein bis zwei Worten.

Rote Laterne Design

NOTIZ

Von: Jana

Betreff: Inhalt der Website

Wir brauchen einen Abschnitt auf der Website, in dem wir Nachrichten und Neuigkeiten über Rote Laterne zeigen. ....

Wir brauchen auch unbedingt einen Abschnitt, in dem wir mit unserer tollen Arbeit angeben. ....

Unsere Website braucht eine Kontaktseite. Wie sollen wir ohne eine Kontaktseite an Kunden kommen?! ....

Ich denke, es wäre gut, wenn die Website einen Abschnitt über das Unternehmen enthält – was wir machen ... und so was alles. ....

Wir müssen dafür sorgen, dass die Kunden wissen, dass wir Beratung und Webdesign machen! ....

Sobald Sie die Informationsabschnitte für die Website von Rote Laterne Design ausgetüftelt haben, können Sie Ihr Diagramm für die Informationsarchitektur basteln. Schreiben Sie die einzelnen Abschnitte von der vorherigen Seite in die leeren Felder.

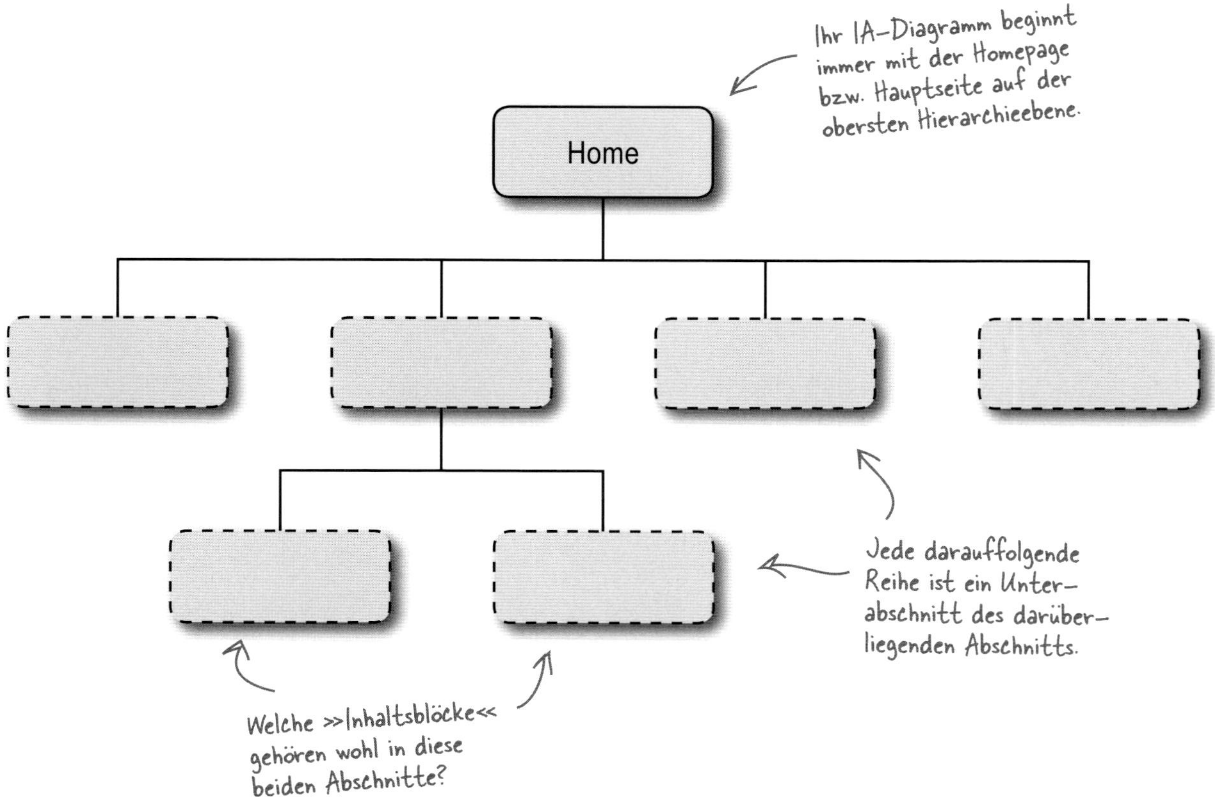

Spitzen Sie Ihren Bleistift – Lösung

Sie haben mit der Informationsarchitektur begonnen, indem Sie Jana nach dem gewünschten Inhalt für die Website gefragt haben.

Jana hat Ihnen mitgeteilt, welche Abschnitte sie in der Website haben möchte. Hier sehen Sie mögliche Beschreibungen mit ein bis zwei Worten für die jeweiligen »Inhaltsblöcke«.

Rote Laterne Design

NOTIZ

Von: Jana

Betreff: Inhalt der Website

Wir brauchen einen Abschnitt auf der Website, in dem wir Nachrichten und Neuigkeiten über Rote Laterne zeigen.

Wir brauchen auch unbedingt einen Abschnitt, in dem wir mit unserer tollen Arbeit angeben.

Unsere Website braucht eine Kontaktseite. Wie sollen wir ohne eine Kontaktseite an Kunden kommen?!

Ich denke, es wäre gut, wenn die Website einen Abschnitt über das Unternehmen enthält – was wir machen ... und so was alles.

Wir müssen dafür sorgen, dass die Kunden wissen, dass wir Beratung und Webdesign machen!

- News & Neuigkeiten
- Portfolio
- Kontakt
- Über uns
- Beratung, Design

Wie sieht Ihr IA-Diagramm mit diesen Informationsabschnitten aus?

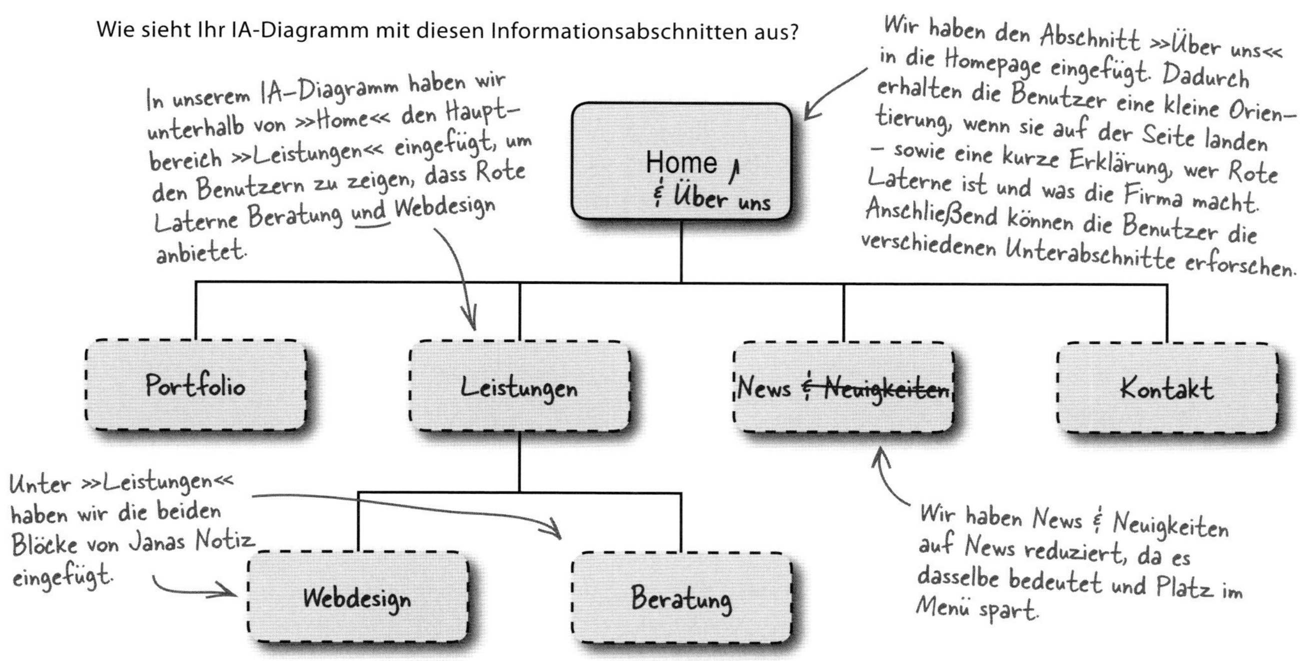

Es gibt keine Dummen Fragen

F: Müssen IA-Diagramme immer wie ein auf dem Kopf stehender Baum aussehen?

A: Nein, obwohl IA-Diagramme meistens wie auf dem Kopf stehende Bäume dargestellt werden. Genau genommen funktioniert jede Art von Diagramm, in der die Abschnitte und Unterabschnitte des Inhalts (und die hierarchischen Beziehungen) klar und deutlich abgebildet werden.

F: Äußern sich die Kunden, für die ich Websites entwerfe, zu ihren gewünschten Abschnitten immer so klar wie Jana?

A: Ja ... und nein. Sie werden überrascht sein, wie viele Feinheiten zu den Abschnitten und wie viele Designideen auftauchen, wenn Sie einfach nur mit den Menschen *sprechen*. Auch wenn Ihre Kunden vielleicht nicht wissen, wie die Abschnitte auf einer Website üblicherweise genannt werden, heißt das nicht, dass sie keine klare Vorstellung davon haben, was ihre Website enthalten soll. Dann liegt es an Ihnen, diese Abschnitte logisch und hierarchisch zu strukturieren.

F: Kann ich diesen Schritt des Prozesses nicht einfach überspringen? Dieses IA-Diagramm und das von Seite 7 sehen ziemlich ähnlich aus ...

A: Nein! Überspringen Sie die IA auf keinen Fall, da sie oft beim Layout der Website für Teile des Designs sehr entscheidend ist. Abgesehen von einigen Ähnlichkeiten in der Struktur ist jede Website anders, und einige haben eine Menge Unterabschnitte. Je mehr Inhalt und je tiefer verzweigt Ihr IA-Diagramm, umso komplexer die Navigation. Und Sie werden nicht nur eine Top-Level-Navigation brauchen, sondern auch eine auf einer zweiten Ebene. Aber keine Sorge, wir werden in Kapitel 3 wesentlich ausführlicher auf die IA zu sprechen kommen.

F: Ist ein IA-Diagramm einfach nur eine Sitemap? Die »Blöcke« sehen genau wie Links aus ...

A: Ein IA-Diagramm zeigt die hierarchischen Beziehungen zwischen Abschnitten und Unterabschnitten einer Website. Es soll nicht die Links zwischen den Abschnitten zeigen, aber Sie verwenden das IA-Diagramm später, um die Navigation Ihrer

Reicht das, damit sich die Benutzer auf Ihrer Website zurechtfinden?

Über die Navigation müssen Sie während des Gestaltungsprozesses *zweimal* nachdenken. Zuerst müssen Sie sich über die Navigationselemente Gedanken machen – genau, Dinge wie Buttons und Navigationsleisten –, während Sie am *allgemeinen Layout* der Website arbeiten.

Danach wird die Navigation wieder auftauchen, wenn Sie damit anfangen, den *Code* zu schreiben und die Layoutelemente zu bauen, die die Benutzer durch die Website bewegen und die Seiten untereinander verlinken. Aber überstürzen Sie nichts, zunächst müssen Sie die Top-Level-Navigation strukturieren.

Informationsarchitektur ist nicht nur wichtig für die Struktur der Inhalte auf Ihrer Website, sie ist auch von großer Bedeutung für Ihre Navigation. Halten Sie das IA-Diagramm immer griffbereit, wenn Sie die Navigation einer Website aufbauen.

Entwickeln Sie eine Top-Level-Navigation

Die Top-Level-Navigation ist üblicherweise das auffälligste Navigationselement – eine Navigationsleiste mit Tabs am oberen Rand der Seite, ein vertikales Navigationsmenü in einer zweiten Spalte usw. Meistens verlinkt die Top-Level-Navigation zu den Abschnitten, die in Ihrem IA-Diagramm eine Schicht unterhalb der Homepage liegen.

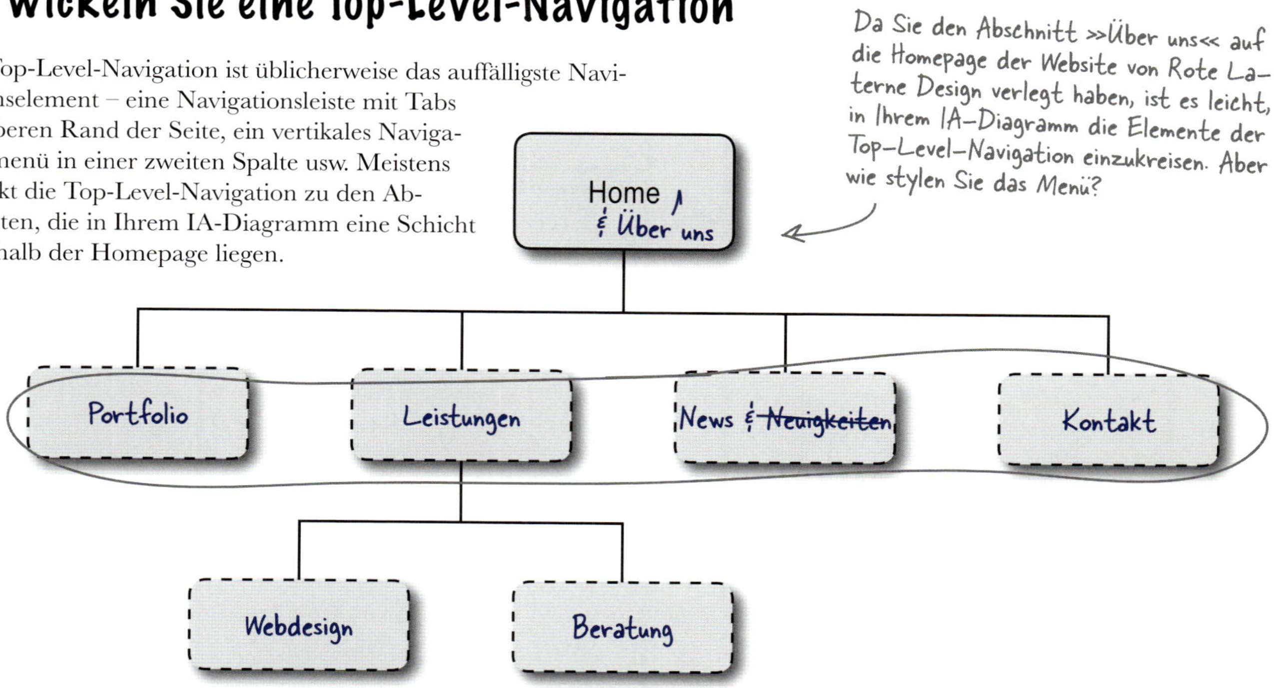

Spitzen Sie Ihren Bleistift

Zeichnen Sie ein paar Skizzen mit den Arten von Menüs, die Sie bereits kennen, und machen Sie sich darüber Gedanken, welcher Menütyp gut zur Website für Rote passen könnte.

Spitzen Sie Ihren Bleistift
Lösung

Welcher Entwurf für die Top-Level-Navigation der Website von Rote Laterne Design funktioniert Ihrer Meinung nach am besten? Falls Sie keine Ahnung haben: Wie finden Sie die Antwort?

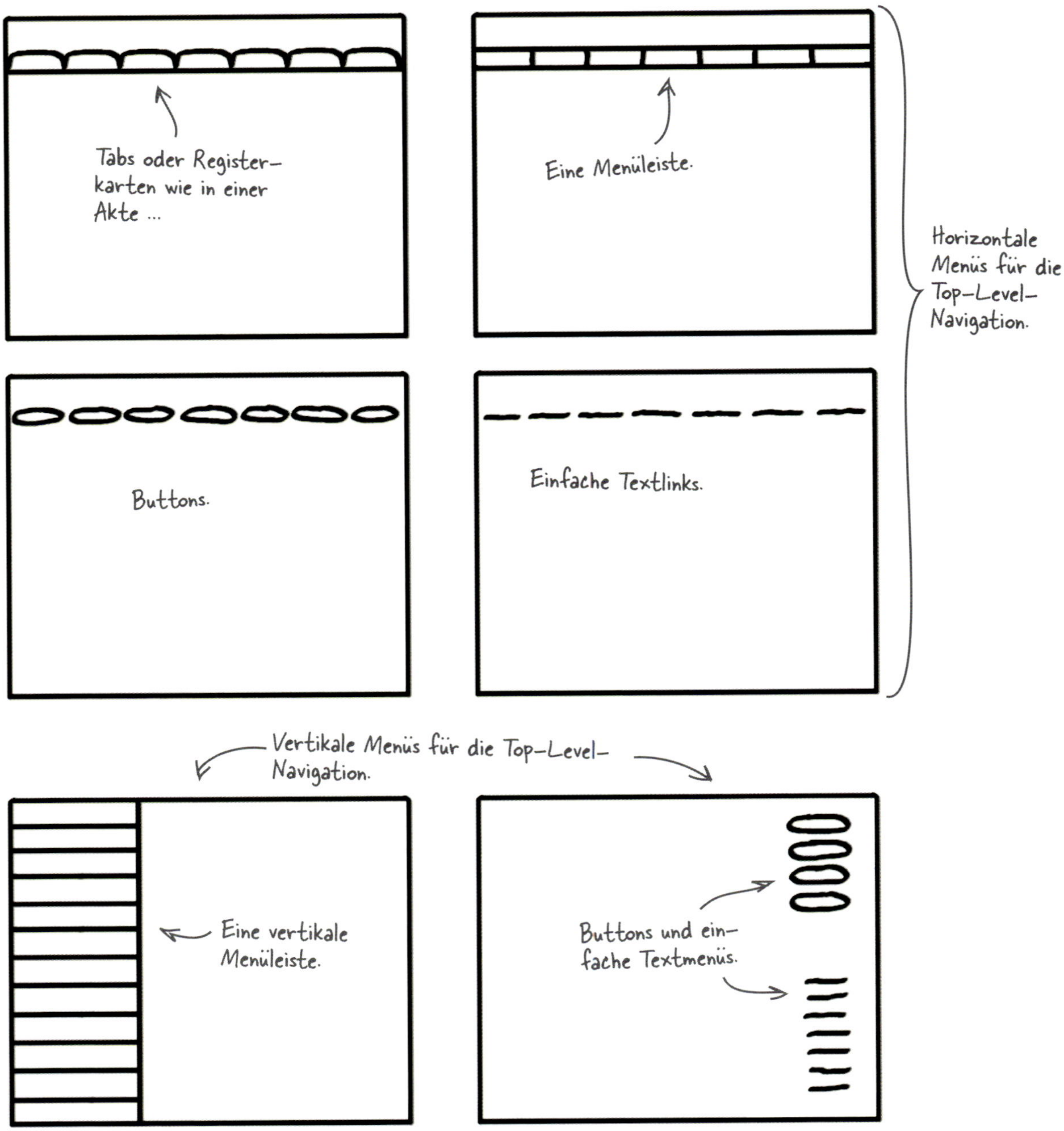

Der richtige Kontext

Der Sinn einer Top-Level-Navigation besteht darin, den Benutzern zu zeigen, wo sie sich innerhalb der Hauptstruktur der Website befinden. In Kapitel 6 kommen wir ausführlich auf die Navigation zurück, aber für den Moment sollten Sie sich fragen, wie Sie das Menü für die Rote Laterne-Website gestalten. Zeit also, darüber nachzudenken, welchen Menütyp Sie für die Website verwenden und wie er auf die Seite passt.

Horizontale Tabs

Horizontale Tabs werden auf unzähligen Websites als Top-Level-Navigation verwendet, weil sie eine Menge Platz sparen.

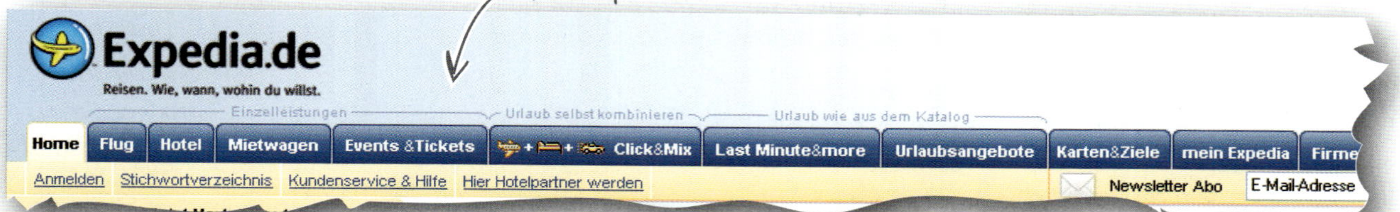

Horizontale Buttons

Horizontale Buttons als Top-Level-Navigation.

In diesem Fall werden die Buttons sichtbar, wenn sich der Mauszeiger darüberbewegt. Ein subtiles, nettes Detail.

Vertikales Menü

Vertikales Menü als Top-Level-Navigation.

Damals, als die Menschen damit begannen, Menüs in ihre Websites einzufügen, war dies der beliebteste Menütyp.

Vertikale Tabs

Vertikale Tabs als Top-Level-Navigation, mit CSS und Bildern gestylt, geben dieser Website einen Notebook-Touch.

Beachten Sie, dass der Inhalt dieser Website in Französisch ist. In Anhang 1 erfahren Sie mehr über mehrsprachige Websites.

Zeigen Sie Jana einige Skizzen

Sie haben den Inhalt im Wesentlichen entworfen. Was Sie als Nächstes machen? An diesem Punkt ist es eine gute Idee, Jana einige einfache Designskizzen zu zeigen ....

Eine klare Vorstellung davon, wo Sie die Bausteine auf dem Bildschirm platzieren möchten, spart wertvolle Entwicklungszeit.

Sie können viel schneller einige Designs auf Papier skizzieren und Janas Reaktion abwarten, als dass Sie Ihre Zeit auf den Code für eine Handvoll Designs verschwenden. Vor allem, wenn Jana sowieso nur eins davon aussuchen wird ...

Skizzen richten den Fokus auf die Funktionalität

Ihre ersten Skizzen sollten Sie schwarz auf weiß auf Papier zeichnen. Auf diese Weise konzentriert sich Jana voll und ganz auf das grundlegende Layout des Designs (statt auf die Hintergrundfarbe für die Seite oder wie toll ihr Logo vor diesem Bild aussieht ... Sie verstehen schon).

Ihre Designs sollen Jana einige grundlegende Layouts mit den von ihr gewünschten Inhalten in verschiedenen Kombinationen auf der Seite zeigen. Anhand der Skizzen soll sich Jana Fragen wie die folgenden stellen: »Möchte ich ein großes Bild am oberen Rand der Seite?«, »Wie viele Spalten sollen es sein?«, »Wohin gehört das Menü?« usw.

Spitzen Sie Ihren Bleistift

Das ist die erste Skizze, die wir Jana gezeigt haben. Sie hat ihr nicht gefallen, weil sie beinahe identisch mit dem bisherigen Design ist, auch wenn der Hauptabschnitt in zwei Spalten aufgeteilt ist.

Jetzt liegt es an Ihnen, ein grundlegendes Design zu finden, das Jana *gefällt*. Zeichnen Sie mindestens drei weitere Konzepte auf Ihr eigenes Papier.

Dieses Design ist Jana der bisherigen Website zu ähnlich ... Also zurück ans Zeichenbrett!

Verwenden Sie horizontale Linien anstelle des tatsächlichen Texts. Zu diesem Zeitpunkt müssen Sie nicht zu sehr ins Detail gehen.

Bringen Sie mit den Skizzen Ihre Ideen zu Papier. Details können Sie später ausarbeiten.

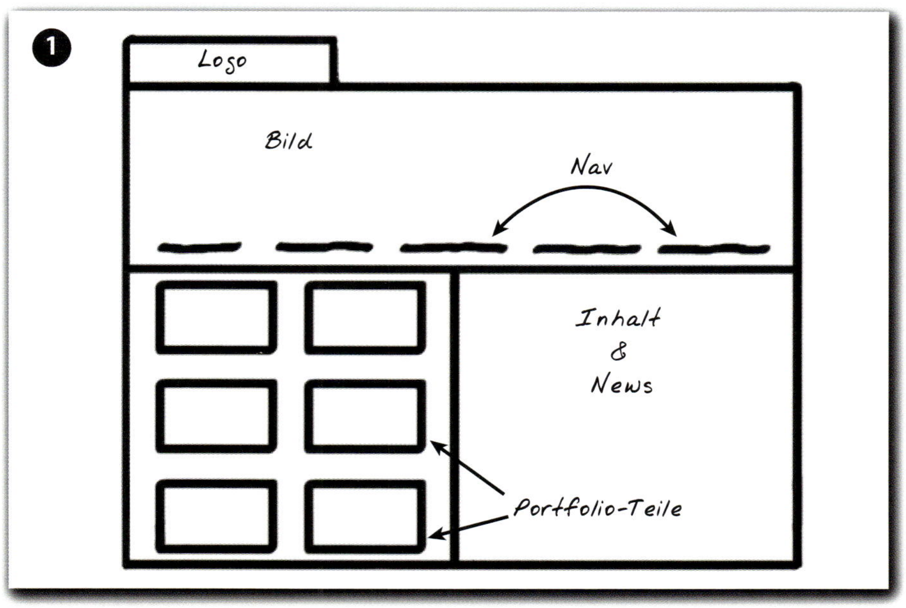

Spitzen Sie Ihren Bleistift
Lösung

Einfache Schwarz-Weiß-Skizzen richten den Fokus auf das Layout. Jetzt ist es an der Zeit, die Konzepte Jana zu zeigen. Welches wird sie wohl auswählen?

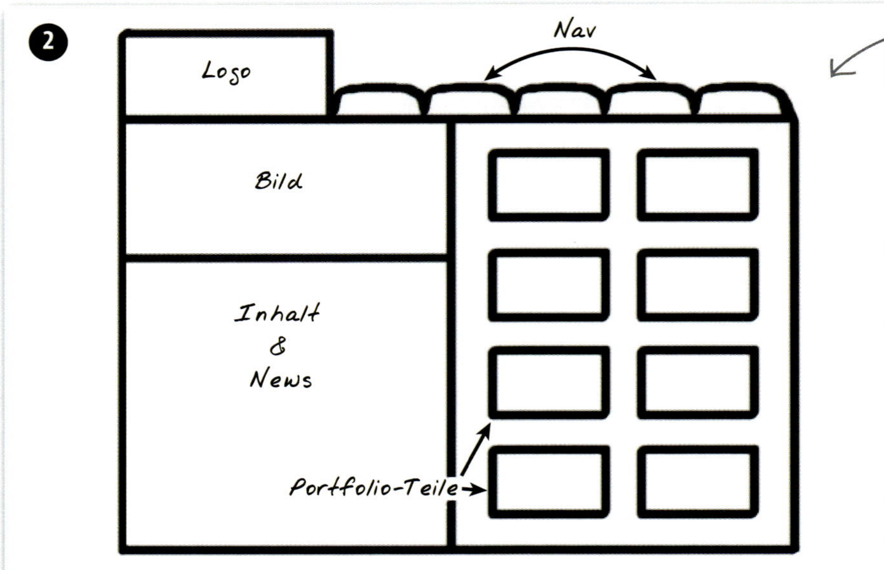

Design 2 verwendet horizontale Tabs für das Menü. Unterhalb des Logos und des Menüs ist genug Platz für das zweispaltige Design: ein Bild mit dem News-Abschnitt darunter sowie kleine Thumbnails von den bisher von Rote Laterne entworfenen Websites im rechten Bereich.

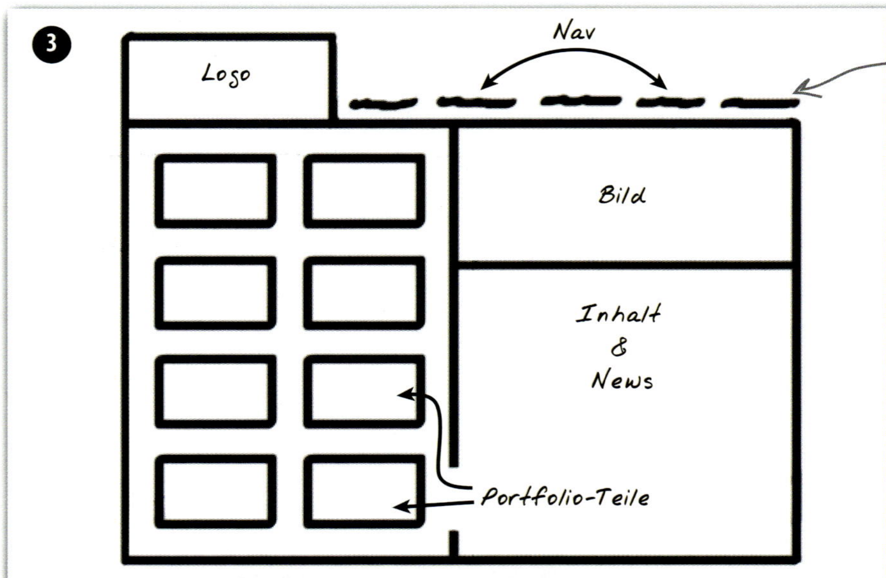

Design 3 verwendet ein schlichtes Textmenü anstelle der Tabs und vertauscht die Abschnitte mit dem Portfolio und den anderen Inhalten.

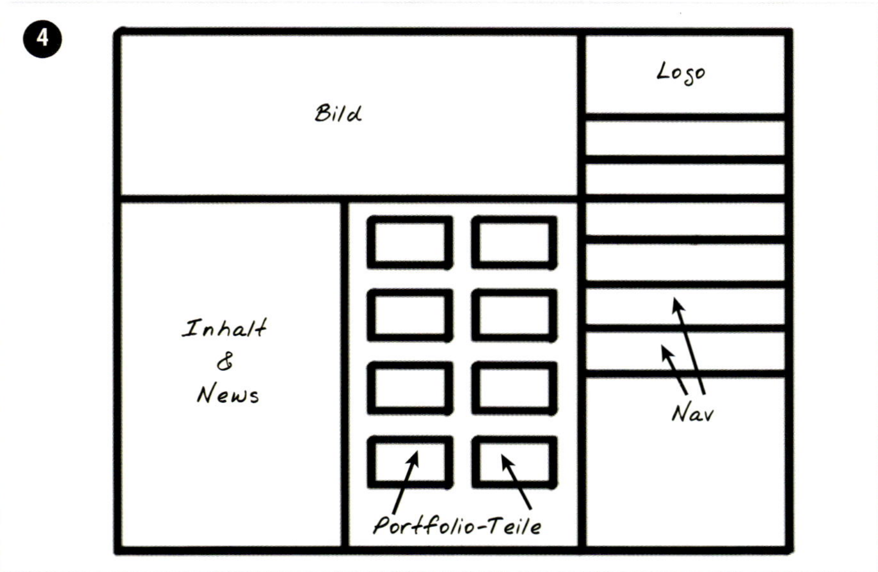

Design 4 ist dreispaltig. Es beginnt oben links mit dem Hauptbild und dem Logo rechts davon. Darunter befinden sich das Menü sowie die Abschnitte mit dem Inhalt und dem Portfolio

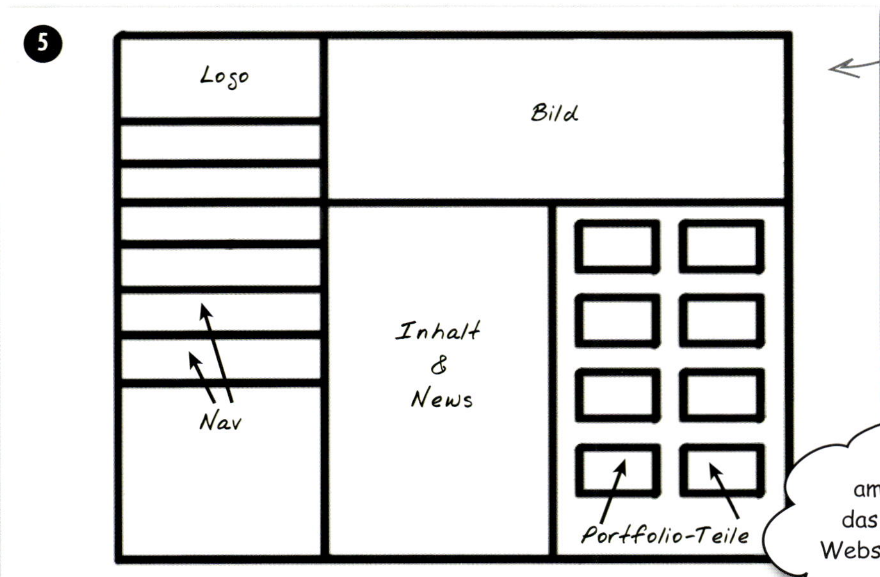

Design 5 vertauscht einfach die Reihenfolge der Elemente aus Design 4. Die Seite beginnt mit dem Logo und dem Menü im linken Teil des Bildschirms, die übrigen Abschnitte folgen.

Mir gefällt Nr. 3 am besten. Können Sie mir das detaillierter zeigen? Die Website muss für die Konferenz fertig werden.

Toll, Sie haben sich auf ein grundlegendes Design geeinigt. Was kommt jetzt?

Frank: Nee. Wir bleiben bei Stift und Papier. Was haltet ihr davon, wenn wir diesen Skizzen ein bisschen Farbe verpassen?

Jo: Warum das denn? Kann ich nicht einfach mit dem Code anfangen und dann mit CSS-Stylesheets verschiedene Farben ausprobieren?

Frank: Na ja, auf diese Weise kannst du sehen, wie die Farben zueinander passen, wie Benutzeroberfläche und Layoutelemente zusammenspielen, wenn sie farbig sind ... wie die Navigation im Verhältnis zum restlichen Layout aussieht und ob der Inhalt insgesamt auf die bestmögliche Art dargestellt wird.

Hans: Wow. Das klingt nach einem großen Anspruch für eine kleine Skizze. Hätten wir Jana nicht einfach einige farbige Versionen zeigen können statt der Schwarz-Weiß-Skizzen?

Frank: Kunden lassen sich leicht ablenken, wenn du zu früh Farbe ins Spiel bringst. Am besten zeigst du ihnen etwas, das einen Eindruck von der Funktionalität der Website vermittelt ...

Hans: ... bevor wir mit der Gestaltung von Look and Feel beginnen. Verstehe. Die Skizzen bieten uns einen schmerzfreien Weg, alle potenziellen Designprobleme aufzuspüren, bevor wir mit dem Coden beginnen und sie zu einem echten Hindernis werden.

Frank: Ganz genau. Aber wir werden nicht nur eine Skizze machen, Hans.

Hans: Nein?

Frank: ...

Jo: ... nein. Wir werden einen ganzen Haufen machen, alle in verschiedenen Farben, und wir werden sie alle Jana zeigen, genau wie die ersten Skizzen, okay?

Frank: Mehr oder weniger. Wir schreiben also *Storyboards*, um einige Variationen zu testen. Und zeigen Jana die besten davon.

Jo: Moment. Was?

Frank: Ja, wie Storyboards ... du weißt schon, diese Sequenzen von kleinen Skizzen, die aussehen wie ein Comic. In der Filmindustrie werden damit Einstellungen getestet, bevor die Kamera an den Start geht. Wir machen dasselbe. Kommt, ich zeige euch einen tollen Trick, um gute Storyboards zu erstellen.

Spitzen Sie Ihren Bleistift

Nachdem Sie jetzt wissen, welches Layout Jana für die Website von Rote Laterne Design bevorzugt, ist es Zeit für das Storyboard. Schnappen Sie sich Papier und Bleistift und machen Sie sich an die Arbeit. Gehen Sie so weit wie möglich ins Detail. Verpassen Sie Ihren Storyboards auch ein wenig Farbe, falls Sie Buntstifte zur Hand haben.

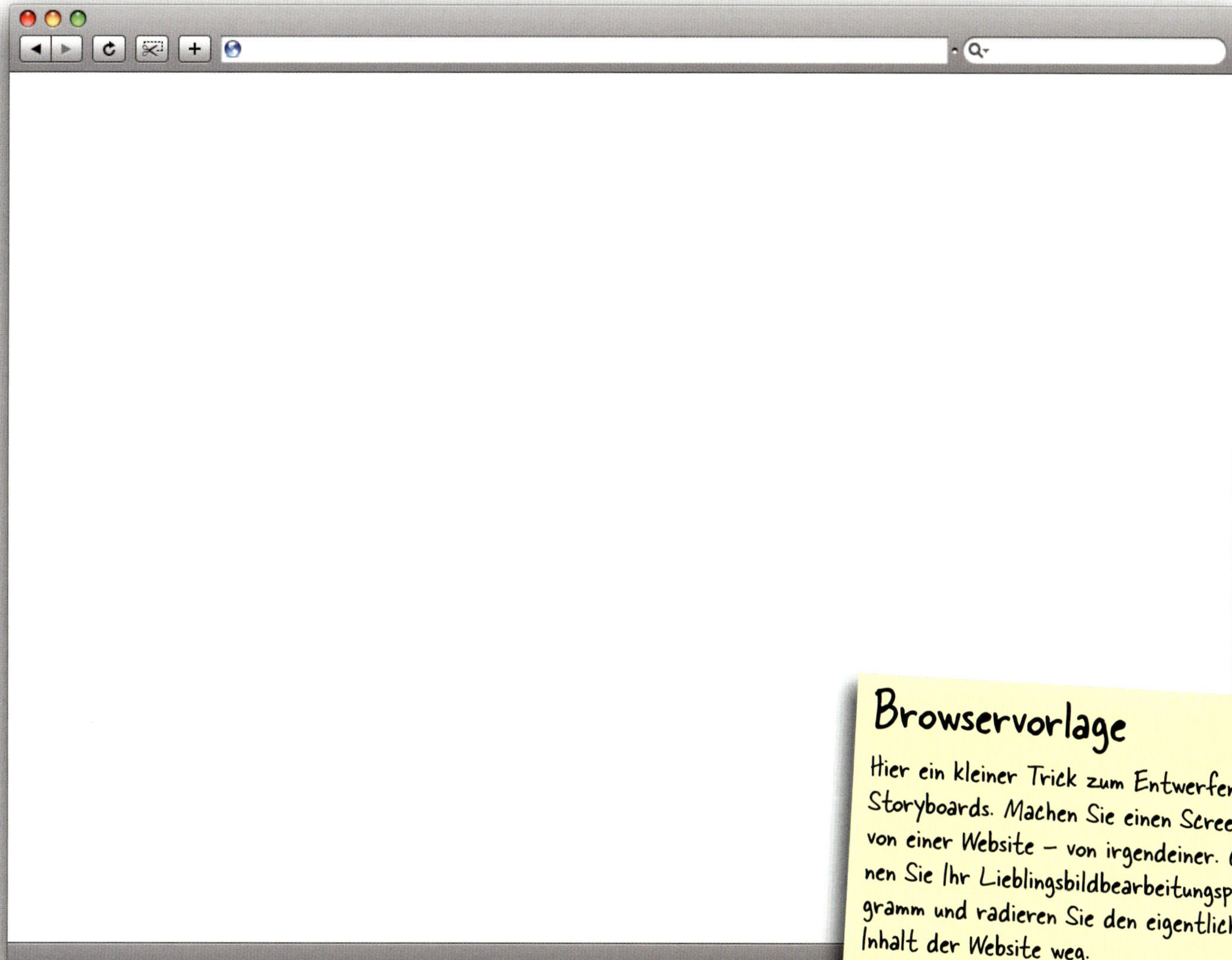

Browservorlage

Hier ein kleiner Trick zum Entwerfen Ihrer Storyboards. Machen Sie einen Screenshot von einer Website – von irgendeiner. Öffnen Sie Ihr Lieblingsbildbearbeitungsprogramm und radieren Sie den eigentlichen Inhalt der Website weg.

Jetzt haben Sie eine Browservorlage, in der Sie Ihre Storyboards zeichnen können.

Spitzen Sie Ihren Bleistift
Lösung

Fertig ist das Storyboard für die Rote Laterne. Ihres sieht wahrscheinlich ein bisschen anders aus, aber das ist ungefähr die Detailebene, auf der das endgültige Storyboard gezeichnet sein soll.

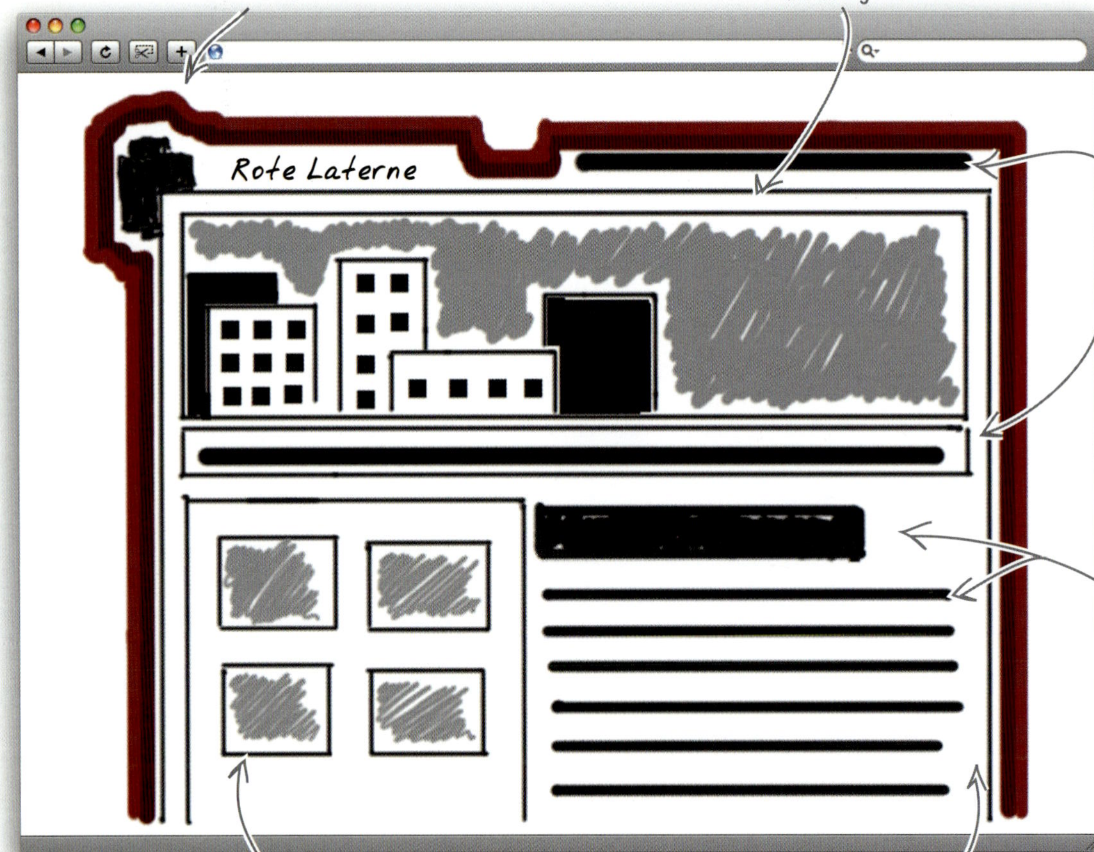

Kamingespräche

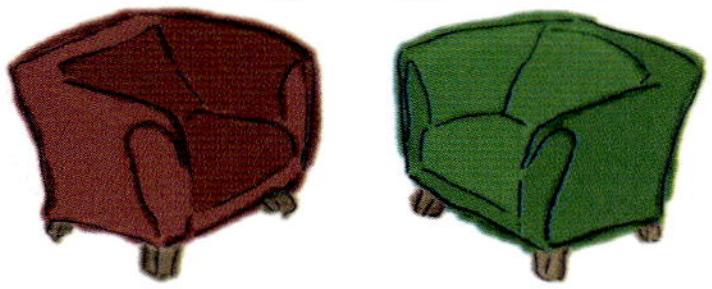

Heute Abend: **Bleistift und Designprogramm sprechen über Storyboards**

Bleistift:

Du, Designprogramm, kannst du mir etwas erklären?

Designprogramm:

Klar. Was denn?

Bleistift:

Nun, ich bin ein bisschen verwirrt. Manche Webdesigner nennen mich »Wireframe«, also »Wireframe«. Aber ich dachte, damit sei das Code-Mock-up, also ein Vorführmodell, gemeint ...

Designprogramm:

Ja. Das kann verwirrend sein, weil der Begriff »Wireframe« auch für Code-Mock-up verwenden, der noch nicht vollständig ausgearbeitet ist. Aber jetzt ist nicht die Zeit für Code.

Code [lauscht mit]:

Hey! Das hab ich gehört.

Bleistift:

Tut mir leid, mein Freund, aber Designprogramm hat recht. Du glaubst vielleicht, du sparst Zeit, wenn du direkt mit dem HTML anfängst. Aber auf lange Sicht kann es dich auch Zeit kosten. Falls einem Kunden (oder dir) das Design nicht gefällt und er eine völlig andere Richtung einschlagen möchte, hast du tonnenweise Zeit in HTML (und wahrscheinlich CSS) investiert, das du nicht verwendest. In dem Fall ist es viel leichter, ein Storyboard zur Seite zu legen und mit einem neuen Blatt Papier anzufangen.

Designprogramm:

– oder mit einer neuen Datei. *Ich* würde gleich von Anfang an den formalen Weg gehen. Das spart jede Menge Zeit, weil du die Details direkt aus dem Storyboard in das endgültige Design kopieren kannst, wenn es funktioniert.

Da bin ich mir nicht so sicher. Ich halte mich lieber nicht allzu viel mit Details auf. Der Sinn von Storyboards liegt ja gerade darin, dass du damit schnell und flexibel Geistesblitze entwickeln und Entwürfe zu Papier bringen kannst. Und warum soll ich in mehreren Designs sklavenhaft jede Menge Zeit auf die Platzierung jedes einzelnen Pixels verschwenden, wenn der Kunde sowieso nur einen Entwurf aussucht?

Damit könntest du recht haben. Aber möchtest du den Kunden wirklich dein chaotisches, verschmutztes, kaffeebeflecktes Selbst zeigen, Bleistift?

Wenn du natürlich ein Verkaufsgespräch mit einem potenziellen Kunden vorbereitest, *könnte* es in der Tat eine gute Idee sein, mit etwas Ausgefeilterem und Formalerem aufzuwarten. Aber ich denke trotzdem, dass handgezeichnete Storyboards beim Entwurf einer neuen Website der erste Schritt sein sollten.

Jetzt wird es Zeit für den Code des Prototyps für die Website

Es hat viele Vorteile, einen Prototyp mit Code zu erstellen. Zum einen kann es passieren, dass Ihr Design auf dem Papier toll aussieht, aber sich technisch gesehen in Code einfach nicht umsetzen lässt. Mit dem Prototyp haben Sie die Gelegenheit, Fehler (im Code) zu beseitigen, bevor Sie zu viel Zeit in die Entwicklung des fertigen, ausgefeilten Produkts investieren.

Außerdem haben Sie mit einem Codeprototyp bei der Arbeit mit dem Kunden etwas vorzuzeigen und wie mit den Storyboards die Möglichkeit, nützliches Feedback zu bekommen und iterative Änderungen vorzunehmen.

Entspannen Sie sich

Was soll das heißen, iterativ?

Iteration ist eine Designmethode, bei der Sie den Prototyp während der laufenden Arbeit testen, analysieren und verfeinern. In jeder Stufe durchlaufen Sie alle Schritte des Designprozesses – der zyklisch abläuft –, bis Sie etwas erhalten, mit dem Sie (und Ihr Kunde) zufrieden sind.

Code-Fertiggericht

Los geht's. Holen Sie sich die Dateien für den ersten Codeprototyp unter

`http://tinyurl.com/kf-webdesign`

und wir machen einen schnellen Testlauf, um zu sehen, wie das alles aussieht.

```
/* Redesign Rote Laterne */

body {
  margin: 0;
  padding: 0;
  background: #7a2
  font-family: Hel
  font-size: 62.5%
  color: #333;
}

h1, h2, p, ul, l
  margin: 0;
  padding: 0;
}

p {
  font-size: 1.
  line-height:
}

ul {
  list-style-
}
```

```
<!DOCTYPE html PUBLIC "-//W3C//DTD XHTML 1.0 Strict//EN"
        "http://www.w3.org/TR/xhtml1/DTD/xhtml1-strict.dtd">
<html xmlns="http://www.w3.org/1999/xhtml" xml:lang="en" lang="en">
<head>
    <title>Rote Laterne Design</title>
        <meta http-equiv="Content-Type" content="text/html; charset=utf-8"/>
        <link rel="stylesheet" href="stylesheets/screen.css" type="text/css"
media="screen" />
</head>
<body>
    <div id="impressum">
        <h1><img alt="Rote Laterne Logo" src="bilder/rl_logo.png" /></h1>
        <ul id="nav">
            <li><a class="aktiv" title="Rote Laterne Home"
                    href="index.html">Home</a></li>
            <li><a title="Designleistungen"
                    href="leistungen.html">Leistungen</a></li>
            <li><a title="Unsere Arbeit" href="portfolio.html">Portfolio</a></
li>
            <li><a title="Kontakt" href="kontakt.html">Kontakt</a></li>
        </ul>
                >
            opfzeile">
            lt="Gebäude Tokio" src="bilder/tokio.jpg" />
```

Wiederholen Sie sich

Denken Sie daran, Sie brauchen das HTML für jede Seite in Ihrem IA-Diagramm. Sobald Sie das HTML heruntergeladen haben, duplizieren Sie den Code und geben den Dateien entsprechende Namen. Zum Schluss verlinken Sie sie.

Probefahrt

Zeit, die Website in einem Browser zu testen. Nach Ihrem Test zeigen Sie sie direkt Jana, um auf diese Iteration schnelles Feedback zu bekommen.

Übung

Hier ist der Text, den Jana gerade rübergeschickt hat. Nehmen Sie eine Stoppuhr und stellen Sie sie auf 15 Sekunden. Drücken Sie die Starttaste und beginnen Sie, diesen Text zu lesen. Wenn die Zeit abgelaufen ist, schreiben Sie auf, wovon dieser Text handelt.

Rote Laterne Design

NOTIZ

Von: Jana

Betreff: Inhalt für Website

Design rückt mehr und mehr in das Bewusstsein der Menschen. Unabhängig von Dienstleistung, Produkt, Genussmittel oder Wert, alle Interaktionen umgibt ein immaterieller Kontext. Erfolgreiche Unternehmen wissen, dass sie ihren Kunden unabhängig von Dienstleistungen oder Produkten eine entsprechend gestaltete Erfahrung bieten müssen, und investieren in die hierfür nötigen Ressourcen. Die Menschen sind nicht nur designbewusster, sie sind ausgehungert nach Bildern, Themen und Erfahrungen, die sie auf mehreren Ebenen zufriedenstellen: auf ästhetischer, pragmatischer, ideologischer und kultureller Ebene. Sie sind ausgehungert nach »gutem« Design. Beim Design geht es darum, Beziehungen herzustellen. Bei der Arbeit mit unseren Kunden legen wir Wert auf eine sorgfältige und wohlüberlegte Recherche, deren Schwerpunkt auf Lernen und Zuhören liegt. Gleichzeitig stimmen wir den Prozess auf Zielgruppen und Kontexte ab. Wir gestalten für reale Menschen, nicht für demografische Ziele. Wir verstehen, dass reale Menschen ein bisschen mehr brauchen, und zeigen unseren Kunden sowie in unseren Prozessen und Designs, wie für alle Beteiligten größere, greifbare Werte entstehen können. Rote Laterne gestaltet und entwickelt einfache, leicht verwendbare sowie attraktive Websites, die schnell, leicht lesbar und leicht zu bedienen sind – und sich an den neuesten Webstandards orientieren.

Unsere Spezialgebiete sind: Gestaltung von Oberflächen – Design und Entwicklung von Weboberflächen anhand modernster Webstandards. Website-Redesign – wenn Sie Ihre Websites aktualisieren oder auf CSS umstellen möchten. Markup- und CSS-Optimierung – wir vereinfachen Markup und CSS, um Geschwindigkeit und Struktur Ihrer Website zu verbessern. Beratung – Unterstützung bei Designstrategien, Vorschläge für CSS und Markup sowie Seminare.

....

....

....

Ruinieren Sie gutes Design nicht durch schlechten Text

Alle wundervollen Designarbeiten, Storyboards und Prototypen der Welt können Ihre Website nicht retten, wenn sie keinen vernünftigen Inhalt hat (oder die Art, wie der Inhalt präsentiert wird, zum Himmel stinkt). Wie stellen Sie sicher, dass der Inhalt auch interessant ist?

Für das Web müssen Sie anders schreiben als für Printmedien.

Statt Inhalt wie bei einem Buch von links nach rechts und von vorne bis hinten aufzunehmen, durchsuchen Benutzer Texte nach Schlüsselwörtern und Konzepten – um sich einen Eindruck vom Inhalt der Seite zu verschaffen.

Wenn Sie außerdem wissen, dass Ihre Benutzer im Allgemeinen nicht viel Zeit auf einzelnen Seiten verbringen, sollte Ihnen klar sein, dass Sie anders schreiben müssen. Das Wort des Tages lautet **Scannability (Übersichtlichkeit)**!

Was macht Text übersichtlich?

Es gibt mehrere Techniken, mit denen Sie Ihre Texte übersichtlich gestalten können. Kurze Absätze, Überschriften, Aufzählungszeichen und klare Aussagen werden Ihren Benutzern dabei helfen, die Inhalte leichter zu durchforsten.

Eine kurze Einführung gibt einen Überblick über den Text. Auf diese Weise weiß der Leser von vornherein, worauf er sich einlässt.

Hervorhebungen (Fett- und Kursivschrift) markieren für den Benutzer wichtige Begriffe.

Klar formulierte Überschriften informieren über den Artikel und seine Unterabschnitte.

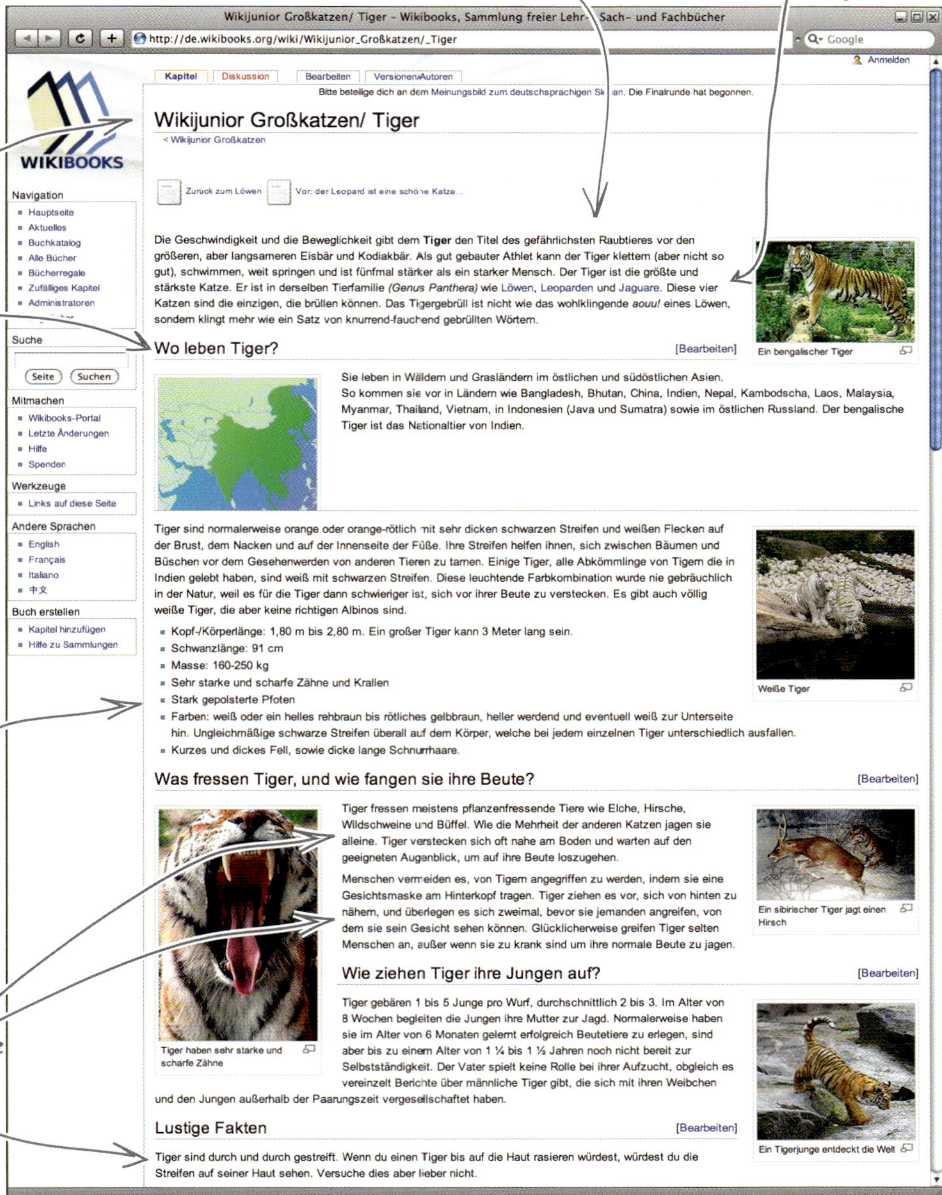

Wikijunior Großkatzen/ Tiger - Wikibooks, Sammlung freier Lehr-, Sach- und Fachbücher

http://de.wikibooks.org/wiki/Wikijunior_Großkatzen/_Tiger

Kapitel | Diskussion | Bearbeiten | Versionen/Autoren

Bitte beteilige dich an dem Meinungsbild zum deutschsprachigen Skan. Die Finalrunde hat begonnen.

Wikijunior Großkatzen/ Tiger

< Wikijunior Großkatzen

Zurück zum Löwen | Vor: der Leopard ist eine schöne Katze...

Die Geschwindigkeit und die Beweglichkeit gibt dem **Tiger** den Titel des gefährlichsten Raubtieres vor den größeren, aber langsameren Eisbär und Kodiakbär. Als gut gebauter Athlet kann der Tiger klettern (aber nicht so gut), schwimmen, weit springen und ist fünfmal stärker als ein starker Mensch. Der Tiger ist die größte und stärkste Katze. Er ist in derselben Tierfamilie *(Genus Panthera)* wie Löwen, Leoparden und Jaguare. Diese vier Katzen sind die einzigen, die brüllen können. Das Tigergebrüll ist nicht wie das wohlklingende *aouu!* eines Löwen, sondern klingt mehr wie ein Satz von knurrend-fauchend gebrüllten Wörtern.

Ein bengalischer Tiger

Wo leben Tiger? [Bearbeiten]

Sie leben in Wäldern und Grasländern im östlichen und südöstlichen Asien. So kommen sie vor in Ländern wie Bangladesh, Bhutan, China, Indien, Nepal, Kambodscha, Laos, Malaysia, Myanmar, Thailand, Vietnam, in Indonesien (Java und Sumatra) sowie im östlichen Russland. Der bengalische Tiger ist das Nationaltier von Indien.

Tiger sind normalerweise orange oder orange-rötlich mit sehr dicken schwarzen Streifen und weißen Flecken auf der Brust, dem Nacken und auf der Innenseite der Füße. Ihre Streifen helfen ihnen, sich zwischen Bäumen und Büschen vor dem Gesehenwerden von anderen Tieren zu tarnen. Einige Tiger, alle Abkömmlinge von Tigern die in Indien gelebt haben, sind weiß mit schwarzen Streifen. Diese leuchtende Farbkombination wurde nie gebräuchlich in der Natur, weil es für die Tiger dann schwieriger ist, sich vor ihrer Beute zu verstecken. Es gibt auch völlig weiße Tiger, die aber keine richtigen Albinos sind.

- Kopf-/Körperlänge: 1,80 m bis 2,80 m. Ein großer Tiger kann 3 Meter lang sein.
- Schwanzlänge: 91 cm
- Masse: 160-250 kg
- Sehr starke und scharfe Zähne und Krallen
- Stark gepolsterte Pfoten
- Farben: weiß oder ein helles rehbraun bis rötliches gelbbraun, heller werdend und eventuell weiß zur Unterseite hin. Ungleichmäßige schwarze Streifen überall auf dem Körper, welche bei jedem einzelnen Tiger unterschiedlich ausfallen.
- Kurzes und dickes Fell, sowie dicke lange Schnurrhaare.

Weiße Tiger

Was fressen Tiger, und wie fangen sie ihre Beute? [Bearbeiten]

Tiger fressen meistens pflanzenfressende Tiere wie Elche, Hirsche, Wildschweine und Büffel. Wie die Mehrheit der anderen Katzen jagen sie alleine. Tiger verstecken sich oft nahe am Boden und warten auf den geeigneten Augenblick, um auf ihre Beute loszugehen.

Menschen vermeiden es, von Tigern angegriffen zu werden, indem sie eine Gesichtsmaske am Hinterkopf tragen. Tiger ziehen es vor, sich von hinten zu nähern, und überlegen es sich zweimal, bevor sie jemanden angreifen, von dem sie sein Gesicht sehen können. Glücklicherweise greifen Tiger selten Menschen an, außer wenn sie zu krank sind um ihre normale Beute zu jagen.

Tiger haben sehr starke und scharfe Zähne

Ein sibirischer Tiger jagt einen Hirsch

Wie ziehen Tiger ihre Jungen auf? [Bearbeiten]

Tiger gebären 1 bis 5 Junge pro Wurf, durchschnittlich 2 bis 3. Im Alter von 8 Wochen begleiten die Jungen ihre Mutter zur Jagd. Normalerweise haben sie im Alter von 6 Monaten gelernt erfolgreich Beutetiere zu erlegen, sind aber bis zu einem Alter von 1 ¼ bis 1 ½ Jahren noch nicht bereit zur Selbstständigkeit. Der Vater spielt keine Rolle bei ihrer Aufzucht, obgleich es vereinzelt Berichte über männliche Tiger gibt, die sich mit ihren Weibchen und den Jungen außerhalb der Paarungszeit vergesellschaftet haben.

Ein Tigerjunge entdeckt die Welt

Lustige Fakten [Bearbeiten]

Tiger sind durch und durch gestreift. Wenn du einen Tiger bis auf die Haut rasieren würdest, würdest du die Streifen auf seiner Haut sehen. Versuche dies aber lieber nicht.

Aufzählungen bieten eine superschnelle Möglichkeit, Ihre Benutzer mit Fakten zu versorgen.

Kurze Absätze sind leichter zu lesen als große Textblöcke (die auf einem Computerbildschirm schwieriger zu lesen und zu verstehen sind).

Ausdauerübung

Hier ist der Text, den Jana gerade geschickt hat. Überarbeiten Sie ihn so, dass er die Scannability-Checkliste erfüllt.

Rote Laterne Design

NOTIZ

Von: Jana

Betreff: Inhalt für Website

Design rückt mehr und mehr in das Bewusstsein der Menschen. Unabhängig von Dienstleistung, Produkt, Genussmittel oder Wert, alle Interaktionen umgibt ein immaterieller Kontext. Erfolgreiche Unternehmen wissen, dass sie ihren Kunden unabhängig von Dienstleistungen oder Produkten eine entsprechend gestaltete Erfahrung bieten müssen, und investieren in die hierfür nötigen Ressourcen. Die Menschen sind nicht nur designbewusster, sie sind ausgehungert nach Bildern, Themen und Erfahrungen, die sie auf mehreren Ebenen zufriedenstellen: auf ästhetischer, pragmatischer, ideologischer und kultureller Ebene. Sie sind ausgehungert nach »gutem« Design. Beim Design geht es darum, Beziehungen herzustellen. Bei der Arbeit mit unseren Kunden legen wir Wert auf eine sorgfältige und wohlüberlegte Recherche, deren Schwerpunkt auf Lernen und Zuhören liegt. Gleichzeitig stimmen wir den Prozess auf Zielgruppen und Kontexte ab. Wir gestalten für reale Menschen, nicht für demografische Ziele. Wir verstehen, dass reale Menschen ein bisschen mehr brauchen, und zeigen unseren Kunden sowie in unseren Prozessen und Designs, wie für alle Beteiligten größere, greifbare Werte entstehen können. Rote Laterne gestaltet und entwickelt einfache, leicht verwendbare sowie attraktive Websites, die schnell, leicht lesbar und leicht zu bedienen sind – und sich an den neuesten Webstandards orientieren.

Unsere Spezialgebiete sind: Gestaltung von Oberflächen – Design und Entwicklung von Weboberflächen anhand modernster Webstandards. Website-Redesign – wenn Sie Ihre Websites aktualisieren oder auf CSS umstellen möchten. Markup- und CSS-Optimierung – wir vereinfachen Markup und CSS, um Geschwindigkeit und Struktur Ihrer Website zu verbessern. Beratung – Unterstützung bei Designstrategien, Vorschläge für CSS und Markup sowie Seminare.

Sie müssen nicht alle Kriterien erfüllen, nur die, die für Ihren Text zutreffen.

Scannability-Checkliste

- [ ] **Klar formulierte Überschriften.**
- [ ] **Kurze Absätze.**
- [ ] **Wichtige Wörter und Sätze mit Fett- und Kursivschrift hervorheben.**
- [ ] **Für entsprechende Inhalte Listen (geordnete und ungeordnete) verwenden.**

Ausdauerübung Lösung

Sie haben Janas Text anhand der Scannability-Checkliste überarbeitet.

Scannability-Checkliste

- ☑ Klar formulierte Überschriften
- ☑ Kurze Absätze.
- ☑ Wichtige Wörter und Sätze mit Fett- und Kursivschrift hervorheben.
- ☑ Für entsprechende Inhalte Listen (geordnete und ungeordnete) verwenden.

Rote Laterne Design

NOTIZ

Von: Jana

Betreff: Inhalt für Website

Design rückt mehr und mehr in das Bewusstsein der Menschen. Unabhängig von Dienstleistung, Produkt, Genussmittel oder Wert, alle Interaktionen umgibt ein immaterieller Kontext. Erfolgreiche Unternehmen wissen, dass sie ihren Kunden unabhängig von Dienstleistungen oder Produkten eine entsprechend gestaltete Erfahrung bieten müssen, und investieren in die hierfür nötigen Ressourcen. Die Menschen sind nicht nur designbewusster, sie sind ausgehungert nach Bildern, Themen und Erfahrungen, die sie auf mehreren Ebenen zufriedenstellen: auf ästhetischer, pragmatischer, ideologischer und kultureller Ebene. Sie sind ausgehungert nach »gutem« Design. Beim Design geht es darum, Beziehungen herzustellen. Bei der Arbeit mit unseren Kunden legen wir Wert auf eine sorgfältige und wohlüberlegte Recherche, deren Schwerpunkt auf Lernen und Zuhören liegt. Gleichzeitig stimmen wir den Prozess auf Zielgruppen und Kontexte ab. Wir gestalten für reale Menschen, nicht für demografische Ziele. Wir verstehen, dass reale Menschen ein bisschen mehr brauchen, und zeigen unseren Kunden sowie in unseren Prozessen und Designs, wie für alle Beteiligten größere, greifbare Werte entstehen können. Rote Laterne gestaltet und entwickelt einfache, leicht verwendbare sowie attraktive Websites, die schnell, leicht lesbar und leicht zu bedienen sind – und sich an den neuesten Webstandards orientieren.

Unsere Spezialgebiete sind: Gestaltung von Oberflächen – Design und Entwicklung von Weboberflächen anhand modernster Webstandards. Website-Redesign – wenn Sie Ihre Websites aktualisieren oder auf CSS umstellen möchten. Markup- und CSS-Optimierung – wir vereinfachen Markup und CSS, um Geschwindigkeit und Struktur Ihrer Website zu verbessern. Beratung – Unterstützung bei Designstrategien, Vorschläge für CSS und Markup sowie Seminare.

Ihr Text sieht wahrscheinlich ein bisschen anders aus. Aber solange Sie die Techniken angewandt haben, um den Text übersichtlicher zu gestalten, werden es Ihnen Ihre Benutzer danken.

Überschriften geben dem Benutzer Orientierung innerhalb des Texts. Beachten Sie, dass Sie am oberen Rand der Seite keine Überschrift brauchen, da das Logo als Seitenüberschrift dient.

Willkommen beim neuen Design von Rote Laterne

Rote Laterne ist ein kleines Unternehmen für Webdesign und Beratung, das sich auf standardkonformes Webdesign und Entwicklung spezialisiert hat. Unser Ziel ist es, einfache und schöne Webseiten zu erstellen, die Informationen leicht lesbar und Ihre Benutzer zufrieden machen.

Falls Sie oder Ihr Unternehmen daran interessiert sind, mit uns zu arbeiten, werfen Sie einen Blick auf unser Portfolio mit den von uns entwickelten Designs und Marken. Senden Sie uns die gewünschten Projektdetails – wir freuen uns darauf, von Ihnen zu hören und Ihnen dabei zu helfen, Ihre Webpräsenz einfacher und übersichtlicher zu gestalten.

Vollständiges Portfolio

Kontakt

Diese Links ergeben eine kurze ungeordnete Liste, deren Aufzählungszeichen wir mit unserem CSS entfernen.

Das ist eine ernsthafte Überarbeitung! Meine war bei Weitem nicht so, äh, *umfassend*. Wird Jana nicht sauer auf Sie sein, weil Sie all ihre sorgfältig gewählten Worte rausgekürzt haben?

Klar, kann sein. Aber diese Version ist kurz, auf den Punkt und wesentlich ansprechender.

Sie sagt den Benutzern genau, was Rote Laterne macht und was sie von einer Zusammenarbeit erwarten können. Wir haben tonnenweise Inhalt gestrichen, der diese einfache Message verschleiert hat: lange Wörter, Sätze, die Sie dreimal lesen mussten, um sie zu verstehen, usw.

Außerdem können wir im schlimmsten Fall einen Kompromiss mit Jana schließen und einiges von ihrem Text wieder einsetzen ... sorgfältig überarbeitet, versteht sich!

Probefahrt

Sobald Sie Janas Ausführungen in eine übersichtliche Form gebracht haben, müssen Sie lediglich den Text im Code aktualisieren, den Sie bereits für Rote Laterne entwickelt haben. Testen Sie ihn. Und wenn Sie damit zufrieden sind, zeigen Sie ihn Jana.

Beim Webdesign geht es um Kommunikation mit den BENUTZERN

Wie sehen die beiden Versionen von Janas Website im Vergleich aus? Letztendlich liegt das Ziel jeder Website darin, Ihren Benutzern etwas zu kommunizieren. Wenn Ihre Website nicht das kommuniziert, was Sie möchten, suchen die Leute auf einer anderen Site die Erfahrung oder den Inhalt, den Sie ihnen nicht geben konnten.

Das bezeichnet man als **nutzerorientierte Gestaltung**. Wenn Sie eine Website erstellen, machen Sie das für Ihre Benutzer, nicht für sich selbst. Sie gestalten sie den Stärken und Schwächen Ihrer Benutzer entsprechend. Sie setzen jede mögliche Technik ein, um Benutzer auf Ihre Website zu locken, helfen ihnen, das Gesuchte zu finden, und sorgen so dafür, dass Ihre Benutzer eine gute Erfahrung machen und immer wieder zu Ihrer Website zurückkommen.

Das in diesem Kapitel vorgestellte Verfahren ...

Konzeption: Mithilfe von Informationsarchitektur und Storyboards erstellen Sie eine Blaupause für Ihre Website, sodass Sie so effizient und fokussiert wie möglich daran arbeiten können, wenn es digital wird.

Navigation basierend auf Ihrem IA-Diagramm. Es geht um mehr als nur darum, Seiten zu verlinken. Die Navigation hilft Ihren Benutzern dabei, Informationen zu finden.

Layout: Sie verwenden HTML und CSS für die Oberfläche der Website (die Sie bereits in der Konzeptionsphase – auf Papier – gestaltet haben).

Schreiben »füllt« das Design mit dem – übersichtlichen! – Inhalt auf, für den Besucher auf Ihre Seite kommen.

... hatte nur dieses Ziel: eine toll aussehende Seite zu erstellen, die Ihren Benutzern alles über Rote Laterne Design sagt.

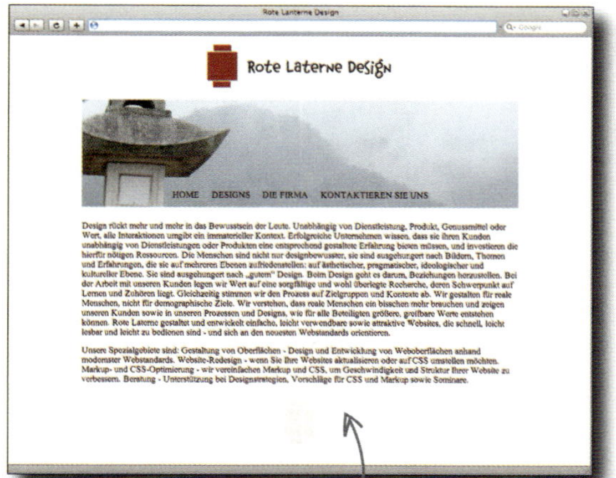

Das alte Design hat nicht allzu viel mit den Benutzern kommuniziert.

Die neue Website hatte den Benutzer von Anfang an im Fokus des Designprozesses. Als Ergebnis erweckt sie das Interesse des Benutzers und erzählt ihm eine ansprechende Geschichte.

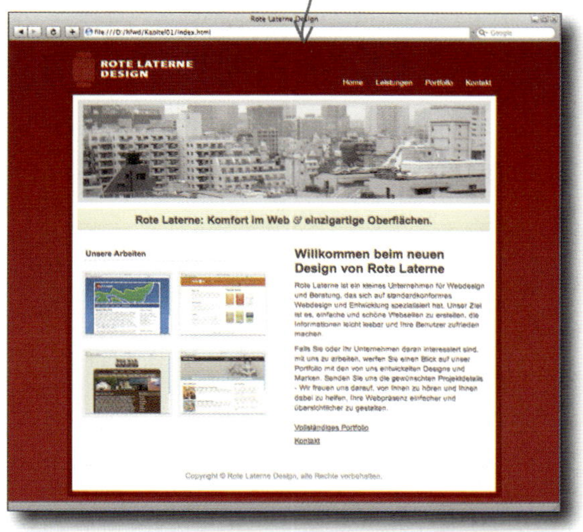

KAPITEL 1

Webdesign-Werkzeugkasten

Wow ... 36 Seiten, und Sie haben es bereits geschafft, eine ziemlich mies aussehende Website zu überarbeiten. Nächstes Kapitel: Wir steigen noch viel tiefer in die Konzeption ein.

Punkt für Punkt

- Beim Gestalten von Websites sollten Sie auf nutzerorientiertes Design achten – Websites, die sich darauf konzentrieren, die Bedürfnisse ihrer Benutzer zu erfüllen.
- Designprozesse helfen Ihnen dabei, Ihre Projekte so zu strukturieren, dass Sie die jeweiligen Aufgaben konzentriert und effizient erledigen können.
- Die meisten – wenn nicht sogar alle – Webdesign-Projekte gliedern sich in vier Komponenten: Konzeption, Layout, Navigation und Schreiben.
- Informationsarchitektur (IA) bezeichnet den Vorgang, in dem Sie den Inhalt Ihrer Website in Blöcke unterteilen und diese hierarchisch zueinander in Beziehung setzen.
- Die IA Ihrer Website entwickeln Sie in zwei Schritten: Strukturieren Sie die Informationen Ihrer Website und erstellen Sie ein IA-Diagramm.
- Ein IA-Diagramm bildet die hierarchische Struktur der Abschnitte und Unterabschnitte mit den Informationen Ihrer Website visuell ab.
- Die Top-Level-Navigation verlinkt üblicherweise mit den Abschnitten, die sich in Ihrer Informationsarchitektur eine Schicht unterhalb der Homepage bzw. Hauptseite befinden.
- Die Gestaltung der Top-Level-Navigation hängt vom allgemeinen Design und Layout ab.
- Es gibt eine Handvoll ausgezeichneter Modelle für die Top-Level-Navigation: horizontale Tabs, horizontale Buttons, vertikale Menüs und vertikale Tabs.
- Mit Storyboards veranschaulichen Sie Ihr Design und testen die grundlegenden Layoutkonzepte, bevor Sie sich an den Code machen.
- Storyboards sind eine ausgezeichnete Möglichkeit, potenzielle Designprobleme aufzuspüren, bevor Sie Zeit auf den Code Ihrer Website ver(sch)wenden.
- Für das Web müssen Sie anders schreiben als für Printmedien.
- Webbenutzer überfliegen Webseiten eher, als sie von vorne bis hinten ganz durchzulesen.
- Webinhalte müssen so geschrieben werden, dass sie übersichtlich sind.

2 Konzeption

Papier wickelt Stein ein

Die Nase voll davon, sich an pingeligen Kunden die Zähne auszubeißen?

Ja, Sie kennen diese Art von Kunden ... Jedes Mal, wenn Sie deren letzten verrückten Designvorschlag präsentieren, haben sie sich bereits für einen anderen Look entschieden ... ein anderes Farbschema ... wieder eine ganz andere Website. Wie gehen Sie mit ***wankelmütigen Kunden*** oder ***Websites*** um, ***die einfach nicht hinzukriegen sind***? Mit Papier, Bleistift und einem großen, dicken, rosaroten Radiergummi. In diesem Kapitel lernen Sie, wie Sie kluge Vorarbeit leisten, bevor Sie sich auf Ihren HTML-Editor stürzen. Indem Sie eine **Designvorlage** und eine **visuelle Metapher** für Ihre Website finden, Skizzen mit einem **Bleistift** zurechtschustern und **Storyboards** verwenden, wird aus Ihnen ein geschickter und flexibler Webdesigner. Also raus mit dem Skizzenblock und rein in die Konzeption!

Ihr erster »internationaler« Auftritt ...

Mark liebt es zu reisen. Nach dem Abitur hat er sich Zeit genommen, mit dem Rucksack durch Japan zu ziehen und alles kennenzulernen, was der Inselstaat zu bieten hat – von Sushi bis zum Samurai. Nun ist er zurück und möchte seine Erfahrungen dokumentieren. Es liegt an Ihnen, eine tolle, ansprechende Website für Mark zu entwickeln, die seine Reise nach Japan genau darstellt.

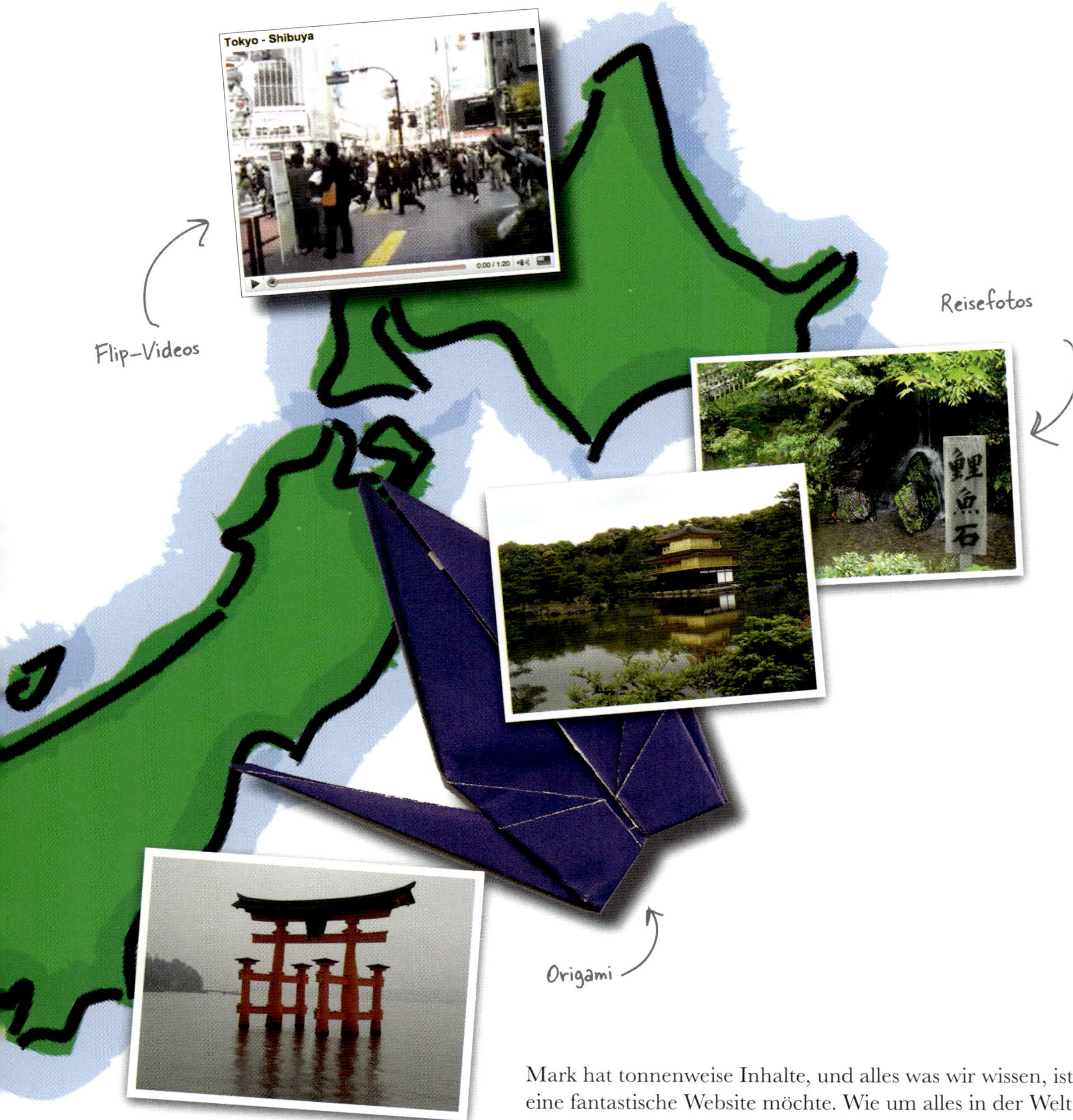

Mark hat tonnenweise Inhalte, und alles was wir wissen, ist, dass er eine fantastische Website möchte. Wie um alles in der Welt können wir sichergehen, dass wir für Mark etwas basteln, das ihm gefällt, ohne Unmengen an Zeit zu verschwenden?

Womit würden Sie beginnen, wenn Sie Marks Website entwickeln müssten?

Vor dem Programmieren denken

Bei der **Konzeption** geht es darum, die Dinge richtig zu platzieren, *bevor* Sie in XHTML und CSS eintauchen. Es geht darum, das Design Ihrer Website auf Papier exakt hinzubekommen. Auf diese Weise wissen Sie *genau*, was Sie entwickeln, wenn Sie sich an den Code machen. Wir werden unsere Ideen für Marks Website zu Papier bringen, statt Unmengen von Zeit darauf zu verschwenden, Texte und Bilder in ein Layoutschema einzupassen, das Mark vielleicht schrecklich findet.

Bei der Konzeption geht es auch darum, Ihre Kunden absegnen zu lassen, was Sie tun – und zwar von Anfang an, solange Sie noch unkompliziert Änderungen vornehmen können. Es gibt nichts Schlimmeres, als Tage oder sogar Wochen in ein Design zu investieren und *dann erst* herauszufinden, dass es dem Kunden überhaupt nicht gefällt.

Beginnen Sie mit einer visuellen Metapher

Eine sichere Möglichkeit, Ihrer Website das richtige Aussehen zu verpassen, besteht darin, herauszufinden, worum es bei der Website geht. Was ist das Thema der Website, und wie können Sie es visuell ausdrücken? Eine **visuelle Metapher** nutzt vertraute visuelle Elemente (wie z.B. Bilder, Oberflächenelemente, Symbole, Farben oder Schriftarten), um das Thema der Website zu untermauern.

Angenommen, Sie entwickeln eine Site zum Annoncieren von Jobangeboten. Eine gute visuelle Metapher wäre, die Angebote wie auf einem Schwarzen Brett anzuzeigen:

»Jobs on the Wall« ist eine einfache Website zum Annoncieren von Jobangeboten. Eine Hauptspalte ist alles, was Sie brauchen, eventuell mit zusätzlichen Informationen in einer Seitenleiste.

Die fertige Website verstärkt die Metapher »Schwarzes Brett für Jobs« durch die Textur einer Korkplatte und einer Navigation aus Haftnotizen.

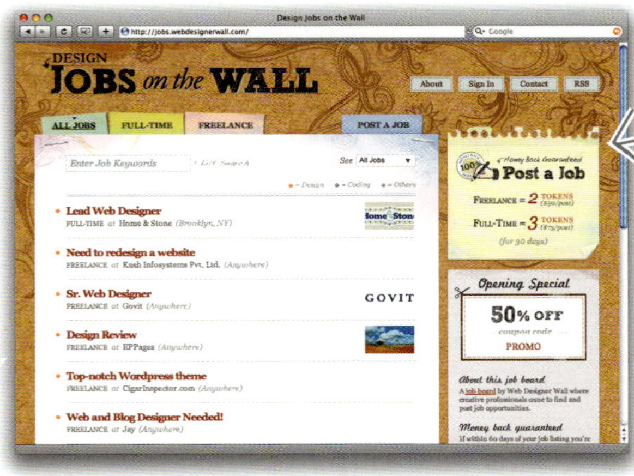

Diese Website ist nicht nur ein virtuelles Schwarzes Brett … sie <u>sieht</u> auch tatsächlich so <u>aus</u>.

Eine klare visuelle Metapher unterstreicht das Thema Ihrer Website

Angenommen, Sie erstellen die Website einer Online-Community für Kinder zwischen sieben und zehn Jahren. Auf der visuellen Ebene möchten Sie helle und gedeckte Primärfarben mit Oberflächenelementen und Schriften wie in einem Zeichentrickfilm verwenden. Diese Designelemente unterstreichen den Inhalt der Website: kinderorientiert, Spiel und Spaß usw. Sie können die Zielsetzung der Website bereits am Erscheinungsbild erkennen.

Eine visuelle Metapher kann eher subtil sein (z.B. durch die Verwendung von Farben, die dem Benutzer das abstrakte Gefühl vermitteln, dass sich der Designer mit dem Thema der Website identifiziert) oder auch direkt: z.B. durch Grafiken, die mit dem Namen oder dem Gegenstand der Website in Zusammenhang stehen – beispielsweise Bilder von Raketenschiffen auf einer Website für »Raketenschiff Design«.

Helle, gedeckte Farben und ein arktisches Farbschema ergeben die visuelle Metapher für diese Website.

Zeichentrickpinguine und die Comic-artige Typografie richten sich definitiv an eine jüngere Zielgruppe.

Das Thema Ihrer Website

Die visuelle Metapher soll das **Thema bzw. den Gegenstand** einer Website unterstreichen, also ihren Zweck und Inhalt betonen. Das Thema von amazon.de ist z.B. der Onlineverkauf, insbesondere von Büchern. Als visuelle Metapher werden hierfür Designelemente (Farben, Grafiken, Typografie usw.) verwendet, die diese Zielsetzung hervorheben.

Hier ein paar weitere Beispiele, in denen Thema und visuelle Metapher gut zusammenarbeiten:

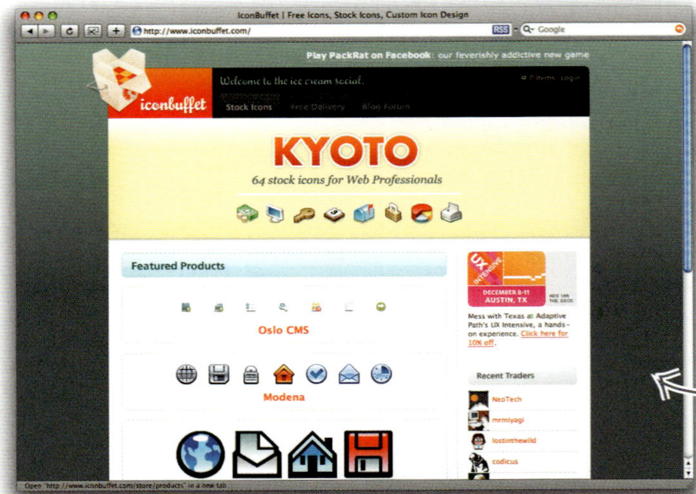

IconBuffet erzeugt und verkauft Symbole für Webdesign und Oberflächenentwicklung im Allgemeinen. Auf der gesamten Website werden Symbole vorgestellt. Die Buffet-Box zum Mitnehmen unterstreicht den Namen der Website.

Die visuelle Metapher von IconBuffet ist subtil – aber das Design unterstreicht die klaren und einfachen Symbole, die sie herstellen. Und das Logo ist eine tolle wörtliche Interpretation des Namens der Website.

Silverback ist eine Anwendung, um Benutzertests auf Websites durchzuführen. Nachdem ein »Silberrücken« gleichzeitig auch ein Tier ist, werden das Dschungel- und das Gorilla-Design auf der gesamten Website durchgehalten.

Im Gegensatz zu IconBuffet ist die visuelle Metapher von Silverback offensichtlicher. Die Website sieht aus wie die Umgebung eines Gorillas – Dschungel-Farbschema, Blätter am oberen Seitenrand sowie das coole Logo bzw. Symbol eines Gorillas mit Schreibunterlage eingeschlossen. Daher auch »Guerilla Usability Testing«.

Spitzen Sie Ihren Bleistift

Sehen Sie sich die Screenshots unten an. Notieren Sie das jeweilige Thema der Website und kreisen Sie die Designelemente der entsprechenden visuellen Metapher ein (**ja, malen Sie Kreise in das Buch**). Denken Sie daran: Das Thema beschreibt Inhalt und Zweck einer Website, während die visuelle Metapher jene Designelemente umfasst, die das Thema unterstreichen.

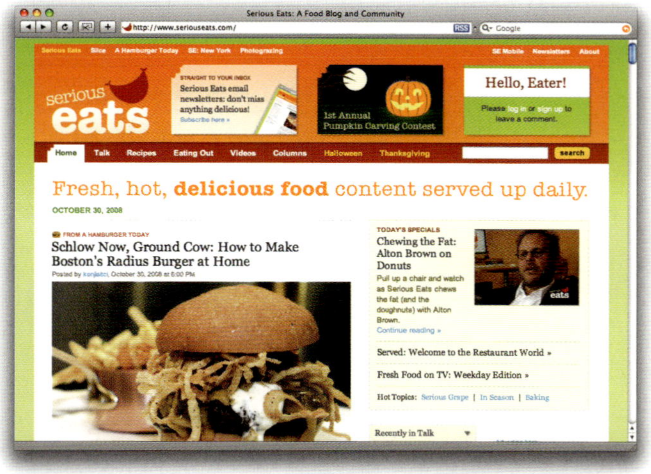

Spitzen Sie Ihren Bleistift
Lösung

Ihre Aufgabe war es, die Themen der Websites zu notieren und die in der visuellen Metapher verwendeten Designelemente einzukreisen.

Bissspuren erinnern auf der gesamten Seite daran, dass es sich um eine Website über Essen handelt.

Die Farben sind hell und »appetitlich«. Grün, rot, orange- und pfirsichfarben: zum »Anbeißen«.

Serious Eats ist eine Website und ein Blog über Essen. Das Logo und die Bissspuren auf den Navigations-Tabs unterstreichen auf der gesamten Seite das Thema »Essen«.

Das mehrspaltige Layout ähnelt einer Zeitung. Außerdem sind die Spalten gestaffelt angeordnet, wobei einige sich über die Breite von zwei Spalten erstrecken, andere nur über eine Spalte.

Großzügiger Einsatz von Leerraum und ein gitterbasiertes Layout verstärken den Eindruck einer Zeitung.

Morning News ist ein nachrichtenbasiertes Webmagazin. Das mehrspaltige, zeitungsartige Layout sowie das einfache Design unterstreichen das Thema »Nachrichten«.

Brainstorming: Der Weg zur visuellen Metapher

Zurück Marks Website ... Wir müssen das zentrale Thema sowie eine dazu passende visuelle Metapher finden, und zwar ohne uns dabei allzu viele Gedanken darüber zu machen, wie viele Spalten seine Website braucht oder welche Art von Navigation ihm gefallen könnte.

Bei der Entwicklung einer visuellen Metapher geht es vor allem um Brainstorming – über den Inhalt des Kunden, die Zielgruppe und die gewünschten visuellen Elemente. Und beachten Sie vor allem eines: **Verwerfen Sie keine Ideen oder Konzepte, die Sie dabei finden.** Schreiben Sie alle auf ... Der Feinschliff kommt später.

Mark ist vielleicht Ihr Kumpel, aber wenn Sie seine Website entwerfen, ist er Ihr Kunde ... und Ihr Boss!

Die Brainstorming-Liste kann Designideen, Betrachtungen zum Inhalt, einzelne Abschnitte der Website und sogar Farben und Bildvorschläge enthalten.

Schreiben Sie alles auf, was Ihnen in den Sinn kommt. Machen Sie bis zum Schluss keine Ihrer Idee schlecht.

KOPF-NUSS

Machen Sie ein schnelles Brainstorming für Marks Website und schreiben Sie alle Ideen auf, die Ihnen zu Design, Inhalt und den visuellen Elementen kommen. Schreiben Sie unbedingt alles auf! Schlechte Ideen können Sie später noch aussortieren.

Zielsetzung und visuelle Metapher für Mark

Es kann ziemlich verzwickt sein, das Thema einer Website auszumachen und eine zugehörige visuelle Metapher zu finden. Zuerst müssen Sie wissen, mit welchem Inhalt Sie es zu tun haben, und einige Runden Brainstorming absolvieren. Dann können Sie sich Gedanken darüber machen, wie Sie diese Inhalte für die Benutzer Ihres Kunden am besten transportieren und darstellen können. Farben, Layout und die Platzierung der Elemente sind wichtige Faktoren bei der Entscheidung, wie Sie das Thema einer Website unterstreichen.

Sobald Sie sich über das Thema im Klaren sind, machen Sie Folgendes:

1 Farbpaletten auswählen

Wählen Sie Farben, die gut zum Inhalt passen und das Thema der Website unterstreichen. Verwenden Sie Dienste wie http://kuler.adobe.com, um verschiedene Paletten zusammenzustellen und zu sehen, wie die Farben miteinander harmonieren.

Treffen Sie Ihre Layoutentscheidungen auf Grundlage des Inhalts. Je mehr Spalten Sie verwenden, desto mehr Platz müssen Sie ausfüllen. Beachten Sie auch, dass Leerraum wichtig ist. Sie müssen nicht jedes verfügbare Pixel ausfüllen.

2 Designlayouts passend zum Inhalt wählen

Die Verwendung von Bildern, Symbolen und Text kann das Thema einer Website unterstützen, indem die Website »wie der Inhalt aussieht«.

3 Visuelle Elemente verstärken das Thema

Hier erweist sich Ihr Brainstorming am hilfreichsten. Verwenden Sie Ihre Ideenliste, um Anzeigeelemente zu finden, die die Hauptthemen Ihrer Website hervorheben.

Eine visuelle Metapher verwendet gebräuchliche visuelle Elemente (Farben, Schriften, Symbole usw.), um das Thema einer Website zu betonen.

Spitzen Sie Ihren Bleistift

Schreiben Sie zwei mögliche zentrale Themen für Marks Website auf. Suchen Sie dann mehrere Designelemente (das können Schriften, Farben, Logos, Symbole, Oberflächenelemente usw. sein), die eine coole visuelle Metapher für seine Website ergeben und das jeweilige Thema unterstreichen.

An dieser Stelle zahlt sich die Zeit mit Papier und Bleistift wirklich aus, wenn Sie sich mit XHTML und CSS später an die Arbeit machen.

❶ Zentrale Themen

....

❷ Oberflächenelemente

....

....

....

Spitzen Sie Ihren Bleistift – Lösung

Schreiben Sie zwei mögliche zentrale Themen für Marks Website auf. Finden Sie dann mehrere Designelemente (das können Schriften, Farben, Logos, Symbole, Oberflächenelemente usw. sein), die eine coole visuelle Metapher für seine Website ergeben und das jeweilige Thema unterstreichen. Das Folgende haben wir aufgeschrieben …

Es ist okay, wenn Sie andere Ideen hatten. Wichtig ist nur, dass Ihre Ideen zu einer Website über die japanische Kultur passen.

❶ Zentrale Themen

Reisetagebuch über Japan

Japan-Reiseführer

Wir konzentrieren uns auf die Reise, die Mark gemacht, und wie er Japan erlebt hat. Das könnte auch eine gute Quelle für andere ergeben, die gerade nach Japan reisen oder eine Reise dorthin planen.

❷ Oberflächenelemente

Kopfzeile mit großem Bild

Mark hat tolle Fotos gemacht. Die müssen wir zeigen!

Karte von Japan

Japan hat eine einzigartige Geografie. Da können wir sehr viel mit visuellen Effekten arbeiten.

Eine Hauptnavigation

Einfachheit ist der Schlüssel, und Mark hat auch nicht über allzu viele Reisen zu berichten … nur über diese eine.

Einzelne Seitenleiste

Auch hier wieder Einfachheit. Wir haben nicht genug Inhalt, um mehrere Seitenleisten auszufüllen.

Seitenelemente formen die visuelle Metapher

Sobald Sie das zentrale Thema der Website gefunden haben und darüber nachdenken, was alles in die Website hineingehört, müssen Sie sich auch über die Anordnung dieses Inhalts Gedanken machen. Das Layout der Website hat großen Einfluss auf die visuelle Metapher ... Es entscheidet darüber, was auf einer bestimmten Seite erscheinen kann und was nicht. Mit nur einer Spalte kann es z.B. schwierig werden, Ihre Website wie eine Zeitung oder ein Magazin wirken zu lassen. Mit ein paar Spalten mehr kann dieselbe Seite dagegen sehr wohl das rasterartige, mehrspaltige Layout einer typischen Tageszeitung imitieren.

Die **Navigation** ist von entscheidender Bedeutung, damit sich Benutzer durch Ihre Website bewegen können. Design, Platzierung und Inhalt dieses Elements kann das Thema Ihrer Website auf verschiedene Arten rüberbringen.

Die **Unternavigation** zeigt den Inhalt, der sich unterhalb eines Elements der Hauptnavigation befindet. Sie wird normalerweise nur für größere Websites und komplexere Inhalte benötigt.

Im **Inhalt** geschieht die eigentliche Zauberei. Hier packen Sie das Zeug hin, weswegen die Leute kommen. Ob Bilder, ein Blog-Eintrag oder ein YouTube-Film, all das kommt in den Body der Seite.

Leerraum (auch negativer Raum genannt) ist der Platz zwischen den verschiedenen Designelementen Ihrer Seite. Mit Leerraum können Sie Inhaltsblöcke auflockern, dem Auge des Benutzers kleine Pausen gönnen und es anschließend wieder auf den Inhalt richten.

Die **Fußzeile** Ihres Layouts kann alles Mögliche aufnehmen, von Copyright-Informationen bis hin zu einem zweiten Satz Navigationslinks. Oft suchen Benutzer in diesem Abschnitt nach Links oder Inhalten, die sie nirgendwo anders auf der Website gefunden haben.

Seitenleisten können Verschiedenes aufnehmen: von Linklisten bis hin zu zusätzlichen Inhalten für den Body. Sie sind auch nützlich für eine weitere Navigation oder Archivlinks für Blogs.

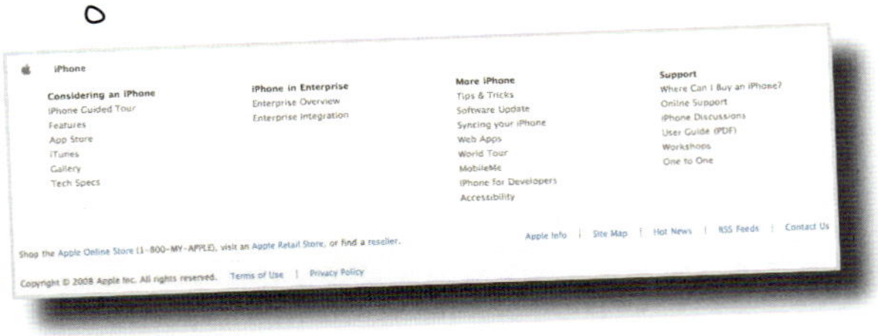

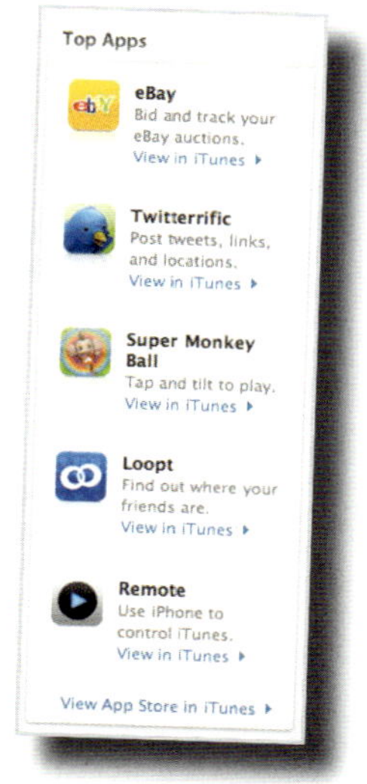

Es gibt keine Dummen Fragen

F: Brauche ich auf jeder Website alle diese Elemente?

A: Nein, das sind nur Beispiele für allgemeine Seitenelemente, die Sie eventuell verwenden. Jede Website ist anders. In jedem Fall entscheidet der Inhalt Ihres Kunden (und das Thema) darüber, welche Seitenelemente Sie in Ihrem finalen Layout verwenden. Wenn Sie tatsächlich versuchen, alle diese Seitenelemente auf jeder Website zu verwenden, erhalten Sie ein völlig sinnloses Design (für Sie und auch für Ihre Kunden).

F: Braucht jede Website ein Thema und eine visuelle Metapher?

A: Ja und nein. Nicht jede Website braucht eine Metapher mit einem Gorilla-Design oder ein schickes Zeitungslayout, um den Inhalt zu unterstreichen. Aber meistens wird Ihre Site ein bestimmtes Thema haben, selbst wenn es sich nur in Inhalt und Schreibstil ausdrückt. Denken Sie daran: Auch der Inhalt ist ein Designelement und kann genau so wie Leerraum oder Seitenleisten eingesetzt werden.

F: Was, wenn ich ohne Inhalt anfange? Oder wenn ich nur ein Blog oder etwas wirklich Einfaches machen möchte?

A: Selbst wenn Sie anfangs keine Inhalte haben (Bilder, Artikel, Videos usw.), müssen Sie dennoch eine bewusste Entscheidung über das grundsätzliche Thema der Website treffen. Und wenn Sie ein Blog beginnen möchten: Über welche Themen werden Sie schreiben? Soll es in erster Linie ein Tagebuch sein? Dann haben Sie schon ein Thema. Alle Websites haben ein Thema, auch wenn sich alles um Sie dreht.

Übung

Um die visuelle Metapher für Marks Website zu vollenden, müssen wir einige unterschiedliche Farb- und Layoutkombinationen durchprobieren und sehen, wie diese zu unserem Inhalt passen. Schauen Sie sich die folgenden Layout- und Farbmodelle an und schreiben Sie auf, wie gut jedes dieser Modelle Marks Inhalt präsentiert.

Beachten Sie dabei die Themen und visuellen Elemente, die Sie in der vorherigen Übung gefunden haben.

Einige Bilder und Dinge, die Mark aus Japan mitgebracht hat.

Einspaltiges Layout mit hellen Pastellfarben.

Dreispaltige Website mit einem einfachen blauen Farbschema.

Traditionelle zweispaltige Website mit einem erdigen Farbschema.

Lösung zur Übung

Um die visuelle Metapher für Marks Website zu vollenden, müssen wir einige unterschiedliche Farb- und Layoutkombinationen durchprobieren und sehen, wie diese zu unserem Inhalt passen. Schauen Sie sich die folgenden Layout- und Farbmodelle an und schreiben Sie auf, wie gut jedes dieser Modelle Marks Inhalt präsentiert.

Beachten Sie dabei die Themen und visuellen Elemente, die Sie in der vorherigen Übung gefunden haben.

Diese Farben scheinen nicht wirklich zu einer Website über eine Japanreise zu passen. Die hellen Pastelltöne beißen sich mit dem Thema.

Obwohl eine einspaltige Website einfach ist, bietet sie nicht genug Platz, um alle Inhalte hervorzuheben, die Mark von seiner Reise mitgebracht hat.

Das zweispaltige Layout bietet genug Platz, aber dieses Farbmuster geht gar nicht.

Die erdigen Farben sind nett, aber ein bisschen dunkel für das Thema. Japan ist eine Insel, sollte da nicht auch Blau vorkommen?

Eine große Karte von Japan würde sich wirklich gut in der Kopfzeile machen. Wenn ein Besucher auf die Website kommt, bleiben keine Zweifel über Thema und Inhalt der Seite.

Blau passt gut zum Thema. Die anderen Farben sind neutraler und bieten uns kreative Möglichkeiten beim Platzieren der visuellen Elemente.

Diese Layout-Farb-Kombination gibt uns den Platz, den wir brauchen, um Marks Inhalt darzustellen. Wir verwenden eine einfache Farbpalette mit Betonung auf Blau. Das ist perfekt, da Japan ein Inselstaat ist.

Drei Spalten sollten gut für Mark funktionieren. Das sieht nicht nur interessant aus, sondern bietet ihm auch die Möglichkeit, seinen Benutzern jede Menge Informationen zu geben.

Erstellen Sie ein XHTML-Mock-up für Mark

Nur weil Sie in erster Linie mit Bleistift und Papier arbeiten, heißt das noch lange nicht, dass Sie XHTML komplett aus dem Spiel lassen. Nachdem Sie jetzt einige gut durchdachte Ideen haben, bauen Sie ein sehr einfaches Gerüst von Marks Website in XHTML – gewürzt mit einfachem CSS, um Farbe und Formatierung hinzuzufügen.

Werfen Sie Ihren Lieblingstext- oder HTML-Editor an und erstellen Sie eine neue Datei:

DOCTYPE XHTML Strict

```
<!DOCTYPE html PUBLIC "-//W3C//DTD XHTML 1.0 Strict//EN"
      "http://www.w3.org/TR/xhtml1/DTD/xhtml1-strict.dtd">
<html xmlns="http://www.w3.org/1999/xhtml" xml:lang="de" lang="de">
<head>
  <title>Mark in Japan</title>
  <meta http-equiv="Content-Type" content="text/html; charset=utf-8" />
  <link rel="stylesheet" href="screen.css" type="text/css" media="screen" />
</head>
<body>
<div id="wrap">
  <div id="kopfzeile">
    <h1>Mark in Japan</h1>
  </div>
  <div id="inhalt-links">
    <p>Lorem ipsum dolor sit amet, consectetuer adipiscing elit. Pellentesque quis
       nisl eget est viverra placerat. ...</p>
  </div>
  <div id="inhalt-mitte">
    <p>Nulla facilisi. Cras ac tellus fringilla tortor iaculis</p>
  </div>
  <div id="seitenleiste">
    <ul>
      <li>Fusce diam. Pellentesque bibendum. Nulla viverra vestibulum justo.
          Pellentesque pulvinar sapien.</li>
      <li>Cras vestibulum elit id nibh hendrerit eleifend. Pellentesque id ante.
          Sed volutpat blandit mi.</li>
      <li>Morbi at tellus facilisis augue tempor pharetra. Vestibulum porta
          condimentum dui.</li>
      <li>Class aptent taciti sociosqu ad litora torquent per conubia nostra, per
          inceptos himenaeos.</li>
    </ul>
  </div>
  <div id="fusszeile">
    <p>Copyright &copy; Mark in Japan, alle Rechte vorbehalten.</p>
  </div>
</div>
</body>
</html>
```

Link auf die CSS-Datei (liegt einfach im selben Verzeichnis wie diese Datei).

Blindtext (Marks Inhalt fügen wir später ein).

Eine gute Idee, eine oder zwei Listen mit einzubauen, einfach um einen Eindruck von verschiedenen Arten von Inhalt zu bekommen.

Und das CSS ...

Wir brauchen noch `screen.css`, ein einfaches CSS-Stylesheet für die Darstellung von Marks Website:

```
/* screen.css */
body {
	margin: 0;
	background: #112b63;
	font-family: Georgia, serif;
	line-height: 1.2em;
}
h1, p, ul {
	margin: 0;
	padding: 10px;
}
ul {
	padding: 10px;
	list-style-type: none;
}
ul li {
	margin: 0 0 10px 0;
	padding: 0;
}
#wrap {
	margin: 0 auto;
	padding: 10px 20px 20px 20px;
	width: 880px;
	background: #0b204c;
	border-top: 10px solid #091a3f;
}
#kopfzeile {
	background: #ead9b8;
	height: 150px;
}
#inhalt-links, #inhalt-mitte {
	float: left;
	width: 280px;
	margin: 20px 20px 20px 0;
	background: #fff;
}
#seitenleiste {
	float: left;
	width: 280px;
	margin: 20px 0 20px 0;
	background: #ccc;
}
#fusszeile {
	clear: both;
	background: #ead9b8;
}
```

Für diese Elemente gelten dieselben Regeln.

Die Aufzählungszeichen werden von den ungeordneten Listen entfernt.

»margin: 0 auto« zentriert die gesamte Website im Browser.

Beide Spalten für die <div>s und die Seitenleiste verwenden für ein dreispaltiges Layout die Deklaration »float: left«.

Stellt sicher, dass die Fußzeile unter den Spalten angezeigt wird.

Das kommt dabei heraus, wenn Sie das XHTML und das CSS der beiden vorherigen Seiten miteinander kombinieren. Nur ein einfaches Gerüst, aber es sollte Mark einen Eindruck davon vermitteln, welche Richtung wir einschlagen.

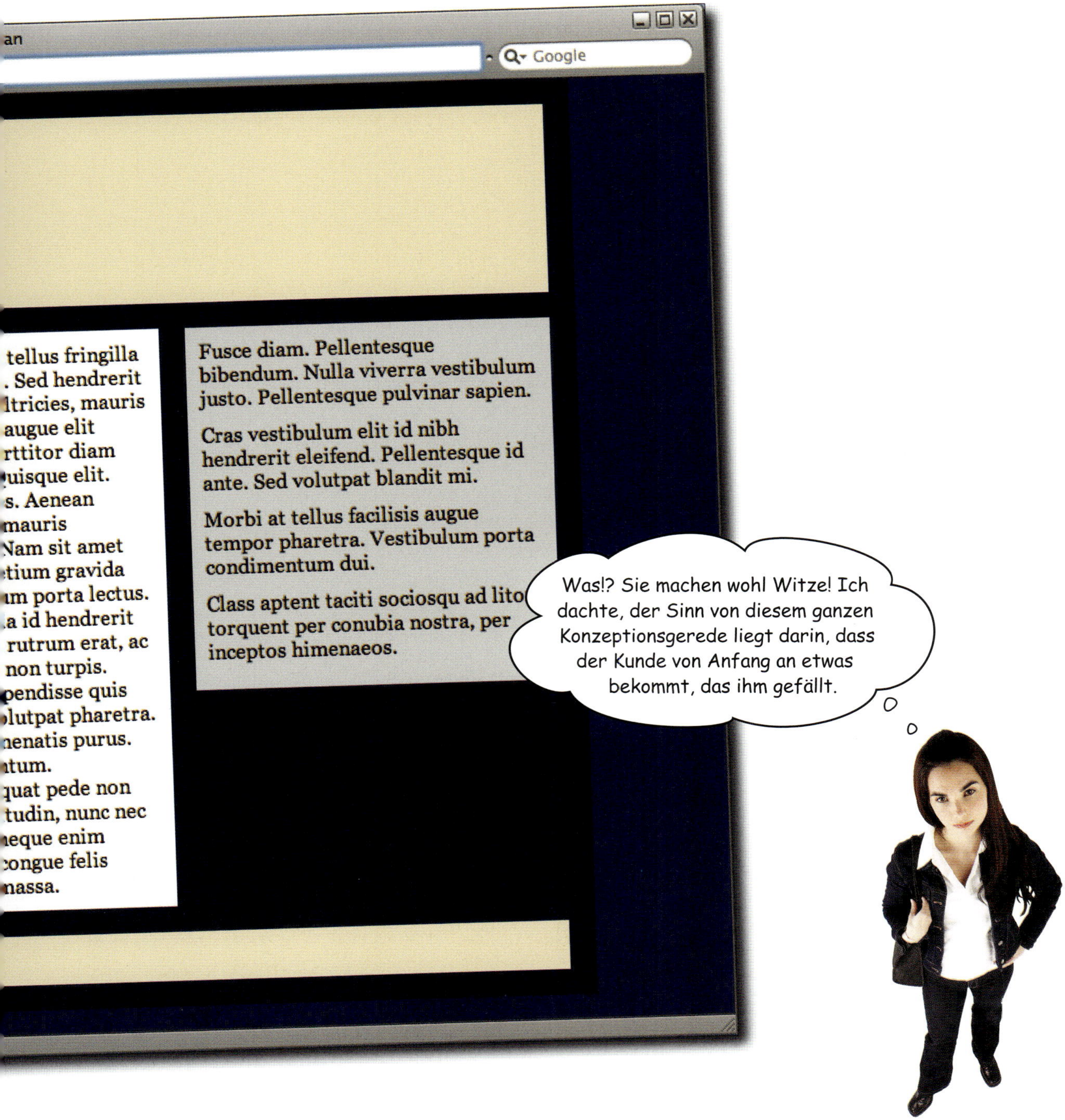
Google
Fusce diam. Pellentesque bibendum. Nulla viverra vestibulum justo. Pellentesque pulvinar sapien.
Cras vestibulum elit id nibh hendrerit eleifend. Pellentesque id ante. Sed volutpat blandit mi.
Morbi at tellus facilisis augue tempor pharetra. Vestibulum porta condimentum dui.
Class aptent taciti sociosqu ad lito torquent per conubia nostra, per inceptos himenaeos.
Was!? Sie machen wohl Witze! Ich dachte, der Sinn von diesem ganzen Konzeptionsgerede liegt darin, dass der Kunde von Anfang an etwas bekommt, das ihm gefällt.

Hans: Können wir nicht Teile unserer Arbeit weiterverwenden?

Jo: Was, noch eine XHTML-Seite mit demselben Thema erstellen? Dann stehen wir wieder am Anfang ... und Mark gefällt vielleicht immer noch nicht, was wir machen.

Frank: Aber es ist genau, wie du sagst: Wir haben immerhin schon ein Thema, das funktionieren sollte. Und ich glaube nicht, dass wir unsere visuelle Metapher völlig verwerfen müssen, oder? Wir müssen Mark nur einige Variationen zeigen.

Hans: Wie wär's mit Photoshop? Wir könnten die Websites damit entwerfen und ihm PDF-Versionen der Designs zeigen. Wenn sie ihm gefallen, haben wir schon den ersten Schritt bei der visuellen Gestaltung gemacht und außerdem die Bilder für die endgültige Website fertig.

Jo: Bis wir eine Handvoll Vorschläge in Photoshop fertig haben, können wir sie auch in XHTML und CSS machen. Das ist immer noch jede Menge Arbeit. Aber was machen wir, wenn Mark die auch nicht gefallen?

Frank: Und wenn wir einfach einige Ideen auf Papier bringen? Wir können sie skizzieren, ein bisschen kolorieren und an Mark schicken, um seine Zustimmung zu bekommen. Wenn Sie ihm nicht gefallen, zeichnen wir noch ein paar. Das sollte nicht allzu viel Zeit in Anspruch nehmen.

Jo: Hmmm ... weil sie auf Papier sind, kann Mark auch darauf zeichnen und uns eine bessere Vorstellung davon geben, was er sich wünscht und was ihm nicht gefällt.

Hans: Super, das könnte funktionieren. Wir können unsere Designvorlage weiterverwenden, zwei oder drei verschiedene Designs auf Papier abliefern und Mark einige gute Optionen bieten. Das gefällt mir ...

Jo: Die Zeichnungen müssen auch nicht allzu detailliert sein, oder? Sie müssen lediglich Mark einen Eindruck vermitteln, wie die fertige Website aussehen soll.

Entwickeln Sie Ihre Ideen mit Storyboards ohne Code, um Zeit zu sparen

Eines der wichtigsten Dinge in der Konzeption ist das **Storyboard** (auch **künstlerisches Konzept** genannt). Mit Storyboards visualisieren Sie Ihr Design als Ganzes. So können Sie sehen, wie Farben zueinander passen, Oberflächenelemente zusammenspielen, wie Ihr Navigationssystem aussieht, ob Ihre visuelle Metapher aufgeht und ob der Inhalt auf die bestmögliche Art präsentiert wird ... ohne eine Zeile Code.

Vielleicht war es keine gute Idee, so früh mit XHTML anzufangen ... ein Grund, wieder Bleistift und Papier auszupacken.

Genau genommen sind Storyboards eine andere Ebene von Brainstorming zum Thema ... also: Zeit fürs Ideen-Brainstorming zu Ihrer visuellen Metapher und den Designelementen.

Scheuen Sie sich nicht, auf Ihre Storyboards zu schreiben. Einer der Vorteile, wenn Sie Designs auf Papier testen, liegt darin, dass Sie Anmerkungen darauf schreiben können.

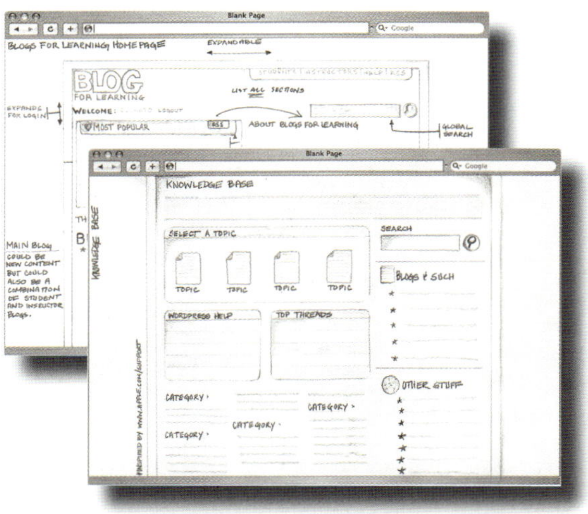

Ein einfaches, handgezeichnetes Storyboard kann zu einer ausgewachsenen Website heranreifen.

Erstellen Sie Ihre Storyboards auf der Fotokopie eines leeren Browserfensters. Eine ausgezeichnete Möglichkeit, Ihren Kunden einen »Webkontext« für Ihre Ideen zu liefern.

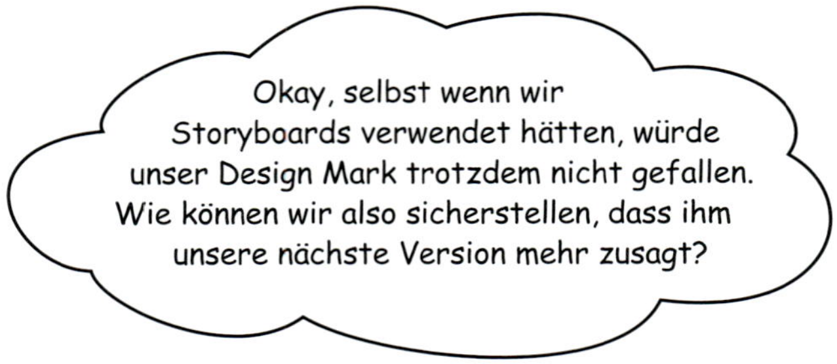

Gestalten Sie nicht für sich selbst!

Denken Sie daran, Sie gestalten für einen Kunden. Es geht nicht um Sie – es geht um die Bedürfnisse des ***Kunden***. Und die Bedürfnisse des Kunden müssen Sie offensichtlich auch beim Storyboarding bereits berücksichtigen. Es ist ganz einfach, Ihren Kunden (das ist Mark, erinnern Sie sich?) in den Gestaltungsprozess mit einzubeziehen: Setzen Sie sich in einem Meeting zusammen, lassen Sie ihn einen Fragebogen zum Design ausfüllen oder schicken Sie ihm während des gesamten Konzeptionsprozesses Ihre Storyboards. Dadurch können Sie nicht nur Designs finden, die Ihren Kunden wirklich gefallen, die Kunden wissen es auch zu schätzen, wenn sie in den Prozess einbezogen werden.

Wir haben Ideen gesammelt, die *uns* an Marks Inhalt gefallen haben. Aber vielleicht hätten wir *Mark* fragen sollen, wie er seine Website haben möchte ...

KOPF-NUSS

Was haben wir falsch gemacht? Wie würden Sie die Ideen von Seite 54 auf Grundlage von Marks Gedanken ändern? Was würden Sie übernehmen?

Wir erstellen ein Storyboard für Mark

Erstellen wir eine andere Version der Website für Mark, diesmal auf Papier. Wir wissen jetzt viel genauer, was er möchte ... ein Logo, zwei Spalten und viel Platz für den Inhalt.

Holen Sie sich Papier. Das gibt es zu tun:

1 Suchen Sie ein Blatt Papier und erstellen Sie ein Raster.

Schnappen Sie sich ein Stück Papier (DIN-A4 ist wunderbar) und falten oder zeichnen Sie ein Raster. Sie können auch kariertes oder Millimeterpapier verwenden, dann haben Sie bereits ein Raster. Ein Raster bietet die Möglichkeit, die einzelnen Elemente in Ihrem Storyboard anzuordnen und das Layout der Website so zu gestalten, dass alles ausgerichtet ist, einen geordneten und gut organisierten Eindruck macht und auch in den Augen des Benutzers Sinn ergibt.

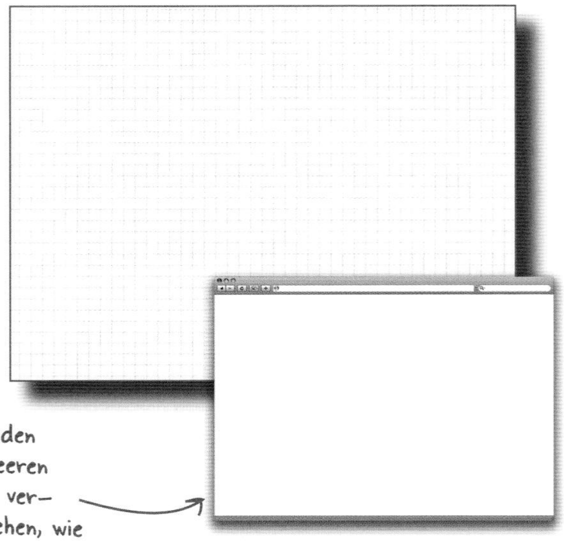

Wir werden uns in Kapitel 4 noch eingehend mit Rastern beschäftigen.

Sie können auch den Ausdruck eines leeren Browserfensters verwenden, um zu sehen, wie die Website im Chrome-Browser aussieht.

Skizzieren Sie Ihr Design.

Jetzt können Sie Ihren inneren Designfreak herauslassen. Machen Sie das Layout, zeichnen Sie Logos, Bilder und was Ihnen sonst noch einfällt. **Der Text der Website kann durch Linien oder einen Kasten mit den Worten "Hier erscheint Text" angedeutet werden. Der Sinn des Storyboards liegt nicht darin, tatsächlichen Inhalt anzuzeigen, sondern mit dem Layout zu spielen und es zu vollenden.**

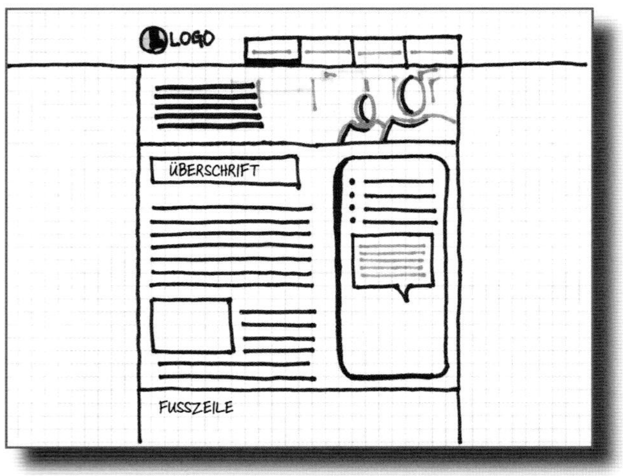

Konzentrieren Sie sich auf die wichtigsten Elemente, nicht auf Slogans oder Textlinks. Vermitteln Sie Ihrem Kunden eine grundlegende Vorstellung von der Website.

Farbe und letzter Schliff für Ihr Storyboard

Es ist sehr wichtig, dass Sie Ihre Storyboards kolorieren – Farben ändern alles. Also packen Sie Ihre Buntstifte aus und verpassen Sie Ihrem Storyboard etwas Farbe. Auch wenn Ihr Lieblings-Blauton von Faber-Castell keine Webfarbe ist, können Sie trotzdem sehen, wie die Farben zusammenpassen, wenn Sie Ihre Idee digital umsetzen. Sind Sie mit den Farben fertig, füllen Sie noch fehlende Details aus – und voilà! Ein höchst zufriedenstellendes Storyboard!

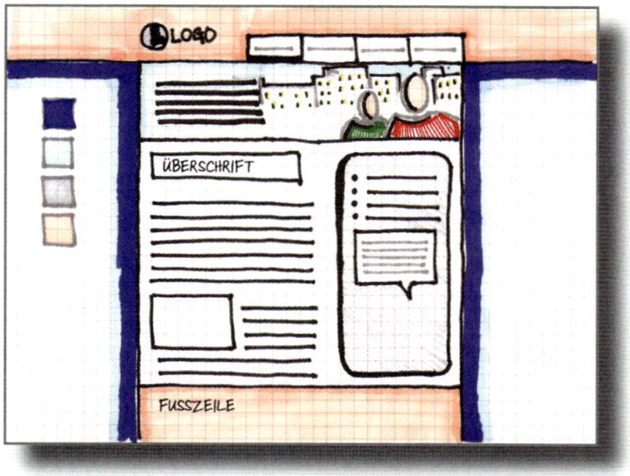

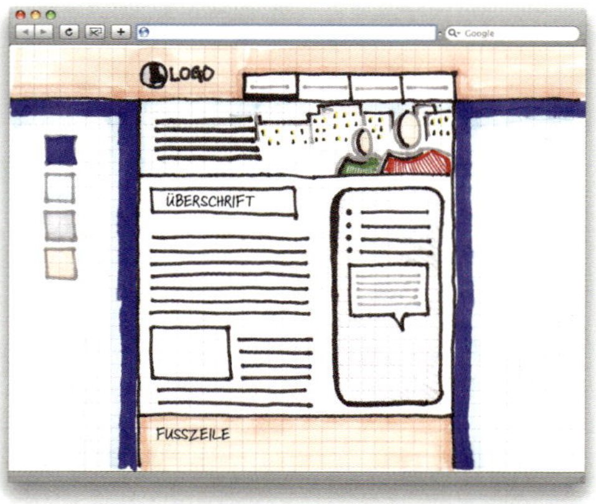

So sieht das Storyboard in Chrome aus.

Das ist der Moment, in dem Sie dem Kunden Ihre Arbeit zeigen. Bieten Sie ihm zwei, vielleicht drei Variationen und bitten Sie um so viel Feedback wie möglich (falls nötig, auch gezeichnet).

Skizzieren Sie zwei Storyboards für Mark. Beide sollen seinen Bedürfnissen entsprechen, aber unterschiedlich genug sein, um ihm eine Wahl zu bieten.

Es gibt keine Dummen Fragen

F: Kann ich meine Storyboards mit Photoshop oder einem anderen Bildbearbeitungsprogramm machen?

A: Sie können Ihre Storyboards erstellen, wie Sie möchten. Es geht einfach darum, Designideen so schnell wie möglich zu entwerfen. Mit Photoshop haben Sie zwangsläufig mehr Möglichkeiten für Details, brauchen aber vielleicht länger. Wenn Sie eine digitale Version Ihrer Designs haben, können Sie diese auch schnell zur Durchsicht an Ihre Kunden mailen – ob Sie sie nun in einem Programm erstellen oder Ihre Skizzen scannen: Machen Sie einfach das, was für Sie am bequemsten ist.

F: Warum kann ich keinen Text in meine Storyboards schreiben?

A: Text (Inhalt) ist in der Storyboard-Phase nicht wichtig. Sie sollen sich auf große Layoutelemente und möglicherweise auf Farbschemata konzentrieren. Der Text kommt später, nachdem Sie Navigation und Informationsarchitektur gestaltet haben. Für den Moment verwenden Sie nur Blindtext – auch Lorem-Ipsum-Text genannt – oder dicke Linien anstelle von Text.

F: Wie bringe ich am besten Farbe ins Spiel?

A: Wenn Sie Ihre Storyboards mit der Hand zeichnen, sind Buntstifte am besten geeignet. Sie sind sauberer, exakter als Filzstifte und scheinen nicht durch das Papier hindurch. Wenn Photoshop eher auf Ihrer Linie liegt, sind Ihnen nur durch den Himmel Grenzen gesetzt.

So oder so geht es darum, alles möglichst einfach zu halten und darzustellen, wie die Website online aussehen wird. Wir sprechen ausgiebig über Farben in Kapitel 5, also halten Sie sich damit noch nicht allzu sehr auf. Geben Sie einfach Ihr Bestes und warten Sie die Reaktion Ihres Kunden ab.

KAPITEL 2

Webdesign-Werkzeugkasten

Sie sollten nun mehrere Storyboards und eine nette Sammlung an Designtechniken am Start haben: Thema, visuelle Metapher und Storyboards. Der nächste Schritt: das genehmigte Storyboard digital umsetzen.

Punkt für Punkt

- Probieren Sie bei der Vorbereitung von Websites Ihre Designideen auf Papier aus – dadurch vermeiden Sie unnötiges Coden, das Sie Zeit, Mühe und eventuell Geld kostet.
- Eine visuelle Metapher setzt visuelle Elemente (Bilder, Symbole, Farben und Schriften) wirksam ein, um das Thema der Website zu untermauern.
- Wenden Sie visuelle Metaphern subtil auf Ihre Website an – übertreiben Sie's nicht!
- Storyboards sind handgezeichnete künstlerische Konzepte zum Visualisieren Ihres Designs in seiner Gesamtheit.

3 Strukturieren Sie Ihre Website

»Biegen Sie bei dem grünen Wasserturm links ab ...«

Ein bisschen wacklig mit der Navigation Ihrer Website?

Im Web sind die **Benutzer ungeduldig**. Sie möchten keine unnötige Zeit darauf verschwenden, den richtigen Button zu suchen oder durch die drei Ebenen Ihrer JavaScript-Pull-down-Menüs zu waten. Darum müssen Sie viel Zeit darauf verwenden, Ihre Website richtig zu strukturieren ... *bevor* Sie sich an Design und Entwicklung machen. Im vorigen Kapitel haben Sie sich eine tolle Designvorlage und eine schöne Optik für Ihre Website ausgedacht. In diesem Kapitel verpassen Sie dem Ganzen eine **klare Struktur**. Wenn Sie damit fertig sind, wissen die Besucher Ihrer Website genau, ***wie sie wohin kommen,*** und müssen sich nie wieder verlaufen.

Mark mag die Einfachheit des Storyboards, das wir für ihn im vorigen Kapitel angefertigt haben.

Passen Sie den Inhalt in Ihr Layout ein

Auf seinen Reisen durch Japan hat Mark eine Menge Material gesammelt. Er hat Fotos gemacht, Tagebuch geschrieben, alle möglichen Dinge gesammelt (Karten, Reisebroschüren, Schnickschnack usw.) und sogar einige Videos aufgenommen. Nun lautet die Preisfrage: ***Wie sollen wir all diesen Inhalt in das neue Design einpassen?***

Strukturieren Sie die Informationen

Eine Website hat die Aufgabe, **Informationen zu kommunizieren**. Ganz egal, wie toll das Design oder innovativ Ihr Layout ist – wenn Ihre Website das Publikum nicht anspricht, wird sie nicht annähernd so erfolgreich sein wie eine Website, die auf klare Art und Weise etwas aussagt.

Wie gut Ihre Website den Inhalt kommuniziert, hängt größtenteils von der Informationsstruktur ab. Wenn der Inhalt einer Website nicht gut strukturiert ist, kann alles Mögliche dabei herauskommen – z.B. verwirrte Benutzer, die lieber zu einer anderen Website weiterziehen. Eine gute (und logische) Organisation Ihres Website-Inhalts macht den Unterschied zwischen guter und schlechter Navigation aus – und entscheidet darüber, ob Ihre Benutzer schnell und einfach finden, was sie suchen, oder einfach nur verwirrt wegbleiben.

Spitzen Sie Ihren Bleistift

Untersuchen wir, wie die Organisation der Informationen auf einer Website die Navigation beeinflusst. Platzieren Sie die folgenden Inhaltsblöcke auf der rechten Seite unter der jeweiligen Top-Level-Kategorie, zu der sie Ihrer Meinung nach am besten passen.

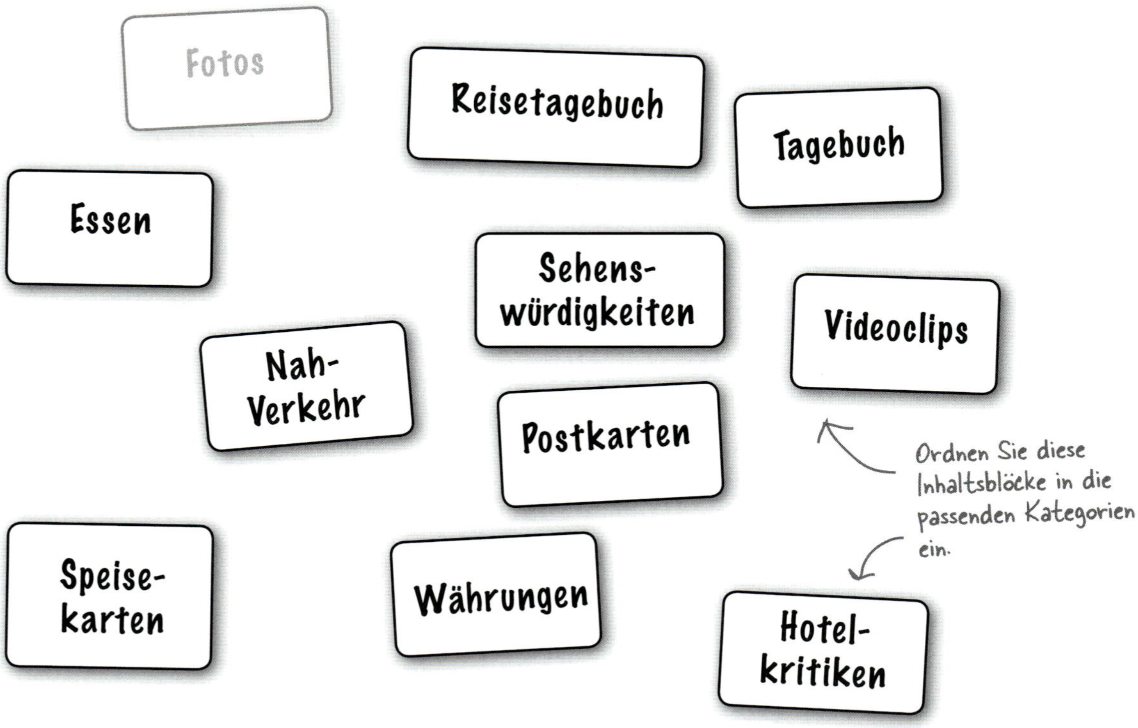

Spitzen Sie Ihren Bleistift

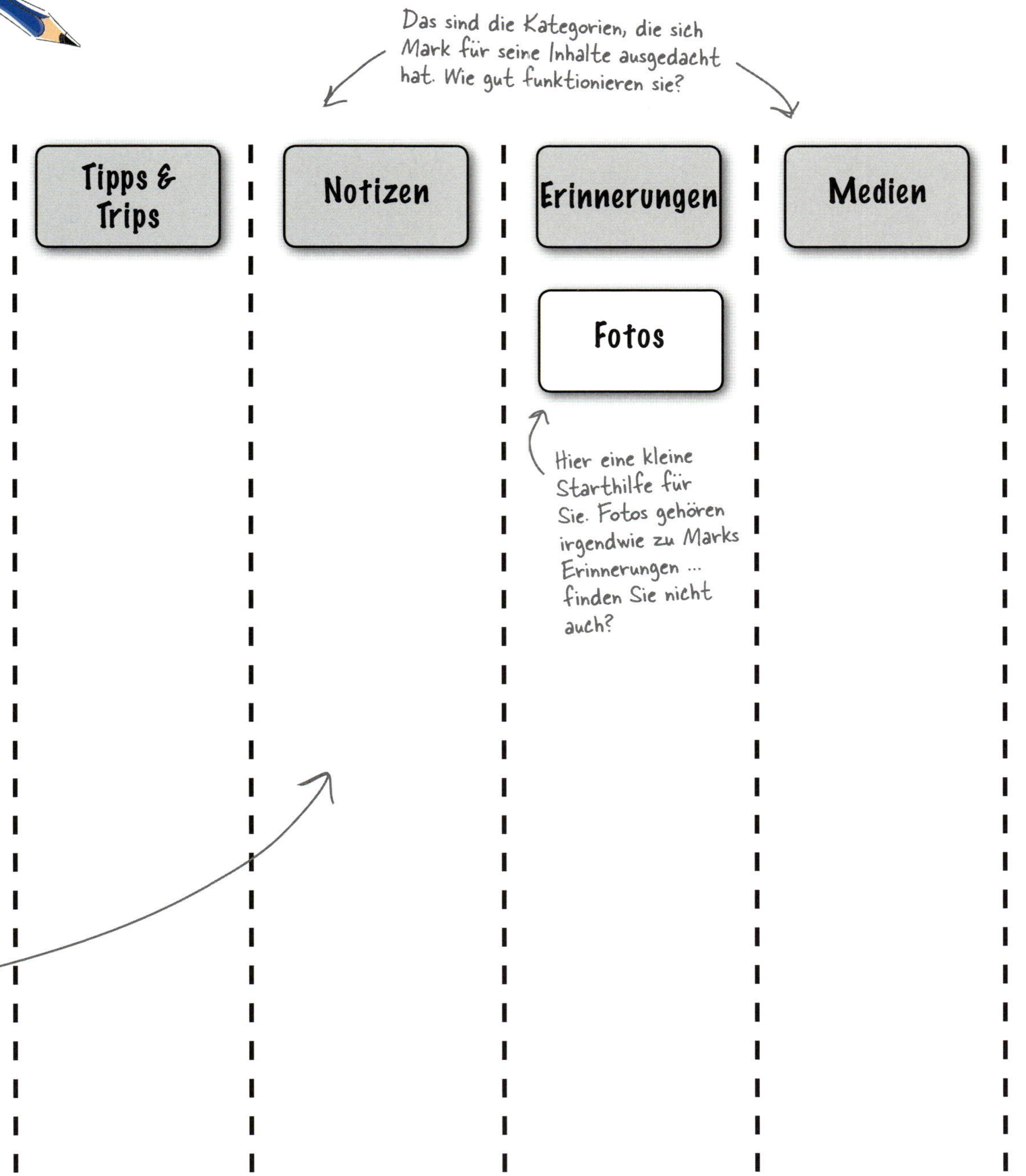

Spitzen Sie Ihren Bleistift

Lösung

Sie sollten die Inhaltsblöcke den am besten passenden Kategorien der Top-Level-Navigation zuordnen. Wir sind zu folgendem Ergebnis gekommen … Wie sieht Ihre Lösung aus?

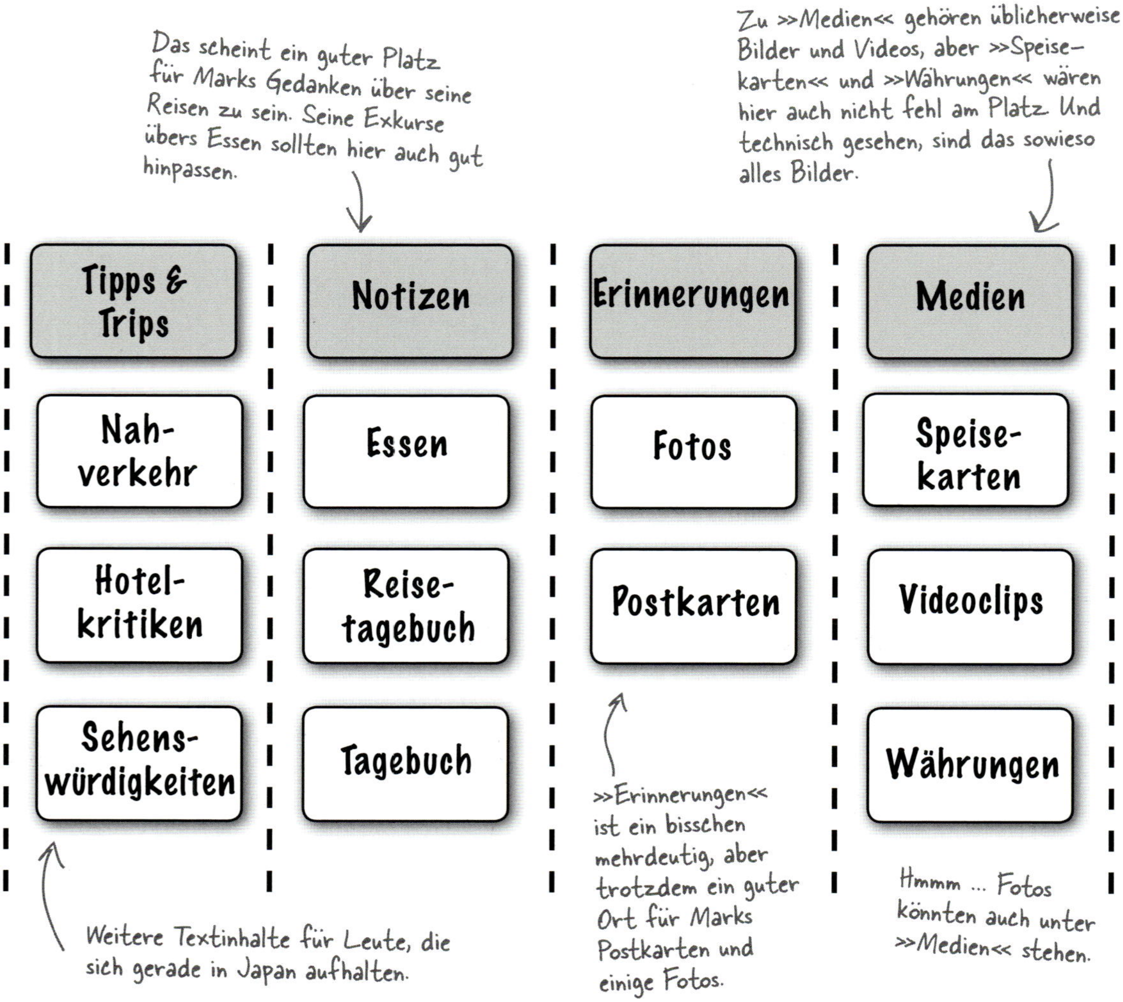

Verwirrende Navigation irritiert Benutzer

Es ist wichtig, dass Sie sich Gedanken machen, wie Sie die Hauptkategorien Ihrer Navigation nennen. Und zwar nicht erst in letzter Minute oder im Nachhinein. Verwirrende Kategorien machen es für Ihre Benutzer schwierig, die gewünschten Informationen zu finden, und lassen Ihre Website schlecht strukturiert und planlos dastehen. Werfen wir einen genaueren Blick auf Marks Top-Level-Kategorien:

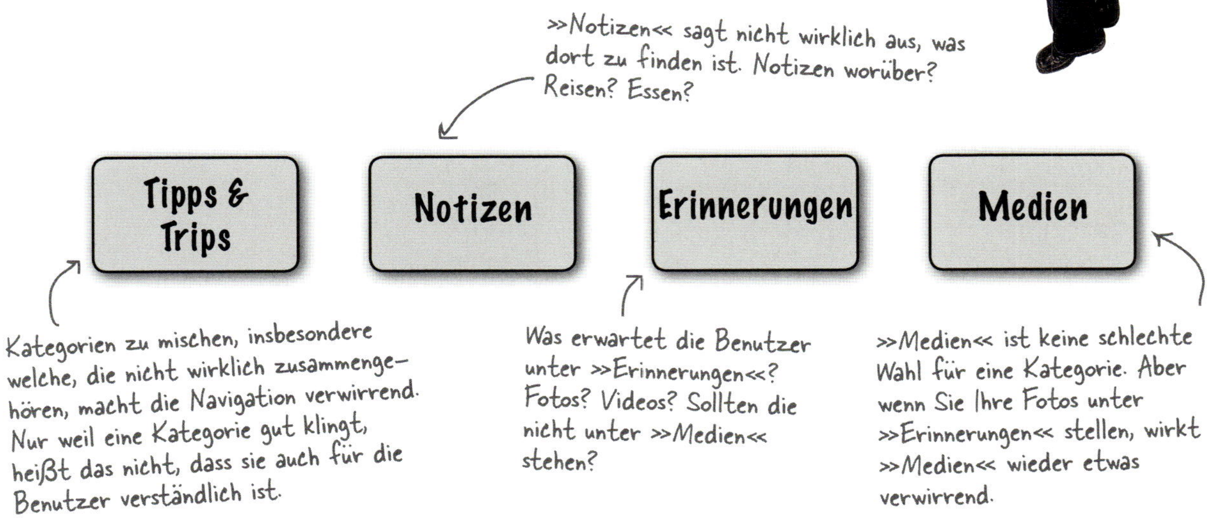

Spitzen Sie Ihren Bleistift

Blättern Sie zurück zur Lösung auf der vorherigen Seite und geben Sie den Kategorien bessere und klarere Titel. Eventuell müssen Sie die Inhaltsblöcke auch so verschieben, dass sie zu den neuen Kategorien passen.

Spitzen Sie Ihren Bleistift

~~Lösung~~

bessere Lösung

Klare Kategorien für die Top-Level-Navigation sind der Schlüssel zu leicht auffindbaren Informationen auf Ihrer Website. Sehen Sie nur, wie ein paar neue Hauptkategorien unsere Struktur logischer gestalten.

Machen Sie daraus diese eine Kategorie, um Verwirrung zu vermeiden.

>>Erinnerungen<< ist ein bisschen vage. Machen wir >>Souvenirs<< daraus. Das ist konkret und verständlich.

~~Tipps & Trips~~ Reisetipps	~~Notizen~~ Reise-tagebuch	~~Erinnerungen~~ Souvenirs	Medien
Nah-verkehr	Essen	Währungen	Fotos
Hotel-kritiken	Reise-tagebuch	Postkarten	Videoclips
Sehens-würdigkeiten	Tagebuch	Speise-karten	Währungen
		Fotos	Speise-karten

>>Reisetipps<< ist immer noch ein bisschen missverständlich, passt aber zu Marks Inhalt ganz gut.

>>Reisetagebuch<< ergibt mehr Sinn für den Inhalt, den die Benutzer hier finden.

>>Fotos<< stehen jetzt unter Medien.

>>Medien<< ist eine gute Kategorie, aber >>Währungen<< und >>Speisekarten<< gehören unter >>Souvenirs<<.

Es gibt keine Dummen Fragen

F: Wann ist ein Kategoriename zu lang?

A: In einer perfekten Welt finden Sie ein Wort, das den gesamten Inhalt beschreibt, den die Benutzer unter der entsprechenden Kategorie finden. Leider ist das nicht immer so. Als Faustregel gilt: Ihre Kategorienamen sollten so kurz wie möglich (ein bis zwei Wörter) sowie frei von Jargon sein und den Inhalt so gut es geht beschreiben.

F: Aber ich weiß doch, was der Link bedeutet. Reicht das nicht?

A: Nein, darauf kommt es überhaupt nicht an. Sie bauen keine Website für sich selbst, sondern für Ihre Benutzer. Ihr höchstes Ziel ist es, die Informationen auf Ihrer Website für die Benutzer leicht zugänglich und auffindbar zu machen. Wenn Ihre Besucher nicht finden können, wofür sie gekommen sind, spielt es keine Rolle, ob Sie das können.

Navigationsüberschriften sollten immer kurz und prägnant sein und den Inhalt (so genau wie möglich) wiedergeben, den die Besucher vorfinden, wenn sie auf den Link klicken.

F: Wie kann ich erkennen, ob eine Kategorie mehrdeutig ist?

A: Manchmal reicht es aus, wenn Sie sich fragen, ob ein Besucher oder Benutzer auch ohne ein entsprechendes Wissen über Inhalt oder Thema Ihrer Website versteht, was die Kategorien bedeuten. In manchen Fällen ist das unklar. Dann müssen Sie einen Schritt zurückgehen und Ihren Inhalt als Ganzes überdenken. Wenn Sie auf Ihrer Website Informationen anbieten, die dem Thema nur ungefähr entsprechen oder dieses verfehlen, spiegeln die Kategorienamen das wider und sind nicht einleuchtend für die Benutzer. Darum ist es von entscheidender Bedeutung, dass Sie ganz genau über Ihren Inhalt nachdenken, *bevor* Sie Ihre Kategorien wählen.

F: Was mache ich mit Inhalten, die in zwei verschiedene Kategorien passen?

A: Wahrscheinlich passt der Inhalt in zwei verschiedene Kategorien, weil Sie beim Definieren der Kategorien keine allzu gute Arbeit geleistet haben. Jeder Inhalt sollte nur an einer Stelle Ihrer Website vorkommen. Finden Sie fünf oder sechs Kategorien, die sich so stark unterscheiden, dass es keine oder möglichst wenige Überschneidungen gibt. Falls Sie damit immer noch Schwierigkeiten haben, sollten Sie es mit Card Sorting versuchen.

F: Was ist Card Sorting?

A: Gute Frage. Lesen Sie weiter ...

Jo: Ich finde, die Kategorien sind okay. Mark hat sie uns gegeben, sollten wir nicht einfach dabei bleiben?

Hans: Die Struktur ist nicht wirklich gut, aber ich denke, die Benutzer finden sich zurecht. Die Überschriften sind immer noch ein bisschen verwirrend, aber schon besser als die ursprünglichen. Und ich glaube nicht, dass sie noch besser werden. Außerdem möchte ich mit dem Code anfangen. Wir sollten nicht so viel Zeit auf etwas so Triviales wie auf die Kategorien einer Reise-Website verwenden.

Frank: Aber das ist die Grundlage unserer Navigation!

Hans: Wovon redest du überhaupt?

Frank: Unsere Navigation ... die Website-Navigation ergibt sich doch letztlich daraus, dass wir Links und untergeordnete Seiten unter gut ausgewählte Kategorien setzen, oder?

Jo: So hab ich das noch gar nicht gesehen.

Hans: Aber was können wir sonst machen? Wir haben die Kategorien schon einmal überarbeitet – und damit wahrscheinlich unsere Navigation –, und wie gesagt, es wird nicht mehr viel besser.

Frank: Ich glaube, wir stecken zu tief drin, um überhaupt zu verstehen, was für Probleme wir bekommen können.

Jo: Du meinst, noch mal ganz von vorne anfangen?

Hans: Oh Mann. Dann landen wir wieder genau dort, wo wir jetzt stecken!

Frank: Wie wäre es, wenn wird nicht noch mal von vorne anfangen, sondern das alles einfach ganz anders angehen?

Jo: Und wie?

Frank: Entwickeln wir eine Informationsarchitektur, nicht nur eine Handvoll Kategorien.

Hans: Eine was?

Frank: Informationsarchitektur. Hier, ich zeige euch das mal ...

Nehmen Sie sich für die Struktur Ihrer Website genug Zeit. Die Navigation baut darauf auf ... und verwirrende Navigationsoptionen mag niemand.

Strukturieren Sie Ihre Website durch Informationsarchitektur (IA)

Informationsarchitektur ist eine Methode, den vorhandenen Inhalt in Gruppen zu strukturieren, die sowohl für Sie als auch für Ihre Benutzer aussagekräftig und logisch nachvollziehbar sind.

Für die Informationsarchitektur treten Sie einen Schritt zurück und prüfen, welche Art von Inhalt Sie haben ... wie passt das alles zusammen? Werfen Sie einen Blick auf diesen Ausschnitt aus der IA einer bekannten Nachrichtensendung, der Tagesschau:

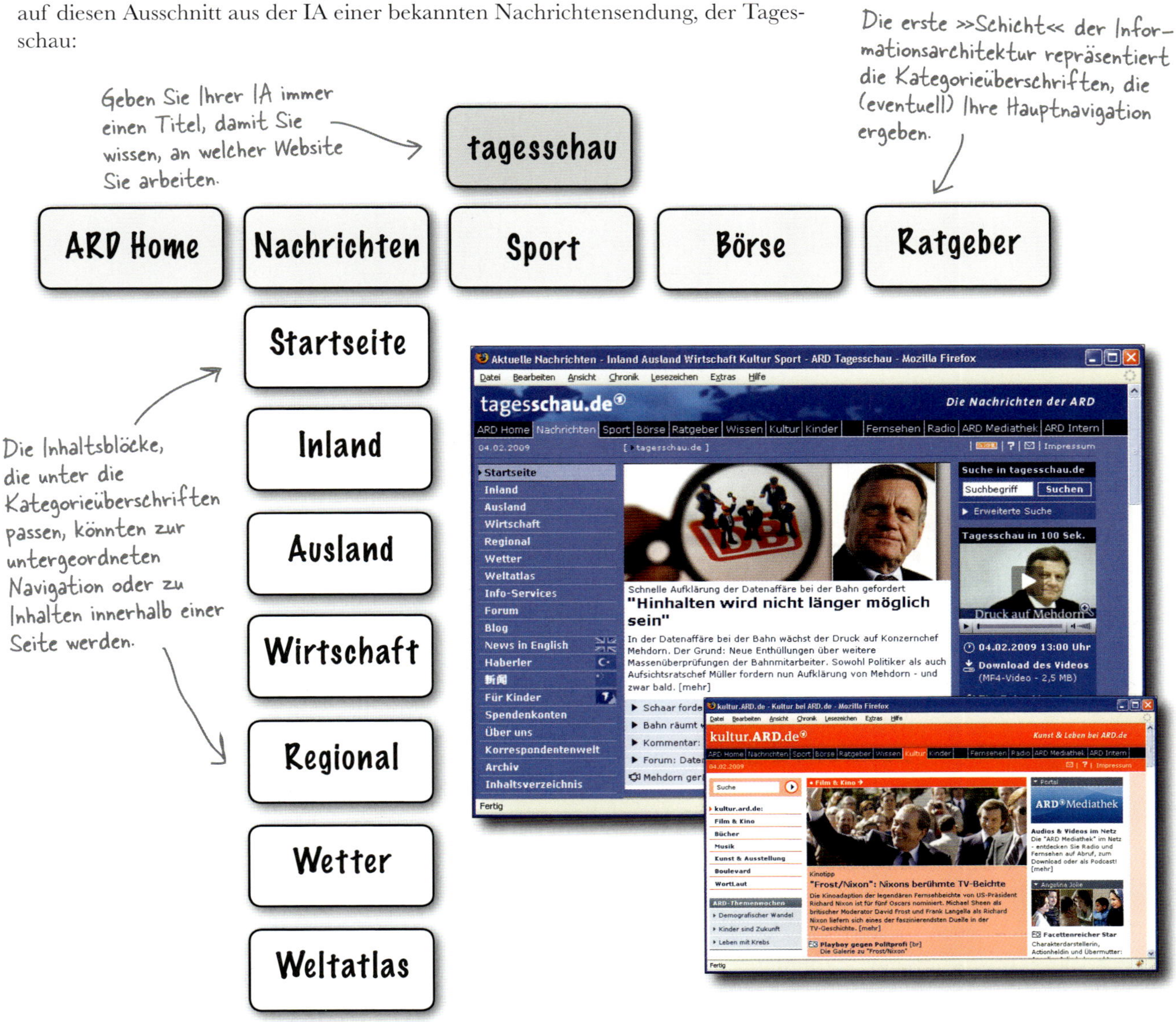

IA mit Card Sorting

Wie genau organisieren Sie die Informationen Ihrer Website? Es gibt viele Möglichkeiten, aber eine der besten heißt Card Sorting (engl. für »Karten sortieren«).

Card Sorting ist ein billiger und einfacher Weg, die Informationen einer Website in eine Struktur zu pressen. Außerdem bietet es eine tolle Möglichkeit, zu sehen, wie andere Leute (vielleicht sogar Ihre potenziellen Benutzer) die Informationen einer Website strukturieren würden. Card Sorting geht von XHTML oder sogar vom Web im Allgemeinen einen Schritt weg und lässt Sie über Strukturen, nicht nur über die Navigation nachdenken.

Das brauchen Sie für ein erfolgreiches Card Sorting:

1. Einen Stapel DIN-A7-Karten.
2. Einen Stift und einen leeren Tisch (oder Boden).
3. Eine solide Vorstellung vom Inhalt der Website.

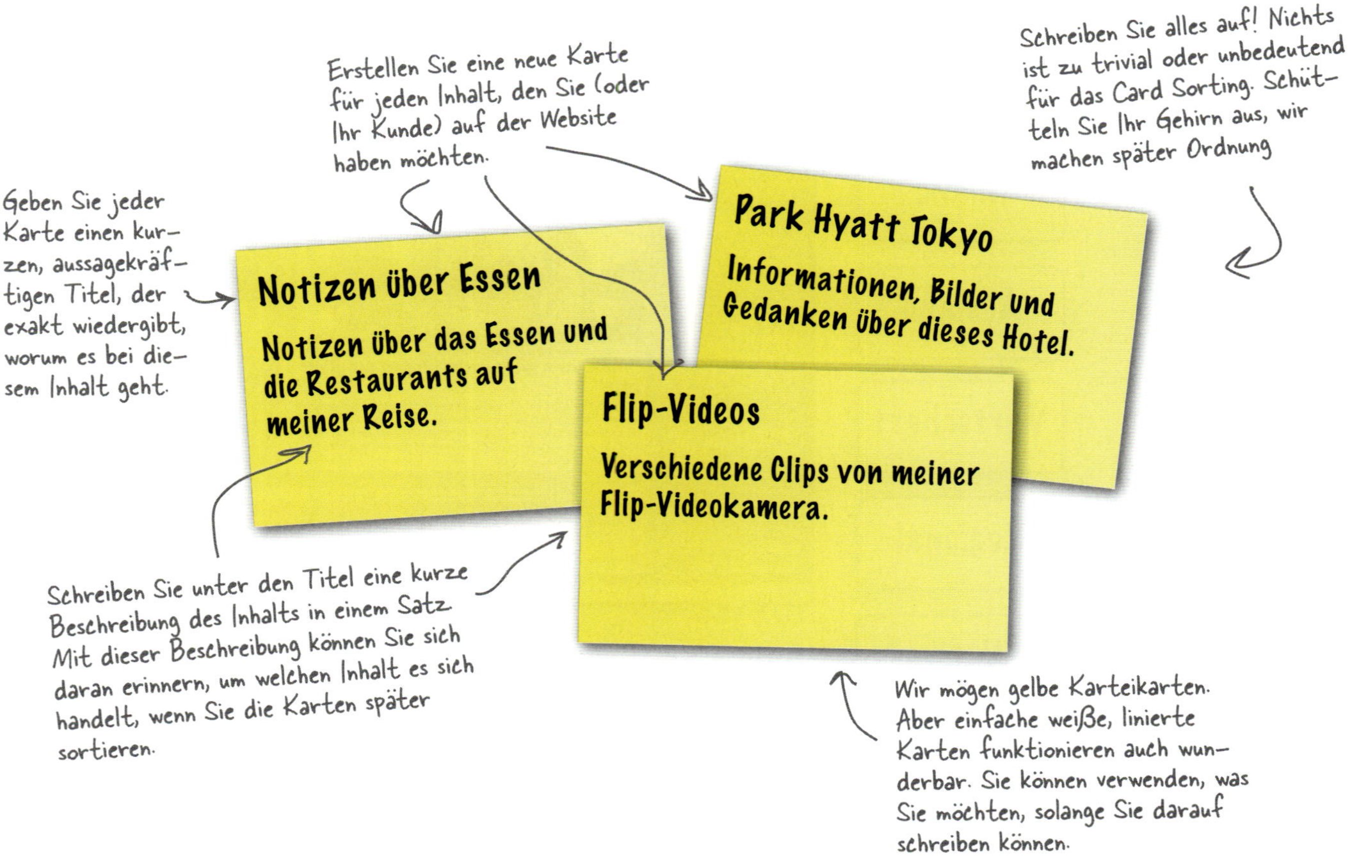

Card Sorting im Gespräch

Interview der Woche:
Struktur durch Card Sorting?

Von Kopf bis Fuß: Danke, dass Sie gekommen sind, Card Sorting. Schön, Sie zu sehen. Sie sprechen oft darüber, dass Sie Menschen dabei helfen, ihre Informationen zu organisieren. Was macht Sie so erfolgreich?

Card Sorting: Nun, ich denke, der entscheidende Grund dafür, dass ich so hilfreich bin, ist, dass ich die Leute dazu bringe, alle Ideen aufzuschreiben – die guten und die schlechten. Auf diese Weise wird nichts übersehen, und es gibt keine Notwendigkeit, irgendwelchen Inhalt in allerletzter Minute noch irgendwie hineinzuquetschen. Da es außerdem möglich ist, die Karten physisch zu verschieben, können Sie verschiedene Szenarien für Ihren Inhalt visualisieren.

Von Kopf bis Fuß: Ist das Hin- und Herschieben wirklich so wichtig? Das klingt ein klein wenig trivial.

Card Sorting: Überhaupt nicht, das ist wahrscheinlich das Wertvollste am Card Sorting. Es kostet so gut wie überhaupt keine Zeit, den Inhalt und die Navigation komplett zu überdenken.

Von Kopf bis Fuß: Wow, so habe ich das noch nicht gesehen! Überlassen Sie die Sortierung immer jemand anderem?

Card Sorting: Meistens. Es ist wirklich hilfreich, eine zweite Meinung zu bekommen. Wenn jemand anderer das Card Sorting vornimmt, erhalten Sie üblicherweise ein Inhaltslayout, auf das Sie selbst nie gekommen wären.

Von Kopf bis Fuß: Das ist cool. Ich würde gern zu den Karten zurückkommen. Was genau schreiben die Leute auf Ihre Karteikarten? Einfach nur zufällige Ideen, oder folgen sie einer bestimmten Vorlage?

Card Sorting: Ich würde nicht so weit gehen und von zufälligen Ideen sprechen. Stellen Sie sich meine Karteikarten als Inhaltsblöcke vor – Informationseinheiten, die Sie auf Ihrer Website haben möchten. Wenn jemand z.B. eine persönliche Website aufbaut, könnte es Karten wie »Jobs«, »Hobbys«, »Familienfotos« und »Urlaub« geben. Die Karten können auch detaillierter sein, z.B. »Fußball«, »Disney-World-Fotos« oder »Großeltern«.

Von Kopf bis Fuß: Die Karten können also sehr spezifisch oder auch eher allgemein sein?

Card Sorting: Genau. Weil manche zu Kategorieüberschriften und andere zu einzelnen Inhaltsblöcken werden.

Von Kopf bis Fuß: Okay, so ergibt das alles einen Sinn. Eine letzte Frage zu Ihren Karten. Sind die Beschreibungen wirklich nötig?

Card Sorting: Nicht immer. Aber es ist gut, welche zu schreiben – insbesondere wenn Sie viele Karten haben. Sie möchten auf jeden Fall vermeiden, dass Sie sich nicht mehr daran erinnern können, was Sie mit einem Inhaltsblock gemeint haben. Die Beschreibungen dienen auch dazu, *Ihre Ideen zu Papier zu bringen*.

Von Kopf bis Fuß: Das ist ein guter Rat. Unsere Zeit geht leider zu Ende. Danke, dass Sie heute mit uns gesprochen haben, Card Sorting.

Card Sorting: Sehr gerne. Danke für die Einladung.

Es wird Zeit für ein Card Sorting zu Marks Inhalt. Schreiben Sie auf jede der Karten einen einzelnen Informationsblock und eine (sehr) kurze Beschreibung. Schreiben Sie so genau wie möglich. Sobald Sie eine Karte ausgefüllt haben, legen Sie sie beiseite. Wiederholen Sie diesen Vorgang, bis Sie den gesamten möglichen Inhalt für Marks Website auf die Karten geschrieben haben. Eventuell brauchen Sie mehr Karten, als wir Ihnen gegeben haben. Falls nötig, können Sie auch Ihre eigenen Karteikarten verwenden.

Mark hat viel über die japanische Kultur gelernt und auch eine lange Liste mit Reisetipps für andere geschrieben, die eine Reise in dieses Land planen.

Mark hat sich einen Rail-Pass gekauft und ist quer durch Japan gereist. Er war in Tokio, Hiroshima, Hikone, Kyoto and Yokohama.

Mark hat sich auf seiner Reise viel mit Essen beschäftigt. Er hat Speisekarten mitgebracht und viele Notizen darüber gemacht, was er gegessen hat.

Mark hat an jedem Ort Videos und jede Menge Fotos mit seiner Flip-Kamera aufgenommen.

Scheuen Sie nicht davor zurück, viele Karten zu schreiben. Für den Moment geht es nur darum, den gesamten Inhalt auf die Karten zu bringen.

Lösung zur Übung

Mark kann mit jeder Menge Inhalt aufwarten. Das haben wir gefunden. Ist Ihnen noch etwas anderes eingefallen?

Das würde ein Blog oder eine gute Kategorieüberschrift abgeben.

Was wäre eine Reise ohne Fotos?

Landschaftsfotos

Fotos von Städten, Bergen und anderen Plätzen in Japan.

Reisetagebuch

Marks Notizen über Japan, die er im Hochgeschwindigkeitszug auf seinen Tagesausflügen gemacht hat.

Speisekarten

Speisekarten, die Mark in verschiedenen Restaurants des Landes gesammelt hat.

Videoclips

Kurze Videoclips, die Mark mit seiner Digitalkamera gemacht hat.

Aktivitäten

Notizen darüber, was Mark jeden Tag in Japan gemacht hat.

Man könnte auch sagen, Mark hat sich durch Japan gegessen. Inhalte über Essen sind für Mark auf jeden Fall wichtig.

Tokio

Mark war auf dem Tokyo Tower und ist früh aufgestanden, um auf den Fischmarkt zu gehen.

Sushi

Marks Lieblingsessen war mit Abstand Sushi. Notizen und Tipps zum Sushi-Essen.

Das ist eher eine spezifische Karte, aber Sushis stellen einen wichtigen Teil von Marks Reise dar.

Da Mark wirklich gern isst, gibt es mehrere Blöcke übers Essen. Dadurch können wir den Inhalt viel stärker aufgliedern.

Notizen über Essen

Notizen übers Essen und die Restaurants, in denen Mark gegessen hat.

Tipps und Einsichten über das Reisen in Japan.

Reise

Wie es ist, nach und in Japan zu reisen. Züge, Flugzeuge, Taxis usw.

Kultur

Kulturelle Unterschiede zwischen Deutschland und Japan.

Bars und Nachtleben

Ein Blick auf die Bars und das Nachtleben in und um Tokio und Kyoto.

Japanisch lernen

Schnelle Japanisch-Kurse für Reiseneulinge.

Fotos von Leuten

Fotos von Menschen und Freunden, die Mark unterwegs getroffen hat.

Hiroshima

Über die Reise zum Schauplatz der Atombombe.

Mark hat einige der berühmtesten Städte Japans besucht. Wir könnten eine Karte für jede große Stadt anlegen.

Es ist in Ordnung, wenn Ihre Karten anders aussehen. Wir verwenden diese Karten für den Rest des Kapitels, aber Sie können gern auch Ihre eigenen verwenden.

Sortieren Sie Ihre Karten in passende Stapel

Sobald Sie Ihre Karten ausgefüllt haben, müssen Sie sie in Gruppen sortieren. Natürlich sollen die Karten in jeder Gruppe zusammengehören – und die Gruppierung soll für Sie Sinn ergeben. Kleiner Tipp: **Diese Gruppen ergeben irgendwann die Abschnitte von Marks Website.**

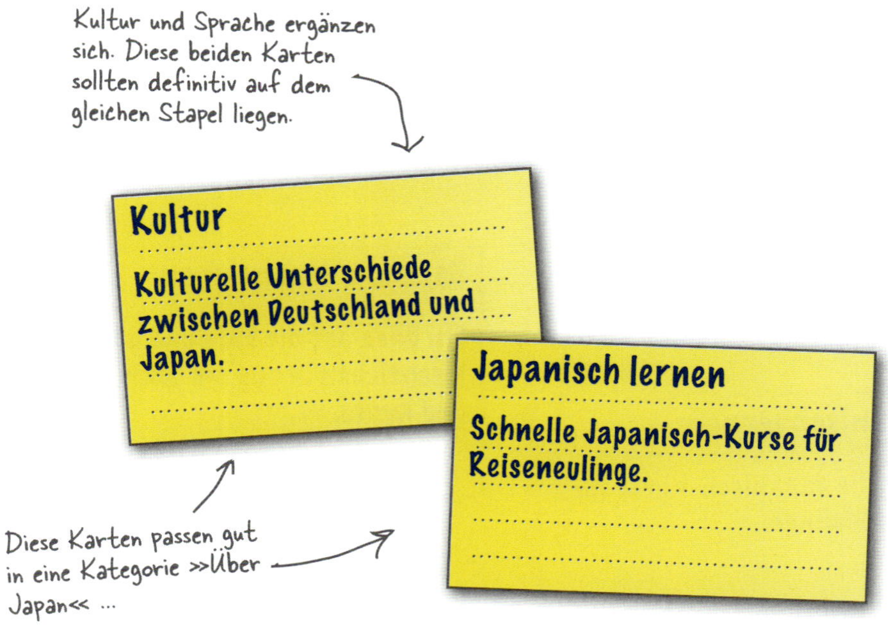

ÜBUNG

Teilen Sie die Karten, die Sie auf der vorherigen Seite erstellt haben, in logische Gruppen auf. Machen Sie sich keine Gedanken, wenn Karten übrig bleiben – darum kümmern wir uns noch.

Geben Sie den Stapeln kurze und aussagekräftige Namen

Haben Sie die Gruppen erstellt, müssen Sie jeder einen Namen geben, der kurz und aussagekräftig sein sollte. Nachdem diese Beschreibungen eventuell Teil Ihrer Hauptnavigation werden, sollten sie den jeweiligen Inhalt genau widerspiegeln, aber auch weit genug gefasst sein, um den beschriebenen Inhalt aufzunehmen.

Da Sie sich nun bereits seit einiger Zeit mit Marks Inhalt beschäftigt haben, lassen Sie sich jetzt Kategorieüberschriften einfallen, die anders (und besser) als die auf Seite 76 sind.

Werfen Sie einen Blick auf die Stapel aus der vorherigen Übung und finden Sie kurze, aussagekräftige Titel für jeden Stapel. Für die Beschreibung können Sie eine vorhandene Karte oder eine neue verwenden. Schreiben Sie die neuen Kategorienamen in die folgenden Leerzeilen.

Machen Sie ein Foto von Ihrem Card Sorting und der Anordnung der Karten. Sie können sich später auf das Foto beziehen und trotzdem Ihre Karten immer wieder unterschiedlich arrangieren.

LÖSUNG ZUR ÜBUNG

In dieser Übung haben Sie Ihre Karten in logische »Stapel« geordnet und für jeden Stapel einen Namen gewählt, der den Inhalt am besten beschreibt. Wir sind zu folgender Lösung gekommen:

Wir verwenden gern eine andere Farbe für die Kategorien. Sie müssen das nicht tun, aber es hilft.

Medien

Landschaftsfotos
Fotos von Städten, Bergen und anderen Plätzen in Japan.

Videoclips
Kurze Videoclips, die Mark mit seiner Digitalkamera gemacht hat.

Fotos von Leuten
Fotos von Menschen und Freunden, die Mark unterwegs getroffen hat.

Das sind ganz offensichtlich Inhalte für eine Medienkategorie. Hier erwarten die Benutzer sowohl Fotos als auch Videos.

Essen

Speisekarten
Speisekarten, die Mark in verschiedenen Restaurants des Landes gesammelt hat.

Notizen über Essen
Notizen übers Essen und die Restaurants, in denen Mark gegessen hat.

Sushi
Marks Lieblingsessen war mit Abstand Sushi. Notizen und Tipps zum Sushi-Essen.

Sieht so aus, als hätten wir einige Inhaltsblöcke über Essen. Das könnte ein interessanter Abschnitt für die Website werden.

Aktivitäten
Notizen darüber, was Mark jeden Tag in Japan gemacht hat.

Diese Karte scheint nirgendwohin zu passen ... wir kommen später darauf zurück.

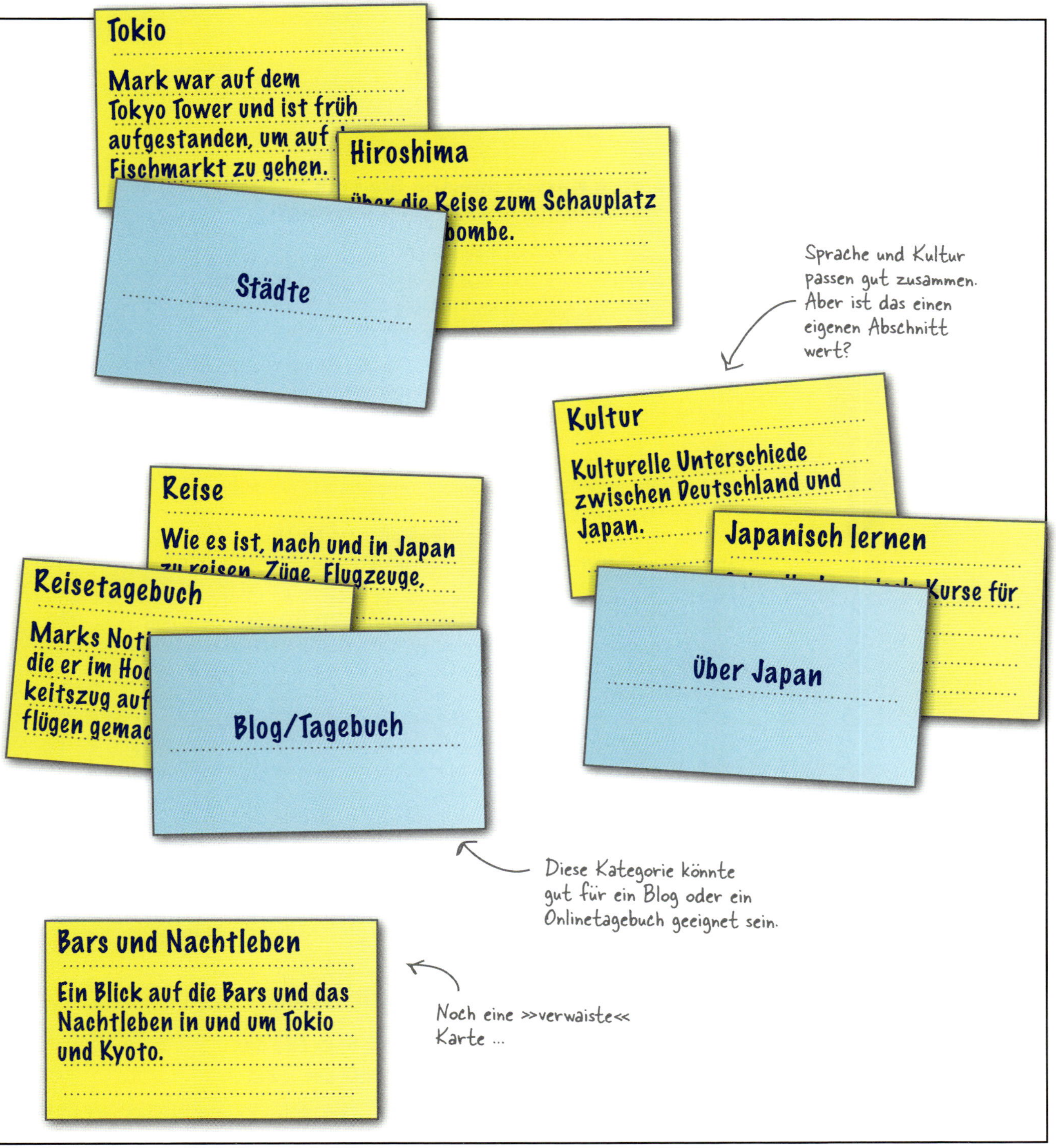
Tokio
Mark war auf dem
Tokyo Tower und ist früh
aufgestanden, um auf
Fischmarkt zu gehen.
Hiroshima
über die Reise zum Schauplatz
bombe.
Städte
Sprache und Kultur passen gut zusammen. Aber ist das einen eigenen Abschnitt wert?
Kultur
Kulturelle Unterschiede
zwischen Deutschland und
Japan.
Japanisch lernen
Kurse für
Über Japan
Reise
Wie es ist, nach und in Japan
zu reisen, Züge, Flugzeuge,
Reisetagebuch
Marks Noti
die er im Hoc
keitszug auf
flügen gemac
Blog/Tagebuch
Diese Kategorie könnte gut für ein Blog oder ein Onlinetagebuch geeignet sein.
Bars und Nachtleben
Ein Blick auf die Bars und das
Nachtleben in und um Tokio
und Kyoto.
Noch eine >>verwaiste<< Karte ...

Bei verwaisten Karten müssen Sie sich fragen: »Ist dieser Inhalt wirklich wichtig?«

In einigen Fällen haben Sie Karten, die sich nirgendwo einordnen lassen – **verwaiste Karten**. Sie fragen sich vielleicht, was Sie falsch gemacht haben, aber machen Sie sich keine Gedanken. Diese Karten sind üblicherweise ein Zeichen dafür, dass Sie etwas richtig machen!

Es gibt zwei Arten von verwaisten Karten. Es gibt diejenigen, die in keinen Stapel passen – wobei Sie aber glauben, dass dieser Inhalt für die Website wichtig genug ist, um für diese einzelne verwaiste Karte eine neue Gruppe einzurichten. Und dann gibt es die Karten, die auf keinen anderen Stapel passen und so grundverschieden von den anderen Karten sind, dass Sie beim besten Willen keine Gruppe finden (nennen wir sie mal *wirklich* verwaiste Karten). Wenn Sie verwaisten Inhalt zu integrieren versuchen, der einfach nicht in Ihre Informationsarchitektur passt, führt das *immer* zu Verwirrung bei den Benutzern.

Was wäre, wenn der Lebensmittelladen um die Ecke in der Obst- und Gemüseabteilung einen Haufen Toaster, ein großes Regal mit Salami und eine ganze Wand mit Deos anbieten würde? Die Kunden wären ziemlich verwirrt. Unsere Interaktion mit der Umwelt basiert auf der **Vorhersehbarkeit** gewisser Dinge. Es gibt einfach keinen Grund, warum Deos (oder Toaster oder Salami) in der Obstabteilung stehen sollten. Dasselbe gilt für die Informationsstruktur einer Website. Wenn Inhalte willkürlich in einem Abschnitt der Website auftauchen, in dem wir sie nicht erwarten, sind wir verwirrt und nehmen die Website eher in einem negativen Licht wahr.

Was machen Sie also mit verwaisten Karten? Sie haben zwei Möglichkeiten. Entweder Sie ändern den Inhalt so, dass er in eine der Gruppen passt. Allerdings funktioniert das meistens nicht. Die andere Möglichkeit besteht darin, die Tatsache zu akzeptieren, dass dieser Inhalt nicht in Ihre Website passt, und Sie den Inhalt verwerfen.

Wie denken Sie über diese verwaisten Karten? Wichtig? Passen nicht auf Marks Website? Zu vage? Zu speziell?

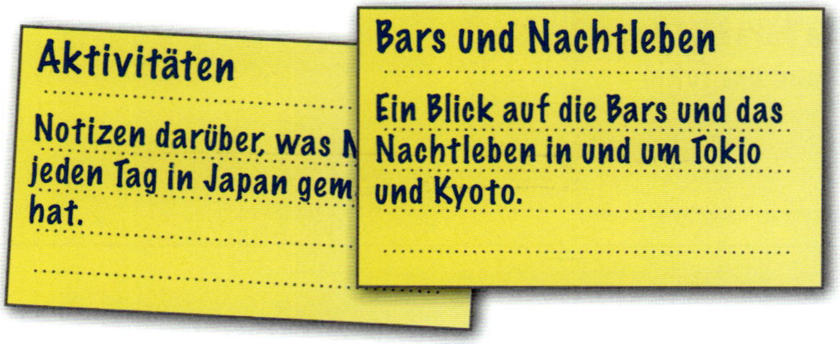

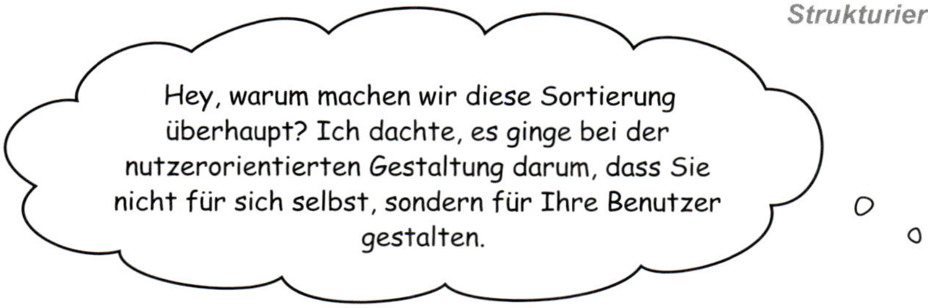

Freunde lassen Freunde nicht allein sortieren

Bis jetzt haben Sie das Card Sorting ganz allein gemacht. Aber das ist ***nicht*** die einzige Möglichkeit. Warum? Nun, es gibt einen wirklich guten Grund. Sie gestalten nicht für sich selbst, sondern für Ihr Publikum! Und wenn Sie nicht für sich selbst entwerfen, warum sollten Sie dann das Card Sorting selbst machen?

Idealerweise machen Sie dasselbe Card Sorting mit denselben Karten, aber lassen jemand anderen die Karten sortieren. Versuchen Sie's mit jemandem aus Ihrer Zielgruppe. Und wenn Sie niemanden aus der Zielgruppe finden, spannen Sie einen anderen Helfer ein. Zumindest bekommen Sie so eine zweite Meinung zur Informationsstruktur Ihrer Website.

ÜBUNG

Bitten Sie Freunde, Ihre Karten zu sortieren. Geben Sie eine kurze Einführung zu Marks Website (Vorsicht, beeinflussen Sie sie nicht, eine bestimmte Informationsstruktur zu verwenden) und lassen Sie sie die Karten sortieren. Sortieren Ihre Helfer die Karten auf die gleiche Weise wie Sie? Wo haben sie sich anders entschieden? Fragen Sie, warum! Das Ziel besteht darin, eine Informationsarchitektur für Marks Website zu finden, die nicht nur den Bedürfnissen der Website (und Marks) genügt, sondern denen der Benutzer. Schreiben Sie mindestens drei Dinge auf, die Sie durch die Sortierung Ihrer Freunde gelernt haben

....

....

....

Holen Sie noch mal Ihre Kamera! Jetzt haben Sie zwei Fotos von zwei völlig unterschiedlichen Strukturen für Marks Inhalte.

LÖSUNG ZUR ÜBUNG

Schauen wir, wie Ihre Freunde die Karten für Marks Website sortiert haben:

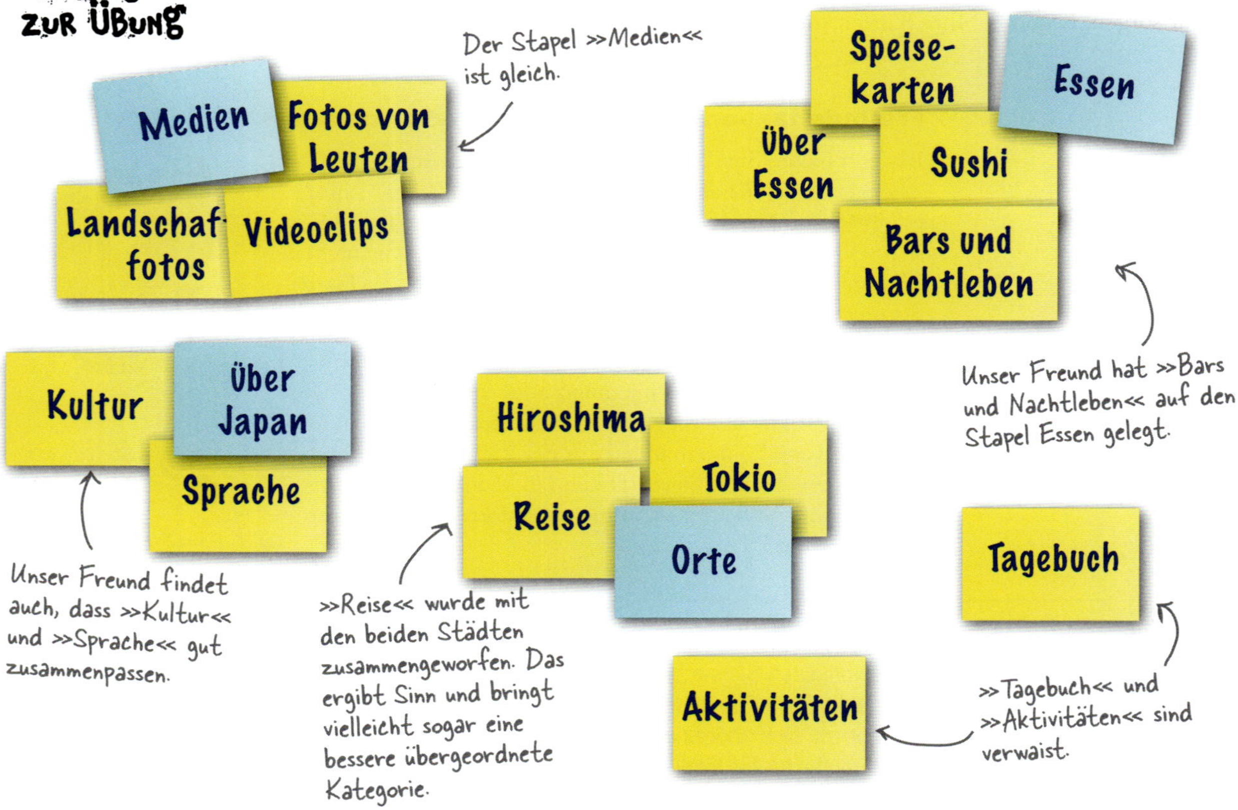

Welches Card Sorting ist richtig?

Eine zweite Meinung zur Sortierung ist wichtig und führt oft zu einer Struktur, an die Sie anfangs nicht gedacht haben. Aber woher wissen Sie, welche besser oder richtiger ist? Nun, das kommt drauf an. Wenn fünf Freunde von Ihnen die Sortierung machen und alle zu einem ähnlichen Ergebnis kommen, können Sie darauf wetten, dass das die am besten geeignete Struktur ist.

Allerdings sind Sie der Webdesigner. Manchmal reicht es aus, wenn Sie eine zweite beziehungsweise dritte Option haben und an Ihrer ursprünglichen Sortierung ein bisschen feilen. Wenn Sie damit fertig sind, sollten Sie sich mit dieser Struktur allerdings unbedingt wohlfühlen. Sie (und Mark) werden für lange Zeit damit leben müssen.

Ordnen Sie die Karten in der Hierarchie der Website an

Wenn Sie mit den Kartenstapeln und Titeln zufrieden sind, müssen Sie für die nötige Struktur sorgen. Legen Sie Ihre Karten wie in einer Sitemap aus. Nehmen Sie ein paar der übriggebliebenen Karteikarten und schreiben Sie die Kategorienamen darauf, die Sie gefunden haben. Verteilen Sie nun die Karten auf dem Tisch und legen Sie alle »Inhaltskarten« unterhalb der passenden »Abschnittskarten« ab.

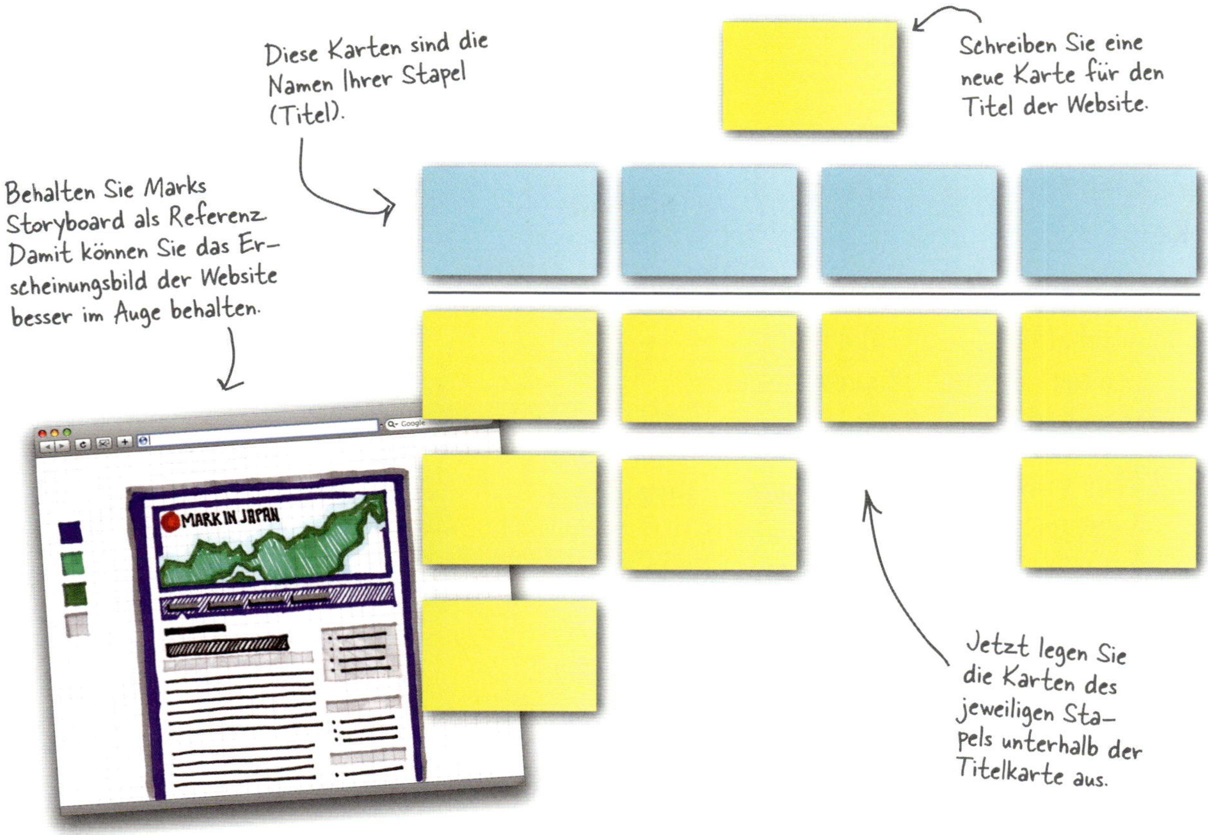

ÜBUNG

Wenn Sie einige Sortierungsdurchläufe hinter sich haben und auch ein oder zwei Freunde einen Versuch gestartet haben, arrangieren Sie die Karten in einem IA-Diagramm. **Machen Sie unbedingt noch ein Foto**.

LÖSUNG ZUR ÜBUNG

Nach den Sortierungsvorschlägen unserer Freunde haben wir unser ursprüngliches Card Sorting nochmals überdacht und kamen zur folgenden endgültigen Sortierung:

Wir haben die Beschreibungen entfernt, damit alles auf die Seite passt …

Mark in Japan

Ein potenzieller Titel für Marks Website.

Medien	Essen	Reisenotizen	Blog	Über Japan
Landschaftsfotos	Über Essen	Tokio	Reisetagebuch	Kultur
Fotos von Leuten	Speisekarten	Hiroshima		Sprache
Videoclips	Sushi			
	Bars und Nachtleben			

Marks Reisetagebuch ergibt ein perfektes Blog.

Fotos und Videos gehören definitiv unter »Medien«.

Wir haben die Städte in einer eigenen Spalte gelassen, aber die Überschrift in »Reisenotizen« geändert, damit sie besser zum Ergebnis unseres Card Sorting passt.

Alle unsere Freunde haben Kultur und Sprache in dieselbe Kategorie gepackt. Das sind gute Blöcke für einen Abschnitt mit generellen Informationen über Japan. Außerdem kann Mark an dieser Stelle auch zusätzliche Inhalte einfügen, wenn er möchte.

Wir haben »Bars und Nachtleben« in die Kategorie »Essen« gelegt, weil das in den Sortierungen unserer Freunde immer wieder so herauskam.

IA-Diagramme sind Card Sortings auf Papier

Ein IA-Diagramm ähnelt der Sitemap auf dem Tisch, die Sie in der letzten Übung gemacht (und fotografiert) haben, ist aber wesentlich umfangreicher. Ein IA-Diagramm zeigt nicht nur die Struktur des Inhalts Ihrer Website, sondern auch die hierarchischen Beziehungen zwischen den Abschnitten und Unterabschnitten dieses Inhalts. Die gute Nachricht ist, dass die meiste Arbeit schon getan ist, nachdem Sie sich die Zeit für einige Card Sortings genommen haben.

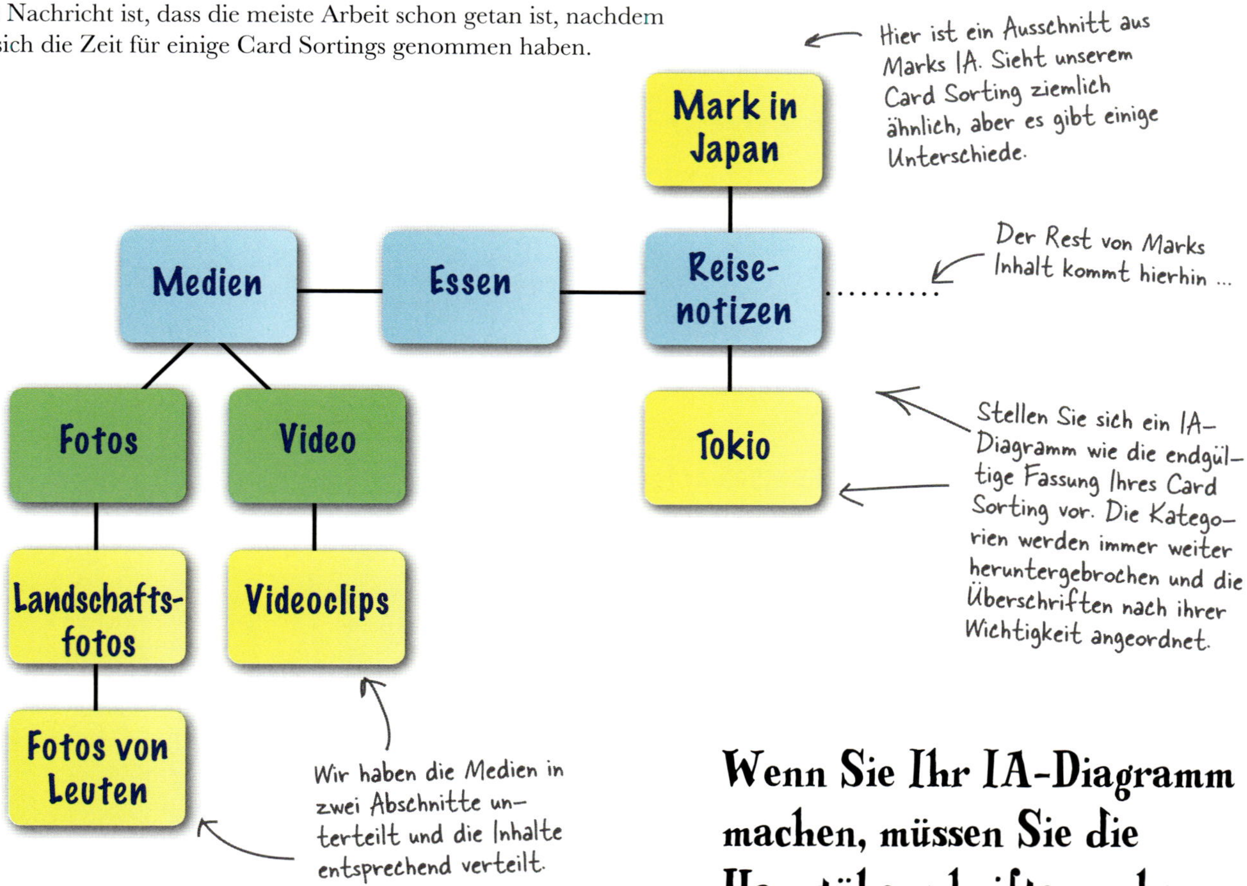

Wenn Sie Ihr IA-Diagramm machen, müssen Sie die Hauptüberschriften unbedingt nach ihrer Wichtigkeit anordnen. Je bedeutender die Elemente, desto weiter oben sollten sie in Ihrer IA erscheinen.

IA-Diagramme sind NICHT nur Links

IA-Diagramme drehen sich nicht um Links – es geht um die hierarchischen Beziehungen zwischen den Abschnitten und Unterabschnitten des Inhalts. Wenn Sie ein Diagramm erstellen, das die Links zwischen den Abschnitten darstellt, erhalten Sie einen nutzlosen, Spaghetti-ähnlichen Haufen, der Ihnen keine vernünftigen Informationen über die wichtigen hierarchischen Beziehungen des Inhalts liefert.

Stellen Sie sich das Ganze mal so vor ... die meisten Websites haben überall irgendwelche Links, kreuz und quer durch Kategorien und Abschnitte. Das ergäbe eine ziemlich chaotische IA!

Wenn die IA Links darstellen würde ...

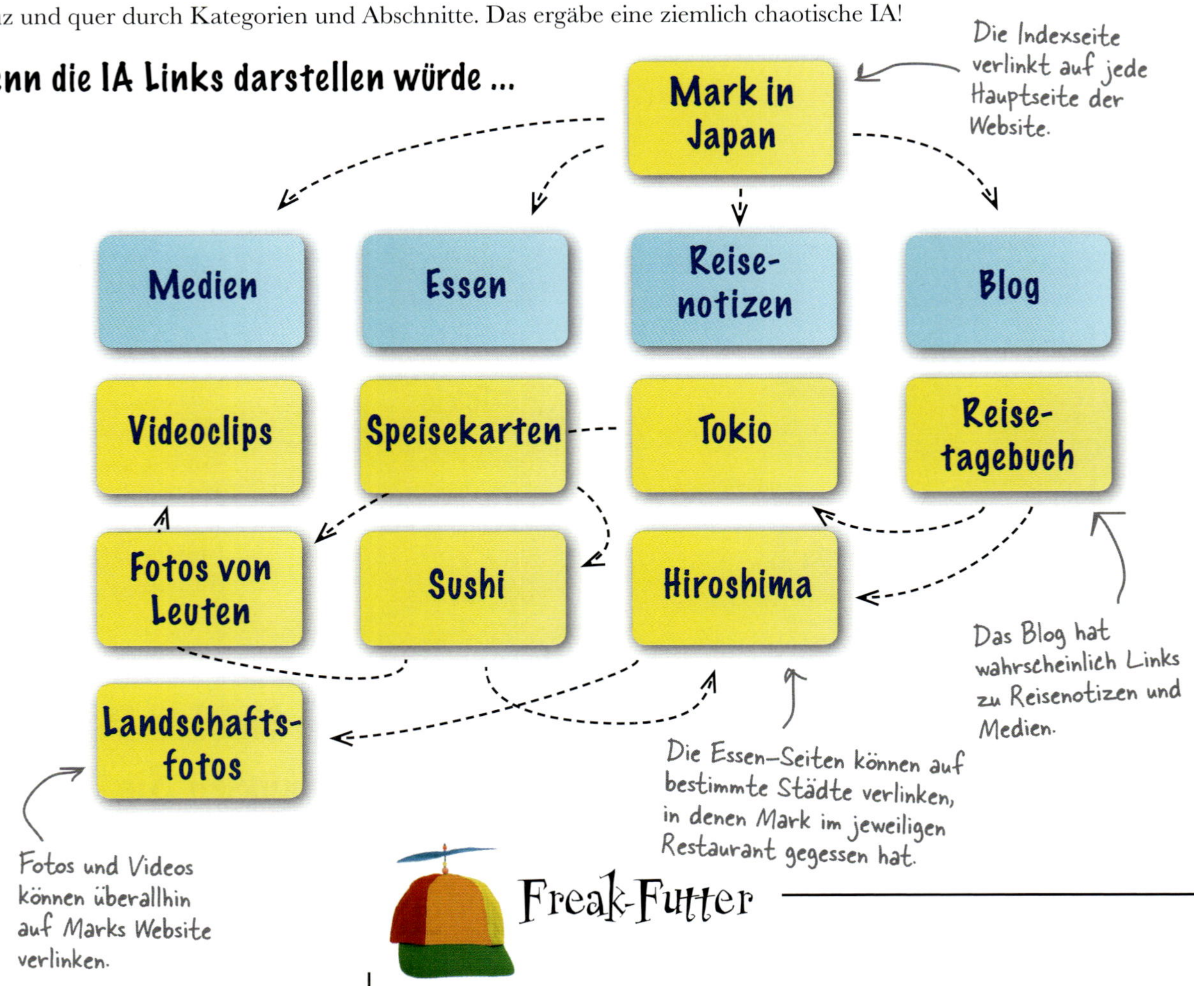

Freak-Futter

Es gibt jede Menge Flowchart-Programme, mit denen Sie schicke und professionell aussehende IA-Diagramme erstellen können: Unter Windows ist **Visio** eine gute Wahl (wenn auch etwas teuer). Auf dem Mac ist **OmniGraffle** zu empfehlen.

Übung

Erstellen Sie ein IA-Diagramm für Marks Website auf Grundlage Ihres Card Sorting. Denken Sie daran, Sie zeigen nicht die Links zwischen den Seiten an, sondern die hierarchischen Beziehungen zwischen den Abschnitten und Unterabschnitten.

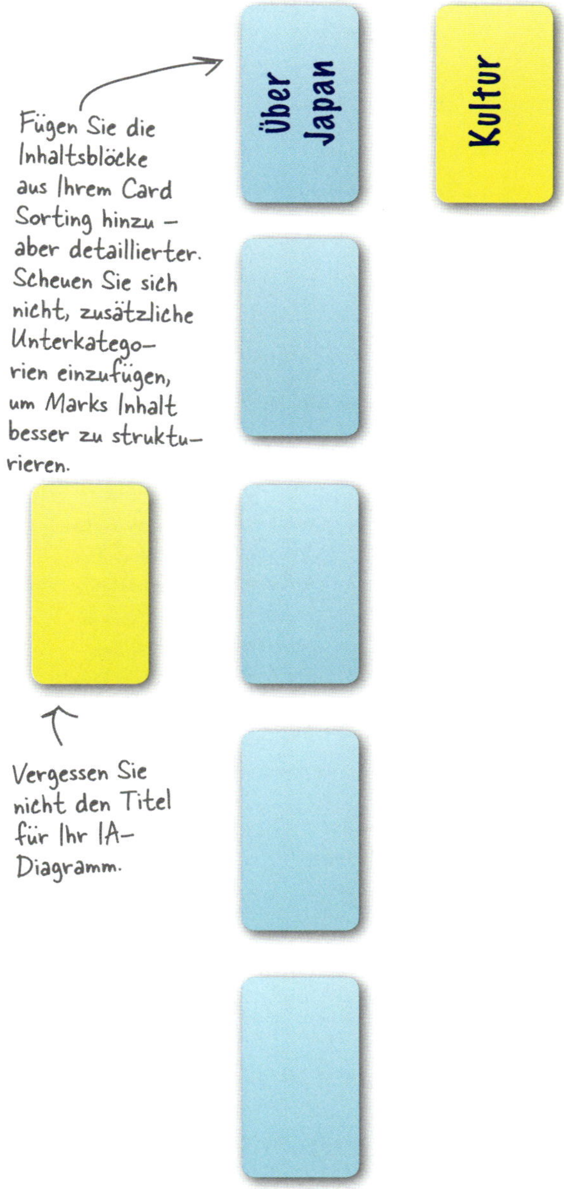

Manchmal ändert sich das Ergebnis des Card Sorting für die IA ein wenig. Das ist okay … es geht um eine gute Struktur, nicht darum, Änderungen an Ihren ursprünglichen Ideen zu vermeiden.

LÖSUNG ZUR ÜBUNG

Sie sollten ein IA-Diagramm anhand Ihres Card Sorting erstellen. Hier sehen Sie unser Ergebnis:

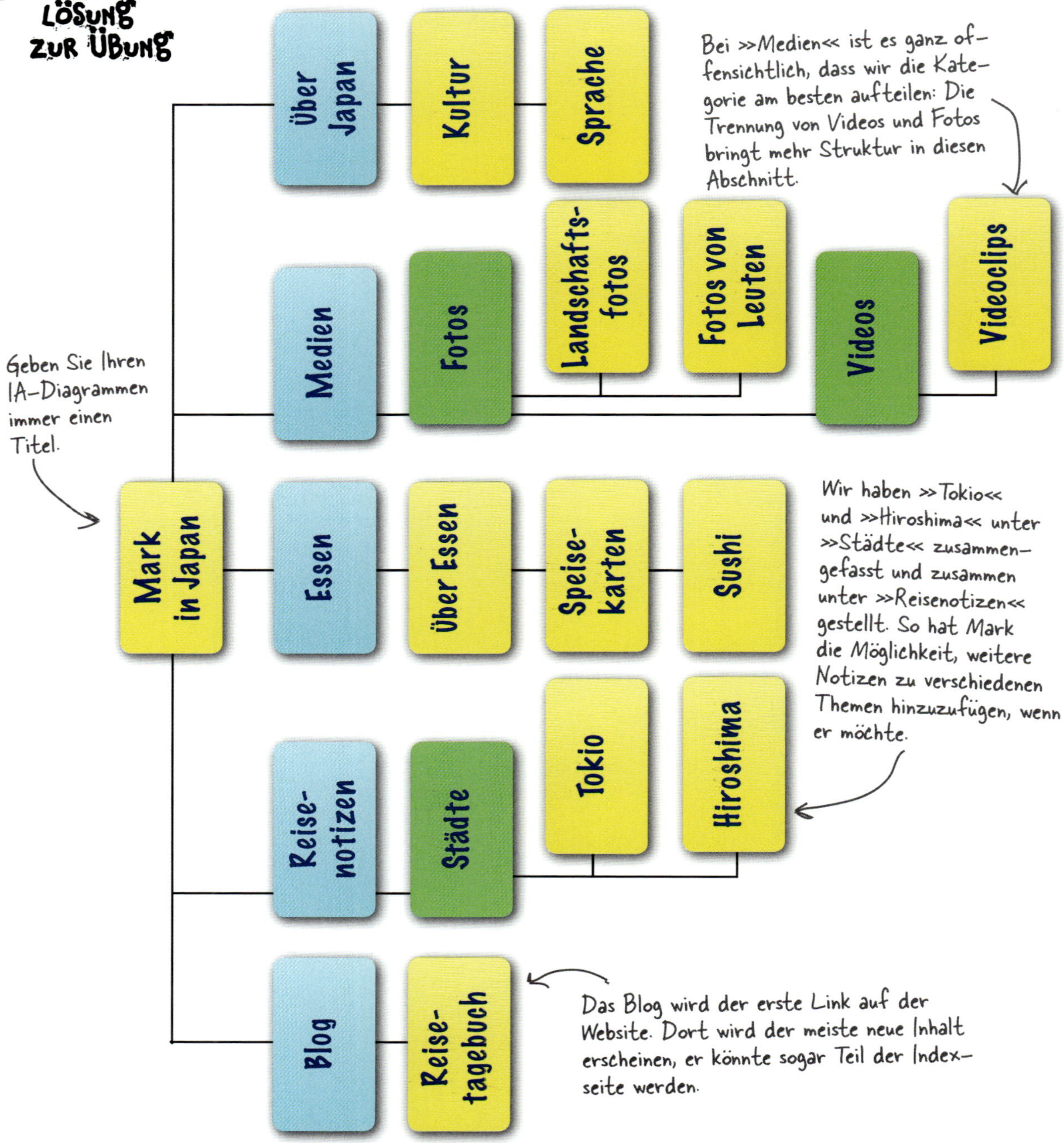

Es gibt keine Dummen Fragen

F: Ist diese ganze Arbeit wirklich nötig, nur um einige Navigationskategorien zu bekommen?

A: Wenn Sie es richtig machen wollen, ja. Sie sollten sich schon einige Gedanken über das Design des Inhalts und der Navigation machen. Eine zu hastig entworfene IA kann einen vernichtenden Effekt auf den Erfolg einer Website haben. Selbst mit einer abgekürzten »Quickie«- Version des Card Sorting und der IA werden Sie noch ein besseres Ergebnis erhalten, als wenn Sie gar nichts machten.

F: Was, wenn wir das Card Sorting überspringen und direkt zur IA gehen?

A: Das ist besser als nichts, aber dann haben Sie keine Möglichkeit, Ihre Inhalte zu sichten und zu prüfen. Das Card Sorting ist deshalb so wichtig, weil es Ihnen dabei hilft, unwichtige Inhalte loszuwerden und sich klarzumachen, wie die verschiedenen Inhaltsblöcke zusammenhängen. IA-Diagramme helfen, sind aber nicht so gründlich wie ein Card Sorting.

F: Wenn IA-Diagramme keine Linkbeziehungen darstellen, wozu sind sie dann gut?

A: In den meisten Fällen ist eine Sitemap die beste Möglichkeit, die Links einer Website abzubilden. Das Problem daran ist, dass eine Sitemap erst dann richtig gemacht werden kann, wenn die Website fertig ist. Während der Konzeption sollten Sie sich auf die Struktur der Inhalte konzentrieren, nicht auf die Links. Diese Arbeit ist erst dran, wenn Sie damit beginnen, die Seiten zu erstellen.

F: Durchlaufen alle Websites diesen Prozess?

A: Die meisten nicht – darum sind so viele Websites im Internet so kompliziert zu handhaben. In allzu vielen Fällen wird an IA und Inhaltsstruktur erst nach der Gestaltung gedacht. Das Ergebnis sind unbrauchbare Websites und schwer zu findender Inhalt. Wenn Sie diese Schritte auslassen, ernten Sie frustrierte Benutzer und schwindende Besucherzahlen.

F: Was hat das Thema einer Website mit der Informationsarchitektur zu tun?

A: Die IA bezieht sich direkt auf das Thema Ihrer Website. Der Inhalt Ihrer Website bestimmt das generelle Thema, und die Struktur der Inhalte ist von entscheidender Bedeutung. Wenn die IA ungünstig ist oder der Fokus auf den falschen Inhalten liegt, werden nicht nur die Benutzer verwirrt. Ihr Thema wird ebenfalls nicht transportiert.

Von der Konzeption zu Umsetzung

Das IA-Diagramm und diese ganzen Card Sortings wirken vielleicht wie eine Menge Arbeit für eine einfache Navigation. Mark wird das aber sehr zu schätzen wissen, vor allem wenn seine Benutzer einfach durch seine Website navigieren können und seine Inhalte ohne Schwierigkeiten finden.

Jetzt haben wir eine gut strukturierte IA, ein Storyboard, das Mark gefällt, und eine klare Vorstellung davon, wo wir mit der Website hinwollen. Lassen wir etwas Markup und Styling vom Stapel!

Die Struktur von Marks Website

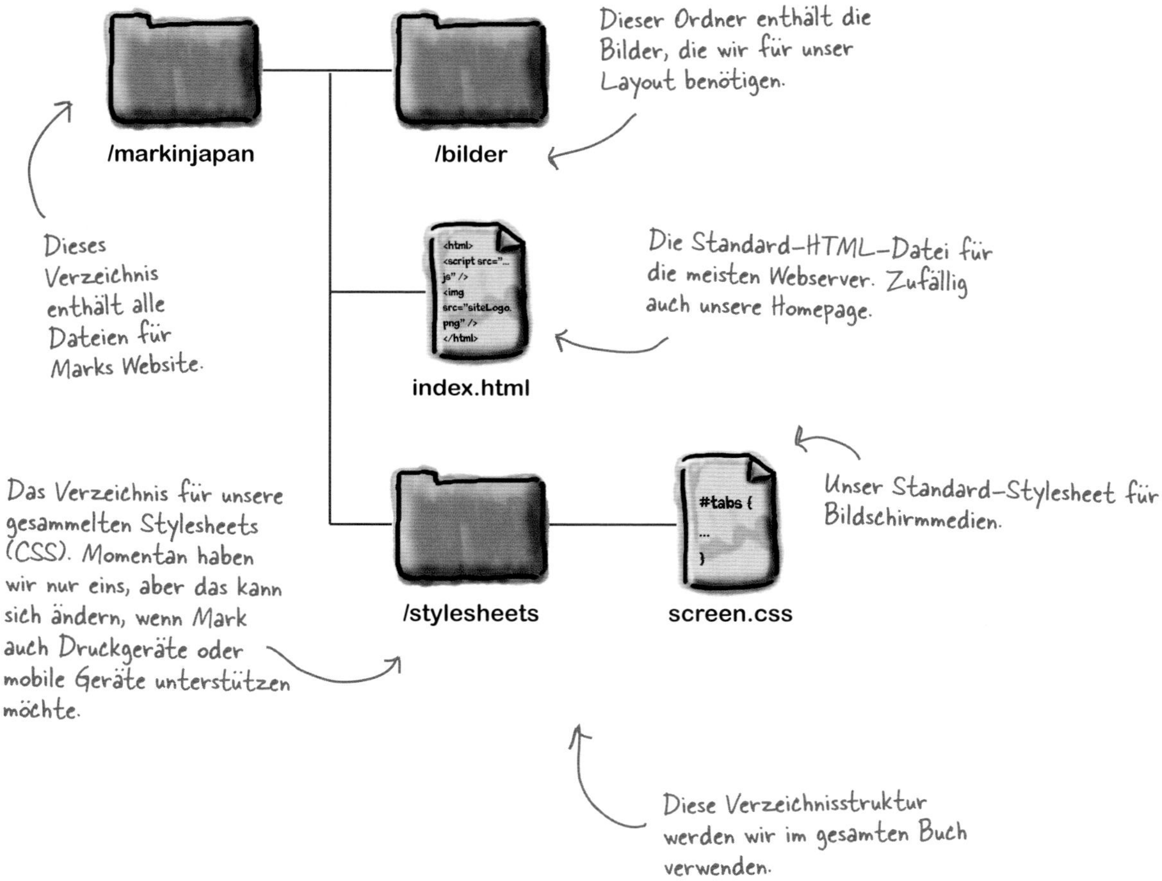

Zuerst die index.html ...

Mit Strict XHTML kommen Sie nicht in Versuchung, Stil-Tags wie <center> und <font> in Ihr Markup zu schmuggeln. Dadurch bleiben Inhalt und Stil schön voneinander getrennt.

```
<!DOCTYPE html PUBLIC "-//W3C//DTD XHTML 1.0 Strict//EN"
       "http://www.w3.org/TR/xhtml1/DTD/xhtml1-strict.dtd">
<html xmlns="http://www.w3.org/1999/xhtml" xml:lang="de" lang="de">
<head>
  <title>Mark in Japan</title>
  <meta http-equiv="Content-Type" content="text/html; charset=utf-8" />
  <link rel="stylesheet" href="stylesheets/screen.css" type="text/css" media="screen" />
</head>
<body>
<div id="wrap">
  <div id="kopfzeile">
    <h1>Mark in Japan</h1>
  </div>
  <div id="nav">
    <ul>
      <li><a class="aktiv" title="home" href="#">Home</a></li>
      <li><a title="home" href="#">Reisenotizen</a></li>
      <li><a title="home" href="#">Essen</a></li>
      <li><a title="home" href="#">Medien</a></li>
      <li><a title="home" href="#">Über Japan</a></li>
    </ul>
  </div>
  <div id="inhalt">
    <h2>Blog-Überschrift</h2>
    <p>Lorem ipsum dolor sit amet, consectetuer adipiscing elit. Pellentesque quis
       nisl eget est viverra placerat. Nam tincidunt ligula id turpis. Duis nunc.
       Nullam imperdiet quam ut magna.</p>
  </div>
  <div id="seitenleiste">
    <h3>Überschrift Seitenleiste</h3>
    <ul>
      <li>Fusce diam. Pellentesque bibendum. Nulla viverra vestibulum justo.
          Pellentesque pulvinar sapien.</li>
      <li>Cras vestibulum elit id nibh hendrerit eleifend. Pellentesque id ante.
          Sed volutpat blandit mi.</li>
    </ul>
  </div>
  <div id="fusszeile">
    <p>Copyright &copy; Mark in Japan, all rights reserved.</p>
  </div>
</div>
</body>
</html>
```

Das <div> »wrap« ist der Container für den gesamten Inhalt und zentriert die Seite im Browserfenster.

Die Navigation ist einfach eine ungeordnete Liste mit den Überschriften, die wir während der Konzeption gefunden haben.

Für den Moment füllen wir die <div>s für den Inhalt und die Seitenleiste mit Blindtext.

Wir strukturieren den Inhalt in der Seitenleiste mit einer weiteren ungeordneten Liste.

Eine Fußzeile bietet Platz für weitere Links und Copyright-Informationen. Beachten Sie, dass sich auch diese innerhalb des Haupt-<div>s »wrap« befindet.

... und dann screen.css für den Stil

```
/* screen.css */
body {
      margin: 0;
      padding: 0;
      background: #026dc0 url('../bilder/bg.gif') repeat-x top;
      font-family: Helvetica, sans-serif;
      line-height: 1.4em;
}
h1, h2, h3, p, ul, li {
      margin: 0;
      padding: 0;
}
p, h2, h3 {
      margin: 0 0 10px 0;
}
ul {
      list-style-type: none;
}
#wrap {
      margin: 0 auto;
      margin-top: 40px;
      margin-bottom: 40px;
      padding: 10px;
      width: 780px;
      background: #fff;
      border: 10px solid #044375;
}
#kopfzeile {
      background: url('../bilder/insel.jpg') no-repeat;
      height: 250px;
}
#kopfzeile h1 {
      padding: 30px 0 30px 30px;
      color: #fff;
      background: url('../bilder/dot.png') no-repeat 10px 50%;
      font-weight: normal;
      letter-spacing: -1px;
}
```

Dieser Hintergrund ist einfach ein 1 x 450 Pixel großes Bild, das auf der x-Achse der Seite immer wiederholt wird. Dadurch ergibt sich ein schöner Farbverlauf.

Sie können mehrere Elemente in einer Regel deklarieren, die gemeinsame Attribute haben.

Der Hauptstil für das <div> >>wrap<< umfasst einen 10 px-Rahmen und den Rand >>0 auto<<, der die Seite im Browser zentriert.

Der Hintergrund der Kopfzeilenüberschrift wird mit CSS positioniert, wobei ein roter Punkt als Hintergrundbild verwendet und der Text darübergeschoben wird.

Fortsetzung auf der nächsten Seite ...

Fortsetzung screen.css ...

```
#nav {
      margin: 10px 0 0 0;
      padding: 10px;
      background: #044375;
      border-top: 5px solid #033761;
}
#nav ul li {
      display: inline;
      margin: 0 10px 0 10px;
}
#nav a {
      color: #fff;
      text-decoration: none;
}
#inhalt {
      margin: 10px 0 0 0;
      padding: 10px;
      float: left;
      width: 505px;
}
#seitenleiste {
      margin: 10px 0 0 0;
      padding: 10px;
      float: right;
      width: 225px;
}
#seitenleiste ul {
      margin: 0 0 40px 0;
}
#seitenleiste h3 {
      padding: 5px;
      background: #eee;
      border-bottom: 2px solid #ddd;
      font-weight: normal;
}
#fusszeile {
      clear: both;
      padding: 10px;
      background: #eee;
      border-bottom: 2px solid #ddd;
}
```

Unsere Navigation ist eine ungeordnete Liste, die dank »display: inline« nicht im Block, sondern inline angezeigt wird.

Bei Links müssen Sie die Farbe für das Element selbst festlegen. Links übernehmen die Farbe nicht von den übergeordneten Elementen, zB. den <div>s.

Der Inhalt und die Seitenleiste werden links und rechts gefloated: mit einer Breite von ungefähr 2/3 des Inhalts und 1/3 der Seitenleiste.

Verwenden Sie unbedingt die Eigenschaft »clear«, damit die Fußzeile unterhalb der <div>s mit dem Inhalt und der Seitenleiste angezeigt wird.

Keine Panik, Sie müssen diesen Code nicht abtippen, sondern können ihn von der Verlagswebsite herunterladen.

Sie finden den gesamten Code zum Buch unter **`http://tinyurl.com/kf-webdesign`**. Im Ordner kapitel03 finden Sie die Dateien für Marks Blog mit allen Bildern, sodass Ihr Design genauso gut aussieht wie auf diesen Seiten.

Die Website sieht toll aus und hat eine vernünftige IA, mit der es unterwegs keine Probleme gibt.

Fantastisch! Ich kann es kaum erwarten, meinen Inhalt reinzustellen und den Traffic zu beobachten! Danke Jungs!

Die Website sieht ziemlich genau wie auf dem Storyboard aus, das Mark abgesegnet hat. Also hat sich die Vorarbeit mit Layout und Farbschema gelohnt.

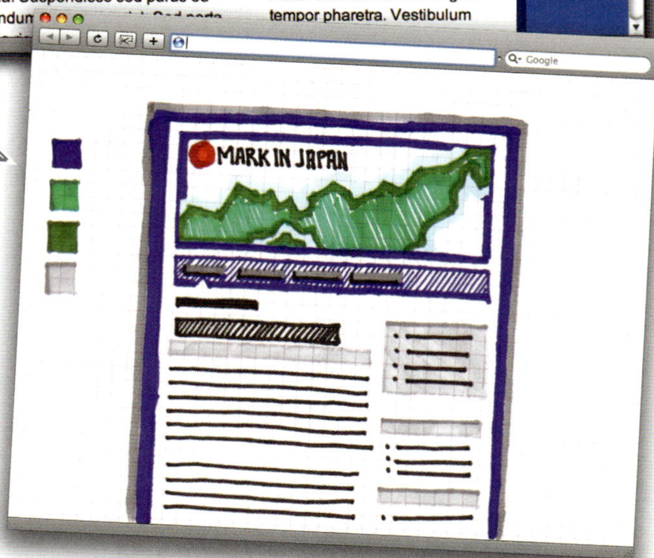

Von der Konzeption zur Umsetzung

❶ **Sammeln Sie Ihre Inhalte.**

❷ **Machen Sie ein Brainstorming zu Thema und visueller Metapher.**

❸ **Entwickeln Sie eine visuelle Metapher und finden Sie ein Layout.**

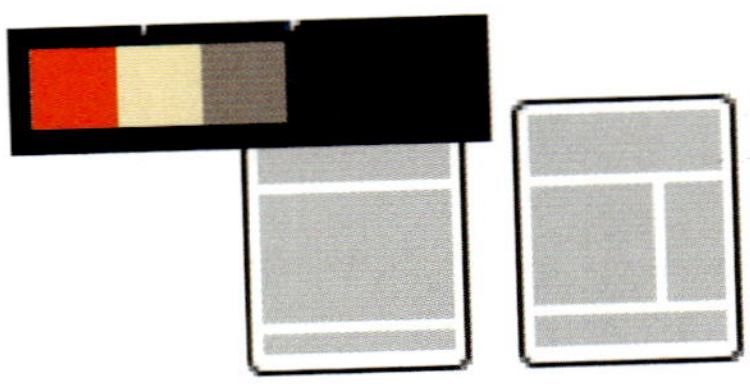

❹ **Zeichnen Sie ein Storyboard (auf Papier).**

❺ **Card Sorting und IA-Diagramm.**

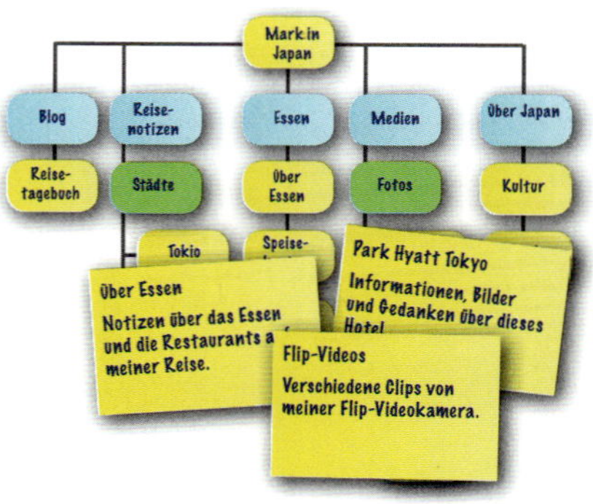

❻ **Schreiben Sie das Markup und das CSS für Ihren Inhalt.**

Webdesign-Werkzeugkasten

Sie haben Kapitel 3 im Sack und Ihren Werkzeugkasten um Card Sorting, IA-Diagramme und die Strukturierung von Informationen erweitert. Und nun? Jetzt tauchen wir tief in das Design einer Website für Ihre Zielgruppe ein … und wie Sie dabei immer schöne Websites herausbekommen.

Punkt für Punkt

- Die Aufgabe einer Website liegt darin, Informationen zu kommunizieren – falls diese Informationen schlecht strukturiert sind, gehen Ihre Benutzer woandershin und kommen nicht zurück.
- Die Struktur der Informationen auf einer Website wirkt sich direkt auf die Navigation und die Benutzerfreundlichkeit aus.
- Card Sorting ist eine billige und einfache Technik, um dem Inhalt einer Website eine Informationsstruktur überzustülpen.
- Verlassen Sie sich niemals auf Ihr eigenes Card Sorting – Sie gestalten nicht für sich selbst, sondern für das Publikum der Website.
- Ein Card Sorting führt oft zu verwaisten Karten – ein klarer Hinweis darauf, dass dieser Inhalt entweder nochmals überdacht oder ganz verworfen werden sollte.
- Ein Informationsarchitektur-(IA-)Diagram bildet die hierarchischen Beziehungen zwischen den Abschnitten und Unterabschnitten mit den Informationen für die Website ab.
- Informationsarchitekturdiagramme sind nicht dafür gedacht, die Links zwischen den einzelnen Seiten einer Website darzustellen.

4 Layout und Design

Die goldene Regel

Es zahlt sich aus, ein guter Zuhörer zu sein … und einen Taschenrechner dabeizuhaben.

Wir sprechen seit einigen Kapiteln über **nutzerorientiertes Design**, aber jetzt werden Ihre Fähigkeiten als Zuhörer wirklich auf die Probe gestellt. In diesem Kapitel gehen Sie auf das Feedback Ihrer Benutzer ein und bauen eine Website, die ihre Bedürfnisse wirklich erfüllt. Vom **Browser** bis zur **Bildschirmgröße**, es geht darum, Ihren Benutzern zu geben, was sie wirklich wollen. Und als ob das noch nicht genug wäre, werden Sie auch in die Geheimnisse der **Drittel-Regel** eingeweiht. Finden Sie heraus, wie Sie mit ein paar Klicks mithilfe von *Taschenrechner*, *Lineal* und *Rasterlinien* aus einer lahmen Website eine **Schönheit** zaubern.

Beim Design geht es ums Publikum

Design und **Layout** einer Website definieren die Linse, durch die Benutzer die Inhalte sehen und erleben. Ist Ihr Layout verwirrend, hat Ihr Publikum kein schönes Erlebnis. Wenn Sie dagegen ein Design und ein Layout entwickeln, das sowohl funktional als auch ästhetisch gefällig ist, verweilen Ihre Benutzer nicht nur länger auf Ihrer Website, sie kommen auch wieder zurück.

Der erste Schritt auf dem Weg zu einem Design, das Ihre Zielgruppe anspricht, besteht darin, **Ihre Benutzer kennenzulernen**. Es ist wesentlich schwieriger, ein Design zu finden, das den Bedürfnissen entspricht, wenn Sie nicht einmal wissen, wer Ihre Zielgruppe ist (und was sie bewegt).

Spitzen Sie Ihren Bleistift

Wer ist die Zielgruppe Ihrer Website? Werfen Sie einen Blick auf diese beiden Websites und schreiben Sie auf, wie sich Ihrer Meinung nach die entsprechende Zielgruppe darstellt.

Gehen Sie online und finden Sie die Zielgruppen dieser Websites heraus.

Spitzen Sie Ihren Bleistift – Lösung

Sehen wir uns die möglichen Zielgruppen für diese Websites an.

High-End-Fotografien von Speisen machen die Gerichte zu Models und zeigen die Leidenschaft dieser Website fürs Essen.

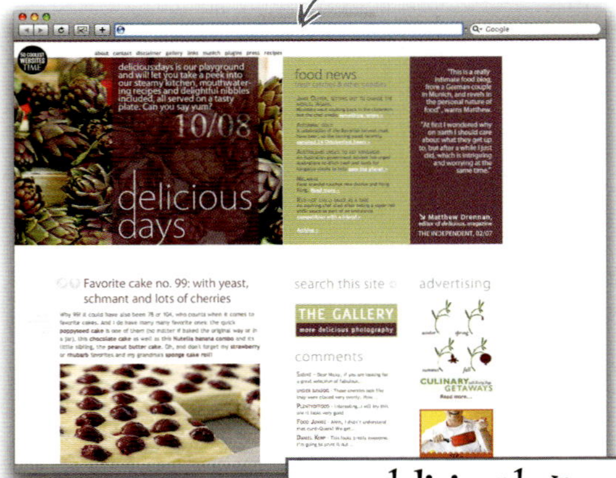

www.deliciousdays.com

Die Leserschaft von delicious days ist eine Gruppe von Menschen, die Kochen für mehr als nur eine Pflichtaufgabe halten. Man könnte sie als »Foodies« bezeichnen, sie sehen die Zubereitung von Essen als eine Kunstform an.

Fundiertes Wissen rund ums Essen macht delicious days zu mehr als nur einer Website für Rezepte.

Walmart verwendet ein allgemein gehaltenes, zentriertes, zweispaltiges Design, das ein breites Publikum anzusprechen versucht.

www.walmart.com

Die Zielgruppe von Walmart ist nicht unmittelbar zu erkennen. Die Website ist allgemein gehalten und wurde wahrscheinlich entworfen, um eine große Gruppe von Menschen anzusprechen.

Die Seitenleiste verlinkt auf alle auf der Website angebotenen Produkte – ohne eine bestimmte Artikelgruppe zu bevorzugen. Auch hier wieder: für jeden etwas.

Ihr neuester Auftritt: RPM Records

Ein hiesiger Plattenladen, RPM Records, möchte seine schreckliche Website neu erstellen, die seinerzeit anno 1998 geschrieben wurde. Dabei soll nicht nur die Website aktualisiert werden, sondern etwas entstehen, das wirklich die Bedürfnisse der Kunden erfüllt. Der Clou dabei ist, dass der Laden außerdem einer der Sponsoren eines kurz bevorstehenden Festivals für moderne Musik ist und es wirklich peinlich wäre, wenn zu Beginn des Festivals immer noch die alte Website online wäre.

Sie müssen RPM neu erfinden und dafür sorgen, dass es gut aussieht und die Benutzer überall leicht hinkommen.

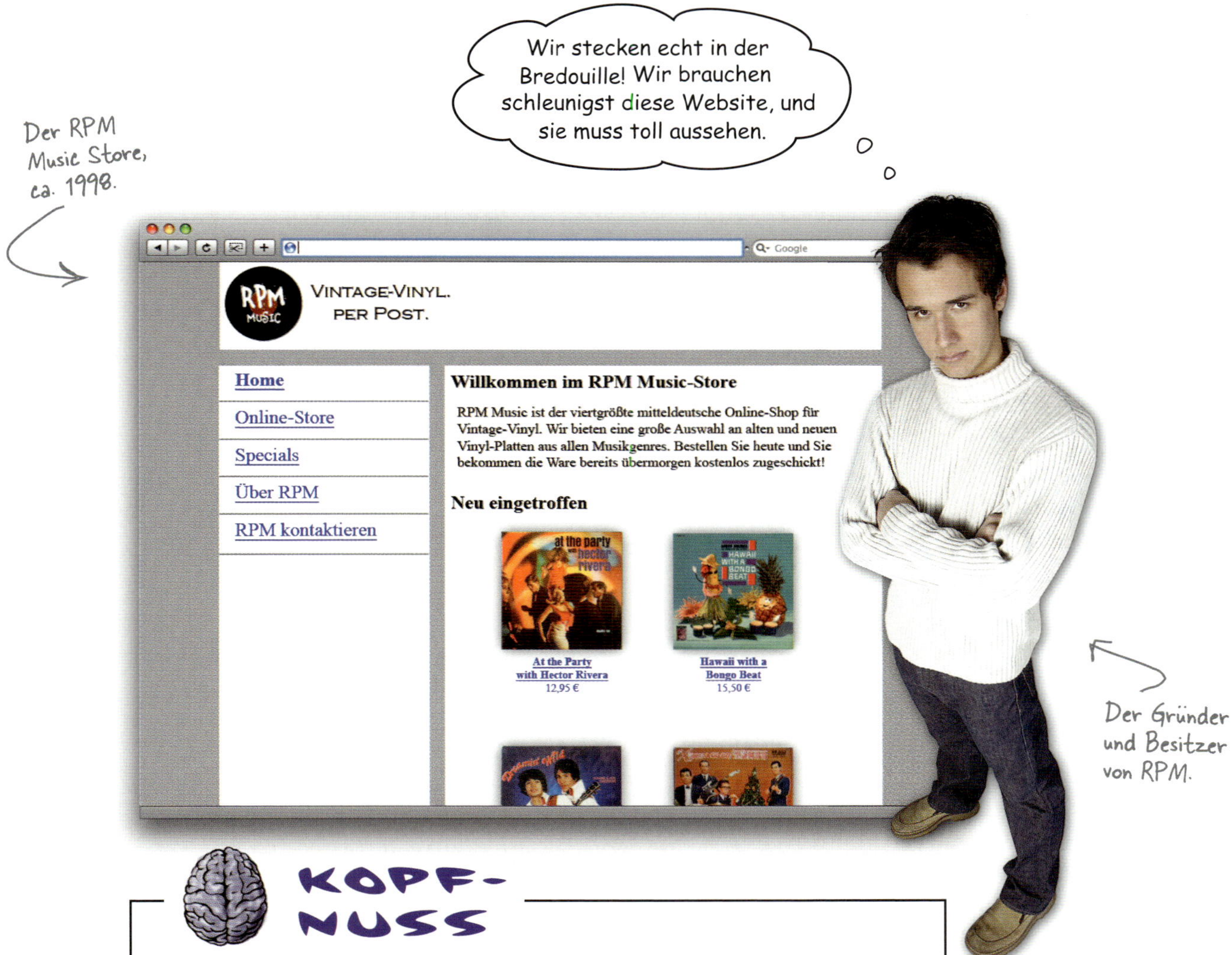

KOPF-NUSS

Wie entwerfen Sie eine Website, die toll aussieht und den Bedürfnissen der vorhandenen RPM-Kunden entspricht?

Bestimmen Sie RPMs Zielgruppe mit Personas

Wenn Sie für eine bestimmte Zielgruppe entwerfen, müssen Sie wissen, was diese Menschen mögen und wie sie eine Website verwenden. Aber Sie können sich kaum um Hunderte, Tausende oder vielleicht sogar Millionen von Benutzern auf einmal kümmern!

An dieser Stelle kommt eine **Persona** ins Spiel, ein einzelner Benutzer, der für die gesamte Zielgruppe steht: ein fiktiver Benutzer, der die wichtigsten Charakteristika *aller* anvisierten Benutzer in sich vereint. Diese Charakteristika sollten sich auf die Weberfahrung und das Surfverhalten beziehen: z.B. den bevorzugten Browser, die Zeit, die Ihre Zielgruppe pro Woche online verbringt usw.

Geben Sie Ihrer Persona einen Namen – dadurch können Sie sie identifizieren (und auch über sie sprechen).

Die genauen Einzelheiten der Persona helfen uns dabei zu verstehen, wie ein Benutzer mit einer bestimmten Website interagiert.

Name: Anne

Alter: 28

Internetverbindung: DSL

Wöchentliche Freizeit online: 15 Stunden

Lieblingsbrowser: Firefox

Betriebssystem: Windows XP

Bildschirmauflösung: 800 x 600

Beruf: Studentin

Details: Anne sieht sich selbst als technisch versiert. Sie ist in sozialen Netzwerken und Online-Communitys aktiv und kauft regelmäßig online ein. In erster Linie benutzt sie ihren Laptop (ein bisschen alt, aber im Moment kann sie sich nichts anderes leisten), und damit surft sie auch.

Geben Sie allen Personas ein Bild. Dadurch verbinden Sie ein Gesicht mit einer Geschichte und betonen die Individualität des Benutzers.

Die Einzelheiten zur Persona sind das Wichtigste. Geben Sie Ihrem Benutzer eine Geschichte und eine Persönlichkeit.

Das nennen Sie Webdesign? Leute aus dem Nichts erfinden und ihre Hobbys aus den Fingern saugen? Was soll das denn?

Ihre Personas müssen auf realen Daten basieren.

Woher genau kommen die Daten, mit denen Sie Personas erfinden? Nun, aus verschiedenen Quellen. Technisches Zeug (wie Betriebssystem und Browser) können aus Serverstatistiken stammen. Informationen über das Onlineverhalten Ihrer Benutzer können Sie direkt von den Benutzern selbst erhalten – mit Tools wie Umfragen und Fokusgruppen. Das Wichtigste beim Erstellen einer Persona ist, dass Sie sich die Charakteristika nicht aus den Fingern saugen.

Sehen wir uns ein paar Daten über die RPM-Benutzer an, mit denen wir stimmige Personas für die neue RPM-Website erstellen können. Der Besitzer von RPM hat uns mit einigen alten Umfragen versorgt:

Daten über die Benutzer von RPM Music:

Alter

- 18-24 32%
- 25-34 30%
- 35-44 22%
- 45-54 12%
- 55-64 4%

Alter und Geschlecht bilden die Basis für Ihre Personas.

Geschlecht

- Männlich 65%
- Weiblich 35%

Betriebssystem

- Windows XP 75%
- Windows Vista 10%
- Mac OS X 13%
- Andere 2%

Browser

- Internet Explorer 65%
- Firefox 22%
- Safari 10%
- Andere 3%

Mit den anderen Daten über die Technologie und das Surfverhalten der RPM-Benutzer können wir rundere und zutreffendere Personas erstellen.

Musikgeschmack

- Blues 5%
- Klassik 1%
- Country 15%
- Elektronik 3%
- Hip-Hop/Rap 25%
- Jazz 4%
- Pop 30%
- Rock 20%

Der Musikgeschmack sagt uns, was Ihre Zielgruppe gern hört, und hilft uns bei der Entscheidung für eine Designvorlage und das Look and Feel der Website – schließlich geht es um Musik.

Bildschirmauflösung

- 800x600 43%
- 1024x768 42%
- Höher 10%
- Weiß nicht 5%

Internetverbindung

- DFÜ 12%
- DSL 55%
- Kabel 27%
- T1 oder mehr 6%

Diese Statistiken stammen von einer alten Kundenumfrage und den Protokollen des Webservers der RPM-Website.

ÜBUNG

Erstellen Sie anhand der RPM-Benutzerdaten zwei verschiedene Personas für das Redesign des RPM Music Store. Verwenden Sie für die erste Persona den Wert mit dem höchsten Prozentsatz der jeweiligen Kategorie und für die zweite Persona den Wert mit dem zweithöchsten Prozentsatz.

Name:
Alter:
Internetverbindung:
Musikgeschmack:
Wöchentliche Freizeit online:
Lieblingsbrowser:
Betriebssystem:
Bildschirmauflösung:
Beruf:
Details:

Fügen Sie unbedingt auch ein Foto hinzu. Verwenden Sie ein Creative Commons-Foto, eines, das Sie noch herumliegen haben, oder irgendein anderes, das zu Ihrer Persona passt.

Name:
Alter:
Internetverbindung:
Musikgeschmack:
Wöchentliche Freizeit online:
Lieblingsbrowser:
Betriebssystem:
Bildschirmauflösung:
Beruf:
Details:

Erfinden Sie einige Details zu Ihrer Persona (inklusive Beruf) – das lässt die Persona realistischer wirken.

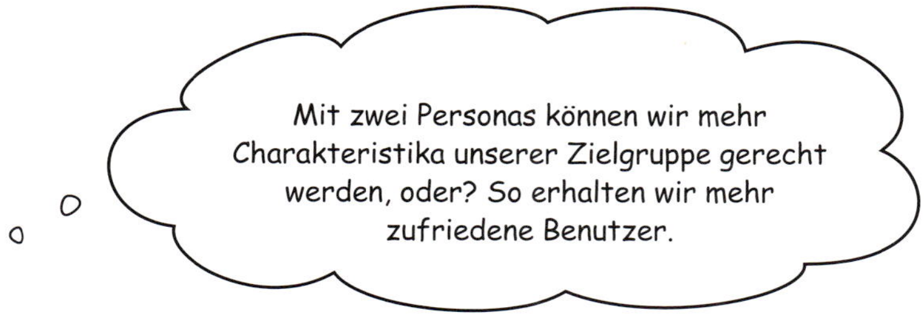

Zwei Personas erweitern die Zielgruppe, für die Sie die Website entwickeln.

Wenn Sie eine Persona anfertigen, erstellen Sie eine Repräsentation der primären Charakteristika Ihrer Zielgruppe. Aber meistens besteht Ihre Zielgruppe nicht nur aus einer Art von Personen. Viele Ihrer Benutzer werden nicht den Charakteristika entsprechen, die Sie für die erste (primäre) Persona gefunden haben.

Eine sekundäre Persona repräsentiert die Charakteristika, die nach den Hauptcharakteristika der primären Persona Ihrer Zielgruppe ***am nächsten*** kommen. Sie gestalten also in erster Linie für Ihre primäre Persona, können dann aber auch versuchen, auf die Bedürfnisse Ihrer sekundären Persona einzugehen. Das Ergebnis? Eine Website, die wesentlich mehr die Bedürfnisse Ihres Publikums berücksichtigt und mehr Benutzer zufriedenstellt.

Es gibt keine Dummen Fragen

F: **Also muss ich immer zwei Personas machen?**

A: Sie müssen nicht, aber es ist eine gute Idee. Zielgruppen sind vielschichtig. Sie gestalten nicht immer nur für eine Art von Personen. Die zweite Persona repräsentiert den Publikumsteil, der sich in der Minderheit befindet ... aber manchmal nur um ein oder zwei Prozent.

F: **Kann ich auch mehr als zwei Personas erstellen?**

A: Aber klar. Wenn Ihre Zielgruppe vielschichtig ist (nach dem Ergebnis Ihrer Recherche), ist es gut, Personas zu haben, die weitere Charakteristika abbilden. Sie brauchen aber wirklich nicht mehr als drei. Zu viele Personas bringen nur Verwirrung und lenken vom Naheliegenden im Projekt ab.

Lösung zur Übung

Hier sehen Sie zwei Personas (eine primäre und eine sekundäre), die wir den Benutzerdaten von RPM entsprechend für das Design und die Implementierung der Website verwenden können.

Die RPM-Benutzer sind in erster Linie männlich – mit Abstand.

Paul fällt in die größte Altersgruppe der RPM-Benutzer (18–24).

Name: Paul

Alter: 24

Internetverbindung: DSL

Musikgeschmack: Pop

Lieblingsbrowser: Internet Explorer

Betriebssystem: Windows XP

Bildschirmauflösung: 800 x 600

Beruf: Architekt

Details: Paul ist ein viel beschäftigter Typ und verbringt außerhalb der Arbeit ungefähr eine Stunde pro Tag online. Er verwendet den Familiencomputer, um Nachrichten und einige Architektur-Blogs zu lesen. Gelegentlich kauft er Bücher und Musik bei Amazon, wenn er es nicht in einen Laden schafft.

Paul ist die »primäre« Persona für die RPM Music-Website und repräsentiert einen typischen Besucher dieser Website. Auf ihm wird während der Gestaltung und der Entwicklung der Website der Hauptfokus liegen.

Da Paul viel arbeitet, hat er wenig Zeit für Spaß im Internet. Wenn er dazu kommt, geht er zu Amazon, d.h., er ist mit Onlineshopping vertraut, vor allem für Musik.

Sie haben hier wahrscheinlich etwas anderes stehen. Wichtig ist nur, dass Ihre Daten für die Persona mit den Statistiken übereinstimmen.

Susanne passt in die zweitgrößte demografische Gruppe der RPM Music-Benutzer (24- bis 34-jährige) und steht als Frau für ungefähr ein Drittel der Besucher.

Susanne verbindet sich über Kabel mit dem Internet. Laut der Serverprotokolle ist das die zweitgebräuchlichste Methode für RPM-Benutzer, sich mit der Website zu verbinden.

Name: Susanne
Alter: 30
Internetverbindung: Kabel
Musikgeschmack: Rap/Hip-Hop
Lieblingsbrowser: Firefox
Betriebssystem: Mac OS X
Bildschirmauflösung: 1024 x 768
Beruf: Student
Details: Susanne ist Studentin und verbringt auch außerhalb der Uni einige Zeit online. Sie ist technisch sehr versiert, shoppt gern online und kauft online auch Musik für ihren MP3-Player. Mit ihrem Laptop kann sie in den Vorlesungen leicht Notizen machen und auch außerhalb ihrer Wohnung lernen.

1024 x 768 ist ziemlich gebräuchlich auf Laptops, und Mac OS X ist ein sehr beliebtes Betriebssystem bei Studenten.

Susanne ist die »sekundäre« Persona für die RPM Music-Website und stellt den zweithäufigsten Benutzer der Website dar. Sie erhält nicht den Hauptfokus beim Design, ist aber trotzdem wichtig.

Lassen Sie sich von Ihren Personas leiten …

Da Sie jetzt zwei Personas haben, ist es an der Zeit zu fragen: »Was würde Paul machen?« und »Wie würde Susanne reagieren?«. Anstatt für Hunderte oder Tausende gesichtslose Benutzer zu gestalten, designen Sie für Ihre Personas … und *nur* für Ihre Personas.

Werfen wir also nochmals einen Blick auf die RPM-Website, diesmal durch die Augen von Paul und Susanne. Was denken *die beiden* über die Website?

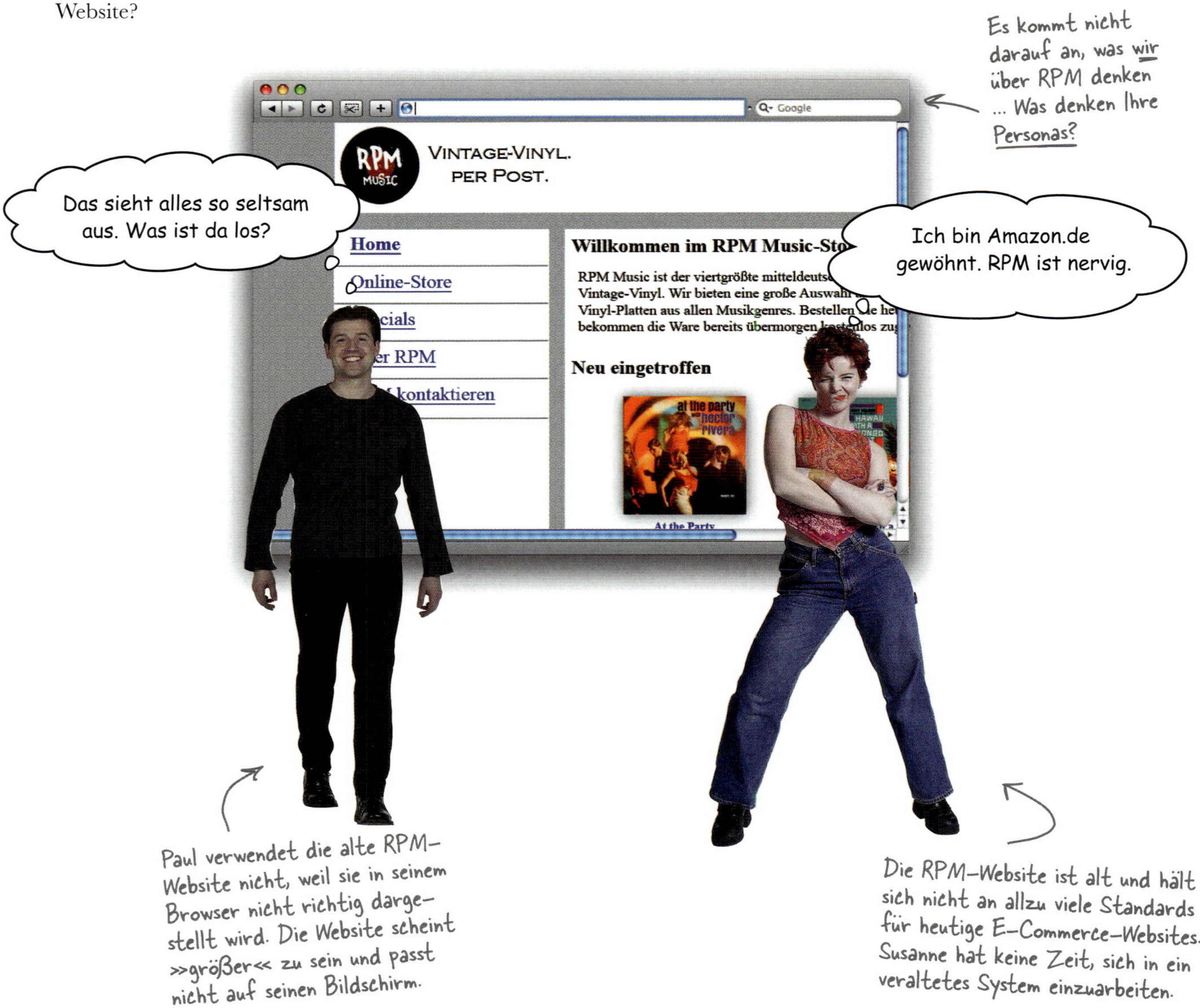

Kleine Bildschirme begrenzen die Bildschirmgröße

Paul verwendet eine Bildschirmauflösung von 800 x 600, was nicht sehr groß ist ... und wenn Paul diese Auflösung verwendet, machen das die meisten anderen RPM-Benutzer auch.

Mit einer kleinen Auflösung wie z.B. 800 x 600 werden Teile der RPM-Website nicht angezeigt, und Paul muss ganz ans Ende scrollen, um den Rest zu sehen. Nicht sehr benutzerfreundlich – und auf jeden Fall problematisch.

Klingt so, als wurde die alte RPM-Website ohne Rücksicht auf die **Bildschirmgröße** gestaltet ... und dieses Problem können wir als Erstes beheben.

KOPF-NUSS

Ist es besser, eine Website zu entwerfen, die mit einer bestimmten Auflösung perfekt aussieht – der von Ihrer Zielgruppe am häufigsten verwendeten –, oder eine mit einer Auflösung, die mit den meisten Bildschirmauflösungen ziemlich gut aussieht, aber bei keiner ganz perfekt ist?

Die Auflösung wirkt sich auf Design und Layout aus

Die Bildschirmauflösung wirkt sich auf die Bildschirmgröße aus, mit der Ihre Website auskommen muss. Je höher die Auflösung, umso mehr verfügbarer Platz ... aber umso kleiner sieht auch alles für die Benutzer aus.

Sehen wir uns die alte RPM-Website mit verschiedenen Auflösungen an:

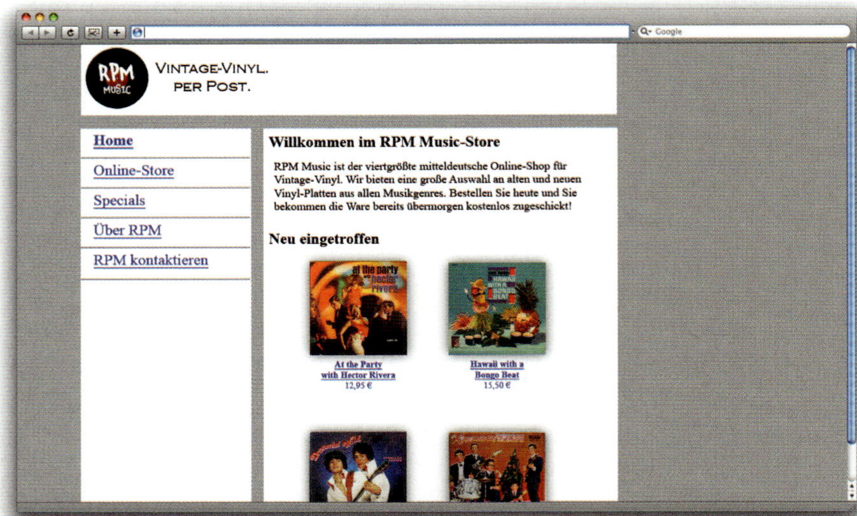

Mit 1280 x 800 (eine ziemlich hohe, nicht sehr verbreitete Auflösung) wirkt alles ein bisschen kleiner. Mit dieser Auflösung ist das gesamte Layout der Website sichtbar, jedoch mit tonnenweise Leerraum (oder Hintergrund) auf der rechten Seite.

1280 x 800

Mit 1024 x 768 ist ebenfalls das gesamte Layout sichtbar. Und die Elemente erscheinen angenehm groß. Der Leerraum auf der rechten Seite ist nicht so auffällig.

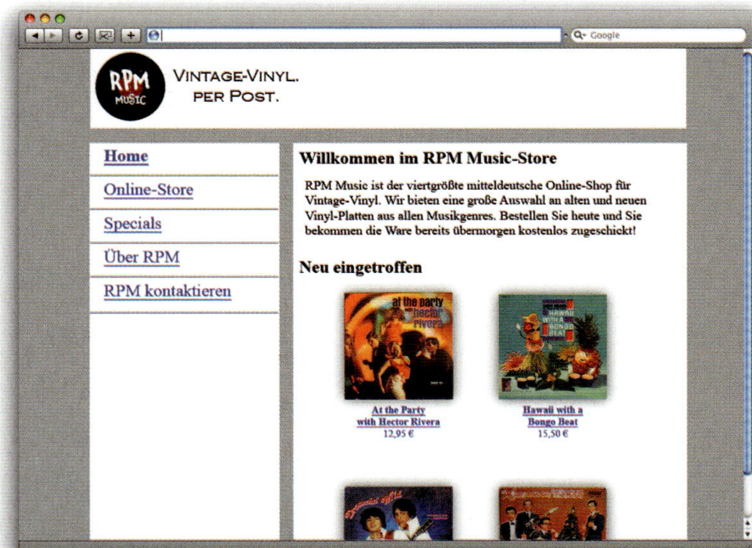

1024 x 768

800 x 600

Bei der Auflösung 800 x 600 fällt als Erstes auf, dass alles größer dargestellt wird. Das Layout ist sogar größer als der verfügbare Platz im Browserfenster. Überall sind Scrollbalken. Der Leerraum bzw. der Hintergrund, der mit höheren Auflösungen auf der rechten Seite zu sehen war, ist komplett verschwunden

Mit einer Auflösung von 640 x 480 ist das Layout absolut riesig – und die Bildschirmgröße reicht einfach nicht mehr aus. Nur ein winziger Ausschnitt des Layouts ist im Browserfenster sichtbar. Wenn Sie den Rest der Seite sehen möchten, müssen Sie eine Menge scrollen.

640 x 480

Die Bildschirmgröße entscheidet, WIE VIEL von Ihrer Website im Browser angezeigt wird

Stellen Sie sich die Bildschirmgröße als die Größe der Arbeitsfläche vor, auf der Sie Ihre Websites entwickeln. Das Problem dabei ist, dass die Größe der Arbeitsfläche nicht feststeht. Manche Benutzer haben große 30-Zoll-Bildschirme, andere gerade mal ein kleines iPhone. Noch schlimmer: Eine Menge Benutzer greifen auf Ihre Website über mehrere Bildschirme zu: unterwegs per Telefon, mit einem 21-Zoll-Bildschirm bei der Arbeit und mit einem 14-Zoll-AirBook zu Hause.

Auch die Bildschirm-AUFLÖSUNG beeinflusst die Bildschirmgröße

Und dann gibt's da noch die Bildschirmauflösung. Selbst auf einem 21-Zoll-Monitor können die Benutzer ihre Auflösung wählen: von 640 x 480 bis 1600 x 1200 sowie viele verschiedene (und oft auch ungewöhnliche) Möglichkeiten dazwischen. Eine höhere Auflösung bedeutet, dass alles kleiner aussieht – und Sie haben mehr virtuellen Platz, den Sie für Ihre Website verwenden können. Bei einer geringeren Auflösung werden alle Elemente Ihrer Website größer angezeigt, dafür steht weniger virtueller Platz zur Verfügung.

Ihren Benutzern ist die Bildschirmgröße egal ... Sie möchten einfach, dass Websites »funktionieren«.

Haben Sie schon mal eine Website mit der folgenden Begrüßungsmeldung gesehen: »Für die Darstellung mit einer Auflösung von 1024x768 optimiert.«? Und haben Sie jemals Ihre Bildschirmauflösung an diese Meldungen angepasst?

Genau, überhaupt nicht.

Es liegt an Ihnen, dem Webdesigner, dafür zu sorgen, dass eine Website bei Ihrer Zielgruppe korrekt angezeigt wird. Sie können sich nicht darauf verlassen, dass die Benutzer ihre Bildschirmauflösung oder das Gerät wechseln, mit dem sie die Website anzeigen ... zumindest nicht, wenn Sie (und Ihr Kunde) im Geschäft bleiben möchten. Also müssen wir einen Weg finden, RPM gleichermaßen für Paul mit seinem 800 x 600-Bildschirm und für Susanne mit einer Auflösung von 1024 x 768 bequem verwendbar zu machen.

Spitzen Sie Ihren Bleistift

Im Folgenden finden Sie Methoden für den Umgang mit verschiedenen Bildschirmauflösungen. Schreiben Sie jeweils einen Vor- und einen Nachteil auf.

Methoden

Sie ermitteln mit JavaScript die aktuelle Bildschirmauflösung des Benutzers und leiten auf eine Version der RPM-Website weiter, die mit dieser Auflösung am besten funktioniert.

Pro: ....

....

Kontra: ....

....

Sie laden mit JavaScript ein für die Bildschirmauflösung des Benutzers geeignetes CSS-Stylesheet.

Pro: ....

....

Kontra: ....

....

Sie gestalten eine einzige Version von RPM, die mit einer Vielzahl von Geräten und Bildschirmauflösungen gut funktioniert.

Pro: ....

....

Kontra: ....

....

Spitzen Sie Ihren Bleistift

Lösung

Sie hatten die Aufgabe, je einen Vor- und einen Nachteil für die verschiedenen Ansätze im Umgang mit Bildschirmauflösungen aufzuschreiben. Was haben Sie gefunden?

Das ist definitiv die umständlichste der drei Optionen. Mal im Ernst, wer möchte so viele Websites entwerfen?

Methoden

Sie ermitteln mit JavaScript die aktuelle Bildschirmauflösung des Benutzers und leiten auf eine Version der RPM-Website weiter, die mit dieser Auflösung am besten funktioniert.

Pro: Möglichkeit, eine Vielzahl von Auflösungen zu bedienen.
Kontra: Funktioniert nicht, wenn JavaScript deaktiviert ist.

Es ist keine gute Idee, eine Schlüsselfunktion wie die korrekte Anzeige Ihrer Seite von JavaScript abhängig zu machen. Falls es ein Skriptproblem gibt oder JavaScript deaktiviert ist, sind beide Lösungen nutzlos.

Sie laden mit JavaScript ein für die Bildschirmauflösung des Benutzers geeignetes CSS-Stylesheet.

Pro: Besser eine Website mit mehreren Stylesheets als mehrere Websites.
Kontra: Funktioniert auch nicht ohne JavaScript.

Das ist eine bessere Strategie, als eine Website für jedes Gerät und jede Bildschirmauflösung zu erstellen. Zugegeben, Sie müssen mehrere CSS-Dateien erstellen, aber dafür nur eine XHTML-Datei – also weniger Markup zum Pflegen und Aktualisieren.

Sie gestalten eine einzige Version von RPM, die mit einer Vielzahl von Geräten und Bildschirmauflösungen gut funktioniert.

Pro: Kein JavaScript und kein zusätzlicher Code.
Kontra: Sie müssen sich für eine »Hauptauflösung« entscheiden.

Das ist die einfachste Methode. Sie schreiben nicht nur am wenigsten Code, Sie brauchen auch kein JavaScript für den Umgang mit unterschiedlichen Auflösungen. Sie müssen lediglich die kleinste gemeinsame Auflösung ermitteln, die für Ihre Benutzer funktioniert, und dafür gestalten. Alle größeren Auflösungen stellen die Website korrekt dar, und kleinere Bildschirme erhalten Scrollbalken (das betrifft hoffentlich nur einen kleinen Teil Ihrer Benutzer).

Es gibt keine Dummen Fragen

F: Ich verstehe das mit der Bildschirmgröße, habe aber Schwierigkeiten mit der Bildschirmauflösung. Wie wird die Bildschirmauflösung gemessen?

A: Die Bildschirmauflösung wird in horizontalen und vertikalen Pixeln gemessen. So hat z.B. ein kleiner Bildschirm vielleicht eine Auflösung von 640 x 480. Das bedeutet, dass der Monitor eine Fläche von 640 Pixeln Breite und 480 Pixeln Höhe darstellt. Eine Auflösung von 800 x 600 steht für 800 Pixel Breite und 600 Pixel Höhe usw. Beachten Sie auch, dass nicht nur Computerbildschirm ihre Auflösung in Pixeln messen. Auch die Auflösung von Fernsehern (LCDs, DLPs usw.) wird so angegeben. So hat ein 720p-HD-Fernseher z.B. eine Auflösung von 1280 x 720.

F: Muss ich mir bei der Gestaltung einer Website wirklich immer um so viele Bildschirmgrößen und Auflösungen Gedanken machen?

A: Unbedingt! Selbst bei den traditionellen Desktop-Computern haben Sie es mit einer Vielzahl von Bildschirmauflösungen zu tun. Computerbildschirme können ganz kleine Auflösungen von 640 x 480 bis hin zu ganz großen von 2560 x 1600 haben. Ganz zu schweigen von mobilen Geräten (iPhones, Handys, PSPs usw.) und all diesen anderen Endgeräten, mit denen man im Web browsen kann (z.B. Nintendo Wii). Unterm Strich hängt alles von Ihrer Recherche und der genauen Kenntnis Ihrer Zielgruppe ab – und dass Sie eine Persona entwickeln, die die wichtigsten Benutzercharakteristika berücksichtigt. Wenn Sie wissen, dass Ihre primäre Persona Websites mit einer geringen Auflösung anzeigt, müssen Sie sich nicht allzu viele Gedanken über hohe Bildschirmauflösungen und große Bildschirme machen.

F: Okay, ich verstehe, dass ich jede Menge verschiedener Bildschirmauflösungen und -größen berücksichtigen muss. Aber gibt es eine Bildschirmauflösung, die am häufigsten verwendet wird?

A: Das kommt auf die Zielgruppe an. Wenn Sie Ihre Recherche gewissenhaft durchgeführt haben und Ihre Zielgruppe kennen, können Sie auch für eine bestimmte Bildschirmauflösung gestalten. Wenn Sie dagegen nichts über Ihr Publikum wissen (oder die Zielgruppe eher allgemein gefasst ist), gehen die meisten Webstatistiken davon aus, dass 54% der Benutzer eine Auflösung von 1024 x 768 verwenden. Weitere coole Statistiken finden Sie unter http://www.w3schools.com/browsers.

F: Woher weiß ich, ob meine Website mit einer bestimmten Bildschirmauflösung funktioniert?

A: Testen, testen, testen! Bauen Sie Ihre Website und wechseln Sie die Bildschirmauflösung auf Ihrem Monitor, um das Design zu testen. Wenn Sie für eine bestimmte Auflösung gestalten, entwickeln Sie die Website von Anfang an in dieser Auflösung. Falls Sie für andere Geräte entwickeln (z.B. mobile Geräte), müssen Sie unbedingt ein solches Gerät zum Testen zur Verfügung haben.

Ein für 1024 x 768 optimiertes XHTML- und CSS-Grundgerüst

DOCTYPE XHTML Strict

index.html

```
<!DOCTYPE html PUBLIC "-//W3C//DTD XHTML 1.0 Strict//EN"
      "http://www.w3.org/TR/xhtml1/DTD/xhtml1-strict.dtd">
<html xmlns="http://www.w3.org/1999/xhtml" xml:lang="de" lang="de">
<head>
  <title>RPM Music</title>
  <meta http-equiv="Content-Type" content="text/html; charset=utf-8" />
  <link rel="stylesheet" href="stylesheets/rpm.css" type="text/css"
        media="screen" />
</head>
<body>
  <div id="wrap">
    <p> Lorem ipsum dolor sit amet, consectetuer adipiscing elit. Nullam
        est nulla, posuere ut, luctus non, ornare in, augue. Sed ultrices
        turpis at mi. Vivamus nisi neque, vehicula vel, imperdiet a, fermentum
        vitae, purus. Donec at enim. Nunc sollicitudin sodales sem. Lorem
        ipsum dolor sit amet, consectetuer adipiscing elit. Proin ligula magna,
        feugiat ac, cursus eget, aliquet at, nibh. In pulvinar massa in sapien.
        Proin egestas. Suspendisse fermentum. Vivamus commodo aliquet libero.</p>
  </div>
</body>
</html>
```

<div id="wrap"> zentriert unser Layout im Browser.

Dieser Blindtext wurde nur vorübergehend eingebaut, um unsere Seite korrekt einrichten zu können.

rpm.css

```
/* rpm.css */
body {
      margin: 0;
      padding: 0;
      background: #026dc0;
      font-family: Helvetica, sans-serif;
      line-height: 1.4em;
}
p {
      margin: 0;
      padding: 0;
}
#wrap {
      margin: 0 auto;
      width: 900px;
}
```

Typische Einstellungen für das <body>-Tag: Padding und Ränder auf 0, Hintergrundfarbe und Schrift sowie die Zeilenhöhe für den Text der Website.

»margin: 0 auto;« zentriert unseren Blindtext im Browser. Durch diese Einstellung kann sich Ihre Website auch an verschiedene Bildschirmauflösungen anpassen.

Eine Breite von 900px ist klein genug für 1024 x 768 und groß genug für die Inhalte der RPM-Website.

Probefahrt

Erstellen Sie eine sehr einfache Testseite.

Wir haben noch nicht viel für RPM. Erstellen Sie trotzdem einfach mal `index.html` und `stylesheets/rpm.css` und laden Sie die Seite in Ihrem Browser.

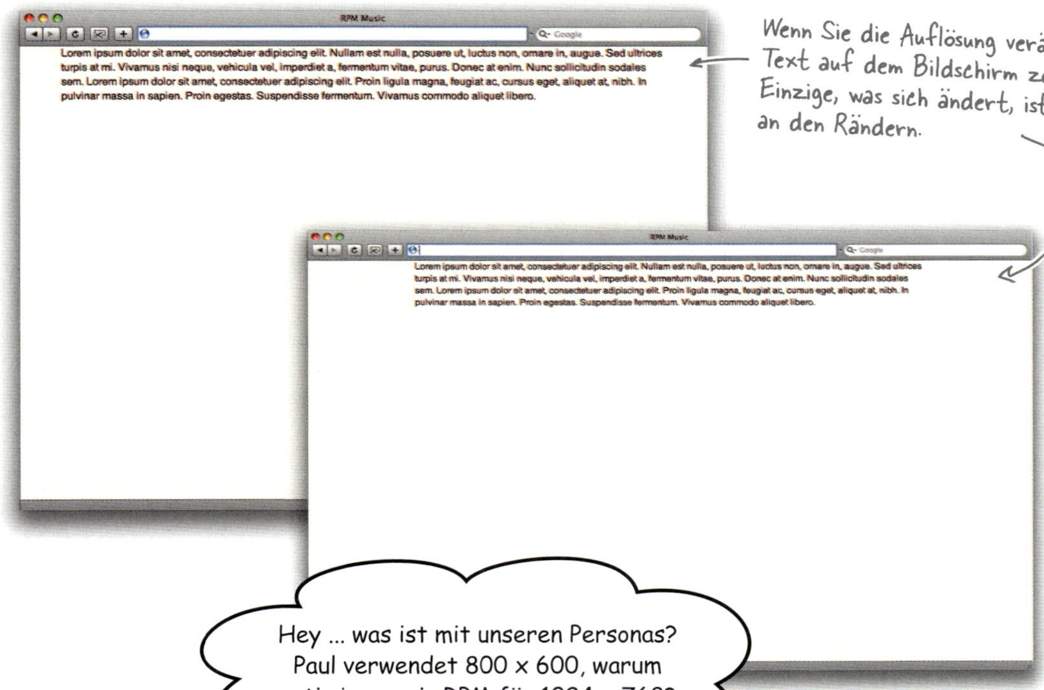

Wenn Sie die Auflösung verändern, bleibt der Text auf dem Bildschirm zentriert. Das Einzige, was sich ändert, ist der Leerraum an den Rändern.

Hey ... was ist mit unseren Personas? Paul verwendet 800 x 600, warum optimieren wir RPM für 1024 x 768?

Anhand der Zielgruppe können Sie fundierte Entscheidungen treffen.

Paul verwendet 800 x 600, aber wie die RPM-Benutzerstatistik auf Seite 115 zeigt, liegt 800 x 600 nur ganz knapp vor 1024 x 768. Da wir das wissen, können wir eine Website entwickeln, die auf 1024 x 768 ideal aussieht ... aber auch unter 800 x 600 ziemlich gut wirkt. Das ist der Vorteil von Personas: Sie haben bei jeder Entscheidung eine klare Vorstellung davon, wie sie sich auf Ihre Zielgruppe auswirkt.

RPM Music 2.0

- ☐ Alle derzeitigen Kunden erreichen.
- ☐ Look and Feel der Website aktualisieren.
- ☐ Ein Blog anbieten (zweitrangig).
- ☐ Platten auf der Homepage vorstellen.

Welche Anforderungen der RPM-Website haben wir erfüllt? Haken Sie die entsprechenden Kästchen ab, die wir Ihrer Meinung nach erfüllt (oder zumindest gestreift) haben. Schreiben Sie dann Ihre Ideen dazu auf, wie wir die übrigen Features für RPM Music 2.0 in Angriff nehmen können.

....

....

....

....

....

Das ist schrecklich ... wir haben die ganze Zeit darauf verwendet, Personas zu entwickeln und lateinischen Text auf den Bildschirm zu bringen. Jetzt denkt der CEO, wir hätten nichts gemacht. Wir sind im Hintertreffen!

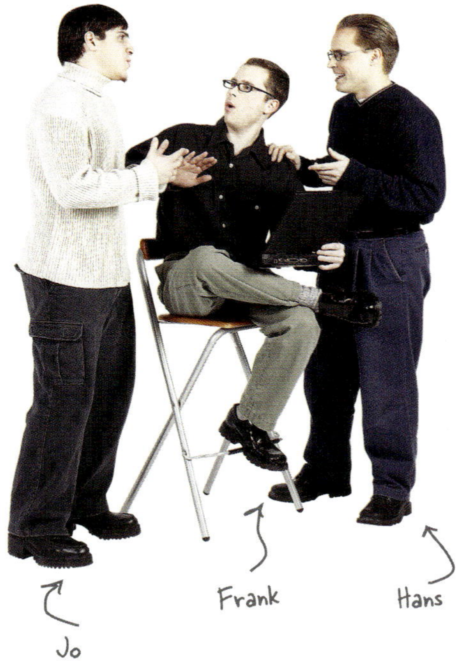

Frank: Ich bin mir da nicht so sicher. Ich finde, wir haben seine erste Anforderung gut erfüllt: »Alle derzeitigen Kunden erreichen.«

Hans: Du meinst, weil wir Text auf 1024 x 768 und 800 x 600 korrekt darstellen können?

Frank: Ja, das ist ein Teil davon. Aber unsere Personas ...

Jo: Paul und Susanne? Genug von diesen fiktiven Charakteren!

Frank: Nein, ich meine es ernst. Ich glaube wirklich, wir können sie zufriedenstellen, wir haben die Zielgruppe von RPM erreicht.

Hans: Und wie stellt man eine Persona zufrieden? Wie willst du *wissen*, ob du für sie richtig gestaltet hast?

Jo: Vielleicht schicken wir eine fiktive Umfrage an ihre fiktive Adresse und bieten ihnen ein fiktives Geschenk für ihre Antworten ...

Frank: Okay, okay ... Ja, wir können nicht einfach Paul oder Susanne dazu befragen, was sie denken. Aber wir wissen, dass sie jung sind und moderne Computer haben ...

Hans: Du meinst also, wenn wir etwas ziemlich Modernes entwerfen, gefällt es ihnen auch?

Frank: Genau.

Jo: Okay, nehmen wir für einen Moment mal an, dass ich euch dieses Persona-Zeug abkaufe. Was ist modern? Wie machst du eine Website, die sauber, hip usw. aussieht? Geht's da nur um Ästethik? Kommt also alles nur auf den Kopf des Designers an?

Frank: Nein, überhaupt nicht. Ich habe gerade über etwas ziemlich Cooles gelesen: den Goldenen Schnitt.

Hans: So etwas wie die goldene Regel? Was du nicht willst, das man dir tu ...

Frank: Nein, der Goldene Schnitt ist eine coole Möglichkeit, dafür zu sorgen, dass eine Website gut aussieht. Ich zeig's euch ...

Menschen haben es gern klar und strukturiert

Was macht eine schöne Website für uns ansprechend? Was macht eine hässliche Website so unattraktiv? Nun, das kommt durch die Art, wie unsere Augen die Elemente einer Website wahrnehmen. Es gibt nichts Schlimmeres als ein gedrucktes Dokument oder eine Webseite, in der Grafiken und Text willkürlich durcheinandergewürfelt sind. Unser Auge ist beim Aufnehmen von Informationen auf ein gewisses Maß an Vorhersehbarkeit und visuelle Logik angewiesen.

Stellen Sie sich vor, Sie legen ein Raster über Ihre Lieblings-Websites. Sind die Elemente nach dem Raster angeordnet? Gibt es horizontale und vertikale Leerräume, durch die die Seite in Abschnitte unterteilt ist? Werfen wir einen Blick auf eine rasterbasierte Website ... und die alte Version von RPM:

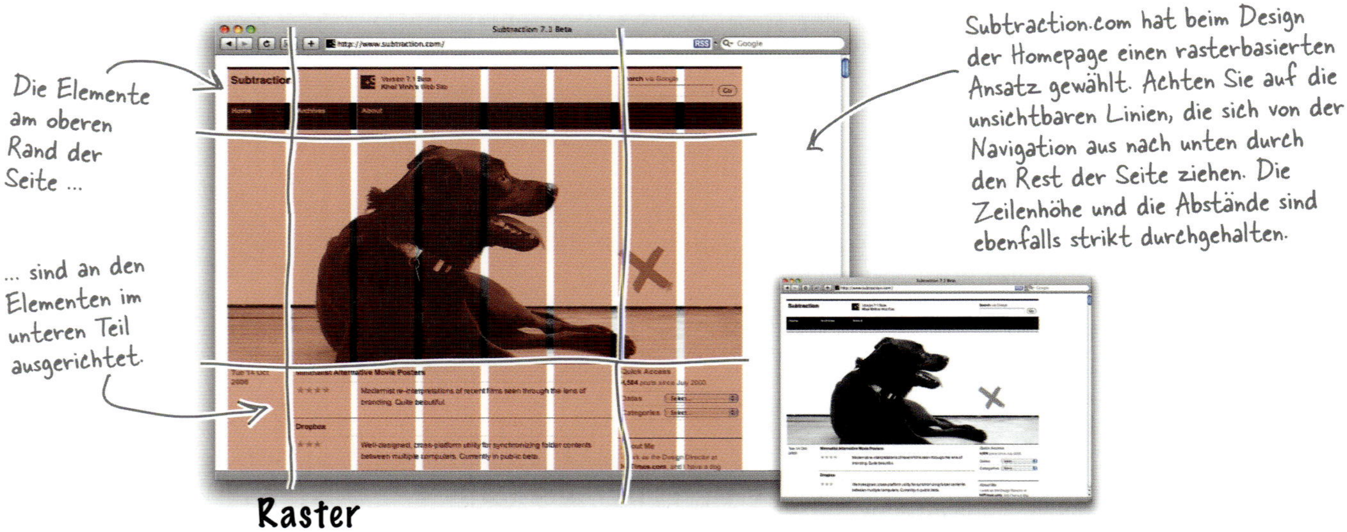

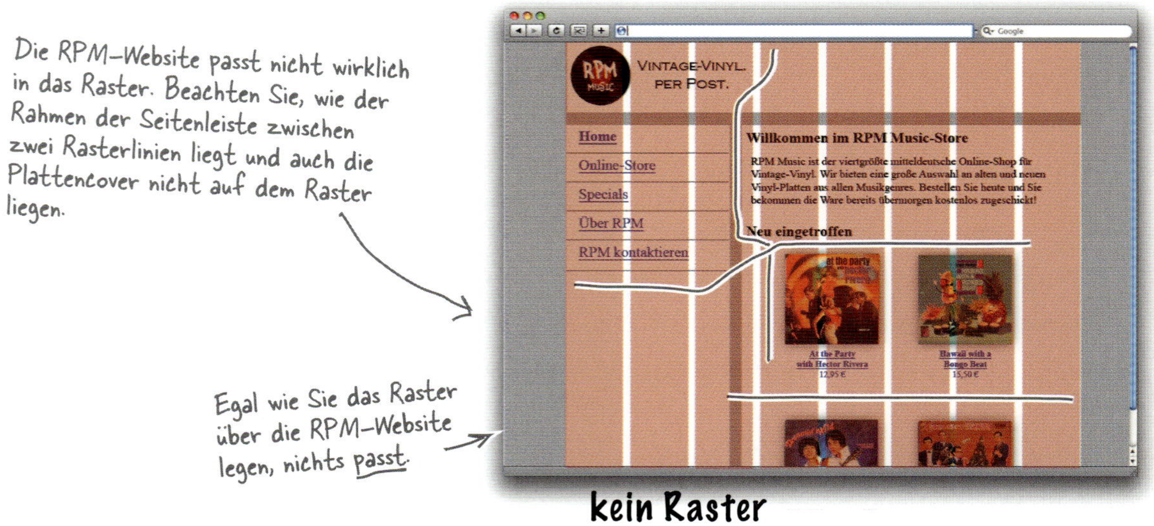

Wie breit soll mein Raster sein? Der Goldene Schnitt

Das Raster ist eines der ältesten Grafikdesign-Werkzeuge. So alt, dass es sogar älter ist als das »moderne« Grafikdesign selbst. Vor langer Zeit haben Maler der Renaissance damit begonnen, ihre Gemälde anhand eines Rasters auf Grundlage des Goldenen Schnitts zu komponieren. Goldener Schnitt? Was zum Teufel ist das? Nun, wenn Sie die Länge einer Linie nehmen und mit 0,62 multiplizieren, erhalten Sie ein Verhältnis, mit dem Sie ein gefälliges, natürlich aussehendes Raster erstellen können – das ist der Goldene Schnitt!

Das Prinzip des Goldenen Schnitts macht sich eine Ausgewogenheit zunutze, die wir unser ganzes Leben lang um uns herum gesehen haben. Der Trick besteht darin, dieses Gleichgewicht auch für eine Website zu nutzen. Mit welchem Ergebnis? Die Websites sehen und fühlen sich für unsere Augen »richtig« an. Hier sehen Sie den Goldenen Schnitt in Aktion:

Da Vincis Letztes Abendmahl ist ein gutes Beispiel für die Verwendung des Goldenen Schnitts in der Kunst.

Die Seitenleiste entspricht der kleineren Zahl des Verhältnisses.

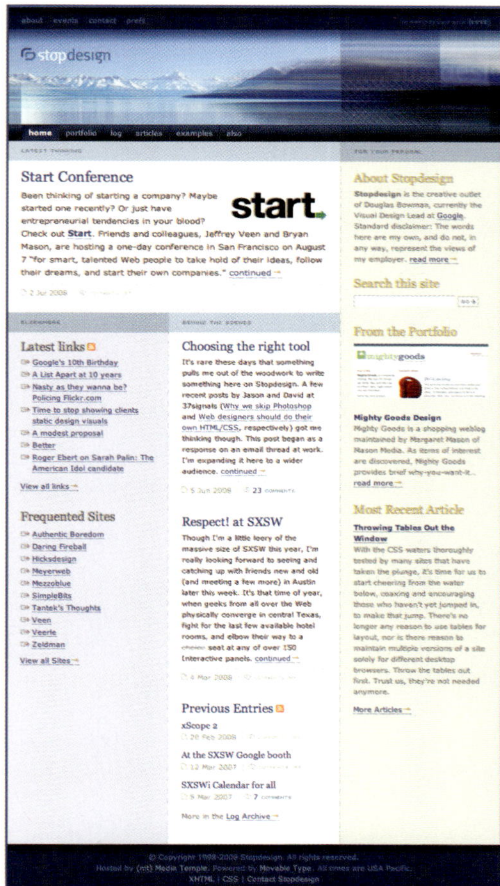

Der Hauptabschnitt mit dem Inhalt entspricht der großen Zahl des Verhältnisses und nimmt ungefähr zwei Drittel der Seite ein.

Die Fuß- und die Kopfzeile entsprechen der vollen Breite des Blocks.

Die Nautilus-Muschel ist ein Beispiel für den Goldenen Schnitt in der Natur.

Die Drittel-Regel: eine Abkürzung zum Goldenen Schnitt

Der Goldene Schnitt besagt, dass Sie, wenn Sie die gesamte Breite von etwas nehmen und mit 0,62 multiplizieren, einen schönen breiten Bereich erhalten, den Sie mit Inhalt füllen können. Die verbleibenden 0,38 sind ausgezeichnet für Seitenleiste, zusätzliche Inhalte und zweitrangige Blickfänge geeignet.

Aber eine Multiplikation mit 0,62 ist nicht sehr praktisch, es sei denn, Sie haben einen Taschenrechner dabei (hat irgendjemand »Algebra von Kopf bis Fuß« gesehen?). Glücklicherweise ist 0,62 ziemlich nah an zwei Drittel dran ... und die verbleibenden 0,38 entsprechen fast einem Drittel. Wenn Sie also irgendetwas durch drei teilen, sind zwei Drittel perfekt für den Hauptinhalt geeignet und das verbleibende Drittel für Seitenleisten, Navigation, Blogs usw.

So gehen Sie vor:

Schritt 1: Nehmen Sie ein Stück Papier und zeichnen Sie ein Rechteck für Ihre Website. Dann teilen Sie das Rechteck vertikal in Drittel auf (mit einem Lineal oder gutem Augenmaß).

Schritt 2: Teilen Sie das Rechteck horizontal in Drittel auf. Nun haben Sie ein grobes Raster.

Schritt 3: Unterteilen Sie jede vertikale Spalte ebenfalls in Drittel. So erhalten Sie ein Raster innerhalb des Rasters und können das 2/3-zu-1/3-Verhältnis auch für kleinere Blöcke Ihrer Website verwenden.

Schritt 4: Machen Sie das Layout für Ihre Website und richten Sie die Elemente dabei an den Rasterlinien aus.

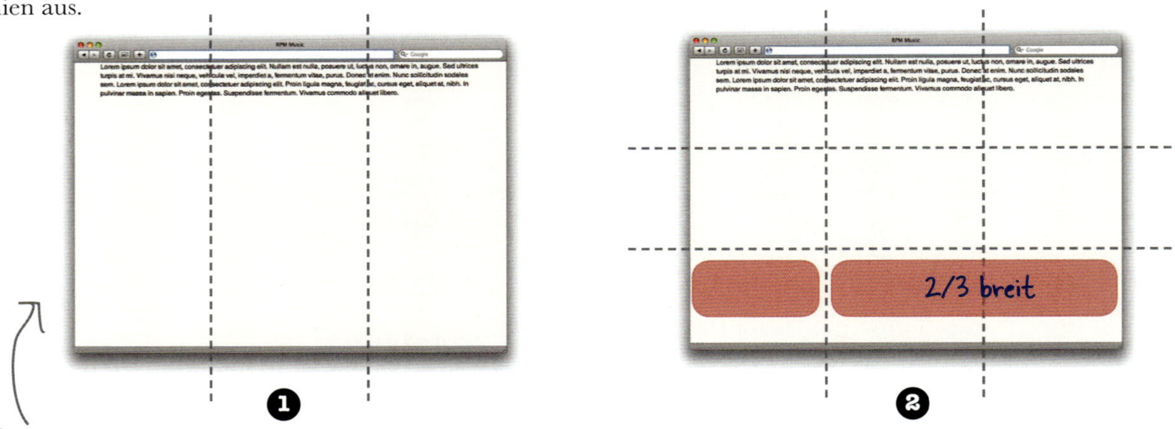

Das ist die Seite, mit der wir auf Seite 20 mit der RPM-Website angefangen haben.

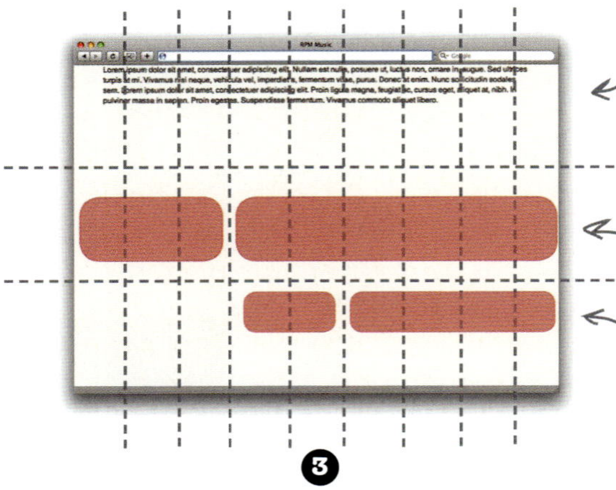

Sobald Sie alle vertikalen Linien gezeichnet haben, können Sie dieses logische Raster für das Layout der Seitenelemente verwenden.

Sie können das Verhältnis 2/3 zu 1/3 auch in den größeren Abschnitten auf so vielen Ebenen wiederholen, wie Sie möchten.

RPM und der Goldene Schnitt: eine (Anti-)Fallstudie

Wenn das Auge wirklich Elemente gern im Verhältnis 2/3 zu 1/3 sieht, wie ist dann die RPM-Website aufgebaut? Wir wissen bereits, dass sie an keinem bestimmten Raster ausgerichtet ist. Was passiert, wenn wir das Verhältnis 2/3 zu 1/3 grafisch darüberlegen ... Was sagt uns das über RPM?

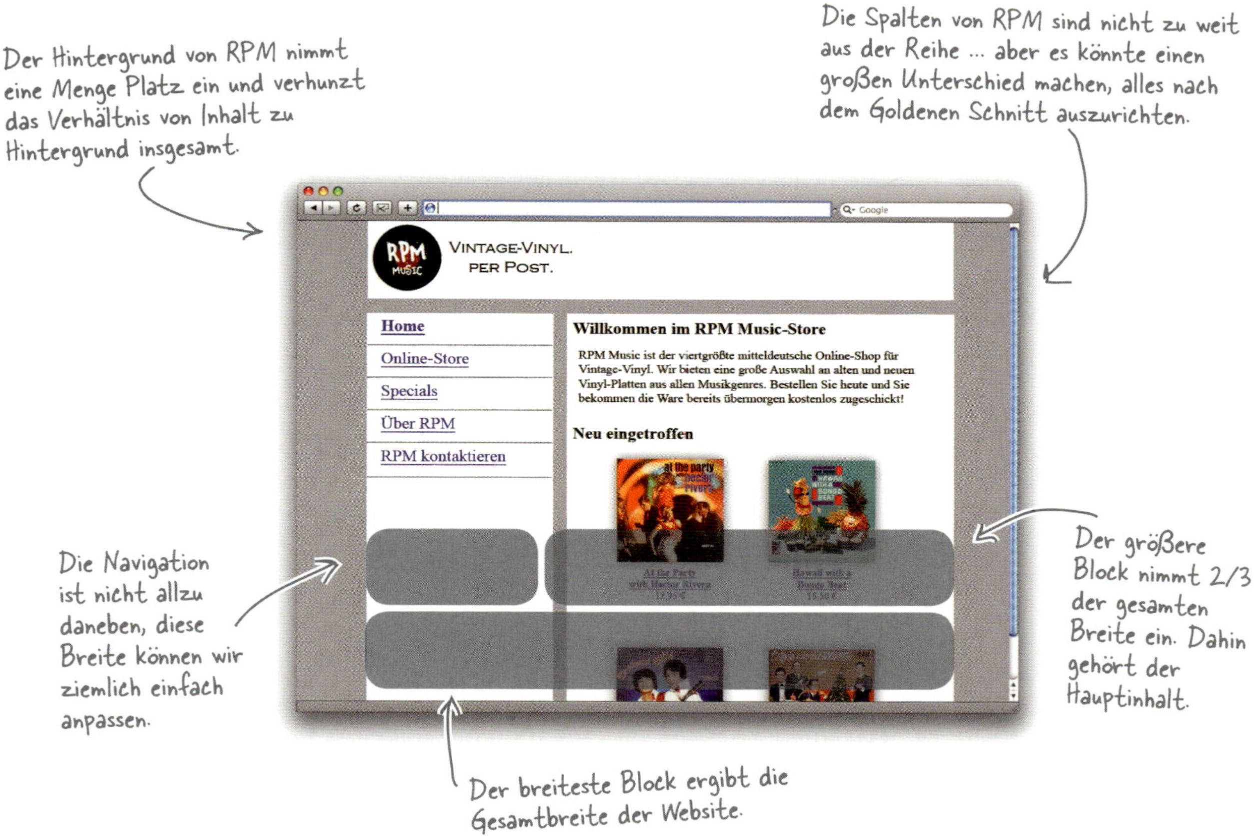

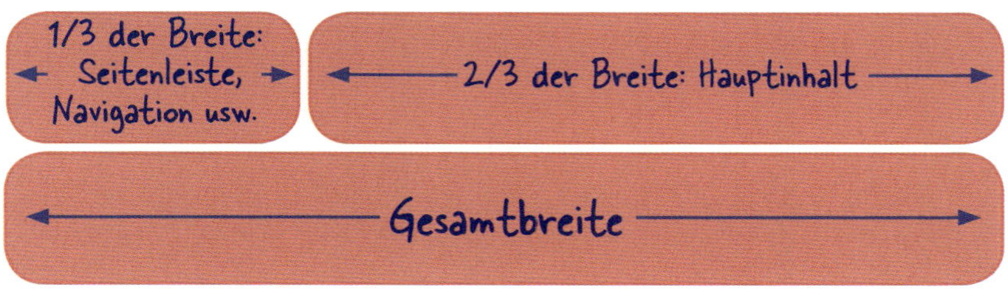

Übung

Skizzieren Sie ein Storyboard für die RPM Music-Website mithilfe des Rasters. Achten Sie darauf, dass Sie die Elemente nicht nur anhand des Rasters, sondern auch in Beziehung zueinander ausrichten. Welche Teile gehören zum Hauptinhalt? Verwenden Sie hierfür den 2/3-Anteil des Verhältnisses 2/3 zu 1/3. Geben Sie einfach nur Ihr Bestes ... es gibt keine falsche Antwort, solange Sie das Verhältnis wahren.

Diesem Raster liegt eine Seitenbreite von 950px zugrunde (jede Spalte ist 30px breit mit einem Abstand von 10px).

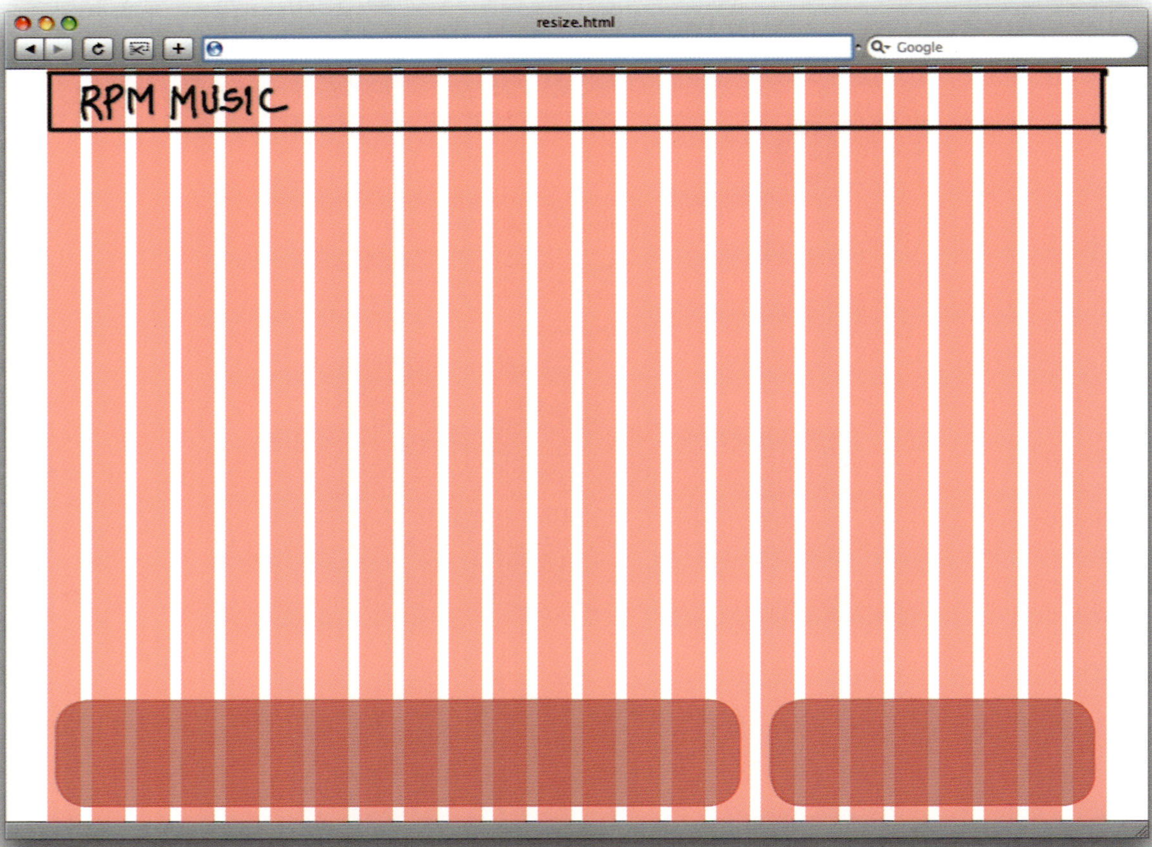

Acht Spalten entsprechen einem Drittel des Layouts.

Ich glaube, es reicht nicht aus, für die richtigen Proportionen zu sorgen. Die wichtigen Teile müssen auch ins Auge stechen ... also machen wir sie größer, oder?

Wichtiger Inhalt braucht mehr »Gewicht«.

Die wichtigsten Inhalte sollten Sie auf jeden Fall in den 2/3-Anteil des Verhältnisses 2/3 zu 1/3 stellen. Aber ist das der einzige Weg, darauf aufmerksam zu machen? Ganz und gar nicht!

Wenn Sie das Layout Ihrer Seite machen, müssen Sie ein Gleichgewicht zwischen den größeren und den kleineren Elementen herstellen. Die größeren Elemente erhalten mehr Gewicht und die kleineren weniger. So verhalten sich die Elemente zueinander:

Beim Layout Ihrer Website müssen Sie auf zwei Arten von Gleichgewicht achten: symmetrisch und asymmetrisch.

Symmetrisches Gleichgewicht ist gegeben, wenn Elemente auf beiden Seiten einer Linie (horizontal oder vertikal) das gleiche Gewicht haben.

Asymmetrisches Gleichgewicht liegt vor, wenn das Gewicht eines Elements entlang einer zentralen Linie nicht gleichmäßig verteilt ist. Es gibt also ein wirklich großes Element, dessen Gewicht nur teilweise von den anderen kleineren Elementen ausgeglichen wird.

Werfen Sie nochmals einen Blick auf die Übung von Seite 136. Ist Ihr Layout symmetrisch oder asymmetrisch? Glauben Sie, dass Ihr Layout besser wird, wenn Sie mehr Gleichgewicht (oder Ungleichgewicht) in das Design bringen? Machen Sie alle gewünschten Änderungen und blättern Sie zur nächsten Seite, um zu sehen, was wir gefunden haben.

In dieser Übung sollten Sie ein Storyboard für die RPM Music-Website auf Grundlage des Browserrasters zeichnen. Es gibt keine falsche Antwort, solange Sie ein ausgewogenes Layout gefunden haben, das den Goldenen Schnitt berücksichtigt.

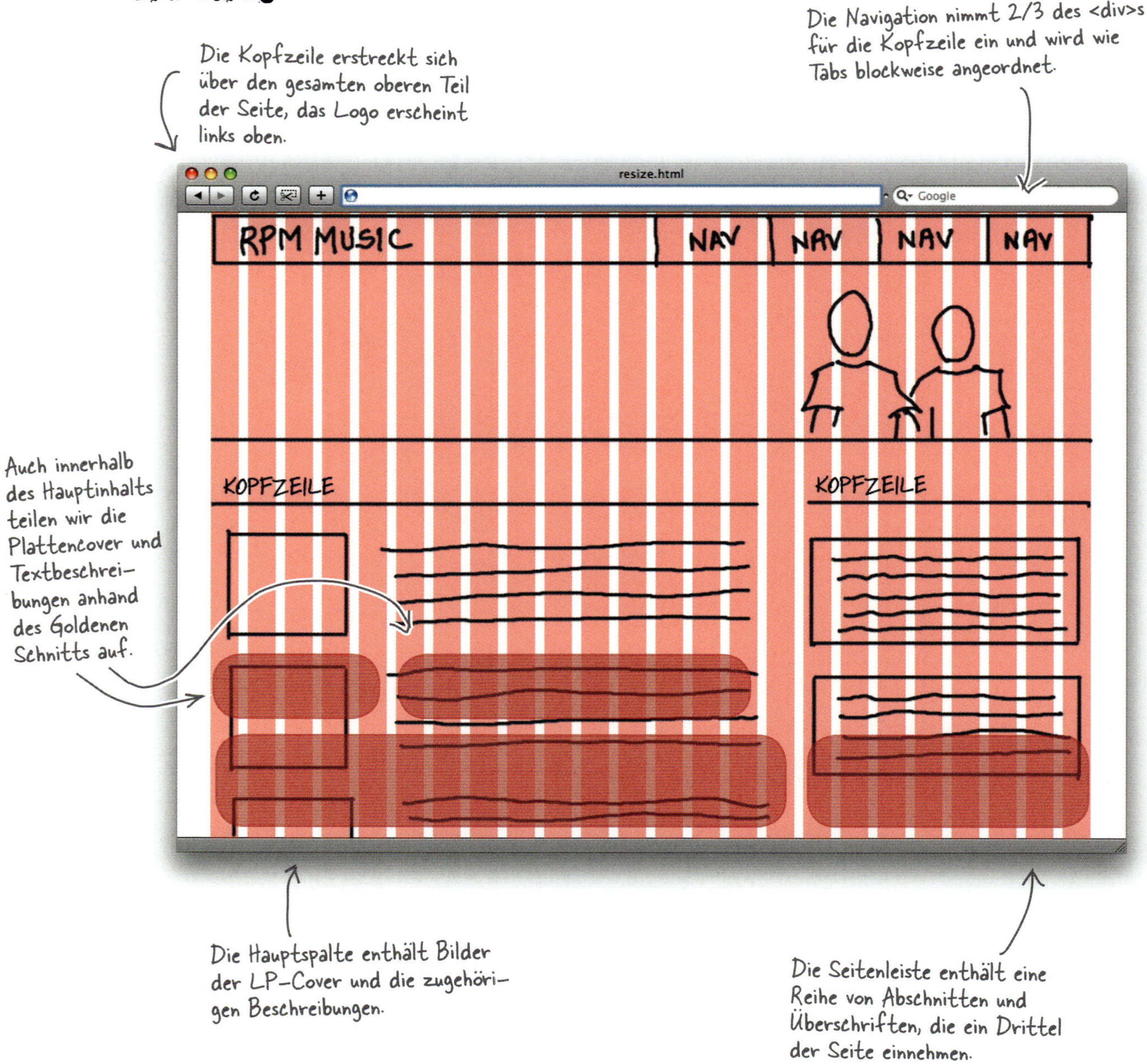

Erinnern Sie sich an Ihre Personas?

Nehmen Sie sich eine Sekunde Zeit und blättern Sie zurück zu Ihrer Antwort von Seite 138. Ist Ihre Lösung ausgewogen? Symmetrisches und asymmetrisches Gleichgewicht sind gleichermaßen in Ordnung. Haben Sie den Goldenen Schnitt eingehalten?

Aber das ist nicht das Einzige, worum Sie sich kümmern müssen. Bedenken Sie, dass Sie für Ihre Personas gestalten, die ganz bestimmte Bedürfnisse haben.

Geht Ihre Version von RPM auf den Musikgeschmack der Benutzer ein?

Name: Paul
Alter: 24
Internet: DSL
Musikgeschmack: Pop
Browser: Internet Explorer
Betriebssystem: Windows XP
Auflösung: 800 x 600

Name: Susanne
Alter: 30
Internet: Kabel
Musikgeschmack: Rap/Hip-Hop
Browser: Firefox
Betriebssystem: Mac OS X
Auflösung: 1024 x 768

Der Browser ist noch nicht relevant, wohl aber die Bildschirmauflösung.

Erinnern Sie sich an Ihren Kunden?

Der Besitzer von RPM hatte auch einige Anforderungen. Entspricht Ihre Vorstellung von RPM 2.0 seinen Wünschen?

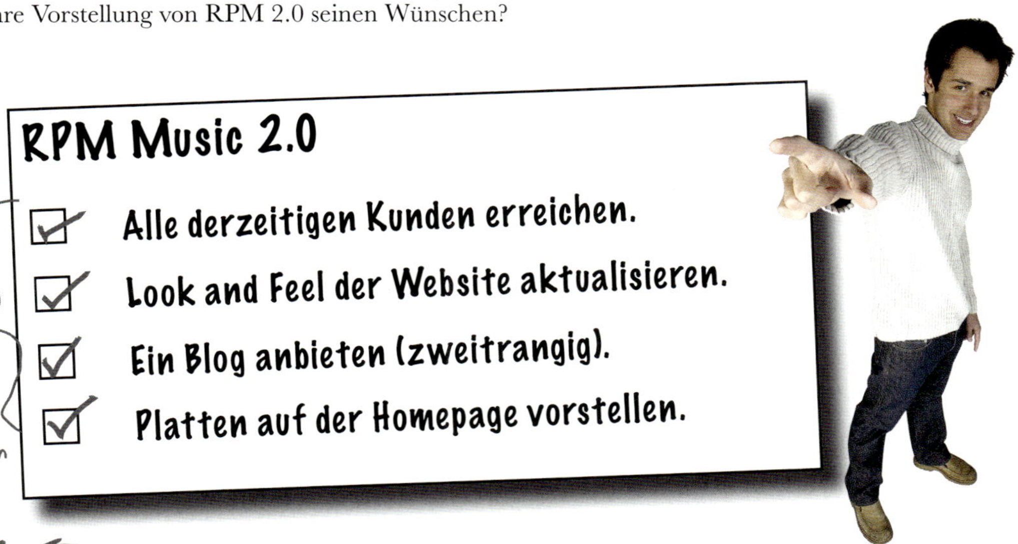

Werfen Sie einen Blick auf Ihre Ideen für RPM 2.0. Können Sie für Ihr Design alle Kästchen abhaken?

Nehmen Sie Änderungen an Ihrem Entwurf vor, falls nötig! Deshalb arbeiten wir auf Papier.

Es gibt CSS-Frameworks, die das nötige Raster bieten, auf das Sie Ihren Inhalt »setzen« können.

Wenn Sie Ihre Seite in XHTML erstellen, ist es nicht immer leicht, die Elemente so auszurichten, wie Sie das mit Papier, Bleistift und Lineal können. Glücklicherweise gibt es eine Menge cooler CSS-Frameworks mit den nötigen Rastern. Eines der besten davon ist Blueprint: http://www.blueprintcss.org/.

Wenn Sie nach »CSS framework« oder »CSS grid framework« googeln, finden Sie mehrere Optionen.

Das Beste an Blueprint ist, dass es eine enorme Flexibilität bietet, was die verschiedenen Layoutmöglichkeiten angeht. Außerdem unterstützt es das Stylen von Formularelementen und Statusmeldungen – was in anderen Frameworks eher selten ist.

Mit Blueprint können Sie rasterbasierte Layouts in allen möglichen Konfigurationen erstellen.

Blueprint verwendet eine Seitenbreite von 950px, basierend auf 24 Spalten mit 30px Breite und 10px Abstand. Das ergibt ein Layout, das perfekt in 1024 x 768 passt.

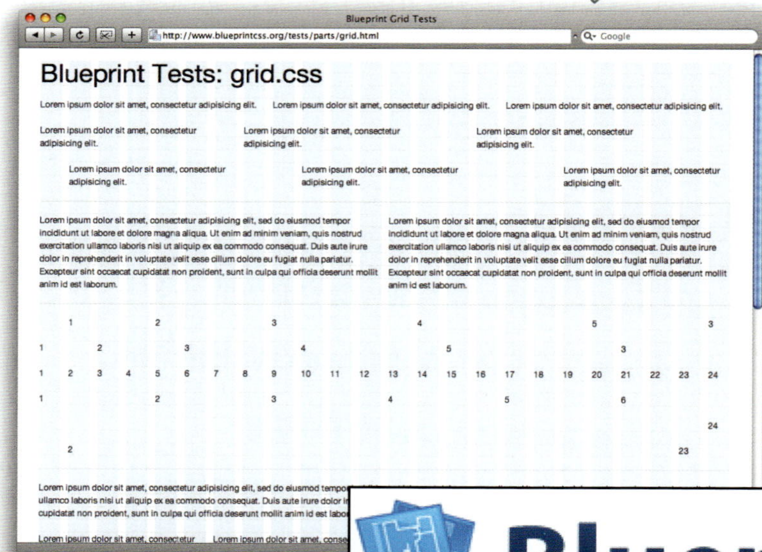

Fügen Sie grid.css in Ihre Seite ein, und schon überlagert dieses praktische Raster alles andere auf Ihrer Seite.

RPM 2.0 mit dem Blueprint-Framework

Verwenden Sie die einfachen Versionen von `index.html` und `rpm.css` von Seite 128. Gehen Sie dann auf `blueprintcss.org` und laden Sie Blueprint herunter. In dem entpackten Verzeichnis `/blueprint` finden Sie alle benötigten Dateien. Sie können die Stylesheets aus diesem Verzeichnis direkt in das Verzeichnis `stylesheets` der RPM 2.0-Website kopieren:

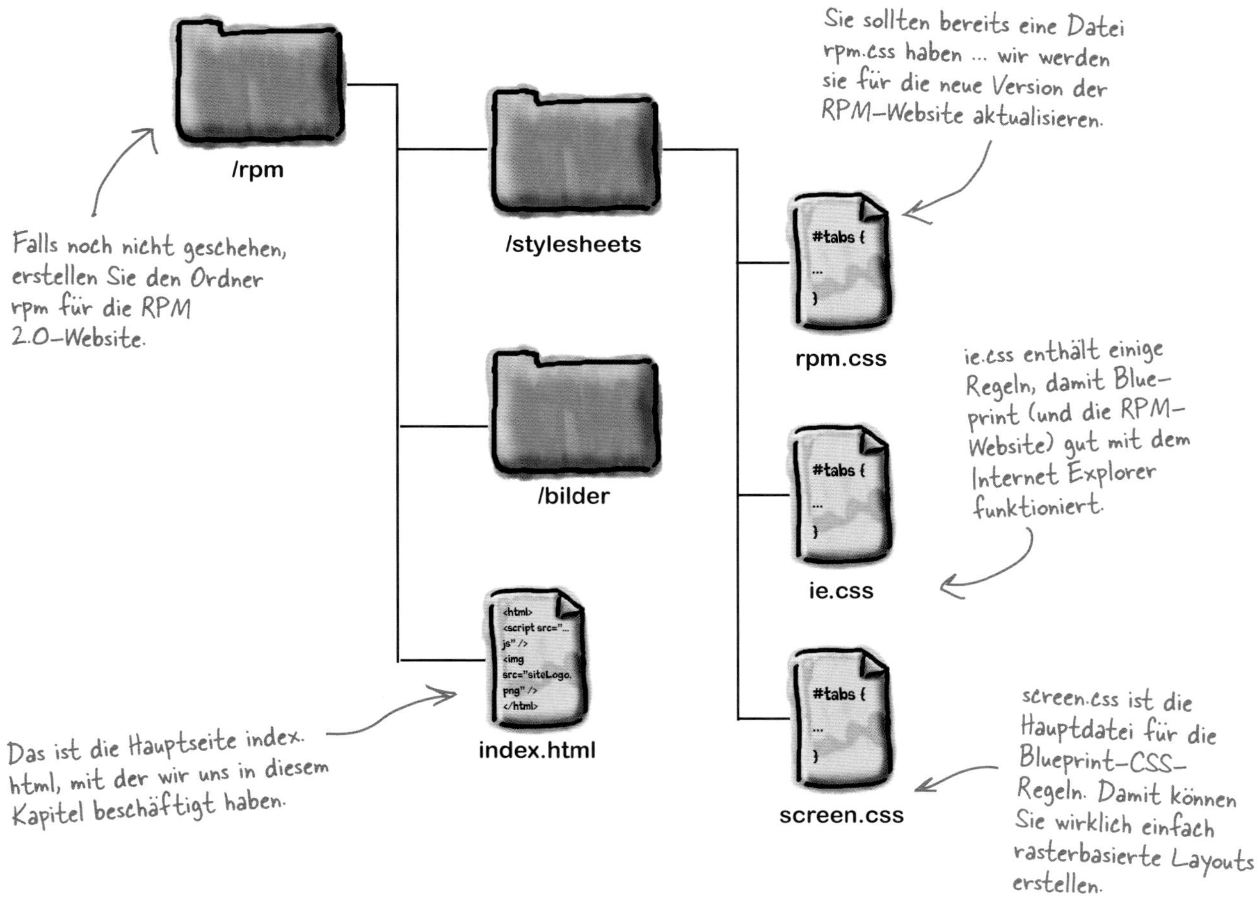

ÜBUNG

Legen Sie los und erstellen Sie die fehlenden Teile dieser Verzeichnisstruktur. Laden Sie Blueprint herunter und fügen Sie die entsprechenden CSS-Dateien in die Verzeichnisstruktur Ihrer Website ein. Verknüpfen Sie anschließend ie.css und screen.css mit Ihrer Version von index.html. Verwenden Sie die Beispiele von Blueprint als Vorlage, insbesondere für die Verknüpfung mit ie.css.

LÖSUNG ZUR ÜBUNG

Legen Sie los und erstellen Sie die fehlenden Teile dieser Verzeichnisstruktur. Laden Sie Blueprint herunter und fügen Sie die entsprechenden CSS-Dateien in die Verzeichnisstruktur Ihrer Website ein. Verknüpfen Sie anschließend ie.css und screen.css mit Ihrer Version von index.html. Das sollte dabei herauskommen:

Fügen Sie die Links für die Blueprint-CSS-Dateien unbedingt vor rpm.css ein. Auf diese Weise überschreiben unsere CSS-Regeln jegliche Blueprint-CSS-Regeln.

```
<!DOCTYPE html PUBLIC "-//W3C//DTD XHTML 1.0 Strict//EN"
      "http://www.w3.org/TR/xhtml1/DTD/xhtml1-strict.dtd">
<html xmlns="http://www.w3.org/1999/xhtml" xml:lang="de" lang="de">
<head>
  <title>RPM Music</title>
  <meta http-equiv="Content-Type" content="text/html; charset=utf-8" />
  <link rel="stylesheet" type="text/css" media="screen"
        href="stylesheets/screen.css" />
  <!--[if IE]>
    <link rel="stylesheet" href="stylesheets/ie.css" type="text/css"
          media="screen, projection">
  <![endif]-->
  <link rel="stylesheet" href="stylesheets/rpm.css" type="text/css"
        media="screen" />
</head>
<body>
  <div id="wrap">
    <p>Lorem ipsum dolor sit amet, consectetuer adipiscing elit. Nullam
      est nulla, posuere ut, luctus non, ornare in, augue. Sed ultrices
      turpis at mi. Vivamus nisi neque, vehicula vel, imperdiet a, fermentum
      vitae, purus. Donec at enim. Nunc sollicitudin sodales sem. Lorem
      ipsum dolor sit amet, consectetuer adipiscing elit. Proin ligula magna,
      feugiat ac, cursus eget, aliquet at, nibh. In pulvinar massa in sapien.
      Proin egestas. Suspendisse fermentum. Vivamus commodo aliquet libero.</p>
  </div>
</body>
</html>
```

screen.css ist die Hauptdatei von Blueprint.

ie.css kümmert sich um die Abweichungen beim Internet Explorer.

Der Kommentar <!--[if IE]> zeigt die Datei ie.css dem Browser nur, wenn er sich als Internet Explorer identifiziert.

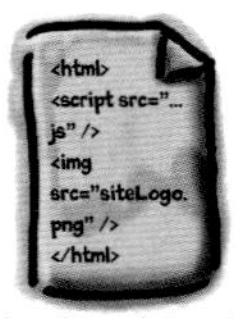

index.html

Es gibt keine Dummen Fragen

F: Was genau ist ein Framework?

A: Heutzutage ist »Framework« einfach nur ein Modewort, das Webdesigner und Entwickler gern benutzen. Ein Framework ist einfach eine Reihe von Tools, Bibliotheken, Konventionen und optimalen Verfahren, die dafür gedacht sind, alltägliche Routineaufgaben im Webdesign in allgemeinen, wiederverwendbaren Modulen zusammenzufassen. Das Ziel eines guten Frameworks ist es, dass Sie sich mehr auf die besonderen Aufgaben eines bestimmten Projekts konzentrieren können anstatt auf sich wiederholende Routinearbeiten (wie z.B. das Layout eines Rasters in CSS!).

F: Ich habe verstanden, dass Blueprint gut ist, aber gibt es auch andere CSS-Frameworks?

A: Ja, es gibt jede Menge. Die bekanntesten sind 960 und Yahoo UI (YUI) Grid CSS.

F: 960? Wie ist das im Vergleich zu Blueprint?

A: Wie Blueprint bietet auch 960 (`http://960.gs/`) viel Flexibilität bei den Layouttypen. Leider bietet es nicht so viel Unterstützung für typografische Stile wie Blueprint. Das Coole an 960 ist, dass das Dateipaket nicht nur die nötigen CSS-Dateien enthält, sondern auch einige sehr praktische Extras, wie z.B. ein Papiervorlageraster (auf Grundlage des 960-Frameworks), auf dem Sie Ihre Designs skizzieren können.

F: Was ist mit YUI Grid CSS?

A: YUI Grids CSS (`http://developer.yahoo.com/yui/grids/`) ist Teil der Yahoo User Interface Library. Wie Blueprint und 960 bietet es eine gute Portion Flexibilität, was die verschiedenen Layouttypen angeht. Leider ist YUI Grids CSS ein bisschen kompliziert, wodurch die Lernkurve eher steil ist. Ein Vorteil ist aber, dass es auf der Website für YUI Grids CSS das YUI Grids Builder-Tool, einen visuellen, menübasierten Editor, gibt, mit dem Sie schnell Layouts auf Grundlage des YUI Grids CSS-Frameworks erstellen (und anpassen) können.

F: Ich bin noch ein bisschen unentschieden, welches Framework ich wählen soll. Können Sie mir einen Rat geben?

A: Wie bei vielen Dingen kommt es bei der Wahl des richtigen Frameworks einzig auf Ihre Bedürfnisse an. Es ist eine gute Faustregel, ein Framework zu wählen, bei dem Einfachheit einerseits (insbesondere wenn Sie zum ersten Mal mit einem Framework arbeiten) und Flexibilität bezüglich der verschiedenen möglichen Layouts andererseits ausgewogen sind. Blueprint ist das beliebteste und flexibelste. Aber probieren Sie ruhig alle aus. Sie könnten eines finden, das Ihren Bedürfnissen besser gerecht wird. Denken Sie daran: Frameworks sollen Ihnen die CSS-Arbeit erleichtern. Egal für welches Framework Sie sich entscheiden: Es soll für Sie arbeiten und nicht umgekehrt!

RPM 2.0 mit Blueprint-CSS-Regeln stylen

Mit den verfügbaren Blueprint-CSS-Regeln können Sie nun am XHTML von RPM 2.0 arbeiten. Verwenden Sie einfach das `class`-Attribut der verschiedenen <div>s.

```
<div id="kopfzeile" class="column span-24">
```

Die Klasse »column« stammt von Blueprint und weist den Browser an, die Blueprint-CSS-Regeln für die Positionierung dieses <div> zu verwenden.

So wird das <div> »kopfzeile« 24 Spalten mit 30 Pixeln Breite überspannen, das entspricht der gesamten Breite der Seite. Innerhalb dieses <div> können auch weitere <div>s vorkommen und mit »span-16« und »span-8« den Goldenen Schnitt einhalten.

Los geht's! Machen Sie die folgenden Erweiterungen in Ihrer Version von `index.html` der RPM-Website:

```
<!DOCTYPE html PUBLIC "-//W3C//DTD XHTML 1.0 Strict//EN"
       "http://www.w3.org/TR/xhtml1/DTD/xhtml1-strict.dtd">
<html xmlns="http://www.w3.org/1999/xhtml" xml:lang="de" lang="de">
<head>
  <title>RPM Music</title>
  <meta http-equiv="Content-Type" content="text/html; charset=utf-8" />
  <link rel="stylesheet" type="text/css" media="screen"
        href="stylesheets/screen.css" />
  <!--[if IE]>
    <link rel="stylesheet" href="stylesheets/ie.css" type="text/css"
          media="screen, projection">
  <![endif]-->
  <link rel="stylesheet" href="stylesheets/rpm.css" type="text/css"
        media="screen" />
</head>
<body>
  <div id="wrap" class="container">

    <div id="kopfzeile" class="column span-24 last">
      <div id="nav" class="column span-16 last">Navigation</div>
      <div id="mittelstreifen" class="column span-24 last"></div
    </div>

    <div id="inhalt" class="column span-15 colborder last">Inhalt des Hauptbereichs</div>

    <div id="seitenleiste" class="column span-8 last">Inhalt der Seitenleiste</div>
  </div>

  <div id="fusszeile">Inhalt der Fußzeile</div>
</body>
</html>
```

Für Blueprint müssen Sie Ihren Inhalt in ein <div> der Klasse »container« verpacken.

16 sind 2/3 von 24 ... wir berücksichtigen also den Goldenen Schnitt.

Dieser beiden <div>s sind Platzhalter für den Inhalt, den wir bald einfügen werden.

15 zu 8 ist ziemlich nah dran an 2/3 zu 1/3, mit einem Rest von einer Spalte als Abstand.

Jedes wichtige Element der Website braucht eine Klasse, die mit dem Wert »column« beginnt. Damit teilen Sie Blueprint mit, wie das Element positioniert werden soll. Der zweite Wert (span-xx) sagt dem Framework, wie viele Spalten das Element überspannen soll.

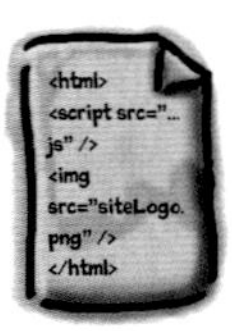

index.html

Wir arbeiten immer noch mit der Datei index.html.

Zeit für die RPM-Grooves

At the Party with Hector Rivera
Hector Rivera, der New Yorker König des Latin Soul, hat 1966 mit seiner Veröffentlichung »At the Party« für Furore gesorgt und es in die R&B-Top-40 geschafft. Dieser Klassiker lässt Sie die ganze Nacht tanzen und wird bestimmt eine Lieblingsplatte in Ihrer Sammlung.

Hawaii with a Bongo Beat
LeRoy Holmes schafft es mit diesem Hawaiian-Nashville Fusion-Album wieder einmal, Sie mit Inselsounds und Country zu verzaubern. Holen Sie sich diese Platte und hören Sie Ihre liebsten Tropenklassiker wie »The Moon of Manakoora« und das immer wieder schöne »Mahilini Mele«. Tolle Musik für die ganze Familie.

Dreamin' Wild
Das attraktive Duo Donnie und Hans Emerson bringt Ihnen dieses zeitlose Psychedelic Rock-Album für die Ewigkeit. Den Smash-Hit »Don't Go Lovin' Nobody Else« werden Sie tagelang summen. Dieses Sammlerstück ist bei RPM Music nur für begrenzte Zeit erhältlich. Greifen Sie zu, solange der Vorrat reicht!

XMAS A Go Go
Die Überraschungs-LP der Woche ist eine Bereicherung für jede Weihnachtsmusiksammlung. Sie ist einfach eines Tages im Lager von RPM Music aufgetaucht, und wir haben einen besonders guten Ausverkaufspreis gemacht. Holen Sie sich Ihre Portion Mystery-History mit XMAS A Go Go.

Übung

Fügen Sie den obigen Inhalt in das Haupt-<div> der RPM-Website in der Datei index.html ein, mit der Sie bereits gearbeitet haben. Überlegen Sie sich, wie Sie den Inhalt auf passende Art und Weise einfügen können: eine Reihe ähnlicher Elemente, die nicht geordnet sind, aber unter Umständen jeweils gestylt werden müssen. Die Plattencover finden Sie im Ordner kapitel04 des Beispielcodes:
`http://tinyurl.com/kf-webdesign`

Kamingespräche

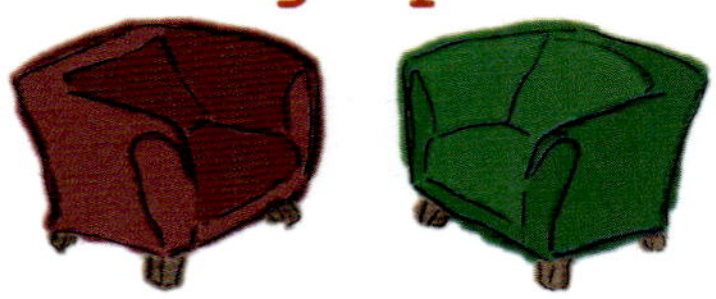

Heute Abend: **Wer ist für den Benutzer wichtiger? Inhalt und Stil diskutieren, wer für die Praxis des Benutzers entscheidender ist.**

Stil: Weißt du, ich glaube nicht, dass es viel zu diskutieren gibt. Das Internet ist ein visuelles Medium, und die Leute wollen was Hübsches zum Anschauen. Keiner interessiert sich für den Inhalt, wenn die Website nicht gut aussieht.

Inhalt: Nichts zu diskutieren? Wie schnell vergisst du die bescheidenen Ursprünge des World Wide Web? Berners-Lee hat HTML vorgeschlagen, damit Forscher Informationen verteilen und aktualisieren können, insbesondere für die wissenschaftliche Forschung. In diesen Tagen war der Inhalt König.

Stil: Ja, *damals*. Aber heute sind Stil und Design das Markenzeichen einer Website. Sie geben ihr Charakter und Persönlichkeit.

Inhalt: Das stimmt, aber selbst die am besten gestalteten Websites mit dem innovativsten CSS haben keine Chance ohne gut geschriebenen Inhalt. Mit Grafiken und einem dieser schicken dreispaltigen Layouts kommst du nur ein Stück weit. Ich muss klar, prägnant und leicht lesbar sein. Ansonsten verlieren die Leute die Konzentration. Ganz zu schweigen davon, was passiert, wenn ich nicht die Antworten auf die Fragen der Besucher geben kann. Das ist eine Menge Druck!

Stil: Auf mir lastet genauso viel Druck! Was ist mit der Navigation? Hä? Wenn ich die Leute nicht von einem Teil der Website zum anderen bringe, können sie dich nicht mal finden. Ganz zu schweigen von Bildschirmgröße, Schriftgröße und Benutzerfreundlichkeit. Da gibt es eine Menge unter einen Hut zu kriegen, und das ist nicht so einfach, wie du vielleicht glaubst.

Inhalt: Navigation? Eine ungeordnete Liste und ein paar Textlinks reichen. Ihr Grafikdesigner ...

Stil: Welches Jahr schreiben wir, 1995? Ungeordnete Listen und Textlinks ohne CSS? Wie langweilig!

Stil:

Hey, wer hat diesen Typ denn eingeladen?

Ich habe dir gesagt, dass wir darüber nicht mehr sprechen. Wir waren jung und dumm, ohne jeglichen Respekt vor der Trennung von Markup und Stil. Wo ist überhaupt Inhalt?

Und das war gut? Jetzt lebe ich in CSS-Dokumenten. Ich bin viel nützlicher und stecke nicht mehr so sehr im Morast von **markup**. Mir geht es definitiv besser. Und dir tue ich auch einen Gefallen. Jetzt kannst du für dich allein stehen ... wozu das auch immer gut sein mag.

Soll das ein Kompliment sein? Weißt du, für mich war es viel einfacher, als ich mich nicht überall um deine <p> kümmern musste. Aber vergiss nicht, mich in deinem Head zu verknüpfen.

Inhalt:

<markup>
Stil, beschwerst du dich immer noch über Inhalt? Erinnerst du dich nicht an die Zeiten, in denen du direkt neben ihm gestanden hast? Ich habe dir dorthin geholfen mit Tags wie `<font>`, `<i>`, `<b>` und `<table>`.
</markup>

<markup>
Stylesheets sind toll, aber erinnerst du dich, wie es mal war? Endlose verschachtelte Tabellen, Markup mit Hex-Farben und die liebenswerten Spacer-GIFs.
</markup>

Tut mir leid, dieser Typ **markup** verfolgt mich manchmal. Aber er hat recht. Damals warst du einfach nur ein paar Tags in dem ganzen HTML-Chaos.

Du hast die Dateien ziemlich gesäubert, indem du in das Verzeichnis `/stylesheets` umgezogen bist. Dadurch haben **markup** und ich die Chance, uns besser kennenzulernen. Es ist erstaunlich, wie gut man ohne deine bedeutungslosen Stil-Tags überall auskommt.

So haben wir das Markup für die Plattencover, Beschreibungen und Titel unserer Version von RPM 2.0 geschrieben. Wie haben Sie's gemacht?

```
<body>
  <div id="wrap" class="container">
    <div id="kopfzeile" class="column span-24 last">
      <div id="nav" class="column span-16 last">Navigation</div>
      <div id="mittelstreifen" class="column span-24 last"></div>
    </div>
    <div id="inhalt" class="column span-15 colborder last">
      <h3>Neu bei RPM Music</h3>
      <ul>
        <li><div class="column span-4"><img alt="cover1"
                 src="bilder/cover1.jpg" /></div>
          <h4>At the Party with Hector Rivera</h4>
          <p>Hector Rivera, der New Yorker König des Latin Soul, hat 1966 mit seiner
Veröffentlichung <em>At the Party</em> für Furore gesorgt und es in die R&amp;B-Top-40
geschafft. Dieser Klassiker lässt Sie die ganze Nacht tanzen und wird bestimmt eine
Lieblingsplatte in Ihrer Sammlung.</p>
        </li>
        <li><div class="column span-4"><img alt="cover2"
                 src="bilder/cover2.jpg" /></div>
          <h4>Hawaii with a Bongo Beat</h4>
          <p>LeRoy Holmes schafft es mit diesem Hawaiian-Nashville Fusion-Album wieder
einmal, Sie mit Inselsounds und Country zu verzaubern. Holen Sie sich diese Platte und hören
Sie Ihre liebsten Tropenklassiker wie &#8222;The Moon of Manakoora&#8220; und das immer
wieder schöne &#8222;Mahilini Mele&#8220;. Tolle Musik für die ganze Familie.</p>
        </li>
        <li><div class="column span-4"><img alt="cover3"
                 src="bilder/cover3.jpg" /></div>
          <h4>Dreamin' Wild</h4>
          <p>Das attraktive Duo Donnie und Hans Emerson bringt Ihnen dieses zeitlose
Psychedelic Rock-Album für die Ewigkeit. Den Smash-Hit &#8222;Don't Go Lovin' Nobody
Else&#8220; werden Sie tagelang summen. Dieses Sammlerstück ist bei RPM Music nur für
begrenzte Zeit erhältlich. Greifen Sie zu, solange der Vorrat reicht!</p>
        </li>
        <li><div class="column span-4"><img alt="cover4"
                 src="bilder/cover4.jpg" /></div>
          <h4>XMAS A Go Go</h4>
          <p>Die Überraschungs-LP der Woche ist eine Bereicherung für jede
Weihnachtsmusiksammlung. Sie ist einfach eines Tages im Lager von RPM Music aufgetaucht, und
wir haben einen besonders guten Ausverkaufspreis gemacht. Holen Sie sich ein Stück mysteriöse
Musikgeschichte mit </p>
        </li>
      </ul>
    </div>
    <div id="seitenleiste" class="column span-8 last">Inhalt der Seitenleiste</div>
  </div>
  <div id="fusszeile">Inhalt der Fußzeile</div>
</body>
```

Eine einfache Liste mit Alben, also verwenden wir eine ungeordnete Liste (ul).

Wir setzen jedes Albumcover in ein separates <div>, sodass wir es unabhängig von der Beschreibung positionieren können.

Albumtitel kommen in eine Überschrift (h4), um ihre Wichtigkeit zu unterstreichen und damit wir sie mit CSS stylen können.

index.html

Probefahrt

Wie sieht RPM 2.0 aus?

Aktualisieren Sie Ihre Version von `index.html` und laden Sie sie in einem Browser.

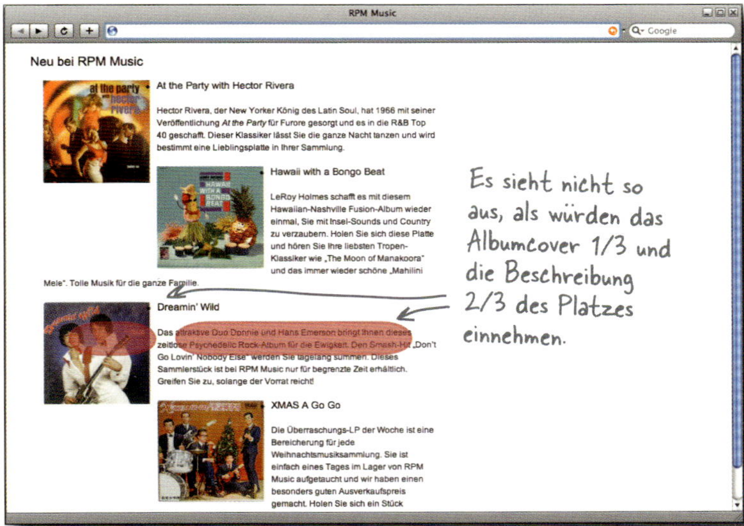

Hmmm ... die Schallplatten werden nicht richtig angeordnet. Wir müssen diese Listen ein bisschen stylen, um sie aufzumotzen.

Es sieht nicht so aus, als würden das Albumcover 1/3 und die Beschreibung 2/3 des Platzes einnehmen.

Das Layout mit CSS aufpolieren

Einige einfache Erweiterungen in `rpm.css` sollten damit aufräumen:

```
p, ul, li, h1, h2, h3, h4 {
        margin: 0;
}
h3 {
        margin: 0 0 20px 0;
        padding: 0 0 5px 0;
        font-weight: bold;
        border-bottom: 1px solid #ccc;
}
ul {
        list-style-type: none;
}
#inhalt, #seitenleiste {
        margin: 40px 0 20px 0;
}
#inhalt h4 {
        font-weight: bold;
        font-size: 1.4em;
}
#inhalt li p {
        margin: 0 0 70px 0;
}
```

Ränder für einige Standard-Seitenelemente auf null setzen.

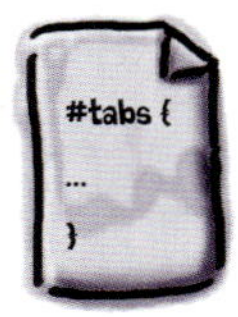

rpm.css

Die Regeln für ul und #inhalt sollten unsere Platten auf die richtige Spur bringen. list-style-type: none entfernt global die Aufzählungszeichen aus der Albumliste. Aufzählungszeichen sind normalerweise eine gute Sache, aber in diesem Fall wollen wir keine. Die andere wichtige Regel kümmert sich um den unteren Rand von #inhalt li p und sorgt dafür, dass die <li>s hübsch übereinandergestapelt werden.

Probefahrt

RPM 2.0(1) ist bereit für einen Test.

Aktualisieren Sie Ihre Version von `rpm.css` und laden Sie die RPM- Website erneut.

Der untere Rahmen und ein bisschen Schrift-Styling machen die Abschnittsüberschriften klarer und trennen sie von den Überschriften der jeweiligen Inhalte..

Ein bisschen einfach, aber es gefällt mir. Irgendwie wie Amazon.de, aber ich kaufe sowieso lieber im Laden.

Der schlichte Abstand unter den <p>-Tags mit der Schallplattenbeschreibung und die Liste richten sich am Raster aus. Unser Layout wird dadurch viel ordentlicher.

Machen Sie das Markup für Inhalt und Navigation fertig

Fügen wir noch ein bisschen mehr Inhalt ein, damit wir dem RPM-Eigentümer zeigen können, wie weit wir gekommen sind. Machen Sie die folgenden Änderungen in Ihrer Version von `index.html`:

Wir verwenden immer noch Blueprint. Diesmal möchten wir, dass die Navigation 2/3 der Seite einnimmt. Das macht 16 von den 24 Spalten, die Blueprint bietet.

```
<body>
  <div id="wrap" class="container">
    <div id="kopfzeile" class="column span-24 last">
      <h1 class="column span-8 last">RPM Music</h1>
      <div id="nav" class="column span-16 last">
        <ul>
          <li class="aktiv"><a title="RPM Music Home" href="#">Home</a></li>
          <li><a title="Music kaufen" href="#">Musik</a></li>
          <li><a title="RPM-Blog" href="#">Blog</a></li>
          <li><a title="Über RPM Music" href="#">Info</a></li>
          <li><a title="Warenkorb" href="#">Warenkorb</a></li>
        </ul>
      </div>
      <div id="mittelstreifen" class="column span-24 last"><img alt="RPM-Jungs"
           src="bilder/rpm_jungs.jpg" /></div>
      <div id="zwischentitel" class="column span-24 last">
        <h2>RPM Music ist der viertgrößte mitteldeutsche Online-<em>Tonträger</em>-
             Händler</h2>
      </div>
    </div>
    <div id="inhalt" class="column span-15 colborder last">
      <h3>Neu bei RPM Music</h3>
      <ul>
        <!-- Alben von vorhin -->
      </ul>
    </div>
    <div id="seitenleiste" class="column span-8 last">
      <h3>Aus dem Blog</h3>
      <p><strong>4. Nov</strong> &mdash; RPM bereitet sich auf die Weihnachtszeit vor
und kauft große Mengen an Schallplatten für den Weihnachtsansturm. Wir werden reichlich
Musik in petto haben und erwarten einige coole neue Specials, die wir gegen Ende des
Monats präsentieren können. Kehren Sie bald zurück für die Wahnsinns-Weihnachten bei
RPM.</p>
      <p><strong>20. Okt</strong> &mdash; Wir haben ein mysteriöses Paket voller
Weihnachtsplatten in unserem Lager entdeckt, die wohl aus Japan stammen. Wir überprüfen
gerade ihre Herkunft, und wenn alles klappt, werden wir die Platten hier auf der Website
zum Kauf anbieten. Vielleicht der Beginn eines exklusiven Deals von RPM Music.</p>
      <p><strong>7. Okt</strong> &mdash; Seit gestern Nacht finden Sie neue Specials auf
der Website. Werfen Sie unbedingt einen Blick auf unsere versandkostenfreien LPs.</p>
    </div>
  </div> <!-- Ende div "container" -->
  <div id="fusszeile">
    <p>Copyright &copy; RPM Music, alle Rechte vorbehalten.</p>
  </div>
</body>
```

Das sind Beispiel-Blog-Einträge. Später können wir sie auch automatisch aus dem RPM-Blog ziehen, aber für den Moment reicht statischer Text, um zu sehen, wie die Website aussieht.

Ein kleiner Copyright-Vermerk ist im Moment alles, was wir in der Fußzeile brauchen. Beachten Sie, dass das<div> für die Fußzeile außerhalb des Hauptcontainers liegt. Auf diese Weise kann sich die Fußzeile über den gesamten unteren Rand der Seite erstrecken.

index.html

Für vertikale Proportionen benötigen Sie normalerweise Bilder und CSS-Positionierung.

Horizontale Proportionen sind mit einem CSS-Raster-Framework wie Blueprint leicht hinzubekommen. Aber wie ist das mit vertikalen Proportionen, z.B. zwischen dem Hauptbild und dem restlichen Inhalt der Website?

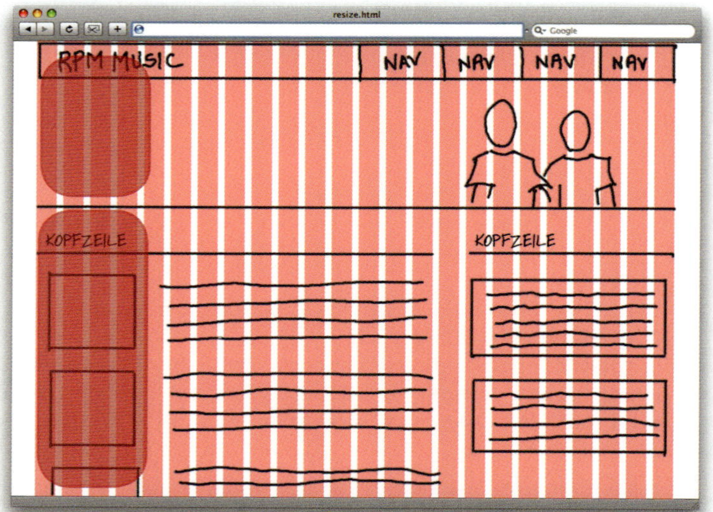

Sie können damit anfangen, die Größe des Bilds etwa auf 1/3 der vertikalen Bildschirmgröße des typischen Benutzers festzulegen. Aber dann müssen Sie eine Menge verschiedener Bilder verwenden und vielleicht sogar den gefürchteten transparenten 1-Pixel-Spacer. Und was wird mit den Seitenteilen in der Kopfzeile? Navigationsleiste, das Logo, Überschriften ... das kann schnell chaotisch werden.

Die zu bevorzugende Lösung liegt darin, dass Sie ein Hintergrundbild zusammenstellen, das bereits alles in den korrekten Proportionen enthält:

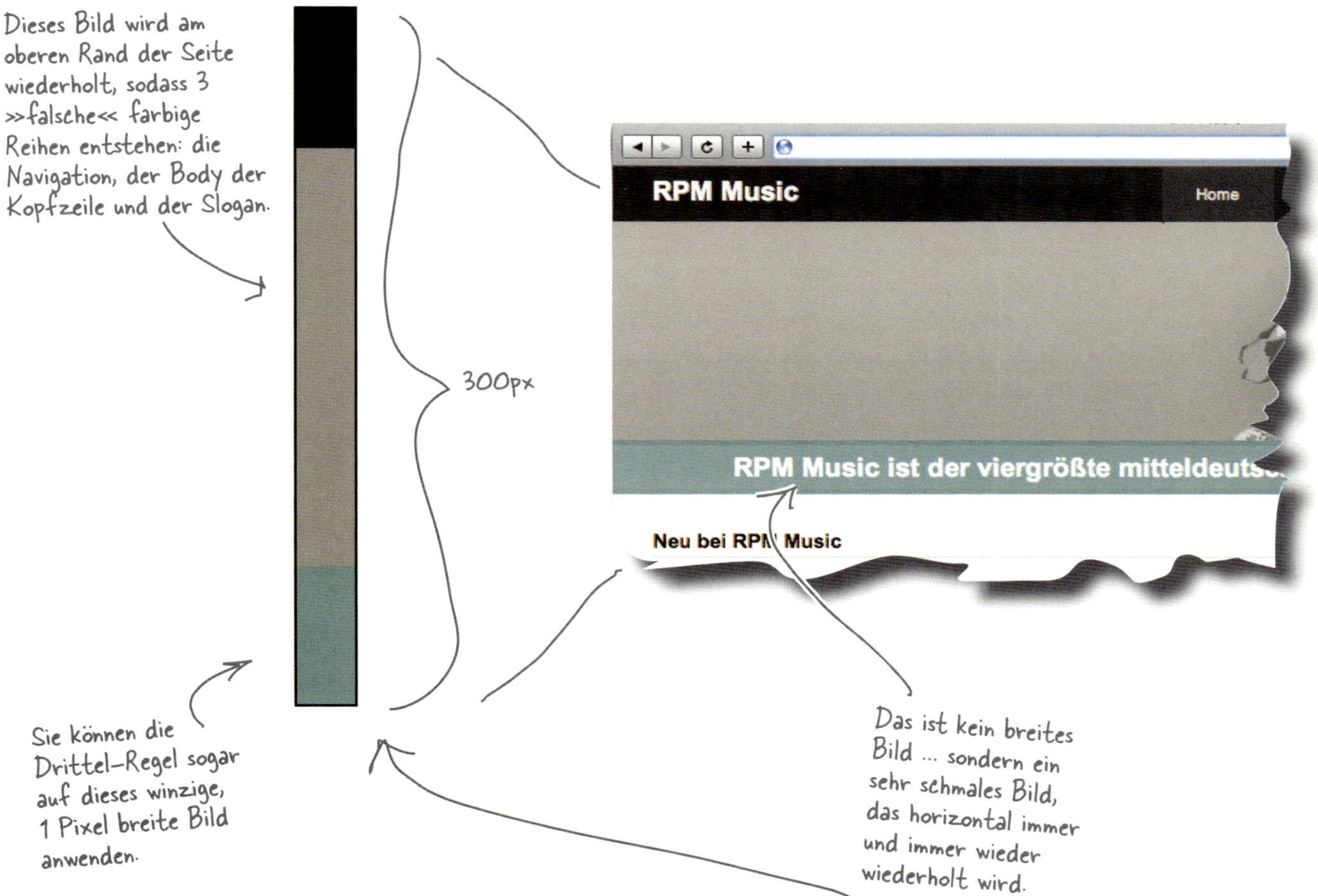

Das ist die Hintergrundfarbe der gesamten Website (unterhalb der Fußzeile).

Das 1-px-GIF wird über den oberen Rand der Seite wiederholt ...

```
body {
    background: #fbf9ef url(../bilder/hg_kopfzeile.gif)
                repeat-x top;
}
```

Dieses bisschen Code kaskadiert hg_kopfzeile.gif über die gesamte Seitenbreite.

Layout und typografische Details mit CSS

Hier noch ein paar CSS-Regeln, um das neu hinzugefügte XHTML sauber zu formatieren. Fügen Sie diese Erweiterungen in `rpm.css` ein:

```
body {
  margin: 0;
  padding: 0;
  background: #fbf9ef url(../bilder/hg_kopfzeile.gif) repeat-x top;
}
p, ul, li, h1, h2, h3, h4 {
  margin: 0;
}
h3 {
  margin: 0 0 20px 0;
  padding: 0 0 5px 0;
  font-weight: bold;
  border-bottom: 1px solid #ccc;
}
ul {
  list-style-type: none;
}
#nav {
  height: 50px;
}
#nav ul {
  float: right;
}
#nav ul li {
  float: left;
  padding: 15px;
}
#nav ul li a {
  color: #fff;
  text-decoration: none;
  padding: 15px;
  font-size: 1.2em;
}
#nav ul li.aktiv, #nav ul li:hover {
  background: #333;
}
#mittelstreifen img {
  float: right;
}
```

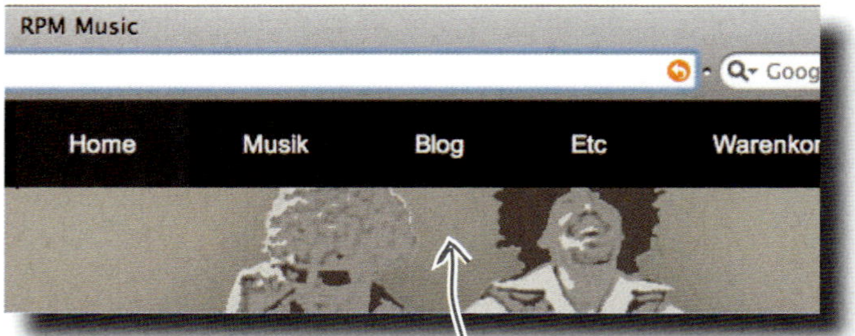

Nur ein paar CSS-Regeln genügen für eine nett aussehende und funktionierende Navigation, wodurch die Website auch leichter zu handhaben ist.

Durch diese Positionierung der Navigation bleiben die Tabs auf der rechten Seite des Layouts.

Ein Padding von 15px für »nav li« lässt das <a>-Tag zu Blöcken wachsen.

Hierdurch wird jedes <a>-Tag mit der Klasse »aktiv« hervorgehoben. Dadurch wissen die Benutzer, welche Seite sie gerade ansehen.

»#mittelstreifen img« selektiert das Hauptbild der Kopfzeile. Es soll im rechten Bereich der Seite stehen.

rpm.css

```
#kopfzeile h1 {
  padding: 10px 0 0 0;
  font-size: x-large;
  font-weight: bold;
  color: #fff;
}

#kopfzeile h2 {
  margin: 8px 0 0 0;
  text-align: center;
  color: #fff;
  font-weight: bold;
}
```

Das <h2>-Element in der Kopfzeile ist der Zwischentitel von RPM. Er erstreckt sich über die gesamte Seitenbreite und wird im Layout zentriert. Außerdem brauchen wir am oberen Rand ein bisschen Abstand, um diese Zeile korrekt auszurichten.

```
#kopfzeile h2 em {
  color: #ccc;
}

#inhalt, #seitenleiste {
  margin: 40px 0 20px 0;
}

#inhalt h4 {
  font-weight: bold;
  font-size: 1.4em;
}

#inhalt li p {
  margin: 0 0 70px 0;
}

#seitenleiste p {
  margin: 0 0 10px 0;
}

#fusszeile {
  border-top: 5px solid #928977;
  background: #a9a294;
}

#fusszeile p {
  margin: 0 auto;
  padding: 10px;
  width: 950px;
  font-size: 1.2em;
  font-weight: bold;
  text-align: center;
}
```

Diese Regeln spannen die Fußzeile über die gesamte Breite der Seite außerhalb des Rastercontainers auf. Wir verwenden die gleiche Breite wie für das Raster (950px) und zentrieren den Inhalt mit »margin: 0 auto«, wodurch wir das gewünschte Layout erhalten.

Konzentrieren Sie sich auf das Design, nicht auf CSS.

Es ist in Ordnung, wenn Sie sich bei diesen ganzen CSS-Regeln nicht hundertprozentig sicher sind. Einzelheiten finden Sie in *HTML mit CSS & XHTML von Kopf bis Fuß*. Konzentrieren Sie sich für den Moment nur auf das Erscheinungsbild, das wir erstellen: seine Ausgewogenheit und Struktur und wie es dem Goldenen Schnitt folgt.

Probefahrt

RPM ist startklar.

Aktualisieren Sie `index.html` und `rpm.css`. Nun können Sie die Früchte Ihrer Arbeit bestaunen:

Jetzt sieht RPM aus, als würde es in diese Hälfte von 2009 gehören und ist auch optisch gefällig.

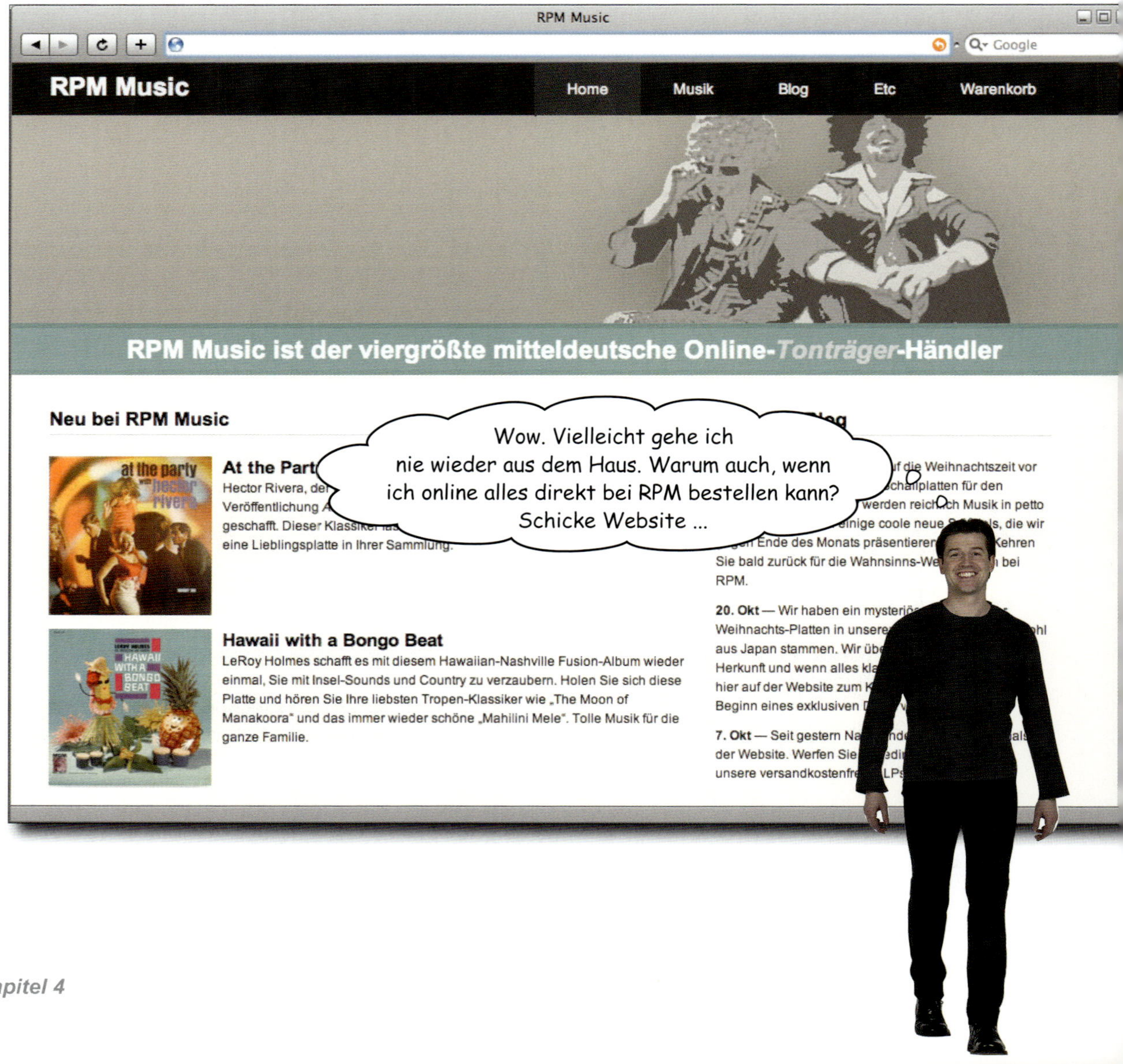

Punkt für Punkt

- Eine Umfrage ist eine ausgezeichnete Möglichkeit, vielfältige Informationen über Ihre Zielgruppe zu bekommen.
- Eine Persona ist der Archetyp eines Benutzers, der Ihre Zielgruppe verkörpert.
- Die Bildschirmgröße bezieht sich auf den verfügbaren Raum auf dem Bildschirm oder dem Gerät, für das der Designer entwickelt.
- Je kleiner die Auflösung, desto größer erscheinen die Elemente, und umso mehr Bildschirmgröße nehmen sie ein.
- Ein Raster bringt bei der Gestaltung Ihres Layouts auf Papier Ordnung und visuelle Logik.
- Der Goldene Schnitt führt zu Designs, die dem menschlichen Auge gefallen.
- Die Drittel-Regel ist eine schnelle und einfache Möglichkeit, Raster auf Grundlage des Goldenen Schnitts zu erstellen.
- Ein CSS-Raster-basiertes Framework ist eine spezielle CSS-Datei mit allen Stilen, die Sie benötigen, um das Layout Ihrer Website an einem CSS-Raster auszurichten.
- Das Ziel eines CSS-Raster-basierten Frameworks ist es, dass sich der Designer auf die projektspezifischen Aufgaben konzentrieren kann, statt jedes Mal das Rad neu zu erfinden.
- Block-Hover-Navigationen zeigen dem Benutzer, wohin der jeweilige Link führt.

5 Mit Farbe gestalten

Jenseits des Monochromen

Farbe ist der unbesungene Held des Webdesigns. Eine gute Farbpalette kann Leser auf Ihre Website locken, sie in ein starkes Gefühl eintauchen lassen und dazu bringen, immer wieder zurückzukehren. Bei Farben im Webdesign geht es nicht nur darum, eine **gute Farbpalette auszusuchen**, sondern es geht auch um den richtigen ***Einsatz*** dieser Farben. Selbst mit der tollsten Farbpalette werden die Leute Ihre Website meiden wie der Teufel das Weihwasser, wenn Sie diese Farben nicht **wohlüberlegt** anwenden. Am Ende dieses Kapitels sind Sie nicht nur mit der **Wirkung** von Farben auf Webbenutzer extrem vertraut, sondern auch dazu in der Lage, eine toll aussehende Farbpalette auszusuchen, die zu nutzerorientierten Websites passt und diese hervorragend ergänzt.

Unterstützen Sie die hiesige Musikszene

Die Website, die Sie für RPM Music gestaltet haben, war ein großer Erfolg. Sam, der Ladenbesitzer, hat so positive Rückmeldungen erhalten, dass er expandieren und eine Website anbieten möchte, die die hiesige Musikszene präsentiert: SampleRate! Und er möchte, dass Sie seine neue Website gestalten. Sam hat sich in den Kopf gesetzt, dass die neue Website Teil des 9Rules-Musiknetzwerks wird (**`http://9rules.com/music`**). Falls die neue Website als Teil dieses Netzwerks auserkoren wird, bedeutet das eine Menge Rampenlicht für den Laden und die Site (und für Sie als Designer).

9Rules: Der Goldstandard der Blog-Netzwerke

Im heutigen Web finden Sie überall Blogs. Das Problem ist, dass es mittlerweile so viele gibt, dass es schwierig wird, die guten zu finden. Da kommt 9Rules ins Spiel. 9Rules (`http://9rules.com`) ist eine Mischung aus Blog-Aggregator und Blog-Netzwerk. 9Rules syndiziert die Posts seiner Mitglieder (die bequem nach Themenkategorien sortiert sind – z.B. Musik, Fotografie, Wissenschaft, Design und Spiele) und bietet einen One-Stop-Shopping-Spot für diejenigen, die qualitativ hochwertige Blogs suchen.

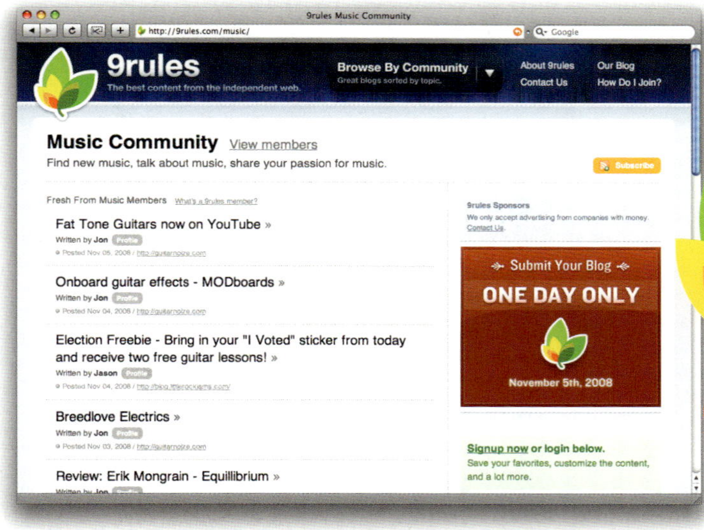

Wenn SampleRate auf die Musik-Website von 9Rules kommt, bedeutet das viel Traffic und potenziellen Umsatz für den RPM Music Store.

Wie bekommen wir also SampleRate auf die Website? 9Rules bietet regelmäßig ein 24-stündiges Aufnahmeverfahren. Während dieser Zeit können die Eigentümer von Websites ihre Blogs darauf überprüfen lassen, ob sie für eine Mitgliedschaft infrage kommen. 9Rules nimmt im Schnitt pro Bewerbungsrunde nur 30 oder 40 Websites auf (von Tausenden). In 9Rules aufgenommen zu werden, ist also eine große Sache und das Ziel vieler Designer, Inhaltsproduzenten und Blogger.

KOPF-NUSS

Ein tolles Design allein genügt nicht, um in 9Rules aufgenommen zu werden. Nennen Sie drei wirklich effektive Möglichkeiten, um auf eine Website online aufmerksam zu machen.

Manchmal sind Ihre Möglichkeiten ein bisschen ... begrenzt

Sam gefallen unsere Storyboards, aber es gibt einen Haken: Er hat bereits ein Logo für SampleRate. Ganz egal, welche Ideen Sie haben, die neue SampleRate-Website muss mit dem von Sam ausgesuchten Logo zusammenpassen.

Das bedeutet, dass einige Entscheidungen bereits für uns getroffen sind, z.B. die Farben. Werfen wir einen Blick auf das SampleRate-Logo ... was bedeutet es für unser Design?

Das ist das Logo, das sich Sam für die SampleRate-Website in den Kopf gesetzt hat.

SampleRate

Das ist eine Anspielung auf einen grafischen Equilizer. Für uns sind damit die Farben, die wir für den Rest der Website verwenden können, bereits festgelegt.

Sam hat diese Schrift persönlich ausgesucht, also sollten wir sie auch für den Rest der Website verwenden.

Sam möchte unbedingt ein visuelles Element mit einer Gitarre in der Kopfzeile haben.

Das SampleRate-Design ist ziemlich einfach: eine Hauptspalte für den Inhalt und eine links angeordnete Seitenleiste für zusätzliche Details.

Farben haben eine emotionale Wirkung

Was haben Sie ***gefühlt***, als Sie zum ersten Mal das SampleRate-Logo gesehen haben? Ganz egal, ob Sie es lieben oder hassen, Sie haben etwas gefühlt. Das liegt daran, dass **Farben Gefühle hervorrufen**. So wird z.B. Rot mit Aufregung assoziiert, Violett wirkt würdevoll und imposant, Gelb dagegen heiter, und Blau wird mit Wohlbefinden und Sicherheit in Verbindung gebracht.

Wenn wir eine Website mit kräftigen Farben gestalten, müssen wir uns über die Gefühle Gedanken machen, die diese Farben erzeugen. Seiten, die Farben gezielt einsetzen, vermitteln dem Betrachter ein Gefühl, das auf anderen Websites fehlt, die Farben nicht bewusst als Gestaltungselement einsetzen oder unglücklich gewählt haben. Sie sollten Farbe wie ein Element behandeln, das genauso wichtig ist wie die Navigation, Bilder oder andere Inhalte.

Werfen Sie einen Blick auf diese kräftigen Farben und wie sie auf den folgenden Websites eingesetzt werden. Bestimmt reagieren Sie irgendwie darauf ... und das wollen wir für SampleRate: eine starke, ***positive*** Reaktion!

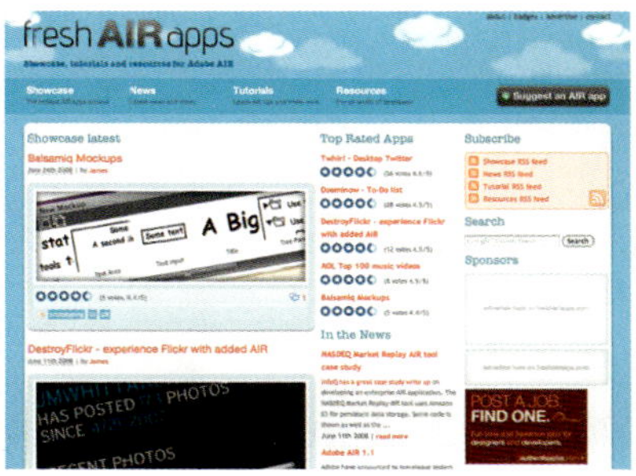

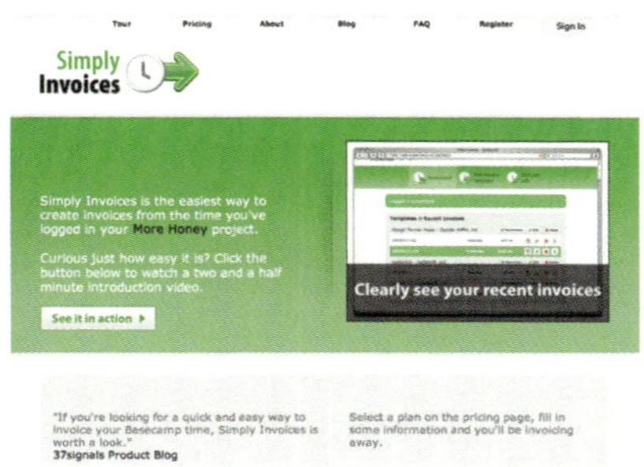

Übung

Werfen Sie einen Blick auf diese vier Screenshots und schreiben Sie auf, was Sie dabei empfinden. Verwenden Sie aussagekräftige Worte: aufgeregt, verspielt, glücklich, traurig, neugierig – was auch immer Sie ***fühlen***.

❶ freshairapps.com

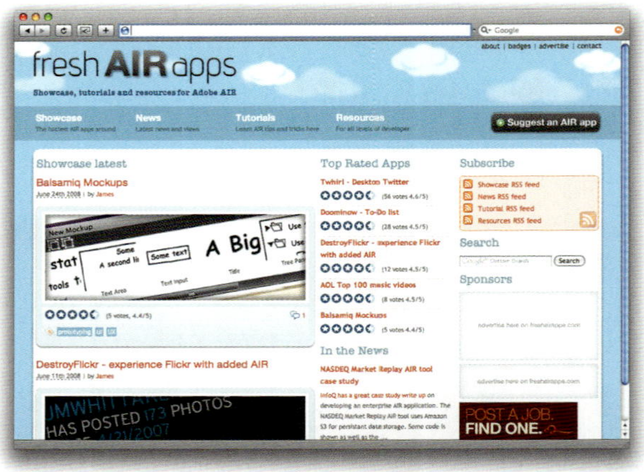

❷ bigbluedev.com

❸ caxtonstreetfestival.com.au

....

....

....

....

....

....

....

....

....

❹ le-moulin-desauvage.com

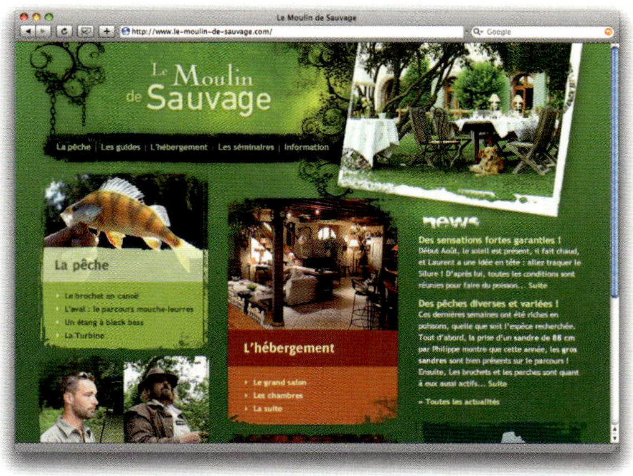

....

....

....

....

....

....

....

....

....

»Die visuelle Metapher dieser Website wird durch die Farben sehr gut unterstrichen. Die hellblaue Farbe und die Wolken spielen auf den Namen der Website an: Fresh Air Apps. Die ganze Seite vermittelt ein sehr leichtes und luftiges Gefühl.«

Farbe ist wahrscheinlich das wichtigste Designelement auf dieser Seite. Ohne das Hellblau (für den Himmel) würde diese Seite das »luftige« Gefühl verlieren, und die gesamte visuelle Metapher würde in sich zusammenbrechen.

»Das ganze Farbschema basiert auf dem Hummer. Das tiefe Rot zieht meine Aufmerksamkeit auf sich. Mir gefällt auch die Holzmaserung als Hintergrund für den Inhalt, wirkt wie ein Schneidebrett. Diese Website macht mich hungrig!«

Das Rot dieser Website greift die Farbe des Hummers auf und dient als Grundfarbe für die gesamte Seite. Sie ist hell, heiter und stellt den Inhalt perfekt dar.

Der Farbkreis (womit alles beginnt)

Bevor wir darüber nachdenken, welche Farben wir für SampleRate verwenden, machen wir uns mit der Mutter aller Farbwerkzeuge in der Designwelt vertraut – **dem Farbkreis**. Der Farbkreis (oder *Bunttonkreis*) ist ein kreisförmiges Diagramm, das verschiedene Farben und ihre Beziehungen zueinander zeigt.

Diese Beziehungen sind der Schlüssel ... und mit dem Farbkreis können wir Farben auswählen, die gut zusammenpassen. Beginnen wir damit, die Farben des SampleRate-Logos auf dem Farbkreis zu suchen:

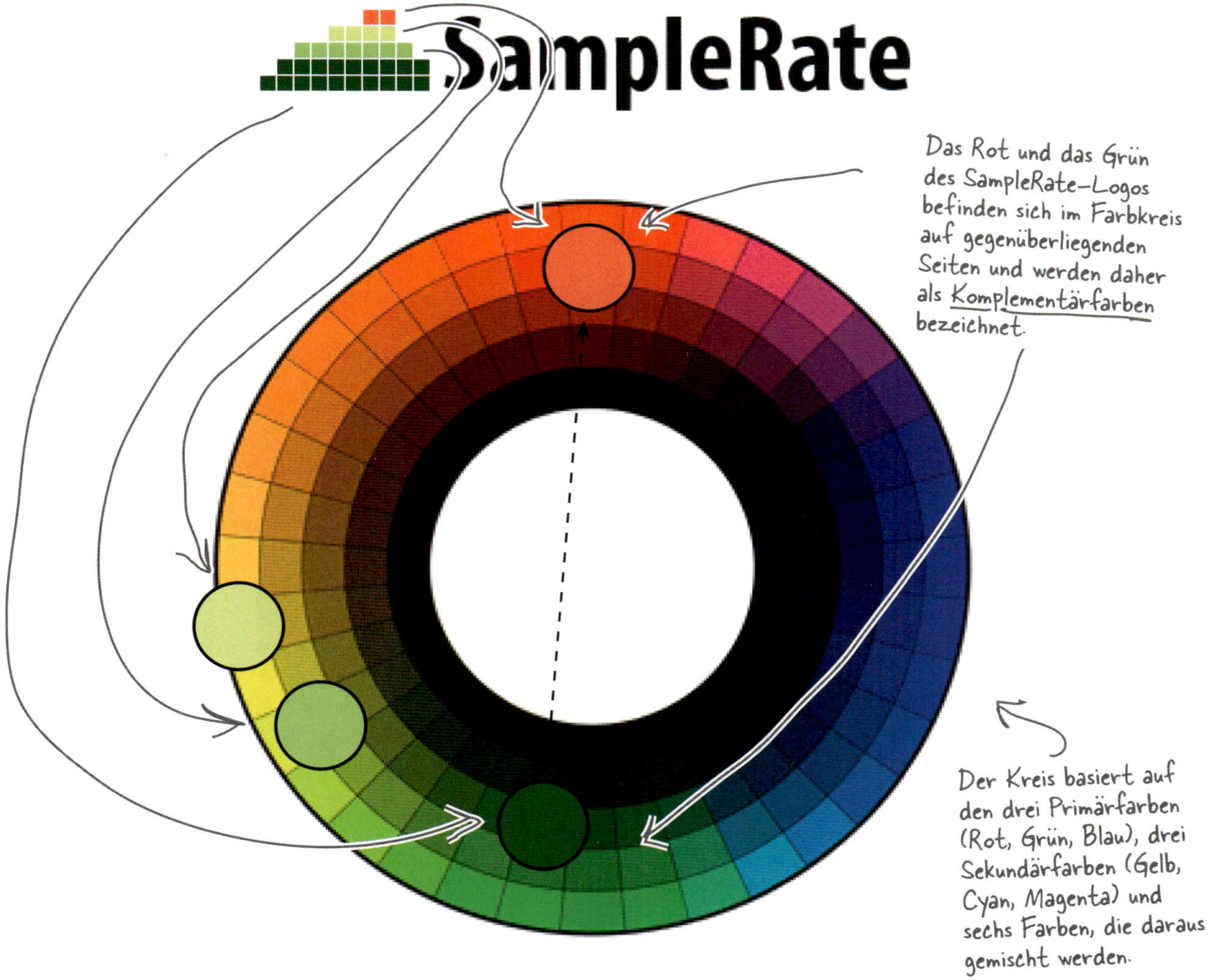

Spitzen Sie Ihren Bleistift

Werfen Sie einen Blick auf die folgenden Websites und kreisen Sie im entsprechenden Farbkreis die Hauptfarben der jeweiligen Website ein.

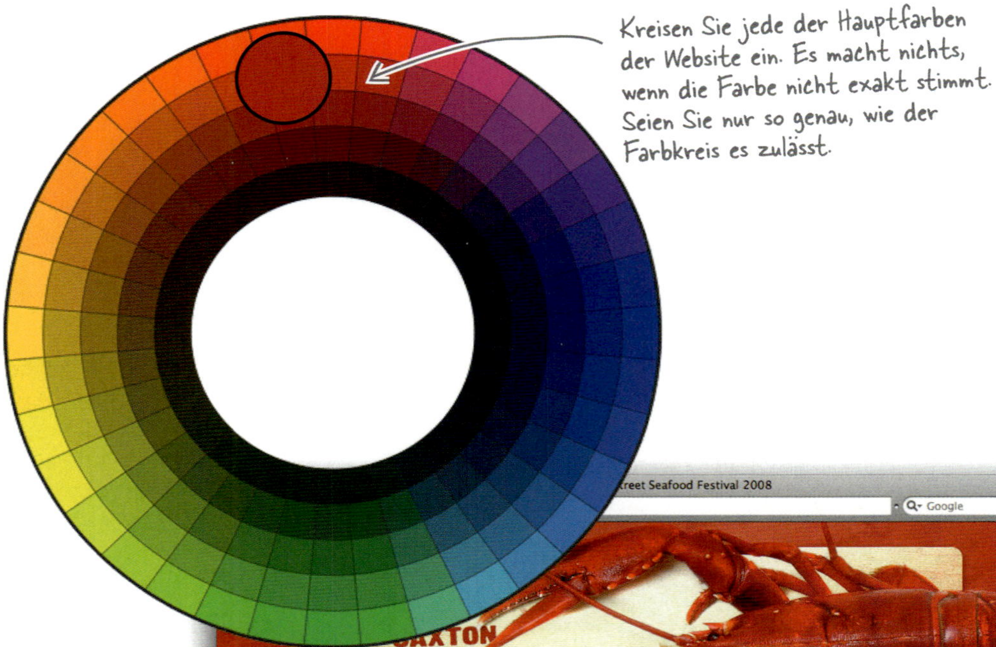

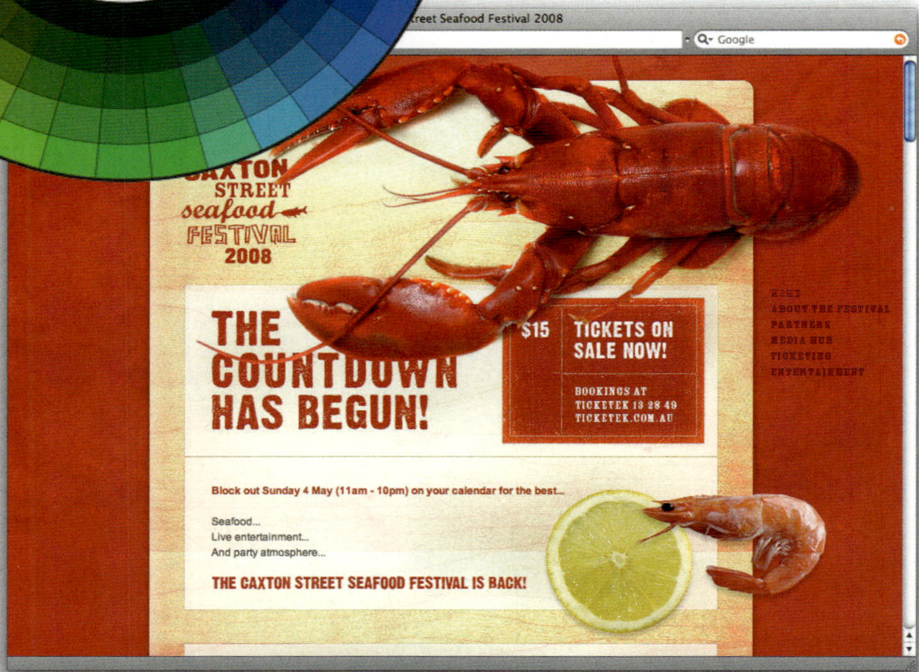

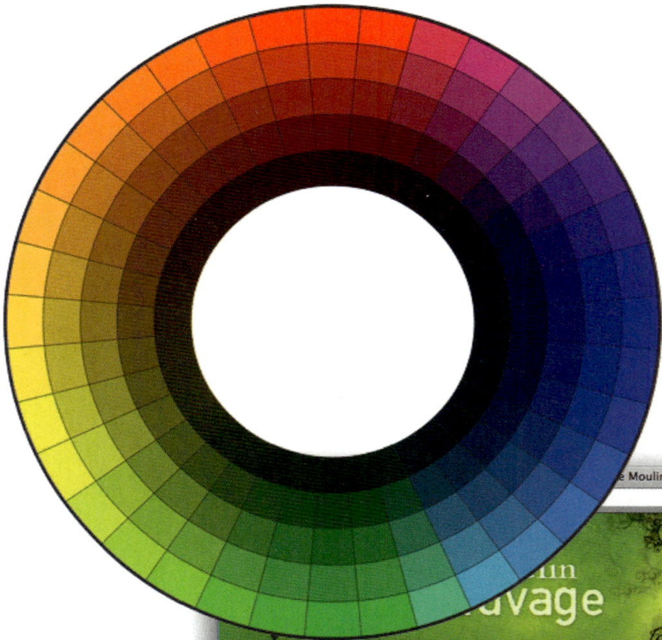

Verbinden Sie die Farben im Kreis auf verschiedene Arten. Sind irgendwelche Schemata zu erkennen?

Wählen Sie mit dem Farbkreis Farben, die zusammenpassen

Sie denken wahrscheinlich schon „Ja, der Farbkreis ist cool, aber wie soll ich damit Farben finden, die gut zusammenpassen und nicht aussehen, als hätte mein Hund ein paar Farben zusammen gemischt?“ An dieser Stelle kommen **Farbschemata** ins Spiel. Farbschemata sind mehr als nur eine Sammlung von Farben. Ein Farbschema ist eine bestimmte Gruppierung von Farben, die gut zusammenpassen.

Und hier kommt der Clou: Alle guten Farbschemata beginnen mit einer einzelnen Farbe auf Ihrem tollen Farbkreis.

Wählen Sie zuerst die GRUNDFARBE

Diese Website ist fast durchgehend tiefgrün. Das ist die **Grundfarbe** der Website: die Farbe, die die visuelle Metapher am stärksten wiedergibt und auf der alle anderen Farben basieren. Für SampleRate müssen wir zunächst eine Grundfarbe aussuchen. Anschließend wählen wir anhand dieser Grundfarbe alles andere aus – die übrigen Farben, ihre Tiefe, den Farbton.

Aber stressen Sie sich bloß nicht zu sehr damit! Es gibt keine richtige oder falsche Grundfarbe ... und Sie können ein Schema, das Ihnen nicht gefällt, jederzeit verwerfen und von vorne anfangen.

Gute Farbmuster mit dem triadischen Schema

Farbschemata gibt es in allen Formen und Größen – und sie haben hochtrabende Namen (monochromes, analoges, komplementäres, triadisches, tetradisches usw.). Keine Sorge, sobald Sie sich mit den Namen angefreundet haben, werden Sie es ziemlich einfach finden, verschiedene Farbpaletten für Ihre Website auszusuchen. Stellen Sie sich Farbschemata einfach als ein weiteres nützliches Tool in Ihrem Webdesign-Werkzeugkasten vor.

Das **triadische Farbschema** ist eines der am häufigsten verwendeten. Es verwendet **drei** Farben, die in ***gleichen Abständen*** zueinander auf dem Farbkreis liegen. Sobald Sie also Ihre Grundfarbe ausgesucht haben, zeichnen Sie einfach ein gleichseitiges Dreieck und erhalten so die beiden anderen Farben.

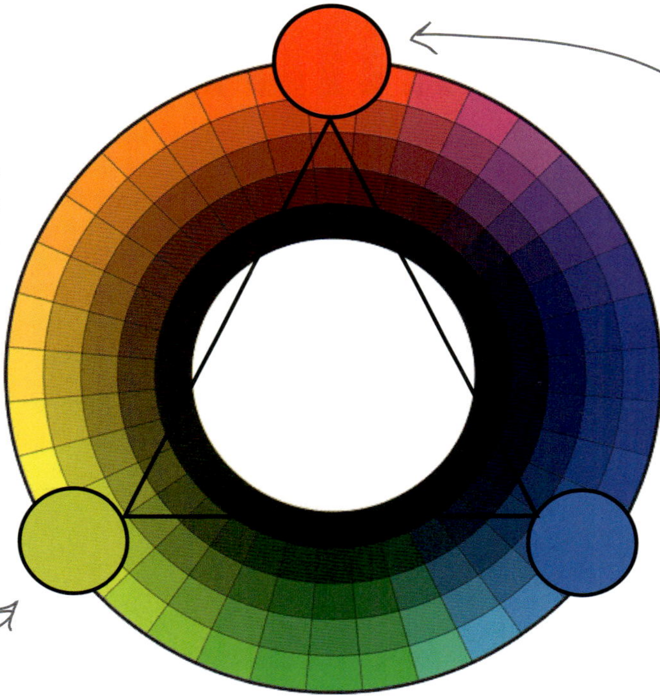

Bei Verwendung eines triadischen Schemas sind alle Farben in gleichen Abständen auf dem Farbkreis verteilt – für besonders ausgebuffte Farbfans: Das entspricht genau 120 Grad.

Nachdem alle Farben in einem triadischen Schema auf dem Farbkreis gleich weit voneinander entfernt sind, kann jede der Farben in der Palette die Grundfarbe sein.

ÜBUNG

Erstellen Sie eine Palette mit drei Farben auf Grundlage des SampleRate-Logos, das Sam uns gegeben hat. Beginnen Sie mit einer Grundfarbe und bauen Sie von dort aus die Palette auf.

SampleRate

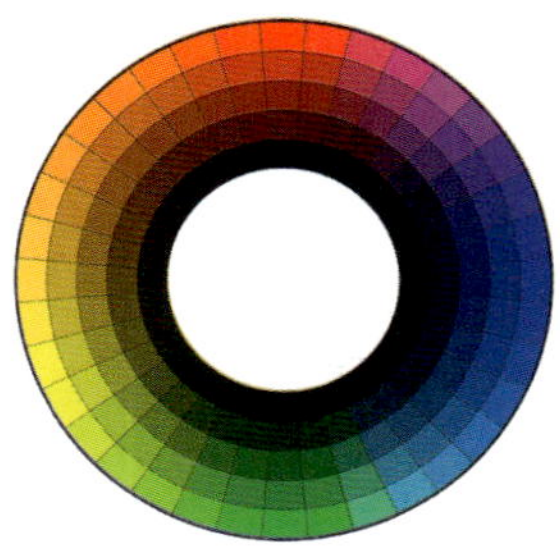

LÖSUNG ZUR ÜBUNG

Wir haben Dunkelgrün als Grundfarbe verwendet ... und sind so auf die folgende Palette gekommen. Welche Farben haben Sie gewählt? Waren Sie von den Kombinationen überrascht?

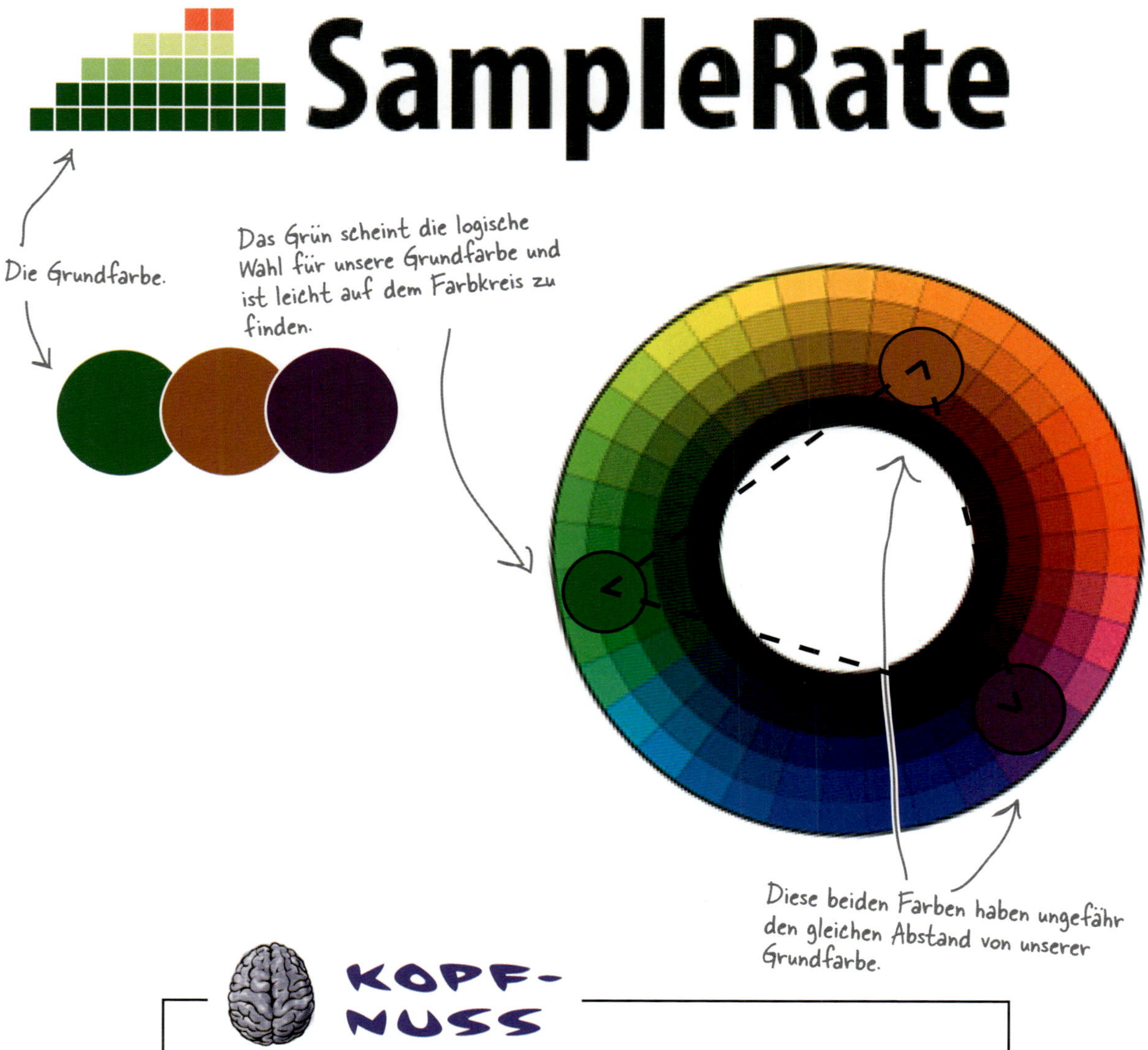

KOPF-NUSS

Waren Sie überrascht, dass einige Farben in Ihrem triadischen Schema so anders sind als im SampleRate-Logo? Ist das Ihrer Meinung nach ein Problem?

Fangen Sie mit dem SampleRate-Markup an

```
<!DOCTYPE html PUBLIC "-//W3C//DTD XHTML 1.0 Strict//EN"
      "http://www.w3.org/TR/xhtml1/DTD/xhtml1-strict.dtd">
<html xmlns="http://www.w3.org/1999/xhtml" xml:lang="de" lang="de">
<head>
  <title>SampleRate</title>
  <meta http-equiv="Content-Type" inhalt="text/html; charset=utf-8"/>
  <link rel="stylesheet" href="stylesheets/screen.css" type="text/css"
        media="screen" />
</head>
<body>
  <div id="kopfzeile">
    <div id="logo"><img alt="SampleRate-Logo" src="bilder/samplerate2.gif" /></div>
  </div>
  <div id="nav">
    <ul>
      <li><a class="aktiv" title="title" href="#">Home</a></li>
      <li><a title="title" href="#">Archiv</a></li>
      <li><a title="title" href="#">Musik</a></li>
      <li><a title="title" href="#">Über uns</a></li>
      <li><a title="title" href="#">Kontakt</a></li>
    </ul>
</div>
  <div id="wrap">
    <img id="impressum" alt="Bild für Kopfzeile" src="bilder/gitfiddle.jpg" width="740px" />
    <div id="inhalt">
      <h1>Überschrift Eins</h1>
     <p>Lorem ipsum dolor sit amet, consectetuer adipiscing elit. Fusce
        consequat arcu in mauris.</p>
     <h1>Überschrift Zwei</h1>
     <p>Lorem ipsum dolor sit amet, consectetuer adipiscing elit. Fusce
        consequat arcu in mauris.</p>
    </div>
    <div id="seitenleiste">
      <p>Lorem ipsum dolor sit amet, consectetuer adipiscing elit. Fusce
         consequat arcu in mauris.</p>
    </div>
    <div id="fusszeile">
      <p>Copyright &copy; SampleRate und RPM Music, alle Rechte vorbehalten.</p>
    </div>
  </div>
</body>
</html>
```

Unser Standard-Header XHTML Strict.

Verknüpfen Sie unbedingt das Stylesheet, das im Verzeichnis /stylesheets liegen sollte.

Das ist das Gitarrenbild, das Sam auf der Website haben möchte.

Fügen Sie ruhig noch mehr Blindtext ein, um die Seite weiter zu füllen, wenn wir Farbe und Stil ins Spiel bringen.

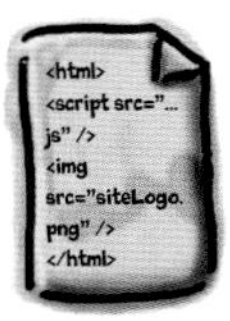

index.html

Entspannen Sie sich

Abtipp-genervt? Gehen Sie online!

Wenn Sie das nicht alles abtippen möchten, können Sie auch die SampleRate-Dateien im Ordner kapitel05 des Beispielcodes nutzen (**http://tinyurl.com/kf-webdesign**). Vielleicht möchten Sie diese Dateien aber auch selbst anlegen ... wer weiß, was Sie dabei alles lernen!

Erstellen Sie das grundlegende Seitenlayout mit CSS

```
body {
        margin: 0;
        padding: 0;
        font-family: Verdana, sans-serif;
}
h1 {
        margin: 0 0 5px 0;
}
p {
        margin: 0 0 20px 0;
        line-height: 1.4em;
}
#kopfzeile {
        margin: 0;
        padding: 20px 0 10px 0;
}
#kopfzeile #logo {
        margin: 0 auto;
        width: 800px;
}
#nav {
        background: #ccc;
}
#nav ul {
        margin: 0 auto;
        width: 800px;
        list-style-type: none;
}
#nav ul li {
        display: inline;
}
#nav ul li a {
        text-decoration: none;
}
#nav ul li a.aktiv {

}
#wrap {
        margin: 0 auto;
        width: 800px;
}
#impressum {
        margin: 20px 20px 0 20px;
}
#inhalt {
        float: right;
        margin: 10px 0 0 0;
        padding: 0 20px 0 20px;
        width: 540px;
}
#seitenleiste {
        float: left;
        margin: 20px 0 0 0;
        padding: 0 20px 0 20px;
        width: 180px;
}
#fusszeile {
        clear: both;
        text-align: center;
}
#fusszeile p {
}
```

screen.css

Dieses CSS bietet den Rahmen für unser Layout. Später verwenden wir mehr Farben und Details, damit Sam einen Eindruck von unserem Design bekommt.

Wie zuvor zentrieren wir auch diesmal wieder unser Layout mit »margin: 0 auto;« im Browser.

Inhaltsblöcke unterhalb von gefloateten <div>s brauchen die Einstellung »clear«, damit sie auch unterhalb dieser Elemente angezeigt werden.

Das ist das Storyboard, das Sam gefallen hat ... das setzen wir um.

Toll, ich habe Kreise auf meinem hübschen kleinen Farbkreis. Wie wandle ich das in CSS um? Ich brauche diese komischen Hex-Werte, richtig?

Wir brauchen einen digitalen Farbkreis.

CSS benötigt, mit Ausnahme der einfachsten Farben, hexadezimale Werte für andere. Hex-Werte sind sechs Zeichen lang, z.B. #572266. Ein Hex-Wert sagt dem Browser, wie viel Rot, Grün und Blau er anzeigen soll. Also brauchen wir einen Weg, wie wir die auf dem Farbkreis gewählten Farben in hexadezimale Werte umwandeln können.

Glücklicherweise gibt es für diese Aufgabe das perfekte Programm: Kuler (gibt's unter `kuler.adobe.com`). Kuler bietet nicht nur einen digitalen Farbkreis sowie ein Tool für die Hex-Umwandlung, Sie können damit auch die Paletten anderer Leute ansehen und eigene Paletten exportieren.

Mit Kuler können Sie verschiedene Muster auswählen und sehen, wie die Farben zusammenpassen.

Unser vertrauter Farbkreis.

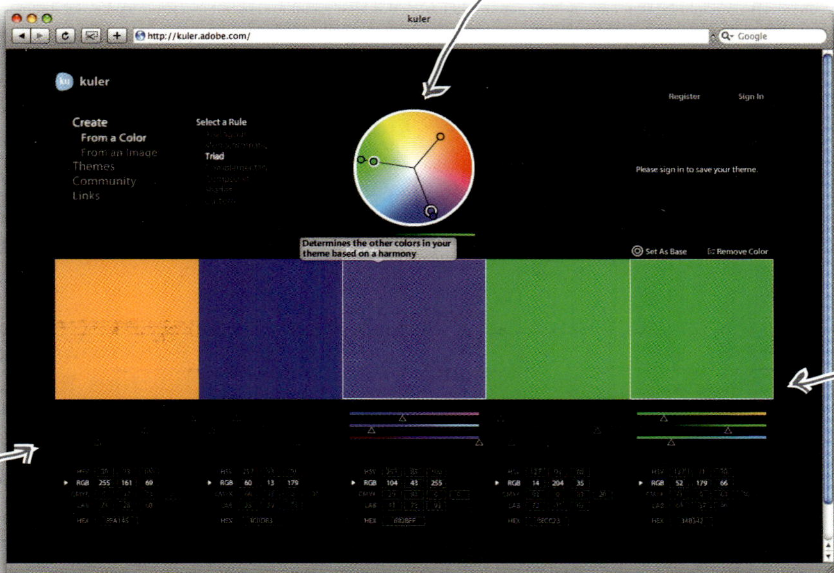

Mit Reglern können Sie präzise Veränderungen an den Farben vornehmen. Kuler passt Ihre anderen Farben automatisch an, damit sie zum gewählten Farbschema passen.

Die Farben werden in mehreren Formaten ausgegeben, darunter auch HEX und RGB.

Stopp! Laden Sie Kuler unter kuler.adobe.com herunter. Sie brauchen es für den Rest dieses Kapitels.

Kuler unter der Lupe

Mit dem Farbkreis von Kuler können Sie die Grundfarbe interaktiv auswählen und Paletten mit verschiedenen Schemata erstellen.

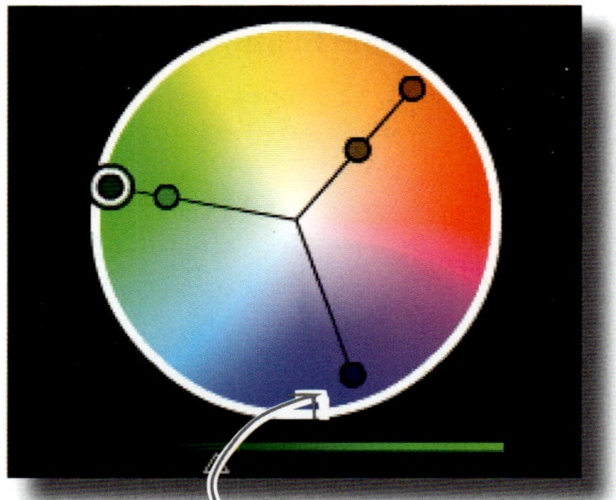

In der Slider-Ansicht können Sie die Farben genau abstimmen und in mehreren Formaten anzeigen.

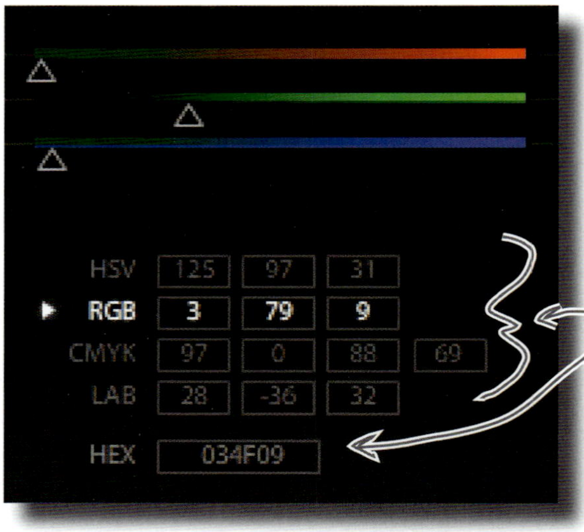

Kuler zeigt kein Dreieck, folgt aber demselben Prinzip: Das triadische Schema verwendet drei Farben, die auf dem Farbkreis gleich weit voneinander entfernt sind.

Kuler zeigt den Hex-Wert der Farbe an, den HSV (Hue Saturation Value, Farbton-Sättigungs-Wert), den Rot-Grün-Blau-(RGB-)Wert sowie den CMYK-(Cyan-Magenta-Yellow-Black-/Cyan-Magenta-Gelb-Schwarz-)Wert. Sie bekommen sogar die LAB-Werte angezeigt.

Für manche Funktionen von Kuler brauchen Sie eine Adobe-ID.

Für die erweiterten Funktionen von Kuler (vor allem die »sozialen« Funktionen) brauchen Sie eine Adobe-ID. Keine Sorge, die Registrierung ist einfach, schnell und kostenlos.

Wählen Sie mit Kuler die Grundfarbe aus der vorherigen Übung aus und erstellen Sie eine digitale Farbpalette mit einem triadischen Schema. Sobald Sie mit Ihrer Palette fertig sind, fügen Sie die Hex-Werte in Ihre SampleRate-CSS-Datei ein und schauen, wie sie harmonieren. Verwenden Sie diese Farben für den Hintergrund der verschiedenen <div>s in der SampleRate-Website.

Es gibt mehr <div>s als Farben in einem dreifarbigen triadischen Schema. Suchen Sie einige Farben zusätzlich aus, die etwas heller oder dunkler sind als die drei Hauptfarben, und füllen Sie die SampleRate-Website damit.

SampleRate ohne Farbe ist ziemlich fad.

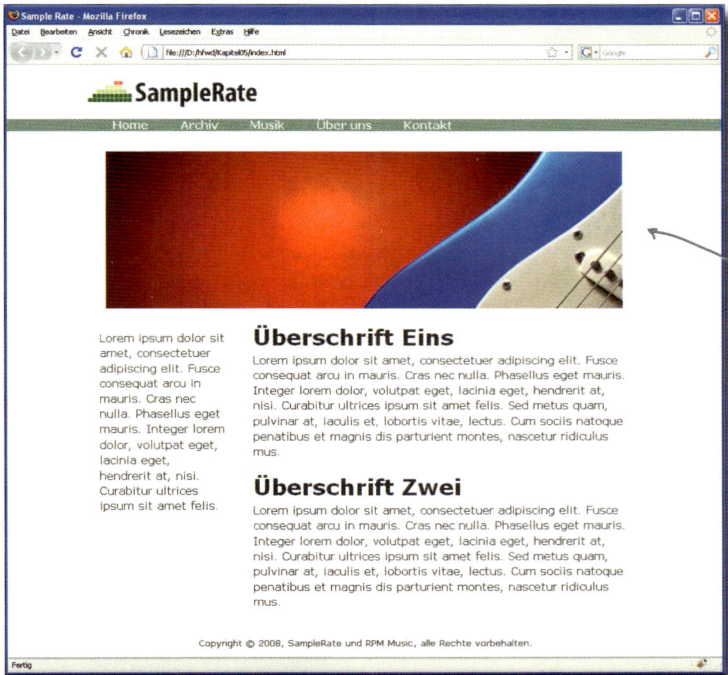

Das Foto stammt von Rick Harris (http://flickr.com/rickharris/368538048/) und steht unter der Creative Commons-Lizenz »Namensnennung – Weitergabe unter gleichen Bedingungen«.

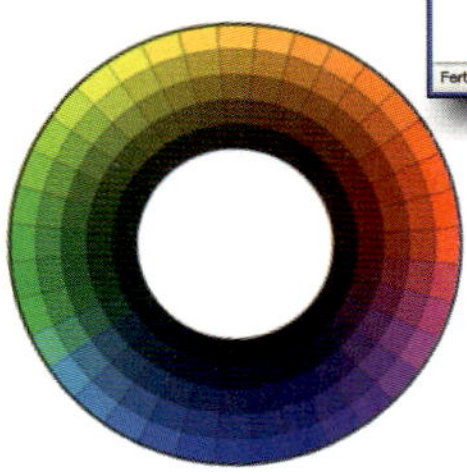

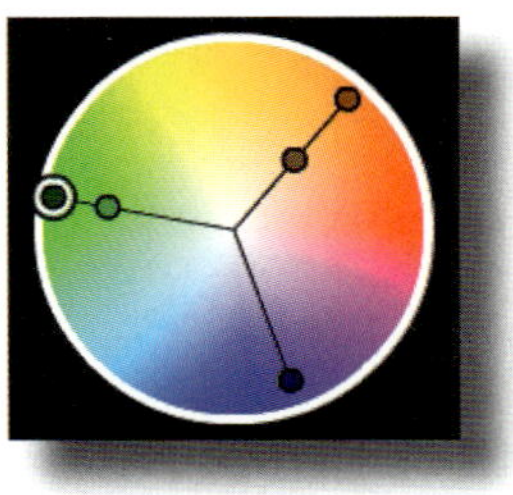

Kuler ist wesentlich genauer, als wenn Sie Farben von Hand aussuchen. Sie kommen eventuell zu einem anderen Ergebnis als dem auf Seite 172 bei dem wir die Farben manuell ausgesucht haben.

Der weiße Ring kennzeichnet in Kuler die Grundfarbe.

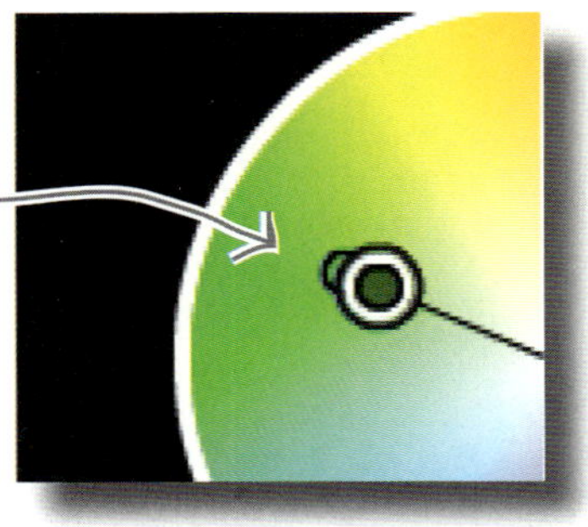

LÖSUNG ZUR ÜBUNG

Sie sollten einige Farben auf dem Farbkreis aussuchen und diese in das CSS für SampleRate eintragen. Was haben Sie gefunden? Hier ist unsere Version:

Jede Farbe dieser Palette wird im folgenden Farbkreis dargestellt. Obwohl es ein triadisches Schema ist, sind auch fünf Farben möglich, da zwei davon einfach hellere Töne von zwei triadischen Farben sind.

Unsere Grundfarbe ergibt die Hintergrundfarbe der Seite.

```
body {
        margin: 0;
        padding: 0;
        font-family: Verdana, sans-serif;
        background: #427236;
}

#kopfzeile {
        margin: 0;
        padding: 20px 0 10px 0;
        background: #ad6c49;
}

#nav {
        background: #59ad41;
}

#wrap {
        margin: 0 auto;
        width: 800px;
        background: #fff;
}
```

Hellbraun für die Kopfzeile.

Hellgrün für die Navigation.

Der weiß umrandete Kreis markiert unsere Grundfarbe.

Das SampleRate-Logo hat immer noch einen weißen Hintergrund. Sobald wir mit unserer Farbpalette fertig sind, ändern wir das Logo, sodass es zur Kopfzeile passt.

Ich weiß nicht, die Website wirkt so ... schwermütig und beklemmend. Können Sie das ändern?

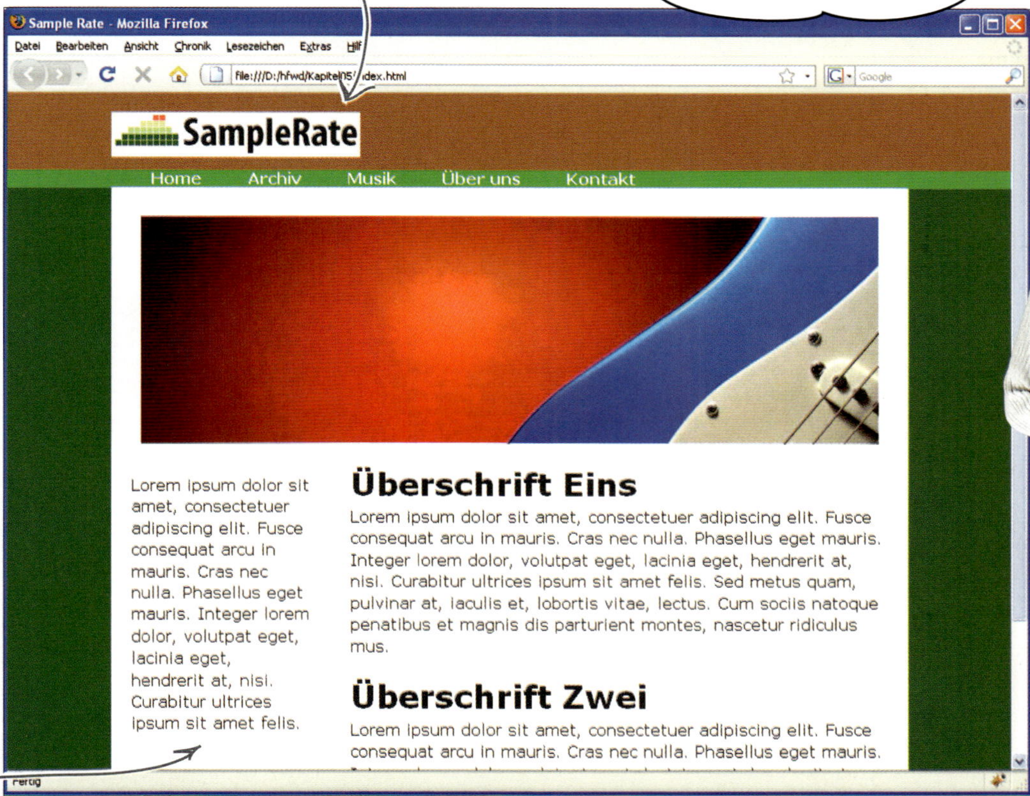

Wir haben den Hintergrund des <div>s »wrap« weiß gemacht, damit sich der Seiteninhalt besser abhebt ... dadurch ist er besser lesbar.

Es gibt keine Dummen Fragen

F: Was ist mit unserem Blau geschehen?

A: Gute Frage. Wir haben einfach keinen passenden Platz für diese Farbe gefunden, auch wenn sie gut für den Linktext gepasst hätte. Sie müssen nicht genau die drei Farben verwenden, die ein Schema ergibt. Verlassen Sie sich immer lieber auf Ihren Eindruck als auf einen Farbkreis oder ein Verfahren. In letzter Instanz sind Sie der Designer!

F: Woher kommt das Hellgrün?

A: Kuler bietet Ihnen jede Menge Farbvariationen, wenn Sie ein Schema wählen, einschließlich hellerer und dunklerer Varianten der bereits gewählten Farben. Diese zusätzlichen Farben passen gut zum Schema, daher auch das Hellgrün.

F: Meine Version von SampleRate sieht völlig anders aus!

A: Gut! Ihre Websites sollen auch Ihre Entscheidungen und den Geschmack Ihres Kunden widerspiegeln.

Das Gegenteil von dunkel ist … hell

Sam findet, dass SampleRate düster aussieht. Das ist nicht überraschend … Farben wirken auf Menschen emotionaler als alle anderen Gestaltungselemente. Was machen wir also mit einer Website, die sich schwer(mütig) anfühlt? Wir versuchen, die Website *heller* und *leichter* zu gestalten.

Das Tolle am triadischen Farbschema (und jedem anderen) ist, dass Sie die Sättigung einer Farbe ändern können, solange Sie bei der generellen Position auf dem Farbkreis bleiben. Die **Sättigung** ist einfach ein schicker Designbegriff dafür, wie hell oder dunkel ein Farbton ist. Also können wir unser Farbschema aufhellen … mit denselben Farben, aber einem leichteren Gefühl.

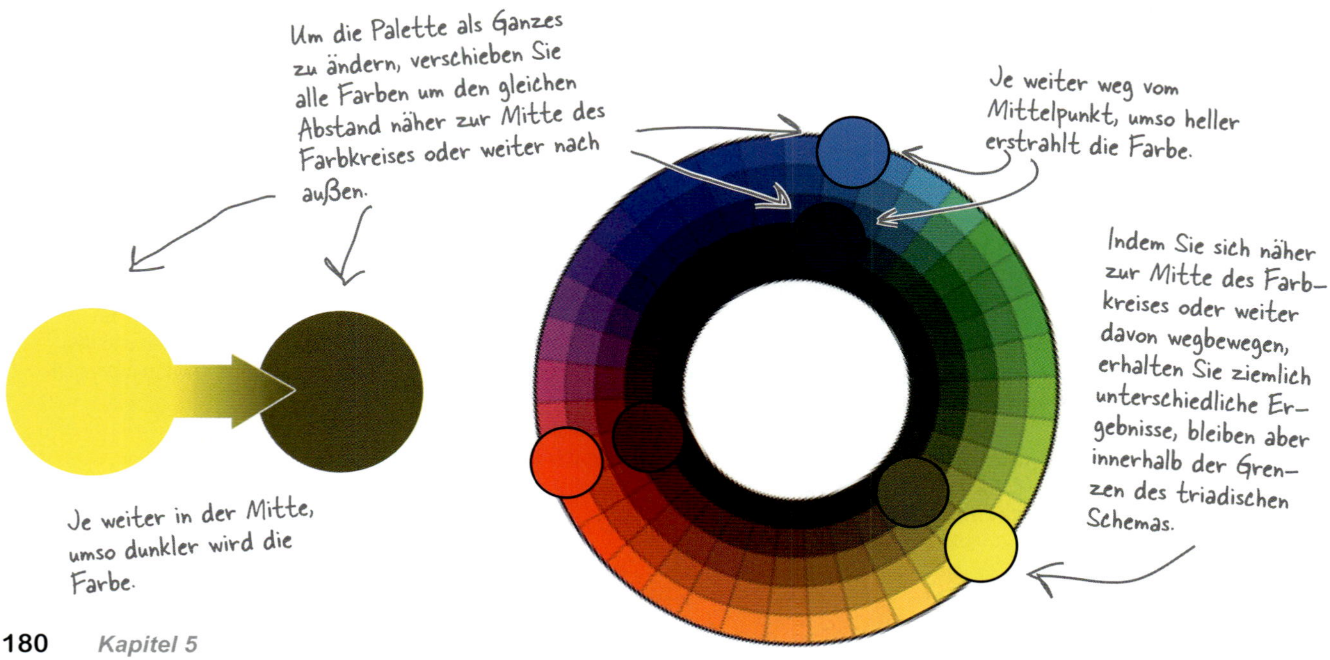

Jede Farbe in dieser Palette stammt aus dem folgenden Farbkreis. Obwohl es ein triadisches Schema ist, sind auch fünf Farben möglich, weil zwei davon hellere Farbtöne der jeweiligen triadischen Farbe sind.

Sie können die Kreise mit der Maus im Farbkreis verschieben. Da Sie »Triad« (triadisch) gewählt haben, müssen Sie sich keine Sorgen um Ihr Schema machen.

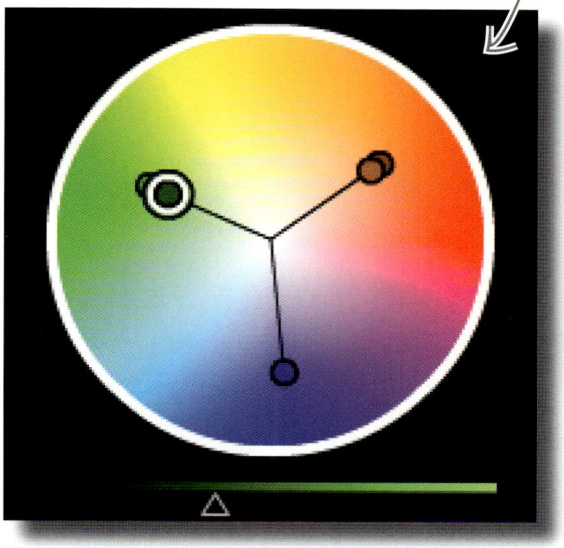

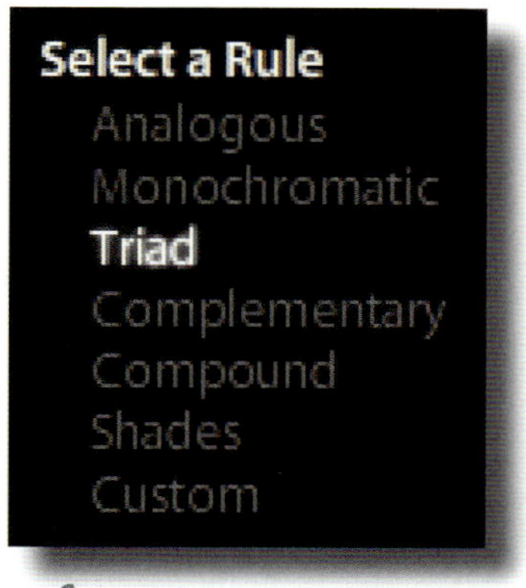

Wir verwenden immer noch das triadische Schema (»Triad«).

Spitzen Sie Ihren Bleistift

Passen Sie die Sättigung der Farben der SampleRate-Website an und ändern Sie die Werte in Ihrer CSS-Datei. Beginnen Sie mit den folgenden Farben. Wie verändern die neuen Farben den Eindruck der Website?

#3b3aa6 #59ad41 #427236 (Base) #945737 #adbc49

Erstellen Sie sattere Farbpaletten mit einem tetradischen Farbschema

Wenn man eine Website als langweilig empfindet, liegt das meistens daran, dass die Farben zu hell sind ... aber wir wissen bereits, dass Sam kein dunkleres triadisches Farbschema für SampleRate möchte. Wenn wir also keine dunkleren Farben verwenden können, sollten wir über zusätzliche Farben nachdenken. Wechseln wir also von einem dreifarbigen zu einem vierfarbigen Schema.

Eines der gebräuchlichsten vierfarbigen Schemata ist das **tetradische Farbschema**. Das tetradische Farbschema (manchmal auch **doppelt komplementäres Schema** genannt) ist das satteste Schema, da es vier Farben in zwei komplementären Paaren verwendet.

Seien Sie vorsichtig. Vier Farben machen es nicht leichter, sie gekonnt einzusetzen. Sie können nicht alle vier Farben gleichermaßen verwenden, oder Ihre Website sieht chaotisch aus. Aber wenn Sie eine Website komplexer und energetischer gestalten möchten, kann eine vierte Farbe einen großen Unterschied ausmachen.

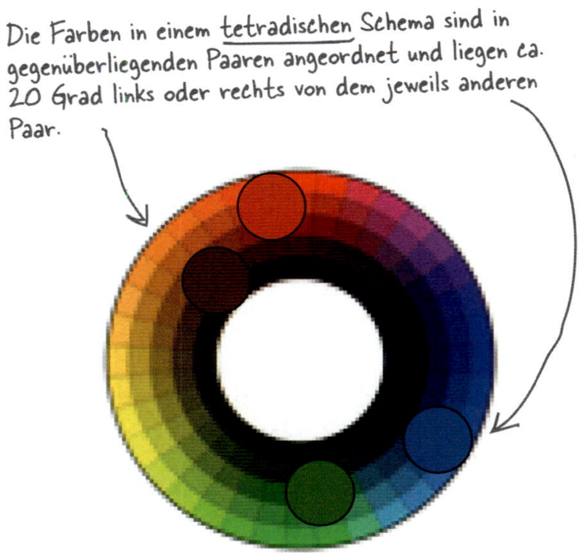

ÜBUNG

Erstellen Sie eine neue Farbpalette für SampleRate, die auf einem komplexeren Farbschema wie dem tetradischen (auch doppelt komplementär genannt) basiert. Suchen Sie die entsprechenden Hex-Werte mit Kuler.

1 Suchen Sie ein Farbmuster aus dem Logo und verwenden Sie dieses als Grundfarbe Ihrer Palette (jede beliebige, ganz egal).

2 Legen Sie diese Farbe in Kuler als Grundfarbe fest und probieren Sie herum, bis Sie eine Palette finden, die Ihnen gefällt (wählen Sie unbedingt auch die Option »Compound« im Menü »Rule«).

Wir werden ein tetradisches Schema verwenden, aber experimentieren Sie ruhig auch mit einem anderen Farbschema!

Dieser Version sehen Sie, wenn Sie das Schema »Compound« in Kuler verwenden. Achten Sie auf die vier Anfasser auf dem Farbkreis, die Sie anpassen können.

Lösung zur Übung

Wir haben ein tetradisches Schema auf Grundlage des Dunkelgrüns im SampleRate-Logo erstellt. Kuler hat uns vier Farben in dem tetradischen Farbschema vorgeschlagen. Dazu haben wir eine hellere Grünvariante gewählt, die uns Kuler für ein bisschen Abwechslung angeboten hat.

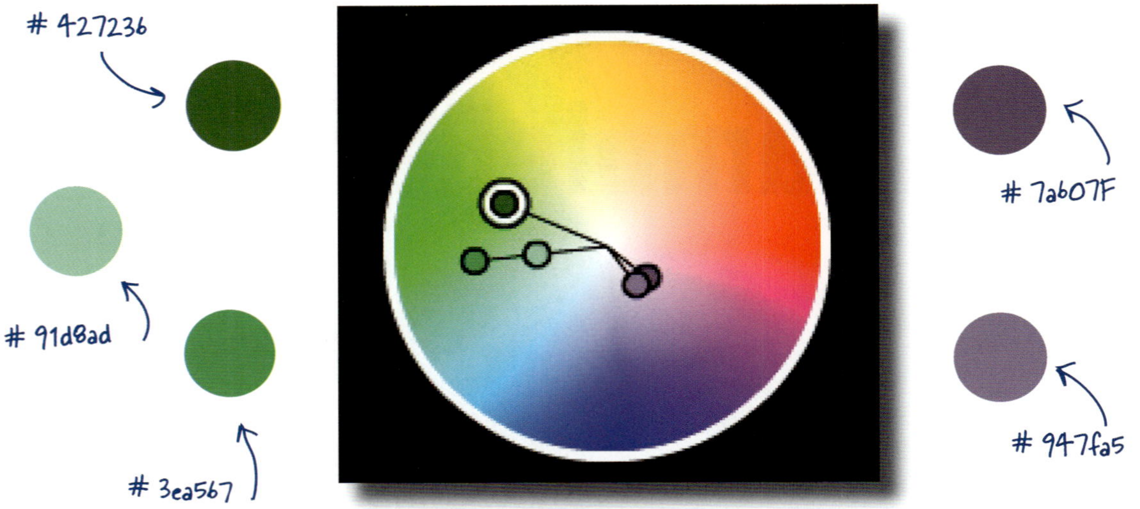

Es gibt keine Dummen Fragen

F: Gibt es nur zwei Farbschemata? Triadisch und tetradisch?

A: Nein, es gibt eine Menge mehr. Die meisten davon sind einfacher: monochrom, analog, komplementär und geteilt komplementär (*split complementary*). Alle Schemata folgen den gleichen Prinzipien wie das triadische und das tetradische. Sie stellen die Farben anhand entsprechender Winkel zusammen, die gut zusammenpassen. Weitere Informationen zu diesen und anderen Schemata finden Sie unter *http://www.color-wheel-pro.com/color-schemes.html*.

F: Kann ich gute Farbpaletten nur mit einem Farbschema erstellen? Sieht nach einer Menge Arbeit aus, wenn ich doch auch einfach einige Farben aus dem Farbkreis auswählen kann.

A: Klar, Sie können die Farben für Ihre Farbpalette auch beliebig aus dem Farbkreis auswählen. Meistens werden Sie aber mindestens zwei Farben erhalten, die nicht harmonieren.

F: Was ist, wenn ich hellere Farben möchte als die im Farbkreis?

A: Die Farben im Farbkreis werden stufenlos heller oder dunkler, je nachdem, ob Sie näher zum Zentrum gehen oder weiter davon weg. Wenn Sie hellere Farben möchten, ziehen Sie Ihre Farben einfach näher zum Zentrum des Farbkreises. Oder Sie passen den Farbton beziehungsweise die Deckkraft einer dunklen Farbe so lange an, bis die Farbe entsprechend heller ist.

Gibt es irgendwelche Regeln, damit wir die Farben auf der Seite auch korrekt anwenden, nachdem wir sie ausgewählt haben?

Es gibt keine goldene Regel für die Verwendung von Farben.

Aber es gibt den Goldenen Schnitt!

Es gibt keine Regeln, die immer und für alle Websites zutreffen. Was mit der Struktur der einen Website toll aussieht, kann aufgrund von Layout und Design einer anderen Website schrecklich wirken. Außerdem müssen die Farben auch zum Thema und zur visuellen Metapher Ihrer Website passen.

Aber es gibt definitiv einige ***Prinzipien***, denen Sie folgen können:

Kontrast

Wenn Sie verschiedene Bereiche Ihres Layouts (z.B. die Hauptspalte und die Seitenleiste) voneinander absetzen möchten, verwenden Sie Farben, die sich voneinander **abheben**. Ein solcher Kontrast erzeugt eine Grenze zwischen den beiden Bereichen. Daran können die Benutzer erkennen, dass diese beiden Bereiche unterschiedlich sind und im Kontext der Website verschiedene Funktionen oder Verwendungsmöglichkeiten haben.

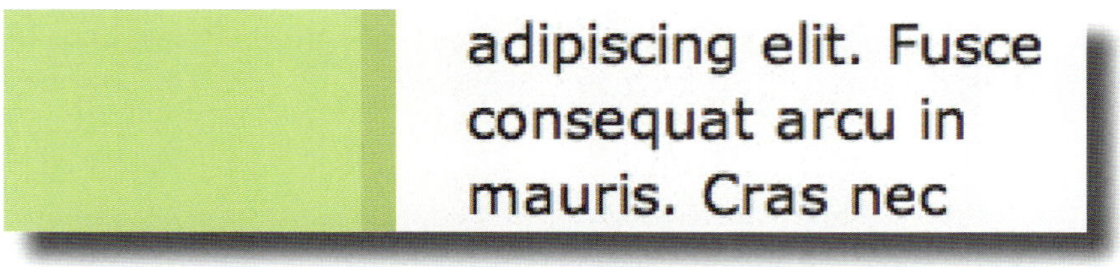

Der Hintergrund der Seite und der Textbereich verwenden kontrastreiche Farben. Dadurch hebt sich der Inhalt der Seite klar vom Hintergrund der Website ab.

Hervorheb-O-Matik

Möchten Sie bestimmte Bereiche Ihres Layouts hervorheben, verwenden Sie dafür die dominanteste Farbe Ihrer Farbpalette. Wenn Sie einen bestimmten Inhaltsbereich (die Kopfzeile oder den Seitentitel) mit der dominantesten Farbe Ihrer Palette einfassen, wird dieser Bereich hervorgehoben.

Hier kommen Kontrast und eine dominante Farbe zum Einsatz. Es gibt einen starken Kontrast zwischen dem Tab »Home« und dem dunklen Hintergrund. Außerdem wird der Tab durch das dominante Braun des Hintergrunds betont.

Aktualisieren Sie das SampleRate-CSS

Hier kommt das fertige CSS für die SampleRate-Website. Wir haben die Farben für das Design weggelassen (die grauen Balken). Verknüpfen Sie das CSS mit Ihrem XHTML und überprüfen Sie das Layout ganz genau. Die Farben fügen wir auf den folgenden Seiten ein.

An die leeren Stellen gehören Farben ... wir fügen sie auf den folgenden Seiten ein.

```
body {
        margin: 0;
        padding: 0;
        font-family: Verdana, sans-serif;
        color: #333;
        background: ..................
}
h1 {
        margin: 0 0 5px 0;
}
p {
        margin: 0 0 20px 0;
        line-height: 1.4em;
}
#kopfzeile {
        margin: 0;
        padding: 20px 0 10px 0;
        background: ..................
}
#kopfzeile #logo {
        margin: 0 auto;
        width: 800px;
}
#nav {
        background: ..................
}
#nav ul {
        margin: 0 auto;
        padding: 20px 10px 20px 10px;
        width: 800px;
        list-style-type: none;
}
#nav ul li {
        display: inline;
}
#nav ul li a {
        padding: 10px 20px 20px 20px;
        text-decoration: none;
        color: #fff;
        font-weight: bold;
}
#nav ul li a.aktiv {
        background: #eee;
        color: #333;
}
#wrap {
        margin: 0 auto;
        width: 800px;
        background: #eee;
        border-left: 10px solid ..................
        border-right: 10px solid ..................
}
#impressum {
        margin: 20px 20px 0 20px;
        border: 10px solid #ddd;
}
#inhalt {
        float: right;
        margin: 10px 0 0 0;
        padding: 0 20px 0 20px;
        width: 540px;
}
#seitenleiste {
        float: left;
        margin: 20px 0 0 0;
        padding: 0 20px 0 20px;
        width: 180px;
}
#fusszeile {
        margin: 20px 20px 0 20px;
        padding: 10px 20px 10px 20px;
        clear: both;
        background: ..................
        text-align: center;
        color: #fff;
}
#fusszeile p {
        margin: 10px 0 0 0;
        font-size: small;
}
```

Rahmen um das Haupt-<div> schaffen Kontrast.

Übung

Schreiben Sie die Hex-Werte für Ihre Farben in die leeren Felder jeweils an die Stelle, an die die jeweilige Farbe Ihrer Meinung nach am besten hinpasst. Achten Sie auf Kontrast und finden Sie eine gute Möglichkeit, den Inhalt hervorzuheben. Denken Sie daran: Whitespace (Leerraum) ist Ihr Freund! Verwenden Sie `#ffffff` für Weiß.

Wählen Sie für jedes <div> auf Ihrer Seite eine Farbe aus dem Schema.

Lösung zur Übung

Dieses Layout haben wir gewählt. Was gefällt Ihnen? Was gefällt Ihnen nicht?

Wir haben die Farbe aus dem Logo für die Kopfzeile verwendet, wodurch das Logo in den Rest der Seite eingebunden wird.

#ffffff

Wir dachten, das Logo käme besser heraus, wenn wir es auf einem weißen Hintergrund lassen.

#447236

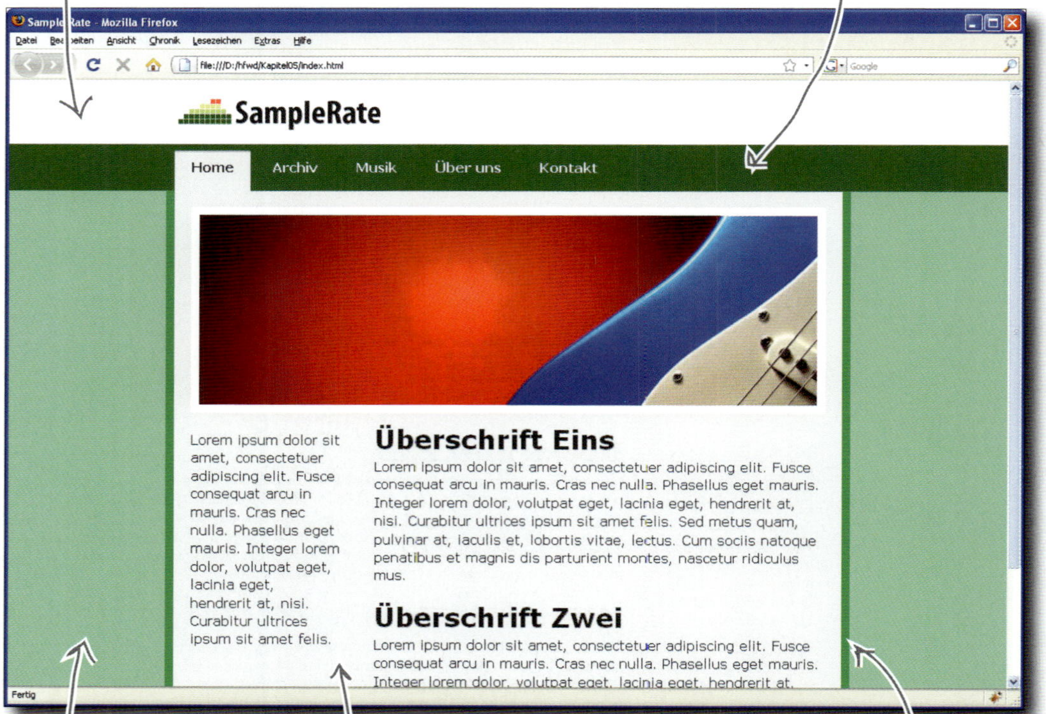

#91d8ac

#eeeeee

Manchmal muss es nicht ganz weiß sein: Ein helles Grau ist der perfekte Texthintergrund.

#3ea565

Ein leicht dunkleres Grün für die Rahmen bildet einen schönen Kontrast zwischen dem Hellgrau und dem Hellgrün.

Hey, das ist echt schön. Gefällt mir ... aber ich hab eine Markenrecherche gemacht, und alle finden mein Logo zu »analog«. Also hab ich ein neues, das ist viel mehr Web 2.0. Sie können die Website doch anpassen, oder?

Die neue »Web 2.0«-Version des SampleRate-Logos hat Farbverläufe und eine fette Schrift. Das Symbol wurde auch überarbeitet.

SampleRate

ÜBUNG

Wir haben ein völlig neues Logo! Ändern Sie die Farbpalette passend zum neuen Design und fügen Sie die neuen Hex-Werte in Ihre SampleRate-CSS-Datei ein.

1. Wählen Sie eine Grundfarbe aus dem neuen Logo (die Auswahl ist diesmal etwas eingeschränkt).

   ....

   Schreiben Sie den Hex-Code der Grundfarbe hierhin (verwenden Sie Kuler).

2. Entwerfen Sie mit Kuler eine Farbpalette, die den neuen Anforderungen der SampleRate-Website entspricht (und denen des Inhalts). Schreiben Sie die Hex-Farbcodes in die folgenden leeren Felder:

   ....

3. Aktualisieren Sie Ihre CSS-Datei mit den neuen Farben. Experimentieren Sie, soviel Sie möchten!

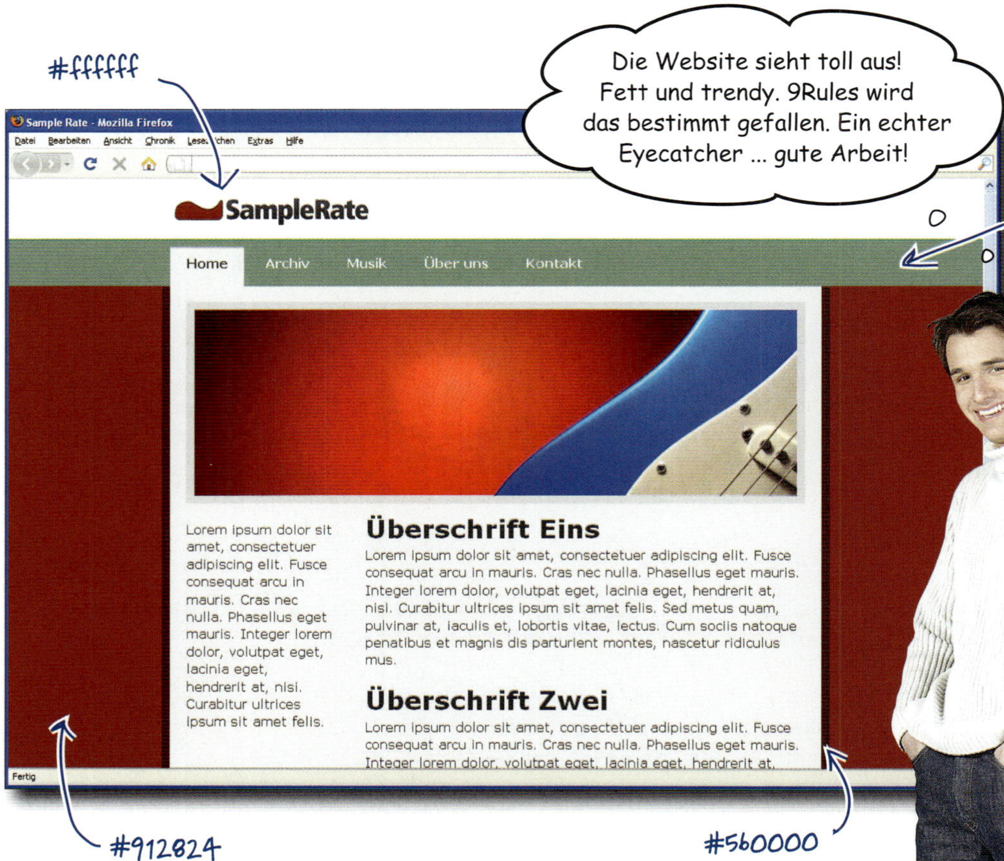

9rules

Versuchen Sie, einige Ihrer »besten Websites« an 9Rules zu übermitteln.

Webdesign-Werkzeugkasten

Farben: tetradisch, triadisch, geteilt komplementär ... jede Menge neuer Begriffe, und Sie verstehen sie alle. Überarbeiten Sie die anderen Websites, an denen Sie gerade sitzen, und aktualisieren Sie auch die dort verwendeten Farben.

Punkt für Punkt

- Farben haben eine starke Wirkung auf die Besucher Ihrer Website.
- Wählen Sie die Farben für das Design Ihrer Website mithilfe des Farbkreises.
- Farbschemata sind Tools, mit denen Sie eine harmonische Farbpalette auswählen können.
- Das triadische Farbschema besteht aus drei Farben, die in gleichem Abstand auf dem Farbkreis verteilt sind.
- Das triadische Farbschema ist sehr beliebt, weil es starke Kontraste ergibt und trotzdem Ausgewogenheit, satte Farben und Harmonie bietet.
- Das triadische Schema ist nicht so kontrastreich wie manche anderen Schemata.
- Das tetradische Farbschema besteht aus vier Farben, die in zwei komplementären Farbpaaren angeordnet sind.
- Das tetradische Farbschema ist das satteste Farbschema.
- Ein Nachteil am tetradischen Farbschema ist, dass es manchmal schwer in Harmonie zu bringen ist.
- Erstellen Sie die Farbpalette mit einem Tool wie Kuler (und ermitteln Sie damit die Hex-Werte dieser Farben).

6 Smarte Navigation

»Klicken Sie in 2 Sekunden auf Home.«

Was wäre das Web ohne Navigation?

Die Navigation macht das Web erst zu einem so mächtigen Informationsmedium. Aber bei der Navigation geht es um mehr als nur darum, ein paar cool aussehende Buttons zusammenzuschustern und in Ihr Design zu packen. Eine smarte Navigation fängt mit der Informationsarchitektur (IA) an und bleibt während des gesamten Designverfahrens Thema. Aber wie funktioniert das? Wie sorgen Sie dafür, dass sich Ihre Besucher nicht »verlaufen«? In diesem Kapitel beschäftigen wir uns mit verschiedenen Arten von Navigationen sowie damit, wie die IA Ihre Links bestimmt und warum Symbole (für sich allein) nicht immer so symbolisch sind.

Zurück auf die Schulbank

Das College of New Media der Universität Webingen hat ein Problem. Gerade wurde ein Haufen Geld an eine Webdesignfirma bezahlt, die die hauseigene Website neu gestaltet hat. Die neue Website sieht toll aus ... aber niemand findet sich mehr darin zurecht! Die Professoren können ihre Unterlagen und Dokumente nicht mehr finden, die Lehrbeauftragten können nicht einmal mehr feststellen, welche Klassen sie unterrichten, obwohl sich die neuen Studenten jetzt für die Kurse des nächsten Semesters anmelden müssen.

Das College braucht Sie, um den Navigationsalbtraum in den Griff zu bekommen – und zwar schnell.

Die Sekretärin aus dem Geschäftszimmer der UW, von Beschwerden und Chaos überschwemmt.

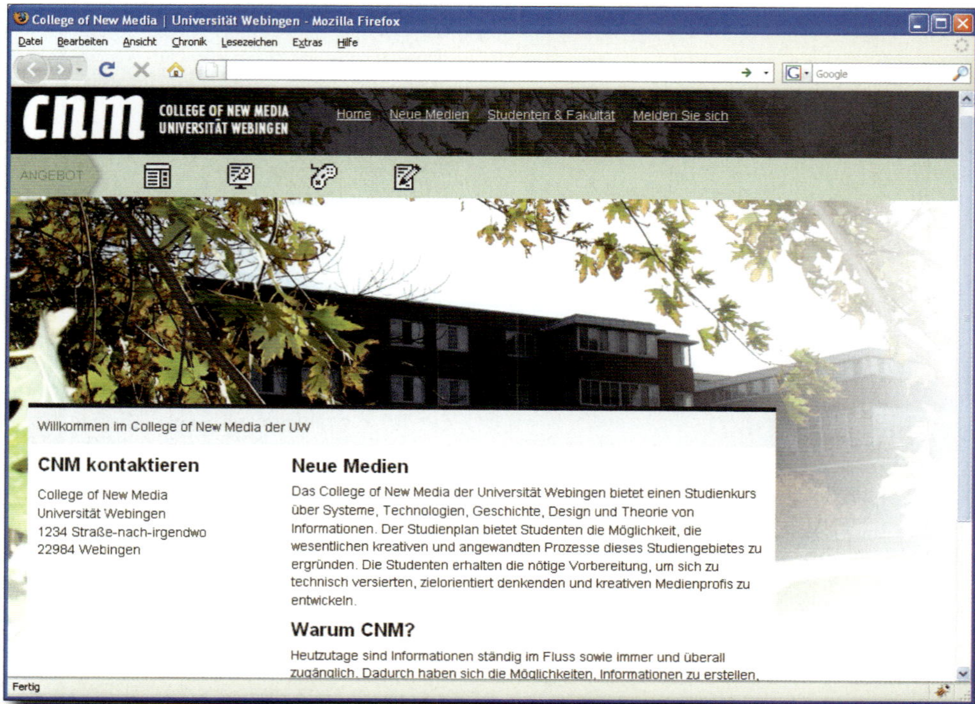

Die neue Website des College of New Media.

Werfen Sie einen Blick auf den Screenshot der derzeitigen CNM-Website. Kreisen Sie zunächst die verschiedenen Bereiche der Navigation ein. Schreiben Sie alle Probleme, die Ihnen auffallen, in die leeren Felder unterhalb des Screenshots. Seien Sie gründlich und denken Sie daran, dass sowohl Studenten als auch die Fakultät die Website benutzen.

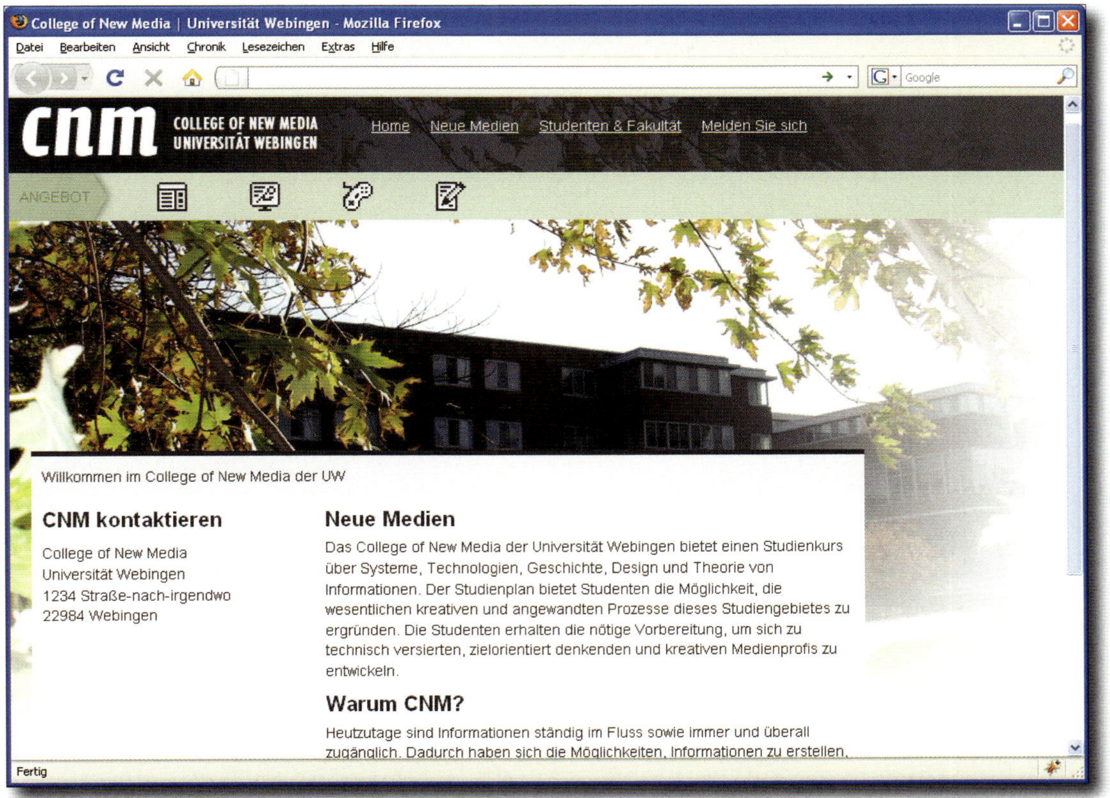

Vergessen Sie nicht, die Probleme hier zu beschreiben.

1. ....
....
....

2. ....
....
....

3. ....
....
....

4. ....
....
....

Lösung zur Übung

Sie sollten alle potenziellen Navigationsprobleme der derzeitigen CNM-Website suchen. Was haben Sie gefunden?

Die nummerierten Elemente beziehen sich auf die Probleme, die wir unten aufgeführt haben.

1. Die Linknamen lassen nicht erkennen, wohin sie führen.
2. Sieht nach Symbolen für die verschiedenen Programme aus. Unklar, was sie bedeuten.
3. Sieht aus, als ob die Designer die Navigation vergessen haben. Da fehlt Stil.
4. Soll das ein Titel sein? Kommt hierhin noch mehr Navigation? Verwirrend ...

Das liegt vor allem an diesen bescheuerten Linknamen, oder? Können wir die nicht einfach ändern?

Eine gute Navigation fängt mit einer guten IA an

Die Namen der Links sind mehr als eine Hilfe für Ihre Benutzer. Sie sind die Kategorien, die die gesamte Website strukturieren. Und meistens bedeutet ein ungünstiger Linkname, dass sich jemand im Stadium der Informationsarchitektur keinerlei Gedanken über die Navigation gemacht hat.

Sehen wir uns das IA-Diagramm von CNM an:

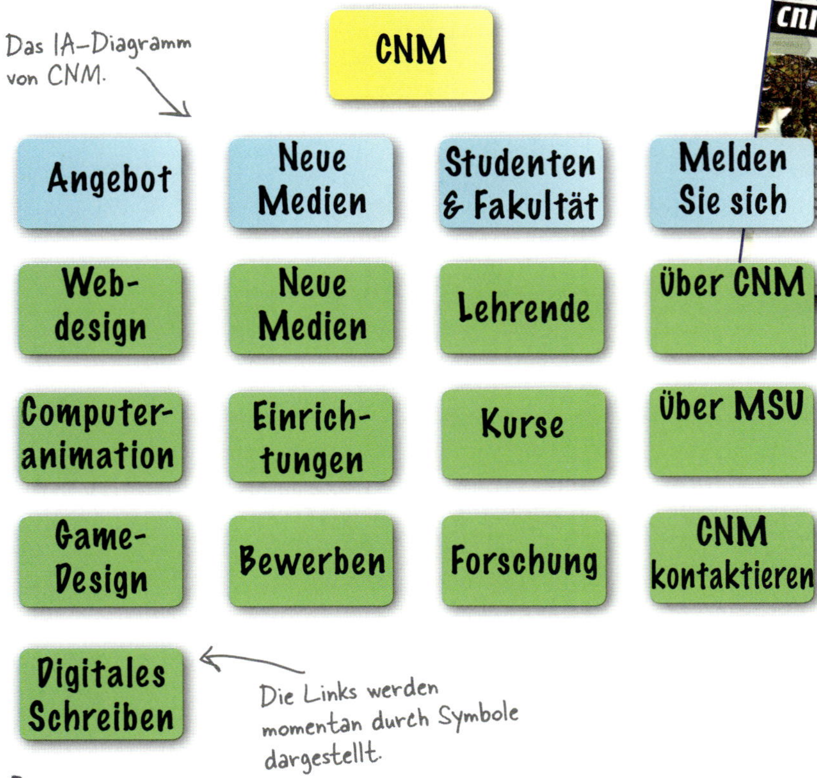

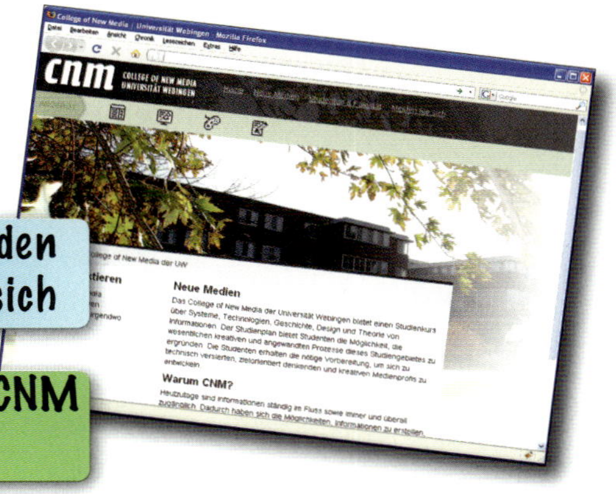

Blättern Sie zurück zu Kapitel 3, wenn Sie eine Auffrischung zur Inhaltsstruktur und zur Informationsarchitektur brauchen.

ÜBUNG

Die IA der CNM-Website scheint ziemlich gut strukturiert zu sein ... Aber die Kategorietitel sind schrecklich. Was um alles in der Welt sollen sie bedeuten? Sehen Sie sich die Inhalte jeder Kategorie an und geben Sie den Kategorien neue, klarere Titel. Machen Sie sich unbedingt auch Gedanken darüber, was die Benutzer sich unter diesen Titeln vorstellen könnten:

Sie sollten neue Titel für die Hauptnavigationselemente der CNM-Website finden. Das sind unsere Vorschläge:

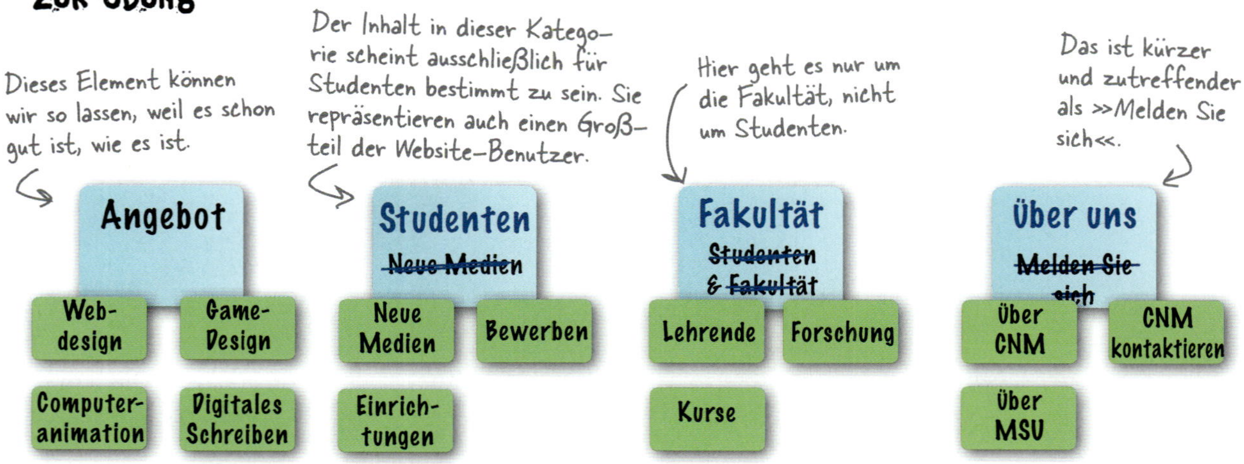

Was hat es mit einem Namen überhaupt auf sich?

Die Namen, die Sie Ihren Navigationselementen (Links, Buttons usw.) geben, wirken sich direkt auf die Brauchbarkeit Ihrer Website aus. Anders ausgedrückt, ***die Namen spielen eine wirklich große Rolle*** im Web. Sie sollten sich eine Menge Gedanken über die Namen machen, die Sie Ihren IA-Kategorien und Navigationselementen geben. Hier ein paar allgemeine Hinweise dazu, wie Sie gute Namen finden:

1. **Machen Sie die Namen kurz**. Wählen Sie Ihre Namen so kurz wie möglich. Die Benutzer sollen die Namen schnell erfassen können. Ein Wort ist ideal, verwenden Sie ein zweites Wort nur, wenn Sie es unbedingt brauchen. Vermeiden Sie Wörter wie »der« oder »ein« in den Namen. Das ist reine Platzverschwendung.

2. **Wählen Sie aussagekräftige Namen.** Die Namen sollten so klar und direkt wie möglich sein. Ihre Benutzer sollen nicht verwirrt sein, wenn sie einen Link lesen. Solange Sie sich nicht 110%ig sicher sind, was ein Name bedeutet, sind es Ihre Benutzer auch nicht.

Es gibt keine Dummen Fragen

F: Und wenn ich den Namen des Navigationselements nicht mit einem Wort ausdrücken kann?

A: Auch mehrere Wörter sind okay, solange sie ***absolut notwendig*** sind, um Ihren Benutzern mitzuteilen, wohin sie ein Klick auf dieses Navigationselement führt. Die Namen für Ihre Elemente sollten nicht darauf ausgerichtet sein, möglichst clever oder gut artikuliert zu klingen, sondern darauf, den Benutzern den gewünschten Weg zu zeigen.

Probefahrt

Suchen Sie die Dateien der College of New Media-Website im Beispielcode zum Buch, Sie finden sie im Ordner kapitel06.

Den gesamten Code können Sie unter http://tinyurl.com/kf-webdesign herunterladen.

2 Aktualisieren Sie die Hauptnavigationslinks von CNM.

```
<!DOCTYPE html PUBLIC "-//W3C//DTD XHTML 1.0 Strict//EN"
      "http://www.w3.org/TR/xhtml1/DTD/xhtml1-strict.dtd">
<html xmlns="http://www.w3.org/1999/xhtml" xml:lang="de" lang="de">
<head>
  <title>College of New Media | Universität Webingen</title>
  <meta http-equiv="Content-Type" content="text/html; charset=utf-8"/>
  <link rel="stylesheet" href="stylesheets/screen.css"
        type="text/css" media="screen" />
</head>
<body>
  <div id="kopfzeile">
    <img alt="cmn-logo" src="bilder/cnm_logo.png" />
    <p id="nav">
      <a class="aktiv" title="CNM Home" href="index.html">Home</a>
      <a title="#" href="#">Studenten</a>
      <a title="#" href="#">Fakultät</a>
      <a title="#" href="#">Über uns</a>
    </p>
  </div>
  <!-- restliches HTML -->
</body>
</html>
```

Aktualisieren Sie die Links im Absatz mit der Navigation mit den neuen Kategorietiteln aus Ihrem IA-Diagramm.

3 Überprüfen Sie, ob die Website korrekt aussieht.

Ich habe mir diese Navigationslinks genauer angeschaut. Sie stehen einfach nur in <a>-tags, stimmt's? Sollten wir diese Links nicht irgendwie zusammenfassen? Schließlich gehören sie alle zur Navigation, oder?

Das Web ist VISUELL und SEMANTISCH.

Bisher haben wir uns in erster Linie darauf konzentriert, wie Websites aussehen. Es gibt aber noch ein weiteres Element: die semantische Bedeutung. Im Moment sehen unsere Navigationslinks gut aus, sagen aber nichts aus. Die Links sind eine Liste von Elementen, die Teil der Navigation der Website sind.

Wir brauchen eine Möglichkeit, unserer Linkliste eine semantische Bedeutung zu geben. XHTML bietet eine Reihe von Listenelementen, also beginnen wir damit:

Geben Sie der <ul> eine eindeutige ID, damit wir sie anders stylen können als weitere eventuell vorhandene Listen.

Indem wir dem Link der Seite, auf der wir uns gerade befinden, den Status »aktiv« geben, können wir einen Stil hinzufügen, der den Benutzern die aktuelle Seite anzeigt.

Diese ID kennzeichnet die Liste außerdem als eine Liste von Navigationselementen: die semantische Bedeutung.

```
<ul id="navigation">
  <li><a class="aktiv" title="Home" href="index.html">Home</a></li>
  <li><a title="Mein Blog" href="/blog/">Blog</a></li>
  <li><a title="Mein Portfolio" href="portfolio.html">Portfolio</a></li>
  <li><a title="Kontakt" href="kontakt.html">Kontakt</a></li>
</ul>
```

In die Listenelemente der Linkliste kommt je ein normales Link-Tag.

Es gibt keine Dummen Fragen

F: Warum kommt es auf die Semantik an, wenn auf dem Bildschirm alles gut aussieht?

A: Gute Frage. Zum einen können Sie sehr viel spezifischeres und funktionaleres CSS schreiben, wenn Sie die Abschnitte Ihrer Website auch ihrer Bedeutung nach kennzeichnen. Außerdem spielt die jeweilige Wortbedeutung eine große Rolle, wenn behinderte Benutzer auf Ihre Website zugreifen. In Kapitel 8 sprechen wir ausführlich über die Barrierefreiheit von Websites, bis dahin müssen Sie sich noch ein wenig gedulden.

So sieht die Linkliste ohne CSS aus.

Spitzen Sie Ihren Bleistift

Bevor wir das Look and Feel der CNM-Navigation aktualisieren können, müssen wir die Hauptnavigation in eine ungeordnete Liste packen. Werfen Sie einen Blick auf das XHTML und CSS der Hauptdatei für die Website und bearbeiten Sie das Markup und die Regeln so, dass die Navigation in einer ungeordneten Liste untergebracht ist.

```
<!DOCTYPE html PUBLIC "-//W3C//DTD XHTML 1.0 Strict//EN"
       "http://www.w3.org/TR/xhtml1/DTD/xhtml1-strict.dtd">
<html xmlns="http://www.w3.org/1999/xhtml" xml:lang="de" lang="de">
<head>
  <title>College of New Media | Universität Webingen</title>
  <meta http-equiv="Content-Type" content="text/html; charset=utf-8"/>
  <link rel="stylesheet" href="stylesheets/screen.css"
        type="text/css" media="screen" />
</head>
<body>
  <div id="kopfzeile">
    <img alt="cnm-logo" src="bilder/cnm_logo.png" />
    ..................................................................
    ..................................................................
    ..................................................................
    ..................................................................
    ..................................................................
    ..................................................................
  </div>
  <!-- usw. -->
</body>
</html>
```

index.html

Fügen Sie die neue Linkliste für die Navigation in die Kopfzeile der CNM-Website ein.

```
#nav {
  ..............................
  ..............................
  ..............................
  ..............................
}
#nav li a {
  ..............................
  ..............................
  ..............................
}
```

Sobald Sie das Markup geändert haben, müssen Sie auch das CSS anpassen, damit Ihre Navigation weiterhin genau so aussieht. Fügen Sie einige CSS-Regeln ein, damit die Navigation wie vor den Änderungen aussieht.

screen.css

Spitzen Sie Ihren Bleistift – Lösung

Nachdem Sie jetzt eine ziemlich klare Vorstellung von der primären und der sekundären Navigation haben, ist es an der Zeit, Ihr neues Wissen anzuwenden

```
<!DOCTYPE html PUBLIC "-//W3C//DTD XHTML 1.0 Strict//EN"
      "http://www.w3.org/TR/xhtml1/DTD/xhtml1-strict.dtd">
<html xmlns="http://www.w3.org/1999/xhtml" xml:lang="de" lang="de">
<head>
  <title>College of New Media | Universität Webingen</title>
  <meta http-equiv="Content-Type" content="text/html; charset=utf-8"/>
  <link rel="stylesheet" href="stylesheets/screen.css"
        type="text/css" media="screen" />
</head>
<body>
  <div id="kopfzeile">
    <img alt="cnm-logo" src="bilder/cnm_logo.png" />
    <ul id="nav">
      <li><a class="aktiv" title="CNM Home" href="index.html">Home</a></li>
      <li><a title="#" href="#">Studenten</a></li>
      <li><a title="#" href="#">Fakultät</a></li>
      <li><a title="#" href="#">Über uns</a></li>
    </ul>
  </div>
  <!-- usw. -->
</body>
</html>
```

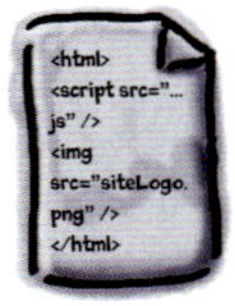

index.html

Wir haben die <p>-Tags durch <ul>s ersetzt und jeden Link um die entsprechenden <li>s ergänzt.

```
#nav {
  float: left;
  width: 460px;
  height: 75px;
  font-size: 1.4em;
}
#nav li a {
  color: #fff;
  float: left;
  padding: 20px 20px 20px 0;
}
```

Wir haben die gesamte Navigation nach links gefloatet, sodass sie neben dem Logo in der oberen linken Ecke erscheint.

Genau wie das <ul> für die Navigation, so haben wir auch jeden Link links gefloatet, damit sie in einer Zeile statt (wie sonst) blockweise dargestellt werden.

screen.css

Probefahrt

Aktualisieren Sie Ihre Version von index.html und screen.css und machen Sie eine Probefahrt mit der neuen CNM-Website. Wie sieht sie aus? Besser? Schlechter? Genauso?

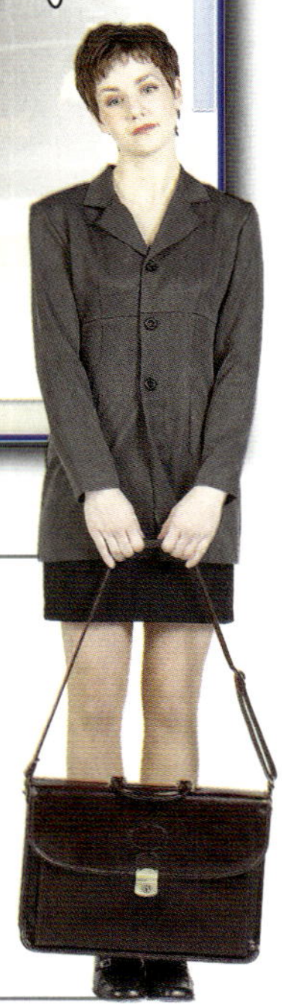

Spitzen Sie Ihren Bleistift

Wo könnten die Links sonst noch stehen? Schreiben Sie mindestens drei Ideen für einen anderen Stil und/oder einen anderen Ort für die Navigation der CNM- Website auf.

1. ....
2. ....
3. ....

Variante 1: Horizontale Tab-Navigation

Viele moderne, standardkonforme Designs von heute verwenden eine horizontale Navigation mit Tabs. Ein solches Design funktioniert gut mit ein- oder zweispaltigen Layouts (obwohl die Navigation etwas gestreckt aussieht, je breiter das Layout ist). Eine horizontale Navigation mit Tabs empfiehlt sich für Ihre primäre Navigation, da die Links die Aufmerksamkeit Ihrer Benutzer auf sich ziehen, wenn sie am oberen Rand der Seite stehen. Außerdem sollen Tabs den Eindruck vermitteln, dass die Website verschiedene Abschnitte hat – was ja auch stimmt.

So sehen horizontale Tabs üblicherweise in XHTML und CSS aus:

Wie zuvor befinden sich die Links in einer Liste, die semantisch als Navigation gekennzeichnet ist.

```
<ul id="navigation">
  <li><a class="aktiv" title="Home" href="index.html">Home</a></li>
  <li><a title="Mein Blog" href="/blog/">Blog</a></li>
  <li><a title="Mein Portfolio" href="portfolio.html">Portfolio</a></li>
  <li><a title="Kontakt" href="kontakt.html">Kontakt</a></li>
</ul>
```

Eine einfache horizontale Navigation.

```
#navigation {
        margin: 0;
        padding: 10px;
        list-style-type: none;
        border-bottom: 1px solid #ccc;
}
#navigation li {
        display: inline;
}
#navigation li a {
        text-decoration: none;
        padding: 10px;
        color: #777;
}
#navigation li a.aktiv, #navigation li a:hover {
        background: #eee;
        border-top: 2px solid #ddd;
        color: #333;
}
```

Diese Regel verändert die <li>-Tags so, dass sie nicht als Blockelemente übereinander, sondern als Inline-Elemente nebeneinander angezeigt werden.

Über die Zustände »aktiv« und »hover« können wir Regeln definieren, die die Navigation ändern, wenn der Link die Klasse »aktiv« hat oder der Mauszeiger darüberbewegt wird.

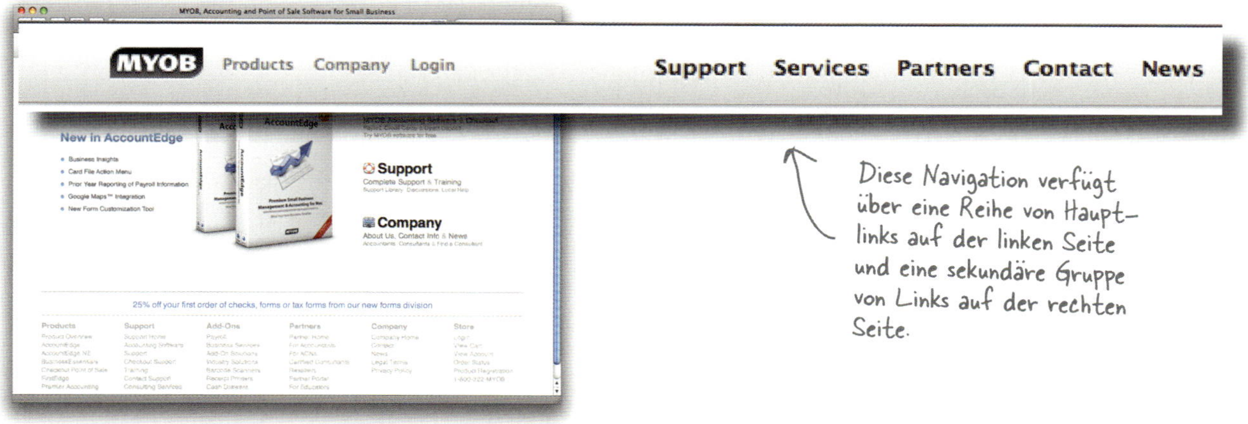

Diese Navigation verfügt über eine Reihe von Hauptlinks auf der linken Seite und eine sekundäre Gruppe von Links auf der rechten Seite.

Eine einfache horizontale Navigation mit als Blöcken dargestellten Tabs. Einfach und vertraut.

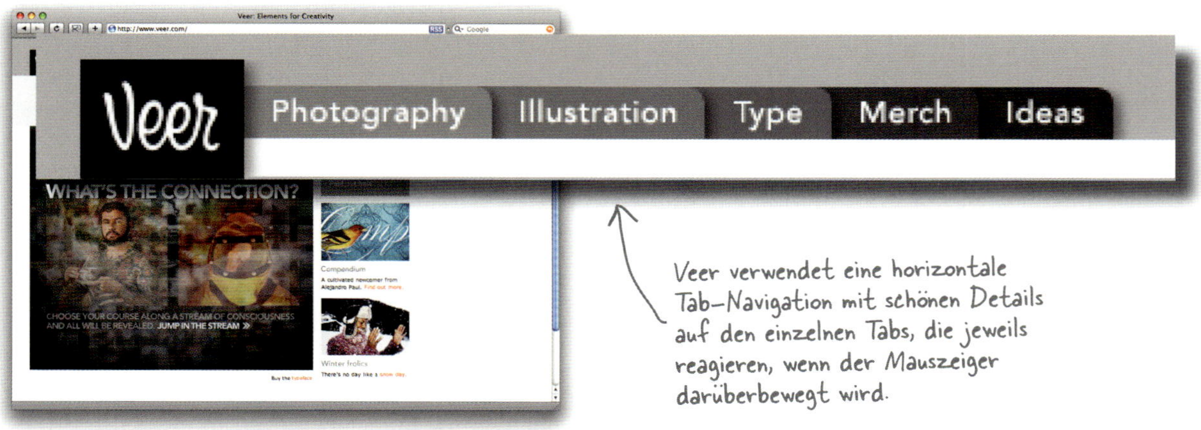

Veer verwendet eine horizontale Tab-Navigation mit schönen Details auf den einzelnen Tabs, die jeweils reagieren, wenn der Mauszeiger darüberbewegt wird.

Variante 2: Vertikale Navigation

Vertikale Navigationsdesigns sind genauso beliebt wie die horizontalen – und kommen häufig in zweispaltigen Designs vor. Eine vertikale Navigation ist an sich nicht besser als eine horizontale, sondern einfach eine andere Art, die Links Ihrer Website darzustellen.

Sie können nicht immer eine vertikale Navigation verwenden. Manche einspaltigen Designs harmonieren nicht gut mit einer vertikalen Navigation ... Aber in den meisten Fällen können Sie sich sowohl für eine horizontale als auch für eine vertikale Navigation entscheiden.

So sieht eine vertikale Navigation in XHTML und CSS aus:

Beachten Sie, dass das XHTML gleich bleibt ... das Styling und die Positionierung geschehen im CSS.

```
<ul id="navigation">
  <li><a class="aktiv" title="Home" href="index.html">Home</a></li>
  <li><a title="Mein Blog" href="/blog/">Blog</a></li>
  <li><a title="Mein Portfolio" href="portfolio.html">Portfolio</a></li>
  <li><a title="Kontakt" href="kontakt.html">Kontakt</a></li>
</ul>
```

```
#navigation {
        margin: 0;
        padding: 0;
        list-style-type: none;
        width: 200px;
}
#navigation li {
        border-bottom: 1px solid #ccc;
}
#navigation li a {
        text-decoration: none;
        color: #777;
        display: block;
        padding: 10px;
}
#navigation li a.aktiv, #navigation li a:hover {
        background: #eee;
        color: #333;
}
```

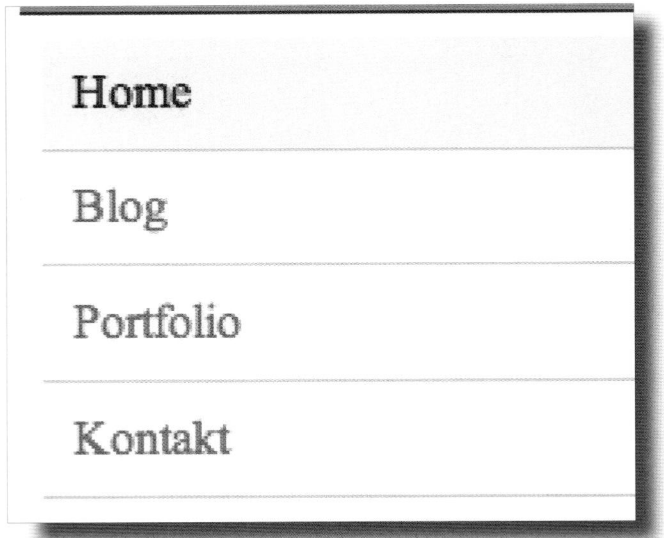

Durch leichte Abwandlungen Ihres CSS erhalten Sie ein völlig anderes Navigationslayout.

In diesem CSS werden die <li>s normal (nicht inline) und die <a>-Tags als Blöcke dargestellt. Dadurch erhalten Sie schöne Block-Rollover-Effekte, und die aktive Seite wird gekennzeichnet.

Eine einfache, übereinandergestapelte vertikale Navigation mit einem coolen Um-die-Ecke-Effekt bei den Links. Beachten Sie, wie sich das Erscheinungsbild der Kopfzeile vom Logo der Website ableitet.

Einfacher geht's nicht: kurz, übereinandergeschichtet, leicht zu finden und zu lesen.

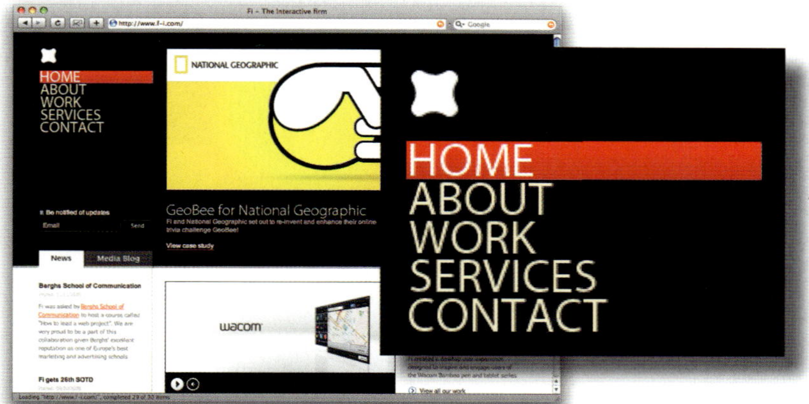

Einem vertikalen Tab sehr ähnlich: Die Navigation steht längs zur Seite, und wenn ein Link gewählt wurde, wird der Hintergrund dem jeweiligen Inhalt entsprechend angepasst.

Es gibt keine Dummen Fragen

F: Setze ich eine vertikale Navigation besser an den linken oder den rechten Rand meiner Seite?

A: Unzählige Studien zur Benutzerfreundlichkeit zeigen, dass es keinen echten Unterschied macht, ob Sie die Navigation links oder rechts platzieren. Wenn Ihre Navigation auf der linken Seite besser zum Layout passt, sollten Sie sie dort einsetzen. Funktioniert das Layout besser mit der Navigation auf der rechten Seite, ist das auch in Ordnung.

Inkonsistente Navigation verwirrt Benutzer

Unsere Interaktion mit der Welt um uns herum basiert auf der Vorhersehbarkeit von Ereignissen. Jeden Tag bleiben Millionen von Menschen vor einem roten Licht stehen, warten, bis es grün wird, und gehen oder fahren dann weiter. Aber was passiert, wenn Sie an einer roten Ampel halten und sie statt grün blau wird? Dann hätten Sie absolut keine Ahnung, was Sie tun sollen.

Die Navigation einer Website funktioniert auf ähnliche Weise. Wenn ein Navigationssystem richtig funktioniert, können sich die Besucher der Website darauf verlassen. Im CNM-System verhält sich die Navigation nicht so, wie es zu erwarten wäre. Das liegt daran, dass mindestens eines der folgenden drei Prinzipien nicht eingehalten wird:

1. Die Navigation sollte an einer Stelle zu finden sein, an der die Benutzer sie auch erwarten: üblicherweise am oberen Rand einer Seite oder an einer der beiden Seiten.

2. Links sollten wie Links aussehen. Sie sollten für den Benutzer als »klickbar« zu erkennen sein.

3. Links sollten klar gekennzeichnet und voneinander abgehoben sein.

Spitzen Sie Ihren Bleistift

Wie verhält sich die Navigation der CNM-Website bezüglich dieser Prinzipien? Machen Sie neben jedem der drei Punkte Notizen zur aktuellen Navigation von CNM.

ÜBUNG

Skizzieren Sie mit den folgenden Kopfzeilen drei verschiedene Navigationsentwürfe für die CNM-Website. Achten Sie insbesondere auf Konsistenz und darauf, wie Ihr Schema wohl auf einen typischen Benutzer wirkt.

1

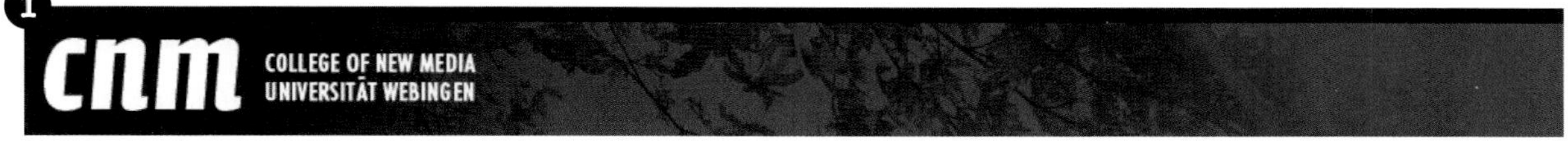

2

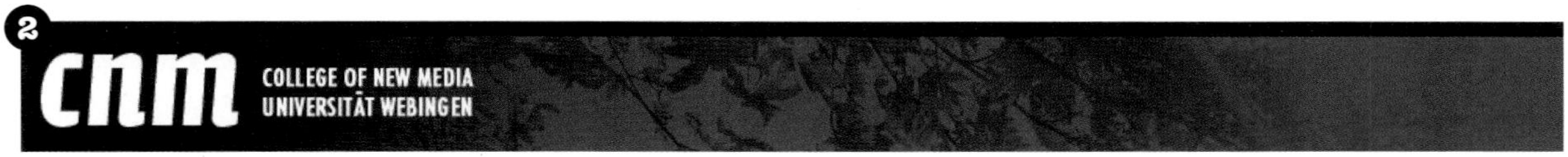

3

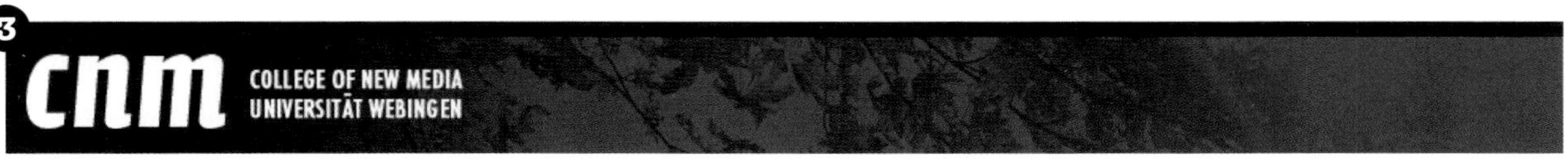

LÖSUNG ZUR ÜBUNG

Wie sind Ihre Navigation und Ihre Navigationsentwürfe geworden? Haben Sie Ideen gefunden, die die drei Navigationsprinzipien von Seite 208 erfüllen?

1

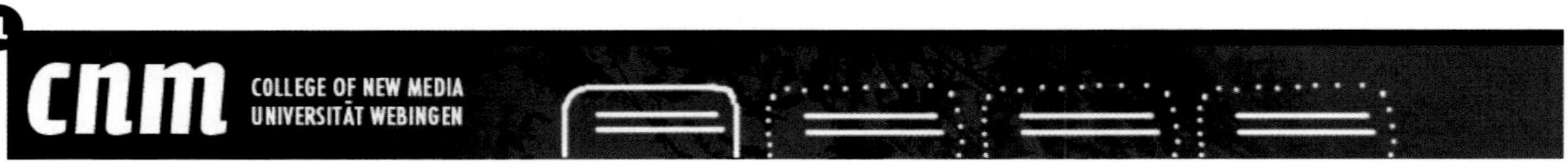

Tabs sind den Benutzern zwar vertraut, aber passen nicht wirklich zum Erscheinungsbild der Website.

Tabs sind intuitiv, gut als anklickbar zu erkennen und heben sich deutlich voneinander ab. Deshalb sind sie als Navigation so beliebt.

2

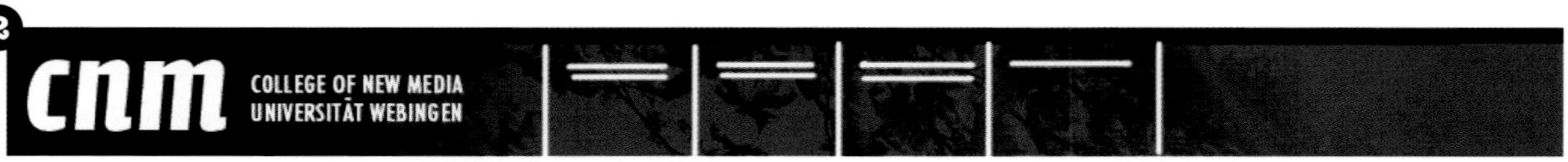

Das sieht Tabs sehr ähnlich. Durch die Trennlinien ist jeder Link für den durchschnittlichen Benutzer leicht als solcher zu erkennen.

Diese Blocknavigation passt gut zur CNM-Website und lässt sich schnell und einfach implementieren.

3

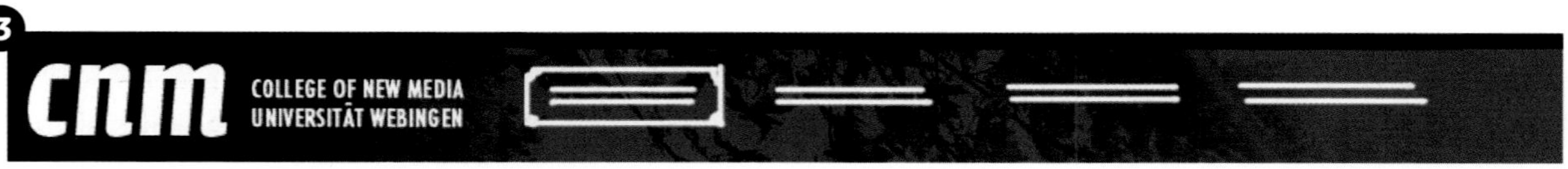

Diese Navigation ist sehr nah an dem, was CNM jetzt hat. Eine klarere Version mit einem abgerundeten Hintergrund für den aktiven Link und denjenigen, über dem sich der Mauszeiger befindet.

Hier geht es darum, die Links deutlicher abzuheben und hervorzuheben, dass darauf geklickt werden kann.

Mir gefallen die Tabs. Warum nehmen wir nicht einfach die und ändern das Design der Seite so, dass es dazu passt?

Hans: Ich dachte, die Studentensekretärin sagte, dass ihnen das aktuelle Design wirklich gefällt und sie nur die Navigation ändern möchten.

Frank: Außerdem finde ich, dass wir die Navigation passend zum Design machen sollten und nicht umgekehrt.

Jo: Warum nicht? Wir waren uns doch einig, dass die Navigation mit der IA beginnt. Also wirkt sich doch die Navigation auf das Design aus.

Frank: Na ja, bei der IA mussten wir nur darauf achten, dass unsere Kategorietitel kurz ...

Hans: ... und aussagekräftig waren.

Frank: Richtig. Aber das hat nichts damit zu tun, wie die Navigation auf der Seite aussieht.

Jo: Also hängen wir mit dem aktuellen Design fest?

Hans: Ich bin mir nicht sicher, ob »festhängen« das richtige Wort ist. Ich finde das Design ziemlich hübsch. Ich finde nicht, dass wir an etwas herumpfuschen sollten, das bereits gut funktioniert.

Frank: Genau. Und wir werden für die zusätzliche Gestaltung auch nicht bezahlt.

Jo: Hmm. Das stimmt. Und die Schule würde uns wahrscheinlich auch kein extra Geld aus reiner Herzensgüte geben, oder?

Frank: Wahrscheinlich nicht. Ich denke, eine einfache Blocknavigation ist die beste Entscheidung.

nk meint → e Variante.

Hans: Also die mit den Trennlinien zwischen den Links, oder?

Frank: Genau.

Jo: Und warum nennst du das ***Blocknavigation***?

Frank: Zeige ich euch. Das liegt an dem CSS, das wir für ein solches Navigationsmenü brauchen ...

Besinnen Sie sich auf Ihre Rolle als Webdesigner. Nur selten werden Sie für Mehrarbeit bezahlt, die nicht zu Ihrem Auftrag gehört.

Blockelemente sind Ihre Freunde

Blockelemente (z.B. Absätze und Überschriften) ergeben buchstäblich einen Block vom einen Rand der Seite zum anderen und sind standardmäßig so hoch wie ihr Inhalt.

Deshalb dehnt sich innerhalb eines Elements ein Bild auch über den Text hinaus aus, wenn Sie es als Hintergrundbild für eine Überschrift verwenden.

Unsere Links stehen bereits in Blockelementen: den `<li>`s, die wir zuvor eingefügt haben:

```
<ul id="nav">
  <li><a class="aktiv" title="CNM Home" href="index.html">Home</a></li>
  <li><a title="#" href="#">Studenten</a></li>
  <li><a title="#" href="#">Fakultät</a></li>
  <li><a title="#" href="#">Über uns</a></li>
</ul>
```

Jedes <li> ist ein Blockelement.

Die Höhe eines Blockelements können wir genauso anpassen wie seine Position. Das Tolle an Blockelementen – und der Grund dafür, dass sie für Navigationselemente so gut geeignet sind – ist, dass sie sich alle automatisch horizontal anordnen

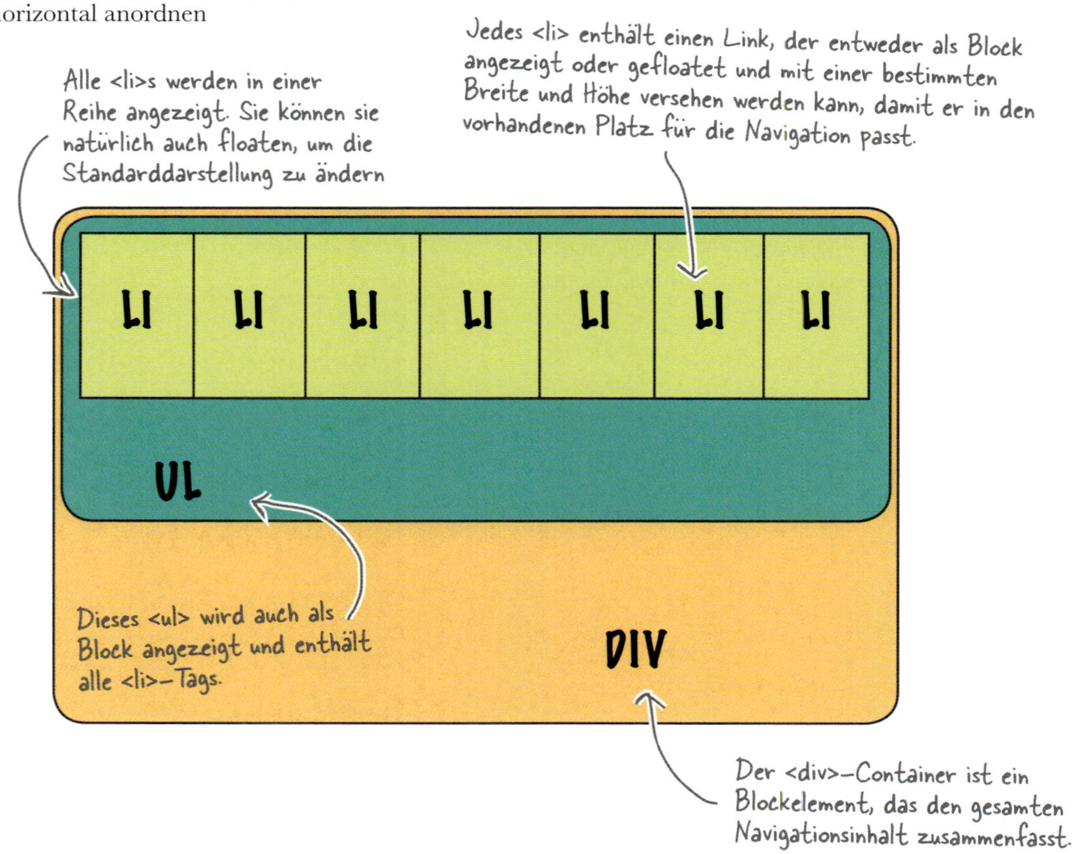

Die Blocknavigation der CNM-Website floaten

Wenn wir uns jedes `<li>` in unserer Navigation als Block vorstellen, brauchen wir CSS, um diese Blöcke zu stylen. Wir können die Blöcke mit Rahmenlinien voneinander trennen und jeden Block in Relation zum vorhergehenden positionieren.

screen.css

Machen Sie folgende Änderungen an Ihrer Version von `screen.css`:

```
#nav {
        float: left;
        width: 460px;
        height: 75px;
        font-size: 1.4em;
}
```

Nachdem #nav (<ul>) ein Blockelement ist, möchte es sich unterhalb des Logos platzieren. Um das zu umgehen, müssen wir das <ul> links floaten und mit einer festen Breite versehen, sodass es neben dem Kopfzeilenlogo dargestellt wird und nicht darunter.

```
#nav li a {
        float: left;
        width: 104px;
        height: 65px;
        padding: 10px 0 0 10px;
        color: #fff;
        text-decoration: none;
        border-right: 1px solid #777;
}
```

Genau wie das <ul> müssen wir auch die Links links floaten, um das Blockverhalten zu imitieren. Wir geben den Links eine feste Breite und Höhe, wodurch die Navigationselemente unabhängig von der Textlänge gleich aussehen.

```
#nav li a.aktiv {
        background: #222;
}
```

Ein dunkler Hintergrund für die Klasse »aktiv« kennzeichnet die aktuelle Seite und zeigt den Benutzern auf diese Weise, wo sie sich in der Website befinden.

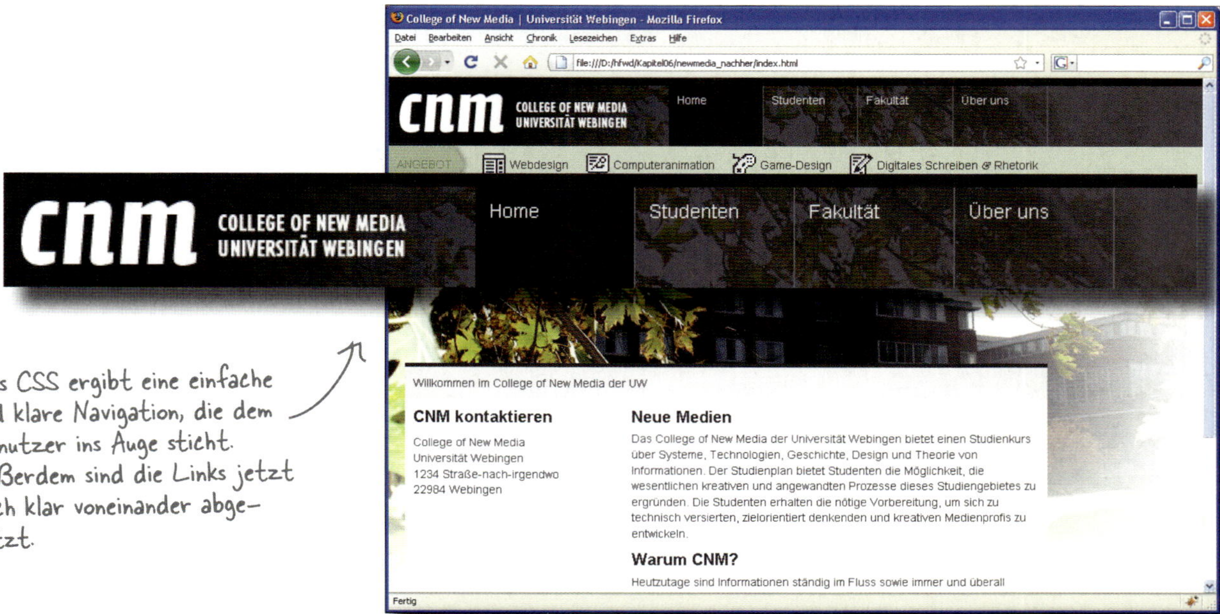

Das CSS ergibt eine einfache und klare Navigation, die dem Benutzer ins Auge sticht. Außerdem sind die Links jetzt auch klar voneinander abgesetzt.

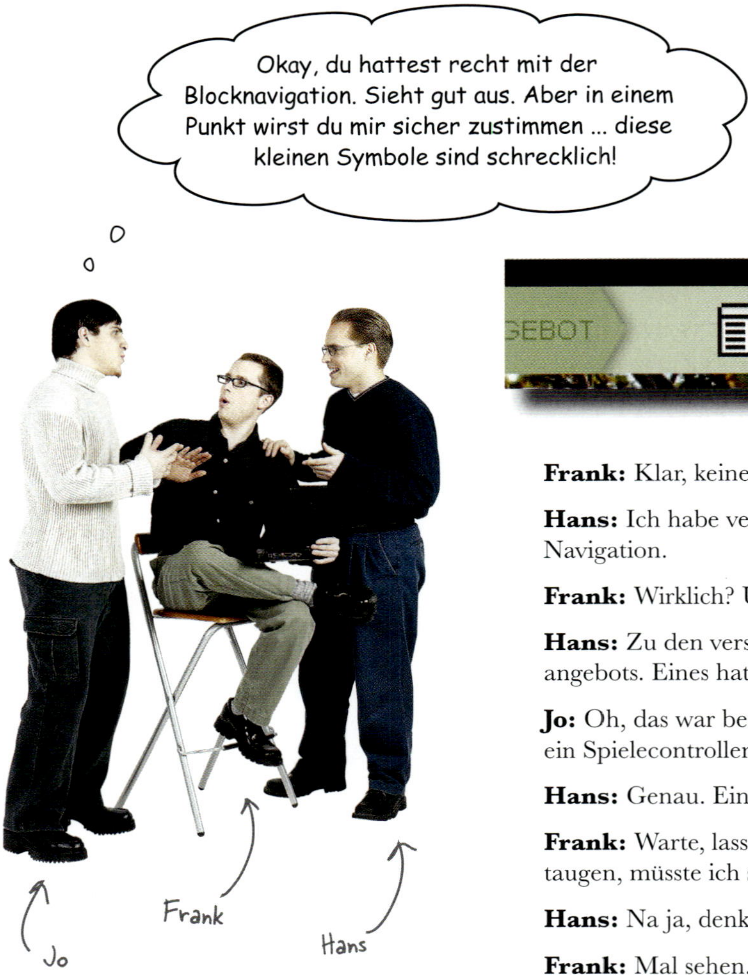

Frank: Klar, keine Diskussion. Was sollen die da?

Hans: Ich habe versucht, darauf zu klicken. Die gehören zur Navigation.

Frank: Wirklich? Und wohin führen sie?

Hans: Zu den verschiedenen Unterabschnitten des Kursangebots. Eines hat zu Videospielen geführt!

Jo: Oh, das war bestimmt das kleine Symbol, das aussieht wie ein Spielecontroller?

Hans: Genau. Ein anderer war ...

Frank: Warte, lass mich raten. Wenn die Symbole etwas taugen, müsste ich selbst darauf kommen, oder?

Hans: Na ja, denke schon. Trotzdem viel Glück!

Frank: Mal sehen. Es ist eine Schule für neue Medien, also ... Webdesign. War eines davon Webdesign?

Hans: Wow, gut geraten.

Jo: Moment! ***Welches*** steht denn für Webdesign, Frank?

Frank: Hmm. Hab ehrlich gesagt keine Ahnung ...

Jo: Geht mir genauso. Wir *müssen* unbedingt etwas mit diesen Symbolen machen. Ich habe noch nicht mal gemerkt, dass man darauf klicken kann!

Unklarheit ist der Feind des Webdesigns. Wenn etwas bereits Sie verwirrt, wird es Ihre Benutzer noch <u>VIEL</u> mehr durcheinanderbringen.

Symbole SAGEN nichts aus ... sie sind nur hübsch

Und sogar darüber lässt sich streiten.

Ja, Symbole sind coole kleine Designelemente. In der Navigation können sie allerdings ernsthafte Schwierigkeiten bereiten. Was bedeutet ein Symbol? Was passiert, wenn Sie darauf klicken? Wohin in der Website gelange ich?

Für Sie stellt ein Symbol vielleicht etwas total anderes dar als für eine andere Person. Und wenn Sie ein Symbol als Navigationselement verwenden, könnten Ihre Benutzer einen völlig falschen Eindruck davon bekommen, wohin sie ein Klick auf dieses Symbol bringt. Das Ergebnis? Die Benutzer landen an ganz anderen Stellen, als sie wollen, und es ist dadurch viel wahrscheinlicher, dass diese Benutzer zu einer anderen Website abwandern.

Nehmen Sie z.B. die Symbole auf der CNM-Website ... Wie klar ist ihre Bedeutung?

Spitzen Sie Ihren Bleistift

Schreiben Sie auf, was das jeweilige Symbol Ihrer Meinung nach darstellt oder was Sie wahrscheinlich zu sehen bekommen, wenn Sie auf diesen Link klicken.

 ....

 ....

 ....

 ....

Spitzen Sie Ihren Bleistift

Lösung

So erklärt das College of New Media die Bedeutung der Symbole. Wie nah waren Sie dran? Wenn Sie wenigstens zwei Richtige haben, erhalten Sie den Titel »Detektiv für mehrdeutige Symbole des Tages« ...

Dieses Symbol stellt eine Webseite dar und steht für die Webdesignkurse des CNM.

Webdesign

Das Gamepad repräsentiert das Kursangebot für das Design von Videospielen. CNM findet die Bedeutung dieses Symbols total offensichtlich.

Game-Design

Computer-animation

Dieses Symbol soll einen Mann darstellen, der über einen Computerbildschirm läuft. Es führt zu den Kursen zur Computeranimation.

Digitales Schreiben & Rhetorik

Dies ist ein häufig verwendetes Symbol – ganz klassisch Papier und Stift. In diesem Fall steht es für die Kurse für digitales Schreiben und Rhetorik

Oh, diese Symbole werden auch in unserem gesamten Werbematerial verwendet. Die können wir nicht weglassen ... auf gar keinen Fall!

Im Zweifel TEXT HINZUFÜGEN.

Hängen Sie sich nicht an einem schlechten Anzeigeelement oder bedeutungslosen oder verwirrenden Symbolen auf. Wenn Sie keine grundlegenden Änderungen machen können, besteht eine einfache Lösung darin, Text hinzuzufügen, um die Symbole näher zu bestimmen oder ein bestimmtes Seitenelement zu erklären.

Ein bisschen klärender Text kann viel dazu beitragen, dass die Benutzer wissen, worauf sie auf einer Seite klicken und wohin sie kommen.

Fügen Sie Symbole zu Ihrem Text hinzu, nicht umgekehrt

Im Moment sind die vier CNM-Symbole kleine Bilder im XHTML. Wenn wir Textbeschreibungen zu diesen Symbolen hinzufügen möchten, müssen wir den Text zwischen die Symbole quetschen, eventuell die Größe der Symbole ändern und den Text am Bild ausrichten ... das wird ziemlich schnell kompliziert.

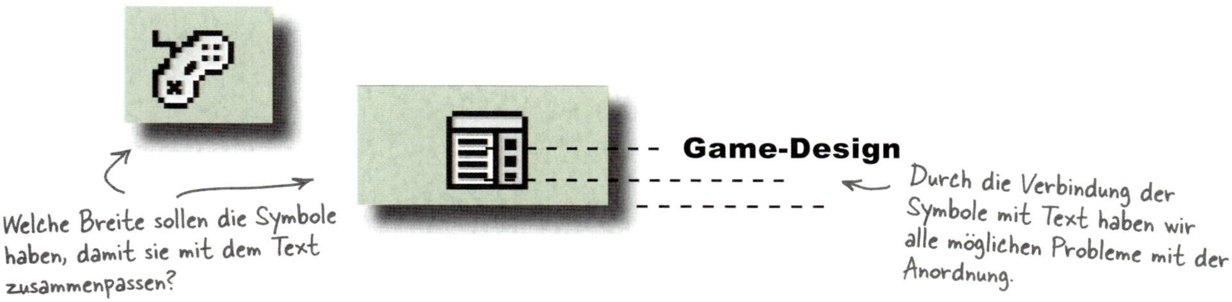

Was können wir also tun? Angenommen, wir beginnen mit dem Text, z.B. »Webdesign« und »Computeranimation«. Die Symbole sollen Links sein, also können wir den Text mit den `<a>`-Tags umschließen. Die `<a>`-Tags können wir wiederum mit CSS stylen.

Nachdem wir mit stilfähigen Elementen arbeiten, haben wir keine Schwierigkeiten mit der Positionierung und können die Symbole als Hintergrundelemente für die `<li>`-Textelemente einsetzen. Dadurch wächst das jeweilige `<li>` auf die richtige Größe an, und nachdem jeder Link in einem `<li>` steht, ordnet sich alles auf natürliche Weise in einer Reihe an.

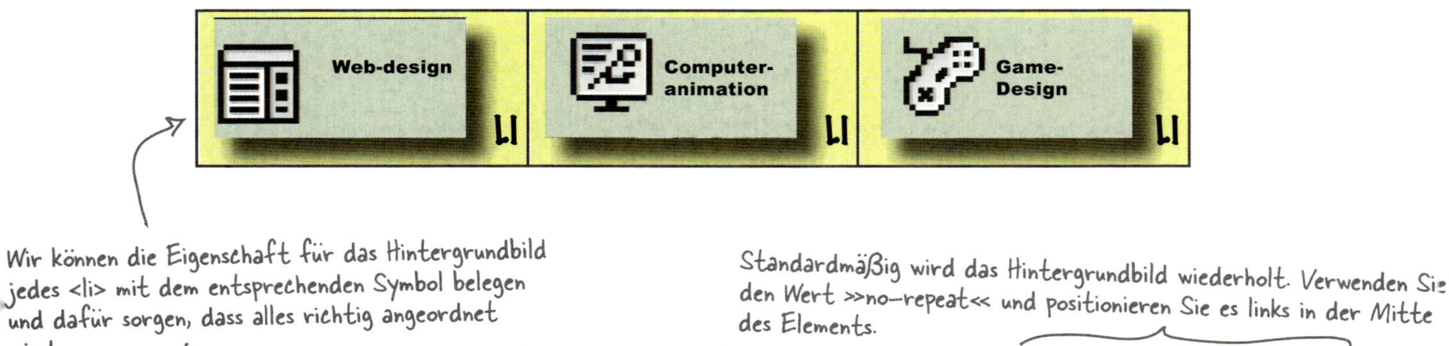


```
background: #dddddd url('webdesign-icon.gif') no-repeat left center;
```

Aktualisieren Sie das CNM-XHTML mit Textlinks

Öffnen Sie `index.html` und entfernen Sie die Symbole aus dem XHTML. Stattdessen brauchen wir eine ungeordnete Liste mit `<li>`s und `<a>`s für jeden Link. Wir verwenden den Namen des Textlinks und können unser CSS im Handumdrehen so ändern, dass die Links gestylt werden.

Führen Sie die folgenden Änderungen in Ihrer Version von `index.html` durch:

```
<!DOCTYPE html PUBLIC "-//W3C//DTD XHTML 1.0 Strict//EN"
       "http://www.w3.org/TR/xhtml1/DTD/xhtml1-strict.dtd">
<html xmlns="http://www.w3.org/1999/xhtml" xml:lang="de" lang="de">
<head>
  <title>College of New Media | Universität Webingen</title>
  <meta http-equiv="Content-Type" content="text/html; charset=utf-8"/>
  <link rel="stylesheet" href="stylesheets/screen.css" type="text/css"
        media="screen" />
</head>
<body>
  <div id="kopfzeile">
    <img alt="cnm-logo" src="bilder/cnm_logo.png" />
    <ul id="nav">
      <li><a class="aktiv" title="CNM Home" href="index.html">Home</a></li>
      <li><a title="#" href="#">Studenten</a></li>
      <li><a title="#" href="#">Fakultät</a></li>
      <li><a title="#" href="#">Über uns</a></li>
    </ul>
  </div>
  <div id="subnav">
    <ul>
      <li class="option">Angebot</li>
      <li><a class="webdesign" href="#">Webdesign</a></li>
      <li><a class="animation" href="#">Computeranimation</a></li>
      <li><a class="game" href="#">Game-Design</a></li>
      <li><a class="schreiben" href="#">Digitales Schreiben &amp; Rhetorik</a></li>
    </ul>
  </div>
  <!-- usw. -->
</body>
</html>
```

Dieses Listenelement erhält eine besondere Klasse, damit wir es anders als die übrigen Links stylen können. Wir verwenden es als eine Art Titel für die Subnavigation.

Das Zeichen »#« ist nur ein Platzhalter für die Links. Wenn wir die Dateien zum Verlinken haben, ersetzen wir das Zeichen »#«.

Diese Linkliste ist der Linkliste für die Hauptnavigation sehr ähnlich. Geben Sie dem Container-<div> unbedingt eine andere ID.

Jeder Link erhält seine eigene Klasse. So können wir das jeweilige Symbol für den Hintergrund zuweisen.

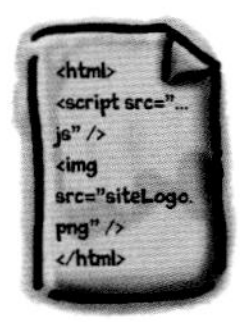

index.html

Jetzt können wir unsere neuen Elemente stylen ...

Fügen Sie die folgenden Regeln in `screen.css` ein, um `subnav` und die zugehörigen Elemente zu stylen:

screen.css

```
#subnav {
      margin: 0;
      padding: 0;
      background: #d2dbc0;
      height: 46px;
}
#subnav ul {
      list-style-type: none;
}
#subnav ul li {
      float: left;
      margin: 0;
      padding: 15px 10px 15px 10px;
      font-size: 1.4em;
}
#subnav li.option {
      text-transform: uppercase;
      background: #b2bf99 url('../bilder/option_li_hg.gif') no-repeat right;
      padding: 15px 25px 15px 10px;
      color: #7f8e62;
}
#subnav li a {
      padding: 10px 0 10px 35px;
      color: #333;
      text-decoration: none;
}
#subnav li a.webdesign {
      background: url('../bilder/webdesign_icon.png') no-repeat left center;
}
#subnav li a.animation {
      background: url('../bilder/animation_icon.png') no-repeat left center;
}
#subnav li a.game {
      background: url('../bilder/game_icon.png') no-repeat left center;
}
#subnav li a.schreiben {
      background: url('../bilder/schreiben_icon.png') no-repeat left center;
}
```

Wir haben dem <div> mit der Linkliste für die Subnavigation eine eigene ID gegeben, damit wir mehr Flexibilität beim Stylen haben.

Wir müssen die Aufzählungszeichen loswerden – mit ihnen funktioniert es nicht.

Das ist die Regel für das Listenelement, das als Überschrift unserer Subnavigation dient. Beachten Sie das Hintergrundbild für den Pfeil.

Jeder Link hat seine eigene Klasse, wodurch wir jedem ein anderes Hintergrundbild zuweisen können. Stellen Sie sicher, dass Sie den Wert »no-repeat« verwenden, damit das Hintergrundbild nicht gekachelt wird.

Probefahrt

Werfen Sie Ihren Browser an. Plötzlich sind diese verwirrenden Symbole eindeutig und können Teil des Designs bleiben. Das war der Studentensekretärin sehr wichtig.

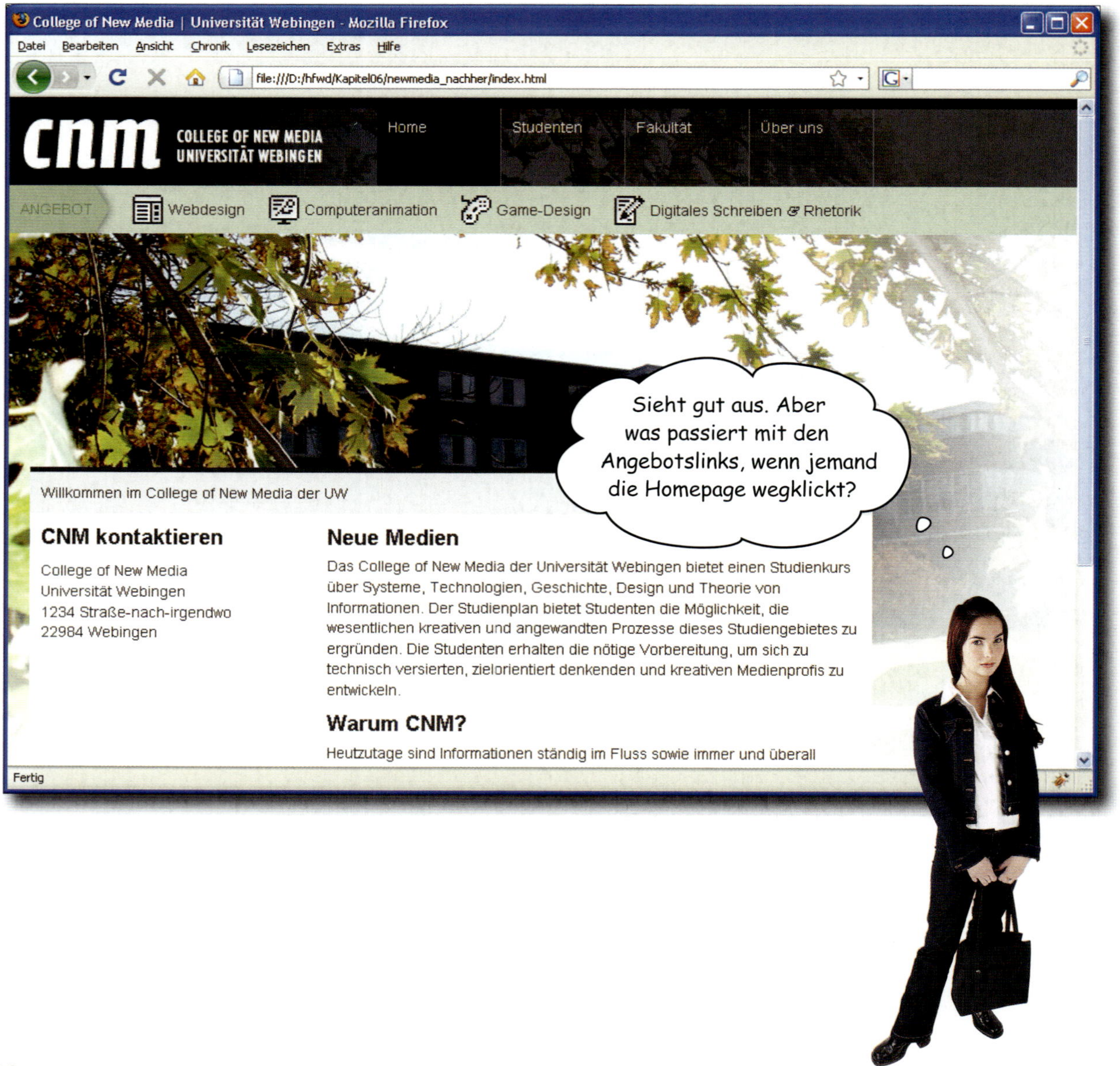

Die primäre Navigation sollte sich nicht ändern … … die sekundäre aber SCHON

Die **primäre Navigation** ist die Navigation für die Hauptabschnitte der Website. Im Fall von CNM sind das die Top-Level-Blöcke: Home, Studenten, Fakultät und Info. Diese Links sollten auf den meisten (wenn nicht sogar auf allen) Seiten Ihrer Website angezeigt werden.

Das ist die Primärnavigation.

Die **sekundäre Navigation** verlinkt mit den Unterabschnitten der Website. Die sekundäre Navigation sollte sich insbesondere mit der jeweiligen Seite beschäftigen und damit, wo sich der Benutzer *zum jeweiligen Zeitpunkt* befindet.

Auf der Homepage bietet uns die Subnavigation die Links zu den verfügbaren Kursangeboten.

Angenommen, jemand klickt auf der CNM-Seite auf den Link »Fakultät«. Die Links der primären Navigation sind immer noch sinnvoll, aber die sekundäre Navigation – die Links für die Kurse – nicht mehr wirklich. Und was ist mit »Über uns«? Sollen die Links dort auch angezeigt werden?

Erstellen Sie eine Seite für jeden Hauptabschnitt der Website: Studenten, Fakultät und Über uns (Home haben Sie durch index.html bereits). Machen Sie einfach drei Kopien von index.html und geben Sie ihnen jeweils einen entsprechenden Namen. Anschließend ändern Sie die Titel der Seiten.

Aktualisieren Sie dann die sekundäre Navigation jeder Seite auf Grundlage des IA-Diagramms von Seite 198 (kümmern Sie sich im Moment nicht um den eigentlichen Inhalt).

Die primäre Navigation gilt für die GESAMTE Website.

Die sekundäre Navigation gilt für den AKTUELLEN ABSCHNITT, in dem Sie sich gerade befinden.

Sekundäre Navigation für alle untergeordneten Seiten

Öffnen Sie die Seite, die Sie für den Abschnitt »Studenten« erstellt haben. Wir haben unsere `studenten.html` genannt. Wir müssen den Titel ändern und die sekundäre Navigation dem IA- Diagramm von CNM entsprechend anpassen.

```
<!DOCTYPE html PUBLIC "-//W3C//DTD XHTML 1.0 Strict//EN"
      "http://www.w3.org/TR/xhtml1/DTD/xhtml1-strict.dtd">
<html xmlns="http://www.w3.org/1999/xhtml" xml:lang="de" lang="de">
<head>
  <title>Studenten | College of New Media</title>
  <meta http-equiv="Content-Type" content="text/html; charset=utf-8"/>
  <link rel="stylesheet" href="stylesheets/screen.css" type="text/css"
        media="screen" />
</head>
<body class="seite">
  <div id="kopfzeile">
    <img alt="cnm-logo" src="bilder/cnm_logo.png" />
    <ul id="nav">
      <li><a title="CNM Home" href="index.html">Home</a></li>
      <li><a class="aktiv" title="#" href="studenten.html">Studenten</a></li>
      <li><a title="#" href="#">Fakultät</a></li>
      <li><a title="#" href="#">Über uns</a></li>
    </ul>
  </div>
  <div id="subnav">
    <ul>
      <li class="option">Studenten</li>
      <li><a href="#">Neue Medien</a></li>
      <li><a href="Einrichtungen">Einrichtungen</a></li>
      <li><a href="Am CNM bewerben">Bewerbung am CNM</a></li>
    </ul>
  </div>
  <div id="wrap">
    <p class="brotkrumen">Willkommen im College of New Media der UW</p>
    <div id="inhalt">
      <p>Inhalt</p>
    </div>
    <div id="seitenleiste">
      <p>Seitenleiste</p>
    </div>
    <div id="fusszeile">
      <p>Copyright &copy; College of New Media der Universität Webingen</p>
    </div>
  </div>
</body>
</html>
```

Der Titel der Seite sollte mit dem Namen des Links übereinstimmen und zusätzliche Informationen geben.

Wir haben die Klasse »seite« eingeführt, damit wir die Seiten der einzelnen Abschnitte anders als index.html stylen können.

Die primäre Navigation gilt für die gesamte Website, bleibt also auch in den unterschiedlichen Abschnitten gleich.

Wir behalten die Klasse »option« bei und ändern die Beschriftung in »Studenten« (unser derzeit aktives Navigationselement). Der Rest der <ul> sind einfach <li>s auf Grundlage der IA dieses Teils der CNM-Website.

studenten.html

Die Navigation mit CSS stylen

Nachdem wir jetzt eine sekundäre Navigation haben, können wir die CSS-Regeln für die Seiten der einzelnen Abschnitte schreiben. Jede dieser Seiten hat einen Body mit der Klasse »seite«, sodass wir sie gesondert stylen können.

```
#subnav {
        margin: 0;
        padding: 0;
        background: #d2dbc0;
        height: 46px;
}
#subnav ul li {
        float: left;
        margin: 0;
        padding: 15px 10px 15px 10px;
        font-size: 1.4em;
}
#subnav li.option {
        text-transform: uppercase;
        background: #b2bf99 url('../bilder/option_li_hg.gif') no-repeat
right;
        padding: 15px 25px 15px 10px;
        color: #7f8e62;
}
#subnav li a {
        padding: 10px 0 10px 35px;
        color: #333;
        text-decoration: none;
}
.seite #subnav li a {
        padding: 15px;
}
.seite #subnav li a:hover, #subnav li a.aktiv
        background: #b2bf99;
}
```

Fällt Ihnen an der Deklaration ».seite« etwas auf? Dadurch wird CSS angewiesen, diese Regeln nur anzuwenden, wenn <body> die class="seite" hat. Dadurch können wir die Seiten für die einzelnen Abschnitte anders als die Hauptseite index.html stylen.

Dieses Padding sorgt dafür, dass der Hover-Status und der Status »aktiv« den gesamten Block füllen.

Dieses Dunkelgrün gibt für die Zustände »hover« und »aktiv« einen hübschen Effekt für die sekundären Links.

screen.css

Das ist dasselbe CSS wie für den Rest der Website. Allerdings kümmert es sich jetzt auch um die Seiten der einzelnen Abschnitte.

Probefahrt

Erstellen Sie `studenten.html` und aktualisieren Sie `index.html` so, dass es auf die neue Abschnittsseite verlinkt. Aktualisieren Sie unbedingt auch das CSS und erstellen Sie Seiten für die Abschnitte »Fakultät« und »Über uns«.

Dann wird es Zeit, zu testen. Öffnen Sie `index.html` und klicken Sie auf einen der Hauptlinks »Studenten«, »Fakultät« oder »Über uns«. Auf jeder der Abschnittsseiten sollten Sie eine sekundäre Navigation sehen, die der IA der Website entspricht. Außerdem müssten Sie ein hübsches Grün sehen, wenn Sie den Mauszeiger über einen Link bewegen:

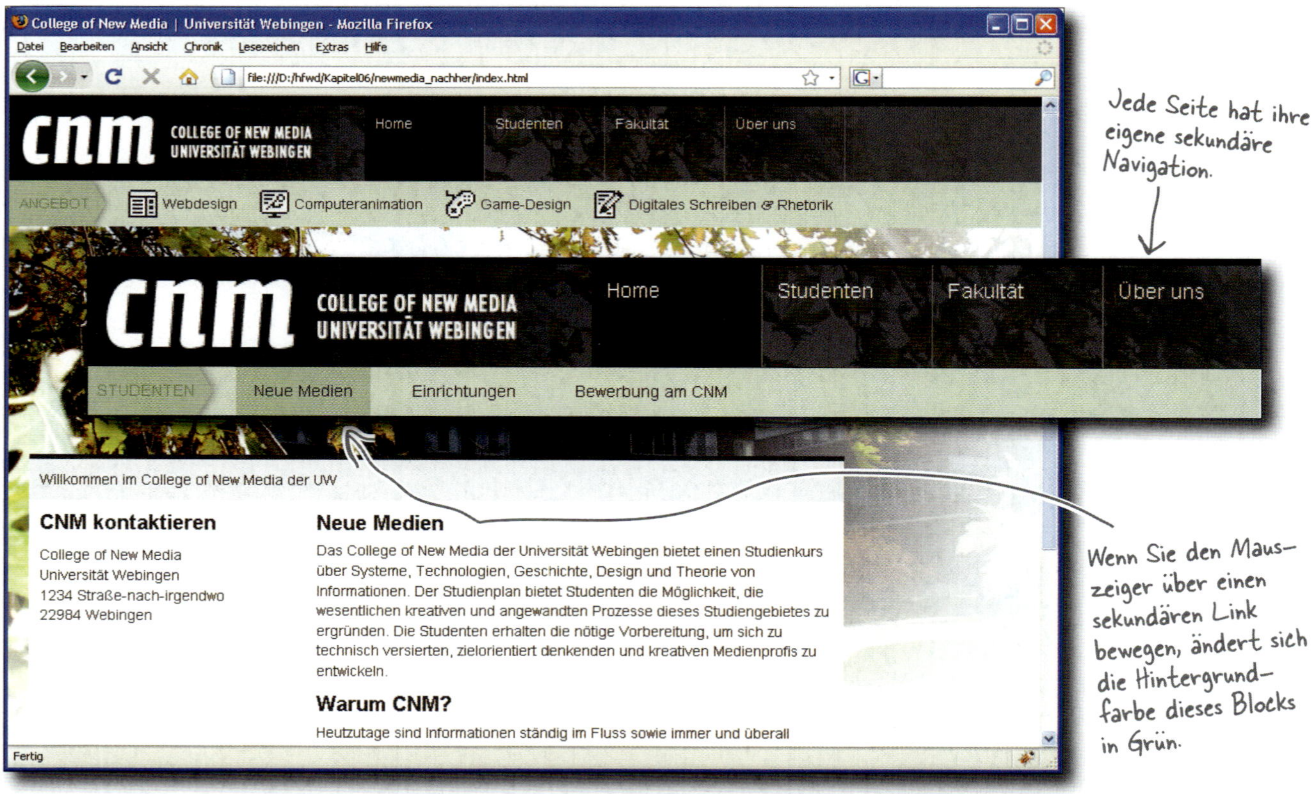

Webdesign-Werkzeugkasten

Sie haben mehr als die Hälfte geschafft und bereits die Navigation angepackt. Ihre Webseiten sind gut strukturiert, und die Leute finden sich darin zurecht. Als Nächstes: Schreiben für das Web. Klingt einfach, oder? Warten Sie ab und lesen Sie weiter ...

Punkt für Punkt

- Verwenden Sie die Informationsarchitektur der Website als Grundlage für die Navigation.
- Die primäre Navigation ist die Navigation mit den Links zu den Hauptabschnitten der Website. Die sekundäre Navigation verlinkt auf die Unterabschnitte der Website.
- Geben Sie Ihren Navigationselementen Namen, die kurz und aussagekräftig sind.
- Eine horizontale Navigation funktioniert besonders gut mit ein- und zweispaltigen Layouts.
- Falls Sie ein vertikales Design für die primäre Navigation Ihrer Website verwenden, achten Sie darauf, dass Sie die sekundären Navigationselemente nicht höher auf der Seite platzieren.
- Das Ziel der Navigation ist es, Ihren Benutzern zu zeigen, wo sie sich innerhalb der Gesamtstruktur der Website befinden, und ihnen die Entscheidungsmöglichkeit zu geben, wohin sie von dort aus gehen möchten.
- Um Verwirrung zu vermeiden, achten Sie unbedingt auf eine konsistente Navigation innerhalb der gesamten Website.
- Achten Sie auch darauf, dass Ihre Benutzer das Navigationssystem schnell verstehen können.
- Sogenannte »Brotkrumen« zeigen den Benutzern optisch an, wo sich die aktuelle Seite in der Informationsarchitektur der Website befindet (erinnern Sie sich noch an Hänsel und Gretel?).
- Verwenden Sie niemals Symbole (allein) als Navigationselemente – was ein Symbol für Sie bedeutet, kann sich von der Bedeutung für jemanden anderen vollkommen unterscheiden.
- Wenn Sie Symbole als Navigationselemente verwenden möchten, verbinden Sie diese unbedingt mit Text, damit Ihre Benutzer eine klare Vorstellung davon haben, wohin sie ein Klick auf diesen Link bringen wird.

7 Schreiben für das Web

Los, überfliegen Sie!

Für das Web schreibt man genau so wie sonst auch, oder? Ehrlich gesagt, müssen Sie für das Web *vollkommen anders* schreiben als für Printmedien. Menschen lesen Texte im Web nicht wie Texte auf einer gedruckten Seite. Sie lesen den Text nicht von links nach rechts und von oben nach unten, sie **»scannen«** ihn. Alle Texte auf Ihrer Website müssen so geschrieben sein, dass sie schnell ***überflogen werden*** können und ***leicht verdaulich*** sind. Ansonsten *werden die Benutzer keine Zeit* auf Ihrer Website verbringen und stattdessen abwandern. In diesem Kapitel erhalten Sie eine ganze Kiste voller Tipps und Tricks, wie Sie Texte von Anfang an leicht scannbar schreiben und vorhandene Texte entsprechend überarbeiten können.

Spitzen Sie Ihren Bleistift

Text auf einem Bildschirm liest sich anders als Text auf einer Papierseite. Das spielt eine große Rolle, wenn es darum geht, für das Web zu schreiben. Wenn Sie uns nicht glauben, versuchen Sie es.

Lesen Sie zuerst den Text am Bildschirm, indem Sie die Datei text.html aus dem Ordner kapitel07 des Beispielcodes öffnen. Stoppen Sie die Zeit, die Sie dafür brauchen (schreiben Sie die Zeit auf).

Lesen Sie anschließend die folgende Version und notieren Sie, wie lange Sie dafür gebraucht haben.

Coleco Industries, deren ursprünglicher Name »Connecticut Leather Company« lautete, wurde 1932 von dem russischen Immigranten Maurice Greenberg in West Hartford, Connecticut, gegründet. Nachdem sich in den 1950ern das Geschäft auf Kunststoffverarbeitung verlagerte, verkaufte Coleco das Ledergeschäft und ging an die Börse. Anfang der 1960er war das Unternehmen einer der größten Hersteller von Plastikschwimmbecken. Nach erfolglosen Versuchen mit Geländemotorrädern und Schneemobilen brachte Coleco Telstar auf den Markt, einen Klon der Heimkonsole PONG, die von Atari verkauft und vertrieben wurde.

Ungeachtet der Tatsache, dass Coleco nicht als einziges Unternehmen PONG-Klone verkaufte, hatten sie mäßigen Erfolg damit und produzierten neun weitere Varianten des Telstar. Als 1978 der Trend zu programmierbaren, Cartridge-basierten Videospielen hinging, war Coleco gezwungen, mehr als eine Million überschüssiger Telstar-Geräte für beinahe ruinöse Kosten von über 20 Millionen Dollar zu entsorgen.

Colecos Präsident Arnold Greenberg ließ sich von diesem Desaster nicht beirren. Er ließ sein Forschungs- und Entwicklungsteam an einem neuen Videospielsystem arbeiten, dem ColecoVision, mit dem er den neuen Standard an Grafikqualität und Erweiterbarkeit setzen wollte.

Zeit zum Lesen der Onlineversion: ....

Zeit zum Lesen der gedruckten Fassung: ....

Welche hat länger gedauert? ....

Warum? ....

....

Frank: Ruhig Blut, mein Freund. Es ist tatsächlich so. Text auf dem Bildschirm liest sich langsamer als Text auf einer gedruckten Seite. Die Leute lesen im Web um ca. 15% langsamer als in einem gedruckten Dokument.

Jo: Im Ernst? Immer? Wow. Das ist um einiges langsamer.

Frank: Und das ist noch nicht alles. Geh mal mit den Augen ganz nah an deinen Computermonitor. Was siehst zu?

Jo: Ahh, das ist fies. Der Text wird verschwommen und unscharf.

Frank: Genau. Du liest auf einem Bildschirm langsamer, weil Computerbildschirme eine wesentlich geringere Auflösung als gedruckte Dokumente haben.

Hans: Aha. Ich lese also langsamer, weil meine Augen den verschwommenen Text ausgleichen müssen?

Frank: Stimmt. Und wahrscheinlich sind deine Augen auch schneller angestrengt, als wenn du in einem gedruckten Dokument liest. Die Leute lesen Text auf einem Bildschirm also immer anders, um eine Ermüdung der Augen und Kopfschmerzen zu vermeiden.

Jo: Aber merken sie auch, dass sie langsamer lesen?

Hans: Hast du es denn gemerkt?

Jo: Hmm. Nein, ich glaube nicht. Aber was nützt mir das, wenn ich Text für meine Websites schreibe?

Frank: Die Benutzer *überfliegen* deinen Text, suchen nach Schlüsselwörtern, Sätzen und Abschnitten, die ihnen etwas sagen. Wenn du deinen Text also so schreibst, dass er gut überflogen werden kann, können deine Benutzer schneller lesen, verstehen und sich den Inhalt besser merken.

Hans: Das klingt wie der Heilige Gral für Texter. Bist du dir sicher, Frank?

Frank: Ja. Gut scannbare Texte machen die Erfahrung der Benutzer auf deiner Website angenehmer – was bedeutet, dass sie länger bleiben und öfter kommen. Und das ist das Ziel von nutzerorientiertem Design: den Benutzern zu geben, was sie möchten, damit sie wieder zurückkommen.

Spitzen Sie Ihren Bleistift

Schnappen Sie sich eine Stoppuhr und nehmen Sie sich exakt 20 Sekunden Zeit, um den Textblock auf dieser Seite zu lesen. Beantworten Sie anschließend die Fragen unterhalb des Texts. Aber nicht schummeln: Lesen Sie die Fragen erst, *nachdem* Sie den Text gelesen haben.

Coleco Industries, deren ursprünglicher Name »Connecticut Leather Company« lautete, wurde 1932 von dem russischen Immigranten Maurice Greenberg in West Hartford, Connecticut, gegründet. Nachdem sich in den 1950ern das Geschäft auf Kunststoffverarbeitung verlagerte, verkaufte Coleco das Ledergeschäft und ging an die Börse. Anfang der 1960er war das Unternehmen einer der größten Hersteller von Plastikschwimmbecken. Nach erfolglosen Versuchen mit Geländemotorrädern und Schneemobilen brachte Coleco Telstar auf den Markt, einen Klon der Heimkonsole PONG, die von Atari verkauft und vertrieben wurde.

Ungeachtet der Tatsache, dass Coleco nicht als einziges Unternehmen PONG-Klone verkaufte, hatten sie mäßigen Erfolg damit und produzierten neun weitere Varianten des Telstar. Als 1978 der Trend zu programmierbaren, Cartridge-basierten Videospielen hinging, war Coleco gezwungen, mehr als eine Million überschüssiger Telstar-Geräte für beinahe ruinöse Kosten von über 20 Millionen Dollar zu entsorgen.

Colecos Präsident Arnold Greenberg ließ sich von diesem Desaster nicht beirren. Er ließ sein Forschungs- und Entwicklungsteam an einem neuen Videospielsystem arbeiten, dem ColecoVision, mit dem er den neuen Standard an Grafikqualität und Erweiterbarkeit setzen wollte.

1. **Wie hieß der PONG-Klon, den Coleco auf den Markt geworfen hat?** ....

2. **Wie hieß der Gründer von Coleco?** ....

3. **Wer war in den 1970ern Präsident von Coleco?** ....

Versuchen Sie nun dasselbe mit dem folgenden Textblock. Nicht schummeln! Lesen Sie die Fragen erst, wenn Sie den Text gelesen haben.

Die Vermarktung von ColecoVision

ColecoVision wurde im Sommer 1982 für einen Endpreis von $199 mit mehreren bemerkenswerten Weiterentwicklungen auf den Markt gebracht:

- der Fähigkeit, 32 Sprites gleichzeitig auf dem Bildschirm darzustellen
- 16 Farben pro Farbpalette von insgesamt 32 Farben
- Drei-Kanal-Ton

Donkey Kong: der Schlüssel zum Erfolg von ColecoVision

Der Schlüssel zum Erfolg des neuen Systems war das beiliegende Cartridge. Coleco handelte erfolgreich das Recht aus, den Arkaden-Smash-Hit Donkey Kong herauszubringen.

Donkey Kong: rechtliche Probleme mit Universal

Colecos Version von Donkey Kong für das ColecoVision war erstaunlich beliebt, aber nicht ohne Probleme. Universal City Studios Inc. sah ihr eigenes Markenzeichen King Kong verletzt und drohte sowohl Nintendo als auch Coleco mit rechtlichen Schritten. Nachdem Arnold Greenberg bereits eine große Summe in die Lizenz investiert hatte, willigte er ein, an Universal 3% des Nettoverkaufspreises des Spiels zu zahlen.

Coleco gibt klein bei, Nintendo schlägt zurück

Im Gegensatz zu Coleco trug Nintendo den Rechtsstreit aus und lieferte vor Gericht mehrere Demonstrationen zu den Unterschieden zwischen der Spiel- und der Filmhandlung. Nintendo argumentierte, dass Universal in einem früheren Fall angegeben hatte, die Charaktere und die Handlung von King Kong seien lizenzfrei. Nintendo konnte seinen Anspruch erfolgreich geltend machen und erhielt einen Schadensersatz in Höhe von 1,8 Millionen Dollar. Dies veranlasste Coleco, ebenfalls Klage zu erheben, wodurch sie einen Teil der zuvor an Universal gezahlten Tantiemen wieder zurückerhielten.

1. **Wie viele Sprites konnte die ColecoVision auf dem Bildschirm darstellen?** ....

2. **Welches Spiel wurde zusammen mit der ColecoVision ausgeliefert?** ....

3. **Wer verklagte Nintendo & Coleco wegen einer Copyright-Verletzung?** ....

Spitzen Sie Ihren Bleistift
Lösung

Sie haben sich 20 Sekunden Zeit genommen, um zwei Textblöcke zu lesen und die jeweiligen Fragen zu beantworten. Wie ist es gelaufen?

1. **Wie hieß der PONG-Klon, den Coleco auf den Markt geworfen hat?**
   Telstar
   Das stand im ersten Absatz. Haben Sie es gefunden?

2. **Wie hieß der Gründer von Coleco?**
   Maurice Greenberg
   Daran haben Sie sich wahrscheinlich ganz leicht erinnert. Das liegt daran, dass die Antwort relativ früh im ersten Absatz stand.

3. **Wer war in den 1970ern Präsident von Coleco?**
   Arnold Greenberg
   Sind Sie in 20 Sekunden bis zu dieser Information gekommen?

---

1. **Wie viele Sprites konnte die ColecoVision auf dem Bildschirm darstellen?**
   32
   Das stand beim ersten Aufzählungszeichen, das war leicht zu erinnern.

2. **Welches Spiel wurde zusammen mit der ColecoVision ausgeliefert?**
   Donkey Kong
   Das wurde mehrmals wiederholt und stand am Anfang der zweiten und dritten Überschrift.

3. **Wer verklagte Nintendo & Coleco wegen einer Copyright-Verletzung?**
   Universal
   Auch das war wieder leicht zu merken, weil es in einer Überschrift stand. Ihr Auge fiel ganz automatisch auf den fett gedruckten Text.

Text, der bewusst so geschrieben ist, dass er leicht überflogen werden kann, lässt sich schneller lesen und verstehen. Einer der beiden Textblöcke war so geschrieben, der andere nicht. Welcher war es Ihrer Meinung nach?

Machen Sie eine bessere Onlinezeitung

Eine alternative Lokalzeitung war so beeindruckt von dem erfolgreichen Launch der RPM-Website, dass Sie den Auftrag erhalten, eine Onlineversion der Zeitung zu entwickeln.

Obwohl diese Zeitung immer gut geschriebene Artikel veröffentlichte, musste sie in letzter Zeit um ihre Leserschaft kämpfen. Der Chefredakteur möchte außerdem mehr als nur Nachrichten auf der Zeitungs-Website anbieten. Er glaubt, dass hippe Artikel über die Computer- und Spiele-Popkultur (Geek-Chic) die Leser ansprechen wird. Die größte Herausforderung für dieses Projekt ist nicht das Layout, sondern das Schreiben für das Web. Die neue Website ist die letzte Chance, diese Zeitung zu retten, also brauchen sie wirklich Ihre Hilfe ...

HIPSTER KURIER

TÄGLICH HIPPE NEWS + VERANSTALTUNGEN

NEUESTE NEUIGKEITEN

Die coolsten Locations der Stadt

Köln, NRW – Lorem ipsum dolor sit amet, consectetuer adipiscing elit. Proin varius sollicitudin velit. Suspendisse varius, urna id pharetra bibendum, est erat elementum neque, ut bibendum nisi ipsum ac nibh. Nunc ultricies egestas dolor. Nam facilisis neque et est. Pellentesque lacinia arcu ut nisl mattis blandit. Etiam facilisis erat non mauris. Praesent non pede vel ipsum tincidunt ornare. Cras nibh. Duis adipiscing venenatis urna. Pellentesque posuere. Mauris dolor est, porttitor in, convallis sit amet, auctor sit amet, nisl. Etiam neque dolor, ultrices nec, tincidunt euismod, mollis ac, nisi. Praesent sed orci. Nulla justo orci, auctor in, porta a, lobortis ac, justo. Cras pharetra. Nunc non odio. Suspendisse ut mi sit amet mauris semper auctor. Nulla commodo viverra odio.

Aenean molestie pretium nisl. Donec ac nisi vitae ligula pharetra facilisis. Aenean accumsan ipsum nec velit. Donec at sapien. Suspendisse ut mi sit amet mauris semper auctor. Nulla

Bild des Tages: *Lorem ipsum dolor sit amet, consectetuer adipiscing elit.*

KURIOSITÄTEN + SPINNEREIEN

Lesen Sie den hier

Pellentesque lacinia arcu ut nisl mattis blandit. Etiam facilisis erat non mauris. Praesent non pede vel ipsum tincidunt ornare. Cras nibh. Duis adipiscing.

Auch interessant

Pellentesque lacinia arcu ut nisl mattis blandit. Etiam facilisis erat non mauris. Praesent non pede vel ipsum tincidunt ornare. Cras nibh. Duis adipiscing. Pellentesque lacinia arcu ut nisl mattis blandit. Etiam facilisis erat non mauris. Praesent non pede vel ipsum tincidunt

"Pellentesque lacinia arcu ut nisl mattis blandit. Etiam facilisis erat non mauris. Praesent non pede vel ipsum tincidunt."

"Pellentesque lacinia arcu ut nisl mattis blandit. Etiam facilisis erat non mauris. Praesent non pede vel ipsum tincidunt."

"Pellentesque lacinia arcu ut nisl mattis blandit. Etiam facilisis erat non mauris. Praesent non pede vel ipsum tincidunt."

Chefredakteur des Hipster-Kurier.

Hipster-Kurier online: Projektspezifikation

Damit Sie anfangen können, hat Ihnen die Zeitung einige Anforderungen geschickt. Damit können Sie das Look and Feel der Website besser ausfeilen, an der Sie arbeiten.

1. Die Website braucht drei Spalten, um viel Inhalt aufnehmen zu können und das Look and Feel einer Zeitung zu bekommen.
2. Das gesamte Markup (sowohl HTML als auch CSS) muss mit den W3C-Validierungstools korrekt validieren.
3. Die Homepage soll einen Bereich enthalten, in dem ein Bild als visuelles Element für den vorgestellten Artikel Platz hat.
4. Der Titel ***Hipster Kurier*** muss im oberen Drittel der Website stehen.
5. Ein mindestens dreifarbiges Farbschema im endgültigen Design.

Wir können die Größe der Spalten nach dem Goldenen Schnitt wählen.

Kapitel 6 von HTML von Kopf bis Fuß behandelt das in aller Ausführlichkeit.

Das ist kein Problem …

Wir haben in Kapitel 5 viel über Farben gesprochen. Das dürfte ebenfalls kein Problem sein.

Das Problem ist der TEXT

Keine dieser Anforderungen wirkt sonderlich problematisch. Aber es gibt ein großes Thema, das *nicht* in diesen Anforderungen steht: Der Hipster besteht vorwiegend aus Text – mengenweise Text. Wir müssen also eine textlastige Website erstellen, die trotzdem benutzerfreundlich und hip ist.

Nehmen Sie diese praktische Browservorlage und stellen Sie ein ausgefeiltes Storyboard nach den Anforderungen für das Design der Website vom Chefredakteur des Hipster-Kurier zusammen.

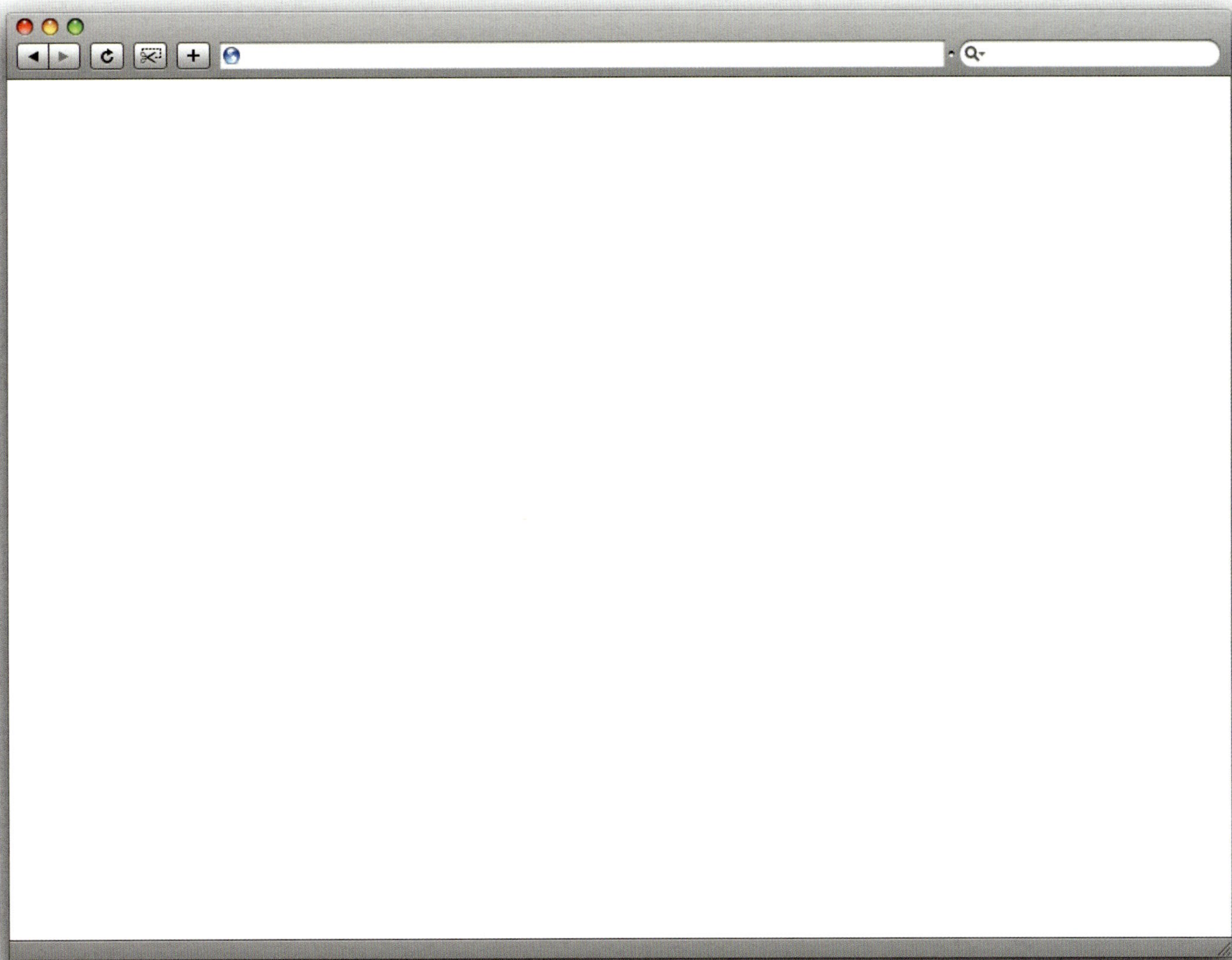

LÖSUNG ZUR ÜBUNG

Sie haben anhand der Spezifikationen für die Website ein ausgefeiltes Storyboard zusammengestellt. Wie sieht Ihres aus? Wie viele Farben haben Sie verwendet?

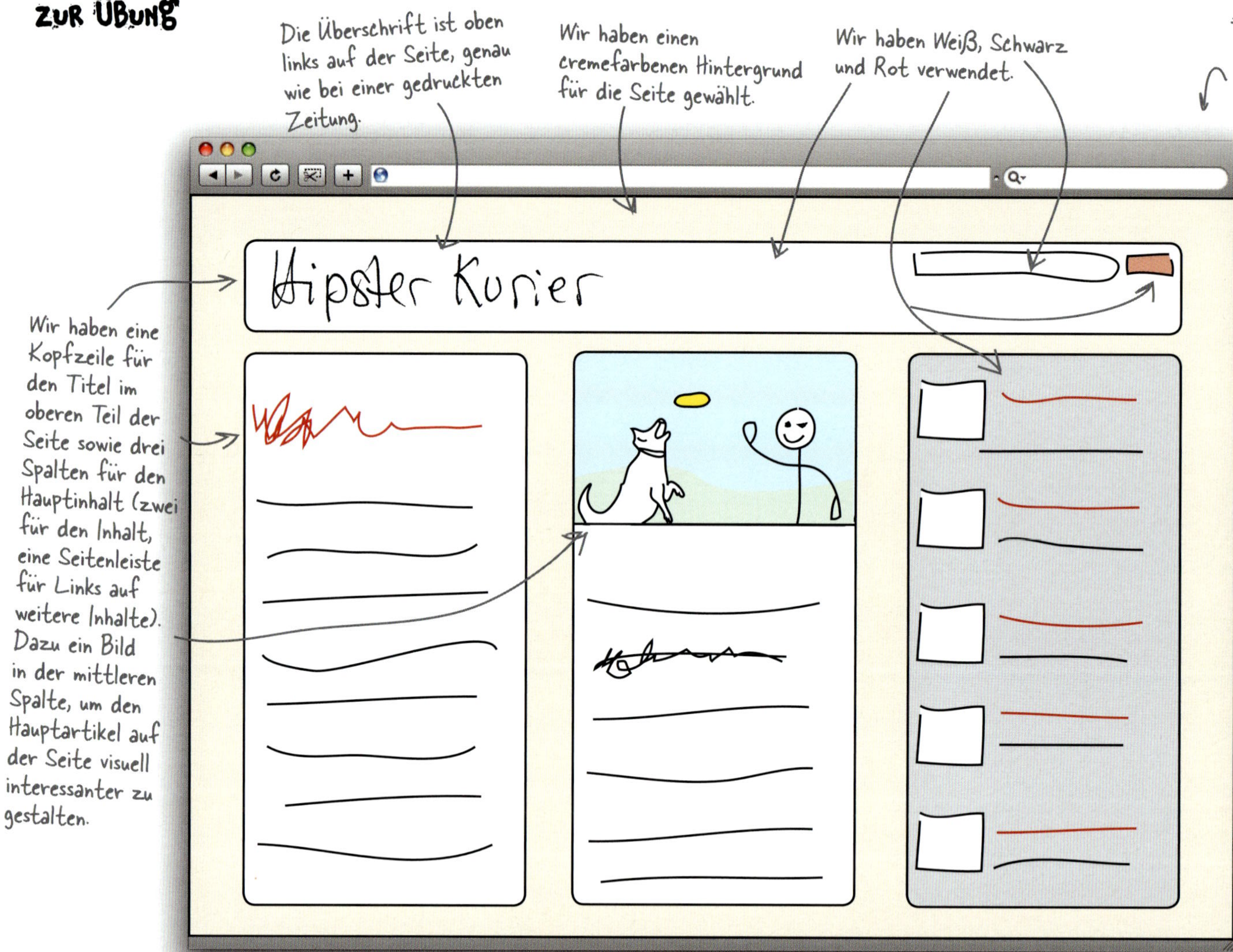

Heben Sie Ihre Storyboards gut auf. Wir erstellen diese Seite im Laufe des Kapitels.

Code-Fertiggericht

Hier bekommen Sie einfachen HTML- und CSS-Code, damit Sie mit der Umsetzung Ihres Storyboards beginnen können.

```
<!DOCTYPE html PUBLIC "-//W3C//DTD XHTML 1.0 Strict//EN"
      "http://www.w3.org/TR/xhtml1/DTD/xhtml1-strict.dtd">
<html xmlns="http://www.w3.org/1999/xhtml" xml:lang="de" lang="de">
<head>
  <title>Hipster Kurier</title>
    <meta http-equiv="Content-Type" inhalt="text/html; charset=utf-8"/>
    <link rel="stylesheet" href="screen.css" type="text/css" media="screen" />
</head>
<body>
  <div id="wrap">
    <div id="1">
    </div>
    <div id="inhalt">
      <div id="hauptspalte">
      </div>
      <div id="mitte">
      </div>
      <div id="seitenleiste">
      </div>
    </div>
  </div>
</body>
</html>
```

Vergessen Sie nicht, Ihre CSS-Datei einzubinden!

Diese <div>s nehmen unseren Inhalt und die Grafiken auf. Die Positionierung machen wir mit diesem CSS.

```
/* The Hipster CSS-Datei */

body {
}
/*
Globale Regeln (h1, h2, p, ul usw.)
*/
#wrap {
}

#kopfzeile {
}

#inhalt {
}

#inhalt #hauptspalte {
}

#inhalt #mitte {
}

#inhalt #seitenleiste {
}
```

CSS-Kommentare: Der Browser ignoriert sie einfach, also tippen Sie, was Sie wollen.

Erinnern Sie sich? Das #-Zeichen steht für eine ID in der HTML-Datei.

Stopp! Erstellen Sie unbedingt diese beiden Dateien, bevor Sie weiterblättern!

Jetzt brauchen wir Inhalt, damit wir etwas zum Stylen haben ...

HIPSTER KURIER

TÄGLICH HIPPE NEWS + VERANSTALTUNGEN

Website-Text

1973 gründeten Gary Gygax, ein Game-Designer aus Lake Geneva, Wisconsin, und Don Kaye »Tactical Studies Rules«, um die Regeln für »Cavaliers and Roundheads«, ein Strategiespiel, das im englischen Bürgerkrieg spielt, zu veröffentlichen. »Cavaliers and Roundheads« stand zwar ursprünglich im Mittelpunkt von Tactical Studies Rules, aber Gygax und Kaye wollten auch die Regeln für »Dungeons & Dragons« veröffentlichen, ein von Gygax entwickeltes Fantasy-Rollenspiel, dessen Regeln auf »Chainmail« beruhten, einem Mittelalter-Strategiespiel von Gygax und Jeff Perren aus dem Jahr 1971. Als »Cavaliers and Roundheads« die ersten Gewinne für Tactical Studies Rules erzielte, wurde die Partnerschaft auf Dave Arneson und Brian Blume erweitert. Dave Arneson schloss sich der Partnerschaft als Game-Designer an und verließ die Firma kurz darauf wieder. Brian Blume stieg als Investor ein. Blume glaubte, dass »Cavaliers and Roundheads« nicht genug Gewinne erzielen würde, und ermunterte Gygax und Kaye, ihre Bemühungen auf die Veröffentlichung von »Dungeons & Dragons« zu konzentrieren.

Es gibt beachtliche Diskussionen darüber, wie viel Dave Arneson zum ursprünglichen Konzept von »Dungeons & Dragons« beigetragen hat. Während sich Arneson selbst als den »Vater des Rollenspiels« bezeichnet und behauptet, dass er das Spiel komplett geschrieben hat, sagt Gygax, dass er selbst in erster Linie

Entspannen Sie sich

Keine Panik! Diesen Text bekommen Sie online.

Den vollständigen Text für die Website finden Sie im Ordner kapitel07 des Beispielcodes unter `http://tinyurl.com/kf-webdesign`.

Probefahrt

Nachdem Sie jetzt das Gerüst Ihrer Website als Markup geschrieben haben, fügen Sie den Inhalt, den Ihnen der Chefredakteur gegeben hat, in den Hauptinhaltsbereich der HTML-Seite ein. Wie gesagt, Sie finden den gesamten Text in den Codebeispielen zu diesem Kapitel.

```
...
   <div id="inhalt">
     <div id="hauptspalte">



     </div>
     <div id="mitte">
...
```

Setzen Sie den Text des Chefredakteurs in das <div> »hauptspalte« und denken Sie daran, die einzelnen Absätze in <p>-Tags zu schreiben.

Öffnen Sie die neue Hipster-Seite in Ihrem Browser. Wie sieht sie aus?

Es gibt keine Dummen Fragen

F: Lesen die Leute online wirklich so viel langsamer?

A: Ja. Eine Menge wissenschaftlicher Studien sind zu ein und demselben Schluss gekommen. Und Sie haben Ihr eigenes Experiment mit den 20-sekündigen Lesetests gemacht. Sie sind doch zum selben Ergebnis gekommen, oder?

F: Hmm. Okay, aber diese beiden Textblöcke fand ich nicht sehr unterschiedlich. Wie kommt es, dass ich mich aus dem zweiten Block an so viel mehr erinnern kann?

A: Das liegt an der »Stückelung«, dem Herunterbrechen von Inhalten in kleinere, leichter zu lesende und zu verstehende Einheiten. Klingt einfach, ist aber ein ultimativer Tipp, um die Leute dazu zu bringen, mehr von Ihrer Website zu lesen. Auf den nächsten paar Seiten sehen wir uns an, wie das geht.

F: Sie meinen also, dass ich diese Prinzipien auch auf mein Blog anwenden kann? Nicht nur auf Onlinezeitungen und lange Artikel?

A: Natürlich! Sie können das auf Ihren Blog oder jeden anderen Text anwenden, der auf einem Computerbildschirm gelesen wird.

Oh, oh … von wegen online lesbarer Text!

Ach du Schand… Sehen Sie sich die Länge diese… Scrollbalkens a…

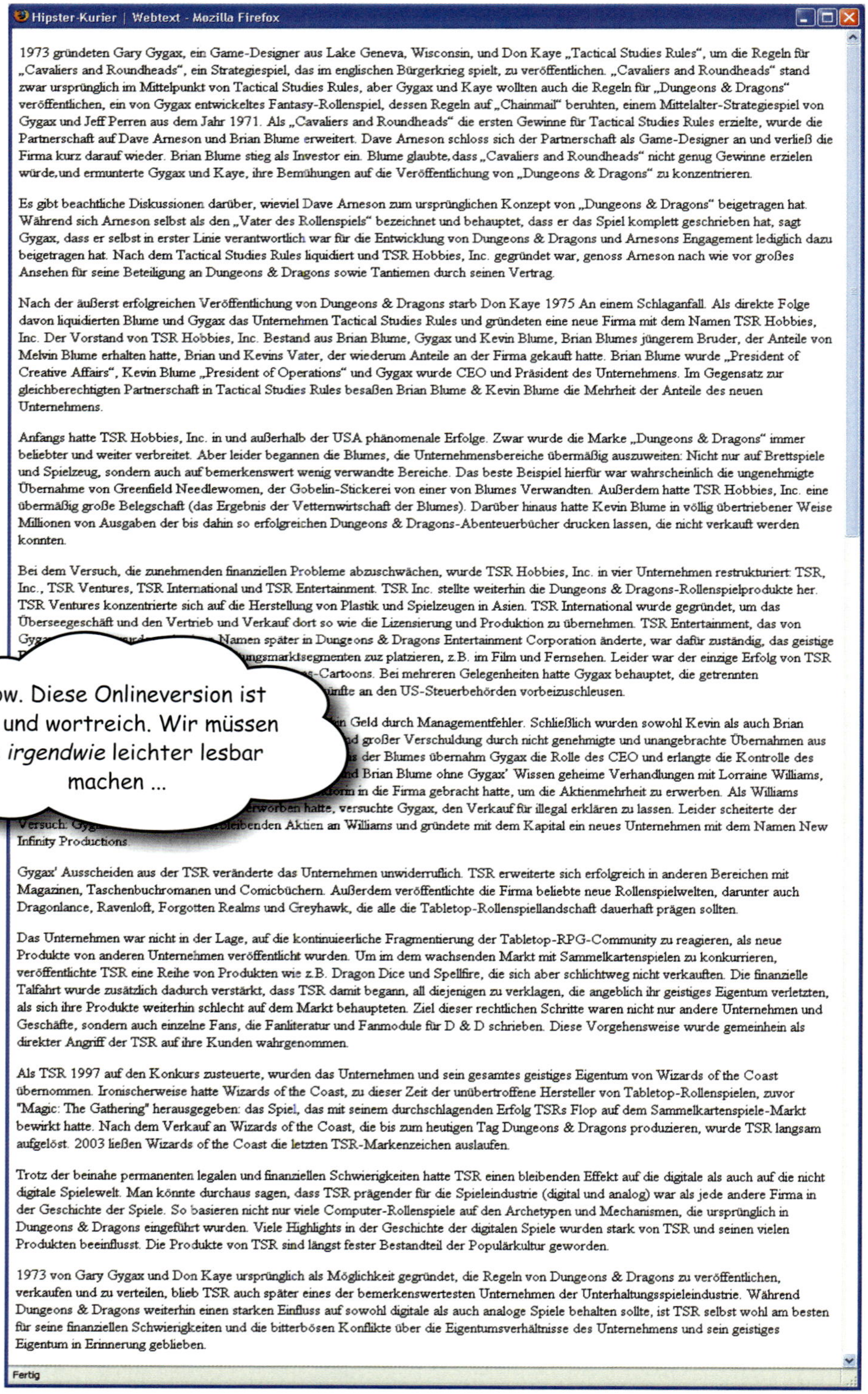

1973 gründeten Gary Gygax, ein Game-Designer aus Lake Geneva, Wisconsin, und Don Kaye „Tactical Studies Rules“, um die Regeln für „Cavaliers and Roundheads“, ein Strategiespiel, das im englischen Bürgerkrieg spielt, zu veröffentlichen. „Cavaliers and Roundheads“ stand zwar ursprünglich im Mittelpunkt von Tactical Studies Rules, aber Gygax und Kaye wollten auch die Regeln für „Dungeons & Dragons“ veröffentlichen, ein von Gygax entwickeltes Fantasy-Rollenspiel, dessen Regeln auf „Chainmail“ beruhten, einem Mittelalter-Strategiespiel von Gygax und Jeff Perren aus dem Jahr 1971. Als „Cavaliers and Roundheads“ die ersten Gewinne für Tactical Studies Rules erzielte, wurde die Partnerschaft auf Dave Arneson und Brian Blume erweitert. Dave Arneson schloss sich der Partnerschaft als Game-Designer an und verließ die Firma kurz darauf wieder. Brian Blume stieg als Investor ein. Blume glaubte, dass „Cavaliers and Roundheads“ nicht genug Gewinne erzielen würde,und ermunterte Gygax und Kaye, ihre Bemühungen auf die Veröffentlichung von „Dungeons & Dragons“ zu konzentrieren.

Es gibt beachtliche Diskussionen darüber, wieviel Dave Arneson zum ursprünglichen Konzept von „Dungeons & Dragons“ beigetragen hat. Während sich Arneson selbst als den „Vater des Rollenspiels“ bezeichnet und behauptet, dass er das Spiel komplett geschrieben hat, sagt Gygax, dass er selbst in erster Linie verantwortlich war für die Entwicklung von Dungeons & Dragons und Arnesons Engagement lediglich dazu beigetragen hat. Nach dem Tactical Studies Rules liquidiert und TSR Hobbies, Inc. gegründet war, genoss Arneson nach wie vor großes Ansehen für seine Beteiligung an Dungeons & Dragons sowie Tantiemen durch seinen Vertrag.

Nach der äußerst erfolgreichen Veröffentlichung von Dungeons & Dragons starb Don Kaye 1975 An einem Schlaganfall. Als direkte Folge davon liquidierten Blume und Gygax das Unternehmen Tactical Studies Rules und gründeten eine neue Firma mit dem Namen TSR Hobbies, Inc. Der Vorstand von TSR Hobbies, Inc. Bestand aus Brian Blume, Gygax und Kevin Blume, Brian Blumes jüngerem Bruder, der Anteile von Melvin Blume erhalten hatte, Brian und Kevins Vater, der wiederum Anteile an der Firma gekauft hatte. Brian Blume wurde „President of Creative Affairs“, Kevin Blume „President of Operations“ und Gygax wurde CEO und Präsident des Unternehmens. Im Gegensatz zur gleichberechtigten Partnerschaft in Tactical Studies Rules besaßen Brian Blume & Kevin Blume die Mehrheit der Anteile des neuen Unternehmens.

Anfangs hatte TSR Hobbies, Inc. in und außerhalb der USA phänomenale Erfolge. Zwar wurde die Marke „Dungeons & Dragons“ immer beliebter und weiter verbreitet. Aber leider begannen die Blumes, die Unternehmensbereiche übermäßig auszuweiten: Nicht nur auf Brettspiele und Spielzeug, sondern auch auf bemerkenswert wenig verwandte Bereiche. Das beste Beispiel hierfür war wahrscheinlich die ungenehmigte Übernahme von Greenfield Needlewomen, der Gobelin-Stickerei von einer von Blumes Verwandten. Außerdem hatte TSR Hobbies, Inc. eine übermäßig große Belegschaft (das Ergebnis der Vetternwirtschaft der Blumes). Darüber hinaus hatte Kevin Blume in völlig übertriebener Weise Millionen von Ausgaben der bis dahin so erfolgreichen Dungeons & Dragons-Abenteuerbücher drucken lassen, die nicht verkauft werden konnten.

Bei dem Versuch, die zunehmenden finanziellen Probleme abzuschwächen, wurde TSR Hobbies, Inc. in vier Unternehmen restrukturiert: TSR, Inc., TSR Ventures, TSR International und TSR Entertainment. TSR Inc. stellte weiterhin die Dungeons & Dragons-Rollenspielprodukte her. TSR Ventures konzentrierte sich auf die Herstellung von Plastik und Spielzeugen in Asien. TSR International wurde gegründet, um das Überseegeschäft und den Vertrieb und Verkauf dort so wie die Lizensierung und Produktion zu übernehmen. TSR Entertainment, das von Gyg… Namen später in Dungeons & Dragons Entertainment Corporation änderte, war dafür zuständig, das geistige … ungsmarktsegmenten zuz platzieren, z.B. im Film und Fernsehen. Leider war der einzige Erfolg von TSR … -Cartoons. Bei mehreren Gelegenheiten hatte Gygax behauptet, die getrennten … ünfte an den US-Steuerbehörden vorbeizuschleusen.

… Geld durch Managementfehler. Schließlich wurden sowohl Kevin als auch Brian … d großer Verschuldung durch nicht genehmigte und unangebrachte Übernahmen aus … der Blumes übernahm Gygax die Rolle des CEO und erlangte die Kontrolle des … nd Brian Blume ohne Gygax' Wissen geheime Verhandlungen mit Lorraine Williams, … in die Firma gebracht hatte, um die Aktienmehrheit zu erwerben. Als Williams … erworben hatte, versuchte Gygax, den Verkauf für illegal erklären zu lassen. Leider scheiterte der Versuch. Gyg… verbleibenden Aktien an Williams und gründete mit dem Kapital ein neues Unternehmen mit dem Namen New Infinity Productions.

Gygax' Ausscheiden aus der TSR veränderte das Unternehmen unwiderruflich. TSR erweiterte sich erfolgreich in anderen Bereichen mit Magazinen, Taschenbuchromanen und Comicbüchern. Außerdem veröffentlichte die Firma beliebte neue Rollenspielwelten, darunter auch Dragonlance, Ravenloft, Forgotten Realms und Greyhawk, die alle die Tabletop-Rollenspiellandschaft dauerhaft prägen sollten.

Das Unternehmen war nicht in der Lage, auf die kontinuieerliche Fragmentierung der Tabletop-RPG-Community zu reagieren, als neue Produkte von anderen Unternehmen veröffentlicht wurden. Um im dem wachsenden Markt mit Sammelkartenspielen zu konkurrieren, veröffentlichte TSR eine Reihe von Produkten wie z.B. Dragon Dice und Spellfire, die sich aber schlichtweg nicht verkauften. Die finanzielle Talfahrt wurde zusätzlich dadurch verstärkt, dass TSR damit begann, all diejenigen zu verklagen, die angeblich ihr geistiges Eigentum verletzten, als sich ihre Produkte weiterhin schlecht auf dem Markt behaupteten. Ziel dieser rechtlichen Schritte waren nicht nur andere Unternehmen und Geschäfte, sondern auch einzelne Fans, die Fanliteratur und Fanmodule für D & D schrieben. Diese Vorgehensweise wurde gemeinhein als direkter Angriff der TSR auf ihre Kunden wahrgenommen.

Als TSR 1997 auf den Konkurs zusteuerte, wurden das Unternehmen und sein gesamtes geistiges Eigentum von Wizards of the Coast übernommen. Ironischerweise hatte Wizards of the Coast, zu dieser Zeit der unübertroffene Hersteller von Tabletop-Rollenspielen, zuvor "Magic: The Gathering" herausgegeben: das Spiel, das mit seinem durchschlagenden Erfolg TSRs Flop auf dem Sammelkartenspiele-Markt bewirkt hatte. Nach dem Verkauf an Wizards of the Coast, die bis zum heutigen Tag Dungeons & Dragons produzieren, wurde TSR langsam aufgelöst. 2003 ließen Wizards of the Coast die letzten TSR-Markenzeichen auslaufen.

Trotz der beinahe permanenten legalen und finanziellen Schwierigkeiten hatte TSR einen bleibenden Effekt auf die digitale als auch auf die nicht digitale Spielewelt. Man könnte durchaus sagen, dass TSR prägender für die Spieleindustrie (digital und analog) war als jede andere Firma in der Geschichte der Spiele. So basieren nicht nur viele Computer-Rollenspiele auf den Archetypen und Mechanismen, die ursprünglich in Dungeons & Dragons eingeführt wurden. Viele Highlights in der Geschichte der digitalen Spiele wurden stark von TSR und seinen vielen Produkten beeinflusst. Die Produkte von TSR sind längst fester Bestandteil der Populärkultur geworden.

1973 von Gary Gygax und Don Kaye ursprünglich als Möglichkeit gegründet, die Regeln von Dungeons & Dragons zu veröffentlichen, verkaufen und zu verteilen, blieb TSR auch später eines der bemerkenswertesten Unternehmen der Unterhaltungsspieleindustrie. Während Dungeons & Dragons weiterhin einen starken Einfluss auf sowohl digitale als auch analoge Spiele behalten sollte, ist TSR selbst wohl am besten für seine finanziellen Schwierigkeiten und die bitterbösen Konflikte über die Eigentumsverhältnisse des Unternehmens und sein geistiges Eigentum in Erinnerung geblieben.

Inhalte mit der umgekehrten Pyramide optimieren

Nur ein kleiner Prozentsatz der Leser scrollt über die Informationen hinaus, die von Anfang an im Browserfenster sichtbar sind. Selbst wenn Ihre Benutzer gewillt sind, nach unten zu scrollen, entscheiden die meisten anhand dessen, was sie beim Laden der Seite sehen, ob sie den Inhalt lesen möchten.

Um das zu berücksichtigen, sollten Sie Ihren Text wie eine **umgekehrte Pyramide** aufbauen. Beginnen Sie mit einer kurzen Zusammenfassung, damit die Benutzer einen schnellen Eindruck von der Seite bekommen, und schreiben Sie die Einzelheiten danach. Auf diese Weise können die Benutzer jederzeit aufhören zu lesen und sich trotzdem sicher sein, dass sie die wichtigen Informationen bereits erfasst haben.

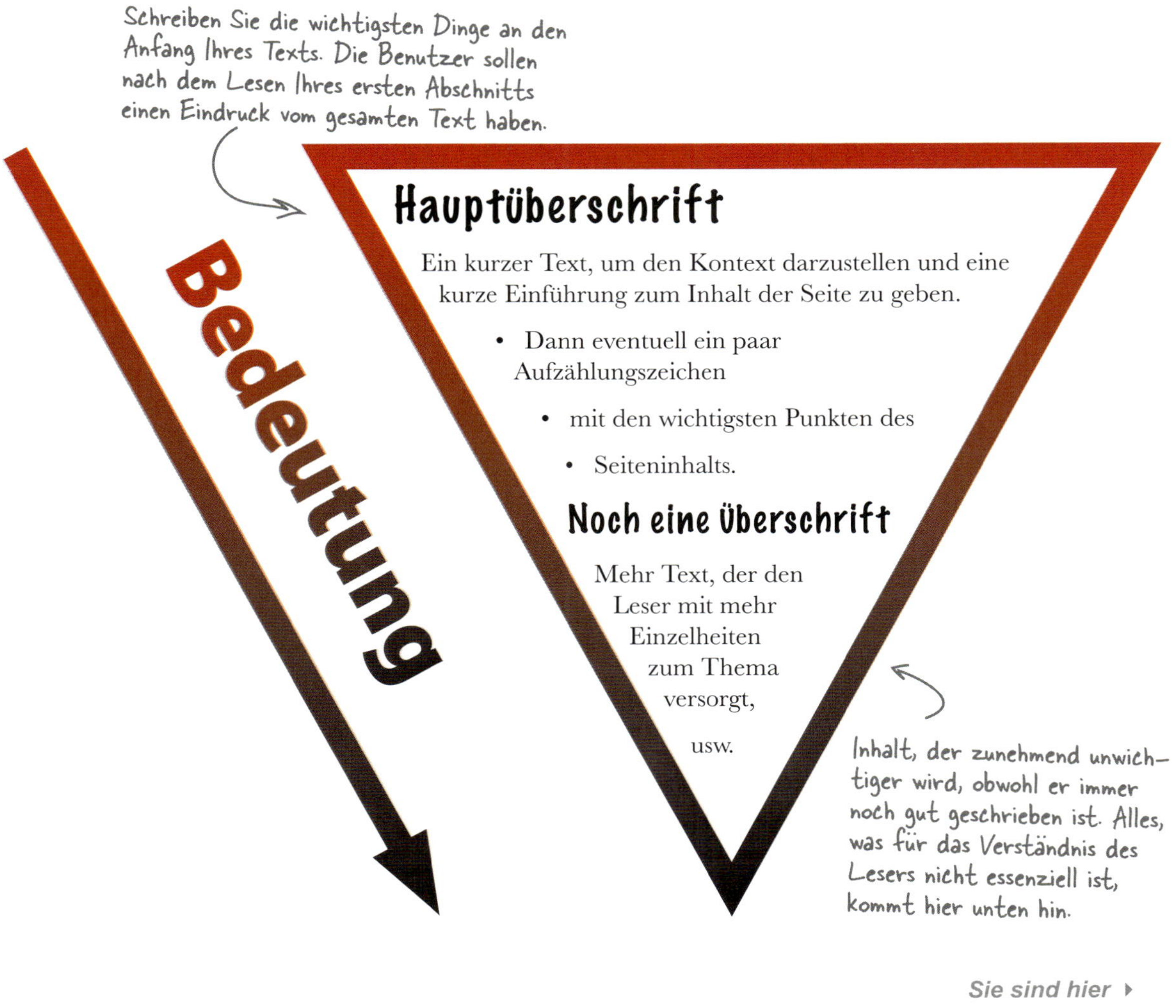

Hier sehen Sie zwei Texte. Einer wurde mithilfe der umgekehrten Pyramide geschrieben, der andere nicht. Lesen Sie beide, aber hören Sie auf, sobald Sie das Gefühl haben, dass Sie einen Eindruck vom Inhalt des Artikels haben.

1

Avalon Hill, das jetzt Hasbro gehört und als Geschäftsbereich von Wizards of the Coast fungiert, war ein Hersteller von Tabletop-Strategiespielen mit Schwerpunkt auf Kriegsspielen und strategischen Brettspielen. Avalon Hill hat nicht nur Pionierarbeit für viele Schlüsselkonzepte moderner Tabletop-Strategiespiele geleistet – z.B. das sechseckige Raster oder Kontrollzonen –, sondern hat auch die bemerkenswertesten Titel der Brettspielindustrie veröffentlicht, wie z.B. Civilization, Axis and Allies, Runequest und Dune.

1958 wurde Avalon Hill von Charles Roberts gegründet, um aus dem Erfolg seines Spiels Tactics Kapital zu schlagen. Tactics erschien 1952 im Selbstverlag und ist insbesondere deshalb bemerkenswert, weil es auf tatsächlichen Kriegsstaktiken und Szenarios basiert. Tactics gilt als das erste moderne Tabletop-Kriegsspiel. Kurz nach seiner Gründung veröffentlichte das Unternehmen Tactics II, den Nachfolger von Roberts' ursprünglichem Spiel. Und kurz nach der Veröffentlichung von Tactics II brachte Avalon Hill das Spiel Gettysburg auf den Markt, das weithin als das erste Tabletop-Kriegsspiel gilt, das auf einer historischen Schlacht basiert.

Avalon Hill legte in den 1980ern und frühen 1990ern mäßiges Wachstum an den Tag. Mitte der 1990er begann allerdings die gesamte Brettspielindustrie unter rückläufigen Verkaufszahlen zu leiden. Dabei hatte nicht nur der Verkauf der Brettspiele insgesamt nachgelassen, das Unternehmen hatte auch die Rechte an zwei ihrer beliebtesten Spiele, Civilization und 1830, in einem Rechtsstreit mit dem Computerspielhersteller Microprose verloren. Im Sommer 1998 verkaufte Eric Dott, Präsident von Monarch Avalon, Inc. (dem Mutterkonzern von Avalon Hill), alle Rechte an Avalon Hill-Titeln, sämtliche Bestände und den Firmennamen selbst an Hasbro, Inc. Hasbro veröffentlichte weitere Spiele unter dem Namen Avalon Hill. Ende 1999 wurde Avalon Hill ein Geschäftsbereich von Wizards of the Coast, das in diesem Jahr bereits von Hasbro gekauft wurde. Wizards of the Coast veröffentlicht weiterhin Spiele unter dem Namen Avalon Hill, darunter Axis & Allies, Betrayal at House on the Hill, RoboRally und Risk 2210 A.D.

2

Warhammer, derzeit in der siebten Auflage, wird mit vom Spieler ausgewählten Armeen von 25 mm bis 28 mm großen Miniaturfiguren aus Plastik oder Metall gespielt. Die Spielregeln (genauso wie Teile dieser Spielewelt) werden in einer Reihe von Büchern herausgegeben und veröffentlicht (einige davon bilden den Kern des Spiels, andere sind Erweiterungen). Das Spiel selbst wird üblicherweise auf einer Fläche von 1,20 x 1,80m gespielt. Normalerweise wird das Spiel nur mit den Miniaturfiguren gespielt, aber oft verwenden die Spieler auch Modelllandschaften mit Bäumen, Gebäuden und entsprechender Topografie, um dem Spiel mehr Realismus und Tiefe zu verleihen. Jede Einheit (entweder eine einzelne Miniaturfigur oder eine Gruppe) hat einen Punktwert auf Grundlage ihrer Stärke oder Fähigkeiten. Die Spieler erstellen eine Armee (»ziehen Sie ein«) auf Grundlage eines Gesamtpunktewerts, der vom jeweiligen Spieltyp abhängt. In einem 700-Punkte-Spiel kann jeder Spieler z.B. eine Armee von insgesamt maximal 700 Punkten aufbauen. Die Bewegung über das Spielfeld erfolgt in Runden und wird in Zoll gemessen. Schlachten zwischen den einzelnen Einheiten werden mit einem sechsseitigen Würfel ausgetragen. Über den Sieg entscheiden in Warhammer meistens die Siegpunkte, die die Spieler dadurch erhalten, dass sie feindliche Einheiten töten und besondere Aufgaben des jeweiligen Szenarios erfüllen.

Warhammer ist kein Spiel für Sammler. Die Miniaturfiguren werden nicht zufällig kombiniert in einer Blackbox verkauft. Die Spieler suchen selbst die Miniaturfiguren aus, die sie für ihre Armeen haben möchten, und kaufen sie entweder einzeln oder in großen Sets. Es ist auch hervorzuheben, dass die Warhammer-Figuren nicht bemalt verkauft werden. Jeder Spieler bemalt seine Miniaturfiguren selbst. Insofern ist Warhammer in gewisser Weise ein Nischenprodukt, da man nur in den vollen Genuss des Spiels kommt, wenn man auch entsprechende Fertigkeiten besitzt. Im Gegensatz zu anderen Tabletop-Spielen wie HeroClix von WizKids, Star Wars Miniatures von Wizards of the Coast oder Mutant Chronicles CMG von Fantasy Flights Games, deren Figuren fertig bemalt verkauft werden, hat die Warhammer-Community ein einzigartiges (offizielles und inoffizielles) Bewertungssystem, das die Fähigkeiten besonders talentierter Miniaturenmaler anerkennt. Warhammer wird in erster Linie in Spiele-, Hobby- und Comic-Läden gespielt. Außerdem organisiert Games Workshop jedes Jahr das »Grant Tournament«, in dem die Spieler für Community-weite Anerkennung und Preise gegeneinander antreten.

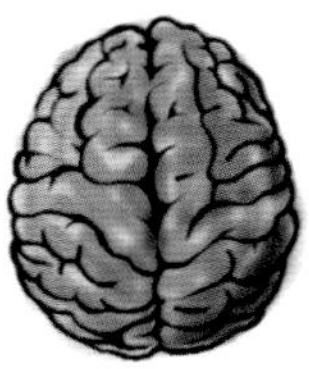

Welcher Text war leichter zu lesen?

Haben Sie erkannt, welcher Text mit der umgekehrten Pyramide geschrieben wurde?

Inwiefern wird ein Text durch die umgekehrte Pyramide leichter zu lesen?

Sie haben zwei Texte jeweils gelesen, bis Sie das Gefühl hatten, das Wesentliche des Inhalts erfasst zu haben. Bei welchem Text haben Sie früher aufgehört zu lesen? Werfen wir einen Blick auf die ersten beiden Sätze der jeweiligen Einleitung:

Textblock Nr. ❶ wurde mit der umgekehrten Pyramide geschrieben.

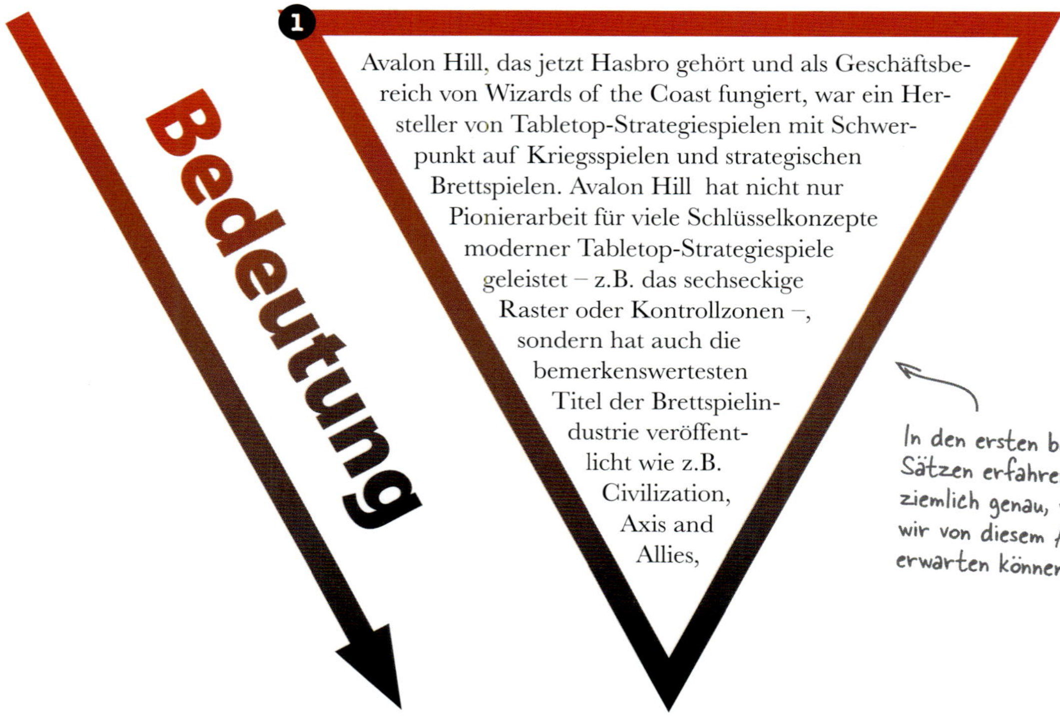

❶ Avalon Hill, das jetzt Hasbro gehört und als Geschäftsbereich von Wizards of the Coast fungiert, war ein Hersteller von Tabletop-Strategiespielen mit Schwerpunkt auf Kriegsspielen und strategischen Brettspielen. Avalon Hill hat nicht nur Pionierarbeit für viele Schlüsselkonzepte moderner Tabletop-Strategiespiele geleistet – z.B. das sechseckige Raster oder Kontrollzonen –, sondern hat auch die bemerkenswertesten Titel der Brettspielindustrie veröffentlicht wie z.B. Civilization, Axis and Allies,

In den ersten beiden Sätzen erfahren wir ziemlich genau, was wir von diesem Artikel erwarten können.

❷ Warhammer, derzeit in der siebten Auflage, wird mit vom Spieler ausgewählten Armeen von 25 mm bis 28 mm großen Miniaturfiguren aus Plastik oder Metall gespielt. Die Spielregeln (genauso wie Teile dieser Spielewelt) werden in einer Reihe von Büchern herausgegeben und veröffentlicht (einige davon bilden den Kern des Spiels, andere sind Erweiterungen).

Langweilige Zahlen wie die Größe von Plastikfiguren sind nicht gut zum Anreißen eines Themas. Keine umgekehrte Pyramide!

Text-Magneten

Organisieren Sie diese Textblöcke aus dem Text des Chefredakteurs in einer umgekehrten Pyramide. Denken Sie daran, die wichtigsten Informationen ganz oben anzubringen.

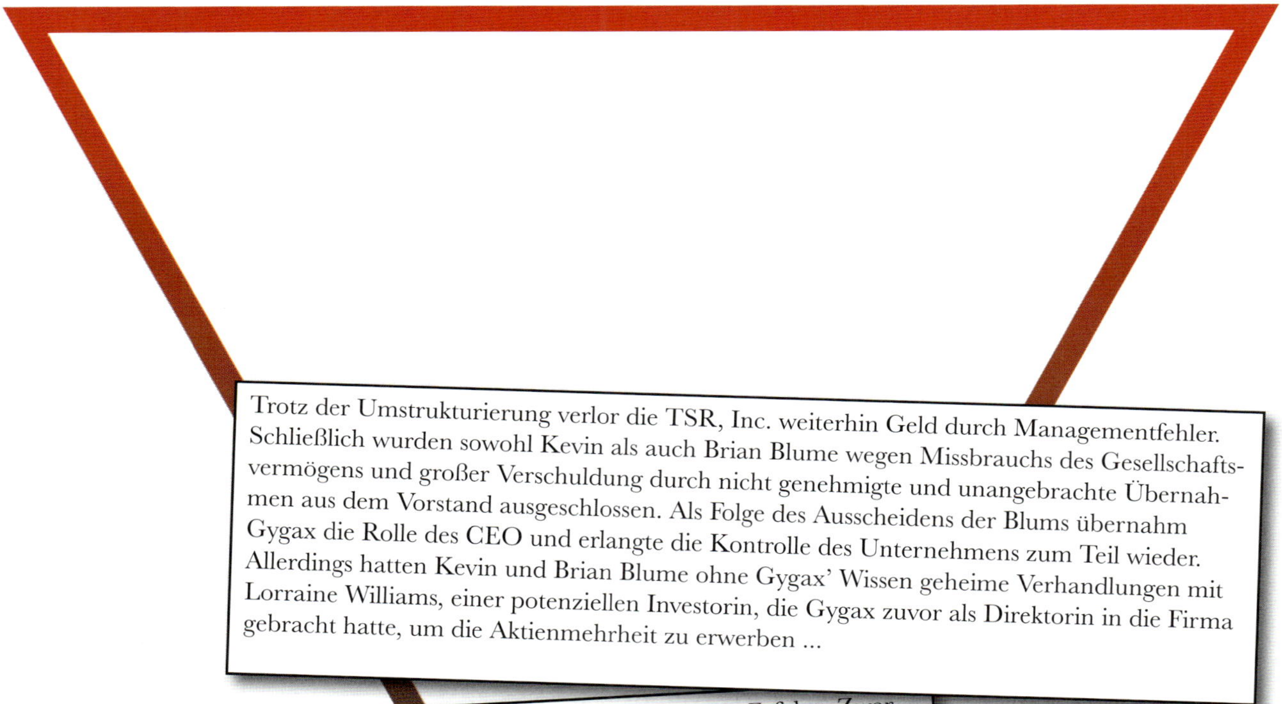

Trotz der Umstrukturierung verlor die TSR, Inc. weiterhin Geld durch Managementfehler. Schließlich wurden sowohl Kevin als auch Brian Blume wegen Missbrauchs des Gesellschaftsvermögens und großer Verschuldung durch nicht genehmigte und unangebrachte Übernahmen aus dem Vorstand ausgeschlossen. Als Folge des Ausscheidens der Blums übernahm Gygax die Rolle des CEO und erlangte die Kontrolle des Unternehmens zum Teil wieder. Allerdings hatten Kevin und Brian Blume ohne Gygax' Wissen geheime Verhandlungen mit Lorraine Williams, einer potenziellen Investorin, die Gygax zuvor als Direktorin in die Firma gebracht hatte, um die Aktienmehrheit zu erwerben …

Anfangs hatte TSR Hobbies, Inc. in und außerhalb der USA phänomenale Erfolge. Zwar wurde die Marke »Dungeons & Dragons« immer beliebter und weiter verbreitet. Aber leider begannen die Blumes, die Unternehmensbereiche übermäßig auszuweiten: nicht nur auf Brettspiele und Spielzeug, sondern auch auf bemerkenswert wenig verwandte Bereiche. Das beste Beispiel hierfür war wahrscheinlich die ungenehmigte Übernahme von Greenfield Needlewomen, der Gobelin-Stickerei von einer von Blumes Verwandten …

Das Unternehmen war nicht in der Lage, auf die kontinuierliche Fragmentierung der Tabletop-RPG-Community zu reagieren, als neue Produkte von anderen Unternehmen veröffentlicht wurden. Um im wachsenden Markt mit Sammelkartenspielen zu bestehen, veröffentlichte TSR eine Reihe von Produkten wie z.B. Dragon Dice und Spellfire, die sich aber schlichtweg nicht verkauften.

1973 gründeten Gary Gygax, ein Game-Designer aus Lake Geneva, Wisconsin, und Don Kaye, »Tactical Studies Rules«, um die Regeln für »Cavaliers and Roundheads«, ein Strategiespiel, das im englischen Bürgerkrieg spielt, zu veröffentlichen. »Cavaliers and Roundheads« stand zwar ursprünglich im Mittelpunkt von Tactical Studies Rules, aber Gygax und Kaye wollten auch die Regeln für »Dungeons & Dragons« veröffentlichen, ein von Gygax entwickeltes …

Lösung der Text-Magneten

Sie haben die Textblöcke des Chefredakteurs mithilfe der umgekehrten Pyramide sortiert. Wie, glauben Sie, würden die Leser reagieren, wenn der Text folgendermaßen sortiert wäre?

1973 gründeten Gary Gygax, ein Game-Designer aus Lake Geneva, Wisconsin, und Don Kaye »Tactical Studies Rules«, um die Regeln für »Cavaliers and Roundheads«, ein Strategiespiel, das im englischen Bürgerkrieg spielt, zu veröffentlichen. »Cavaliers and Roundheads« stand zwar ursprünglich im Mittelpunkt von Tactical Studies Rules, aber Gygax und Kaye wollten auch die Regeln für »Dungeons & Dragons« veröffentlichen, ein von Gygax entwickeltes..

Anfangs hatte TSR Hobbies, Inc. in und außerhalb der USA phänomenale Erfolge. Zwar wurde die Marke »Dungeons & Dragons« immer beliebter und weiter verbreitet. Aber leider begannen die Blumes, die Unternehmensbereiche übermäßig auszuweiten: nicht nur auf Brettspiele und Spielzeug, sondern auch auf bemerkenswert wenig verwandte Bereiche. Das beste Beispiel hierfür war wahrscheinlich die ungenehmigte Übernahme von Greenfield Needlewomen, der Gobelin-Stickerei von einer von Blumes Verwandten ...

Trotz der Umstrukturierung verlor die TSR, Inc. weiterhin Geld durch Managementfehler. Schließlich wurden sowohl Kevin als auch Brian Blume wegen Missbrauchs des Gesellschaftsvermögens und großer Verschuldung durch nicht genehmigte und unangebrachte Übernahmen aus dem Vorstand ausgeschlossen. Als Folge des Ausscheidens der Blumes übernahm Gygax die Rolle des CEO und erlangte die Kontrolle des Unternehmens zum Teil wieder. Allerdings hatten Kevin und Brian Blume ohne Gygax' Wissen geheime Verhandlungen mit Lorraine Williams, einer potenziellen Investorin, die Gygax zuvor als Direktorin in die Firma gebracht hatte, um die Aktienmehrheit zu erwerben ...

Das Unternehmen war nicht in der Lage, auf die kontinuierliche Fragmentierung der Tabletop-RPG-Community zu reagieren, als neue Produkte von anderen Unternehmen veröffentlicht wurden. Um im wachsenden Markt mit Sammelkartenspielen zu bestehen, veröffentlichte TSR eine Reihe von Produkten wie z.B. Dragon Dice und Spellfire, die sich aber schlichtweg nicht verkauften.

Scannbarer Webtext:

- [x] Inhalt wurde nach der umgekehrten Pyramide sortiert.

Kürzen Sie Ihren Text

Eine der einfachsten Möglichkeiten, Text webfreundlicher zu machen, besteht darin, *unnötigen Inhalt zu entfernen*. Wenn Ihr Text klar und präzise ist, müssen Ihre Benutzer weniger lange lesen und sind entspannter.

Die Leser werden zwar nicht wissen, warum, aber deutlich entspanntere Augen haben!

Was ist also die beste Möglichkeit, weniger zu schreiben, aber den wesentlichen Inhalt Ihres Artikels zu behalten? Es kommt auf eine sorgfältige Bearbeitung an. Kommen Sie mit *kurzen Wörtern und Phrasen* und prägnanten Absätzen mit *zwei oder drei Sätzen* schnell auf den Punkt.

Streichen Sie Adverben (Wörter, die andere Wörter abändern, z.B. » ein wirklich großer Elch«) und ersetzen Sie umständliche Konstruktionen durch prägnantere (»~~Das Gehirn wird mit mindestens acht Gläsern Wasser pro Tag ausreichend mit Flüssigkeit versorgt~~« kontra »Acht Gläser Wasser täglich versorgen das Gehirn mit ausreichend Flüssigkeit«). Sie werden überrascht sein, wie viele Wörter weniger in einem Text immer noch denselben Sinn ergeben.

Lesen Sie Ihren Text anschließend noch mal. Wenn Sie selbst nicht verstehen, was er bedeutet, wie sollen es Ihre Benutzer dann herausfinden?

Spitzen Sie Ihren Rotstift

Bearbeiten Sie den Artikel, den Ihnen der Chefredakteur gegeben hat, sodass er kürzer ist.

Den vollständigen zu überarbeitenden Text finden Sie in der Datei text.html im Ordner kapitel07 des Beispielcodes.

HIPSTER KURIER

TÄGLICH HIPPE NEWS + VERANSTALTUNGEN

Website-Text

1973 gründeten Gary Gygax, ein Game-Designer aus Lake Geneva, Wisconsin, und Don Kaye „Tactical Studies Rules“, um die Regeln für „Cavaliers and Roundheads“, ein Strategiespiel, das im englischen Bürgerkrieg spielt, zu veröffentlichen. „Cavaliers and Roundheads“ stand zwar ursprünglich im Mittelpunkt von Tactical Studies Rules, aber Gygax und Kaye wollten auch die Regeln für „Dungeons & Dragons“ veröffentlichen, ein von Gygax entwickeltes Fantasy-Rollenspiel, dessen Regeln auf „Chainmail“ beruhten, einem Mittelalter-Strategiespiel von Gygax und Jeff Perren aus dem Jahr 1971. Als „Cavaliers and Roundheads“ die ersten Gewinne für Tactical Studies Rules erzielte, wurde die Partnerschaft auf Dave Arneson und Brian Blume erweitert. Dave Arneson schloss sich der Partnerschaft als Game-Designer an und verließ die Firma kurz darauf wieder. Brian Blume stieg als Investor ein. Blume glaubte, dass „Cavaliers and Roundheads“ nicht genug Gewinne erzielen würde, und ermunterte Gygax und Kaye, ihre Bemühungen auf die Veröffentlichung von „Dungeons & Dragons“ zu konzentrieren.

Es gibt beachtliche Diskussionen darüber, wie viel Dave Arneson zum ursprünglichen Konzept von „Dungeons & Dragons“ beigetragen hat. Während sich Arneson selbst als

Spitzen Sie Ihren Rotstift
Lösung ~~Lösung~~

Sie haben den Artikel, den Ihnen der Chefredakteur gegeben hat, gekürzt. Was müssen Sie noch tun?

Keine Sorge, das »Nachher« sieht länger aus, weil das ganze Zeug, das Sie gestrichen haben, noch nicht gelöscht, sondern nur durchgestrichen ist.

Vorher

1973 gründeten Gary Gygax, ein Game-Designer aus Lake Geneva, Wisconsin, und Don Kaye „Tactical Studies Rules", um die Regeln für „Cavaliers and Roundheads", ein Strategiespiel, das im englischen Bürgerkrieg spielt, zu veröffentlichen. „Cavaliers and Roundheads" stand zwar ursprünglich im Mittelpunkt von Tactical Studies Rules, aber Gygax und Kaye wollten auch die Regeln für „Dungeons & Dragons" veröffentlichen, ein von Gygax entwickeltes Fantasy-Rollenspiel, dessen Regeln auf „Chainmail" beruhten, einem Mittelalter-Strategiespiel von Gygax und Jeff Perren aus dem Jahr 1971. Als „Cavaliers and Roundheads" die ersten Gewinne für Tactical Studies Rules erzielte, wurde die Partnerschaft auf Dave Arneson und Brian Blume erweitert. Dave Arneson schloss sich der Partnerschaft als Game-Designer an und verließ die Firma kurz darauf wieder. Brian Blume stieg als Investor ein. Blume glaubte dass, „Cavaliers and Roundheads" nicht genug Gewinne erzielen würde und ermunterte Gygax und Kaye, ihre Bemühungen auf die Veröffentlichung von „Dungeons & Dragons" zu konzentrieren.

Es gibt beachtliche Diskussionen darüber, wieviel Dave Arneson zum ursprünglichen Konzept von „Dungeons & Dragons" beigetragen hat. Während sich Arneson selbst als den „Vater des Rollenspiels" bezeichnet und behauptet, dass er das Spiel komplett geschrieben hat, sagt Gygax, dass er selbst in erster Linie verantwortlich war für die Entwicklung von Dungeons & Dragons und Arnesons Engagement lediglich dazu beigetragen hat. Nach dem Tactical Studies Rules liquidiert und TSR Hobbies, Inc. gegründet war, genoss Arneson nach wie vor großes Ansehen für seine Beteiligung an Dungeons & Dragons sowie Tantiemen durch seinen Vertrag.

Nach der äußerst erfolgreichen Veröffentlichung von Dungeons & Dragons starb Don Kaye 1975 An einem Schlaganfall. Als direkte Folge davon liquidierten Blume und Gygax das Unternehmen Tactical Studies Rules und gründeten eine neue Firma mit dem Namen TSR Hobbies, Inc. Der Vorstand von TSR Hobbies, Inc. Bestand aus Brian Blume, Gygax und Kevin Blume, Brian Blumes jüngerem Bruder, der Anteile von Melvin Blume erhalten hatte, Brian und Kevins Vater, der wiederum Anteile an der Firma gekauft hatte. Brian Blume wurde „President of Creative Affairs", Kevin Blume „President of Operations" und Gygax wurde CEO und Präsident des Unternehmens. Im Gegensatz zur gleichberechtigten Partnerschaft in Tactical Studies Rules besaßen Brian Blume & Kevin Blume die Mehrheit der Anteile des neuen Unternehmens.

Anfangs hatte TSR Hobbies, Inc. in und außerhalb der USA phänomenale Erfolge. Zwar wurde die Marke „Dungeons & Dragons" immer beliebter und weiter verbreitet. Aber leider begannen die Blumes, die Unternehmensbereiche übermäßig auszuweiten: Nicht nur auf Brettspiele und Spielzeug, sondern auch auf bemerkenswert wenig verwandte Bereiche. Das beste Beispiel hierfür war wahrscheinlich die ungenehmigte Übernahme von Greenfield Needlewomen, der Gobelin-Stickerei von einer von Blumes Verwandten. Außerdem hatte TSR Hobbies, Inc. eine übermäßig große Belegschaft (das Ergebnis der Vetternwirtschaft der Blumes). Darüber hinaus hatte Kevin Blume in völlig übertriebener Weise Millionen von Ausgaben der bis dahin so erfolgreichen Dungeons & Dragons-Abenteuerbücher drucken lassen, die nicht verkauft werden konnten.

Bei dem Versuch, die zunehmenden finanziellen Probleme abzuschwächen, wurde TSR Hobbies, Inc. in vier Unternehmen restrukturiert: TSR, Inc., TSR Ventures, TSR International und TSR Entertainment. TSR Inc. stellte weiterhin die Dungeons & Dragons-Rollenspielprodukte her. TSR Ventures konzentrierte sich auf die Herstellung von Plastik und Spielzeugen in Asien. TSR International wurde gegründet, um das Überseegeschäft und den Vertrieb und Verkauf dort so wie die Lizensierung und Produktion zu übernehmen. TSR Entertainment, das von Gygax angeführt wurde und seinen Namen später in Dungeons & Dragons Entertainment Corporation änderte, war dafür zuständig, das geistige Eigentum der TSR in anderen Unterhaltungsmarktsegmenten zur platzieren, z.B. im Film und Fernsehen. Leider war der einzige Erfolg von TSR Entertainment die kurzlebigen Dungeons & Dragons-Cartoons. Bei mehreren Gelegenheiten hatte Gygax behauptet, die getrennten Unternehmen seien Blumes Versuch, die Auslandseinkünfte an den US-Steuerbehörden vorbeizuschleusen.

Trotz der Umstrukturierung verlor die TSR, Inc. weiterhin Geld durch Managementfehler. Schließlich wurden sowohl Kevin als auch Brian Blume wegen Missbrauchs des Gesellschaftsvermögens und großer Verschuldung durch nicht genehmigte und unangebrachte Übernahmen aus dem Vorstand ausgeschlossen. Als Folge des Ausscheidens der Blumes übernahm Gygax die Rolle des CEO und erlangte die Kontrolle des Unternehmens zum Teil wieder. Allerdings hatten Kevin und Brian Blume ohne Gygax' Wissen geheime Verhandlungen mit Lorraine Williams, einer potentiellen Investorin, die Gygax zuvor als Direktorin in die Firma gebracht hatte, um die Aktienmehrheit zu erwerben. Als Williams schließlich ein Paket des Unternehmens erworben hatte, versuchte Gygax, den Verkauf für illegal erklären zu lassen. Leider scheiterte der Versuch: Gygax verkaufte seine verbleibenden Aktien an Williams und gründete mit dem Kapital ein neues Unternehmen mit dem Namen New Infinity Productions.

Gygax' Ausscheiden aus der TSR veränderte das Unternehmen unwiderruflich. TSR erweiterte sich erfolgreich in anderen Bereichen mit Magazinen, Taschenbuchromanen und Comicbüchern. Außerdem veröffentlichte die Firma beliebte neue Rollenspielwelten, darunter auch Dragonlance, Ravenloft, Forgotten Realms und Greyhawk, die alle die Tabletop-Rollenspiellandschaft dauerhaft prägen sollten.

Das Unternehmen war nicht in der Lage, auf die kontinuieerliche Fragmentierung der Tabletop-RPG-Community zu reagieren, als neue Produkte von anderen Unternehmen veröffentlicht wurden. Um im dem wachsenden Markt mit Sammelkartenspielen zu konkurrieren, veröffentlichte TSR eine Reihe von Produkten wie z.B. Dragon Dice und Spellfire, die sich aber schlichtweg nicht verkauften. Die finanzielle Talfahrt wurde zusätzlich dadurch verstärkt, dass TSR damit begann, all diejenigen zu verklagen, die angeblich ihr geistiges Eigentum verletzten, als sich ihre Produkte weiterhin schlecht auf dem Markt behaupteten. Ziel dieser rechtlichen Schritte waren nicht nur andere Unternehmen und Geschäfte, sondern auch einzelne Fans, die Fanliteratur und Fanmodule für D & D schrieben. Diese Vorgehensweise wurde gemeinhein als direkter Angriff der TSR auf ihre Kunden wahrgenommen.

Als TSR 1997 auf den Konkurs zusteuerte, wurden das Unternehmen und sein gesamtes geistiges Eigentum von Wizards of the Coast übernommen. Ironischerweise hatte Wizards of the Coast, zu dieser Zeit der unübertroffene Hersteller von Tabletop-Rollenspielen, zuvor "Magic: The Gathering" herausgegeben: das Spiel, das mit seinem durchschlagenden Erfolg TSRs Flop auf dem Sammelkartenspiele-Markt bewirkt hatte. Nach dem Verkauf an Wizards of the Coast, die bis zum heutigen Tag Dungeons & Dragons produzieren, wurde TSR langsam aufgelöst. 2003 ließen Wizards of the Coast die letzten TSR-Markenzeichen auslaufen.

Trotz der beinahe permanenten legalen und finanziellen Schwierigkeiten hatte TSR einen bleibenden Effekt auf die digitale als auch auf die nicht digitale Spielewelt. Man könnte durchaus sagen, dass TSR prägender für die Spieleindustrie (digital und analog) war als jede andere Firma in der Geschichte der Spiele. So basieren nicht nur viele Computer-Rollenspiele auf den Archetypen und Mechanismen, die ursprünglich in Dungeons & Dragons eingeführt wurden. Viele Highlights in der Geschichte der digitalen Spiele wurden stark von TSR und seinen vielen Produkten beeinflusst. Die Produkte von TSR sind längst fester Bestandteil der Populärkultur geworden.

1973 von Gary Gygax und Don Kaye ursprünglich als Möglichkeit gegründet, die Regeln von Dungeons & Dragons zu veröffentlichen, verkaufen und zu verteilen, blieb TSR auch später eines der bemerkenswertesten Unternehmen der Unterhaltungsspieleindustrie. Während Dungeons & Dragons weiterhin einen starken Einfluss auf sowohl digitale als auch analoge Spiele behalten sollte, ist TSR selbst wohl am besten für seine finanziellen Schwierigkeiten und die bitterbösen Konflikte über die Eigentumsverhältnisse des Unternehmens und sein geistiges Eigentum in Erinnerung geblieben.

Nachher

1973 gründeten Gary Gygax ~~ein Game-Designer aus Lake Geneva, Wisconsin,~~ und Don Kaye „Tactical Studies Rules" (TSR), um die Regeln für „Cavaliers and Roundheads" zu veröffentlichen, ein Strategiespiel, das im englischen Bürgerkrieg spielt ~~zu veröffentlichen~~. „Cavaliers and Roundheads" stand zwar ursprünglich im Mittelpunkt von ~~Tactical Studies Rules~~ TSR, aber Gygax und Kaye wollten auch die Regeln für „Dungeons & Dragons" veröffentlichen, ein von Gygax entwickeltes Fantasy-Rollenspiel ~~dessen Regeln auf „Chainmail" beruhten, einem Mittelalter-Strategiespiel von Gygax und Jeff Perren aus dem Jahr 1971.~~ Als „Cavaliers and Roundheads" die ersten Gewinne für ~~Tactical Studies Rules~~ TSR erzielte, wurde die Partnerschaft auf Dave Arneson und Brian Blume erweitert. Dave Arneson schloss sich der Partnerschaft als Game-Designer an und verließ die Firma kurz darauf wieder. Brian Blume stieg als Investor ein. Blume glaubte dass, „Cavaliers and Roundheads" nicht genug Gewinne erzielen würde und ermunterte Gygax und Kaye, ihre Bemühungen auf die Veröffentlichung von „Dungeons & Dragons" zu konzentrieren.

~~Es gibt beachtliche Diskussionen darüber, wieviel Dave Arneson zum ursprünglichen Konzept von „Dungeons & Dragons" beigetragen hat. Während sich Arneson selbst als den „Vater des Rollenspiels" bezeichnet und behauptet, dass er das Spiel komplett geschrieben hat, sagt Gygax, dass er selbst in erster Linie verantwortlich war für die Entwicklung von Dungeons & Dragons und Arnesons Engagement lediglich dazu beigetragen hat. Nach dem Tactical Studies Rules liquidiert und TSR Hobbies, Inc. gegründet war, genoss Arneson nach wie vor großes Ansehen für seine Beteiligung an Dungeons & Dragons sowie Tantiemen durch seinen Vertrag.~~

~~Nach der äußerst erfolgreichen Veröffentlichung von Dungeons & Dragons~~ 1975 starb Don Kaye ~~1975~~ an einem Schlaganfall. Als direkte Folge davon liquidierten Blume und Gygax das Unternehmen ~~Tactical Studies Rules~~ TSR und gründeten eine neue Firma mit dem Namen TSR Hobbies, Inc. Der Vorstand von TSR Hobbies, Inc. Bestand aus Brian Blume, Gygax und Kevin Blume~~, Brian Blumes jüngerem Bruder, der Anteile von Melvin Blume erhalten hatte, Brian und Kevins Vater, der wiederum Anteile an der Firma gekauft hatte~~. Brian Blume wurde „President of Creative Affairs", Kevin Blume „President of Operations" und Gygax wurde CEO und Präsident des Unternehmens. Im Gegensatz zur gleichberechtigten Partnerschaft in ~~Tactical Studies Rules~~ TSR besaßen Brian Blume & Kevin Blume die Mehrheit der Anteile des neuen Unternehmens.

Anfangs hatte TSR Hobbies, Inc. in und außerhalb der USA phänomenale Erfolge. ~~Zwar wurde die Marke „Dungeons & Dragons" immer beliebter und weiter verbreitet. Aber leider~~ Leider begannen die Blumes, die Unternehmensbereiche ~~übermäßig~~ auszuweiten: Nicht nur auf Brettspiele und Spielzeug, sondern auch auf ~~bemerkenswert~~ wenig verwandte Bereiche. Das beste Beispiel hierfür war ~~wahrscheinlich~~ die ungenehmigte Übernahme von Greenfield Needlewomen, der Gobelin-Stickerei von einer von Blumes Verwandten. ~~Außerdem hatte TSR Hobbies, Inc. eine übermäßig große Belegschaft (das Ergebnis der Vetternwirtschaft der Blumes).~~ Darüber hinaus hatte Kevin Blume ~~in völlig übertriebener Weise~~ Millionen von Ausgaben der bis dahin so erfolgreichen Dungeons & Dragons-Abenteuerbücher drucken lassen, die nicht verkauft werden konnten.

Bei dem Versuch, die zunehmenden finanziellen Probleme abzuschwächen, wurde TSR Hobbies, Inc. in vier Unternehmen restrukturiert: TSR, Inc., TSR Ventures, TSR International und TSR Entertainment. TSR Inc. stellte weiterhin die Dungeons & Dragons-Rollenspielprodukte her. TSR Ventures konzentrierte sich auf die Herstellung von Plastik und Spielzeugen in Asien. TSR International wurde gegründet, um das Überseegeschäft und den Vertrieb und Verkauf dort so wie die Lizensierung und Produktion zu übernehmen. TSR Entertainment ~~das von Gygax angeführt wurde und seinen Namen später in Dungeons & Dragons Entertainment Corporation änderte,~~ war dafür zuständig, das geistige Eigentum der TSR in anderen Unterhaltungsmarktsegmenten zur platzieren, z.B. im Film und Fernsehen. Leider war der einzige Erfolg von TSR Entertainment die kurzlebigen Dungeons & Dragons-Cartoons. Bei mehreren Gelegenheiten hatte Gygax behauptet, die getrennten Unternehmen seien Blumes Versuch, die Auslandseinkünfte an den US-Steuerbehörden vorbeizuschleusen.

Trotz der Umstrukturierung verlor die TSR, Inc. weiterhin Geld durch Managementfehler. Schließlich wurden sowohl Kevin als auch Brian Blume wegen Missbrauchs des Gesellschaftsvermögens und großer Verschuldung durch nicht genehmigte und unangebrachte Übernahmen aus dem Vorstand ausgeschlossen. Als Folge des Ausscheidens der Blumes übernahm Gygax die Rolle des CEO und erlangte die Kontrolle des Unternehmens zum Teil wieder. Allerdings hatten Kevin und Brian Blume ~~ohne Gygax' Wissen~~ geheime Verhandlungen mit Lorraine Williams, einer potentiellen Investorin, die Gygax zuvor als Direktorin in die Firma gebracht hatte, um die Aktienmehrheit zu erwerben. Als Williams schließlich ein Paket des Unternehmens erworben hatte, versuchte Gygax, den Verkauf für illegal erklären zu lassen. ~~Leider scheiterte der~~ Der Versuch scheiterte: Gygax verkaufte seine verbleibenden Aktien an Williams und gründete mit dem Kapital ~~ein neues Unternehmen mit dem Namen~~ das Unternehmen New Infinity Productions.

Gygax' Ausscheiden aus der TSR veränderte das Unternehmen unwiderruflich. TSR erweiterte sich erfolgreich in anderen Bereichen mit Magazinen, Taschenbuchromanen und Comicbüchern. Außerdem veröffentlichte die Firma beliebte neue Rollenspielwelten, darunter auch Dragonlance, Ravenloft, Forgotten Realms und Greyhawk, die alle die Tabletop-Rollenspiellandschaft dauerhaft prägen sollten.

~~Das Unternehmen war nicht in der Lage, auf die kontinuieerliche Fragmentierung der Tabletop-RPG-Community zu reagieren, als neue Produkte von anderen Unternehmen veröffentlicht wurden. Um im dem wachsenden Markt mit Sammelkartenspielen zu konkurrieren, veröffentlichte TSR eine Reihe von Produkten wie z.B. Dragon Dice und Spellfire, die sich aber schlichtweg nicht verkauften. Die finanzielle Talfahrt wurde zusätzlich dadurch verstärkt, dass TSR damit begann, all diejenigen zu verklagen, die angeblich ihr geistiges Eigentum verletzten, als sich ihre Produkte weiterhin schlecht auf dem Markt behaupteten. Ziel dieser rechtlichen Schritte waren nicht nur andere Unternehmen und Geschäfte, sondern auch einzelne Fans, die Fanliteratur und Fanmodule für D & D schrieben. Diese Vorgehensweise wurde gemeinhein als direkter Angriff der TSR auf ihre Kunden wahrgenommen.~~

Als TSR 1997 auf den Konkurs zusteuerte, wurden das Unternehmen und sein gesamtes geistiges Eigentum von Wizards of the Coast übernommen. Ironischerweise hatte Wizards of the Coast ~~zu dieser Zeit der unübertroffene Hersteller von Tabletop-Rollenspielen,~~ zuvor "Magic: The Gathering" herausgegeben: das Spiel, das mit seinem durchschlagenden Erfolg TSRs Flop auf dem Sammelkartenspiele-Markt bewirkt hatte. Nach dem Verkauf an Wizards of the Coast ~~die bis zum heutigen Tag Dungeons & Dragons produzieren,~~ wurde TSR ~~langsam~~ aufgelöst. 2003 ließen Wizards of the Coast die letzten TSR-Markenzeichen auslaufen. Wizards of the Coast produzieren auch heute noch Dungeons & Dragons

Trotz der beinahe permanenten legalen und finanziellen Schwierigkeiten hatte TSR einen bleibenden Effekt auf die digitale als auch auf die nicht digitale Spielewelt. Man könnte durchaus sagen, dass TSR prägender für die Spieleindustrie ~~(digital und analog)~~ war als jede andere Firma in der Geschichte der Spiele. So basieren nicht nur viele Computer-Rollenspiele auf den Archetypen und Mechanismen, die ursprünglich in Dungeons & Dragons eingeführt wurden. ~~Viele Highlights in der Geschichte der digitalen Spiele~~ Unzählige Spiele-Designer wurden stark von TSR und seinen vielen Produkten beeinflusst. Die Produkte von TSR sind längst fester Bestandteil der Populärkultur geworden.

~~1973 von Gary Gygax und Don Kaye ursprünglich als Möglichkeit gegründet, die Regeln von Dungeons & Dragons zu veröffentlichen, verkaufen und zu verteilen, blieb TSR auch später eines der bemerkenswertesten Unternehmen der Unterhaltungsspieleindustrie. Während Dungeons & Dragons weiterhin einen starken Einfluss auf sowohl digitale als auch analoge Spiele behalten sollte, ist TSR selbst wohl am besten für seine finanziellen Schwierigkeiten und die bitterbösen Konflikte über die Eigentumsverhältnisse des Unternehmens und sein geistiges Eigentum in Erinnerung geblieben.~~

Den vollständig überarbeiteten Text finden Sie im Ordner kapitel07 des Beispielcodes in der Datei text_ueberarbeitet.html.

Scannbarer Webtext

- [x] Inhalt wurde nach der umgekehrten Pyramide sortiert.
- [x] Wurde überarbeitet und gekürzt.

Es gibt keine Dummen Fragen

F: Wenn die Leute ohnehin nicht gern im Web lesen, was bringt es mir dann, meine Texte zu kürzen? Werden die Benutzer das Ganze nicht einfach ausdrucken und offline lesen?

A: Klar, manche Benutzer drucken Seiten aus, um sie später zu lesen, aber wie nutzen Sie denn das Web? Wann haben Sie das letzte Mal eine Seite ausgedruckt, um sie später zu lesen? Die meisten Leute, die im Netz surfen, wollen schnelle Antworten. Es zahlt sich also aus, ihnen Texte zu bieten, die sich schnell lesen lassen.

F: Moment. Bedeutet das nicht, dass sie auch weniger Zeit auf meiner Website verbringen statt mehr?

A: Nicht wirklich. Klar, der Gelegenheitssurfer, der etwas Bestimmtes sucht, liest die Seite und zieht weiter, um nie wieder zurückzukehren. Aber die Mehrheit der Benutzer wird süchtig nach gutem Inhalt. Sobald Sie ihnen den Mund wässrig gemacht haben, können Sie sie mit sorgfältig platzierten Links zu passenden Artikeln vorsichtig mit weiteren Inhalten füttern.

F: Diese umgekehrte Pyramide ... wie finde ich heraus, was an meinem Inhalt am wichtigsten ist, damit ich es den Lesern nach einer allgemeinen Einführung präsentieren kann?

A: Es gibt keine festen Regeln. Wenn Sie selbst den Inhalt geschrieben haben, sollten Sie eine klare Vorstellung davon haben, welche die zwei, drei wichtigsten Punkte für Ihre Leser sind. Stammt der Inhalt von jemand anderem, lesen Sie ihn durch und versuchen, die Kernaussagen herauszufinden.

F: Woher weiß ich, wann ich aufhören soll, nachdem der Inhalt nach Wichtigkeit sortiert ist?

A: Nun, wenn ein Teil des Inhalts so weit unten auf der Wichtigkeitsskala steht, dass Sie nicht sicher sind, ob Sie ihn beibehalten möchten, ist das vielleicht schon Grund genug, diesen Teil loszuwerden. Sind Sie sich immer noch nicht sicher, spielen Sie Benutzer. Stellen Sie sich vor, Sie lesen den Text. Trägt dieses letzte bisschen Information zum Verständnis der Kernaussage des Texts bei? Falls nicht, wissen Sie, was zu tun ist: weg damit!

F: Wie viel Inhalt soll ich entfernen, wenn ich meinen Text bearbeite? Sie haben einige Änderungen gemacht, auf die ich nicht gekommen wäre ...

A: Darauf gibt es keine abschließende Antwort. Aber wenn Sie darauf achten, nur Absätze mit zwei bis drei Sätzen zu schreiben und unnötige Wörter zu entfernen, sollte Ihr Text deutlich kürzer sein. Visieren Sie ungefähr 80% der ursprünglichen Länge an.

Üben hilft, aber Sie können auch eine Menge dadurch lernen, dass Sie ähnliche Websites mit Ihrem Schreibstil vergleichen. Wenn Sie diese einfachen Regeln befolgen, kann es natürlich passieren, dass Sie Websites finden, die auch ihren Inhalt kürzen könnten!

Die umgekehrte Pyramide und das Kürzen sind nützliche Techniken, genau wie das erneute Lesen. Machen Sie nach der Bearbeitung einen weiteren Durchgang und schauen Sie, ob Sie nicht noch ein bisschen mehr kürzen können.

Probefahrt

Aktualisieren Sie das XHTML, sodass es nur noch Ihren überarbeiteten Text enthält. Machen Sie den Test ... sind wir schon einen Schritt weiter?

Hipster-Kurier | Überarbeiteter Webtext - Mozilla Firefox

1973 gründeten Gary Gygax und Don Kaye „Tactical Studies Rules“ (TSR), um die Regeln für „Cavaliers and Roundheads“ zu veröffentlichen, ein Strategiespiel, das im englischen Bürgerkrieg spielt. „Cavaliers and Roundheads“ stand zwar ursprünglich im Mittelpunkt von TSR, aber Gygax und Kaye wollten auch die Regeln für „Dungeons & Dragons“ veröffentlichen, ein von Gygax entwickeltes Fantasy-Rollenspiel. Als „Cavaliers and Roundheads“ die ersten Gewinne für TSR erzielte, wurde die Partnerschaft auf Dave Arneson und Brian Blume erweitert. Dave Arneson schloss sich der Partnerschaft als Game-Designer an und verließ die Firma kurz darauf wieder. Brian Blume stieg als Investor ein. Blume glaubte, dass „Cavaliers and Roundheads“ nicht genug Gewinne erzielen würde,und ermunterte Gygax und Kaye, ihre Bemühungen auf die Veröffentlichung von „Dungeons & Dragons“ zu konzentrieren.

1975 starb Don Kaye an einem Schlaganfall. Als direkte Folge davon liquidierten Blume und Gygax das Unternehmen TSR und gründeten eine neue Firma mit dem Namen TSR Hobbies, Inc. Der Vorstand von TSR Hobbies, Inc. Bestand aus Brian Blume, Gygax und Kevin Blume.. Brian Blume wurde „President of Creative Affairs“, Kevin Blume „President of Operations“ und Gygax wurde CEO und Präsident des Unternehmens. Im Gegensatz zur gleichberechtigten Partnerschaft in TSR besaßen Brian Blume & Kevin Blume die Mehrheit der Anteile des neuen Unternehmens.

Anfangs hatte TSR Hobbies, Inc. in und außerhalb der USA phänomenale Erfolge. Leider begannen die Blumes, die Unternehmensbereiche auszuweiten: Nicht nur auf Brettspiele und Spielzeug, sondern auch auf wenig verwandte Bereiche. Das beste Beispiel hierfür war die ungenehmigte Übernahme von Greenfield Needlewomen, der Gobelin-Stickerei von einer von Blumes Verwandten.Darüber hinaus hatte Kevin Blume Millionen von Ausgaben der bis dahin so erfolgreichen Dungeons & Dragons-Abenteuerbücher drucken lassen, die nicht verkauft werden konnten.

Bei dem Versuch, die zunehmenden finanziellen Probleme abzuschwächen, wurde TSR Hobbies, Inc. in vier Unternehmen restrukturiert: TSR, Inc., TSR Ventures, TSR International und TSR Entertainment. TSR Inc. stellte weiterhin die Dungeons & Dragons-Rollenspielprodukte her. TSR Ventures konzentrierte sich auf die Herstellung von Plastik und Spielzeugen in Asien. TSR International wurde gegründet, um das Überseegeschäft und den Vertrieb und Verkauf dort so wie die Lizensierung und Produktion zu übernehmen. TSR Entertainment war dafür zuständig, das geistige Eigentum der TSR in anderen Unterhaltungsmarktsegmenten zu platzieren, z.B. im Film und Fernsehen. Leider war der einzige Erfolg von TSR Entertainment die kurzlebigen Dungeons & Dragons-Cartoons. Bei mehreren Gelegenheiten hatte Gygax behauptet, die getrennten Unternehmen seien Blumes Versuch, die Auslandseinkünfte an den US-Steuerbehörden vorbeizuschleusen.

Trotz der Umstrukturierung verlor die TSR, Inc. weiterhin Geld durch Managementfehler. Schließlich wurden sowohl Kevin als auch Brian Blume wegen Missbrauchs des Gesellschaftsvermögens und großer Verschuldung durch nicht genehmigte und unangebrachte Übernahmen aus dem Vorstand ausgeschlossen. Als Folge des Ausscheidens der Blumes übernahm Gygax die Rolle des CEO und erlangte die Kontrolle des Unternehmens zum Teil wieder. Allerdings hatten Kevin und Brian Blume geheime Verhandlungen mit Lorraine Williams, einer potentiellen Investorin, die Gygax zuvor als Direktorin in die Firma gebracht hatte, um die Aktienmehrheit zu erwerben. Als Williams schließlich ein Paket des Unternehmens erworben hatte, versuchte Gygax, den Verkauf für illegal erklären zu lassen. Der Versuch scheiterte: Gygax verkaufte seine verbleibenden Aktien an Williams und gründete mit dem Kapital das Unternehmen New Infinity Productions.

Gygax' Ausscheiden aus der TSR veränderte das Unternehmen unwiderruflich. TSR erweiterte sich erfolgreich in anderen Bereichen mit Magazinen, Taschenbuchromanen und Comicbüchern. Außerdem veröffentlichte die Firma beliebte neue Rollenspielwelten, darunter auch Dragonlance, Ravenloft, Forgotten Realms und Greyhawk, die alle die Tabletop-Rollenspiellandschaft dauerhaft prägen sollten.

Als TSR 1997 auf den Konkurs zusteuerte, wurden das Unternehmen und sein gesamtes … of the Coast übernommen. Ironischerweise hatte Wizards of the Coast zuvor "Magic: The Gathering" herausgegeben: das Spiel, das mit seinem … tenspiele-Markt bewirkt hatte. Nach dem Verkauf an Wizards of the Coast wurde TSR aufgelöst. 2003 ließen Wizards of the … produzieren auch heute noch Dungeons & Dragons

Trotz der beinahe permanenten legalen und finanziellen Schwierigkeiten … die Spielewelt. Man könnte durchaus sagen, dass TSR prägender für die Spieleindustrie war als jede andere Fir… … ele auf den Archetypen und Mechanismen, die ursprünglich in Dungeons & Dragons eingeführt wurden.Unzählig… … sst. Die Produkte von TSR sind längst fester Bestandteil der Populärkultur geworden.

Fertig

Wie würden Sie das ändern?

Sie sind ein Webbenutzer. Was machen andere Websites, um den Inhalt herunterzubrechen und übersichtlicher zu gestalten?

Wir müssen diesen Text also noch weiter herunterbrechen. Wie wäre es mit einer **Liste**, damit der Text besser überflogen werden kann?

Jo: Wie soll das funktionieren? Liefert eine Liste nicht nur eine Handvoll weiterer unterschiedlich großer Textblöcke, die die Augen des Benutzers erfassen müssen?

Frank: Listen gliedern große Textblöcke in kleinere Happen, die leichter zu lesen sind, und bieten dem Auge des Benutzers einen Anker beim Überfliegen. Ich zeige es dir. Ich schreibe ein bisschen Text und zeige dir dann, wie du ihn auf eine Liste verteilst.

Listen sind ausgezeichnet, um den Text zu gliedern und den Inhalt auf Ihrer Seite leichter zu überfliegen. Listen eignen sich für Absätze, die Aufzählungen enthalten, und Listen können auch größere Absätze in kleine Blöcke unterteilen. Sie können Listen für Hauptinhalt, Seitenleisten, Navigation, Formulare und alles andere auf Ihrer Seite verwenden.

Jo: Gar nicht schlecht. Liest sich wie der erste Absatz eines Artikels über Listen, die wichtigen Punkte kommen nach der umgekehrten Pyramide ganz oben.

Frank: Jaaa ... ich habe gut aufgepasst, weißt du. Auf jeden Fall ist dieser Text nicht *schlecht*. Aber er wäre ***viel*** schneller zu überfliegen und zu lesen ...

Jo: ... in einer Liste?

Frank: Verdammt richtig. Und zwar so:

Verwenden Sie eine Liste, wenn:

- Ihr Text leicht zu überfliegen sein soll,
- Absätze oder Sätze »listbare« Elemente enthalten,
- große Textblöcke in Abschnitte mit 1 oder 2 Sätzen unterteilt werden können.

Wenn Sie Text auf eine Liste verteilen, können die Leser den Text schnell überblicken und die Informationen erfassen.

Jo: Schick. Die drei Aufzählungszeichen fassen drei Sätze deines Texts zusammen. Aber was ist mit dem Rest?

Frank: [schreibt]

Sie können Listen einsetzen:

- in Ihrem Hauptinhalt
- in Seitenleisten
- für Navigation und Kopfzeilen

Ausdauerübung

Besuchen Sie die folgenden Websites und kommentieren Sie die Screenshots. Welche Websites verwenden die umgekehrte Pyramide? Warum, glauben Sie, sollte eine dieser Websites die umgekehrte Pyramide nicht einsetzen? Verwenden diese Websites Listen und Aufzählungszeichen? Warum oder warum nicht?

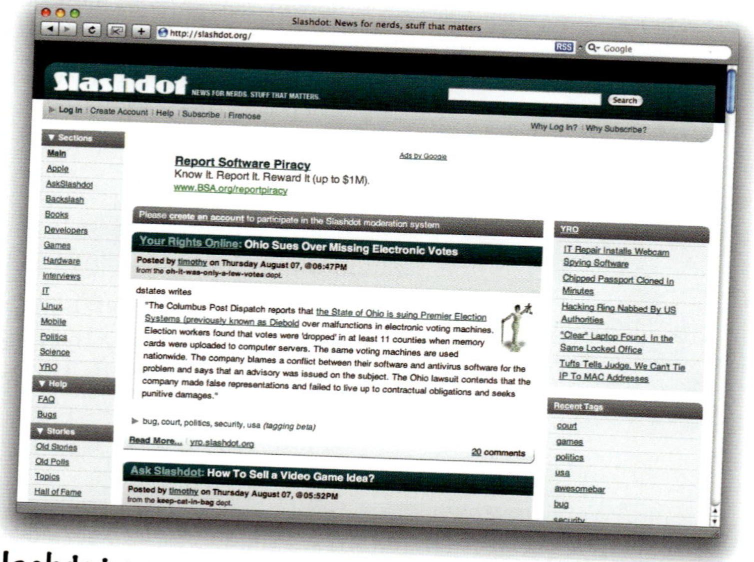

slashdot.org

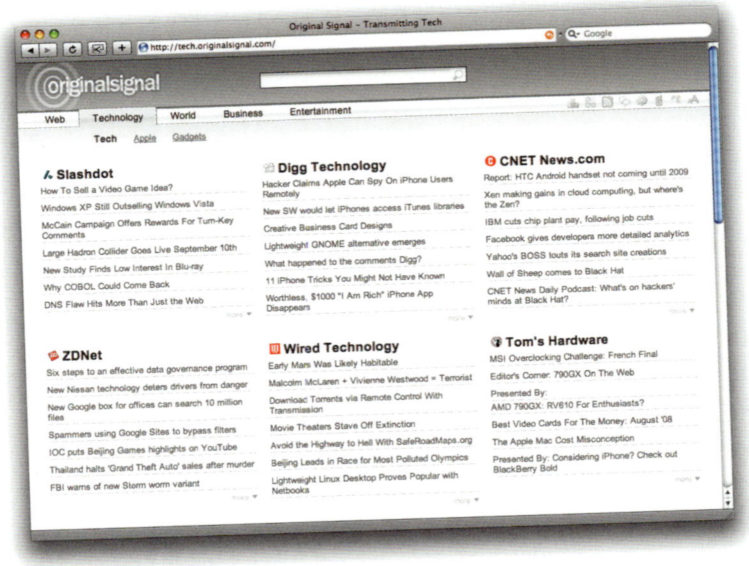

tech.originalsignal.com

newsvine.com

digg.com

Ausdauerübung Lösung

Welche Websites verwenden die umgekehrte Pyramide? Warum, glauben Sie, sollte eine dieser Websites die umgekehrte Pyramide nicht einsetzen? Verwenden diese Websites Aufzählungszeichen? Warum oder warum nicht?

Slashdot und Newsvine gestalten den Inhalt für ihre Benutzer nach der umgekehrten Pyramide.

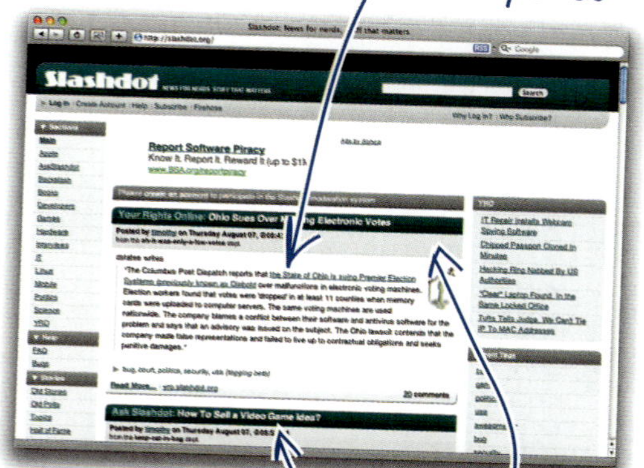

slashdot.org

newsvine.com

Slashdot verwendet eine Mischung aus Listen und Absätzen. Die Posts werden in einer nach Datum sortierten Liste dargestellt. Jeder Artikelausschnitt erhält einen Titel und ein Zitat auf einem dunkelgrünen Hintergrund, der ins Auge sticht und den Blick durch die Seite führt.

Newsvine verwendet Listen zwar nicht als hauptsächliches Layoutmittel, dafür aber auf geschickte Weise für Seitenleisten und zusätzliche Inhalte. Achten Sie auf die Aufzählungszeichen in jeder der drei Spalten.

Digg, einer der beliebtesten Technologie-Aggregatoren, ist eine einzige riesige Liste. Die neuesten und beliebtesten »Diggs« dienen als Aufzählungszeichen und Blickfang sowie als hübscher Link auf die Story.

Der Inhalt von Original Signal gliedert sich in zwei ineinander verschachtelte Listen: Die erste listet die Titel der verschiedenen Websites. Die jeweils untergeordnete Liste zeigt die neuesten Nachrichten chronologisch sortiert.

digg.com

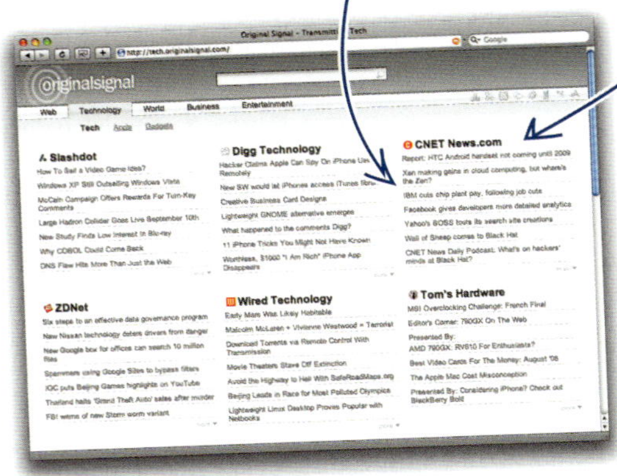

tech.originalsignal.com

Das sind unsere Antworten. Ihre können sich ein bisschen unterscheiden. Sollten Ihre Antworten GANZ anders lauten, werfen Sie besser nochmals einen Blick auf diese Websites

Spitzen Sie Ihren Bleistift

Machen Sie diesen Absatz aus dem Text des Chefredakteurs, den Sie bereits überarbeitet haben, lesbarer, indem Sie ihn als Liste schreiben. **Tipp:** Sie können den Inhalt der Liste mit ein oder zwei Sätzen erklären.

> Gygax' Ausscheiden aus der TSR veränderte das Unternehmen unwiderruflich. TSR expandierte erfolgreich in anderen Bereichen wie Magazinen, Taschenbuchromanen und Comicbüchern. Außerdem veröffentlichte die Firma beliebte neue Rollenspielwelten, darunter auch Dragonlance, Ravenloft, Forgotten Realms und Greyhawk, die alle die Tabletop-Rollenspiellandschaft dauerhaft prägen sollten.

Kümmern Sie sich noch nicht um das HTML. Schreiben Sie den Text nur als Liste um.

Spitzen Sie Ihren Bleistift – Lösung

Sie haben diesen Absatz lesbarer gemacht, indem Sie ihn als Liste umgeschrieben haben. Ein oder zwei Sätze, die den Inhalt der Liste erklären, geben dem Leser den nötigen Kontext.

> Gygax' Ausscheiden aus der TSR veränderte das Unternehmen unwiderruflich. TSR expandierte erfolgreich in anderen Bereichen wie Magazinen, Taschenbuchromanen und Comicbüchern. Außerdem veröffentlichte die Firma beliebte neue Rollenspielwelten, darunter auch Dragonlance, Ravenloft, Forgotten Realms und Greyhawk, die alle die Tabletop-Rollenspiellandschaft dauerhaft prägen sollten.

Dieser Inhalt wendet bereits die umgekehrte Pyramide an (der wichtigste Inhalt zuerst), ist aber jetzt als Liste noch besser gegliedert.

Gygax' Ausscheiden aus der TSR veränderte das Unternehmen unwiderruflich. TSR expandierte erfolgreich in anderen Bereichen wie:

- Magazinen
- Taschenbuchromanen
- Comicbüchern

So wenig Text vor der Liste stellt bereits den nötigen Kontext her.

Solche Listenelemente brauchen also keine Interpunktion. Bei mehreren Worten oder Sätzen können Sie wählen: Wenn Sie die Einträge mit einem Großbuchstaben anfangen lassen, sollten sie mit einem Punkt enden. Wenn Sie Ihre Liste klein schreiben, muss kein Interpunktionszeichen am Ende stehen.

Außerdem veröffentlichte die Firma beliebte neue Rollenspielwelten, darunter:

- Dragonlance
- Ravenloft
- Forgotten Realms
- Greyhawk

Der Inhalt, mit dem wir diese Liste erstellt haben, hat bereits eine Reihe von Elementen aufgeführt, war also perfekt für, natürlich, Listen.

Alle diese Spiele sollten die Tabletop-Rollenspiellandschaft dauerhaft prägen.

Der letzte Satz musste etwas angepasst werden, da er jetzt nach einer Liste steht.

Scannbarer Webtext:

- [x] Inhalt wurde nach der umgekehrten Pyramide sortiert.
- [x] Wurde überarbeitet und gekürzt.
- [x] Gliedert den Inhalt durch Listen noch stärker.

Listen in XHTML

Legen Sie los und erweitern Sie den restlichen Text an den passenden Stellen um Listen. Wenn Sie damit fertig sind, fügen Sie die Listen auch in Ihr XHTML ein. Sie können ungeordnete Listen mit Aufzählungszeichen oder geordnete Listen mit Nummerierung verwenden:

Ungeordnete Liste

```
<p>Meine liebsten Seinfeld-Folgen</p>
<ul>
    <li>Im chinesischen Restaurant</li>
    <li>Der PEZ-Spender</li>
    <li>Die Yada Yada-Sache</li>
    <li>Die Pfefferminzpastille</li>
    <li>Gemischter Salat</li>
    <li>Der Fusilli-Jerry</li>
    <li>Das Brot</li>
    <li>Kramers Talkshow</li>
</ul>
```

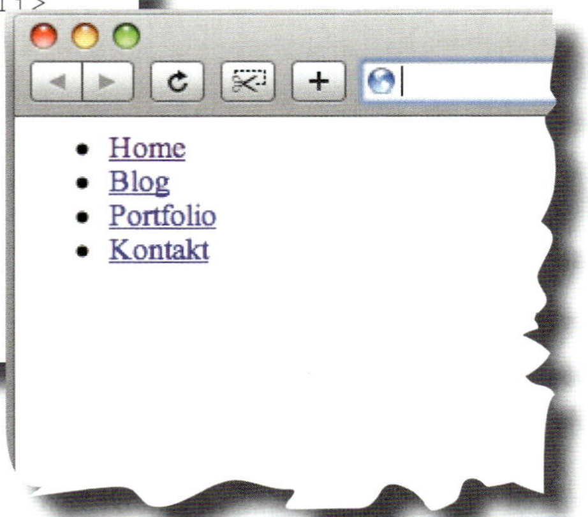

Geordnete Liste

```
<p>Die wichtigsten 10 Gründe, nach Chicago zu ziehen</p>
<ol>
    <li>Lake Michigan</li>
    <li>Der "Chicago-stlye"-Hot-Dog</li>
    <li>Der "El"</li>
    <li>Millenium Park</li>
    <li>Wrigley Field (selbst, wenn Sie kein Fan d
    <li>"The Bean"</li>
    <li>Der Sears Tower</li>
    <li>Echte "Deep-Dish-Pizza"</li>
    <li>Der Midwest-Akzent</li>
    <li>Intelligentsia-Kaffee</li>
</ol>
```

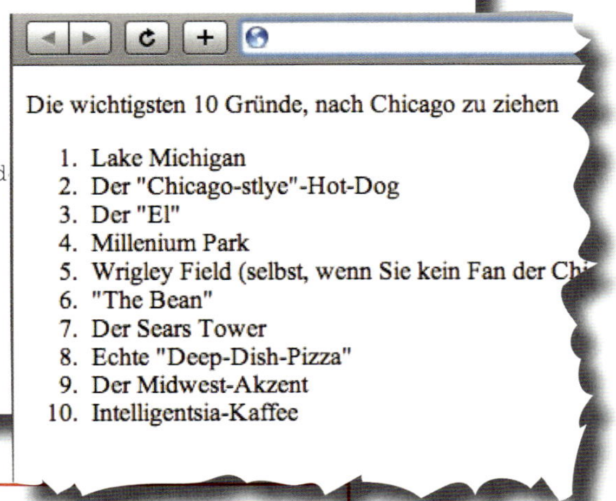

Stopp! Erstellen Sie die Listen in Ihrem XHTML, bevor Sie weiterblättern.

Probefahrt

Jetzt haben Sie die umgekehrte Pyramide auf Ihren Artikel angewandt, ihn überarbeitet und Listen eingefügt. Wie sieht er aus?

Das ist unser XHTML mit Listen. Sehen Sie sich die Datei text_ueberarbeitet_listen.html im Ordner kapitel07 an.

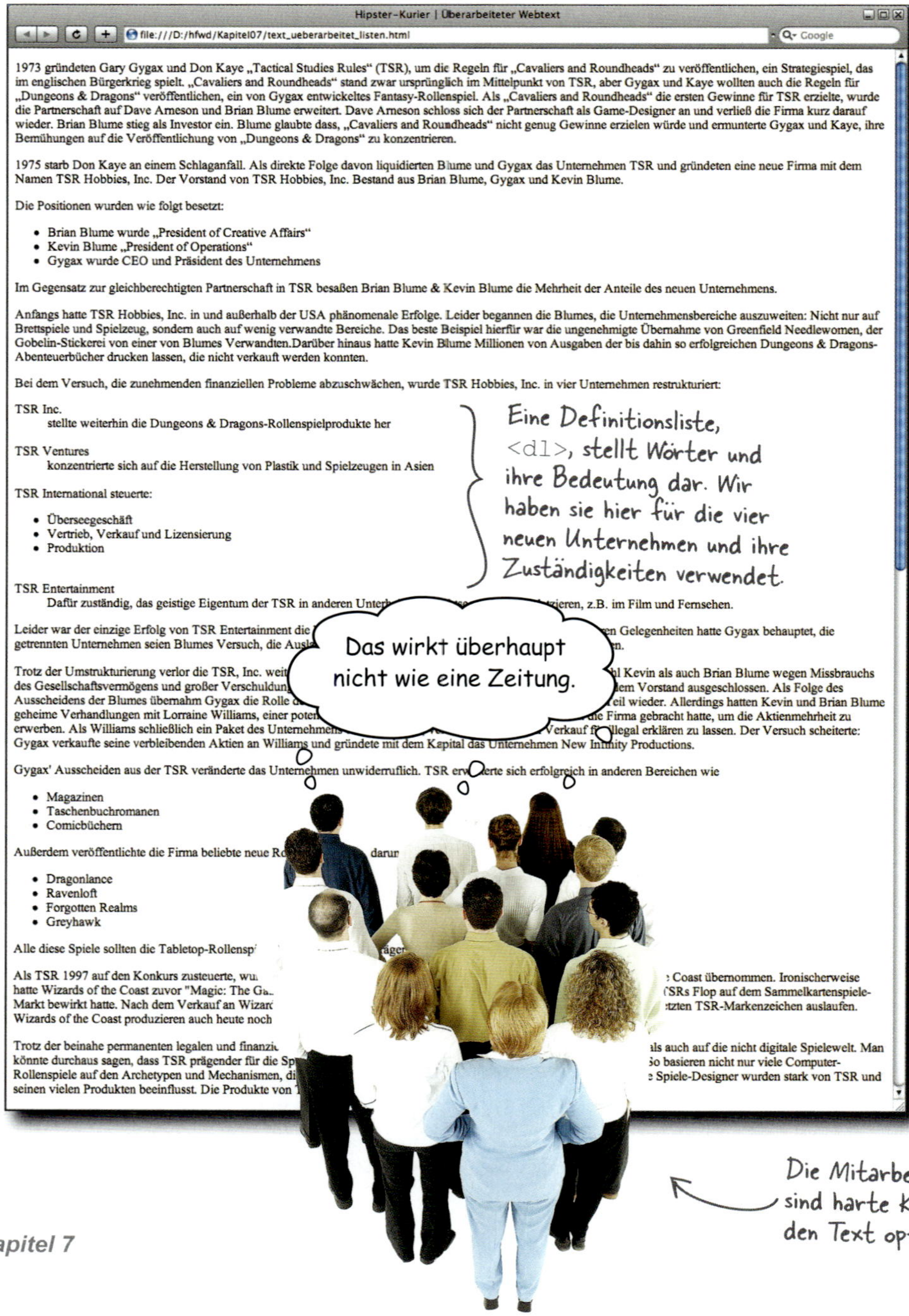

Hipster-Kurier | Überarbeiteter Webtext

file:///D:/hfwd/Kapitel07/text_ueberarbeitet_listen.html

1973 gründeten Gary Gygax und Don Kaye „Tactical Studies Rules“ (TSR), um die Regeln für „Cavaliers and Roundheads“ zu veröffentlichen, ein Strategiespiel, das im englischen Bürgerkrieg spielt. „Cavaliers and Roundheads“ stand zwar ursprünglich im Mittelpunkt von TSR, aber Gygax und Kaye wollten auch die Regeln für „Dungeons & Dragons“ veröffentlichen, ein von Gygax entwickeltes Fantasy-Rollenspiel. Als „Cavaliers and Roundheads“ die ersten Gewinne für TSR erzielte, wurde die Partnerschaft auf Dave Arneson und Brian Blume erweitert. Dave Arneson schloss sich der Partnerschaft als Game-Designer an und verließ die Firma kurz darauf wieder. Brian Blume stieg als Investor ein. Blume glaubte dass, „Cavaliers and Roundheads“ nicht genug Gewinne erzielen würde und ermunterte Gygax und Kaye, ihre Bemühungen auf die Veröffentlichung von „Dungeons & Dragons“ zu konzentrieren.

1975 starb Don Kaye an einem Schlaganfall. Als direkte Folge davon liquidierten Blume und Gygax das Unternehmen TSR und gründeten eine neue Firma mit dem Namen TSR Hobbies, Inc. Der Vorstand von TSR Hobbies, Inc. Bestand aus Brian Blume, Gygax und Kevin Blume.

Die Positionen wurden wie folgt besetzt:

- Brian Blume wurde „President of Creative Affairs“
- Kevin Blume „President of Operations“
- Gygax wurde CEO und Präsident des Unternehmens

Im Gegensatz zur gleichberechtigten Partnerschaft in TSR besaßen Brian Blume & Kevin Blume die Mehrheit der Anteile des neuen Unternehmens.

Anfangs hatte TSR Hobbies, Inc. in und außerhalb der USA phänomenale Erfolge. Leider begannen die Blumes, die Unternehmensbereiche auszuweiten: Nicht nur auf Brettspiele und Spielzeug, sondern auch auf wenig verwandte Bereiche. Das beste Beispiel hierfür war die ungenehmigte Übernahme von Greenfield Needlewomen, der Gobelin-Stickerei von einer von Blumes Verwandten.Darüber hinaus hatte Kevin Blume Millionen von Ausgaben der bis dahin so erfolgreichen Dungeons & Dragons-Abenteuerbücher drucken lassen, die nicht verkauft werden konnten.

Bei dem Versuch, die zunehmenden finanziellen Probleme abzuschwächen, wurde TSR Hobbies, Inc. in vier Unternehmen restrukturiert:

TSR Inc.
    stellte weiterhin die Dungeons & Dragons-Rollenspielprodukte her

TSR Ventures
    konzentrierte sich auf die Herstellung von Plastik und Spielzeugen in Asien

TSR International steuerte:

- Überseegeschäft
- Vertrieb, Verkauf und Lizensierung
- Produktion

TSR Entertainment
    Dafür zuständig, das geistige Eigentum der TSR in anderen Unter… …zieren, z.B. im Film und Fernsehen.

Leider war der einzige Erfolg von TSR Entertainment die … …en Gelegenheiten hatte Gygax behauptet, die getrennten Unternehmen seien Blumes Versuch, die Ausl… …n.

Trotz der Umstrukturierung verlor die TSR, Inc. weit… …l Kevin als auch Brian Blume wegen Missbrauchs des Gesellschaftsvermögens und großer Verschuldun… …dem Vorstand ausgeschlossen. Als Folge des Ausscheidens der Blumes übernahm Gygax die Rolle d… …eil wieder. Allerdings hatten Kevin und Brian Blume geheime Verhandlungen mit Lorraine Williams, einer poten… …die Firma gebracht hatte, um die Aktienmehrheit zu erwerben. Als Williams schließlich ein Paket des Unternehmens… …Verkauf f… illegal erklären zu lassen. Der Versuch scheiterte: Gygax verkaufte seine verbleibenden Aktien an Williams und gründete mit dem Kapital das Unternehmen New In…ity Productions.

Gygax' Ausscheiden aus der TSR veränderte das Unternehmen unwiderruflich. TSR erw…erte sich erfolgreich in anderen Bereichen wie

- Magazinen
- Taschenbuchromanen
- Comicbüchern

Außerdem veröffentlichte die Firma beliebte neue Ro… …darun

- Dragonlance
- Ravenloft
- Forgotten Realms
- Greyhawk

Alle diese Spiele sollten die Tabletop-Rollensp… …äger

Als TSR 1997 auf den Konkurs zusteuerte, wu… …Coast übernommen. Ironischerweise hatte Wizards of the Coast zuvor "Magic: The Ga… …TSRs Flop auf dem Sammelkartenspiele-Markt bewirkt hatte. Nach dem Verkauf an Wizar… …tzten TSR-Markenzeichen auslaufen. Wizards of the Coast produzieren auch heute noch …

Trotz der beinahe permanenten legalen und finanzi… …als auch auf die nicht digitale Spielewelt. Man könnte durchaus sagen, dass TSR prägender für die Sp… …So basieren nicht nur viele Computer-Rollenspiele auf den Archetypen und Mechanismen, di… …Spiele-Designer wurden stark von TSR und seinen vielen Produkten beeinflusst. Die Produkte von T…

Eine Definitionsliste, <dl>, stellt Wörter und ihre Bedeutung dar. Wir haben sie hier für die vier neuen Unternehmen und ihre Zuständigkeiten verwendet.

Die Mitarbeiter des Hipster Kurier sind harte Kritiker. Wie können Sie den Text optisch aufbessern?

Überschriften machen Texte noch scannbarer

Bisher haben Sie Absätze und Sätze mit Listen in einzelne Aufzählungspunkte heruntergebrochen, aber wie können Sie Ihren Benutzern das Überfliegen des Inhalts noch mehr versüßen? **Überschriften** sind eine ausgezeichnete Möglichkeit, Textblöcke leichter lesbar zu gestalten.

Überschriften lockern große Textblöcke in leichter verdauliche Einheiten auf und kündigen außerdem genau an, wovon dieser Textteil handelt – und Ihre Leser können entscheiden, ob sie sich die Zeit nehmen möchten, diesen Textteil zu lesen.

ÜBUNG

Das ist die Homepage des *New Yorker*, `www.newyorker.com`.

Kreisen Sie *alle* Überschriften und Listen ein. Nehmen Sie sich Zeit ... und versuchen Sie, nichts zu übersehen.

LÖSUNG ZUR ÜBUNG

Haben Sie *alle* Überschriften und Listen gefunden?

Die Hauptüberschrift der Website erscheint auf jeder Seite und gibt den Lesern den nötigen Kontext, falls diese über eine Suchmaschine oder eine andere Seite als die Homepage hierher gelangt sind.

Der Abschnitt für Abonnements ist eine ungeordnete Liste: <ol>. Zwar ohne Aufzählungszeichen, aber dennoch eine Liste.

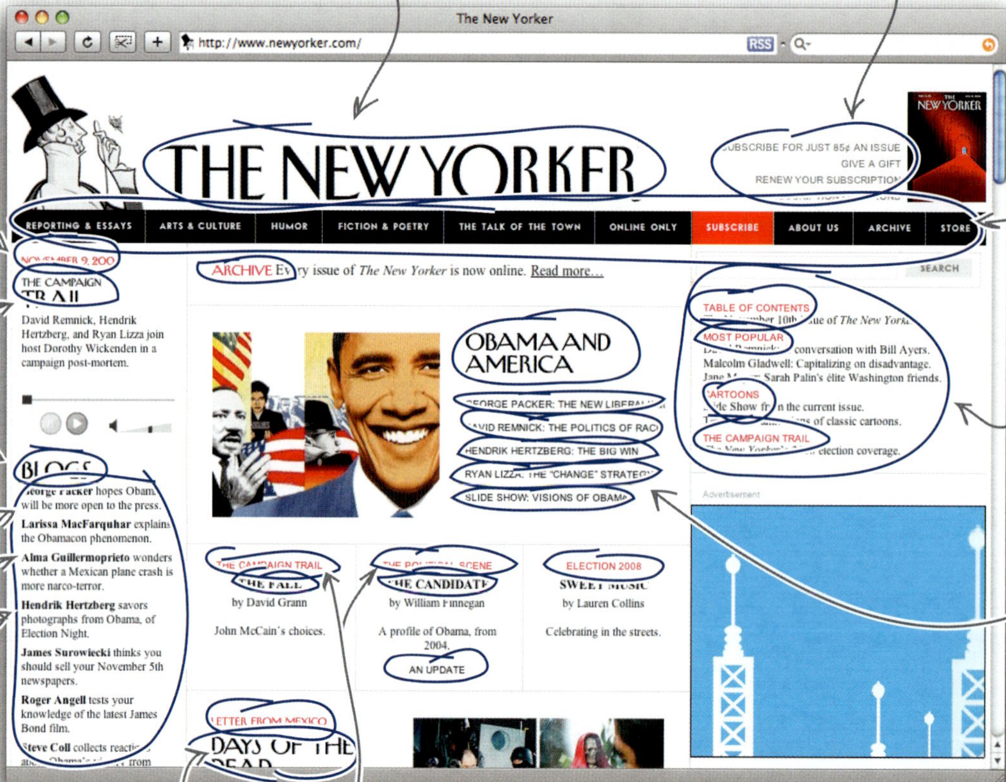

Das heutige Datum ist eine Überschrift oben links auf der Seite.

Die Überschriften der Seitenleiste zeigen dem Benutzer, wohin die Links führen und inwiefern sich dieser Inhalt von der Hauptspalte unterscheidet.

Beachten Sie, wie die verlinkten Inhalte in der Seitenleiste in einer Liste gegliedert sind.

Die Navigation der Website ist auch eine ungeordnete Liste, die in einer Zeile angezeigt wird.

Das Inhaltsverzeichnis vermischt Überschriften mit einer Liste.

Noch eine ungeordnete Liste, die Links auf mit der Titelgeschichte verwandte Artikel enthält.

Weitere Überschriften am unteren Rand des oberen Bereichs kündigen Inhalte an, um die Benutzer zum Herunterscrollen zu animieren.

Unterüberschriften im Bodytext lockern die Seite auf, heben zusätzliche Inhalte hervor …

… und dieser Inhalt ist über eine weitere Überschrift verlinkt.

Jetzt haben Sie einen Eindruck davon, warum Überschriften so wichtig sind (und was eine gute Überschrift ausmacht). Es wird Zeit für Ihre eigenen Überschriften.

Schreiben Sie für jeden der folgenden Textblöcke eine kurze Überschrift. Wählen Sie Überschriften, die direkt auf den Punkt und leicht verständlich sind.

....

Akustikgitarren werden in einer Vielzahl verschiedener Genres überall auf der Welt gespielt. Durch die lange Geschichte der Akustikgitarre gibt es viele verschiedene Arten: Manche davon werden gar nicht als Gitarre angesehen: z.B. die Ukulele, die von dem viersaitigen Braginho oder Cavaquinho aus Portugal abstammt.

....

Die Protestantenbewegung mag früher begonnen haben, aber die Veröffentlichung der 95 Thesen von Martin Luther 1517 führte zur Revolution innerhalb der Kirche. Luther griff die Theologie der bestehenden Kirche an, die seiner Meinung nach die Bibel falsch interpretierte und zu viel Autorität in die Hand des Klerus spielte. Nach seiner Exkommunikation veröffentlichte Luther viele Bücher über die Reformation. Luthers Arbeiten hatten in Deutschland und Skandinavien den größten Einfluss.

....

Die Marsoberfläche gleicht einer Wüste auf der Erde. Sehr trocken und staubig, aber auch sehr kalt. Es gibt eine Menge losen Gesteins und Dünen aus ganz feinem Sand. Krater prägen seine Oberfläche, aber nicht so stark wie auf dem Mond. Einer der Krater ist der riesige Hellas Planitia, der ungefähr halb so groß wie der kontinentale Teil der Vereinigten Staaten ist. Die südliche Halbkugel des Planeten hat mehr Krater als die nördliche und weist höhere Erhebungen auf.

Lösung zur Übung

Sie haben klare und leicht verständliche Überschriften geschrieben. Reicht das aus, um den Text zeitungsgerecht zu gestalten, wie es die Mitarbeiter des Hipster-Kurier gefordert haben?

Dieser Text handelt nicht nur von Akustikgitarren, sondern von den verschiedenen Typen, die sich in der Welt entwickelt haben

Akustikgitarrentypen

Akustikgitarren werden in einer Vielzahl verschiedener Genres überall auf der Welt gespielt. Durch die lange Geschichte der Akustikgitarre gibt es viele verschiedene Arten: Manche davon werden gar nicht als Gitarre angesehen: z.B. die Ukulele, die von dem viersaitigen Braginho oder Cavaquinho aus Portugal abstammt.

Dieser Text handelt von Luther und seiner Rolle in der Protestantenbewegung. Wenn sich Ihre Überschrift auf eins von beiden konzentriert, reicht das.

Martin Luther

Die Protestantenbewegung mag früher begonnen haben, aber die Veröffentlichung der 95 Thesen von Martin Luther 1517 führte zur Revolution innerhalb der Kirche. Luther griff die Theologie der bestehenden Kirche an, die seiner Meinung nach die Bibel falsch interpretierte und zu viel Autorität in die Hand des Klerus spielte. Nach seiner Exkommunikation veröffentlichte Luther viele Bücher über die Reformation. Luthers Arbeiten hatten in Deutschland und Skandinavien den größten Einfluss.

Ja, hier geht es definitiv um die geografischen Elemente des Mars. Manchmal sind Überschriften eine einfache Angelegenheit.

Geografie des Mars

Die Marsoberfläche gleicht einer Wüste auf der Erde. Sehr trocken und staubig, aber auch sehr kalt. Es gibt eine Menge losen Gesteins und Dünen aus ganz feinem Sand. Krater prägen seine Oberfläche, aber nicht so stark wie auf dem Mond. Einer der Krater ist der riesige Hellas Planitia, der ungefähr halb so groß wie der kontinentale Teil der Vereinigten Staaten ist. Die südliche Halbkugel des Planeten hat mehr Krater als die nördliche und weist höhere Erhebungen auf.

Es gibt keine Dummen Fragen

F: Machen diese zusätzlichen kleinen Elemente die Seite nicht länger? Strengt das die Augen der Benutzer nicht noch mehr an als eine kurze Seite?

A: Nein. Durch Listen können Ihre Benutzer die Seite leichter überfliegen und mehr Informationen aufnehmen. Listen teilen Sätze und Absätze mit vielen Informationen in leicht lesbare Einheiten auf. Listen machen eine Seite etwas länger, aber Ihre Benutzer werden bereitwillig herunterscrollen, wenn der Inhalt ihnen das wert ist. Und nachdem Sie Ihren Text anhand der umgekehrten Pyramide überarbeitet haben, wissen Ihre Leser sofort, ob die Seite für sie interessant ist.

F: Wann soll ich Listen verwenden? Sie haben einige Listen verwendet, die ich nicht genommen hätte und umgekehrt?

A: Listen sind ausgezeichnet, um lange Absätze in zwei oder drei leichter verdauliche Blöcke aufzuteilen. Wenn Sie mehr Absätze unterteilt haben als wir, ist das in Ordnung. Aber versuchen Sie, den übermäßigen Gebrauch von Listen zu vermeiden. Es ist wichtig, eine Balance zwischen kurzen, prägnanten Sätzen und Listen zu finden. Beides erhält das Interesse Ihrer Benutzer aufrecht.

F: Warum haben Sie in Ihrer Lösung an genau dieser Stelle die Definitionsliste verwendet?

A: Definitionslisten sind nicht nur für Definitionen geeignet. Natürlich können Sie damit Wörter oder Sätze definieren, aber wir haben uns dafür entschieden, mit `<dl>` die vier neuen Unternehmen und ihre Zuständigkeiten aufzuführen.

F: Was ist, wenn ich nicht alle Überschriften und Listen in der New Yorker-Übung gefunden haben?

A: Seien Sie nicht zu hart mit sich selbst. Es gibt eine *Menge* Überschriften und Listen auf dieser Seite. Wenn Sie nicht alle gefunden haben, ist das nicht so schlimm. Üben Sie einfach weiter, und Sie werden bald Webtexte wie ein Profi schreiben – und die gleichen Tricks auch auf anderen Websites erkennen.

Üben Sie weiter. Je mehr Webtexte Sie schreiben und bearbeiten, umso besser werden Sie darin, Text schlank und leicht verdaulich zu gestalten.

Ausdauerübung

Wenden Sie Ihr neues Wissen an und schreiben Sie Überschriften für die ersten vier Abschnitte Ihres Texts.

....

1973 gründeten Gary Gygax, ein Game-Designer aus Lake Geneva, Wisconsin, und Don Kaye »Tactical Studies Rules«, um die Regeln für »Cavaliers and Roundheads«, ein Strategiespiel, das im englischen Bürgerkrieg spielt, zu veröffentlichen. »Cavaliers and Roundheads« stand zwar ursprünglich im Mittelpunkt von Tactical Studies Rules, aber Gygax und Kaye wollten auch die Regeln für »Dungeons & Dragons« veröffentlichen, ein von Gygax entwickeltes Fantasy-Rollenspiel, dessen Regeln auf »Chainmail« beruhten, einem Mittelalter-Strategiespiel von Gygax und Jeff Perren aus dem Jahr 1971. Als »Cavaliers and Roundheads« die ersten Gewinne für Tactical Studies Rules erzielte, wurde die Partnerschaft auf Dave Arneson und Brian Blume erweitert. Dave Arneson schloss sich der Partnerschaft als Game-Designer an und verließ die Firma kurz darauf wieder. Brian Blume stieg als Investor ein. Blume glaubte, dass »Cavaliers and Roundheads« nicht genug Gewinne erzielen würde, und ermunterte Gygax und Kaye, ihre Bemühungen auf die Veröffentlichung von »Dungeons & Dragons« zu konzentrieren.

....

1975 starb Don Kaye an einem Schlaganfall. Als direkte Folge davon liquidierten Blume und Gygax das Unternehmen TSR und gründeten eine neue Firma mit dem Namen TSR Hobbies, Inc. Der Vorstand von TSR Hobbies, Inc. Bestand aus Brian Blume, Gygax und Kevin Blume.

Die Positionen wurden wie folgt besetzt:

- Brian Blume wurde »President of Creative Affairs«.
- Kevin Blume wurde »President of Operations«.
- Gygax wurde CEO und Präsident des Unternehmens.

Im Gegensatz zur gleichberechtigten Partnerschaft in TSR besaßen Brian Blume & Kevin Blume die Mehrheit der Anteile des neuen Unternehmens.

....

Anfangs hatte TSR Hobbies, Inc. in und außerhalb der USA phänomenale Erfolge. Leider begannen die Blumes, die Unternehmensbereiche auszuweiten: nicht nur auf Brettspiele und Spielzeug, sondern auch auf wenig verwandte Bereiche. Das beste Beispiel hierfür war die ungenehmigte Übernahme von Greenfield Needlewomen, der Gobelin-Stickerei von einer von Blumes Verwandten. Darüber hinaus hatte Kevin Blume Millionen von Ausgaben der bis dahin so erfolgreichen Dungeons & Dragons-Abenteuerbücher drucken lassen, die nicht verkauft werden konnten.

Bei dem Versuch, die zunehmenden finanziellen Probleme abzuschwächen, wurde TSR Hobbies, Inc. in vier Unternehmen restrukturiert:

TSR, Inc.
stellte weiterhin die Dungeons & Dragons-Rollenspielprodukte her

TSR Ventures
konzentrierte sich auf die Herstellung von Plastik und Spielzeugen in Asien

TSR International
steuerte:

- Überseegeschäft
- Vertrieb, Verkauf und Lizenzierung
- Produktion

TSR Entertainment
war dafür zuständig, das geistige Eigentum der TSR in anderen Unterhaltungsmarktsegmenten zu platzieren, z.B. in Film und Fernsehen

Leider war der einzige Erfolg von TSR Entertainment die kurzlebigen Dungeons & Dragons-Cartoons. Bei mehreren Gelegenheiten hatte Gygax behauptet, die getrennten Unternehmen seien Blumes Versuch, die Auslandseinkünfte an den US-Steuerbehörden vorbeizuschleusen.

Schreiben Sie jetzt auch Überschriften für den Rest Ihres Artikels. Wenn Sie damit fertig sind, passen Sie Ihre XHTML-Datei entsprechend an.

Anschließend machen Sie sich auf die Suche nach dem Inhalt für das mittlere <div> und die Seitenleiste:

`kapitel07/webtexte/mitte.html`

`kapitel07/webtexte/seitenleiste.html`

und fügen auch darin Überschriften und Listen ein.

Den gesamten Code können Sie unter **`http://tinyurl.com/kf-webdesign`** herunterladen.

Ausdauerübung Lösung

Nun haben Sie Überschriften für den gesamten Text, einschließlich der <div>s für die mittlere Spalte und die Seitenleiste.

```
...
<div id="inhalt">
  <div id="hauptspalte">
    <h1>Der Anfang von Dungeons ... Dragons</h1>
```

```
                    <h1>Unternehmensstrukturen</h1>
<p>Bei dem Versuch, die zunehmenden finanziellen Probleme abzuschwächen, wurde
TSR H ... </p>
```

```
<p>Trotz der Umstrukturierung verlor die TSR,          Inc. weiterhin Geld
durch Managementfehler. Schließlich wurden sowohl Kevin als auch Brian Blume
wegen Missbrauchs des Gesellschaftsvermögens und großer Verschuldung durch
nicht genehmigte und unangebrachte Übernahmen aus dem ... ausgeschlossen.
```

```
  <div id="mitte">
    <p>Fusce varius sodales lacus. Proin in odio sed urna vehicula tincidunt.
Nullam non magna a tellus sodales volutpat. Quisque tempor ipsum ac lacus. Nam
sit amet nibh sit amet ligula imperdiet mattis. Morbi turpis. Aenean dictum.
Vestibulum rutrum. Sed nisi neque, tempus nec, pellentesque vestibulum, cursus
ac, leo. Suspendisse sed felis in urna molestie varius. Sed odio. Proin
fringilla sapien sit amet mauris. Duis egestas neque id lorem. Ut vulputate
```

```
        <dl>
      <dt><a href="">Neuer Süßwarenladen</a></dt>
        <dd>Jetzt können wir endlich alle unsere Zuckergelüste befriedigen.</dd>
      <dt><a href="">Webinger Restaurant ausgeraubt</a></h1>
        <dd>Ein vermeintliches Liebespaar sprang plötzlich auf einen Tisch und
zwang alle Gäste, sich auf den Boden zu legen.</dd>
      <dt><a href="">Jobangebote</a></dt>
        <dd>I.T.-Support für Eltern in und um Webingen benötigt. Keine Bewerbung
erforderlich, einfach anrufen!</dd>
      <dt><a href="">Neues Sternback-Produkt</a></dt>
        <dd>Sternback Kaffee hat in Business-News eine neue Reihe von Frucht-
Smoothies angekündigt.</dd>
      <dt><a href="">Von Kopf bis Fuß-Bücher eine "Tolle Lektüre"</a></dt>
        <dd>Lassie ist zurück und hat als Buch zum Film die <i>Von Kopf bis
Fuß</i>-Reihe gelesen.</dd>
      <dt><a href="">Betonkühe gefunden</a></dt>
        <dd>Die geliebten Betonkühe eines Ölmagnaten wurden einfach nur aus
ihrer Koppel geschoben</p>
    <p>Copyright &copy; 2009</p>
   </div>
  </div>
</div>
</body>
</html>
```

Das ist eine Menge Code. Sie finden ihn im Beispielcode zum Buch unter kapitel07/text_ueberarbeitet_ueberschriften.html.

Probefahrt

Wie sehen diese Überschriften und Listen im Browser aus?

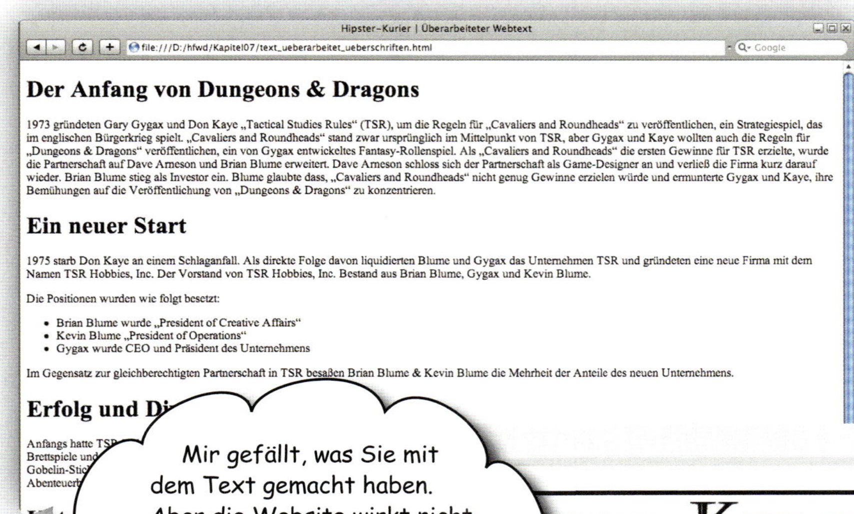

Hipster-Kurier | Überarbeiteter Webtext

file:///D:/hfwd/Kapitel07/text_ueberarbeitet_ueberschriften.html

Der Anfang von Dungeons & Dragons

1973 gründeten Gary Gygax und Don Kaye „Tactical Studies Rules“ (TSR), um die Regeln für „Cavaliers and Roundheads“ zu veröffentlichen, ein Strategiespiel, das im englischen Bürgerkrieg spielt. „Cavaliers and Roundheads“ stand zwar ursprünglich im Mittelpunkt von TSR, aber Gygax und Kaye wollten auch die Regeln für „Dungeons & Dragons“ veröffentlichen, ein von Gygax entwickeltes Fantasy-Rollenspiel. Als „Cavaliers and Roundheads“ die ersten Gewinne für TSR erzielte, wurde die Partnerschaft auf Dave Arneson und Brian Blume erweitert. Dave Arneson schloss sich der Partnerschaft als Game-Designer an und verließ die Firma kurz darauf wieder. Brian Blume stieg als Investor ein. Blume glaubte dass, „Cavaliers and Roundheads“ nicht genug Gewinne erzielen würde und ermunterte Gygax und Kaye, ihre Bemühungen auf die Veröffentlichung von „Dungeons & Dragons“ zu konzentrieren.

Ein neuer Start

1975 starb Don Kaye an einem Schlaganfall. Als direkte Folge davon liquidierten Blume und Gygax das Unternehmen TSR und gründeten eine neue Firma mit dem Namen TSR Hobbies, Inc. Der Vorstand von TSR Hobbies, Inc. Bestand aus Brian Blume, Gygax und Kevin Blume.

Die Positionen wurden wie folgt besetzt:

- Brian Blume wurde „President of Creative Affairs“
- Kevin Blume „President of Operations“
- Gygax wurde CEO und Präsident des Unternehmens

Im Gegensatz zur gleichberechtigten Partnerschaft in TSR besaßen Brian Blume & Kevin Blume die Mehrheit der Anteile des neuen Unternehmens.

Erfolg und Di

Anfangs hatte TSR
Brettspiele und
Gobelin-Stic
Abenteuerb

STER KURIER

29.04.2009

GLICH HIPPE NEWS + VERANSTALTUNGEN

EITEN

ten
s der Stadt

neque et est. Pellentesque lacinia arcu ut nisl mattis blandit. Etiam facilisis erat non mauris. Praesent non pede vel ipsum tincidunt ornare. Cras nibh. Duis adipiscing venenatis urna. Pellentesque posuere. Mauris dolor est, porttitor in, convallis sit amet, auctor sit amet, nisl. Etiam neque dolor, ultrices nec, tincidunt euismod, mollis ac, nisi. Praesent sed orci. Nulla justo orci, auctor in, porta a, lobortis ac, justo. Cras pharetra. Nunc non odio. Sus-

Bild des Tages: *Lorem ipsum dolor sit amet, consectetuer adipiscing elit.*

KURIOSITÄTEN + SPINNEREIEN

Lesen Sie den hier

Pellentesque lacinia arcu ut nisl mattis blandit. Etiam facilisis erat non mauris. Praesent non pede vel ipsum tincidunt ornare. Cras nibh. Duis adipiscing.

"Pellentesque lacinia arcu ut nisl mattis blandit. Etiam facilisis erat non mauris. Praesent non pede vel ipsum tincidunt."

"Pellentesque lacinia arcu ut nisl mattis blandit. Etiam facilisis erat non mauris.

Krafttraining

Zeitungen haben ein bestimmtes typografisches Erscheinungsbild. Holen Sie sich eine Lokalzeitung und werfen Sie einen Blick auf die Schriften. Sind sie mit oder ohne Serifen? Sind die Zeilenabstände groß oder eher klein bemessen? Inwiefern lässt die Typografie die Zeitung »zeitungsmäßig« aussehen?

Heben Sie Überschriften und Texte mit verschiedenen Schriften hervor

Die Verwendung einer anderen Schrift kann das Erscheinungsbild und das von Ihrer Website transportierte Gefühl entscheidend verändern. Darüber hinaus können Sie durch die Verwendung unterschiedlicher Schriften Ihre Texte leichter lesbar und Ihren Benutzern das Leben einfacher machen. Es gibt zwei grundlegende Kategorien von Schriften für das Web: **Schriften mit Serifen** und **serifenlose Schriften**.

Eine Mischung aus Schriften mit und Schriften ohne Serifen kann Ihren Seiten einen hübschen Effekt verleihen und die Überschriften vom Inhalt abheben. Verwenden Sie Serifenschriften für größere Schriftgrößen und für den Body-Inhalt serifenlose Schriften, da diese auch bei kleineren Größen korrekt dargestellt werden.

Serifenschriften können in entsprechend großen Überschriften einen hübschen Kontrast zum Body bieten.

Weil serifenlose Schriften in kleinen Größen leichter zu lesen sind, funktionieren sie gut für die Hauptinhaltsabschnitte.

file:///D:/hfwd/Kapitel07/text_ueberarb

Der Anfang von Dungeons &

1973 gründeten Gary Gygax und Don Kaye „Tactical St
Strategiespiel, das im englischen Bürgerkrieg spielt. „C
Kaye wollten auch die Regeln für „Dungeons & Dragon
Roundheads“ die ersten Gewinne für TSR erzielte, wur
der Partnerschaft als Game-Designer an und verließ di
and Roundheads“ nicht genug Gewinne erzielen würde
Dragons“ zu konzentrieren.

Ein neuer Start

1975 starb Don Kaye an einem Schlaganfall. Als direkt
Firma mit dem Namen TSR Hobbies, Inc. Der Vorstand

Die Positionen wurden wie folgt besetzt:

- Brian Blume wurde „President of Creative Affairs“
- Kevin Blume „President of Operations“
- Gygax wurde CEO und Präsident des Unternehm

Im Gegensatz zur gleichberechtigten Partnerschaft in T

Erfolg und Diversifizierung

Freak-Futter

Serifenschriften sehen aus wie die Times New Roman und zeichnen sich durch diese kleinen Fortsätze, genannt »Serifen«, aus, die den jeweiligen Buchstabenstrich am Ende abschließen.

»Sans-Serif« bedeutet »ohne (sans) Serif« und umfasst Schriftfamilien wie Helvetica und Arial. Serifenlose Schriften sind auf einem Bildschirm leichter zu lesen, weil die relativ geringe Auflösung von Computermonitoren Serifenschriften verschwommen aussehen lässt, insbesondere bei kleinen Schriftgrößen.

Das bedeutet nicht, dass Sie im Web keine Serifenschriften verwenden können. Sie müssen lediglich richtig eingesetzt und groß genug dargestellt werden, sodass Sie für die Benutzer leicht zu lesen sind.

Können wir, aber seien Sie vorsichtig. Meinen Sie die Textgröße oder die Überschriftsebene?

Die Ebene einer Überschrift zeigt ihre Wichtigkeit, nicht die Größe

HTML bietet sechs verschiedene Überschriftsebenen: <h1> bis <h6>. Ohne Stylesheet (nur mit dem bloßen Markup) zeigen die meisten Browser <h1> in der größten Textgröße und <h6> in der kleinsten an.

Schließlich ist HTML eine Markup-Sprache und nicht dafür gedacht, Stilinformationen zu transportieren. Die verschiedenen Überschriftsebenen **zeigen die Wichtigkeit** Ihres Inhalts. Eine Überschrift der obersten Ebene <h1> ist die gewichtigste Überschrift, <h2> die nächstwichtige usw.

Wenn Sie das Markup für Ihre Websites schreiben, sollten Sie für die Hauptüberschriften <h1> oder <h2> und für die Unterüberschriften entsprechend kleinere Ebenen wählen. Auf diese Weise wird sichergestellt, dass die Website semantisch korrekt ist und Suchmaschinen Ihren Inhalt korrekt interpretieren (Maschinen können Ihr Design nicht sehen).

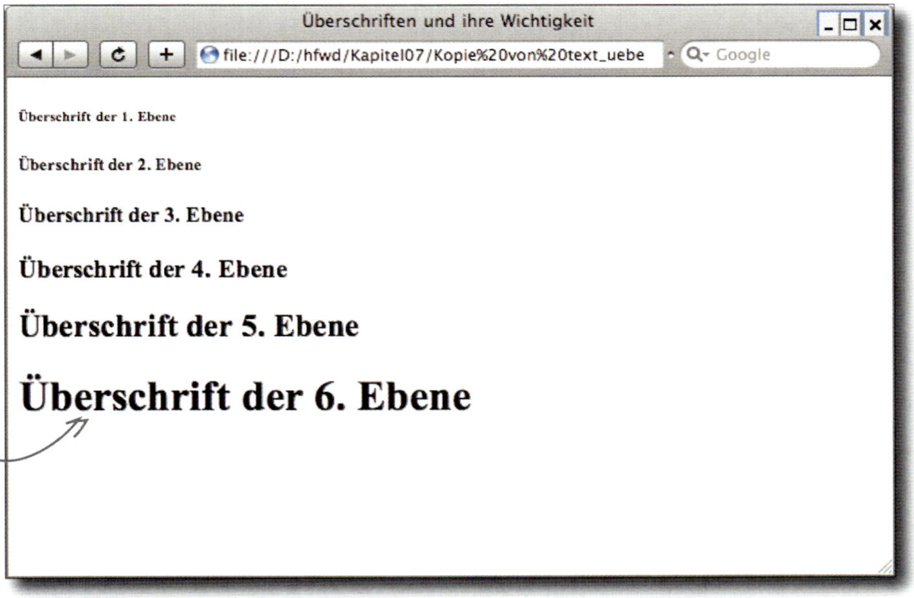

Mit CSS können Sie ein <h6>-Tag natürlich größer darstellen als ein <h1>-Tag. Bedenken Sie aber, dass die Nummer der Ebenenüberschrift ihre Wichtigkeit angeben soll, nicht die Größe.

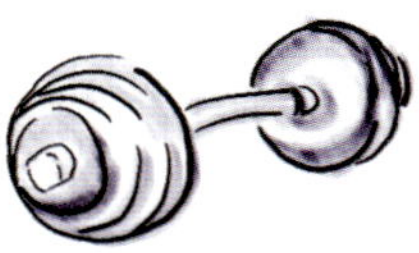

KRAFT-TRAINING

Wenn Sie untergeordnete Überschriften mit CSS auch mit größeren Schriften darstellen lassen *können*, bedeutet das, dass Sie das auch tun *sollten*?

Kamingespräche

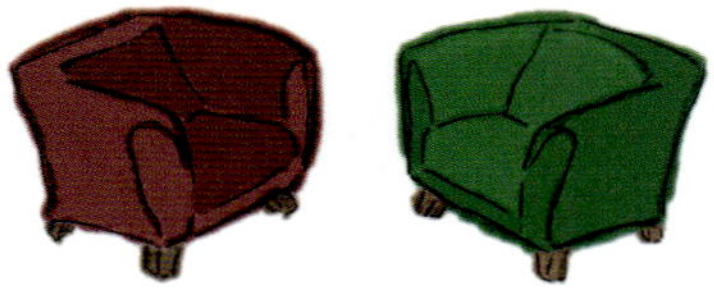

Heute Abend: **Serif und Sans-Serif über Lesbarkeit und die bessere Webschrift**

Serif:

Ich bin schon viel länger im Geschäft als du, Sans-Serif. Ich habe jahrelang mit Zeitungen und Büchern gearbeitet und kann nicht verstehen, warum ich nicht perfekt für das Web geeignet sein soll ...

Sans-Serif:

Nur weil du in einem Buch oder Magazin leichter zu lesen bist, heißt das noch lange nicht, dass du für das Web besser geeignet bist. All diese kleinen »Serifen«, wie du sie nennst, lassen dich auf Bildschirmen verschwimmen. Ganz zu schweigen davon, wie du bei kleinen Schriftgrößen aussiehst. Nicht. Einmal. Lesbar.

Serif:

Als wenn du bei kleinen Schriftgrößen so lesbar wärst. Außerdem können die Benutzer die Schriftgröße in Ihrem Browser ändern. Jeder weiß das. Und was soll das heißen, *ich sehe auf einem Computermonitor verschwommen aus*. Die meisten Leute haben doch sowieso diese schicken Bildschirme.

Sans-Serif:

Oh Mann. Zum einen weiß nicht jeder, wie man die Schriftgröße im Browser ändert, und es gibt einen *riesigen* Unterschied zwischen der Auflösung eines Bildschirms und eines gedruckten Dokuments. Diese schicken Flachbildschirme kommen nicht einmal im Entferntesten an die Auflösung von gedrucktem Text heran. Hast du mal versucht, ein ganzes Buch auf deinem »schicken« Computermonitor zu lesen? Das ist so anstrengend für die Augen, dass du nie fertig wirst. Warum sollten die Leute das mit einer Serifen-Schrift noch schlimmer machen?

Serif:

Das war unter der Gürtellinie. Ich dachte, wir führen eine zivilisierte Unterhaltung. Kannst du davon irgendetwas mit Fakten untermauern, du toller Hecht?

Sans-Serif:

http://www.webstyleguide.com/wsg3/8-typography/4-web-typefaces.html

Serif:

Oh, äh, okay, Punkt für dich. Aber du musst doch zugeben, dass es einige wirklich hübsche Serifen-Schriften gibt, z.B. Georgia, die speziell für das Web gemacht wurde.

Es ist irgendwie schön, die Standard-Browserschrift zu sein. Bessere Publicity könnte ich mir gar nicht wünschen. Aber weißt du, Helvetica verbreitet da draußen das Wort »sans-serif«, und Verdana hat auch in letzter Zeit für Furore im Web gesorgt.

Sans-Serif:

Sogar ich bin ein Georgia-Fan, insbesondere für Überschriften. Aber heutzutage findet man dich wirklich *überall*.

Du bist okay, wenn man sich mit dir von Angesicht zu Angesicht zusammensetzt. Du könntest auf meinen Seiten wahre Wunder vollbringen, wenn ich dich an den richtigen Stellen einsetze ...

ÜBUNG

Okay, Sie sind auf der Zielgeraden. Das gibt es noch zu tun:

- ☐ Ändern Sie Ihr XHTML, sodass die verschiedenen Unterschriftsebenen zum Einsatz kommen.
- ☐ Erstellen Sie die CSS-Stile für die verschiedenen Unterschriftsebenen.
- ☐ Stylen Sie den Inhalt der Hauptspalte mit CSS.
- ☐ Gefallen Ihnen die Standardlisten? Ändern Sie sie mit CSS, falls nicht!

Verlassen Sie sich nicht auf CSS, um die Unterschriftsebenen zu strukturieren. Gehen Sie semantisch vor.

Lassen Sie diese Seite geöffnet und haken Sie jede Aufgabe ab, wenn Sie damit fertig sind.

LÖSUNG ZUR ÜBUNG

Sie haben Ihr HTML geändert, CSS-Stile für die Überschriften hinzugefügt, den Textkörper und vielleicht sogar Listen erstellt, aber wie haben Sie das gemacht? Zeigen Sie's uns!

Webdesign-Werkzeugkasten

Sie haben Kapitel 7 in der Tasche und wissen, worauf es ankommt, um gute Webinhalte zu schreiben. Sie sind in der Lage, strukturierten, leicht zu überfliegenden Webtext zu schreiben. Aber da ist noch mehr … lesen Sie weiter!

Punkt für Punkt

- Menschen lesen von einem Bildschirm um 15% langsamer als von einer gedruckten Seite.
- Die niedrige Auflösung von Monitoren (im Vergleich zu einer gedruckten Seite) ist oft anstrengend für die Augen – und macht es unangenehm, Text von einem Bildschirm zu lesen.
- Im Web lesen die Leute Texte nicht wie auf einer gedruckten Seite. Sie überfliegen die Seite und suchen nach Schlüsselwörtern, Sätzen und Absätzen, die sie interessieren.
- Schreiben Sie Ihre Texte wie eine umgekehrte Pyramide – mit einer allgemeinen Einleitung am Anfang und den Einzelheiten danach. Die Benutzer sollen jederzeit aufhören können zu lesen und trotzdem das Gefühl haben, dass sie die wichtigsten Informationen erhalten haben.
- Schreiben Sie für eine Website immer mindestens 15% weniger Text als für ein gedrucktes Dokument.
- Lockern Sie große Textblöcke mit Listen auf und geben Sie dem Auge des Benutzers etwas, woran es sich beim Überfliegen orientieren kann.
- Überschriften machen Texte übersichtlicher. Sie lockern nicht nur große Textblöcke auf, sondern lassen den Benutzer auch wissen, wovon der Absatz handelt.
- Serifenlose Schriften sind auf einem Bildschirm leichter zu lesen als Serifenschriften, insbesondere bei kleinen Schriftgrößen.

8 Barrierefreiheit

Barrieren stören

Wer muss sich im Moment Ihre Website entgehen lassen?

Sie können eine noch so schöne, perfekt gelayoutete und navigierbare Website haben ... aber das bedeutet noch lange nicht, dass sie auch jeder erleben kann. Ob für sehbehinderte Menschen oder einen Benutzer, der Schwierigkeiten hat, Blautöne von Grüntönen zu unterscheiden: Ihre Website muss **barrierefrei** sein. Andernfalls verlieren Sie Benutzer und schaden Ihrem Geschäft. Aber keine Sorge: ***Barrierefreiheit ist nicht schwer!*** Indem Sie **die Reihenfolge Ihres Markups planen**, `alt`- und `longdesc`-Attribute verwenden und sich **Gedanken über Farben** machen, vergrößern Sie sofort Ihr Publikum. Und vielleicht werden Sie dabei auch noch **WCAG-zertifiziert**. Was das ist? Blättern Sie um und finden Sie es heraus!

Audio2Go: Barrierefreiheit mit Hindernissen

Audio2Go ist eine Website, auf der Hörbücher für blinde und sehbehinderte Menschen verkauft werden. Aber der Besitzer hat ein Problem: Die Website kann von Menschen, die nicht sehen können, überhaupt nicht genutzt werden! Wie sich herausstellt, hat die Firma, die die Website gemacht hat, keine Ahnung von Barrierefreiheit (Accessibility). Und jetzt verliert er seine Kunden schneller, als Sie sagen können: »Aber ich kann nicht ***sehen***, wie Ihre Website aussieht!«

Nun liegt es an Ihnen, Audio2Go für sein wahres Publikum zugänglich zu machen: für diejenigen, die tagtäglich auf Barrierefreiheit angewiesen sind.

Diese Bücher werden als Hörbücher für Sehbehinderte verkauft.

Sehen Sie diese Website in voller Farbenpracht und hoher Auflösung? Dann gehören Sie wohl nicht zur Hauptzielgruppe von Audio2Go!

Barrierefreiheit heißt Benutzerfreundlichkeit für ALLE

Was genau ist Barrierefreiheit? Wenn eine Website von jemanden mit einer Behinderung nicht verwendet werden kann, ist diese Website nicht barrierefrei. Kann Ihre Website dagegen von Behinderten benutzt werden, ist sie **barrierefrei**.

Im Wesentlichen beschreibt Barrierefreiheit die Techniken, um eine Website zu erstellen, die von Menschen mit Behinderungen genutzt werden kann. Barrierefreiheit beschäftigt sich üblicherweise mit Seh-, Hör-, Sprach- sowie körperlichen, kognitiven und neurologischen Behinderungen. Und im Web geht es außerdem darum, Seiten auch für ältere Menschen zu gestalten, deren Möglichkeiten mit zunehmendem Alter nachlassen.

Barrierefreiheit beschäftigt sich damit, wie BEHINDERUNGEN die Erfahrungen und den Spaß von Menschen auf IHRER Website beeinflussen.

Wie LIEST sich Ihre Website?

Bei Behinderungen denken Sie wahrscheinlich als Erstes an Sehbehinderte oder Blinde. Diese Behinderungen haben eine große Auswirkung auf die Wahrnehmung Ihrer Website. Die visuelle Gestaltung wird mehr oder weniger unbedeutend – was das *Aussehen* angeht, aber nicht, was den *Klang* betrifft.

Die Mehrheit der blinden Menschen verwendet einen **Screenreader**, um im Web zu surfen. Ein Screenreader ist eine Software, die den Text einer Webseite laut vorliest. Es gibt einige Screenreader auf dem Markt, der beliebteste davon ist wohl JAWS (`http://www.freedomsci.de/serv01.htm`), ein reines Windows-Produkt. Mac-User verwenden häufig VoiceOver, einen Screenreader, der direkt in Mac OS X integriert ist.

Unabhängig vom Produkt liest ein Screenreader Ihre Seite Wort für Wort laut vor:

Spitzen Sie Ihren Bleistift

Sie können nicht verstehen, worum es bei der Barrierefreiheit geht, bevor Sie nicht eine Website so erlebt haben wie Blinde oder Sehbehinderte. Starten Sie unter Windows JAWS (es gibt eine kostenlose Demoversion) oder VoiceOver auf dem Mac und lassen Sie Ihren Screenreader auf Ihre Lieblingswebsite los. Oh ... und bevor Sie den Leser starten, **müssen Sie natürlich Ihre Augen schließen.**

Nachdem Sie jetzt einen kleinen Eindruck davon haben, wie Blinde und Sehbehinderte das Web erleben, wird es Zeit, festzustellen, inwieweit Audio2Go mithalten kann. Starten Sie Ihren Screenreader und setzen Sie ihn auf die Audio2Go-Website an, die Sie im Ordner kapitel08 finden (audio2go_vorher/index.html). Schreiben Sie drei Dinge auf, die Sie über die Website erfahren haben, sowie den Zweck, den Ihrer Meinung nach die Website hat – alles auf Grundlage dessen, was Sie vom Screenreader erfahren haben.

Worum geht es auf Audio2Go?

1. ....

2. ....

3. ....

Was denken Sie über die Website insgesamt?

Der Zweck einer Website sollte JEDEM klar sein

Der Sinn von Audio2Go wird rein verbal nicht wirklich klar, oder? Dabei liegt der Nutzen einer Website ja gerade darin, dem Publikum etwas zu kommunizieren. Ihre Aufgabe besteht also darin, den Inhalt so zu gestalten, dass er Benutzern mit einem Screenreader genauso klar wird wie denjenigen mit einem intakten Sehsinn. Aber wenn Sie Audio2Go anhören, geht eine Menge in der Übersetzung verloren.

Das denken sehbehinderte Benutzer über die Audio2Go-Website:

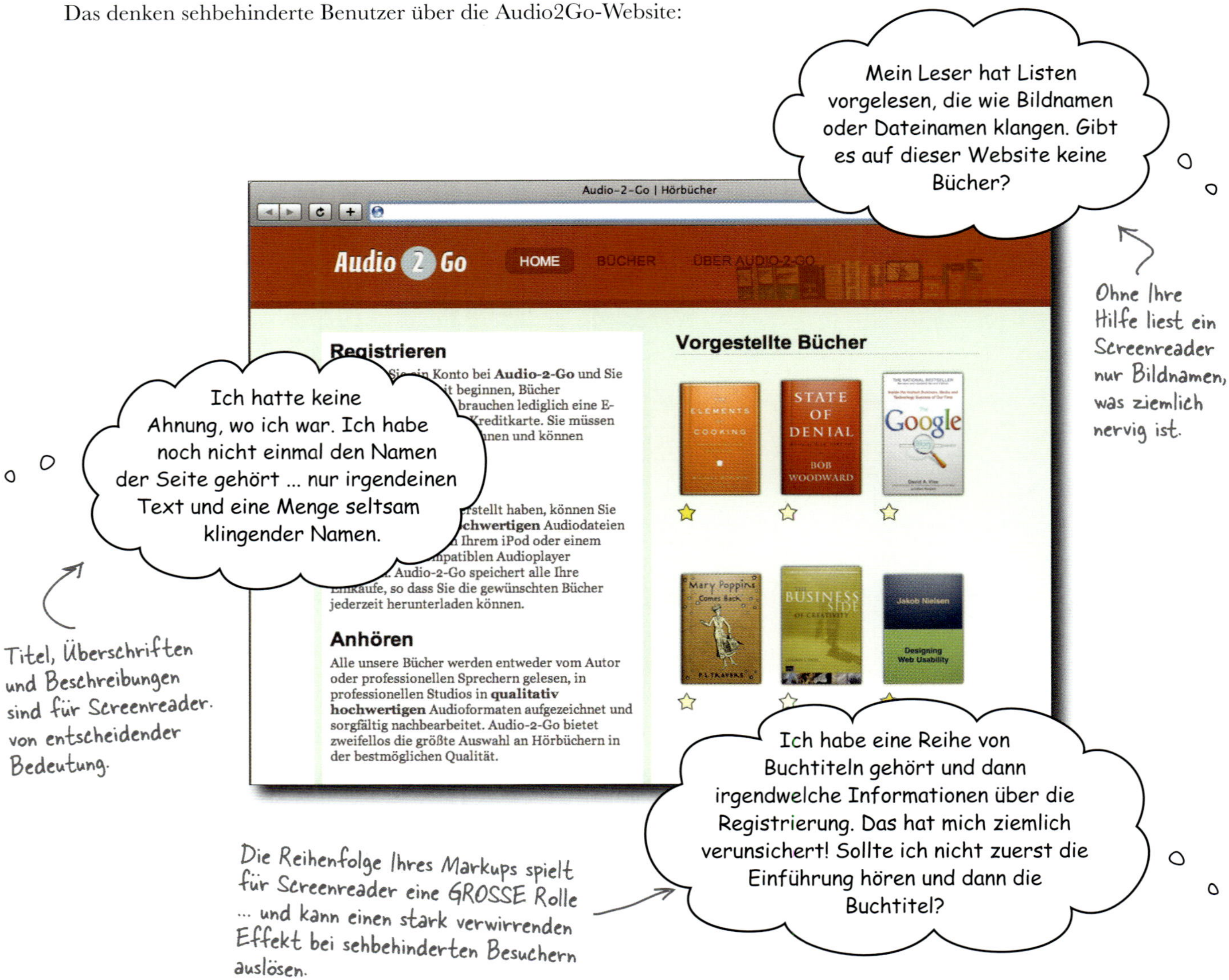

Mal ehrlich: Computer sind dumm!

Wenn Sie mit Screenreadern klarkommen möchten und mit Barrierefreiheit im Allgemeinen, müssen Sie akzeptieren, dass ***Computer dumm sind!*** Ein Computer oder ein Computerprogramm kann nicht erkennen, dass ein Bild ein Buch darstellt und Menschen den Titel dieses Buchs wissen möchten. Selbst wenn Ihre Seite ein Buch zusammen mit einem Bild zeigt, das aussieht wie ein Buch, erkennt es der Computer dennoch nicht.

KRAFT-TRAINING

Wie können Sie dem Computer mitteilen, was das Bild darstellt, sodass es ein Screenreader versteht?

Ein Computer liest den ALT-Text des Bilds

Was passiert, wenn ein Screenreader auf ein Bild stößt? Meistens liest er einfach den Dateinamen ... was blinden oder sehbehinderten Menschen absolut nichts bringt. Glücklicherweise haben `img`-Elemente ein Attribut, mit dem Sie eine Beschreibung angeben können: das `alt`-Attribut. Stößt ein Screenreader auf ein Bild mit einem `alt`-Attribut, liest er den Wert des `alt`-Attributs *anstatt* des Bildnamens. Perfekt, oder?

Natürlich nur, wenn Ihr `alt`-Text auch etwas taugt.

Glücklicherweise ist ein guter `alt`-Text ziemlich einfach zu erstellen. Sie wählen eine kurze, aussagekräftige und klare Phrase. Kurzum, eine prägnante Beschreibung des Bilds:

```
<img alt="süßes rotes Kätzchen" src="romulus.jpg" />
```

ÜBUNG

Erstellen Sie ein `<img>`-Tag auf Grundlage der Informationen zu jedem Bild und des `alt`-Texts das Eigentümers.

Dateiname: `audio2go-logo.jpg`

Beschreibung: Audio2Go-Logo für Kopfzeile.

Schreiben Sie das ganze <img>-Tag hierhin.

Dateiname: `googlestory.png`

Beschreibung: Die Google-Story: Ein Insider-Blick auf einen der größten Technologie-Start-ups der Welt.

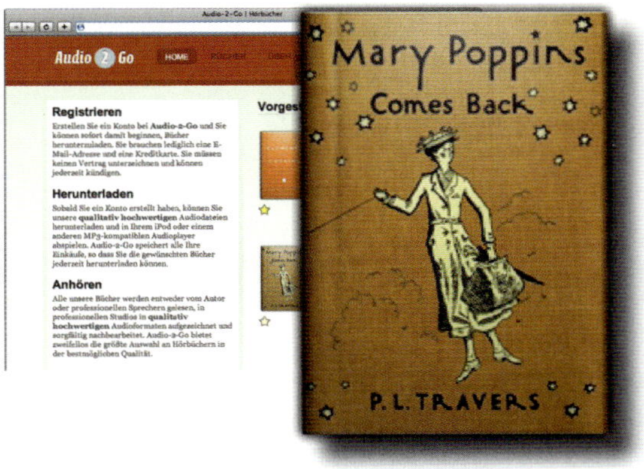

Dateiname: `poppins.png`

Beschreibung: Mary Poppins von P.L. Travers

PROBEFAHRT

Testen Sie die Audio2Go-Website mit einem Screenreader

Öffnen Sie die Datei index.html aus dem Ordner kapitel08\audio2go_vorher in Ihrem Texteditor und fügen Sie die `alt`-Attribute der vorhergehenden Seite ein. Starten Sie dann den Screenreader und testen Sie die Audio2Go-Website noch mal. Irgendwelche Verbesserungen?

Ich dachte, alt-Texte sollen kurz sein. Ist diese Beschreibung der Google-Story nicht ein bisschen lang? Es wird ungefähr zehn Minuten dauern, nur die Homepage vorzulesen. Bloß weil Leute sehbehindert sind, heißt das doch nicht, dass sie stundenlang Zeit zum Zuhören haben, oder?

JEDERMANNS Zeit ist kostbar.

Niemand möchte eine Seite mit unnötigem Text sehen oder hören. Lange `alt`-Attribute bringen Ihre Seite ins Stocken und geben Informationen, die nicht wirklich wichtig sind. Wir brauchen einen Weg, zusätzliche Informationen über ein Element geben zu können, aber den Betrachter oder Zuhörer entscheiden zu lassen, ob sie diese zusätzlichen Informationen auch erhalten möchten.

Mit dem `longdesc`-Attribut können Sie genau das tun. `longdesc` gibt Screenreadern die Möglichkeit, auf zusätzliche Informationen zu einem Element zuzugreifen ... eine *längere Beschreibung* ...

Ein kurzer alt-Text liefert eine prägnante Beschreibung des Bildes.

```
<img alt="süßes rotes Kätzchen"
     longdesc="romulus.html" src="romulus.jpg" />
```

longdesc gibt eine Seite mit mehr Details an, eine Menge zuckersüßer Details über dieses süße rote Kätzchen, aber nur wenn der Benutzer diese Informationen auch möchte.

Bei den meisten Screenreadern können Sie wählen, ob Sie die longdesc-Seite mit den Informationen hören möchten.

Aus ALT mach LONGDESC

Ändern wir den zu langen `alt`-Text für das Google-Buch in einen `longdesc` ... komplett in einer eigenen XHTML-Seite. Das gibt es zu tun:

❶ Fügen Sie das longdesc-Attribut in das img-Tag für das Google-Buch ein.

Jetzt ist der alt-Text kurz und auf den Punkt.

longdesc verweist auf eine Seite mit weiteren Informationen.

```
<img alt="Die Google Story" longdesc="googlestory.html"
     src="googlestory.jpg" />
```

❷ Erstellen Sie eine HTML-Datei mit dem Namen googlestory.html und schreiben Sie eine längere Beschreibung.

Die Datei, auf die Sie in longdesc verweisen, sollte normales XHTML enthalten.

```
<!DOCTYPE html PUBLIC "-//W3C//DTD XHTML 1.0 Strict//EN"
      "http://www.w3.org/TR/xhtml1/DTD/xhtml1-strict.dtd">
<html xmlns="http://www.w3.org/1999/xhtml"
      xml:lang="de" lang="de">
<head>
  <title>Die Google-Story</title>
  <meta http-equiv="Content-Type"
        content="text/html; charset=utf-8"/>
</head>
<body>
  <p>Die Google-Story: Ein Insider-Blick auf einen der
größten Technologie-Start-ups der Welt.</p>
</body>
</html>
```

Fügen Sie die lange Beschreibung zwischen die p-Tags ein. Wenn Sie möchten, können Sie auch noch mehr Inhalt aus dem Klappentext des Buchs hinzufügen.

Achten Sie darauf, dass Sie das Markup für den Inhalt korrekt schreiben. Es handelt sich immer noch um eine HTML-Datei ... und wir möchten, dass sie valide ist!

Eine longdesc-Seite sieht ziemlich langweilig aus ... Sie ist auch eher zum Vorlesen gedacht als zum Ansehen.

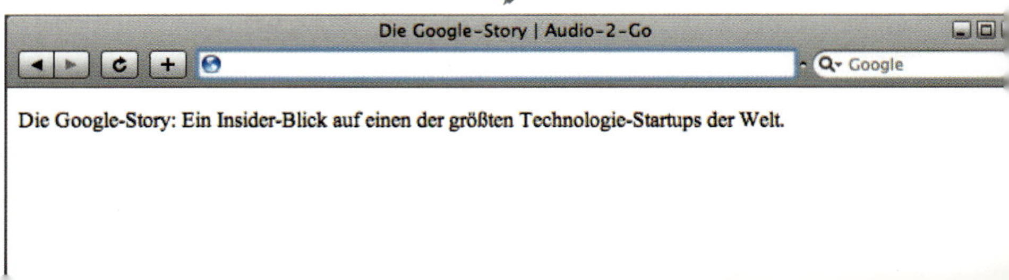

Probefahrt

Ein weiterer Audio2Go-Versuch mit dem Screenreader.

Fügen Sie das `longdesc`-Attribut dem Bild der Google-Story hinzu und erstellen Sie die entsprechende XHTML-Datei für die eigentliche Beschreibung. Speichern Sie Ihre Dateien und testen Sie die Hauptseite von Audio2Go nochmals mit einem Screenreader.

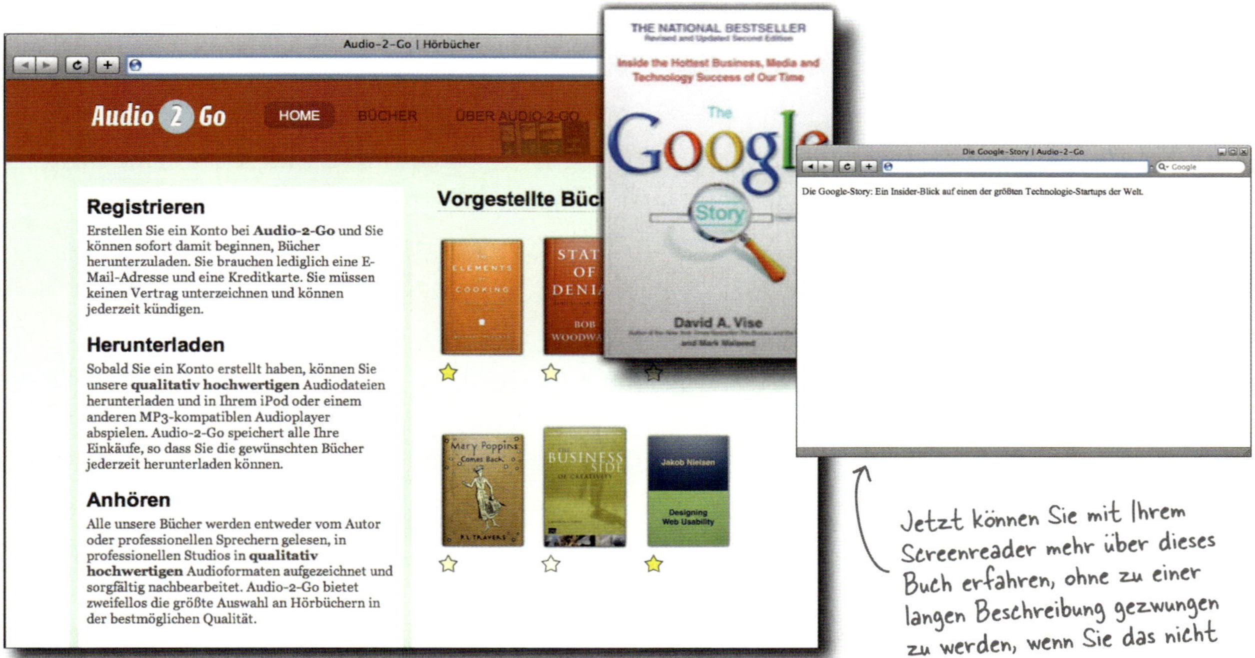

Es gibt keine Dummen Fragen

F: Muss die Seite mit dem vollständigen Text dasselbe Design wie die Website haben?

A: Nein. Die Beschreibung wird nur von Screenreadern aufgerufen. Alles was Sie benötigen, ist das (semantisch korrekte) Markup für den Text. Ohne CSS.

F: Sehen Benutzer ohne Sehbehinderung den longdesc-Link?

A: `longdesc` ist nur »sichtbar« für Benutzer mit Screenreadern. Andere Benutzer bekommen davon nichts mit, außer sie sehen sich den Quellcode der Seite an.

F: Funktioniert longdesc mit allen Screenreadern?

A: Leider wird `longdesc` nur von neueren Screenreadern erkannt. Ältere haben diese Funktion noch nicht integriert. Glücklicherweise unterstützen die neueren Versionen von JAWS, dem mit Abstand beliebtesten Screenreader, `longdesc`.

Ihre Verbesserungen werden nur von manchen Audio2Go-Kunden begrüßt

Barrierefreiheit bedeutet mehr als nur Screenreader

Die `alt`- und `longdesc`-Attribute bringen Sie der Barrierefreiheit ein ganzes Stück näher ... aber zu Ihrem Publikum gehören nicht nur sehbehinderte Menschen. Eine Menge Menschen da draußen haben Schwierigkeiten mit einer Maus oder verwenden lieber die Tastatur. Auch dadurch ergeben sich Unterschiede.

Das Web ohne Maus? Ja, das gibt es häufiger, als Sie glauben. Und das bedeutet, dass Sie Ihre Website auch *ohne* Maus testen müssen.

ÜBUNG

Öffnen Sie die Audio2Go-Website in Ihrem Lieblingsbrowser. Versuchen Sie, nur mit der Tastatur durch die Seite zu navigieren. Sie werden vor allem die Tab-Taste kräftig einsetzen. Kommen Sie überallhin? In welcher Reihenfolge? Stimmt diese Reihenfolge mit der Darstellung der Elemente auf der Seite überein?

TIPP: Wenn Sie Safari auf dem Mac verwenden, drücken Sie Option-Tab, um durch die Nicht-Formular-Elemente einer Seite zu blättern.

Schreiben Sie in Zahlen die Reihenfolge auf, in der Sie die Audio2Go-Website mit der Tastatur durchlaufen.

LÖSUNG ZUR ÜBUNG

Sie sollten Audio2Go nur mit Ihrer Tastatur erkunden. Inwiefern stimmte das Resultat mit dem überein, was Ihre Augen gesehen haben? Hat die Tab-Taste getan, was Sie wollten? Wir haben die Elemente in der folgenden Reihenfolge durchlaufen:

Die Kopfzeile und die Navigation kommen zuerst. Das ist gut – genau das, was wir möchten, schließlich befinden sie sich im oberen Teil der Seite.

Von der Überschrift bringt uns die Tab-Taste zu den Büchern. Das ist seltsam ... Was ist mit dem Einführungstext im linken Teil der Seite?

Hmm ... Diese Texte sollten im Anschluss an den oberen Teil kommen, sie kommen aber in der Tab-Reihenfolge zuletzt.

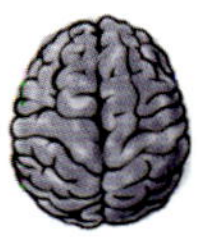

KOPF-NUSS

Versuchen Sie, die Audio2Go-Website ohne Maus *und* ohne Augen zu verwenden. Wird die Tab-Reihenfolge mehr oder weniger wichtig, wenn Sie die Website mit einen Screenreader »betrachten«?

Die Tab-Navigation sollte GEORDNET sein

Ob Sie sehbehindert sind oder nicht, die Tab-Taste muss Sie in der gleichen Reihenfolge durch eine Webseite führen wie Ihre Augen. Die Tab-Reihenfolge sollte also von oben nach unten und von links nach rechts laufen. So ist das Layout der meisten Websites aufgebaut, und in dieser Reihenfolge erfassen wir Websites mit den Augen.

Im Fall von Audio2Go muss der Text im linken Teil (Registrieren, Herunterladen, Anhören) vor den Buchangeboten kommen. Das gibt den Benutzern den nötigen Kontext und stimmt mit dem überein, was Sie auch visuell aufnehmen können. Dafür müssen wir lediglich das `tabindex`-Attribut zu unseren Elementen hinzufügen und damit die Elemente in die richtige Reihenfolge bringen:

```
<h2>Vorgestellte Bücher</h2>
<ul>
  <li><a href="buecher/1" tabindex="7">
    <img alt="the elements of cooking" src="bilder/elements.png" /></a>
    <br /><img alt="stern" src="bilder/stern_hoch.png" /></li>
  <li><a href="buecher/2" tabindex="8" >
    <img alt="state of denial" src="bilder/sod.png" /></a>
    <br /><img alt="stern" src="bilder/stern_mittel.png" /></li>
  <li><a href="buecher/3" tabindex="9" >
    <img longdesc="google.html" alt="Die Google-Story" src="bilder/google.png" /></a>
    <br /><img alt="stern" src="bilder/stern_mittel.png" /></li>
  <li><a href="buecher/4" tabindex="10" >
    <img alt="mary poppins" src="bilder/poppins.png" /></a>
    <br /><img alt="stern" src="bilder/stern_mittel.png" /></li>
  <li><a href="buecher/5" tabindex="11" >
    <img alt="business side of creativity" src="bilder/creativity.png" /></a>
    <br /><img alt="stern" src="bilder/stern_hoch.png" /></li>
  <li><a href="buecher/6" tabindex="12" >
    <img alt="designing web usability" src="bilder/dwu.png" /></a>
    <br /><img alt="stern" src="bilder/stern_mittel.png" /></li>
</ul>
```

Die Bücher sind Elemente in einer Liste. Also geben wir für jeden Buchlink ein tabindex-Attribut an.

Diese Bücher kommen nach allen Elementen mit einem kleineren tabindex und vor allen Elementen mit einem größeren tabindex.

Die gesamte Audio2Go-Website braucht eine tabindex-Generalüberholung. Öffnen Sie index.htm und geben Sie allen Elementen einen tabindex, die ihn Ihrer Meinung nach brauchen. Testen Sie Ihre Seite nur mit der Tastatur, bis Sie das Gefühl haben, dass alles stimmt

Lösung zur Übung

Hier sehen Sie die wichtigsten Teile von index.html der Audio2Go-Website (wir haben die nicht relevanten Teile ausgelassen). So sieht unsere Reihenfolge mit tabindex aus ... Haben Sie das gleiche Markup?

Die kamen zuerst, aber wir haben sicherheitshalber auch hier explizite Indizes vergeben.

```
<ul id="nav">
  <li><a tabindex="1" title="Homepage" href="index.html">Home</a></li>
  <li><a tabindex="2" title="Bücher"
         href="buecher.html">Bücher</a></li>
  <li><a tabindex="3" title="Über Audio2Go"
         href="info.html">Über uns</a></li>
</ul>
...
<div id="vorgestellte-buecher">
  <ul>
    <li><a tabindex="7" href="/buecher/1">
      <img alt="the elements of cooking" src="elements.jpg" /></a></li>
    <li><a tabindex="8" href="/buecher/2">
      <img alt="state of denial" src="sod.jpg" /></a></li>
    <li><a tabindex="9" href="/buecher/3">
      <img alt="Die Google-Story" src="google.jpg" /></a></li>
    <li><a tabindex="10" href="/buecher/4">
      <img alt="mary poppins" src="poppins.png" /></a></li>
    <li><a tabindex="11" href="/buecher/5">
      <img alt="business side of creativity" src="creativity.jpg" /></a></li>
    <li><a tabindex="12" href="/buecher/6">
      <img alt="designing web usability" src="dwu.jpg" /></a></li>
</ul>
</div>
...
<div id="einfuehrung">
      <h2><a tabindex="4" href="reg">Registrieren</a></h2>
      <p>Erstellen Sie ein Konto bei <strong>Audio2Go</strong> und Sie können
sofort damit beginnen, Bücher herunterzuladen. Sie brauchen lediglich eine
E-Mail-Adresse und eine Kreditkarte. Sie müssen keinen Vertrag unterzeichnen
und können jederzeit kündigen.</p>
      <h2><a tabindex="5" href="herunterladen">...</h2>
      <p>...</p>
      <h2><a tabindex="6" href="anhören">...</h2>
      <p>...</p>
</div>
```

Diese Elemente kommen im Markup ziemlich früh, müssen aber in der Reihenfolge für Tastaturbenutzer später kommen.

Wir haben die »Sternbilder« weggelassen, um Platz zu sparen ... Keine Sorge, sie stehen noch im Code.

Diese Links kommen später im Markup, aber dieser Text sollte vor dem Markup mit den Buchlinks angesprungen werden.

Probefahrt

Wie fühlt sich Audio2Go jetzt ohne Maus an?

Aktualisieren Sie index.html mit den korrekten `tabindex`-Werten. Laden Sie anschließend index.html neu und versuchen Sie, sich ohne Maus hindurchzubewegen.

Wenn Sie Safari verwenden, müssen Sie Option-Tab drücken, um die Tab-Sequenz zu nutzen.

Die Tab-Sequenz sollte mit dem Seiten-Header und der Navigation beginnen.

Die Sequenz müsste dann zu den Erklärungen der Seite weiterleiten (damit die Benutzer wissen, worum es geht).

Zum Schluss sollte die Tab-Sequenz durch die einzelnen Bücher führen.

Audio2Go ist jetzt VIEL zugänglicher

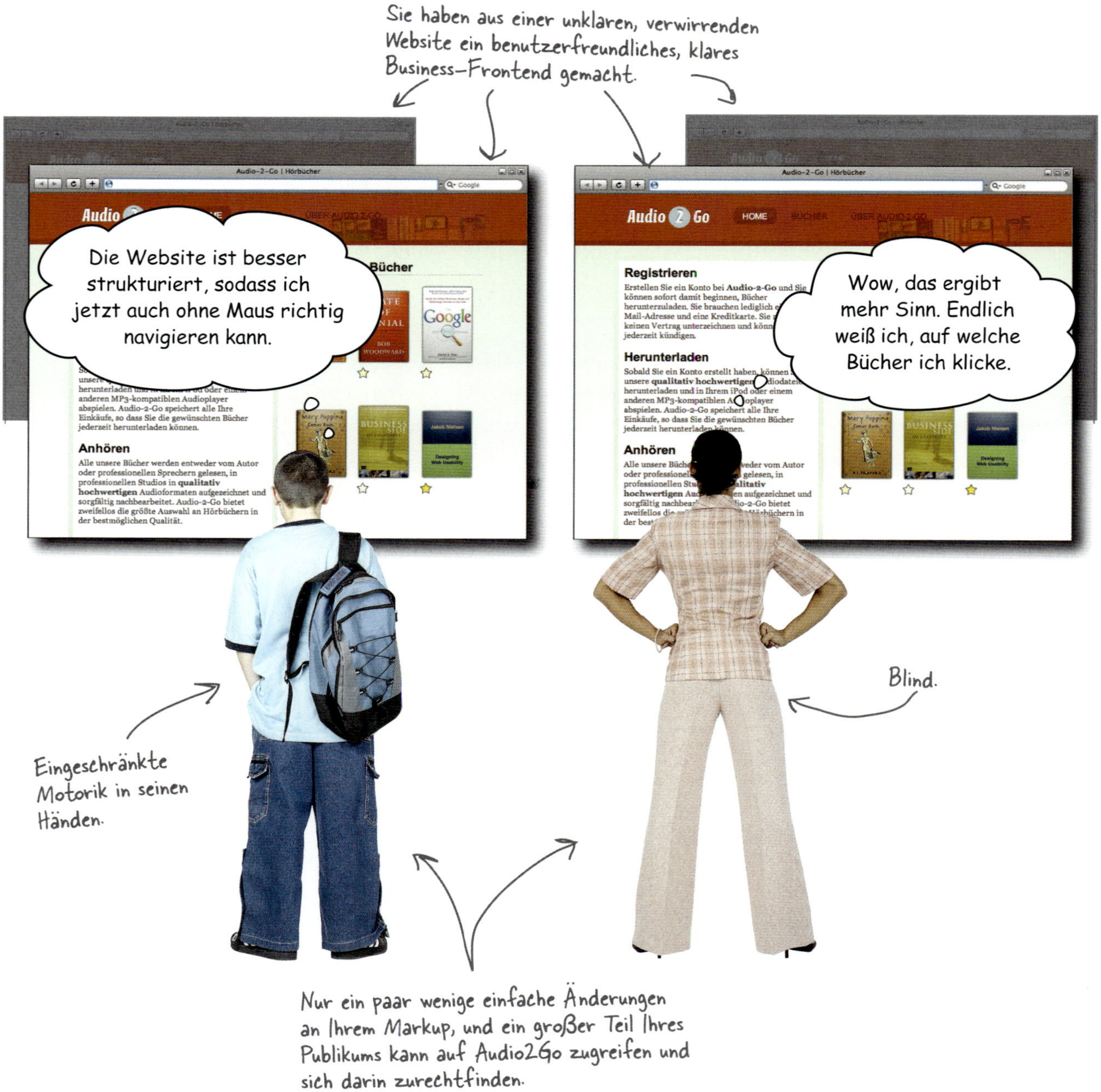

Es gibt keine Dummen Fragen

F: **Ohne tabindex richtet sich die Reihenfolge der Felder also nach der Reihenfolge im Markup?**

A: Genau. Die Browser durchwandern die Elemente mit der Tab-Taste in der Reihenfolge, in der sie im XHTML stehen, unabhängig von den CSS-Stilen.

F: **Warum platzieren wir dann nicht einfach die Elemente im XHTML in der Reihenfolge, in der sie online auf der Seite angezeigt werden?**

A: Keine schlechte Idee ... Genau darüber sprechen wir in Kürze. Da Sie mit CSS aber die Anzeigereihenfolge leicht ändern können, ist die Verwendung von tabindex trotzdem keine schlechte Idee.

F: **Das tabindex-Attribut ist vor allem für Menschen nützlich, die lieber die Tastatur als eine Maus verwenden, weil ihre Motorik in den Händen eingeschränkt ist. Aber was ist mit Menschen, die ihre Hände überhaupt nicht einsetzen können?**

A: Es gibt eine Menge Webbenutzer, die aus verschiedenen Gründen – z.B. Lähmungen oder Amputationen – keine Maus verwenden können. Stattdessen verwenden sie andere Eingabesysteme, wie z.B. Kopfmäuse, Head-Pointer, Mouth-Sticks, Spracherkennungssoftware oder Augenmäuse. Die meisten dieser Systeme greifen ebenfalls auf die tabindexes zurück ... was eine logische Tab-Reihenfolge umso wichtiger macht.

F: **Nicht jeder Mensch mit einer Sehbehinderung ist blind – bezieht sich Barrierefreiheit auch auf diese Menschen?**

A: Absolut. Sehbehinderungen umfassen nicht nur absolute Blindheit, sondern auch Menschen mit eingeschränkter Sehkraft: verminderte Sehschärfe (das Bild ist nicht scharf), Tunnelblick (nur die Mitte des Sehfelds wird wahrgenommen), Verlust des zentralen Sehfelds (nur die Ränder des Sehfelds werden gesehen) oder ein getrübter Blick.

F: **Zählt auch Farbenblindheit zu den Sehbehinderungen?**

A: Ja. Grundsätzlich ist Farbenblindheit eine verminderte Sensibilität für bestimmte Farben – z.B. Rot/Grün oder Blau/Gelb. Manchmal führt Farbenblindheit dazu, dass überhaupt keine Farbe wahrgenommen werden kann.

F: **Spielen auch Hörschäden eine Rolle?**

A: Sowohl Taubheit als auch Schwerhörigkeit sind entscheidend bei der Gestaltung einer barrierefreien Website, insbesondere wenn Sie an Websites mit umfangreichen Medieninhalten arbeiten, wie z.B. Videos oder Musik.

F: **Welche anderen Behinderungen sollen bei der Gestaltung einer barrierefreien Website berücksichtigt werden?**

A: Sie sollten auch kognitive und neurologische Behinderungen berücksichtigen. Damit sind Lernbehinderungen wie Legasthenie und Aufmerksamkeits- sowie Konzentrationsstörungen wie z.B. ADS gemeint, aber auch Entwicklungsstörungen, die sich auf die Intelligenz auswirken, und sogar Gedächtnisstörungen (wie z.B. ein unzuverlässiges Kurzzeitgedächtnis, fehlendes Langzeitgedächtnis oder der Verlust der eigenen Sprache).

F: **Wie gehe ich mit kognitiven und neurologischen Behinderungen um?**

A: Es gibt einfache Strategien, kognitive und neurologische Behinderungen bei der Gestaltung einer barrierefreien Website zu berücksichtigen. Für Menschen mit Entwicklungsstörungen verwenden Sie auch Grafiken und Bilder als eine alternative Möglichkeit, Informationen zu kommunizieren. Außerdem hilft eine klare visuelle Logik in Websites (etwas, das wir bereits am Anfang dieses Buchs behandelt haben) bei vielen der Probleme, die sich für Menschen mit verschiedenen kognitiven und neurologischen Problemen ergeben.

Barrierefreiheit lohnt sich IMMER

Die Versuchung ist natürlich groß, sich zu fragen, ob Sie sich tatsächlich um Barrierefreiheit kümmern müssen. Es ist sehr unwahrscheinlich, dass sich in Ihrer Zielgruppe Menschen mit Behinderungen befinden, die das Erleben Ihrer Website beeinträchtigen, oder? Ist das wirklich so eine große Sache?

Mit an Sicherheit grenzender Wahrscheinlichkeit greifen Behinderte auf Ihre Website zu. Nach einer Erhebung des Statistischen Bundesamts im Jahr 2005 gibt es in Deutschland etwa **8,6 Millionen Menschen mit amtlich anerkannter Behinderung**. Das entspricht einem Anteil an der Gesamtbevölkerung von gut 10%. Und falls Sie das noch nicht überzeugt, zeigen Ihnen die folgenden Gründe, warum es auf Barrierefreiheit ankommt!

1. **Barrierefreiheit ist gesetzlich verankert.**
   Laut der **Barrierefreien Informationstechnik-Verordnung (BITV)** sind zumindest die Behörden der Bundesverwaltung verpflichtet, alle Internetauftritte sowie alle öffentlich zugänglichen Intranetangebote entsprechend der WCAG barrierefrei zu gestalten.

2. **Jeder profitiert von Barrierefreiheit.**
   Viele der Verbesserungen und Techniken für die Barrierefreiheit von Websites nützen auch den Benutzern *ohne* Behinderungen. Barrierefreie Websites sind oft leichter zu navigieren, benutzerfreundlicher und werden schneller heruntergeladen.

3. **Accessibility ist gut fürs Geschäft.**
   Designstudios mit einem guten Verständnis für Barrierefreiheit haben einen klaren Vorteil gegenüber ihren Konkurrenten. Zum Beispiel sind Behörden, die die Barrierefreiheit-Standards einhalten müssen, dazu oft nicht selbst in der Lage. Wenn Sie Erfahrung mit der Gestaltung barrierefreier Website haben, haben Sie die Chance, diese Jobs zu bekommen.

4. **Accessibility ist politisch korrekt.**
   Barrierefreie Websites sind ein entscheidender Schritt zur Unabhängigkeit vieler Behinderter. Sie bieten den so wichtigen Zugriff auf grundlegende Behörden- und Ausbildungsdienste. Informationen, die ansonsten für Menschen mit bestimmten Behinderungen nicht zugänglich sind. Design mit einem offenen Auge für Barrierefreiheit hilft, das Web für alle zu einem besseren Platz zu machen.

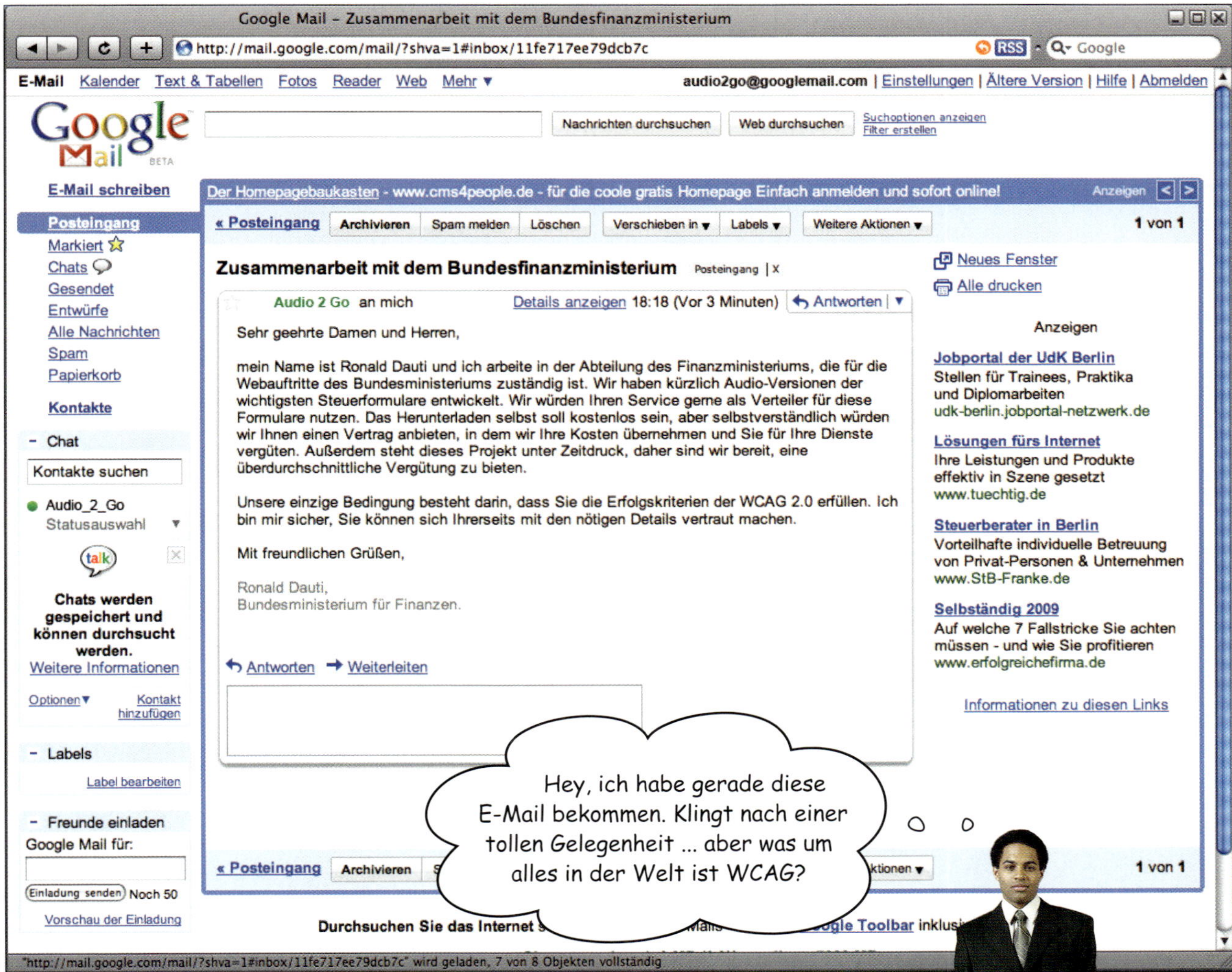

Audio2Go-Eigentümer.

Spitzen Sie Ihren Bleistift

Sie sind mittlerweile ein Webexperte. Was können Sie online über die WCAG 2.0 herausfinden? Und was bedeutet das für die Audio2Go-Website? Fassen Sie Ihre Gedanken zusammen:

....

....

....

WCAG 2.0

WCAG steht für Web Content Accessibility Guidelines (Richtlinien für die Barrierefreiheit von Webinhalten). Das W3C, die Leute, die die meisten Webstandards festlegen, haben eine Reihe von Richtlinien für die Erstellung barrierefreier Websites definiert. Wenn Sie die Richtlinien der WCAG befolgen, ist Ihre Website schon viel barrierefreier als sonst.

WCAG 2.0 besteht aus vier Prinzipien, zwölf Richtlinien für die technische Umsetzung und entsprechenden Erfolgskriterien, um die Barrierefreiheit zu überprüfen. Wenn Sie die vier grundlegenden Prinzipien bei der Entwicklung Ihrer Websites ignorieren, schließen Sie definitiv den behinderten Teil Ihres Publikums aus. Hier sehen Sie die vier Prinzipien der WCAG:

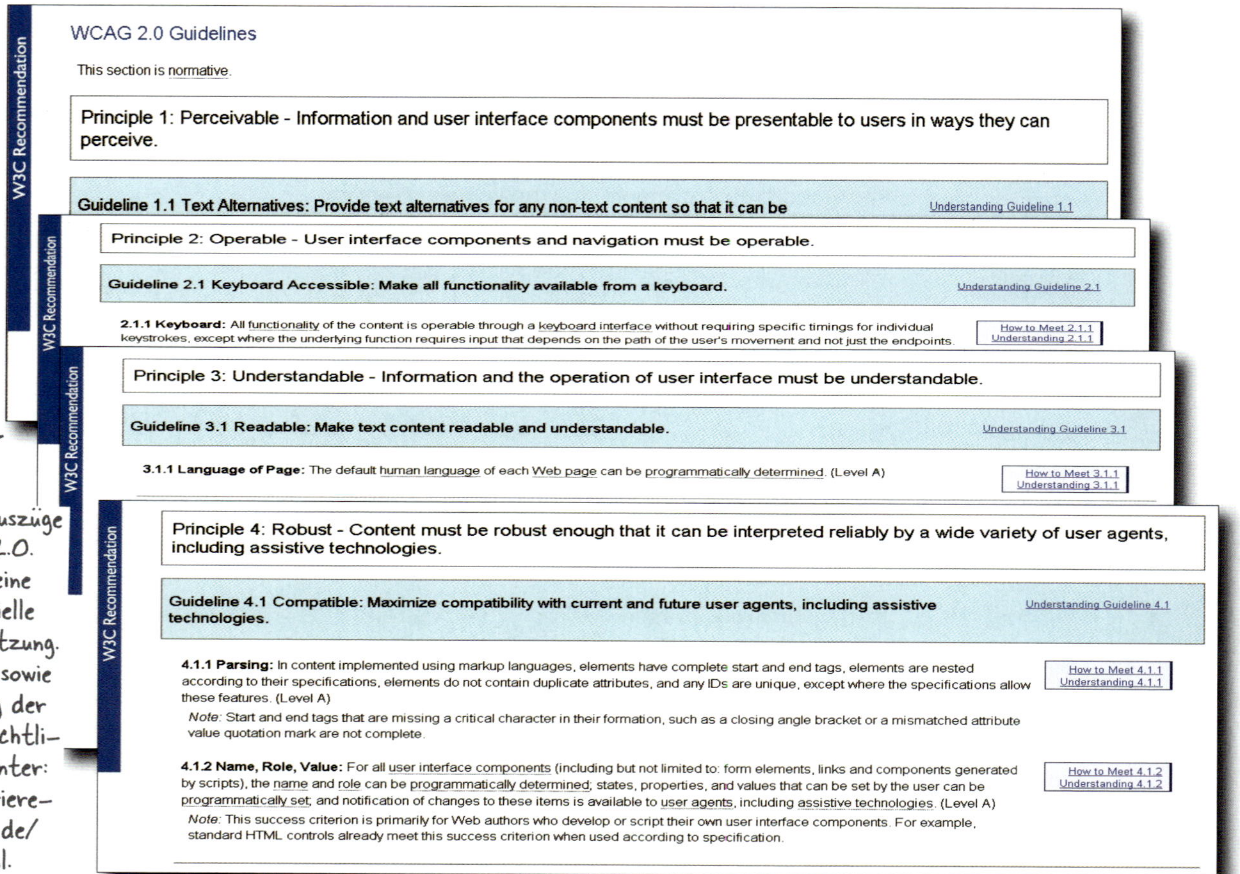

W3C Recommendation

WCAG 2.0 Guidelines

This section is normative.

Principle 1: Perceivable - Information and user interface components must be presentable to users in ways they can perceive.

Guideline 1.1 Text Alternatives: Provide text alternatives for any non-text content so that it can be — Understanding Guideline 1.1

Principle 2: Operable - User interface components and navigation must be operable.

Guideline 2.1 Keyboard Accessible: Make all functionality available from a keyboard. — Understanding Guideline 2.1

2.1.1 Keyboard: All functionality of the content is operable through a keyboard interface without requiring specific timings for individual keystrokes, except where the underlying function requires input that depends on the path of the user's movement and not just the endpoints. — How to Meet 2.1.1 / Understanding 2.1.1

Principle 3: Understandable - Information and the operation of user interface must be understandable.

Guideline 3.1 Readable: Make text content readable and understandable. — Understanding Guideline 3.1

3.1.1 Language of Page: The default human language of each Web page can be programmatically determined. (Level A) — How to Meet 3.1.1 / Understanding 3.1.1

Principle 4: Robust - Content must be robust enough that it can be interpreted reliably by a wide variety of user agents, including assistive technologies.

Guideline 4.1 Compatible: Maximize compatibility with current and future user agents, including assistive technologies. — Understanding Guideline 4.1

4.1.1 Parsing: In content implemented using markup languages, elements have complete start and end tags, elements are nested according to their specifications, elements do not contain duplicate attributes, and any IDs are unique, except where the specifications allow these features. (Level A) — How to Meet 4.1.1 / Understanding 4.1.1

Note: Start and end tags that are missing a critical character in their formation, such as a closing angle bracket or a mismatched attribute value quotation mark are not complete.

4.1.2 Name, Role, Value: For all user interface components (including but not limited to: form elements, links and components generated by scripts), the name and role can be programmatically determined; states, properties, and values that can be set by the user can be programmatically set; and notification of changes to these items is available to user agents, including assistive technologies. (Level A) — How to Meet 4.1.2 / Understanding 4.1.2

Note: This success criterion is primarily for Web authors who develop or script their own user interface components. For example, standard HTML controls already meet this success criterion when used according to specification.

Hier sehen Sie Auszüge aus den WCAG 2.0. Bisher gibt es keine komplette offizielle deutsche Übersetzung. Eine Einführung sowie eine Übersetzung der Prinzipien und Richtlinien finden Sie unter: http://www.barrierefreies-webdesign.de/wcag2/index.html.

Diese Ausschnitte stammen von http://www.w3.org/TR/2008/REC-WCAG20-20081211/#guidelines.

Meine Güte! Die Liste ist riesig! Es wird ewig dauern, die Audio2Go-Website WCAG 2.0-konform zu machen ... und wir haben uns ohnehin schon so viel Arbeit gemacht.

Die WCAG sind erschöpfend ... die Anpassungen nicht unbedingt.

Die WCAG müssen alle erdenklichen Möglichkeiten auf allen Arten von Websites erfassen. Also auch eine Menge Dinge, die vielleicht gar nicht auf Ihre Website zutreffen.

Außerdem werden Sie viele der WCAG-Kriterien bereits erfüllen, z.B. »Schreiben Sie Ihre Textinhalte lesbar und leicht verständlich.« So sind viele dieser Punkte eventuell schon abgehakt! Sie müssen sich lediglich um die **anwendbaren Kriterien** kümmern, die Sie nicht ohnehin schon **erfüllen**.

Spitzen Sie Ihren Bleistift

Werfen Sie einen Blick auf die WCAG-Richtlinien unter `http://www.w3.org/TR/WCAG20/#guidelines`. Schreiben Sie anschließend alle Änderungen auf, die Ihrer Meinung nach an Audio2Go vorgenommen werden müssen, um die Kriterien zu erfüllen.

....

....

....

....

....

....

Spitzen Sie Ihren Bleistift
Lösung

Sie sollten die nötigen Änderungen ermitteln, damit Audio2Go die Richtlinien von WCAG 2.0 erfüllt.

☑ **Guideline 1.1 Text Alternatives: Provide text alternatives for any non-text content so that it can be changed into other forms people need, such as large print, braille, speech, symbols or simpler language.**

Das haben wir mit den alt- und longdesc-Attributen unserer Bilder bereits erledigt.

☐ **Guideline 1.4 Distinguishable: Make it easier for users to see and hear content including separating foreground from background.**

1.4.1 Use of Color: Color is not used as the only visual means of conveying information, indicating an action, prompting a response, or distinguishing a visual element. (Level A)

Hier sehen Sie die WCAG 2.0-Richtlinien im Original. Eine deutsche Übersetzung finden Sie unter http://www.barrierefreies-webdesign.de/wcag2/index.html.

Das gilt für Grafiken und Symbole. Diese Sterne für die Bewertung der Bücher könnten ein Problem sein … Wie sieht die Website überhaupt ohne Farbe aus?

☐ **Guideline 1.3 Adaptable: Create content that can be presented in different ways (for example simpler layout) without losing information or structure.**

1.3.1 Info and Relationships: Information, structure, and relationships conveyed through presentation can be programmatically determined or are available in text. (Level A)

1.3.2 Meaningful Sequence: When the sequence in which content is presented affects its meaning, a correct reading sequence can be programmatically determined. (Level A)

Das ist was Ähnliches wie das tabindex-Attribut … es geht um die Reihenfolge. Aber diesmal muss die Reihenfolge des Markup selbst sinnvoll sein. Da haben wir ein Problem.

To-do-Liste

~~Text-Äquivalent für alle Nicht-Textelemente bieten~~.

Alle farbigen Informationen müssen auch ohne Farbe verständlich sein.

Dokumente so strukturieren, dass sie auch ohne Stylesheets zu lesen sind.

Das ist die To-do-Liste für Audio2Go. Inwiefern unterscheidet sie sich von der Liste der Dinge, die Ihrer Meinung nach zu tun sind?

Es gibt keine Dummen Fragen

F: Wo liegen die Unterschiede zwischen WCAG 2.0 und der BITV?

A: Es gibt einige wesentliche Unterschiede. Die WCAG 2.0 sind eine Empfehlung des W3C, des Entscheidungsgremiums des Internets. Auch wenn das W3C keine Autorität hat, seine Empfehlungen durchzusetzen, so gilt es dennoch als Standard für die Barrierefreiheit von Websites für behinderte Menschen. Die BITV gilt dagegen in Deutschland für die Behörden der Bundesverwaltung und basiert auf Vorgaben der WCAG. Im privaten Sektor ist sie aber nur durchsetzbar, wenn ein Unternehmen für die Behörden der Bundesverwaltung entwickelt. Außerdem wurde die aktuelle BITV auf Grundlage der (alten) WCAG 1.0-Richtlinien erstellt. Die neue BITV 2 ist zwar in Arbeit, zum Zeitpunkt der Drucklegung dieses Buchs allerdings noch nicht erschienen.

F: Kann ich verhaftet werden, wenn ich die WCAG nicht erfülle?

A: Auf keinen Fall. Die WCAG sind lediglich Richtlinien, um Ihre Website barrierefrei zu gestalten. Außerdem hat das W3C keinerlei Autorität, Sie zu verhaften (oder ein Bußgeld zu verhängen). Allerdings schließen Sie einen Teil Ihres Publikums aus, wenn Sie die WCAG ignorieren, und das ist nicht gut. Selbst wenn Sie einige Tage auf die Arbeit an der Barrierefreiheit Ihrer Website verwenden, lohnt sich das allemal.

F: Wer entscheidet, ob meine Website die Richtlinien erfüllt?

A: Wenn Sie die Richtlinien erfüllt und sich bemüht haben, Ihre Website so barrierefrei wie möglich für Menschen mit Behinderungen zu machen, können Sie Ihre Website selbst als barrierefrei bezeichnen. Laut der WCAG 2.0 gibt es drei Konformitätsstufen: »Level A«, »Level AA« und »Level AAA«. Konformität besteht dann für Ihre Website, wenn Sie alle Richtlinien des entsprechenden »Levels« erfüllen. Sie können auch prüfen lassen, ob Ihr Code barrierefrei ist (z.B. unter `http://www.bik-online.info/verfahren/index.php`, derzeit nur für die aktuelle BITV).

Wenn Sie Barrierefreiheit ignorieren, ignorieren Sie einen Teil Ihres PUBLIKUMS. Das schadet Ihnen, Ihrer Website und Ihren Benutzern.

Verstehen Sie Barrierefreiheit als WESENTLICHEN TEIL jeder Website, die Sie gestalten.

Farben sollten nicht Ihr EINZIGES Kommunikationsmittel sein

Sie wissen bereits, dass Farben eine emotionale Wirkung haben. Eine Website *ohne* Farbe ist schwer vorstellbar ... aber genau so nehmen einige Menschen zumindest Teile Ihrer Websites wahr. Deshalb müssen Sie die Inhalte Ihrer Website mit mehr als ***nur*** Farbe transportieren.

To-do-Liste

~~Text-Äquivalent für alle Nicht-Textelemente bieten.~~

Alle farbigen Informationen müssen auch ohne Farbe verständlich sein.

Dokumente so strukturieren, dass sie auch ohne Stylesheets zu lesen sind.

Die Farben der Sterne für die einzelnen Bücher richten sich nach der Bewertung. Aber die Farben sind die einzige Möglichkeit, die Bewertung zu erfassen. Das verletzt die WCAG-Richtlinien.

Ca. 5% der Bevölkerung sind in irgendeiner Form farbenblind. Diese Farbsinnstörung kommt vorwiegend bei Männern vor.

Die Welt durch websichere Augen ...

Bestimmt haben Sie schon von websicheren Farben gehört. Das sind die Farben, von denen die meisten Menschen behaupten, dass sie mit verschiedenen Auflösungen auf verschiedenen Monitoren konsistent aussehen. Dies ist eine Palette mit websicheren Farben:

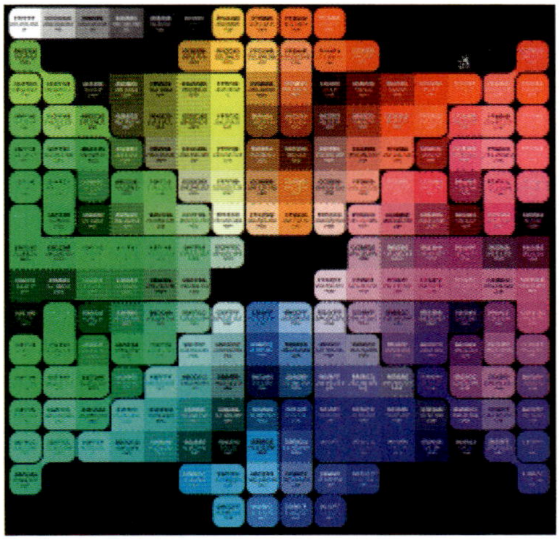

Diese beiden Paletten sehen völlig anders aus. Welche davon sehen Ihre Benutzer?

Die Welt durch farbenblinde Augen ...

Aber ist diese Palette wirklich »websicher«? So sieht dieselbe Palette durch die Augen eines farbenblinden Menschen aus:

* Diese Bilder stammen von einem Scan eines Visibone-Buchs (http://www.visibone.com/products/browserbook.html).

KOPF-NUSS

Wie, glauben Sie, können Sie bei der Wahl einer Farbpalette auf Farbenblindheit eingehen? Bieten die triadischen und tetradischen Farbpaletten dabei Hilfe?

Audio2Go durch farbenblinde Augen

Werfen wir einen Blick auf Audio2Go durch verschiedene Augen. In Abhängigkeit von den verfügbaren Zapfen im Auge des Betrachters kann Ihre hübsch gestaltete Audio2Go-Website völlig unterschiedlich aussehen:

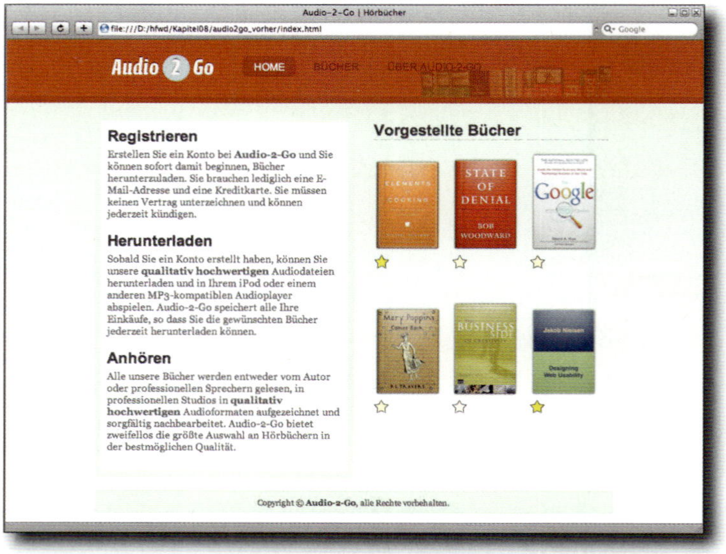

So sieht das ursprüngliche Farbschema für einen Menschen ohne Farbenblindheit aus.

Original

Diese Ansicht zeigt ein vermindertes Farbschema, wobei die meisten Elemente immer noch voneinander zu unterscheiden sind.

Deuteranopie (Grünblindheit)

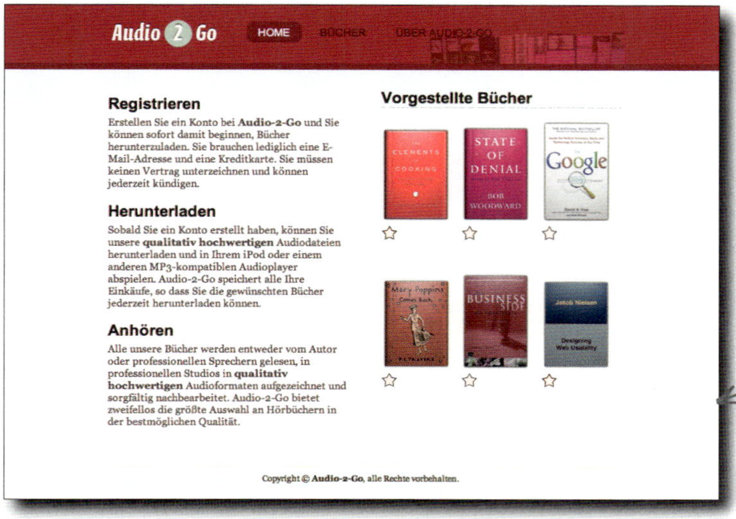

Dies ist eine seltene Art der Farbenblindheit, die sich auf Blautöne auswirkt. Die Sterne sind in dieser Ansicht völlig nutzlos, wodurch die WCAG-Richtlinien definitiv verletzt werden.

Tritanopie (Blaublindheit)

Bei Protanopie sieht die Audio2Go-Website ähnlich wie mit Deuteranopie aus. Die Seite wirkt farblos, und die Sterne scheinen ein bisschen zu verschwimmen.

Protanopie (Rotblindheit)

Diese Sterne sind ein echtes Problem

Die Sterne bei Audio2Go sind ein Problem. Es ist nicht schlimm, dass sie farbig sind, sondern dass sie *nur* über die Farbe Informationen transportieren. Erinnern Sie sich noch an eine der einfachsten Möglichkeiten, schlechte Grafiken oder Navigationssysteme aufzubessern? **Fügen Sie Text hinzu!**

Wir können einfach eine Textbewertung hinzufügen und die Sterne als Hintergrundbild verwenden, genau wie bei der Navigation in Kapitel 6:

Sicherlich ist Ihnen bereits aufgefallen, dass Screenreader bei den meisten englischen Wörtern zu recht abenteuerlichen Lauten neigen. Über das Attribut lang="en" können Sie Screenreader anweisen, den Inhalt eines bestimmten Elements Englisch auszusprechen.

```
<div id="vorgestellte-buecher">
  <ul>
    <li><a tabindex="7" href="/buecher/1">
      <img lang="en" alt="elements of cooking" src="elements.png" /></a><br />
      <span class="bewertung hoch">8 Punkte</span></li>
    </li>
    <li><a tabindex="8" href="/buecher/2">
      <img lang="en" alt="state of denial" src="sod.png" /></a><br />
      <span class="bewertung mittel">5 Punkte</span>
    </li>
    <li><a tabindex="9" href="/buecher/3">
      <img alt="Die Google-Story" src="google.jpg" /></a><br />
      <span class="bewertung mittel">6 Punkte</span>
    </li>
    <li><a tabindex="10" href="/buecher/4">
      <img lang="en" alt="Mary Poppins" src="poppins.png" /></a><br />
      <span class="bewertung niedrig">3 Punkte</span>
    </li>
    <li><a tabindex="11" href="/buecher/5">
      <img lang="en" alt="the business side of creativity"
           src="creativity.jpg" /></a><br />
      <span class="bewertung hoch">9 Punkte</span>
    </li>
    <li><a tabindex="12" href="/buecher/6">
      <img lang="en" alt="designing web usability" src="dwu.jpg" /></a><br />
      <span class="bewertung mittel">6 Punkte</span>
    </li>
  </ul>
</div>
```

Fügen Sie einen Zeilenumbruch und ein span für die Bewertung ein.

index.html

Das span erhält die Klasse »bewertung« sowie eine weitere Klasse je nach Bewertung (niedrig, mittel oder hoch).

Es gibt keine Dummen Fragen

F: Also können wir keine visuellen Erkennungszeichen wie Sterne verwenden?

A: Natürlich können Sie das. Sie dürfen nur nicht ***ausschließlich*** visuelle Kennzeichen verwenden.

Hintergrundbilder sind immer noch Ihre Freunde

Jetzt können wir die Sterne mit der CSS-Eigenschaft `background` wieder einfügen. Dafür müssen wir unser Stylesheet `screen.css` erweitern:

```
#vorgestellte-buecher li .bewertung {
  padding: 4px 0 4px 30px;
  font-family: Helvetica, sans-serif;
  font-size: small;
  text-transform: uppercase;
}
.hoch {
  background: url('../bilder/stern_hoch.png') no-repeat left;
}
.mittel {
  background: url('../bilder/stern_mittel.png') no-repeat left;
}
.niedrig {
  background: url('../bilder/stern_niedrig.png') no-repeat left;
}
```

Wir brauchen eine übergeordnete Klasse für die Bewertungen.

Die Klasse »bewertung« benötigt ein linkes Padding von 30px, um für den Stern Platz zu machen.

Je nach Klasse zeigen wir den Stern in der entsprechenden Farbe an.

screen.css

PROBEFAHRT

Farbig, aber nicht auf die Farbe angewiesen?

Aktualisieren Sie Ihre Version von index.html und screen.css. Laden Sie dann die Audio2Go-Seite neu und sehen Sie sich die Bewertungen der Bücher an.

Diesen Punkt können wir nun abhaken.

To-do-Liste

~~Text-Äquivalent für alle Nicht-Textelemente bieten.~~

~~Alle farbigen Informationen müssen auch ohne Farbe verständlich sein.~~

Dokumente so strukturieren, dass sie auch ohne Stylesheets zu lesen sind.

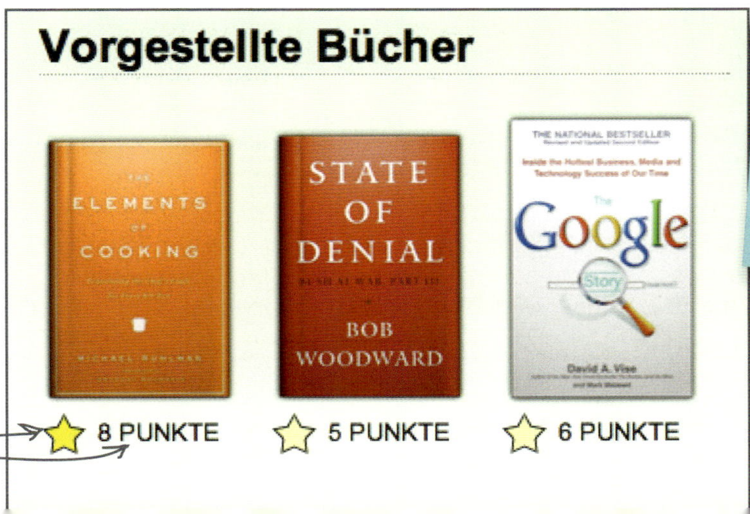

Jetzt wird die Bewertung der Bücher grafisch und mit Text angezeigt.

To-do-Liste

~~Text-Äquivalent für alle Nicht-Textelemente bieten.~~

~~Alle farbigen Informationen müssen auch ohne Farbe verständlich sein.~~

Dokumente so strukturieren, dass sie auch ohne Stylesheets zu lesen sind.

tabindex allein genügt nicht

Sie haben bereits mit dem `tabindex`-Attribut dafür gesorgt, dass die Tab-Taste in der richtigen Reihenfolge durch das Dokument springt. Aber die WCAG gehen noch weiter: Nachdem es bestimmte Accessibility-Geräte gibt, die keine standardmäßige Tastatur verwenden, muss das ***Markup*** selbst die richtige Reihenfolge einhalten.

Um also die WCAG zu erfüllen, müssen Sie Ihr XHTML in der Reihenfolge strukturieren, in der der Inhalt angezeigt werden soll, unabhängig von CSS *und* tabindex.

Der Inhalt dieser Website kommt erst fast am Schluss ... Mit den Stilregeln in CSS sieht das vielleicht toll aus, erfüllt aber nicht die Anforderungen der WCAG.

Die Reihenfolge der Elemente hier ist ... schwer nachzuvollziehen.

Das ist die gleiche Reihe von Elementen, aber in der Reihenfolge sortiert, in der jemand den Inhalt angezeigt oder vorgelesen bekommen soll.

Aufgepasst

Nur weil Ihr XHTML standardkonform ist, erfüllt es nicht zwangsläufig dieses WCAG-Kriterium.

Wenn Ihre Website als valides XHTML validiert wird, bedeutet das lediglich, dass Ihr Markup korrekt und fehlerfrei ist. Die WCAG-Kriterien stellen sicher, dass Sie dieses Markup so strukturieren, dass Ihre Website für so viele Menschen wie möglich zugänglich ist. Beides hängt zusammen, ist aber nicht dasselbe.

Es wird Zeit, eine weitere WCAG-Richtlinie für Audio2Go abzuhaken. Hier sehen Sie die relevanten Teile der Audio2Go-Datei index.html. Es liegt an Ihnen, den Inhalt neu anzuordnen. Viel Glück!

Die tabindex-Attribute bringen bereits eine gewisse Ordnung ... aber das eigentliche Markup hat noch nicht die richtige Reihenfolge.

```
<ul id="nav">
  <li><a tabindex="1" title="Home" href="index.html" lang="en">Home</a></li>
  <li><a tabindex="2" title="Hörbücher"
         href="buecher.html">Bücher</a></li>
  <li><a tabindex="3" title="Über Audio2Go"
         href="info.html" lang="en">Über Audio2Go</a></li>
</ul>
...
<div id="vorgestellte-buecher">
  <ul>
    <li><a tabindex="7" href="/buecher/1">
      <img lang="en" alt="elements of cooking" src="elements.jpg" /></a></li>
    <li><a tabindex="8" href="/buecher/2">
      <img lang="en" alt="state of denial" src="sod.jpg" /></a></li>
    <li><a tabindex="9" href="/buecher/3">
      <img alt="Die Google-Story" src="google.jpg" /></a></li>
    <li><a tabindex="10" href="/buecher/4">
      <img lang="en" alt="Mary Poppins" src="poppins.png" /></a></li>
    <li><a tabindex="11" href="/buecher/5">
      <img lang="en" alt="the business side of creativity"
           src="creativity.jpg" /></a></li>
    <li><a tabindex="12" href="/buecher/6">
      <img lang="en" alt="designing web usability" src="dwu.jpg" /></a></li>
  </ul>
</div>
...
<div id="einfuehrung">
  <h2><a tabindex="4" href="registrieren">Registrieren</a></h2>
  <p>Sobald Sie ein Konto erstellt haben, können Sie unsere
<strong>qualitativ hochwertigen</strong> Audiodateien herunterladen und in
Ihrem <span lang="en">iPod</span> oder einem anderen MP3-kompatiblen
<span lang="en">Audioplayer</span> abspielen. <span lang="en">Audio2Go</span>
speichert alle Ihre Einkäufe, sodass Sie die gewünschten Bücher
jederzeit herunterladen können.</p>
  <h2><a tabindex="5" href="herunterladen">...</h2>
  <p>...</p>
  ...
</div>
```

Auch für die Navigation brauchen wir das Attribut lang="en": »Audio Two Go« klingt besser als »Audio Zwei Go«, oder? Auch bei »Home« macht sich die englische Aussprache gut ...

Tipp: Eventuell möchten Sie die tabindex-Attribute entfernen und mit der Tab-Taste die »natürliche« Reihenfolge Ihrer Seite herausfinden.

Wenn Sie nur Teile eines Elements in einer anderen Sprache vorlesen lassen möchten, können Sie auch einzelne Worte in ein <span lang="en"> einschließen: z.B. »iPod« und »Audioplayer«.

index.html

Lösung zur Übung

Sie sollten die Blöcke der Audio2Go-Seite so anordnen, dass sie auch ohne Stylesheet in einem logischen Fluss angezeigt wird. So sieht unsere Lösung aus.

```
<ul id="nav">
  <li><a tabindex="1" lang="en" title="Home" href="index.html">Home</a></li>
  <li><a tabindex="2" title="Hörbücher"
         href="buecher.html">Bücher</a></li>
  <li><a tabindex="3" lang="en" title="Über Audio2Go"
         href="info.html">Über Audio2Go</a></li>
</ul>
```

```
<div id="einfuehrung">
  <h2><a tabindex="4" href="registrieren">Registrieren</a></h2>
  <p>Sobald Sie ein Konto erstellt haben, können Sie unsere
  <strong>qualitativ hochwertigen</strong> Audiodateien
  herunterladen und in Ihrem <span lang="en">iPod</span> oder
  einem anderen MP3-kompatiblen <span lang="en">Audioplayer</span>
  abspielen. <span lang="en">Audio2Go</span> speichert alle Ihre
  Einkäufe, so dass Sie die gewünschten Bücher jederzeit
  herunterladen können.</p>
  <h2><a tabindex="5" href="herunterladen">...</h2>
  <p>...</p>
  <h2><a tabindex="6" href="anhören">...</h2>
  <p>...</p>
</div>
```

```
<div id="vorgestellte-buecher">
  <ul>
    <li><a tabindex="7" href="/buecher/1">
      <img lang="en" alt="elements of cooking" src="elements.jpg" /></a></li>
    <li><a tabindex="8" href="/buecher/2">
      <img lang="en" alt="state of denial" src="sod.jpg" /></a></li>
    <li><a tabindex="9" href="/buecher/3">
      <img alt="Die Google-Story" src="google.jpg" /></a></li>
    <li><a tabindex="10" href="/buecher/4">
      <img lang="en" alt="Mary Poppins" src="poppins.png" /></a></li>
    <li><a tabindex="11" href="/buecher/5">
      <img lang="en" alt="business side of creativity" src="creativity.jpg" />
      </a></li>
    <li><a tabindex="12" href="/buecher/6">
      <img lang="en" alt="designing web usability" src="dwu.jpg" /></a></li>
  </ul>
</div>
```

Probefahrt

Wir brauchen keinen nervigen tabindex.

Ordnen Sie index.html neu und aktualisieren Sie die Seite. Alles sollte identisch aussehen, ist aber jetzt WCAG-konform.

Hey, bedeutet das nicht, dass wir diese tabindex-Teile nicht mehr brauchen?

WCAG macht tabindex überflüssig.

Mit dem korrekt geordneten Markup können Sie alle `tabindex`-Attribute aus `index.html` entfernen. Die Attribute sind nicht nur überflüssig, auf diese Weise können Sie mit der Tab-Taste jetzt auch erneut prüfen, ob Sie alles korrekt angeordnet haben.

Die Tab-Taste ist eine ausgezeichnete Möglichkeit, zu überprüfen, ob Ihre Website die korrekte Reihenfolge hat, auch wenn Sie neue Abschnitte hinzufügen.

To-do-Liste

~~Text-Äquivalent für alle Nicht-Textelemente bieten.~~

~~Alle farbigen Informationen müssen auch ohne Farbe verständlich sein.~~

~~Dokumente so strukturieren, dass sie auch ohne Stylesheets zu lesen sind.~~

Sie können einen weiteren Punkt von unserer Liste streichen. Wir sind fertig, oder?

Bücher | Audio-2-Go
file:///D:/hfwd/Kapitel08/audio2go_vorher/buecher.html
Google
Audio 2 Go
HOME
BÜCHER
ÜBER UNS
Top-Titel
Der Schwarze Schwan 24,90 €
ZEN oder die Kunst der Präsentation 29,95 €
Digitale Fotografie 29,95 €
Mac OS X Leopard Missing Manual 39,90 €
Das iPhone-Entwicklerbuch 39,95 €
slide:ology
Die Nume
Spore:
Vorgestellte Bücher
STATE OF DENIAL
BOB WOODWARD
Google
Mary Poppins Comes Back
BUSINESS SIDE
Jakob Nielsen
Designing Web Usability
Copyright © Audio-2-Go, alle Rechte vorbehalten.
Sekunde. Können Sie schnell einen Blick auf unseren Bücherabschnitt werfen? Ich will sicher sein, dass wir nichts übersehen haben ...

Spitzen Sie Ihren Bleistift

Um welche WCAG-Punkte müssen wir uns auf der Bücherseite kümmern? Gehen Sie nochmals die Prinzipien und Richtlinien der WCAG durch und schauen Sie, ob noch weitere Kriterien zutreffen ... Prüfen Sie auch die Bücherseite darauf, ob bei allen angezeigten Daten ohne zusätzliche Erläuterung klar wird, was sie bedeuten. Schreiben Sie dann in die folgende To-do-Liste, was Ihrer Meinung nach noch zu tun ist.

Das müssen wir für die Seite mit den Top-Titeln ebenfalls machen.

To-do-Liste

Text-Äquivalent für alle Nicht-Textelemente bieten.

Alle farbigen Informationen müssen auch ohne Farbe verständlich sein.

Dokumente so strukturieren, dass sie auch ohne Stylesheets zu lesen sind.

....

....

Tipp: Die Liste der Top-Titel ist eine Tabelle.

ÜBUNG

Sie wissen jetzt, was Sie mit der Bücherseite tun müssen. Öffnen Sie `buecher.html`, die Sie unter den heruntergeladenen Kapiteldateien finden. Aktualisieren Sie das XHTML, sodass es WCAG-konform ist. Blättern Sie dann um, um zu sehen, ob Sie alles gefunden haben.

LÖSUNG ZUR ÜBUNG

Sie sollten das XHTML in `buecher.html` so aktualisieren, dass es WCAG-konform ist und alle Daten selbsterklärend sind.

To-do-Liste

Text-Äquivalent für alle Nicht-Textelemente bieten.

Alle farbigen Informationen müssen auch ohne Farbe verständlich sein.

Dokumente so strukturieren, dass sie auch ohne Stylesheets zu lesen sind.

Spaltenüberschriften für die Büchertabelle.

Sind Sie darauf gekommen? Die Tabelle mit den Buchtiteln und Preisen braucht wenigstens Spaltenüberschriften, damit auch sehbehinderten Benutzern klar ist, welche Informationen sie da vorgelesen bekommen.

```
<!DOCTYPE html PUBLIC "-//W3C//DTD XHTML 1.0 Strict//
          "http://www.w3.org/TR/xhtml1/DTD/xhtml1-str
<html xmlns="http://www.w3.org/1999/xhtml" xml:lang="
<head>
  <title lang="en">Audio2Go</title>
  <meta http-equiv="Content-Type" content="text/html
  <link rel="stylesheet" href="stylesheets/screen.cs
        type="text/css" media="screen" />
</head>
<body>
  <div id="wrap">
    <div id="kopfzeile">
      <h1><img lang="en" alt="Audio2Go Logo" src="b
      <ul id="nav">
        <li><a lang="en" title="Audio2Go Home" href
        <li><a class="aktiv" title="Hörbücher"
               href="buecher.html">Bücher</a></li>
        <li><a lang="en" title="Über Audio2Go" href="#">Über Audio2Go</a></li>
      </ul>
    </div>
    <div id="buchliste">
      <h2>Top-Titel</h2>
      <table cellpadding="0" cellspacing="0" border="0">
        <tr>
          <th>Buchtitel</th>
          <th>Preis</th>
        </tr>
        <tr>
          <td>Der Schwarze Schwan</td>
          <td class="preis">24,90 €</td>
        </tr>
        <tr>
          <td>ZEN oder die Kunst der Präsentation</td>
          <td class="preis">29,95 €</td>
        </tr>
        <tr>
          <td>Digitale Fotografie</td>
          <td class="preis">29,95 €</td>
        </tr>
        <tr>
          <td>Mac OS X Leopard Missing Manual</td>
          <td class="preis">39,90 €</td>
```

Wir müssen lediglich eine weitere Tabellenzeile mit den Spaltenüberschriften einfügen.

```
        </tr>
        <tr>
          <td>Das <span lang="en">iPhone</span>-Entwicklerbuch</td>
          <td class="preis">39,95 €</td>
        </tr>
        <tr>
          <td lang="en">slide:ology</td>
          <td class="preis">34 €</td>
        </tr>
        <tr>
          <td>Die Numerati</td>
          <td class="preis">19,90 €</td>
        </tr>
        <tr>
          <td lang="en">Spore: Official Game Guide</td>
          <td class="preis">21,99 €</td>
        </tr>
      </table>
    </div>
    <div id="vorgestellte-buecher">
      <h2>Vorgestellte Bücher</h2>
      <ul>
        <li><a href="buecher/1"><img lang="en" alt="the elements of cooking"
               src="bilder/elements.png" /></a>
            <br /><span class="bewertung hoch">8 Punkte</span></li>
        <li><a lang="en" href="buecher/2"><img alt="state of denial"
               src="bilder/sod.png" /></a>
            <br /><span class="bewertung mittel">5 Punkte</span></li>
        <li><a href="buecher/3"><img alt="Die Google-Story" src="bilder/google.png" /></a>
            <br /><span class="bewertung mittel">6 Punkte</span></li>
        <li><a href="buecher/4"><img lang="en" alt="Mary Poppins"
               src="bilder/poppins.png" /></a>
            <br /><span class="bewertung niedrig">3 Punkte</span></li>
        <li><a lang="en" href="buecher/5"><img alt="the business side of creativity"
               src="bilder/creativity.png" /></a>
            <br /><span class="bewertung hoch">9 Punkte</span></li>
        <li><a href="buecher/6"><img lang="en" alt="designing web usability"
               src="bilder/dwu.png" /></a>
            <br /><span class="bewertung mittel">6 Punkte</span></li>
      </ul>
    </div>
    <div id="fusszeile">
      <p>Copyright &copy; <strong lang="en">Audio2Go</strong>, alle Rechte vorbehalten.</p>
    </div>
  </div>
</body>
</html>
```

Diese Seite war bereits richtig angeordnet. Zuerst die Überschriften, dann die Liste der Topbücher und die Buchvorstellungen. Wir mussten also nichts umstellen.

Das ist dieselbe Änderung wie auf der Hauptseite: Wir brauchen Text für die Buchbewertungen, nicht nur Bilder.

PROBEFAHRT

Testen Sie die Barrierefreiheit von Audio2Go.

Es ist schön und gut, die einzelnen Barrierefreiheit-Maßnahmen zu implementieren, aber Sie müssen Ihre Website auch testen. Aber wie? Hier erfahren Sie einige Möglichkeiten:

Besorgen Sie sich die entsprechenden technischen Hilfsmittel (z.B. einen Screenreader) und machen Sie einen Testlauf.

Aktualisieren Sie die Homepage und die Bücherseite und schauen Sie, wie Audio2Go aussieht.

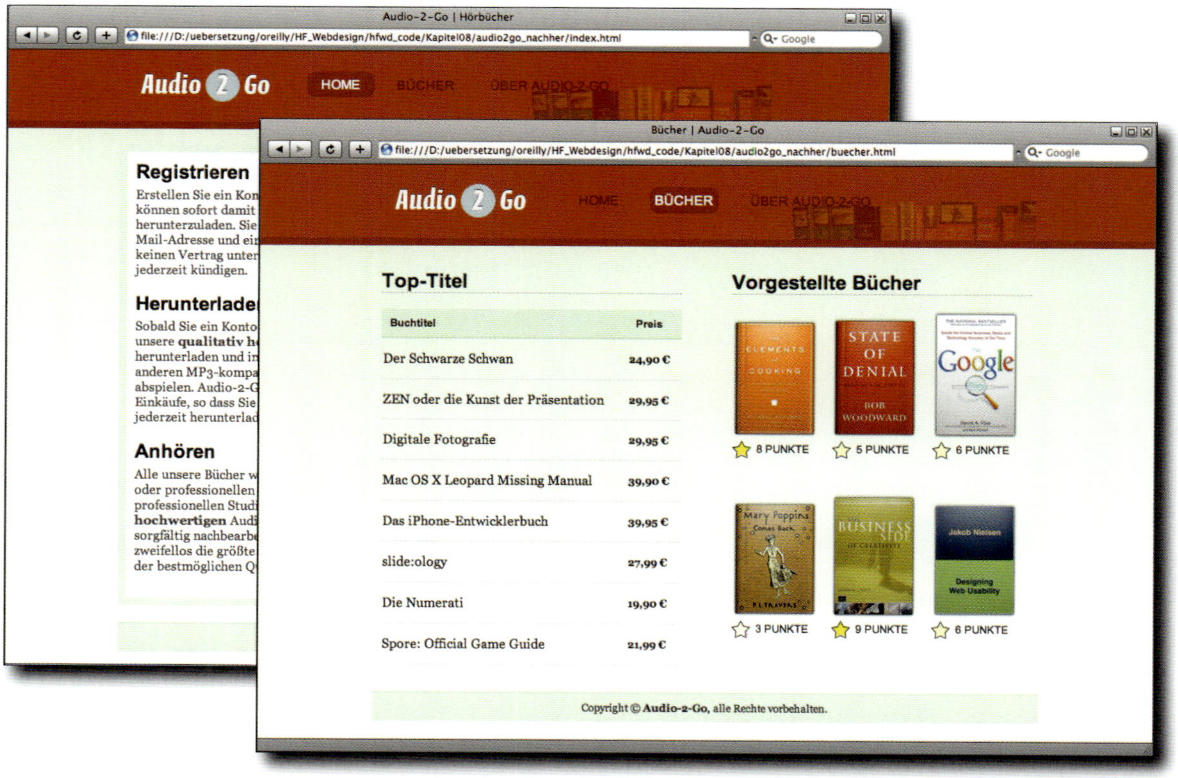

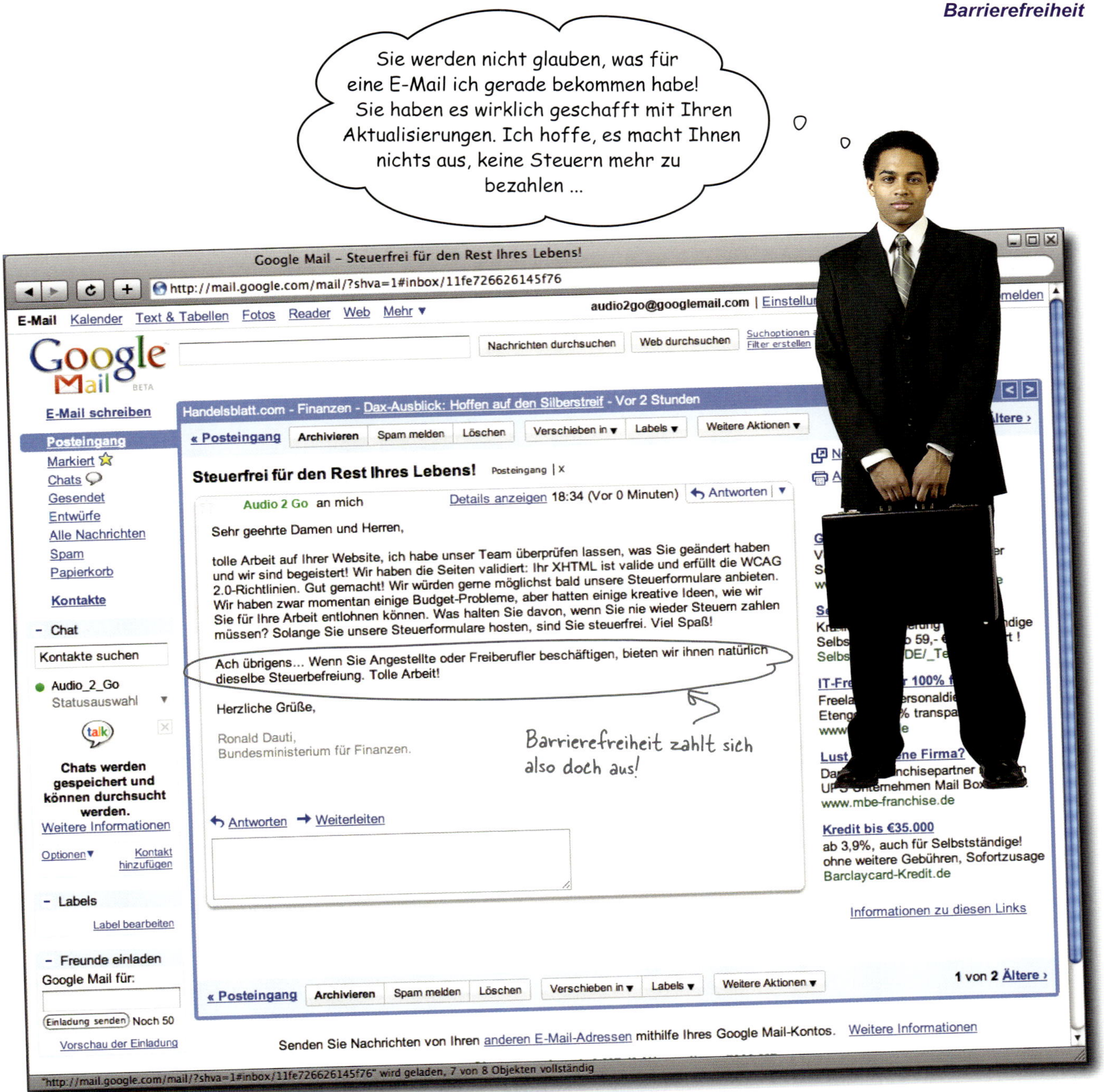
Sie werden nicht glauben, was für eine E-Mail ich gerade bekommen habe! Sie haben es wirklich geschafft mit Ihren Aktualisierungen. Ich hoffe, es macht Ihnen nichts aus, keine Steuern mehr zu bezahlen ...
Google Mail - Steuerfrei für den Rest Ihres Lebens!
http://mail.google.com/mail/?shva=1#inbox/11fe726626145f76
E-Mail Kalender Text & Tabellen Fotos Reader Web Mehr ▾
audio2go@googlemail.com
Nachrichten durchsuchen
Web durchsuchen
E-Mail schreiben
Posteingang
Markiert
Chats
Gesendet
Entwürfe
Alle Nachrichten
Spam
Papierkorb
Kontakte
Handelsblatt.com - Finanzen - Dax-Ausblick: Hoffen auf den Silberstreif - Vor 2 Stunden
« Posteingang Archivieren Spam melden Löschen Verschieben in ▾ Labels ▾ Weitere Aktionen ▾
Steuerfrei für den Rest Ihres Lebens!
Audio 2 Go an mich
Details anzeigen 18:34 (Vor 0 Minuten)
Antworten
Sehr geehrte Damen und Herren,
tolle Arbeit auf Ihrer Website, ich habe unser Team überprüfen lassen, was Sie geändert haben und wir sind begeistert! Wir haben die Seiten validiert: Ihr XHTML ist valide und erfüllt die WCAG 2.0-Richtlinien. Gut gemacht! Wir würden gerne möglichst bald unsere Steuerformulare anbieten. Wir haben zwar momentan einige Budget-Probleme, aber hatten einige kreative Ideen, wie wir Sie für Ihre Arbeit entlohnen können. Was halten Sie davon, wenn Sie nie wieder Steuern zahlen müssen? Solange Sie unsere Steuerformulare hosten, sind Sie steuerfrei. Viel Spaß!
Ach übrigens... Wenn Sie Angestellte oder Freiberufler beschäftigen, bieten wir ihnen natürlich dieselbe Steuerbefreiung. Tolle Arbeit!
Herzliche Grüße,
Ronald Dauti,
Bundesministerium für Finanzen.
Barrierefreiheit zahlt sich also doch aus!
Antworten Weiterleiten
Chat
Kontakte suchen
Audio_2_Go
Statusauswahl
Chats werden gespeichert und können durchsucht werden.
Weitere Informationen
Labels
Label bearbeiten
Freunde einladen
Google Mail für:
Einladung senden Noch 50
Vorschau der Einladung
Kredit bis €35.000
ab 3,9%, auch für Selbstständige! ohne weitere Gebühren, Sofortzusage
Barclaycard-Kredit.de
Informationen zu diesen Links
1 von 2 Ältere ›
Senden Sie Nachrichten von Ihren anderen E-Mail-Adressen mithilfe Ihres Google Mail-Kontos. Weitere Informationen
"http://mail.google.com/mail/?shva=1#inbox/11fe726626145f76" wird geladen, 7 von 8 Objekten vollständig

Punkt für Punkt

- Barrierefreiheit beschreibt die Verfahren und Techniken zum Erstellen einer Website, die auch von behinderten Menschen verwendet werden kann.
- Ein Screenreader ist eine Software, die blinden und sehbehinderten Menschen den Text einer Website laut vorliest.
- Mit dem `alt`-Attribut (Teil des `img`-Elements) können Sie eine alternative Textbeschreibung für Bilder angeben, die vom Screenreader vorgelesen wird.
- `longdesc` ist ein Attribut des `img`-Elements, mit dem Sie eine Verknüpfung auf eine Seite mit der Textbeschreibung zu einem Bild herstellen können, die für das `alt`-Attribut zu lang ist.
- Menschen mit eingeschränkter Motorik in ihren Händen verwenden häufig die Tab-Taste statt einer Maus, um sich durch die Links einer Website zu bewegen.
- Mit `tabindex` können Sie die Position eines Links innerhalb der Tab-Reihenfolge manuell festlegen.
- Die »Web Content Accessibility Guidelines« (WCAG) des W3C waren der erste ernsthafte Versuch, Richtlinien für barrierefreies Design festzulegen – es besteht aus vier Prinzipien mit zwölf Richtlinien und vielen Prüfkriterien.
- Um WCAG-Richtlinien, die nicht auf Ihre Website zutreffen, müssen Sie sich keine Gedanken machen.
- Strukturieren Sie das Markup Ihrer Seiten so, dass es sich auch ohne Stylesheet in einer logischen Reihenfolge lesen lässt.
- Sorgen Sie dafür, dass farbige Informationen auch ohne Farben verständlich sind.
- Verwenden Sie für Tabellen Zeilen- und Spaltenüberschriften, damit die Daten auch für alle Benutzer verständlich sind.
- Mit dem `lang`-Attribut können Sie Screenreader anweisen, den Inhalt einzelner Elemente in einer anderen Sprache vorzulesen.

9 Hören Sie auf Ihre Benutzer

Der Weg zu harmonischem Design

Gutes Design beginnt damit, auf Ihre Benutzer zu hören.

Ihre ***Benutzer können Ihnen sagen, was schiefläuft*** auf Ihrer Website, ***was daran gut ist***, ***wie Sie Probleme beheben*** (falls nötig) und *was Sie an Ihrer Website verbessern können*. Es gibt viele Möglichkeiten, auf Ihre Benutzer zu hören. Sie können ihre Meinung **in Gruppen einholen** (z.B. mit Umfragen), auch **einzeln** (z.B. mit Usability-Tests), oder ihre **kollektiven Handlungen auf der Website erforschen** (mit Tools wie Webmetriken und Statistiken). Zu welcher Methode Sie auch greifen, es geht darum, Ihren Benutzern zuzuhören. Wenn Sie das tun, geht Ihre Website auf die Bedürfnisse Ihres Publikums ein und wird entsprechend wesentlich besser ankommen.

Probleme bei RPM

Ich erhalte ständig wütende E-Mails von meinen Kunden. Sie beschweren sich alle über die gleichen Probleme mit der Website. Sie haben sie für mich erstellt – jetzt muss ich Sie bitten, dafür zu sorgen, dass sie funktioniert ... und zwar richtig diesmal!

Der (nicht so glückliche) Besitzer des RPM Music Store.

Google
Blog
Etc
Warenkorb
nline-Tonträger-Händler
Aus dem Blog
RPM Music <rpmmusic@gmail.com>
Samstag, 23. August 2008, 16:23 Uhr
ch kann
bin
ich es
RPM Music <rpmmusic@gmail.
Neue Website ist enttäuschend
Saurer M. Liebhaber <hassliebe@yourlinks.com>
An: rpmmusic@gmail.com
Samstag, 23. August 2008, 16:11
Hallo RPM-Team,
was zur Hölle habt Ihr mir mit Eurer Website gemacht?
Ich habe neulich den RPM-Besitzer getroffen und er hat mir gesagt, ich soll sie unbedingt anschauen.
Hat mir vorgeschwärmt, wie toll sie ist. Aber wenn ich sie in meinem Explorer anschaue, sieht das
alles total verrückt aus. Die Oberfläche ist völlig aus dem Gleichgewicht und viele Teile scheinen nicht
am richtigen Platz zu sein.
Ich hatte große Erwartungen Jungs, was ist da los?
Vielen Dank,
Saurer Musik-Liebhaber
Wie konnten wir diese Probleme übersehen? Wir müssen von den Benutzern genau erfahren, was schiefläuft.

Lassen Sie Ihr Publikum mit Fokusgruppen und Umfragen zu Wort kommen

Wenn Sie eine Website gestalten, neu gestalten oder in Ordnung bringen, brauchen Sie eine Möglichkeit, Ihrer Zielgruppe Fragen zu stellen. Wer sind sie? Wie oft benutzen sie das Web? Welchen Computer verwenden sie? Was gefällt ihnen am aktuellen Design der Website? Gefällt ihnen das vorgeschlagene neue Design der Website?

Wie wir bereits in Kapitel 4 gesehen haben, sind Umfragen am Anfang Ihres Designprozesses ein tolles Werkzeug zum Erstellen von Personas.

An dieser Stelle kommen Fokusgruppen und Umfragen ins Spiel, beides hervorragende Tools, Ihrer Zielgruppe eine »Stimme« zu geben – um ihre Meinung zu erfahren, Antworten auf Ihre Fragen zu erhalten und unerwartetes Feedback zu bekommen. Für die Entscheidung darüber, welche Tools Sie einsetzen, ist es wichtig, die verschiedenen Stärken und Schwächen von Umfragen und Fokusgruppen zu kennen. Werfen wir einen Blick auf die jeweiligen Vor- und Nachteile:

	PRO	KONTRA
Umfragen	Nehmen die Umfrageteilnehmer nur eine kurze Zeit in Anspruch.	Erfordern eine Menge Planung im Voraus.
	Können mit einer großen Zahl von Personen durchgeführt werden	Schriftliche Umfragen können für Teilnehmer mit Leseschwierigkeiten problematisch sein.
	Können auf mehrere Arten durchgeführt werden (auf Papier, online, per Telefon, persönlich).	Fragen können missverstanden werden.
	Teilnehmer können bei der Umfrage nach Belieben mitmachen.	
Fokusgruppen	Teilnehmer können auf ihren Ideen gegenseitig aufbauen.	Verlangen den Teilnehmern mehr Zeit ab.
	Sammeln Informationen zu einem ganz bestimmten Thema von Menschen, die daran unmittelbar beteiligt sind.	Teilnehmer müssen üblicherweise vergütet werden.
	Profitieren von einem geschulten Leiter.	Öffentliche Umgebung schüchtert manche Teilnehmer ein.
		Benötigen einen geschulten Leiter.

Spitzen Sie Ihren Bleistift

Machen Sie sich mit den folgenden Szenarios vertraut und entscheiden Sie, welche Methode (**Umfrage** oder **Fokusgruppe**) am besten dazu geeignet ist, die benötigten Informationen für Ihre Designentscheidungen zu liefern.

Schreiben Sie Ihre Antworten auf die gestrichelten Linien.

Szenario 1

Sie wurden beauftragt, eine Website für einen lokalen Fernsehsender zu gestalten. Der Kunde wünscht sich alle möglichen coolen, interaktiven – aber bandbreitenintensiven – Flash-Funktionen und Videos. Sie machen sich Sorgen, dass diese zusätzlichen Medien für die Benutzer der Website zu viel sein könnten.

Sie müssen herausfinden, welche Computer die Zuschauer des TV-Senders benutzen (Hersteller, Modell, Betriebssystem usw.) und welche Internetverbindung sie zur Verfügung haben (Modem, DSL, Kabel o. Ä.), damit sie nicht unter der Last der umfangreichen Medieninhalte zusammenbricht.

Szenario 2

Sie übernehmen die ehrenamtliche Gestaltung für ein städtisches Gemeindezentrum. Sie wissen nichts über die Benutzer der Website – Geschlecht, Alter, verwendete Computer usw. –, müssen das aber herausfinden, damit Sie auf der richtigen Ebene gestalten können. Der Direktor des Gemeindezentrums hat gesagt, dass sich in Ihrer Zielgruppe auch Analphabeten befinden können.

Szenario 3

Sie gründen mit einigen Freunden ein neues soziales Netzwerk für Webdesigner und -entwickler. Sie haben bereits mehrere verschiedene visuelle Designs (wirklich aufpolierte Storyboards) und brauchen spezifisches Feedback dazu, was Ihre potenzielle Zielgruppe vom Design der Website hält. Sie sind sich außerdem sicher, dass Ihre Zielgruppe (schließlich sind dies selbst Designer) auch dazu bereit ist, einige ihrer tollen Gestaltungsideen mit Ihnen zu teilen.

Spitzen Sie Ihren Bleistift
Lösung

Schauen wir, ob eine Umfrage oder eine Fokusgruppe die beste Lösung für das jeweilige Szenario ist. Was denken Sie darüber?

Szenario 1

Sie wurden beauftragt, eine Website für einen lokalen Fernsehsender zu gestalten. Der Kunde wünscht sich alle möglichen coolen, interaktiven – aber bandbreitenintensiven – Flash-Funktionen und Videos. Sie machen sich Sorgen, dass diese zusätzlichen Medien für die Benutzer der Website zu viel sein könnten.

Sie müssen herausfinden, welche Computer die Zuschauer des TV-Senders benutzen (Hersteller, Modell, Betriebssystem usw.) und welche Internetverbindung sie zur Verfügung haben (Modem, DSL, Kabel o. Ä.), damit sie nicht unter der Last der umfangreichen Medieninhalte zusammenbricht.

Umfragen sind perfekt, um viele Informationen von einer großen Gruppe von Menschen zu erhalten.

Umfrage

Szenario 2

Sie übernehmen die ehrenamtliche Gestaltung für ein städtisches Gemeindezentrum. Sie wissen nichts über die Benutzer der Website – Geschlecht, Alter, verwendete Computer usw. –, müssen das aber herausfinden, damit Sie auf der richtigen Ebene gestalten können. Der Direktor des Gemeindezentrums hat gesagt, dass sich in Ihrer Zielgruppe auch Analphabeten befinden können.

Das ist schwierig. Die Informationen, die Sie benötigen, sprechen wahrscheinlich eher für eine Umfrage. Aber durch die Analphabeten könnte eine Fokusgruppe geeigneter sein, damit die Benutzer vom Ausfüllen eines Fragebogens nicht abgeschreckt werden.

Fokusgruppe ODER Umfrage

Szenario 3

Sie gründen mit einigen Freunden ein neues soziales Netzwerk für Webdesigner und Entwickler. Sie haben bereits mehrere verschiedene visuelle Designs (wirklich aufpolierte Storyboards) und brauchen spezifisches Feedback dazu, was Ihre potenzielle Zielgruppe vom Design der Website hält. Sie sind sich außerdem sicher, dass Ihre Zielgruppe (schließlich sind dies selbst Designer) auch dazu bereit ist, einige ihrer tollen Gestaltungsideen mit Ihnen zu teilen.

Hier ist eine Fokusgruppe optimal. Feedback ohne Ende und Gruppendiskussionen sind genau das, was Sie brauchen.

Fokusgruppe

Weder Umfragen noch Fokusgruppen sind gratis

Bei der Entscheidung, ob Sie lieber mit Umfragen oder Fokusgruppen mehr über Ihre Benutzer erfahren möchten, ist noch etwas anderes zu berücksichtigen: die **Kosten**. Wenn Sie zu Beginn der Benutzertests die unterschiedlichen Kosten von Umfragen und Fokusgruppen im Hinterkopf behalten, kann Ihnen das Ihre Entscheidung für das richtige Tool beeinflussen.

Kosten für Umfragen

- $ Zeitaufwand für den Entwurf der Umfrage
- $ Druck und Versand (bei einer Umfrage auf Papier)
- $ Zeitaufwand zum Verarbeiten und Auswerten der Ergebnisse
- $ Eventuelle Vergütung für Umfrageteilnehmer

Zeit ist Geld, sagt man.

Kosten für Fokusgruppen

- $ Aufwand für den Zeitplan der Fokusgruppe
- $ Teilnehmer finden
- $ Räumlichkeiten für die Fokusgruppe mieten (falls noch nicht vorhanden)
- $ Equipment mieten (Projektor, Bildschirm, Aufnahmegeräte usw.)
- $ Essen und/oder Vergütung für Teilnehmer
- $ Zeit zum Verarbeiten und Auswerten der Ergebnisse
- $ Weitere Ausgaben
- $ Kosten für einen geschulten Moderator

Sie können nicht einfach vor die Tür gehen und sich die erstbesten Leute schnappen – Sie müssen eine Menge Zeit und Mühe darauf verwenden, Leute zu finden, die für die Zielgruppe Ihrer Website repräsentativ sind.

Ein Moderator leitet die Fokusgruppe. Moderatoren sind hoch qualifiziert in dem, was sie tun, und im Allgemeinen nicht billig.

Es ist üblich, den Teilnehmern einer Fokusgruppe etwas für ihre Zeit zu geben. Es muss nicht unbedingt Geld sein, aber haben Sie das Budget für Pizza und Getränke für alle Teilnehmer, die Sie einladen möchten?

Spitzen Sie Ihren Bleistift

Jetzt haben Sie eine gute Vorstellung von den Vor- und Nachteilen von Umfragen und Fokusgruppen (und ihren Kosten). Schreiben Sie die Methode Ihrer Wahl für das Feedback von den Benutzern der RPM Music-Website auf. Schreiben Sie auch auf, warum Sie sich für diese Methode entscheiden.

....

....

....

....

Spitzen Sie Ihren Bleistift – Lösung

Welche Methode ist wahrscheinlich die beste, um Feedback von den RPM Music-Benutzern zu erhalten, und warum? Hier sehen Sie unsere Gedanken:

Nicht alle Benutzer gehen auch auf den billigsten Weg ein. Das Benutzer-Feedback ist entscheidend, um das Design einer Website in Ordnung zu bringen.

Eine Umfrage!

Wir brauchen Informationen von so vielen RPM Music-Kunden wie möglich, und zwar so billig es geht (schließlich soll der Chef von RPM glücklich sein). Außerdem können wir mit einer Umfrage auch Informationen über Browser und Betriebssysteme sammeln – was gleichzeitig eine Lösung für unser Problem liefern könnte.

RPM ist ein Webstore, also ist es sinnvoll, die Benutzer eine Umfrage ausfüllen zu lassen, während sie online sind.

Umfragen sind billig und effektiv, insbesondere wenn Sie sie von den Teilnehmern online ausfüllen lassen.

Umfragen im Gespräch

Diese Woche:
Eine Onlineumfrage gesteht alles

Von Kopf bis Fuß: Willkommen, Onlineumfrage. Wir sind darüber entzückt, heute mal außerhalb des World Wide Web mit Ihnen sprechen zu können.

Onlineumfrage: Ich weiß, das ist sehr aufregend! Es ist Jahre her, dass ich mich in Tinte gezeigt habe.

Von Kopf bis Fuß: Also sagen Sie uns, warum dieser pompöse Schritt ins Internet? All diese Tags und Hypertexte wirken schon ein bisschen übertrieben.

Onlineumfrage: Nun, es schien einfach der richtige Schritt zu sein. Klar, die erste Einrichtung dauerte ein bisschen, aber danach konnte ich mich einfach zurücklehnen und den Daten zusehen, wie sie hereinschneien.

Von Kopf bis Fuß: Würden Sie sagen, dass Sie als Webseite mehr Aufmerksamkeit genießen als auf Papier, z.B. als Multiple-Choice-Fragebogen?

Onlineumfrage: Oh, auf jeden Fall. Viele Leute haben schlechte Erinnerungen an das Ausfüllen solcher Fragebogen aus Prüfungen. Außerdem kann man mich online ganz einfach dann machen, wenn die Lust dazu besteht. Ganz ohne Druck, verstehen Sie? Oh! Und wenn es eine lange Umfrage ist, können sie ihre Antworten speichern und später weitermachen.

Von Kopf bis Fuß: Nun, das ist praktisch. Wo speichern Sie denn all diese Daten? Wohin kommen die Daten, wenn sie die Leute nicht aufschreiben?

Onlineumfrage: Manchmal schicke ich einfach eine E-Mail mit den Antworten. Meistens speichere ich aber alles in einer Datenbank, sodass ich später die Ergebnisse schnell und einfach ansehen kann.

Von Kopf bis Fuß: Wow! Das klingt technisch anspruchsvoll. Wie können Sie das alles schaffen und dabei entspannt bleiben?

Onlineumfrage: Ich verrate Ihnen ein kleines Geheimnis. Ich bin kein genialer Programmierer oder Datenbankanalyst. Für eine komplizierte Umfrage verwende ich daher einfach eines der vielen kostenlosen Umfragetools, die es gibt. Damit kann ich die Fragen erstellen, formatieren und sogar die Daten verarbeiten, und anschließend werden mir die Ergebnisse geschickt. Und zum Schluss stehe ich als der Held da.

Von Kopf bis Fuß: Interessant. Haben Sie nicht das Gefühl, dass Sie es sich zu leicht machen, wenn Sie nicht die ganze Arbeit selbst machen?

Onlineumfrage: Hey, wenn Sie den ganzen Tag lang Code und HTML-Tags schreiben möchten, dann ist das Ihre Sache. Aber Zeit ist Geld, mein Freund, und ich will lediglich Antworten auf meine Fragen haben. Ich habe keine Zeit, mich um alle Details zu kümmern. Eine Onlineumfrage spart nicht nur meinen Benutzern Zeit, sondern auch mir.

Von Kopf bis Fuß: Nun, das ist fair. Und wer möchte sich schon all diese bunten Charts und Graphen entgehen lassen?

Onlineumfrage: Eben. Glauben Sie mir, der Schritt ins Internet war der beste meines Lebens. Ohne das Web würden wir uns hier nicht unterhalten.

Von Kopf bis Fuß: Das stimmt! Schön, Sie hier zu haben. Danke, dass Sie mit uns gesprochen haben. Ich bin mir sicher, wir sehen Sie bald in einer Leserumfrage oder einem Karrierefragebogen.

Onlineumfrage: Darauf können Sie wetten, Danke für die Einladung.

Stellen Sie die richtigen Fragen in Ihren Umfragen

Sie machen also eine Umfrage, aber es gibt da ein Problem. Welche Fragen wollen Sie stellen und ***wie***? Viele Onlineumfragen stellen entweder die falschen Fragen oder stellen die Frage so, dass die Daten von den Teilnehmern der Umfrage unzuverlässig sind. Sie müssen sich wirklich Zeit nehmen, die Fragen Ihrer Umfrage so zu stellen, dass Sie die bestmöglichen Daten erhalten. Sehen wir uns an, was eine gute Umfrage ausmacht.

Bieten Sie Ihren Benutzern die Wahl zwischen A, B, C und D und machen Sie die Optionen klar und präzise

- ☑ Eine gute Frage bietet bestimmte Antwortmöglichkeiten.
- ☑ Eine gute Frage verleitet die Teilnehmer nicht zu einer bestimmten Antwort.
- ☑ Eine gute Frage ist kurz.
- ☑ Eine gute Frage ist leicht zu lesen und zu verstehen.
- ☑ Eine gute Frage fragt entweder nach Wissen oder einer Meinung, aber nie nach beidem zugleich.

Wenn Sie Ihre Benutzer verwirren, geben diese Ihnen keine klaren Informationen. Achten Sie genau darauf, wie Sie Ihre Fragen formulieren, und stellen Sie sicher, dass Sie niemanden verwirren.

Es gibt keine Dummen Fragen

F: Was mache ich, wenn ich eine offene Frage stellen möchte?

A: Bieten Sie einfach keine Antwortmöglichkeiten an und schreiben Sie die Frage so, dass klar ist, dass die Teilnehmer in ihren eigenen Worten antworten sollen. Offene Fragen sind ausgezeichnet, um ***qualitative Daten*** zu erhalten. Qualitative Daten sind nicht numerische Daten. Wenn Sie z.B. die Teilnehmer Ihrer Umfrage fragen, welches Betriebssystem sie benutzen, erhalten Sie numerische Ergebnisse (58% Windows XP, 5% Windows Vista, 30% Mac OS, 7% Linux). Wenn Sie dagegen die Teilnehmer Ihrer Umfrage beschreiben lassen, welche technischen Probleme sie mit einer Website haben, wird jede Antwort anders ausfallen, und Sie erhalten keine numerischen Ergebnisse. Stellen Sie sich auf mehr Aufwand bei Ihren Ergebnissen ein, wenn Sie offene Fragen stellen. Jede Antwort wird anders sein, und Sie erhalten nicht die gleichen statistischen (numerischen) Ergebnisse wie bei anderen Fragen.

Sie haben gesehen, was eine gute (und eine nicht so gute) Frage für Umfragen ausmacht. Jetzt ist es an der Zeit, Ihre Fähigkeiten unter Beweis zu stellen. Die folgenden Fragen müssen ein bisschen überarbeitet werden. Werfen Sie einen Blick darauf und notieren Sie die Probleme der jeweiligen Fragen.

1. **Welchen Browser verwenden Sie am liebsten?**

   A. Internet Explorer 6

   B. Internet Explorer 7

   C. Internet Explorer 8

2. **Gibt Ihr aktuelles CMS W3C-konformes Markup aus?**

   A. Ja

   B. Nein

   C. Ich verwende kein CMS

3. **Viele Leute denken, die Gestaltung nach Webstandards sei Zeitverschwendung – Sie auch?**

   A. Ja

   B. Nein

4. **Finden Sie, dass das derzeitige einspaltige Layout der Website schlecht ist und durch ein zweispaltiges Layout ersetzt werden sollte?**

   A. Ja

   B. Nein

LÖSUNG ZUR ÜBUNG

Werfen wir einen Blick auf die Umfrage und schauen wir, wie wir die Fragen verbessern können.

❶ **Welchen Browser verwenden Sie am liebsten?**

A. Internet Explorer 6

B. Internet Explorer 7

C. Internet Explorer 8

Die Frage ist nicht schlecht, aber die möglichen Antworten sind irreführend.

Das Problem an dieser Frage ist, dass sie in eine bestimmte Richtung führt. Suggestivfragen wie diese ermuntern Ihre Teilnehmer, auf eine bestimmte Art und Weise zu antworten. Spezielle Begriffe oder eine bestimmte Ausdrucksweise können die Teilnehmer zu einer ganz gewissen Antwort führen. In diesem Beispiel ist Internet Explorer die einzige Antwortmöglichkeit (wenn auch in unterschiedlichen Versionen). Was, wenn der Befragte einen anderen Browser verwendet? Die einzige Option wäre »Andere«, wenn es Möglichkeit D gäbe. Dadurch würde das Ergebnis jedoch endgültig verdreht (weil Sie keine Unterscheidung nach Browsern außer Internet Explorer erhalten). Diese Frage könnte einen Teilnehmer aber auch fälschlicherweise dazu bringen, Internet Explorer anzugeben, bloß weil dieser auf seinem System installiert ist (obwohl er nicht der bevorzugte Browser ist).

Eine bessere Frage wäre:

Die Frage ist einfach und direkt. Daran müssen wir nichts ändern.

❶ **Welchen Browser verwenden Sie am liebsten?**

A. Internet Explorer

B. Firefox

C. Safari

D. Mozilla

E. Opera

F. Andere

Damit diese Frage nicht zu einer bestimmten Antwort führt, müssen wir auch Optionen für die anderen Browser bieten (nicht nur für IE).

❷ **Gibt Ihr derzeitiges CMS W3C-konformes Markup aus?**

A. Ja

B. Nein

✗ C. Ich verwende kein CMS

Obwohl diese Frage gezielt und einfach ist, führt sie in eine häufige Falle. Die Begriffe »CMS« und »W3C-konform« werden nur von einer kleinen Gruppe von Leuten in Webtechnologie-Kreisen verwendet. Auch wenn sicherlich einige Benutzer diese Begriffe kennen, so trifft das doch nicht auf die Mehrheit zu, und Sie riskieren, Ihre Umfrageteilnehmer zu verwirren und zu frustrieren. Vermeiden Sie Fachjargon in Ihren Fragen und schreiben Sie immer für eine möglichst breite Zielgruppe.

Weniger Fachjargon = besseres Verständnis = passende Antworten

❷ **Validiert der Code Ihrer Website als standardmäßiges XHTML oder HTML?**

A. Ja

✓ B. Nein

C. Weiß nicht

Auch ohne Jargon ist es immer gut, für alle Fälle Ihren Benutzern die Option »Weiß nicht« zu bieten.

Es gibt keine Dummen Fragen

F: Woher weiß ich, ob ich Fachjargon verwende? Und wie kann ich ihn in meinen Fragen vermeiden?

A: Fachjargon ist eine subjektive Angelegenheit. Was für den einen Jargon ist, muss es nicht unbedingt auch für den anderen sein. Es gibt zwei Möglichkeiten, sicherzugehen, dass Ihre Fragen klar formuliert sind. Lesen Sie Ihre Frage nochmals durch und denken Sie dabei an Ihre Zielgruppe – versuchen Sie alles so einfach wie möglich auszudrücken. Und zeigen Sie Ihre Fragen Menschen, die sich mit dem Thema nicht auskennen. Sie werden sofort erfahren, was unverständlich ist.

→ Weitere Fragen auf der nächsten Seite ...

LÖSUNG ZUR ÜBUNG

Werfen wir einen Blick auf die folgenden Fragen der Umfrage und schauen wir, wie wir sie verbessern können.

3 **Viele Leute denken, die Gestaltung nach Webstandards sei Zeitverschwendung – Sie auch?**

A. Ja

B. Nein

Lesen Sie die Frage noch mal durch. Hier wird eine starke Position vertreten, der die Befragten entweder zustimmen oder widersprechen sollen. Dadurch können die Antworten Ihrer Teilnehmer in eine bestimmte Richtung gelenkt werden.

Diese Frage setzt die Antwort bereits als gegeben voraus. Eine solche Suggestivfrage führt dazu, dass Ihre Teilnehmer auf eine bestimmte Art und Weise antworten.

Setzen Sie nichts voraus ...

3 **Sind Sie der Meinung, dass die Gestaltung nach Webstandards Zeitverschwendung ist?**

A. Ja

B. Nein

C. Weiß nicht

Führen Sie Fragen nicht mit einer vorgefassten Meinung in eine bestimmte Richtung. Dadurch werden die Ergebnisse immer verdreht, und die Umfrage ist weniger glaubwürdig.

❹ **Finden Sie, dass das derzeitige einspaltige Layout der Website schlecht ist und durch ein zweispaltiges Layout ersetzt werden sollte?**

A. Ja

✗ B. Nein

Das ist nicht eine Frage, sondern zwei in einer. Die Teilnehmer wissen nicht so recht, auf welche Frage sie antworten sollen. Was, wenn sie nur einer von beiden zustimmen oder einen Teil beziehungsweise die ganze Frage verneinen möchten ... wie sollen sie dann antworten? Das kann zu Frustrationen führen und dazu, dass die Teilnehmer die Umfrage abbrechen, bevor sie damit fertig sind.

Stellen Sie nur eine Frage!

❹ **Wie finden Sie das derzeitige einspaltige Layout der Website?**

A. Gefällt mir

B. Gefällt mir nicht

C. Weiß nicht

✓

Bieten Sie bei Ja-/Nein-Fragen für Teilnehmer, die nicht entschieden zu einer der beiden Meinungen tendieren, immer die Option »Weiß nicht«.

Stellen Sie lieber zwei Fragen statt zwei in einer.

Diese Fragen sind leichter zu verstehen und führen zu genaueren Daten.

❺ **Finden Sie, dass das derzeitige Layout der Website durch ein zweispaltiges Layout ersetzt werden sollte?**

A. Ja

B. Nein

C. Weiß nicht

✓

Spitzen Sie Ihren Bleistift

Es wird Zeit, dass Sie mit der Benutzerumfrage für RPM Music anfangen. Schreiben Sie zunächst fünf technische Fragen (welchen Browser die Benutzer am liebsten verwenden, welchen Computer sie haben usw.). Schreiben Sie kurze, direkte Fragen mit entsprechenden Antwortmöglichkeiten, die die Befragten in keine bestimmte Richtung führen.

Technische Fragen:

Eine kleine Beispielfrage als Starthilfe.

1. Wie verbinden Sie sich mit dem Internet?
   A. Modem
   B. DSL
   C. Kabel
   D. T1 oder LAN
   E. Weiß nicht

2.

3.

4.

5.

6.

Demografische Fragen/Fragen zur Benutzung:

1

Wie viele Stunden verbringen Sie pro Woche im Internet?

A. 0 bis 5 Stunden

B. 6 bis 10 Stunden

C. 11 bis 15 Stunden

D. 16 bis 20 Stunden

E. Mehr als 20 Stunden

2

3

4

5

6

Spitzen Sie Ihren Bleistift

Lösung

Werfen wir einen Blick auf mögliche technische und demografische sowie Fragen zur Benutzung, die Sie den RPM-Benutzern stellen können.

Mögliche technische Fragen:

2

Was ist Ihr bevorzugter Browser?

A. Internet Explorer
B. Firefox
C. Safari
D. Opera
E. Andere

Wegen der Eigenheiten mancher Browser beim Rendern von CSS ist das eine wichtige Frage.

3

Welches Betriebssystem verwenden Sie?

A. Windows XP
B. Windows Vista
C. Mac OS X
D. Linux
E. Andere

Selbst wenn die Benutzer nicht wissen, mit welchem Browser sie im Netz surfen, können wir vielleicht trotzdem herausfinden, welchen Browser sie vermutlich verwenden, da auf jedem Betriebssystem ein anderer standardmäßig installiert ist.

4

Mit welcher Bildschirmauflösung arbeiten Sie?

A. 800 x 600
B. 1024 x 768
C. 1280 x 1024 (oder höher)
D. Weiß nicht

Wie Sie in Kapitel 4 herausgefunden haben, kann die Bildschirmauflösung großen Einfluss darauf haben, wie die Benutzer Ihre Website sehen. Daher ist auch das eine wichtige Information.

Demografische Fragen/Fragen zur Benutzung:

2

Welches Geschlecht haben Sie?

A. Männlich

B. Weiblich

Das Geschlecht ist eine der Fragen, die in allen Umfragen gestellt wird, unabhängig vom Thema der Erhebung.

Je nach Inhalt der Website kann das Geschlecht eine große oder eher unbedeutende Rolle für Ihre Designentscheidungen spielen.

3

Kaufen Sie Musik online (zum Herunterladen oder auf Tonträgern)?

A. Ja

B. Nein

Kaufen Ihre Benutzer überhaupt Musik online? Das scheint eine naheliegende Frage zu sein, aber wenn Sie die Antwort nicht wissen, stellen Sie sie!

Diese Frage ist wichtig für die RPM Music-Website, für andere Arten von Websites eventuell nicht.

4

Wie viele Stunden pro Woche sind Sie online?

A. 0 bis 5

B. 6 bis 10

C. 11 bis 15

D. 16 bis 20

E. 21 bis 25

F. 26 Stunden und mehr

Die Menge der Zeit, die die Benutzer im Web verbringen, sagt etwas über ihre Onlineerfahrung aus – was sich wiederum darauf auswirkt, wie sie Ihre Website benutzen.

Die endgültige RPM Music-Benutzerumfrage

So sieht die fertige Umfrage aus, die darauf wartet, auf die Website hochgeladen zu werden (oder zu einem Umfragedienst, der sie für uns durchgeführt).

1. Welchen Browser benutzen Sie in erster Linie?

A. Internet Explorer

B. Firefox

C. Safari

D. Andere

Diese Fragen vermitteln uns einen besseren Eindruck von der Technologie, mit der unsere Benutzer auf die RPM Music-Website zugreifen..

2. Welches Betriebssystem verwenden Sie?

A. Windows XP

B. Windows Vista

C. Mac OS X

D. Andere

3. Welche Auflösung hat Ihr Computermonitor?

A. 800 x 600

B. 1024 x 768

C. 1280 x 1024 (oder höher)

D. Weiß nicht

4. Wie verbinden Sie sich mit dem Internet?

A. Modem

B. DSL

C. Kabel

D. T1 oder schneller

5. Welches Geschlecht haben Sie?

A. Männlich

B. Weiblich

6. Wie alt sind Sie?

A. 18 bis 24

B. 25 bis 34

C. 35 bis 44

D. 45 bis 54

E. 55 bis 64

F. 65 oder älter

7. Wie viele Stunden pro Woche verbringen Sie online?

A. 0 bis 5

B. 6 bis 10

C. 11 bis 15

D. 16 bis 20

E. 21 bis 25

F. 26 Stunden oder mehr

8. Kaufen Sie Musik online (zum Herunterladen oder als Tonträger)?

A. Ja

B. Nein

9. Bitte geben Sie zusätzliches Feedback zur RPM Music-Website:

Da wir nur eine kleine Umfrage machen, reicht eine offene Frage aus. Durch das zusätzliche Feedback erfahren wir etwas über die Unzufriedenheit der Kunden.

Es gibt keine Dummen Fragen

F: Gibt es eine Obergrenze für die Anzahl der offenen Fragen?

A: Nicht wirklich. Offene Fragen sind eine ausgezeichnete Möglichkeit, bestimmte Antworten bzw. Feedback von Ihren Benutzern zu erhalten. Da es aber keine vorgefertigten Antwortmöglichkeiten gibt, dauert es länger, sie zu analysieren und auszuwerten. Außerdem können die Antworten manchmal vage sein oder ganz fehlen. Bedenken Sie auch, dass es länger dauert, solche Fragen zu beantworten und daher mehr Engagement vonseiten der Benutzer erforderlich ist.

Die Ergebnisse sind da!

Werfen wir einen Blick auf die Benutzerantworten der Onlineumfrage für RPM Music.

Browser

Internet Explorer 65%
Firefox 22%
Safari 10%
Andere 3%

Wie erwartet, ist Internet Explorer der am meisten verwendete Browser.

Betriebssystem

Windows XP 75%
Windows Vista 10%
Mac OS X 13%
Andere 2%

Bildschirmauflösung

800 x 600 10%
1024 x 768 48%
1280 x 1024 + 38%
Weiß nicht 4%

Internetverbindung

Modem 12%
DSL 55%
Kabel 27%
T1 und schneller 6%

Die Ergebnisse in dieser Spalte sind auch für andere Websites und das Internet als Ganzes typisch.

Geschlecht

Männlich 65%
Weiblich 35%

Alter

18 bis 24 32%
25 bis 34 30%
35 bis 44 22%
45 bis 54 12%
55 bis 64 4%
65 und älter 0%

62% der RPM-Benutzer sind unter 34, eine ziemlich junge Zielgruppe.

Onlinestunden pro Woche

0 bis 5 12%
6 bis 10 21%
11 bis 15 35%
16 bis 20 18%
21 bis 25 10%
26 und mehr 4%

Sieht aus, als ob das RPM-Publikum eine ganze Menge Zeit im Netz verbringt. Das bedeutet, dass die Zielgruppe besser mit Websites umzugehen weiß, als wenn das Ergebnis weniger Onlinestunden ergeben hätten.

Kaufen Sie online Musik?

Ja 68%
Nein 32%

Antworten auf die offene Frage:

> **Ich liebe die neue Website. Sie spiegelt wirklich die Atmosphäre des Ladens wider. Es wäre toll, wenn ich Songs digital kaufen könnte – wie bei iTunes, wissen Sie –, statt die CD geschickt zu bekommen.**

> **Ich verwende die Website nicht allzu oft, ich komme lieber in den Laden. Ich unterhalte mich gerne mit den Leuten, die dort arbeiten, und mit den anderen Kunden. Ich denke, die Website ist okay – sieht gut aus –, ich verwende sie einfach nicht oft.**

> **Die neue Website ist ein totales Durcheinander. Teile der Seite sehen so aus, als wären sie nicht an der richtigen Stelle, und das ergibt alles keinen Sinn. Können Sie das in Ordnung bringen? Ich würde gern weiter bei Ihnen einkaufen, aber mit einer chaotischen Website ist das schwierig.**

> **Als ich die Website im Internet Explorer angeschaut habe, sah alles seltsam aus. Die Oberfläche ist völlig aus dem Gleichgewicht ... Wahrscheinlich sind da einige Teile nicht an den Stellen, an denen sie sein sollten.**

KOPF-NUSS

Nachdem jetzt die Umfrageergebnisse da sind, können Sie sich Gedanken darüber machen, wie die Informationen zusammengehören. Wenn Sie Muster und Verbindungen in den Daten untereinander finden, kann das dabei helfen, Licht auf die Probleme zu werfen, die einige RPM-Benutzer mit der Website haben.

Frank: Nicht notwendigerweise. Die Browser sind die Linse, durch die wir das Web sehen – und nicht alle Browser sind gleich aufgebaut.

Jo: Oh, ist eine »Marke« besser als die anderen? Liegt es daran, dass eine Menge der RPM-Benutzer Internet Explorer verwenden?

Frank: Nein, nicht wirklich. Ich meine, dass einige Browser Eigenheiten aufweisen, durch die Seiten auf einem Browser anders aussehen als auf einem anderen (manchmal könnte man das sogar als »Bug« bezeichnen).

Jo: Ah, verstehe. Und nachdem wir möchten, dass alle Benutzer unabhängig vom Browser die gleiche positive Erfahrung machen, müssen wir beim Desgin der Website die Eigenheiten jedes einzelnen Browsers berücksichtigen ...

Frank: Genau. Da kommen die Webstandards ins Spiel (irgendwie).

Jo: Und wie das?

Frank: Webstandards sind ein Steinchen im Mosaik der browserübergreifenden Kompatibilität. Da das W3C mit den Browserentwicklern zusammenarbeitet (und weiteren Menschen sowie Unternehmen), werden die Webstandards (überwiegend) in die Browser integriert.Wenn wir nach Webstandards gestalten, können wir also ziemlich sicher sein, dass die Website auf allen Browsern gleich aussieht. Aber manche Browser haben Eigenheiten ...

Jo: Bugs.

Frank: Okay, Bugs – wodurch standardbasiertes XHTML und CSS nicht gleich dargestellt werden.

Jo: Oh. Verstehe, für welchen Browser gestalten wir dann?

Frank: Nun, zuallererst solltest du immer standardkonformes CSS und XHTML verwenden. Dadurch gehst du einer Menge Probleme von Anfang an aus dem Weg. Und du solltest mit deinen Benutzern bestens vertraut sein. Welchen Browser verwenden sie?

Jo: Das wissen wir jetzt. Die meisten verwenden IE und Firefox.

Frank: Genau. Du gestaltest in erster Linie für diese beiden Browser. Zum Schluss gibt es noch einige codebasierte Workarounds – davon hast du bestimmt schon gehört, man nennt sie auch CSS-»Hacks« –, die helfen, Probleme mit der (browserübergreifenden) Kompatibilität zu umschiffen (so wie die, die es auf der RPM Music-Website gibt). Also müssen wir uns ein paar Statistiken ansehen ...

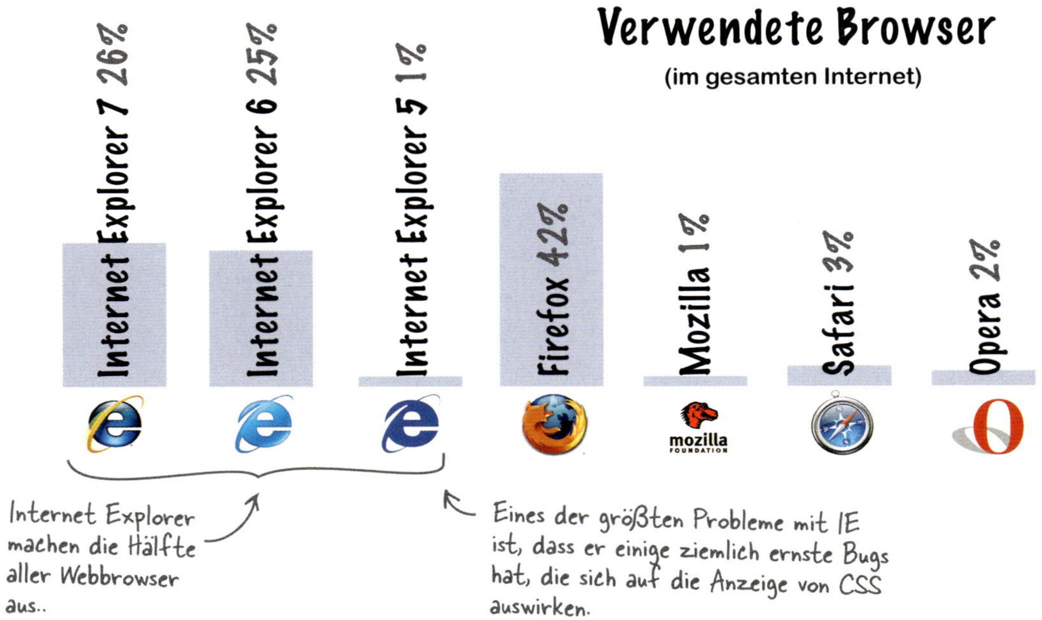

Es gibt keine Dummen Fragen

F: Was, wenn ich keine einfache Möglichkeit habe, herauszufinden, welchen Browser meine Besucher verwenden?

A: Wenn Sie keine zuverlässigen Browserstatistiken in die Finger bekommen, können Sie immer generische Statistiken verwenden.

F: Wie komme ich an generische Browserstatistiken?

A: Dafür gibt es eine Menge Quellen. Die zuverlässigsten sind wahrscheinlich die Statistiken des W3C (`www.w3schools.com/browsers/browsers_stats.asp`). Sie müssen im Hinterkopf behalten, dass keine Webstatistiken völlig zutreffend sind und vielleicht nicht Ihre Benutzer widerspiegeln. Aber wenn Sie keine anderen Daten zur Verfügung haben, ist das immerhin ein Anfang.

F: Wie kann ich sicher testen, dass das Design auf einem bestimmten Browser korrekt dargestellt wird, wenn ich ihn nicht auf meinem Computer installiert habe?

A: Gute Frage. Nicht jeder hat jeden Browser auf jedem Betriebssystem zum Testen seiner Designs zur Verfügung. Am besten testen Sie Ihre Website auf allen auf Ihrem System verfügbaren Browsern. Wenn Sie z.B. Windows XP verwenden, testen Sie Ihr Design auf Internet Explorer und Firefox (können Sie gratis herunterladen). Das ist ein guter Anfang, und Sie haben wahrscheinlich 90% abgedeckt. Die übrigen Browser können Sie mit einem Dienst wie Browsershots (http://browsershots.org) testen: Dort werden Screenshots Ihrer Website mit jeder Browser-Betriebssystem-Kombination erstellt, und Sie können die Ergebnisse herunterladen.

Lösen Sie den RPM-CSS-Bug durch Verschieben der hover-Eigenschaft

IE 6 kann mit der Pseudo-Eigenschaft `:hover` nicht sehr gut umgehen (genau genommen überhaupt nicht). Wir müssen unsere Klasse "aktiv" vom Listenelement in das Link-Tag verschieben und unsere CSS-Datei entsprechend anpassen, damit wir den Hintergrund auf das richtige Element anwenden.

IE6 unterstützt :hover nur für Link- und Anker-Tags

ÜBUNG

Bringen Sie die RPM-Website auf Vordermann, indem Sie die Klasse "aktiv" im XHTML-Markup vom `<li>`-Tag in das `<a>`-Tag verschieben. Aktualisieren Sie auch die CSS-Datei entsprechend.

1 Öffnen Sie die Datei index.html und verschieben Sie die Klasse "aktiv" in das Link-Tag.

```
<li class="aktiv"><a title="RPM Music Home"
href="#">Home</a></li>
<li><a title="Music kaufen" href="#">Musik</a></li>
<li><a title="RPM-Blog" href="#">Blog</a></li>
<li><a title="Über RPM Music" href="#">Etc</a></li>
<li><a title="Warenkorb" href="#">Warenkorb</a></
li>
```

2 Öffnen Sie rpm.css und verschieben Sie auch die Pseudo-Eigenschaft `:hover` an die korrekte Stelle.

```
#nav ul li.aktiv, #nav ul li:hover {
        background: #333;
}
```

3 Öffnen Sie die Website in einem Browser und testen Sie, ob alles so aussieht, wie es soll. Auch im Internet Explorer 6 sollte der Hover jetzt richtig angezeigt werden.

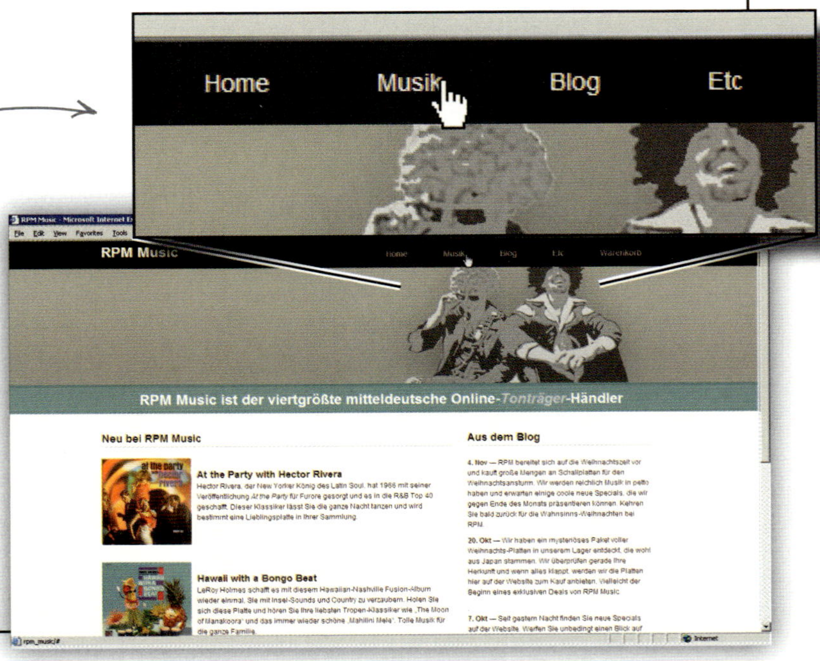

Zu den größten Problemen mit IE zählen seine allseits bekannten Bugs bei der CSS-Darstellung.

Lösung zur Übung

Werfen wir einen Blick auf die schnelle Lösung des `:hover`-Problems bei RPM.

Das XHTML

Setzen Sie die Klasse "aktiv" in das Link-Tag. Das ist semantisch richtig und ergibt kein Durcheinander mit IE6.

Denken Sie daran, auch das XHTML für die anderen Seiten zu ändern.

```
<li class="aktiv"><a class="aktiv" title="RPM Music Home" href="#">Home</a></li>
<li><a title="Music kaufen" href="#">Musik</a></li>
<li><a title="RPM-Blog" href="#">Blog</a></li>
<li><a title="Über RPM Music" href="#">Etc</a></li>
<li><a title="Warenkorb" href="#">Warenkorb</a></li>
```

Gute Arbeit! Ich denke, das setzt den E-Mails von frustrierten Benutzern ein Ende.

Das CSS

```
#nav ul li.aktiv, #nav ul li:hover
#nav ul a.aktiv, #nav ul a:hover {
        background: #333;
}
```

Ersetzen Sie das <li>-Element durch das <a>-Element, um die Änderungen nachzuziehen, die Sie im XHTML gemacht haben.

aktiv und hover erhalten die gleiche Hintergrundfarbe, daher können sie auch in derselben Regel stehen.

Benutzertests: Lassen Sie Ihre Benutzer sagen, wie sie die Website verwenden.

Sie müssen mit den Usability-Tests nicht warten, bis Sie ein fertiges Produkt haben – Sie können sie zu jedem Zeitpunkt des Gestaltungsprozesses durchführen.

Wenn Sie wissen möchten, wie die Zielgruppe Ihre Website wirklich *verwendet*, müssen Sie **Benutzertests** durchführen. Mit Benutzertests, auch als Usability-Tests bekannt, können Sie eine Website von realen Benutzern testen lassen.

Sie können sehen, welche Seite die Benutzer betrachten, auf welchen sie die meiste Zeit verbringen, welche Seiten sie verwirrend finden, wie sie auf der Website von A nach B navigieren und vieles mehr. Benutzertests können bekannte und unbekannte Probleme aufspüren und für ein Neudesign nützliche Verwendungsmuster erkennen lassen.

Aber Sie müssen den Benutzern bei der Interaktion mit der Website nicht zusehen, Sie können ihnen auch Aufgaben zuweisen und auswerten, wie sie die jeweilige Aufgabe erfüllen. Denken Sie immer daran, dass Sie die Website prüfen, nicht Ihre Benutzer. Das ist wichtig, da Sie Ihren Teilnehmern nicht das Gefühl geben möchten, dass sie getestet werden (schließlich nehmen sie sich Zeit, um Ihnen zu helfen).

Frank: Gute Idee, Hans. Wir hätten von Anfang an Usability-Tests in unseren Designprozess integrieren sollen. Aber es gibt keinen Grund, warum wir die Website nicht nachträglich testen sollten. Usability-Tests sind eine großartige Möglichkeit, Designprobleme aufzuspüren, weil wir uns ansehen können, wie die Benutzer unsere Website tatsächlich verwenden.

Jo: Ich möchte dir nicht den Wind aus den Segeln nehmen, aber Tests klingen teuer ...

Hans: Ich habe einen Freund, der professionelle Benutzertests macht. Das ist ein gutes Geschäft, und die Firma macht nicht nur Websites – sie macht Benutzertests mit allen möglichen Arten von Produkten. Aber professionelle Unternehmen wie dieses Kosten Zehn-, vielleicht sogar Hunderttausende von Euro.

Jo: Da siehst du, wovor ich Angst hatte. Warum so viel?

Hans: Sie setzen spezielle Usability-Labors mit Computern ein, die jeden Tastenanschlag und jede Mausbewegung aufzeichnen, Mikrofone, die jeden Benutzerkommentar aufzeichnen, Kameras, die den gesamten Test mitschneiden, und sogar Geräte, die die Augenbewegungen mitverfolgen und die Punkte aufzeichnen, auf die das Auge des Benutzers eine bestimmte Zeit gerichtet ist. Außerdem beschäftigen sie eine ganze Schar von Experten, die die Testdaten auswerten sowie umfassende Berichte und Empfehlungen erarbeiten.

Frank: Das geht ein bisschen über unser Budget hinaus. Gibt es eine Chance, dass dein Freund uns ein paar ihrer Tricks verrät, Hans?!

Hans: Das muss er gar nicht. Nur weil wir kein schickes Labor haben, heißt das noch lange nicht, dass wir keine sinnvollen Usability-Tests durchführen können. Es gibt eine Menge budgetschonende Techniken, mit denen wir testen können, wie reale Menschen die RPM-Website verwenden.

Frank: Also hat er dir schon ein paar Tricks verraten?

Hans: Nein. Alles, was du für Usability-Tests brauchst, ist ein solider Plan, ein Computer, ein paar Leute zur Durchführung der Tests und willige Teilnehmer. Es gibt sogar ziemlich beeindruckende und preisgünstige Software ...
z.B. Silverback, http://silverbackapp.com, das kürzlich auf den Markt gekommen ist. Mit diesen Applikationen kannst du ziemlich ausgeklügelte Benutzertests auch ohne teure Labors machen.

Frank: Super, dann mal los. Die Benutzer von RPM warten ...

Spielen Sie Benutzer

Sie sollen sich in einen Benutzer hineinversetzen und eine Aufgabe erfüllen, die typischerweise in einem Usability-Test vorkommt. Führen Sie die Schritte der folgenden Anweisung aus und schreiben Sie Ihre Eindrücke in die leeren Zeilen.

Aufgabe 1: Suchen Sie auf www.expedia.de den günstigsten Preis für ein Business-Class-Ticket für einen Erwachsenen von Detroit (MI) nach Houston (TX): von einem beliebigen Flughafen am 1. November morgens, Rückflug am Abend des 4. November.

Vergessen Sie nicht, den Preis für die Flüge aufzuschreiben.

Hinter den Kulissen

In einem echten Benutzertest müssten Sie Ihre Gedanken oder Erkenntnisse nicht aufschreiben. Sie würden einfach nur »laut denken«, und jemand anderer würde aufschreiben oder aufzeichnen, was Sie sagen.

SPIELEN Sie Benutzer, Lösung

Sie sollten ein Benutzer sein und eine Aufgabe erfüllen, die typischerweise in einem Usability-Test vorkommt. Führen Sie die Schritte der folgenden Anweisung aus und schreiben Sie Ihre Eindrücke in die leeren Zeilen.

Sie haben eventuell andere Ergebnisse, die aber ziemlich ähnlich sein sollten.

Aufgabe 1: Suchen Sie auf www.expedia.de den günstigsten Preis für ein Business-Class-Ticket für einen Erwachsenen von Detroit (MI) nach Houston (TX): von einem beliebigen Flughafen am 1. November morgens, Rückflug am Abend des 4. November.

Die Auswahl des Datums für den Flug war ziemlich einfach. Die Uhrzeit sollte ebenfalls auf der Startseite angegeben werden können, und die Optionen »morgens« und »abends« sollten ganz oben in der Drop-down-Liste stehen. Wenn Sie den genauen Flughafen nicht wissen, lässt Sie Expedia einen auswählen. Dieser Bildschirm ist sehr überfüllt und der Button zum Übermitteln schwer zu finden. Der Wechsel von Economy zu Business Class war einfacher, aber auch diese Option sollte auf der Homepage stehen.

Wir hatten sowohl negative als auch positive Erfahrungen mit der Website. Die Auswahl der Flüge war einfach, aber das Wählen der Optionen war problematisch.

Manchmal funktioniert die Oberfläche gut, trotzdem fehlt irgendetwas oder fühlt sich nicht richtig an.

Budget-Bausteine für Usability-Tests

Was genau brauchen Sie für einen vernünftigen Usability-Test mit einem schmalen Budget? Hier sehen Sie die Grundlagen:

Plan: Sie brauchen einen Plan. Was sind Ihre Ziele (was möchten Sie mit dem Usability-Test erreichen)? Wie möchten Sie diese Ziele umsetzen? Welche Aufgaben gibt es? Wen suchen Sie als Teilnehmer? Ohne einen soliden Plan wird Ihr Usability-Test von Anfang an ein einziges Chaos.

Moderatorskript: Das Moderatorskript ist das Skript für den gesamten Usability-Test. Wie wird er durchgeführt, welche Aufgaben gibt es, und was sagen Sie den Teilnehmern?

Moderator: Der Moderator ist die Person, die den Usability-Test durchführt. Er spricht mit den Teilnehmern, sagt ihnen, was zu tun ist, gibt die erforderlichen Erklärungen.

Protokollführer: Der Protokollführer ist derjenige, der aufzeichnet, was die Benutzer tun, sagen usw. Der Protokollführer sammelt die Daten, die nach dem Test analysiert werden.

Computer: Sie brauchen einen Computer mit einer Internetverbindung und der für den Test erforderlichen Software (Browser, Plug-ins usw.).

Raum: Sie müssen den Test irgendwo durchführen. Wenn Sie kein Labor zur Hand haben, kann das Ihr Büro, ein ruhiges Café oder eine Ecke in der Stadtbücherei sein.

Teilnehmer: Sie brauchen Leute, die an dem Test teilnehmen. Je mehr Leute, desto besser. Die Teilnehmer sollten aus Ihrer Zielgruppe stammen. Es bringt Ihnen nichts, wenn Sie Teilnehmer suchen, die Ihre Website niemals verwenden würden. Außerdem müssen Sie den Teilnehmern eine Vergütung anbieten – ihnen etwas für ihre Zeit geben. Das kann Geld sein (50 € sind für eine dreistündige Sitzung nicht ungewöhnlich) oder auch ein Geschenkgutschein für etwas Bestimmtes (alle lieben Amazon).

Strukturieren Sie den Test mit einem Moderatorskript

Die besten Ergebnisse erzielen Sie mit Ihrem Benutzertest, wenn er gut strukturiert ist und reibungslos abläuft. Dafür müssen Sie die exakte Reihenfolge wissen, in der alles abläuft, was Sie zu den Teilnehmern sagen und welche Aufgaben sie erfüllen sollen – das alles steht in einem Moderatorskript.

Moderatorskripten unter dem Mikroskop

Zeitplan

30 Min. – Anweisungen und vorbereitende Fragen

1 Std. – Usability-Test und Aufgabenzuweisung

15 Min. – abschließende Fragen und Q&A mit den Teilnehmern

Der Zeitplan gibt einen roten Faden vor und sorgt dafür, dass der Test so reibungslos wie möglich verläuft.

Lesen Sie diesen Text vor der Durchführung des Tests Ihren Teilnehmern vor.

Überblick über die Studie

Vielen Dank, dass Sie sich bereit erklärt haben, an unserer Studie teilzunehmen. Wir sind an Ihrer Meinung zur Onlinebuchung von Flügen interessiert. Wir versuchen zu verstehen, wie Menschen mit verschiedenen Websites zur Flugbuchung in typischen Szenarien interagieren.

In dieser Sitzung sprechen wir zunächst darüber, wie Sie das Internet im Alltag nutzen und wie Sie insbesondere Websites zur Flugbuchung verwenden. Dann werde ich Sie bitten, eine bestimmte Aufgabe auf zwei Flugbuchungs-Websites zu erledigen. Dabei geht es darum, die Flugpreise für eine bestimmte Verbindung zu suchen.

Bitte sagen Sie mir immer laut, was Sie tun, während Sie die Szenarien durchführen. Ich bitte Sie auch, mich auf alles hinzuweisen, was Ihnen unerwartet oder überraschend vorkommt. Wenn Sie die Szenarien durchgeführt haben, stelle ich Ihnen eine Reihe von Fragen zu den Websites und wie Sie damit interagiert haben. Anschließend werde ich Ihnen einige Fragen stellen, nachdem Sie einen kurzen Feedback-Fragebogen ausgefüllt haben.

Denken Sie daran: Es geht darum, die Benutzerfreundlichkeit der Website zu bewerten, nicht Ihre persönliche Leistung. Haben Sie an dieser Stelle irgendwelche Fragen?

Hintergrund-Interview

Ein Hintergrund-Interview gibt Aufschluss über die Internetnutzung der Teilnehmer im Allgemeinen sowie über ihre Erfahrungen mit der Art von Websites, die getestet werden sollen. Dazu gehören Fragen wie die folgenden:

- Zu welchen Tageszeiten nutzen Sie das Internet?
- Für welche Arbeiten oder schulischen Aktivitäten nutzen Sie das Internet?
- Welche Schwierigkeiten haben Sie beim Besuchen von Websites im Allgemeinen?
- In welcher Situation würden Sie eine Website wie die getestete verwenden?

Das Hintergrund-Interview machen Sie mit Ihren Teilnehmern vor dem Test.

Anweisungen zur Aufgabe

Das sind die Aufgaben, die die Benutzer erfüllen sollen. Und Sie beobachten sie dabei und zeichnen auf, was sie tun. Die Aufgaben, die Sie stellen, sind der »Test«-Teil eines Usability-Tests.

Spitzen Sie Ihren Bleistift

Denken Sie sich einige Aufgaben für die RPM Music-Website aus, die ein typischer Benutzer lösen muss. Schreiben Sie die Aufgaben hier auf.

1 ....

2 ....

3 ....

Spitzen Sie Ihren Bleistift – Lösung

Werfen wir einen Blick auf mögliche Aufgaben (eines typischen Benutzers einer Musik-Website), die Sie für Ihren Usability-Test von RPM Music verwenden können.

1. Suchen Sie die Kontaktinformationen und die Wegbeschreibung zu RPM Music.
2. Suchen Sie den Namen des Musikers des Monats.
3. Suchen Sie nach den größten Hits von Chicago und bestellen Sie sie bei RPM Music (Kreditkarteninformationen für den Test werden gestellt).

Stellen Sie sicher, dass sich die gewählten Aufgaben nicht ausschließlich auf einen bestimmten Bereich der Website oder eine bestimmte Funktion konzentrieren. Ein bisschen Abwechslung erhöht die Qualität der Testergebnisse.

Diese Fragen beziehen sich auf die Erfahrungen der Teilnehmer während des Tests und ihre Meinungen über die getestete Website.

Abschließende Fragen

Diese Fragen beschäftigen sich mit dem Gesamteindruck der Teilnehmer von den getesteten Websites. Dazu könnten die folgenden Fragen gehören:

- Inwieweit entsprach der Inhalt der Website Ihren Erwartungen?

  Überhaupt nicht Wenig Neutral Etwas Sehr

- Wie leicht verständlich war die Struktur der Bildschirmseiten der Website insgesamt, insbesondere die Menüebenen und der Fluss der einzelnen Seiten untereinander?

  Sehr schwer Schwierig Neutral Leicht Sehr leicht

MODERATORSKRIPT-BAUSTELLE

Nachdem Sie jetzt alle Teile für Ihr Moderatorskript zusammenhaben, erstellen Sie daraus ein einzelnes Dokument. Ergänzen Sie die fehlenden Teile, und Sie sind bereit.

Das mag vielleicht unwichtig erscheinen, aber wenn wir Moderatorskript sagen, meinen wir alles.

1. Schreiben Sie einen kurzen Zeitplan und eine Studienübersicht, die auch alles einschließt, was Sie Ihren Teilnehmern über den Test sagen.

2. Schreiben Sie ein kurzes Hintergrund-Interview, mit dem Sie ein bisschen mehr über Ihre Teilnehmer erfahren.

Alter, technische Kenntnisse usw. Das sind die demografischen Daten, mit denen Sie Trends bei Ihren Benutzer ausmachen.

3. Lassen Sie sich einige Aufgaben einfallen, von denen Sie glauben, dass sie bei der Lösung der Probleme mit der Website hilfreich sind.

4. Runden Sie das Skript mit einigen Fragen ab, die den Benutzertest abschließen und Schlussgedanken der Teilnehmer erfassen.

5. Stellen Sie alle eventuell erforderlichen Formulare für Einverständniserklärungen zusammen, die Sie für den Test benötigen.

Das ist nur wichtig, wenn Sie den Test für ein großes Unternehmen oder eine Universität machen. In unserem Fall arbeiten wir mit Freunden, also müssen wir uns darüber keine Gedanken machen.

Lösung Moderatorskript-Baustelle

Werfen wir einen Blick auf ein mögliches Moderatorskript für Ihren RPM Music-Usability-Test.

ZEITPLAN

30 Min. – Anweisungen und vorbereitende Fragen
1 Std. – Usability-Test und Aufgabenzuweisung
15 Min. – abschließende Fragen und Q&A mit den Teilnehmern

Achten Sie darauf, dass Sie den roten Faden nicht verlieren und nicht die Zeit Ihrer Freunde verschwenden.

ÜBERBLICK ÜBER DIE STUDIE

Vielen Dank, dass Sie sich bereit erklärt haben, an unserer Studie teilzunehmen. Wir haben großes Interesse an Ihrem Feedback über die Website und den Onlinestore von RPM Music.

In diesem Benutzertest werden wir Sie auffordern, eine Reihe von Aufgaben auf der RPM Music-Website zu erledigen, auf Grundlage dessen wir die Effizienz und Usability der Website untersuchen möchten. Nach dem Aufgabenteil des Tests werden wir Sie bitten, eine kurze Umfrage über die Website und Ihre Erfahrungen mit dem Onlinestore zu beantworten. Bitte sprechen Sie während des Tests Ihre Gedanken unbedingt laut aus, damit unsere Moderatoren Ihre Reaktionen auf die Aufgaben aufzeichnen können. Unsere Moderatoren können Ihnen weder helfen noch mit Ihnen sprechen, sobald der Test begonnen hat. Haben Sie jetzt irgendwelche Fragen?

Nehmen Sie dieses Skript als Vorlage, damit Sie alle wichtigen Informationen an Ihre Teilnehmer weitergeben.

HINTERGRUND-INTERVIEW

Ein Hintergrund-Interview gibt Aufschluss über das allgemeine Internetverhalten der Teilnehmer und die Erfahrung, die sie mit Websites wie der getesteten haben. Dazu gehören Fragen wie die folgenden:

- Zu welchen Tageszeiten nutzen Sie das Internet?
- Für welche Arbeiten oder schulischen Aktivitäten nutzen Sie das Internet?
- Welche Schwierigkeiten haben Sie beim Besuchen von Websites im Allgemeinen?
- In welcher Situation würden Sie eine Website wie die getestete verwenden?

Grundlegende technische Fragen.

Aufgabenanweisungen

- Suchen Sie die Kontaktinformationen und die Wegbeschreibung zu RPM Music.
- Suchen Sie den Namen des Musikers des Monats.
- Suchen Sie nach den größten Hits von Chicago und bestellen Sie sie bei RPM Music (Kreditkarteninformationen für den Test werden gestellt).

Zwei bis drei Aufgaben genügen – Ihre Freunde haben wahrscheinlich auch ein Privatleben.

Abschließende Fragen

- Inwieweit entsprach der Inhalt der Website Ihren Erwartungen?

  Überhaupt nicht   Wenig   Neutral   Etwas   Sehr

- Wie leicht verständlich war die Struktur der Bildschirmseiten der Website insgesamt, insbesondere die Menüebenen und der Fluss der einzelnen Seiten untereinander?

  Sehr schwer   Schwierig   Neutral   Leicht   Sehr leicht

ÜBUNG

Erinnern Sie sich an die Expedia-Aufgabe etwas weiter oben in diesem Kapitel? Jetzt sind Sie an der Reihe, eine Freundin oder ein Familienmitglied diese Aufgabe erledigen zu lassen, damit Sie einen Vorgeschmack auf die Rolle des Moderators bekommen. Lassen Sie Ihren Probanden unbedingt laut kommentieren, damit Sie Ihre Beobachtungen aufzeichnen können.

Aufgabe 1: Suchen Sie auf www.expedia.de den günstigsten Preis für ein Business-Class-Ticket für einen Erwachsenen von Detroit (MI) nach Houston (TX): von einem beliebigen Flughafen am 1. November morgens, Rückflug am Abend des 4. November.

Freunde und Familie können problematisch sein

Wenn Sie Usability-Tests mit einem kleinen Budget durchführen, denken Sie wahrscheinlich, dass Sie sich am einfachsten ein paar Freunde oder Familienmitglieder schnappen und den Test machen lassen. Und vermutlich könnten Sie sogar die Vergütung ausfallen lassen (sind ja Freunde und Familie, nicht wahr?). Das Problem ist, dass Sie mit Freunden und Familie auch eine gewisse Färbung in Ihre Studie bringen.

Weil sie Ihnen nahestehen, sind sie vielleicht nicht bereit, Ihnen unvoreingenommenes Feedback zu geben (ob nun bewusst oder unbewusst). Außerdem müssen Sie Teilnehmer wählen, die die Website auch tatsächlich nutzen würden. Und es ist sehr wahrscheinlich, dass Leute, die Ihnen nahestehen, nicht zur anvisierten Zielgruppe gehören und Sie damit nicht zu den gewünschten Ergebnissen kommen.

Wahrscheinlich keine gute Idee, Ihre Mami zu interviewen. Sie ist einfach zu nett.

Es gibt keine Dummen Fragen

F: Wie viele Teilnehmer brauche ich für einen Benutzertest?

A: Je mehr Teilnehmer, umso besser (und repräsentativer) sind Ihre Ergebnisse. Wenn Sie den Test nur mit einem oder zwei Teilnehmern machen, sind die Ergebnisse nicht repräsentativ für einen großen Teil der Bevölkerung, sondern lediglich deren subjektive Meinung.

F: Nein, im Ernst: Wie viele Teilnehmer brauche ich?

A: Es gibt keine richtige Antwort auf diese Frage. Je mehr, desto besser. Aber ganz allgemein gesagt, sollten Sie acht bis zehn anpeilen.

F: Und wenn ich nicht so viele Teilnehmer engagieren kann? Soll ich den Test dann ganz ausfallen lassen?

A: Nein, selbst ein Usability-Test mit einer kleinen Anzahl von Leuten (oder nur einem Teilnehmer) hilft.

Die Ergebnisse des Usability-Tests – was Ihre Benutzer sagen

Ich bin verwirrt. Warum haben Sie keinen Kontaktabschnitt? Sie haben eine ganze Seite über die Firma, sagen aber nie, *wo* Sie sind.

Insgesamt fand ich die Website okay ... Es war schwer, die Kontaktinformationen zu finden – hat ewig gedauert. Wer schreibt schon die Kontaktinformationen unter den Link »Etc«?

Benutzer, die nicht finden, was sie suchen, kommen wahrscheinlich nicht zurück.

Das Design ist hübsch, und ich finde es viel besser als die alte Website. Ich mag vor allem das Blog – es ist cool zu hören, was ihr so vorhabt.

Ich finde mich nicht zurecht. Und »Etc«? Was soll das denn sein?

Das neue Design rockt. Ich fände es aber immer noch toll, wenn ich Musik auch digital kaufen könnte. Tonträger sind total 1999.

Positives Feedback über das Design. Das gefällt uns.

Ein einfaches Problem ...

Sieht aus, als wären unsere Benutzer aufgrund des Navigationsmenüs etwas durcheinander. Es fällt ihnen schwer, die Kontaktinformationen zu finden, weil sie in einem unglaublich verwirrenden Navigationselement versteckt sind. Das sollte leicht zu lösen sein ...

Die Benutzer haben recht, was soll »Etc« bedeuten? Das könnte alles sein und verwirrt unsere Benutzer. Woher sollen sie wissen, dass sich die Kontaktinformationen unter diesem Link befinden? Wir müssen den Linktext ändern.

Die restliche Navigation scheint die Benutzer an die gewünschte Stelle zu bringen.

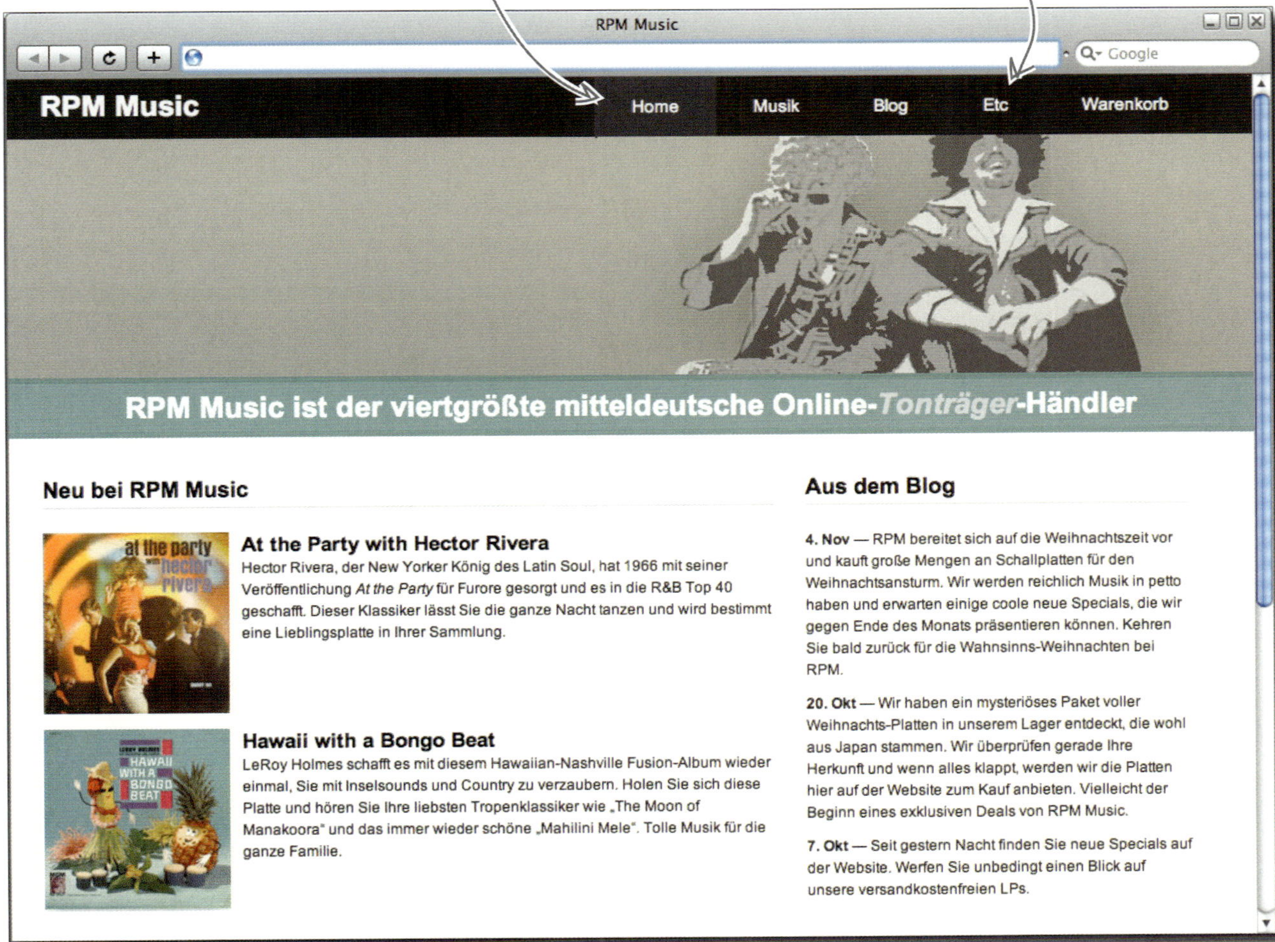

Probefahrt

Eine einfache Verbesserung später ...

```
<ul>
      <li><a class="aktiv" title="RPM Music Home" href="#">Home</a></li>
      <li><a title="Music kaufen" href="#">Musik</a></li>
      <li><a title="RPM-Blog" href="#">Blog</a></li>
      <li><a title="Über RPM Music" href="#">Über uns</a></li>
      <li><a title="Warenkorb" href="#">Warenkorb</a></li>

</ul>
```

Viel besser. Sagen Sie den Benutzern einfach, was sie erwartet, wenn sie auf den Link klicken.

Website-Statistiken geben Benutzern eine (weitere) Stimme

Website-Statistiken sind eine praktische Möglichkeit, mehr darüber zu erfahren, was Ihre Benutzer machen: auf welche Seiten sie gehen (und wie oft), welche ihre Lieblingsseiten sind, woher sie kommen (Referrer) und wonach sie suchen, während sie auf der Website sind.

Sie erhalten Website-Statistiken von einer Anwendung (entweder auf Ihrem oder einem anderen Server), die alle möglichen Arten von Informationen über den Traffic Ihrer Website erfasst, misst und Berichte darüber erstellt. Diese Anwendung wird auch oft als Website-Analyse bezeichnet. Welchen Namen Sie auch verwenden, Website-Statistiken oder -Analysen sind eine ausgezeichnete Möglichkeit, Informationen über die Verwendung Ihrer Website durch Ihr Publikum zu erhalten. Mal sehen, wie die RPM-Statistiken aussehen.

Website-Analysetools

Mint

Mint (http://haveamint.com/) ist eine coole kleine Anwendung des legendären Webdesigners/Entwicklers Shaun Inman (www.shauninman.com/), die auf den Webserver aufgesetzt wird und Traffic-Daten erfasst – die dann auf der anpassbaren Anzeigetafel von Mint dargestellt werden. Das Tolle an Mint ist, dass es mit Plug-ins erweitert werden kann, die »Peppers« heißen. Die Pepper-Plug-ins und Widgets (die es auf der »Pepper Mill« gibt http://haveamint.com/peppermill/), werden von allen möglichen Leuten im Web entwickelt und arbeiten nahtlos mit Ihrer Mint-Installation zusammen.

Mint kostet pro Site, auf der Sie es installieren, $30.

Google Analytics

Google Analytics (http://www.google.com/analytics/de-DE/) ist ein Gratisservice von Google, der detaillierte Statistiken über die Besucher einer Website erzeugt. Obwohl Google Analytics genaue Informationen über die angezeigten Seiten, Referrer, Browserversionen usw. bietet, richtet es sich mehr an Marketing-Leute als an Designer oder Entwickler.

Google Analytics basiert auf einem System namens »Page Tagging«, bei dem in jede Seite der Website ein bisschen JavaScript eingefügt wird. Jedes Mal, wenn die Seite geladen wird, sammelt das JavaScript anonyme Besucherdaten, schickt sie an das Google-Mutterschiff und zeigt sie auf einer hippen Anzeigetafel an (auf der Google Analytics-Website).

Google Analytics ist kostenlos und zeigt die Daten optisch ansprechend mithilfe von Linien- und Balkendiagrammen an.

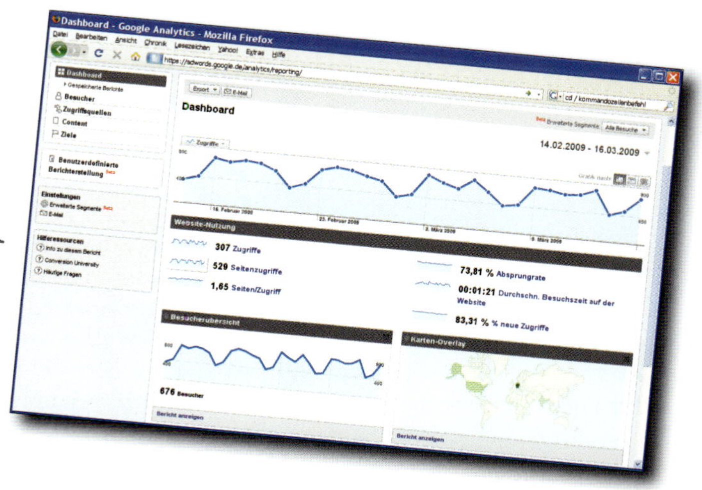

Spitzen Sie Ihren Bleistift

Werfen Sie einen Blick auf die Analyse-Anzeigetafel und versuchen Sie, mögliche Schwierigkeiten mit der RPM-Website zu finden. Schreiben Sie Ihre drei wichtigsten Beobachtungen auf.

Okay, werfen wir mit Google Analytics einen Blick auf die Website-Statistiken von RPM und sehen wir uns an, was uns die Benutzer »sagen«.

....

....

....

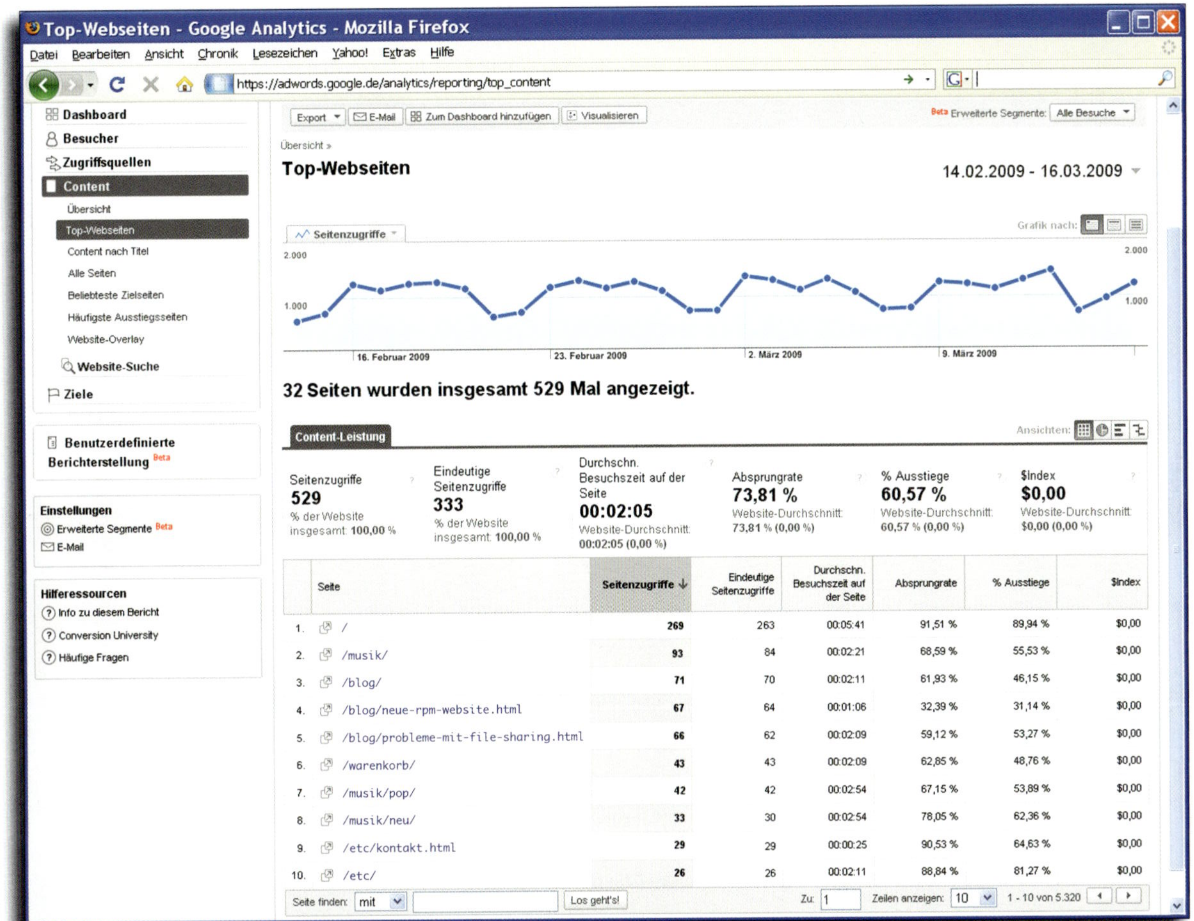

Spitzen Sie Ihren Bleistift
Lösung

Was sagen uns die Website-Statistiken von RPM über Verwendungsmuster? Werfen wir einen Blick darauf.

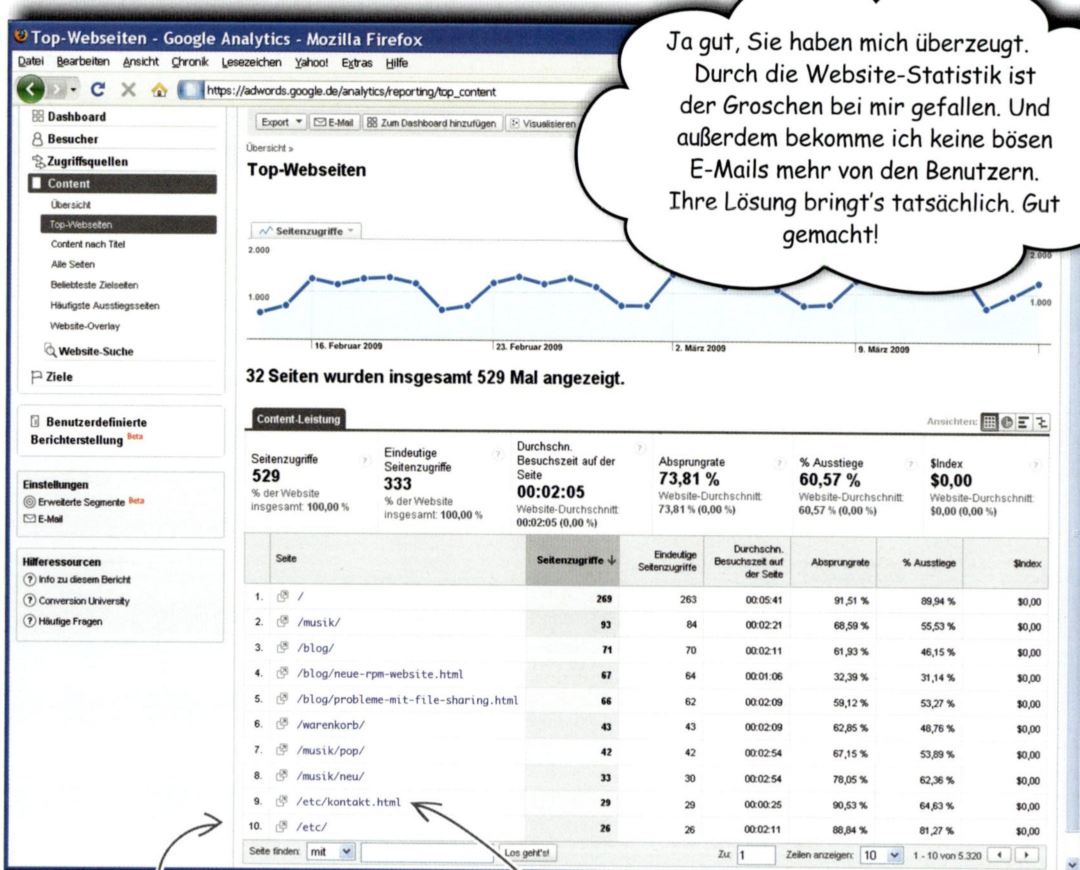

Ja gut, Sie haben mich überzeugt. Durch die Website-Statistik ist der Groschen bei mir gefallen. Und außerdem bekomme ich keine bösen E-Mails mehr von den Benutzern. Ihre Lösung bringt's tatsächlich. Gut gemacht!

Auf /etc/ wird fast nicht zugegriffen (das sollte es aber). Dieser Link muss geändert werden.

Obwohl manche Leute die Kontaktinformationen gefunden haben, gab es dort trotzdem sehr wenig Aktivität. Das ist das direkte Ergebnis der Tatsache, dass die Benutzer nicht wussten, was sie dort erwartet.

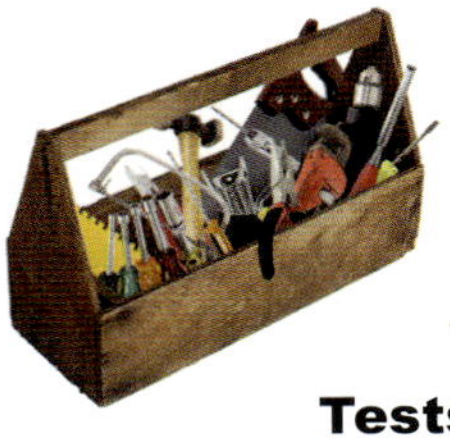

KAPITEL 9

Webdesign-Werkzeugkasten

Sie haben Kapitel 9 in der Tasche und Ihren Werkzeugkasten um Usability-Tests ergänzt. Benutzerfreundliche Websites abgehakt. Als Nächstes schalten Sie bei Ihren Websites einen Gang höher.

Punkt für Punkt

- Umfragen sind hervorragend dazu geeignet, Informationen zu einer breiten Palette von Themen von einer großen Anzahl an Leuten zu sammeln.
- Fragen für Umfragen sollten unkompliziert und nicht suggestiv sein.
- Offene Fragen bieten qualitative Daten, können aber kompliziert in der Auswertung sein, weil jede Antwort anders lautet und Sie nicht die netten statistischen (numerischen) Daten wie bei anderen Fragen erhalten.
- Durch die Eigenheiten mancher Browser sehen Websites leicht anders aus, als Sie sie gestalten.
- Wenn Sie nach Webstandards gestalten, vermeiden Sie die meisten Probleme mit der browserübergreifenden Kompatibilität.
- Durch Usability-Tests können Sie auswerten, wie reale Personen Ihre Website verwenden.
- Usability-Tests können billig durchgeführt werden.
- Ein Usability-Test ist aufgabenorientiert: Sie bitten Ihre Teilnehmer, eine Aufgabe zu erfüllen, und Sie werten aus, wie die Aufgaben erfüllt wurde.
- Ein Moderatorskript ist die Blaupause für einen Usability-Test.
- Wenn Sie Freunde und Familie für Ihre Usability-Tests einspannen, kann Ihre Studie eine gewisse Färbung erhalten, und die Ergebnisse können weniger zuverlässig ausfallen.
- Website-Statistiken (Website-Analysen) liefern Daten über Ihre Website, z.B. wie oft eine Seite angezeigt wurde, Referrers, beliebte Seiten und Browser.

10 Evolutionäres Design

Websites frisch halten

Sie haben eine Menge toller Websites erstellt. Jetzt ist es an der Zeit, sich zurückzulehnen, zu entspannen und den Besucherzahlen beim Wachsen zuzusehen, oder? Hoppla, nicht so schnell. *Das Web hört niemals auf, sich zu entwickeln* – und Ihre Website muss Schritt halten. Sie können **neue Funktionen hinzufügen, am Design feilen** oder sogar **ein völlig neues Design entwerfen**. Eine ständig wachsende Website spiegelt Ihre wachsenden Fähigkeiten wider – ***und ist Ihr bestes PR-Tool***.

Ihr bisheriges Portfolio …

Sie haben eine hübsche Sammlung an Websites beieinander. Nehmen Sie sich einen Moment Zeit, einen Blick darauf zu werfen und Ihren Stolz zu spüren. Sie haben einen weiten Weg zurückgelegt seit Kapitel 1.

Marks Japan-Website.

Die Audio-2-Go-Website.

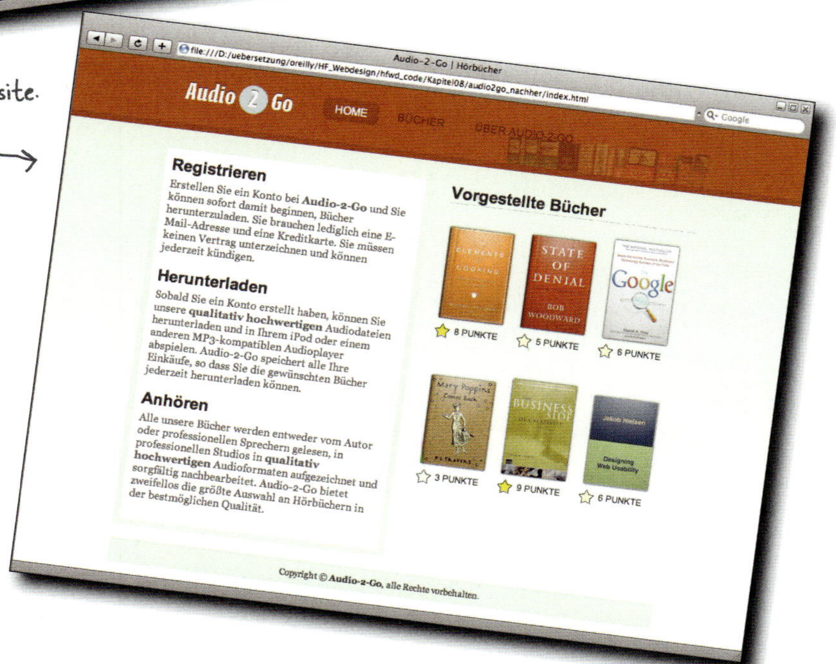

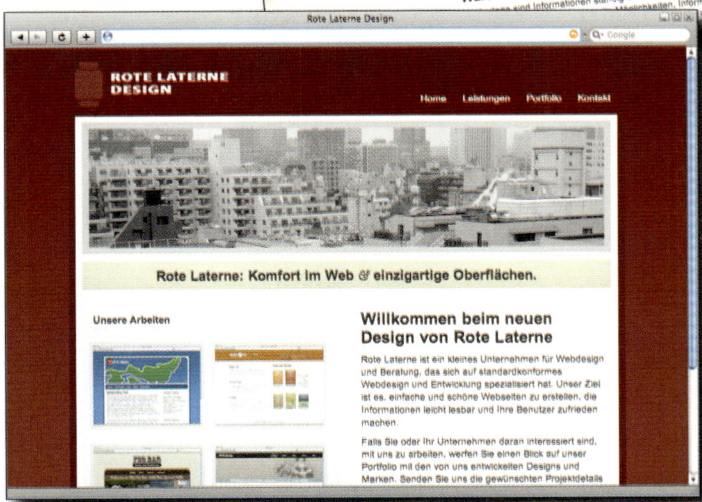

Aber obwohl das alles sehr befriedigend ist, können Sie nicht den ganzen Tag herumsitzen und Ihr Portfolio bewundern. Es gibt *immer* etwas zu tun …

Eine frische Website und aktuelle Inhalte lassen Besucher immer zurückkommen

Als Webdesigner (ob allein oder als Teil eines großen Studios) ist Ihre eigene Website die beste PR. Sie präsentiert nicht nur Ihre Projektarbeiten, sondern zeigt auch Ihre Fähigkeiten, Ihren Sinn für Ästhetik und Ihr Gespür für Design. Also müssen Sie dafür sorgen, dass Ihre Website immer die besten und neuesten Arbeiten zeigt.

Das bedeutet aber auch, dass Sie auf Ihrer Website nicht immer dieselben Inhalte und Funktionen vor sich hindümpeln lassen können. Eine unveränderte Website sagt Ihren Benutzern: »Ich habe mich nicht verändert, in dieser Firma muss etwas schieflaufen.« Frische Inhalte vermitteln Ihren Benutzern dagegen einen positiven Eindruck und lassen sie immer wiederkommen.

Rote Laterne, die zweite

Rote Laterne funktioniert toll. Durch die Zusammenarbeit mit Jana haben Sie einige wirklich beeindruckende Projekte in der Tasche und zum Ruf von Rote Laterne als innovatives und topaktuelles Designstudio beigetragen. Aber damit dieser Ruf erhalten bleibt, müssen Sie unbedingt auch die Rote Laterne-Website auf dem neuesten Stand halten. Dies ist ein ausgezeichneter Zeitpunkt, alles noch mal aufzumotzen.

To-do-Liste Rote Laterne ...

- [ ] Look und Feel der Website auffrischen.
- [ ] Website browserübergreifend kompatibler machen.
- [ ] Besseres Benutzer-Feedback.
- [ ] Besser mit den Benutzern kommunizieren.

Spitzen Sie Ihren Bleistift

Der neue Grafikdesigner von Rote Laterne hat hart an einigen neuen Ideen für die Website gearbeitet. Was halten Sie davon?

Wir haben etwas Platz gelassen, damit Sie Notizen zu den jeweiligen Vorschlägen machen können.

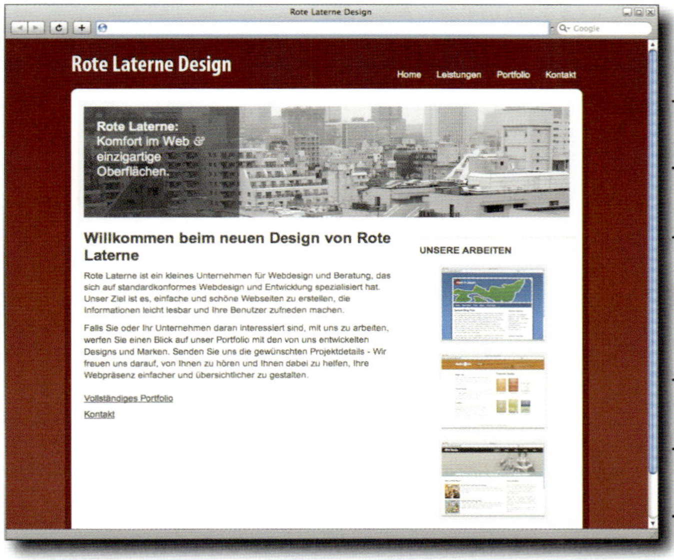

Pro ....

....

....

....

Kontra ....

....

....

....

Pro ....

....

....

....

Kontra ....

....

....

....

Spitzen Sie Ihren Bleistift
Lösung

Was halten Sie von den Ideen des Grafikdesigners für die Rote Laterne-Website? Können Sie Elemente aus einer (oder beiden) für ein neues Design verwenden?

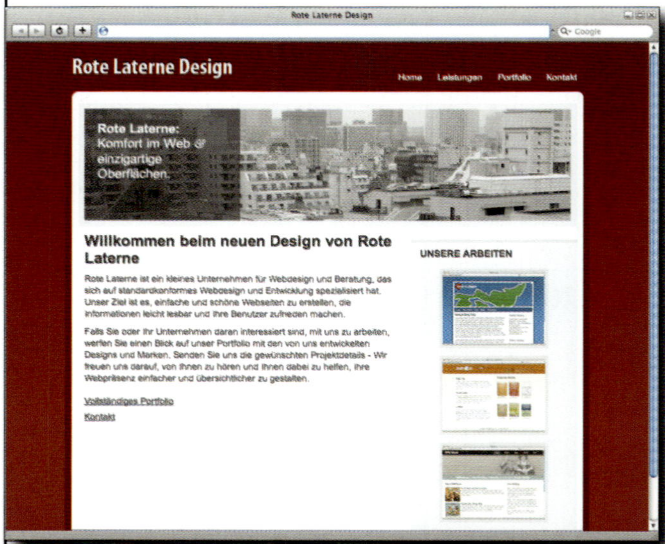

Pro Behält das ursprüngliche Erscheinungsbild bei.
Der Firmenschriftzug ist neu.
Insgesamt klareres Layout, aber die Änderungen sind dezent. Es ist kein allzu offensichtliches Redesign.

Kontra Sieht es zu ähnlich aus?
Das Portfolio zeigt immer noch dieselben Websites.
Die Kopfzeile ist dieselbe.

Pro Tabs heben die Navigation hervor.
Insgesamt klareres Layout.
Neuer Firmenschriftzug.

Kontra Zu wenig Kontrast zwischen Hintergrund und Hauptinhalt.
Ähnliches Bild in der Kopfzeile.
Design wirkt langweilig.

Der Slogan steht über dem Bild. Die Aufmerksamkeit wird sanft auf den Slogan gelenkt, da das Bild zwar überlagert wird, aber immer noch sichtbar ist.

Dieses Design räumt dem Hauptinhalt einen größeren Teil der Seite ein.

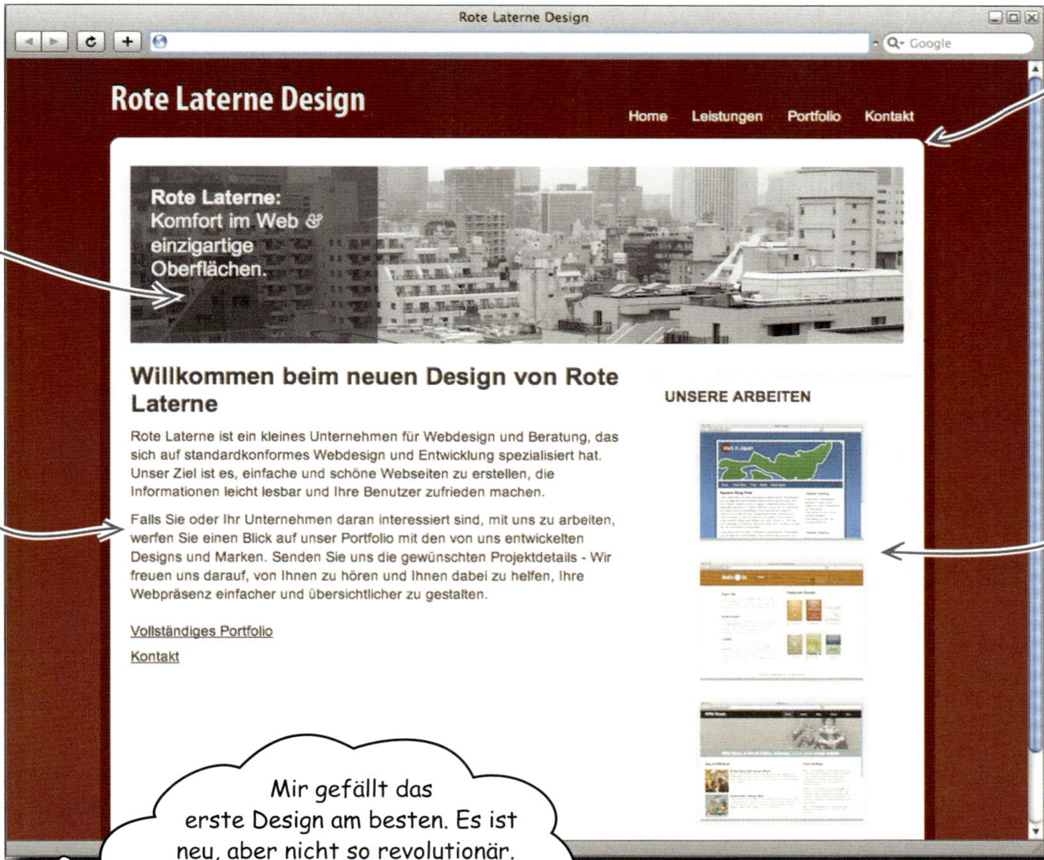

Leicht abgerundete Ecken im oberen Teil der Seite.

Eine einzelne Spalte betont die Websites im Portfolio besser, da sie mehr Leerraum links und rechts erhalten.

Mir gefällt das erste Design am besten. Es ist neu, aber nicht so revolutionär. Und es erfüllt alle unsere Bedürfnisse.

Webdesign: evolutionär, nicht ~~r~~evolutionär

Jana hat recht. Es kann problematisch sein, wenn Sie Ihre Website alle paar Monate radikal verändern. Eine komplette Überarbeitung des Designs Ihrer Website drei- oder viermal im Jahr erfordert eine erstaunliche Menge an Zeit und Ressourcen – Ressourcen, die Sie besser für Kundenprojekte einsetzen.

Außerdem fühlen sich Ihre Benutzer mit der aktuellen Website wohl. Sie sind an das Aussehen der Website gewöhnt, und eine radikale Veränderung würde sie nur verwirren. Wie halten Sie also das Interesse der Benutzer aufrecht und bringen sie dazu, immer wieder zurückzukommen? Sie können einen *evolutionären Designansatz* verfolgen und nach und nach die Ästhetik sowie die Funktionen Ihrer Website ändern. Auf diese Weise kommt die Website Ihren Benutzern vertraut vor, präsentiert sich aber auch neu und frisch.

Evolutionieren Sie das Design Ihrer Website mit CSS

Das Tolle am Design mit Webstandards ist, dass Sie nur das CSS anpassen müssen, wenn Sie das Design der Website ändern möchten. Sie müssen sich überhaupt nicht um das Markup kümmern (einer der Vorteile der Gestaltung nach Webstandards – die Trennung von Inhalt und Darstellung).

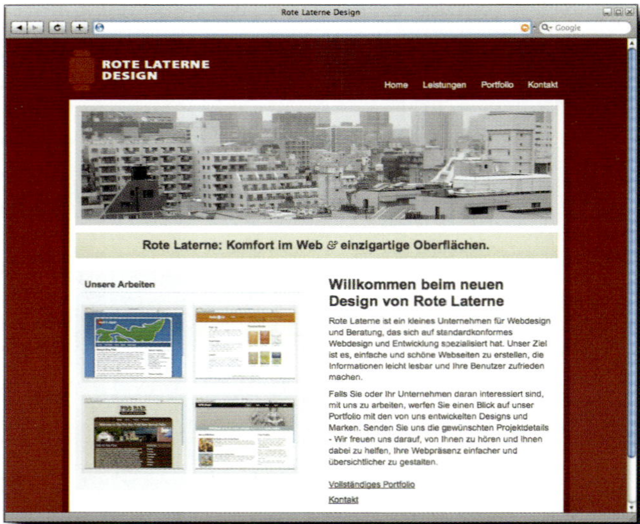

Original

1 Kleine Änderungen an der HTML-Datei (Kopfzeile, Anpassung des Markups).

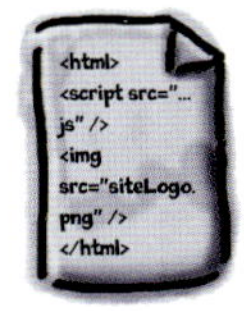

index.html

2 Machen Sie eine Kopie der ursprünglichen CSS-Datei und verknüpfen Sie sie mit dem HTML-Dokument. Auf diese Weise können Sie immer wieder zur ursprünglichen CSS-Datei zurückkehren

screen.css

screen_neu.css

neues Design

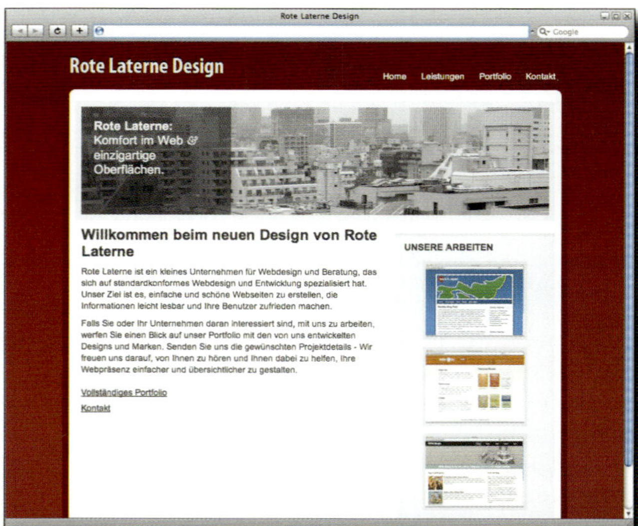

3 Machen Sie die Änderungen am neuen CSS und veröffentlichen Sie die neue Website.

Ausdauerübung

Nachdem sich Jana jetzt für ein neues Design für die Rote Laterne-Website entschieden hat, wird es Zeit für die Überarbeitung von Markup und CSS der Website.

1. Öffnen Sie die Dateien der derzeitigen Rote Laterne-Website, kopieren Sie die Haupt-CSS-Datei und geben Sie ihr einen neuen Namen. Jetzt können Sie den Stil der Seite abwandeln, ohne das ursprüngliche Design zu verändern:

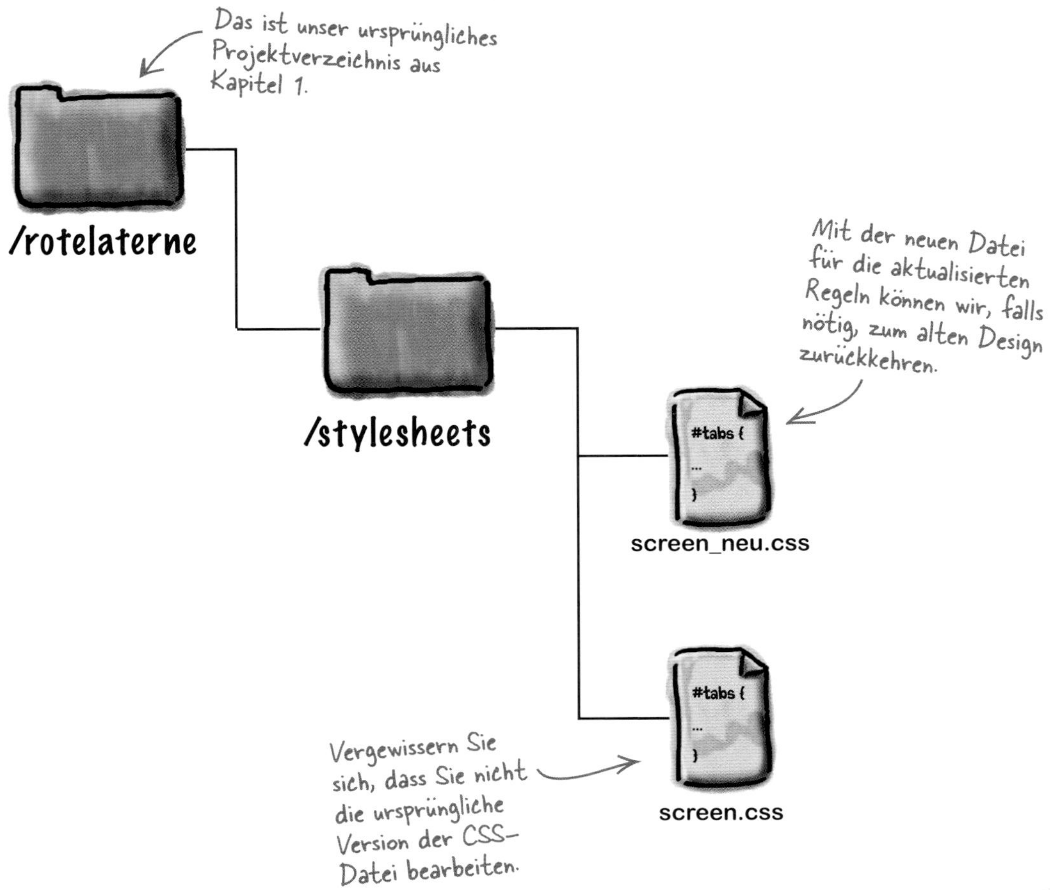

Fortsetzung auf der nächsten Seite.

Ausdauerübung

2 Das sind die einzigen Änderungen, die Sie am Markup machen müssen: Verknüpfen Sie das neue (kopierte) Stylesheet und löschen Sie im HTML das Bild aus der Kopfzeile (wir fügen es später mit CSS wieder ein).

Fügen Sie das neue Stylesheet in das XHTML-Dokument ein. Da es eine exakte Kopie des Originals ist, sieht es genauso aus und dient uns als Rahmen für die Änderungen.

```
<!DOCTYPE html PUBLIC "-//W3C//DTD XHTML 1.0 Strict//EN"
      "http://www.w3.org/TR/xhtml1/DTD/xhtml1-strict.dtd">
<html xmlns="http://www.w3.org/1999/xhtml" xml:lang="de" lang="de">
<head>
      <title>Rote Laterne Design</title>
      <meta http-equiv="Content-Type" content="text/html; charset=utf-8" />
      <link rel="stylesheet" href="/css/screen.css" type="text/css" media="screen" />
      <link rel="stylesheet" href="/css/screen_neu.css" type="text/css"
media="screen" />
</head>
<body>
      <div id="impressum">
            <h1><img alt="Rote Laterne-Logo" src="bilder/rl_logo.png" /></h1>
            <h1><img alt="Rote Laterne-Logo" src="bilder/rl_logo_aktualisiert.
png" /></h1>
            <ul id="nav">
                  <li><a class="aktiv" title="Rote Laterne Home" href="index.
html">Home</a></li>
                  <<li><a title="Designleistungen" href="leistungen.html">Leistungen</
a></li>
                  <<li><a title="Unsere Arbeit" href="portfolio.html">Portfolio</a></
li>
                  <li><a title="Kontakt" href="kontakt.html">Kontakt</a></li>
            </ul>
      </div>
      <div id="wrap">
            <div id="kopfzeile">
                  <img alt="Gebäude Tokio" src="bilder/tokyo.jpg" />
                  <h1><strong>Rote Laterne:</strong> Komfort im Web <span
class="amp">&amp;</span> einzigartige Oberflächen.</h1>
            </div>
```

Der Text ist umbrochen, aber in der Datei ist das alles in einer Zeile.

Aktualisieren Sie das Logo.

Löschen Sie das <img>-Tag (das Hintergrundbild der Kopfzeile verschieben wir in die CSS-Datei). Ändern Sie auch das Tag #kopfzeile <h1>.

❸ Nehmen Sie die folgenden Änderungen an der neuen CSS-Datei vor. Den zu ändernden Code finden Sie auf der nächsten Seite.

Aktualisieren Sie den Firmenschriftzug für Rote Laterne.

Erweitern Sie das Layout um leicht abgerundete Ecken und einen ebensolchen Schlagschatten, um das Hauptlayout vom Hintergrund abzuheben

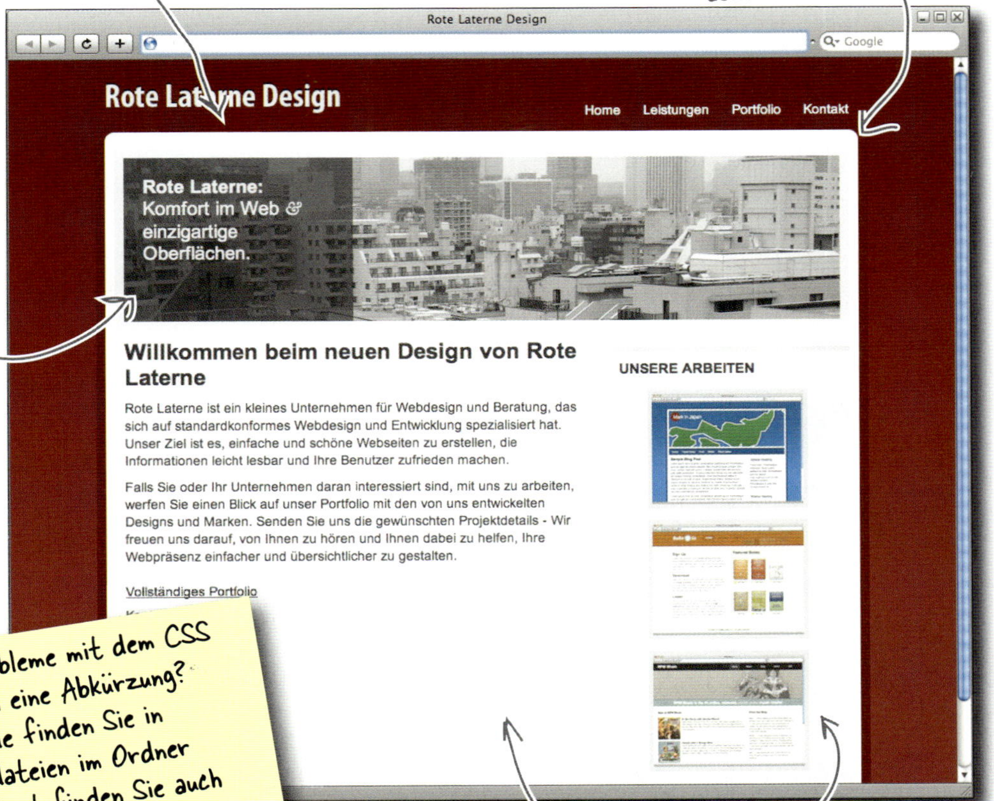

Verschieben Sie den Slogan vom Body in ein <div> im Bild der Kopfzeile.

Haben Sie Probleme mit dem CSS oder möchten eine Abkürzung? Den Quellcode finden Sie in den Beispieldateien im Ordner kapitel10 (dort finden Sie auch die neuen Bilder).

Verpassen Sie der Spalte ein 2/3-zu-1/3-Verhältnis und machen Sie aus dem Portfolio eine Liste.

→ Sie sind noch nicht fertig, blättern Sie um ...

Ausdauerübung

Fügen Sie neue Regeln in screen_neu.css ein, sodass die Rote Laterne-Website dem Entwurf des Grafikdesigners entspricht. (Wir haben die alten Regeln ausgestrichen, Sie müssen nur die neuen eintragen).

```
#impressum {
        margin: 0 auto;
        margin-top: 20px;
        width: 800px;
        color: #fff;


}
#nav {
        float: right;
        margin: 50px 10px 0 0;

        font-size: 1.4em;
}
#wrap {
        clear: both;
        margin: 0 auto;
        padding: 10px;
        width: 780px;
        background: #fff;
        border: 10px solid #5c0505;

}
#kopfzeile img {
        border: 10px solid #ccc;
}
#kopfzeile {


}
#kopfzeile h1 {
        font-size: 2em;




        margin: 10px 0 0 0;
        padding: 10px;
        text-align: center;
        background: url('../bilder/tagline_bg.gif') repeat-x;
}
```

(Durchgestrichen im Original: `margin: 50px 10px 0 0;`, `#kopfzeile img {`, `border: 10px solid #ccc;`, `}`, `margin: 10px 0 0 0;`, `padding: 10px;`, `text-align: center;`, `background: url('../bilder/tagline_bg.gif') repeat-x;`)

In die Regel #impressum müssen wir das Bild mit den abgerundeten Ecken einsetzen

Da wir das Logobild geändert haben, müssen Sie die Navigationsleiste anpassen, damit sie korrekt positioniert wird.

Hier müssen Sie das Hauptbild einfügen, das wir aus der Kopfzeile entfernt haben.

Dann kann das <h1> neu positioniert werden, damit es dem Entwurf des Designers entspricht.

```
#inhalt, #seitenleiste {
        width: 360px;
        margin: 20px 0 20px 0;
        padding: 10px;
}
#inhalt {
        float: right;



}
#seitenleiste {
        float: left;



        background: #eee;
}
#seitenleiste h2 {
        font-weight: bold;
        border-bottom: 1px solid #eee;
        margin: 0 0 20px 0;
        padding: 5px;

}
#port li {
        margin: 0 10px 20px 0;
        float: left;
        border: 5px solid #ddd;

}
#port li img {

}
```

Die Spalten haben jetzt eine andere Breite, also kommt diese Regel weg.

Die Regeln #inhalt und #seitenleiste positionieren die entsprechenden <div>s.

Stylen Sie <h2> dem Schriftzug im Entwurf entsprechend.

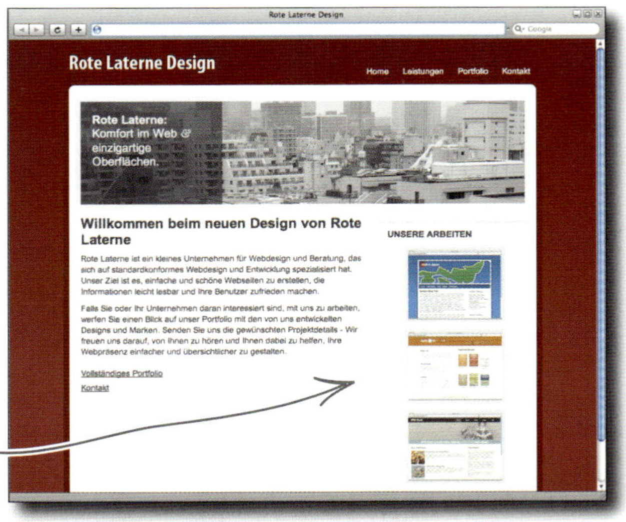

Die Portfolio-Bilder müssen ein wenig angepasst werden. Was sieht daran im Entwurf anders aus? Wo ist der Unterschied?

Ausdauerübung Lösung

Werfen wir einen Blick auf die Änderungen, die Sie an der CSS-Datei für Rote Laterne gemacht haben. Regeln, die nicht geändert oder entfernt wurden, können gleich bleiben.

Die linke Seite von abgerundete_kopfzeile.gif (ein langes Bild mit abgerundeten Ecken an beiden Enden).

```
#impressum {
        margin: 0 auto;
        margin-top: 20px;
        width: 800px;
        color: #fff;
        height: 70px;
        background: url('../bilder/abgerundete_kopfzeile.gif') no-repeat bottom;
}
#nav {
        float: right;
        margin: 0 10px 0 0;
        padding: 30px 0 0 0;
        font-size: 1.4em;
}
#wrap {
        clear: both;
        margin: 0 auto;
        padding: 10px;
        width: 780px;
        background: #fff;
        border: 10px solid #5c0505;
        border-top: none;
}
#kopfzeile {
        height: 180px;
        background: url('../bilder/tokyo_aktualisiert.jpg') no-repeat;
        border: 10px solid #eee;
}
#kopfzeile h1 {
        font-size: 2em;
        line-height: 1.2em;
        padding: 20px;
        color: #eee;
        width: 200px;
        font-weight: normal;
}
```

Durch Angabe einer Höhe und eines Hintergrundbilds können wir den Ecken ein einfaches abgerundetes Aussehen geben.

Sind Sie darauf gekommen? Da #impressum jetzt einen Hintergrund hat, müssen Sie den oberen Rahmen vom <div> #wrap entfernen.

Nachdem die Hauptbilddatei nicht mehr hart in die HTML-Datei kodiert ist, können Sie ein neues Bild als Hintergrund für <h1> in der CSS-Datei verwenden.

Damit können Sie die Semantik des <h1>-Tags beibehalten und den Text als Teil des Bilds erscheinen lassen.

```
#inhalt {
        float: left;
        width: 500px;
        margin: 0 0 10px 0;
        padding: 10px;
}
#seitenleiste {
        float: right;
        margin: 20px 0 20px 0;
        padding: 10px;
        width: 240px;
        border-top: 5px solid #ddd;
        background: #eee;
}
#seitenleiste h2 {
        font-weight: bold;
        text-transform: uppercase;
        padding: 0 5px 5px 5px;
}
#port li {
        margin: 10px 35px 0 35px;
}
#port li img {
        border: 5px solid #ddd;
}
```

#inhalt und #seitenleiste erhalten ihre eigene Breite und werden zu beiden Seiten der Seite gefloatet. 10px Padding geben dem jeweiligen Inhalt etwas Platz zum Atmen.

Durch diese abschließenden Anpassungen wird die Seitenleiste ausgerichtet und das Aussehen des Portfolios an den Entwurf angepasst. Jedes Bild hat jetzt 5px Rahmen.

Der endgültige Screenshot.

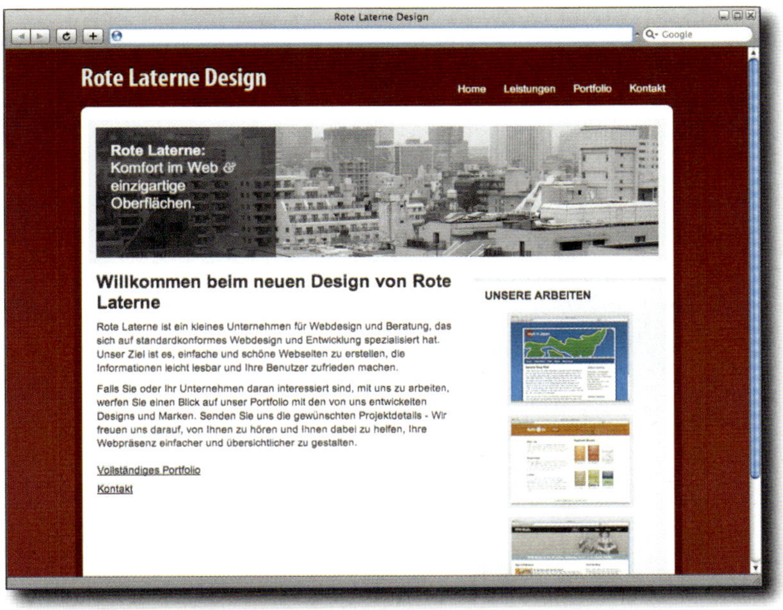

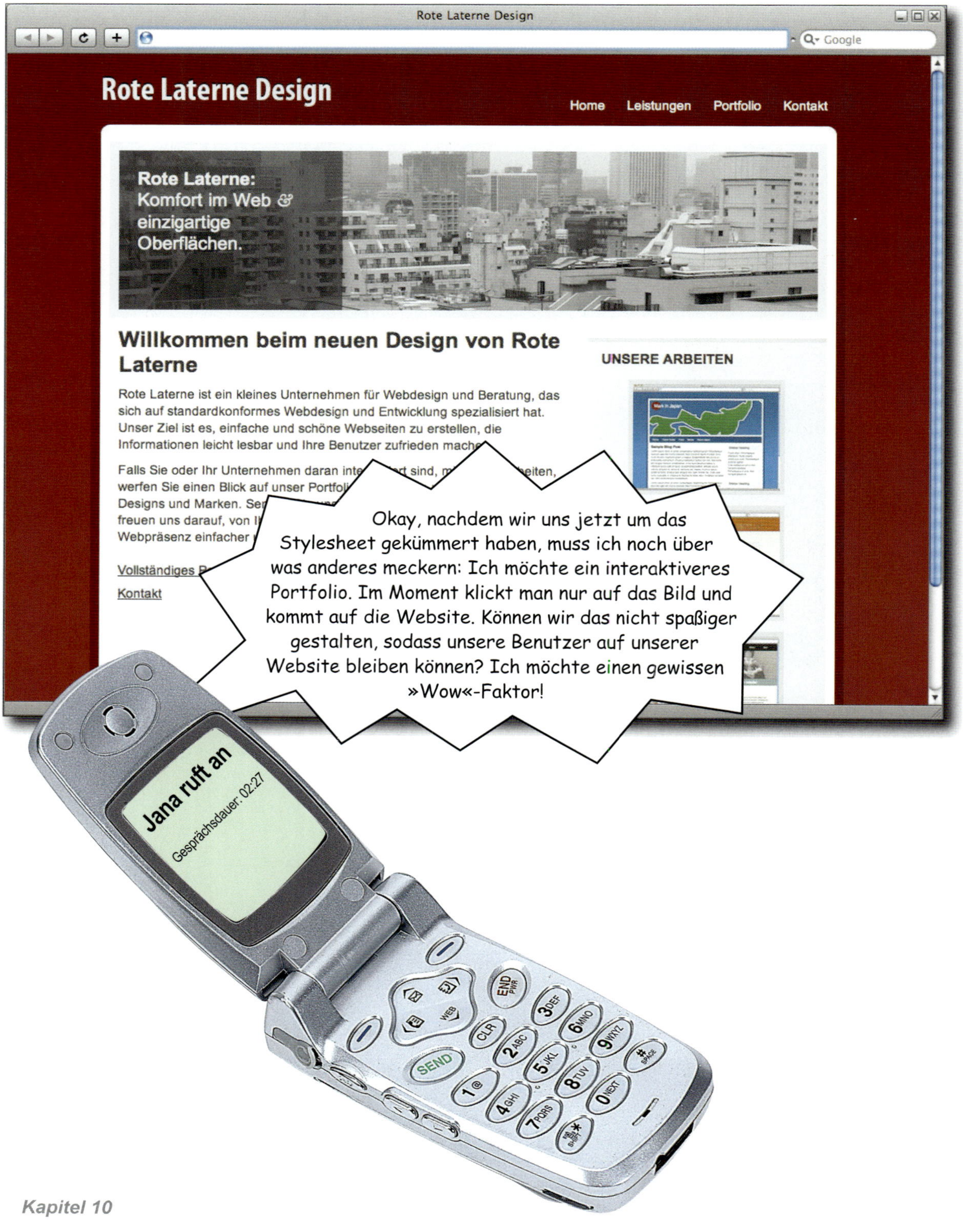
Rote Laterne Design
Google
Rote Laterne Design
Home
Leistungen
Portfolio
Kontakt
Rote Laterne:
Komfort im Web &
einzigartige
Oberflächen.
Willkommen beim neuen Design von Rote Laterne
UNSERE ARBEITEN
Rote Laterne ist ein kleines Unternehmen für Webdesign und Beratung, das sich auf standardkonformes Webdesign und Entwicklung spezialisiert hat. Unser Ziel ist es, einfache und schöne Webseiten zu erstellen, die
Kontakt
Okay, nachdem wir uns jetzt um das Stylesheet gekümmert haben, muss ich noch über was anderes meckern: Ich möchte ein interaktiveres Portfolio. Im Moment klickt man nur auf das Bild und kommt auf die Website. Können wir das nicht spaßiger gestalten, sodass unsere Benutzer auf unserer Website bleiben können? Ich möchte einen gewissen »Wow«-Faktor!
Jana ruft an
Gesprächsdauer: 02:27

Spitzen Sie Ihren Bleistift

Werfen Sie einen Blick auf die folgenden Möglichkeiten, das Portfolio in der Seitenleiste interaktiver zu gestalten. Ordnen Sie die Pros und Kontras der jeweiligen Technik zu.

Flash

Pro: Guter Mix aus Interaktivität und Kompatibilität.
Kontra: In manchen Browsern wird diese Funktion deaktiviert oder nicht voll unterstützt.

jQuery JavaScript-Bibliothek

Pro: Der ganze Code ist standardkonform und funktioniert in den meisten Browsern.
Kontra: Nur wenig Interaktivität.

XHTML + CSS

Pro: Grenzenlose Interaktivität und Animation.
Kontra: Inhalt ist nur visuell verfügbar.

Spitzen Sie Ihren Bleistift Lösung

Mal sehen, welchen Eindruck die verschiedenen Effektoptionen machen:

Flash

Flash bietet Interaktivität für den Preis, dass der gesamte Inhalt in einer einzigen SWF-Datei versteckt wird.

Pro: Guter Mix aus Interaktivität und Kompatibilität.
Kontra: In manchen Browsern wird diese Funktion deaktiviert oder nicht voll unterstützt.

jQuery JavaScript-Bibliothek

JavaScript ist sehr flexibel und kann im Team mit XHTML und CSS sehr mächtig sein.

Pro: Der ganze Code ist standardkonform und funktioniert in den meisten Browsern.
Kontra: Nur wenig Interaktivität.

XHTML + CSS

Obwohl Sie auch nur mit CSS einige hübsche Dinge machen können, bietet es nicht den von der Eigentümerin gewünschten Grad an Interaktivität.

Pro: Grenzenlose Interaktivität und Animation.
Kontra: Inhalt ist nur visuell verfügbar.

JavaScript erscheint mir eine ausgezeichnete Möglichkeit, dem Portfolio in der Seitenleiste Interaktivität zu verpassen.

Sie müssen kein Programmier-Ass sein, um Ihren Seiten mit JavaScript Interaktivität einzuhauchen.

JavaScript ist im Webdesign sehr beliebt. Es wird für alle möglichen Dinge von Bildschirmeffekten (z.B. Lightboxen) bis hin zu UI-Elementen (z.B. Slider oder Accordion-Menüs) verwendet. Das Problem ist, dass sich manche Leute von JavaScript einschüchtern lassen, die bisher nur Erfahrung mit XHTML und CSS hatten.

Die Lösung sind JavaScript-Bibliotheken. Das sind vordefinierte JavaScript-Funktionen und Steuerelemente, die Sie in einem Verzeichnis auf Ihrem Server ablegen und vom Markup aus aufrufen können. Das Coole daran ist, dass Sie nicht allzu viel JavaScript beherrschen müssen, um diese Bibliotheken zu nutzen. Solche Bibliotheken sind außerdem im Allgemeinen sehr kompakt, browserübergreifend kompatibel und standardkonform.

Es gibt eine Menge verschiedener JavaScript-Bibliotheken. Zu den besten gehören Dojo (`www.dojotoolkit.com`), Script.aculo.us (`http://script.aculo.us`), Moo Tools (`http://mootools.net`), Prototype (`www.prototypejs.org/`) und jQuery (`http://jquery.com/`).

Möchten Sie richtig in JavaScript einsteigen? Dann schauen Sie mal in dieses Buch rein, es ist ziemlich klasse.

Interaktivität mit JavaScript-Lightboxen

Eine **Lightbox** bezeichnet den Effekt, wenn ein Bild oder eine HTML-Seite in einer in der Bildschirmmitte schwebenden Box angezeigt wird. Manche Bibliotheken blenden außerdem den Hintergrund aus, um diese schwebende Box hervorzuheben. Wir verwenden eine Bibliothek mit dem Namen Facebox. Dieser bestimmte Typ von Lightbox imitiert das Aussehen der Pop-ups im sozialen Netzwerk Facebook. Das sieht mit dem neuen Rote Laterne-Design sicher toll aus.

Sieht klasse aus. Das möchte ich so schnell wie möglich auf unserer Website.

Bibliotheken wie Facebox sind eine ausgezeichnete Möglichkeit, Ihrer Website Interaktivität einzuhauchen, um Bilder und Galerien hervorzuheben.

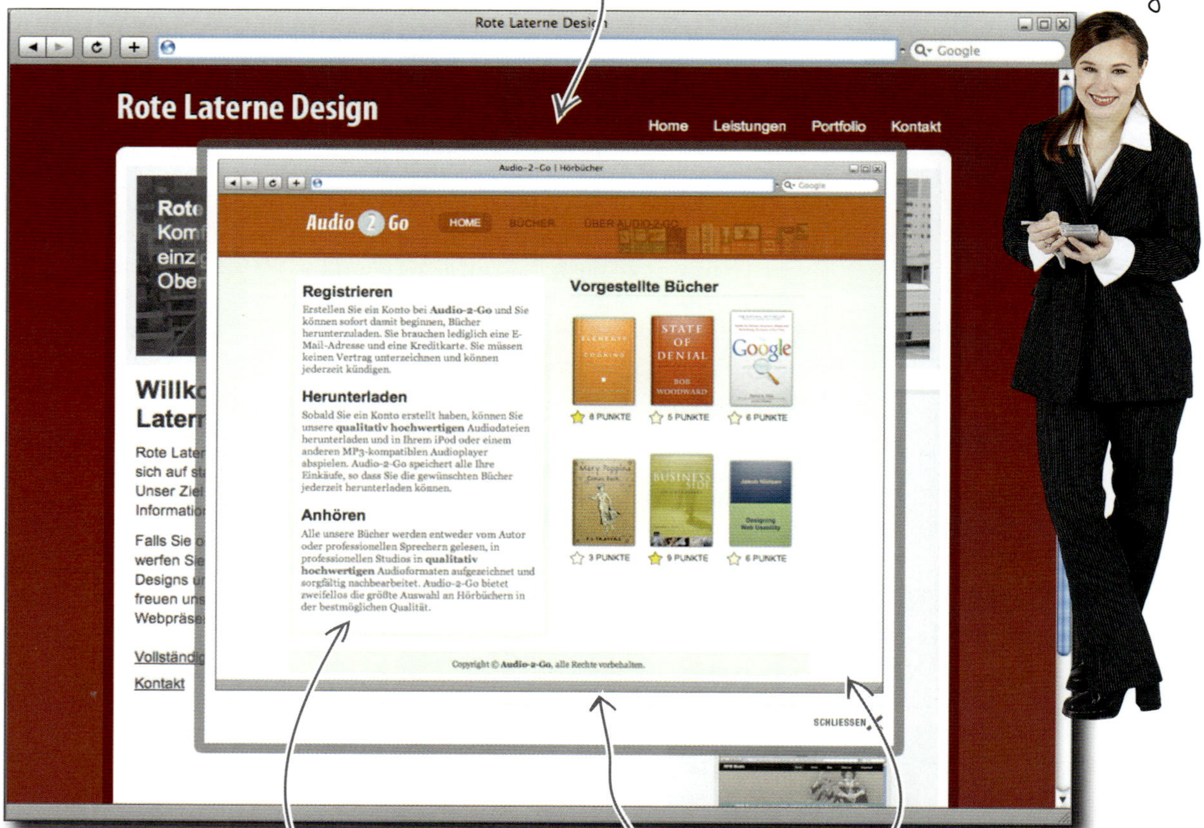

Wenn Sie auf ein Thumbnail klicken, wird eine große Version desselben Bilds in der Mitte des Bildschirms geladen …

… mit weißem Hintergrund, einem halb transparenten Rahmen (passend zu unserem neuen Design mit runden Ecken) und einem Button zum Schließen.

Facebox in der Rote Laterne-Homepage

1 Im Ordner ch10/javascripts finden Sie den Facebook-Code, den Sie nun brauchen. Legen Sie die Dateien in den entsprechenden Verzeichnissen ab:

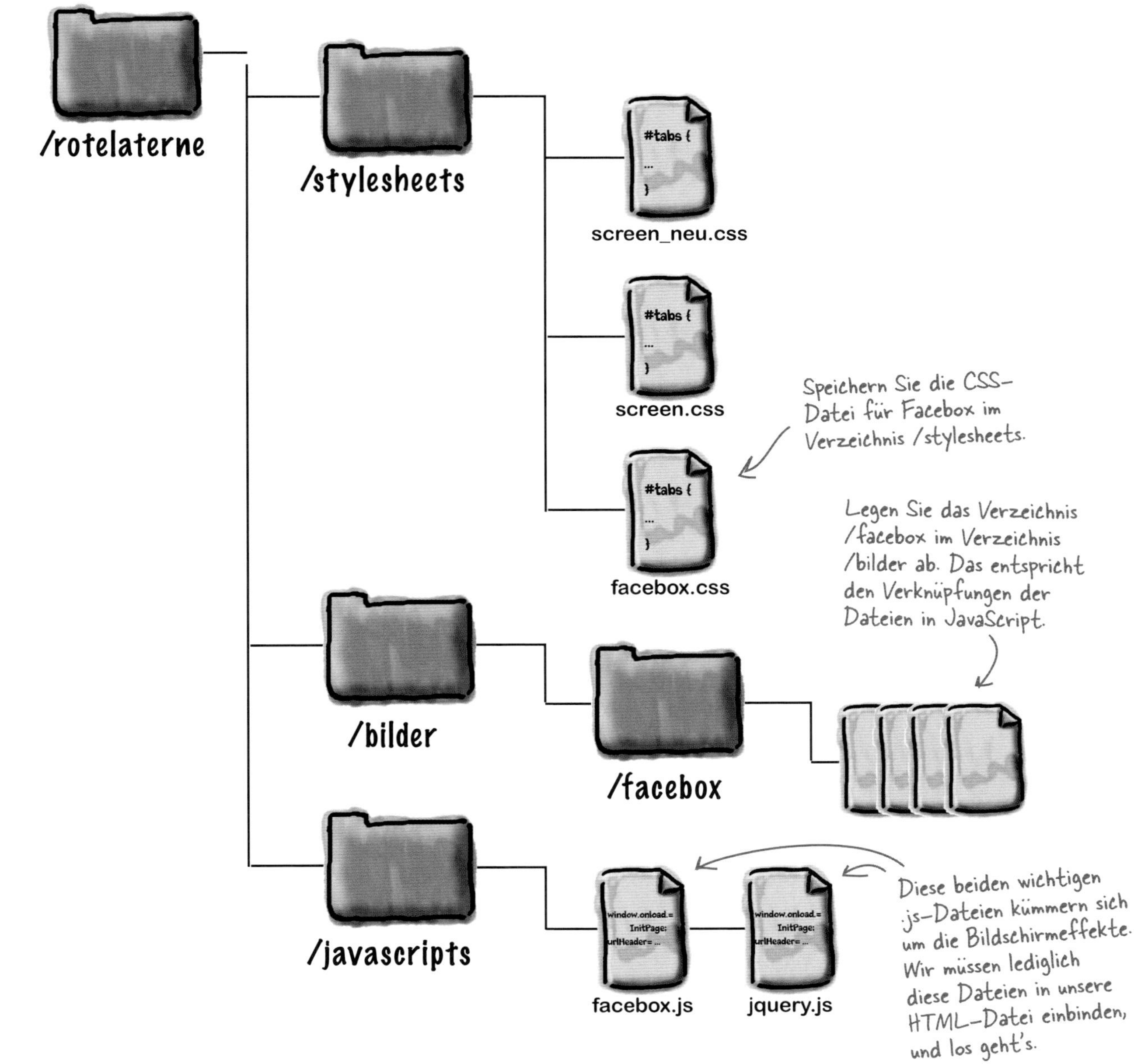

Ändern Sie die index-Datei

2 Verknüpfen Sie die CSS-Datei im Head der Datei `index.html`.

Die Datei index.html von Rote Laterne.

```
<!DOCTYPE html PUBLIC "-//W3C//DTD XHTML 1.0 Strict//EN"
        "http://www.w3.org/TR/xhtml1/DTD/xhtml1-strict.dtd">
<html xmlns="http://www.w3.org/1999/xhtml" xml:lang="de" lang="de">
<head>
        <title>Rote Laterne Design</title>
        <meta http-equiv="Content-Type" content="text/html; charset=utf-8" />
        <link rel="stylesheet" href="stylesheets/screen_neu.css"
type="text/css" media="screen" />
        <link rel="stylesheet" href="stylesheets/facebox.css" type="text/css"
media="screen" />
</head>
<body>
```

Die Box, die auf dem Bildschirm erscheint, hat ein eigenes Stylesheet, das ihr Aussehen festlegt. Fügen Sie direkt unter dem Rote Laterne-Stylesheet einen Link auf die Datei facebook.css ein.

3 Fügen Sie die JavaScript-Verknüpfungen und den folgenden Code in die Datei `index.html` ein.

Sie müssen Links auf die neuen JavaScript-Dateien einfügen. Schreiben Sie sie nach den Stylesheet-Verknüpfungen in den Code.

```
<!DOCTYPE html PUBLIC "-//W3C//DTD XHTML 1.0 Strict//EN"
        "http://www.w3.org/TR/xhtml1/DTD/xhtml1-strict.dtd">
<html xmlns="http://www.w3.org/1999/xhtml" xml:lang="de" lang="de">
<head>
        <title>Rote Laterne Design</title>
        <meta http-equiv="Content-Type" content="text/html; charset=utf-8" />
        <link rel="stylesheet" href="stylesheets/screen_neu.css"
type="text/css" media="screen" />
        <link rel="stylesheet" href="stylesheets/facebox.css"
type="text/css" media="screen" />
        <script src="javascripts/jquery.js" type="text/javascript"></script>
        <script src="javascripts/facebox.js" type="text/javascript"></script>
        <script type="text/javascript">
                jQuery(document).ready(function($) {
                        $('a[rel*=facebox]').facebox()
                })
        </script>
</head>
<body>
```

Unter den Links auf die JavaScript-Dateien steht ein bisschen Code: Er bereitet das Facebox-JavaScript vor, damit es reagieren kann, wenn auf einen Link mit den entsprechenden rel-Attributen geklickt wird.

Der Facebox-Code übernimmt dann und zeigt mit den verknüpften Dateien und dem CSS den Effekt auf der Seite an.

ÜBUNG

4. Nun wenden Sie den Facebox-Effekt auf alle drei Listenelemente im Portfolio an. Verknüpfen Sie dazu die Thumbnails mit der jeweils großen Version und fügen Sie das korrekte rel-Attribut in den Link ein.

Das rel-Attribut beschreibt die Beziehung eines Links zur aktuellen Seite. Hier verwenden wir es, damit das Facebox-JavaScript mitbekommt, wenn ein bestimmter Link angeklickt wird.

Versehen Sie die Portfolio-Bilder mit Links auf die jeweils größere Version desselben Bilds. Das größere Bild wird in der Lightbox angezeigt.

```
<ul id="port">
      <li><a title="Anzeigen" href="bilder/markinjapan_gross.jpg" rel="facebox">
<img alt="Design Mark in Japan" src="bilder/markinjapan.jpg" /></a></li>
      <li><img alt="Design Audio 2 Go" src="bilder/a2g.jpg" /></a></li>
      <li><img alt="Design RPM" src="bilder/rpm.jpg" /></a></li>
</ul>
```

Achten Sie darauf, die <img>-Tags vollständig mit den <a>-Tags zu umschließen. Stellen Sie sich das Bild einfach als Text innerhalb des Link-Tags vor.

Freak-Futter

Das rel-Attribut beschreibt die Beziehung zwischen zwei Ressourcen. Im Fall der Lightbox hat der Link eine Beziehung zum Lightbox-Effekt. Es handelt sich zwar um eine rein semantische Beziehung, aber andere Ressourcen (z.B. JavaScript) können solche Links durch dieses Attribut anders behandeln als einen normalen Link.

LÖSUNG ZUR ÜBUNG

Sehen wir uns an, wie unser Portfolio-Markup aussehen muss, damit der Lightbox-Effekt richtig funktioniert:

```
<ul id="port">
      <li><a title="Anzeigen" href="bilder/markinjapan_gross.jpg" rel="facebox">
<img alt="Design Mark in Japan" src="bilder/markinjapan.jpg" /></a></li>
      <li><a title="Anzeigen" href="bilder/a2g_gross.jpg" rel="facebox">
<img alt="Design Audio 2 Go" src="bilder/a2g.jpg" /></a></li>
      <li><a title="Anzeigen" href="bilder/rpm_gross.jpg" rel="facebox">
<img alt="Design RPM" src="bilder/rpm.jpg" /></a></li>
</ul>
```

Jeder Link muss das Attribut rel="facebox" erhalten, damit der Effekt richtig funktioniert. Ohne dieses bisschen Code würde das JavaScript nicht ausgeführt werden

Nicht nur Bilder können in der Lightbox angezeigt werden. Auch Textinhalte innerhalb eines Tags oder vollständige HTML-Dokumente können in einer Lightbox dargestellt werden.

PROBEFAHRT

Starten Sie einen Versuch. Fügen Sie alle Bilder und Dateien in Ihre Verzeichnisstruktur ein und laden Sie die Seite in einem Browser. Wie sieht sie aus?

Probieren Sie es mit einem anderen Browser. Funktioniert es damit genauso?

Es gibt keine Dummen Fragen

F: Sie haben erwähnt, dass JavaScript zu manchen Browsern nicht vollständig kompatibel sein könnte. Was passiert, wenn der Browser eines Benutzers kein JavaScript unterstützt?

A: Das stimmt. Nicht alle Browser unterstützen JavaScript. In diesem Fall kann der Browser bei einem Klick auf den Link zu den größeren Bildern immer noch versuchen, das Bild in einer leeren Seite anzuzeigen statt in der Bildschirmmitte. Die Benutzer müssen dann zwar mit dem Zurück-Button des Browsers zurücknavigieren, können aber immerhin trotzdem das große Bild sehen.

F: Wenn ich auch Text in eine Lightbox schreiben kann, würde der nicht von den Benutzern übersehen werden, deren Browser kein JavaScript unterstützt?

A: Es ist genau dasselbe. Unterschiedliche Browser behandeln JavaScript unterschiedlich. Nachdem Sie nie sicher sein können, inwieweit die Browser Ihrer Benutzer JavaScript unterstützen, sollten Sie JavaScript sparsam einsetzen. Und wenn Sie es verwenden, stellen Sie sicher, dass der damit angezeigte Inhalt nicht entscheidend für das Verständnis der Website und ihres Inhalts ist.

F: Hmm. Ist Flash vielleicht doch eine bessere Option, um Interaktivität einzubauen?

A: Kommt darauf an, was Sie erreichen möchten. Wenn Sie reichhaltige animierte Multimedia-Abschnitte möchten, ist Flash eine gute Wahl. Aber wir zeigen hier lediglich die größeren Versionen der Bilder. Natürlich hat Flash auch seine Grenzen (der Browser benötigt ein Plug-in, der Inhalt ist nicht zu 100% zugänglich usw.). Wenn Ihre Website in erster Linie inhaltsbasiert ist, bleiben Sie am besten bei HTML und CSS für die Darstellung und fügen hier und da nur einen Hauch Interaktivität mit JavaScript oder Flash hinzu.

KOPF-NUSS

Was ist Ihre Meinung dazu? Wie könnten wir sonst noch Rote Laterne mit neuen Inhalten versorgen, damit die Benutzer immer wieder vorbeischauen?

Halten Sie Ihren Inhalt mit einem Blog frisch.

Blogs haben sich zu einem mächtigen Tool für die Kommunikation mit den Benutzern in beiden Richtungen entwickelt. Sie posten Einträge, und Ihre Benutzer können dazu Kommentare schreiben sowie Kommentare zu den Kommentaren der anderen.

Mit einem Blog können Sie den Inhalt auf Ihrer Website in einem konstanten Fluss halten – wodurch Ihre Website immer neu aussieht und die Benutzer einen Grund haben, zurückzukommen.

Mit Blogs geben Sie einer Website eine »Stimme«, Ihre Website bleibt nicht anonym: Sie können durch Ihre Blog-Posts sprechen und damit auch andere Leute erreichen.

Aufgepasst

Achten Sie unbedingt darauf, dass Sie Zeit haben, regelmäßig etwas zu posten, wenn Sie ein Blog ins Leben rufen.

Es gibt nichts Schlimmeres, als wenn Ihre Benutzer auf die Website zurückkehren und feststellen, dass das Blog seit sechs Monaten nicht mehr aktualisiert wurde. Ein Blog zieht nur dann Leser an, wenn sie auch regelmäßig etwas Neues und Interessantes zum Lesen finden.

Ein Blog mit WordPress

Jana ist einverstanden. Sie findet die Idee toll, dass die neue Version der Rote Laterne-Website ein Blog haben soll. Auf diese Weise können Designartikel geschrieben, Neuigkeiten über Rote Laterne gepostet und insgesamt kann eine bessere Kommunikation mit den Benutzern ermöglicht werden.

Jana hat ein bisschen recherchiert und möchte WordPress (`http://wordpress-deutschland.org`) verwenden. Warum? Dafür gibt es eine Reihe von Gründen:

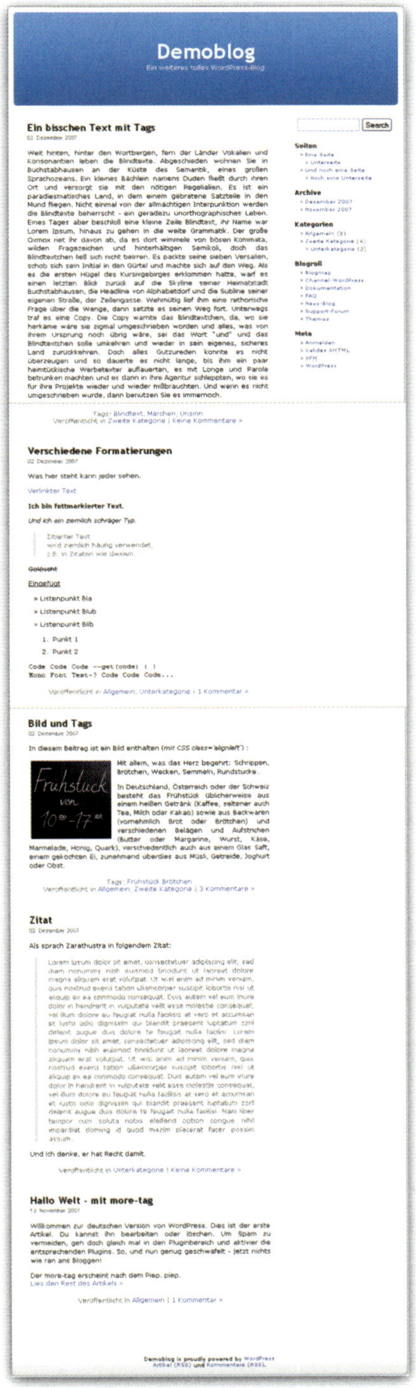

Punkt für Punkt

- WordPress ist Open Source – das heißt, dass Tausende (vielleicht sogar Zehntausende) Entwickler auf der Welt dazu beitragen, dass die Software mit jeder Version noch besser wird.
- WordPress braucht nur PHP und MySQL (keine Sorge, wir sind an Ihrer Seite, falls diese Begriffe für Sie furchterregend klingen).
- WordPress hat ein unglaublich einfaches (und legendäres), nur fünf Minuten dauerndes Installationsprogramm.
- WordPress bietet ein sehr einfaches Vorlagensystem, mit dessen Hilfe Sie das Aussehen Ihres Blogs mit einem Klick ändern können. Außerdem können Sie ganz leicht Ihre eigenen Vorlagen entwickeln (»Themes« in WordPress-Sprech). Sie werden alle mit CSS geschrieben ... Wenn Sie also bereits eine Website haben und möchten, dass Ihr WordPress-Blog genauso aussieht, müssen Sie lediglich das vorhandene CSS anpassen.
- Und das Beste: WordPress ist kostenlos!

Das ist das Standard-Theme »Kubrick« von WordPress, das alle Sonderfunktionen von WordPress nutzt.

Ein WordPress-Blog für die Rote Laterne-Website

Um den Rote Laterne-Blog zum Laufen zu bringen, müssen Sie WordPress herunterladen und auf dem Server einrichten. Hier können Sie sich die WordPress-Dateien holen: **`http://wordpress-deutschland.org/download/`**

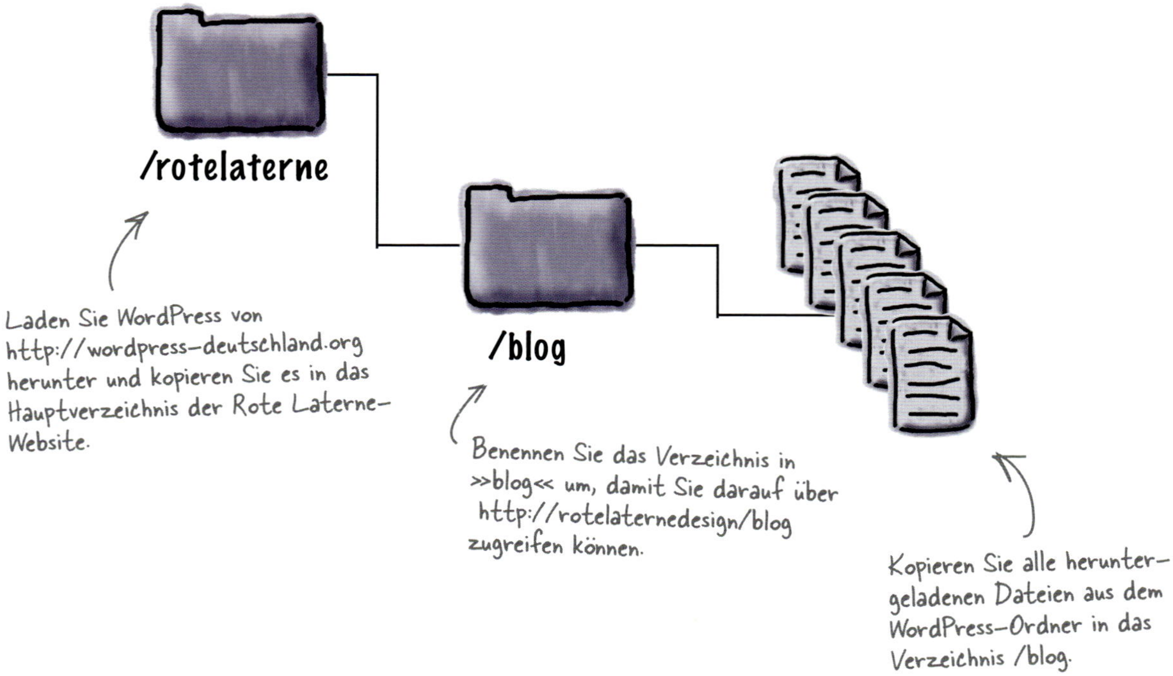

Freak-Futter

WordPress benötigt einen Server mit PHP und MySQL (eine relationale Open Source-Datenbank), um richtig funktionieren zu können. Wenn Sie keinen Zugriff auf einen Server oder einen Hosting-Plan haben (die meisten Webhosts unterstützen WordPress), können Sie auf der folgenden Website lernen, wie Sie WordPress lokal auf Ihrem PC oder Mac ausführen können (mit XAMPP, einem Softwarepaket, das Ihnen einen funktionierenden Webserver auf Ihrem Desktop-Rechner beschert): **`http://www.apachefriends.org/de/xampp.html`**.

Übung

Stellen Sie die WordPress-Installation fertig und bringen Sie den Rote Laterne-Blog ans Laufen.

Sie müssen wp-config-sample.php so umbenennen.

1. Bearbeiten Sie die Datei **`wp-config-sample.php`** so, dass die Parameter mit denen Ihrer Installation übereinstimmen, und speichern Sie sie unter dem neuen Namen **`wp-config.php`** ab.

```
// ** MySQL-Einstellungen ** //
define('DB_NAME', 'ihrdatenbankname');   // Der Name der Datenbank, die Sie benutzen.
define('DB_USER', 'ihrbenutzername');    // Ihr MySQL-Datenbank-Benutzername.
define('DB_PASSWORD', 'ihrkennwort'); // Ihr MySQL-Passwort.
define('DB_HOST', 'localhost');    // In 99% der Fälle müssen Sie hier nichts ändern.
define('DB_CHARSET', 'utf8');
define('DB_COLLATE', '');
```

WordPress braucht diese vier Datenbankparameter, damit die Datenbanktabellen für die Blogdaten angelegt werden können.

2. Führen Sie die Installationsschritte aus und bringen Sie den Blog auf Ihrem lokalen Rechner oder Server zum Laufen. Denken Sie daran, dass wir auf WordPress unter /blog zugreifen möchten.

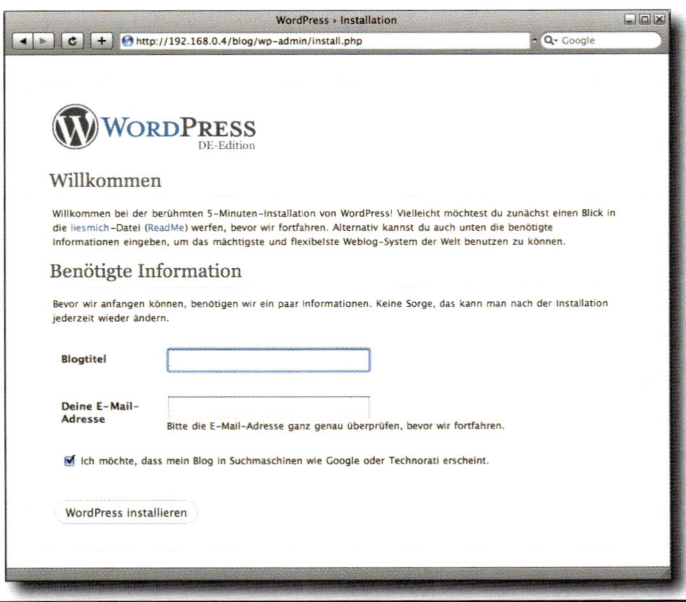

Führen Sie die Schritte der WordPress-Installation durch, um den Rote Laterne-Blog an den Start zu bringen.

Blog im Gespräch

Diese Woche: Lernen Sie Blog kennen

Von Kopf bis Fuß: Willkommen, Blog. Schön, dass Sie hier sind. Zu Beginn möchte ich Sie fragen: Wie kommen Sie zu Ihrem Namen? Blog? Das klingt wie der Laut, den ein Hund macht, wenn er sich übergibt!

Blog: Wirklich? So möchten Sie also dieses Interview führen? Gut, dann beiße ich zurück. Der Name »Blog« ist die Kurzform von »Weblog«, einer Kombination aus den Wörtern »Web« und »Log« (engl. Protokoll). Damals, als es mit den Blogs losging, waren es nur »Logbücher« darüber, was die Leute im Web gemacht haben (coole Websites, die sie gefunden haben, lustige Fotos und so weiter) – daher der Name Weblog (und später Blog).

Von Kopf bis Fuß: Entschuldigung, vielleicht war das nicht die beste Art, die erste Frage zu formulieren. Sie haben sicherlich eine Menge erlebt seit diesen frühen Tagen, oder?

Blog: Darauf können Sie wetten! Blogs sind zu einem wirklich mächtigen Tool für die Kommunikation im Web geworden. Mittlerweile finden Sie Blogs überall – auf persönlichen Websites bis hin zu großen Unternehmens-Websites. Alle sind auf den Zug aufgesprungen!

Von Kopf bis Fuß: Wirklich? Haben so viele Leute Blogs?

Blog: Ja, wir sprechen hier von Millionen, Abermillionen ... nun, Sie verstehen schon.

Von Kopf bis Fuß: Wow, so viele! Aber wenn dermaßen viele Blogs einsetzen, muss es ja supereinfach sein, ein Blog einzurichten, oder?

Blog: Nun, ja ... und nein.

Von Kopf bis Fuß: Ja und nein? Was ist das denn für eine Antwort?

Blog: Das ist schwierig.

Von Kopf bis Fuß: Erleuchten Sie uns, dafür sind Sie doch hergekommen, oder?

Blog: Die Technologie hinter Blogs kann ziemlich kompliziert sein. Es handelt sich um dynamische Webapplikationen, die alles mögliche Zeug (Posts, Kommentare usw.) in einer Datenbank auf dem Server speichern und eine serverseitige Sprache (zum Beispiel PHP) verwenden, um dieses aus der Datenbank herauszuziehen und auf die Website zu stellen. Glücklicherweise gibt es dadurch, dass Blogs so beliebt sind, eine Menge gängiger Lösungen, die den unterschiedlichen technischen Vorkenntnissen der verschiedenen Menschen gerecht werden.

Von Kopf bis Fuß: Okay, das klingt gut – können Sie etwas zu einigen dieser Lösungen sagen?

Blog: Nun, es gibt grundsätzlich zwei Kategorien von Blogs: gehostete und installierte. Gehostete Blogs werden von dritten Unternehmen erstellt, verwaltet und gewartet (und üblicherweise vom Benutzer durch eine leicht zu bedienende Onlineoberfläche gepflegt). Nachdem dieser Dienst auf dem Server des Providers läuft, müssen Sie sich nicht selbst um die Installation oder Serverkonfiguration kümmern. Es gibt kostenlose gehostete Blogdienste (z.B. Blogger.com) und kostenpflichtige Dienste (z.B. Movable Type).

Von Kopf bis Fuß: Ja, ich verstehe das mit den gehosteten Blogs ... was ist mit den installierten?

Blog: Installierte Blogsysteme sind Softwarelösungen, die Sie auf Ihrem eigenen Webserver installieren, auf dem das Blog läuft. Sie können komplizierter sein als die gehosteten Lösungen – besonders für Menschen, die keinen Zugriff auf einen Server haben (oder keine Erfahrung mit Servern). Die gute Nachricht ist, dass es eine Handvoll installierbarer Blogsysteme gibt (auch WordPress), mit denen es so einfach wie nur irgend möglich ist.

Von Kopf bis Fuß: Wow, ich wusste gar nicht, dass es so viel über Blogs zu wissen gibt – danke fürs Vorbeikommen!

Probefahrt

Riskieren Sie einen Blick darauf, wie das Blog aussieht ... jetzt, nachdem Sie die WordPress-Installation abgeschlossen haben.

Das sehen Sie unter der URL /blog/.

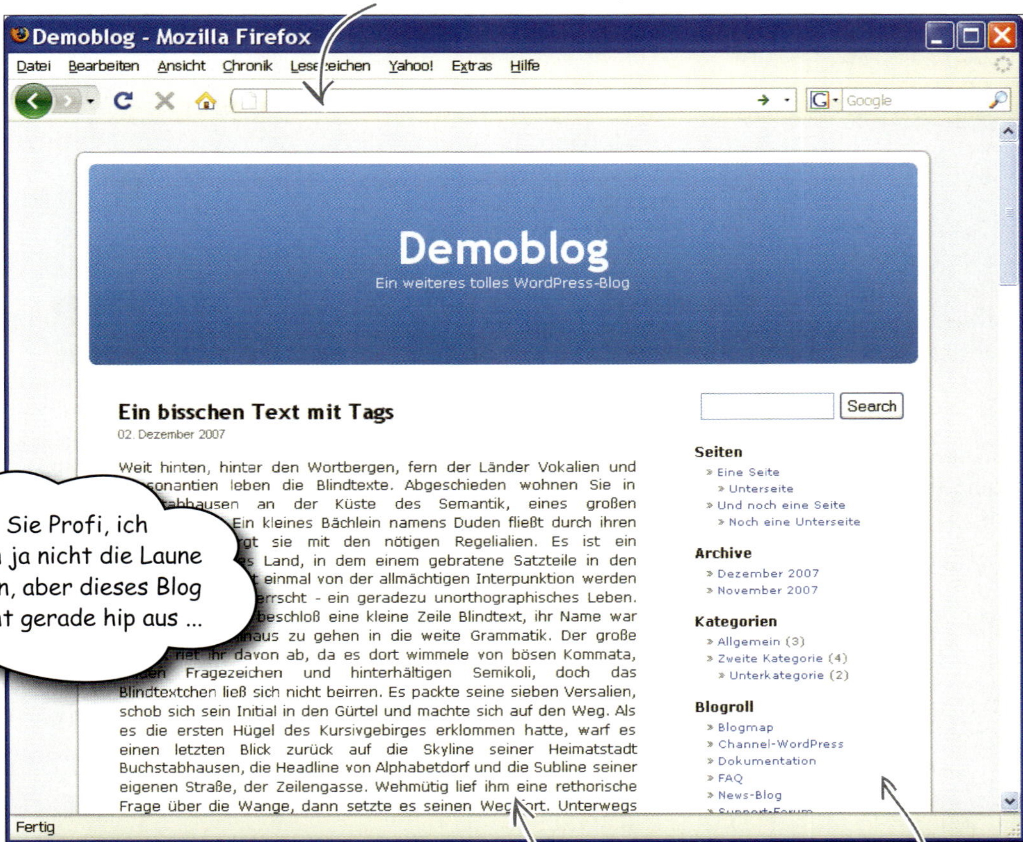

WordPress installiert einen Begrüßungs-Post auf der Homepage des Blogs, den Sie entfernen können, wenn Sie anfangen zu bloggen.

Die Seitenleiste zeigt Links auf die Seitenarchive und Kategorien innerhalb des Blogs

Anderes Look and Feel für den Blog durch Themes

Mit den Themes für WordPress können Sie die Gestaltung Ihrer Website ändern, indem Sie neue Designs hochladen. Diese Themes sind eine Sammlung von Dateien in einem Verzeichnis, das den PHP-Code sowie Markup, Stil und Bilder des neuen Designs enthält. Sobald Sie sie hochgeladen haben, können Sie das neue Theme mit dem WordPress-Admin aktivieren.

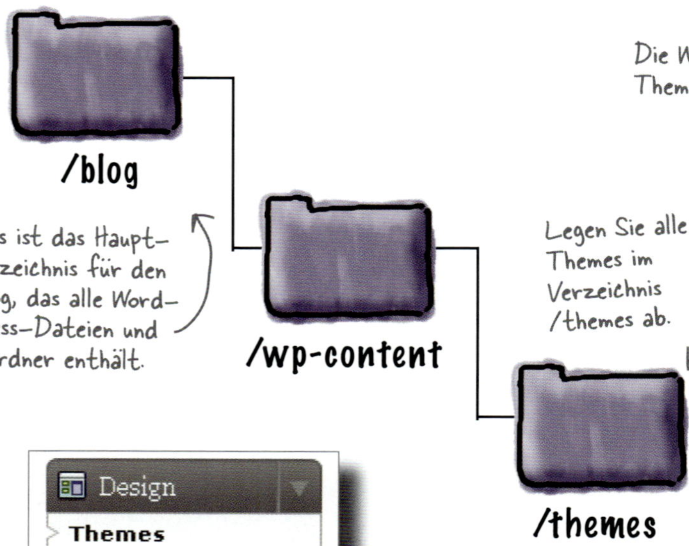

Das ist das Hauptverzeichnis für den Blog, das alle WordPress-Dateien und -Ordner enthält.

Legen Sie alle Themes im Verzeichnis /themes ab.

Die WordPress Themes-Website.

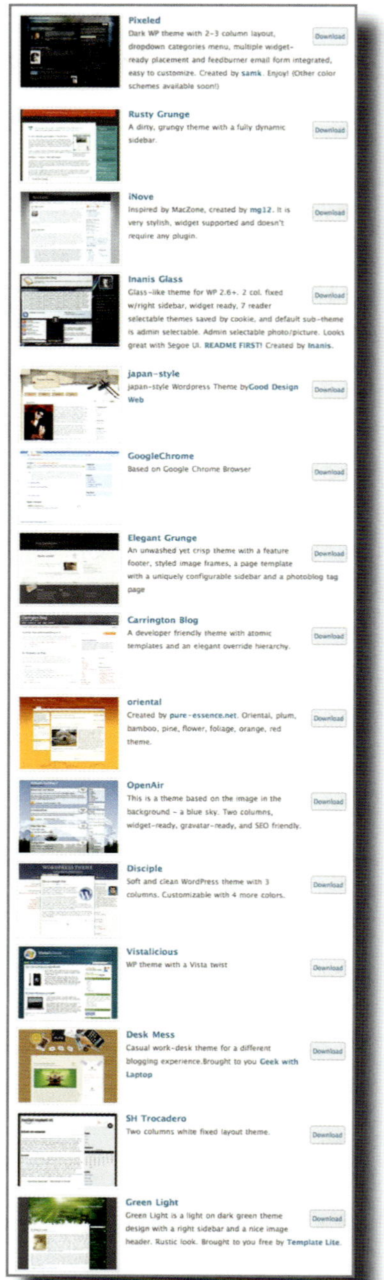

Sobald Sie das Theme hochgeladen haben, können Sie es in der Admin-Maske aktivieren.

Freak-Futter

Sie können Ihre eigenen Themes für WordPress erstellen, damit sie besser zum Rest der Website passen. Dieses Tutorial zeigt Ihnen den Einstieg in die Entwicklung von Themes:
http://codex.wordpress.org/Theme_Development

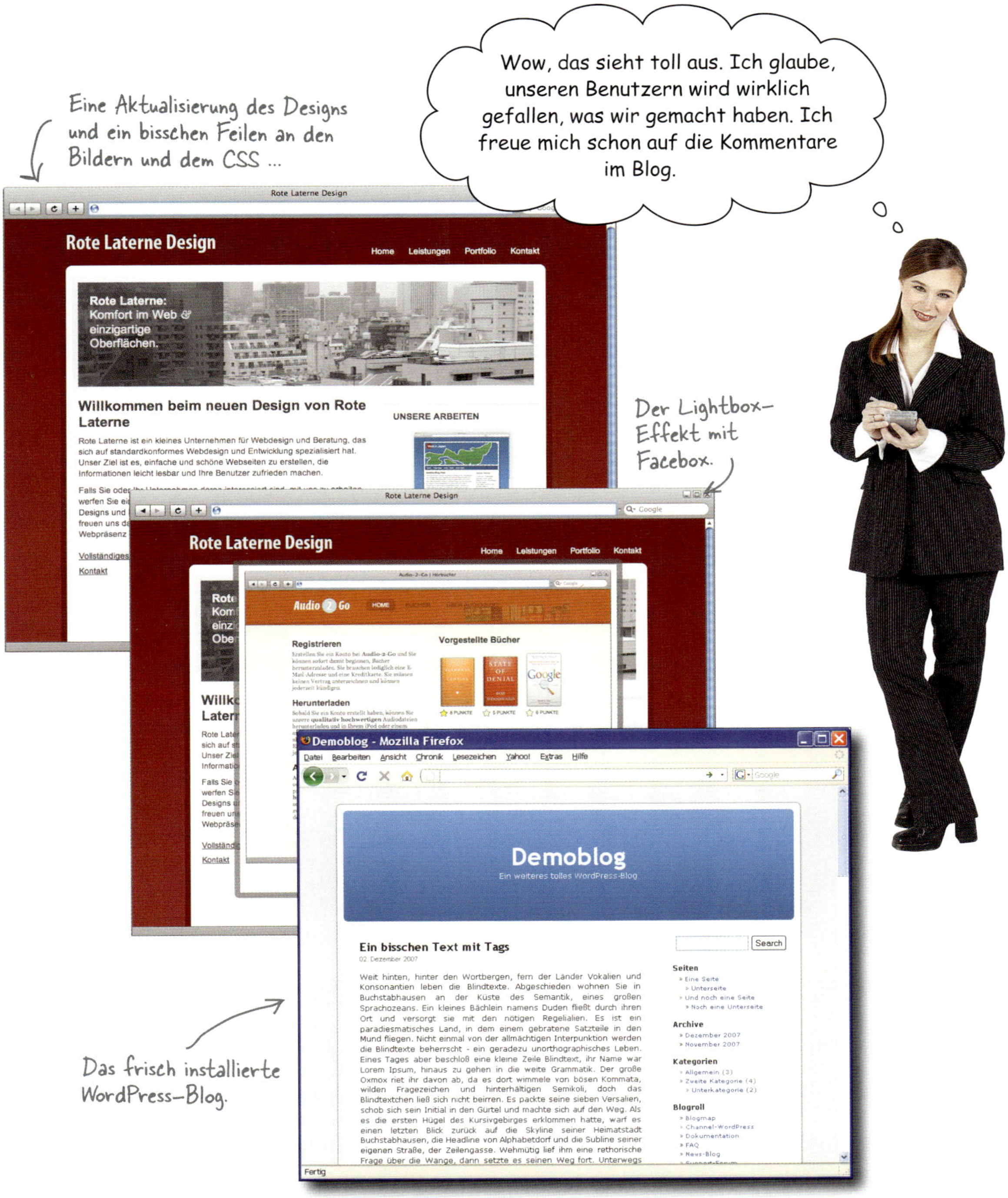
Wow, das sieht toll aus. Ich glaube, unseren Benutzern wird wirklich gefallen, was wir gemacht haben. Ich freue mich schon auf die Kommentare im Blog.
Eine Aktualisierung des Designs und ein bisschen Feilen an den Bildern und dem CSS ...
Der Lightbox-Effekt mit Facebox.
Das frisch installierte WordPress-Blog.
Rote Laterne Design
Home Leistungen Portfolio Kontakt
Rote Laterne: Komfort im Web & einzigartige Oberflächen.
Willkommen beim neuen Design von Rote Laterne
UNSERE ARBEITEN
Rote Laterne ist ein kleines Unternehmen für Webdesign und Beratung, das sich auf standardkonformes Webdesign und Entwicklung spezialisiert hat. Unser Ziel ist es, einfache und schöne Webseiten zu erstellen, die Informationen leicht lesbar und Ihre Benutzer zufrieden machen.
Audio 2 Go
Registrieren
Vorgestellte Bücher
Herunterladen
Demoblog - Mozilla Firefox
Datei Bearbeiten Ansicht Chronik Lesezeichen Yahoo! Extras Hilfe
Demoblog
Ein weiteres tolles WordPress-Blog
Ein bisschen Text mit Tags
Search
Seiten
Archive
Kategorien
Blogroll
Fertig

Webdesign- Werkzeugkasten

Sie haben Kapitel 10 in der Tasche und einigen frischen Inhalt in Ihre Homepage eingefügt.

Punkt für Punkt

- Ihre persönliche Website ist Ihr bestes PR-Tool.
- Es ist wichtig, dass Ihre Website immer die besten und neuesten Arbeiten zeigt.
- Frischer Inhalt hat eine positive Wirkung auf Ihre Benutzer und sorgt dafür, dass sie immer wieder zurückkommen.
- Eine Website sollte sich entwickeln (Schritt für Schritt) und sich nicht immer wieder radikal ändern.
- jQuery ist eine Bibliothek mit vordefinierten JavaScript-Funktionen und Steuerelementen, die Sie in einem Verzeichnis auf Ihrem Server ablegen und dann vom Markup aus aufrufen können.
- Eine Lightbox ist ein Effekt, der Bilder oder HTML-Inhalte in einem schwebenden Rahmen in der Mitte der Seite angezeigt.
- Mit einem Blog können Sie Ihre Inhalte frisch und aktuell halten und die direkte Kommunikation mit Ihren Benutzern suchen.
- Gehostete Blog-Systeme werden von einem dritten Unternehmen erstellt, verwaltet und gewartet (und üblicherweise vom Benutzer über eine leicht zu bedienende Onlineoberfläche gepflegt).
- Installierte Blogs sind nur verfügbar, wenn Sie die entsprechende Software auf Ihrem Webserver installieren – dafür brauchen Sie eine Datenbank (z.B. MySQL) sowie eine serverseitige Sprache (z.B. PHP).

KAPITEL 10

11 Business und Webdesign

Kümmern Sie sich um Ihr Geschäft

Geschäftliches in einem Buch über Webdesign? Soll das ein Witz sein? Sie haben Konzeption, Informationsarchitektur, Navigation, Farben und sogar Accessibility gemeistert. Was noch vor Ihnen liegt auf dem Weg zur wahren Meisterschaft des Webdesigns? Nun, Sie müssen die wirtschaftliche Seite des Webdesigns angehen. Sie brauchen zwar keinen MBA aus Harvard, sollten aber mehr wissen, als wie man einen Scheck richtig einlöst ... sonst kommen vielleicht keine Schecks mehr. Werfen wir einen Blick auf die Rechte an Ihrem geistigen Eigentum und darauf, wie Sie gute Kundenbeziehungen herstellen. Wozu das alles? Höhere Gewinne und der Schutz Ihrer harten Arbeit.

Der neueste potenzielle Kunde: die Foo Bar

Jana von Rote Laterne hat gerade von einem großen potenziellen Kunden Wind bekommen: der Foo Bar, einem beliebten Restaurant, das eine Onlinepräsenz braucht. Nach all der guten Arbeit, die Sie für Jana und Rote Laterne gemacht haben, möchte sie, dass Sie den Job übernehmen. Jana ist gewillt, Sie gut zu bezahlen und Sie sogar an der Firma zu beteiligen, wenn Sie den Foo Bar-Auftrag an Land ziehen.

Mal im Ernst … wer möchte sich einen Kunden mit dem Namen »Foo Bar« entgehen lassen?

Ich erstelle ungern nur Konzepte, aber ich denke, wir haben den Job in der Tasche … Holen Sie uns diesen Kunden, okay?

Die Foo Bar: Steakhaus und Saloon.

Was die Foo Bar als Angebot möchte:

1. Ein einfaches HTML-Mock-up einer Seite, das Look, Feel und Layout der Website zeigt.
2. Ein Farbschema für die Website. Das HTML-Mock-up soll zeigen, welche Designelemente welche Farbe erhalten.
3. Einige kurze und bündige Ideen für Branding und Logos, die zur neuen Onlinepräsent der Foo Bar passen.

Der Besitzer der Foo Bar.

Eine schnelle Skizze des Besitzers.

Einige Farben, vom Gebäude und der Bar selbst inspiriert.

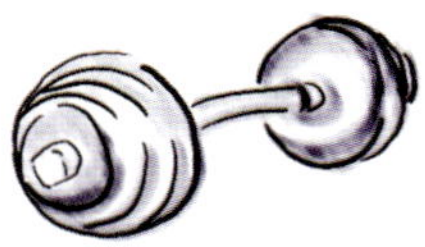

KRAFT-TRAINING

Konzeptarbeit bedeutet jede Menge Plackerei, bevor Sie dafür bezahlt werden. In diesem Fall möchte der Besitzer der Foo Bar ein Mock-up der Website sehen, bevor er sich auf Ihre Arbeit und Rote Laterne Design einlässt. Warum, glauben Sie, erstellt Jana normalerweise keine Konzepte?

Ein flottes Mock-up für die Foo Bar

Mittlerweile sollte das Zusammenstellen von Mock-ups für Sie ein Klacks sein. Sehen wir uns eine einfache XHTML-Version für die Foo Bar an:

```
<!DOCTYPE html PUBLIC "-//W3C//DTD XHTML 1.0 Strict//EN"
       "http://www.w3.org/TR/xhtml1/DTD/xhtml1-strict.dtd">
<html xmlns="http://www.w3.org/1999/xhtml" xml:lang="de" lang="de">
<head>
  <title>Foo Bar</title>
    <meta http-equiv="Content-Type" content="text/html; charset=utf-8"/>
    <link rel="stylesheet" href="stylesheets/screen.css" type="text/css"
          media="screen" />
</head>
<body>
  <div id="kopfzeile">
    <img alt="Foo Bar-Logo" src="bilder/foobar_logo.jpg" />
  </div>
  <div id="navigation">
    <ul>
      <li><a class="aktiv" title="Foo Bar-Home" href="#">Home</a></li>
      <li><a title="Speisekarte" href="#">Speisekarte</a></li>
      <li><a title="Geschichte der Foo Bar" href="#">Geschichte</a></li>
      <li><a title="Kontakt" href="#">Kontakt</a></li>
    </ul>
  </div>
  <div id="wrap">
      <h1>Willkommen in der Foo Bar. Täglich kühles Bier.</h1>
      <img alt="Foo Bar von außen" src="bilder/foobar_front.jpg" />
      <div id="inhalt">
        <h2>Kommen Sie zu Foo</h2>
        <p>Lorem ipsum dolor sit amet, consectetuer adipiscing elit. Duis a felis.
           Sed ac mauris eget eros vestibulum luctus.</p>
        <p>Lorem ipsum dolor sit amet, consectetuer adipiscing elit. Duis a felis.
          Sed ac mauris eget eros vestibulum luctus.</p>
      </div>
      <div id="seitenleiste">
       <h2>Specials</h2>
       <ul id="specials">
         <li>Montag</li>
         <li>Dienstag</li>
         <li>Mittwoch</li>
         <li>Donnerstag</li>
         <li>Freitag</li>
         <li>Samstag</li>
         <li>Sonntag</li>
       </ul>
      </div>
      <div id="fusszeile">
        <p>Copyright &copy; Foo Bar, alle Rechte vorbehalten.</p>
      </div>
  </div>
</body>
</html>
```

index.html

ÜBUNG

Erstellen Sie das neue Stylesheet screen.css und setzen Sie Farben und Schriftarten ein. Lassen Sie alles einfließen, was Sie bisher gelernt haben, um der Foo Bar einen hübschen, zeitgemäßen Look zu verpassen. Erstellen Sie auch eine logische Verzeichnisstruktur und verknüpfen Sie alle Dateien korrekt in Ihrer index.html.

```
body {
      margin: 0;
      padding: 0;
      background: ..................
      border-top: 10px solid ..................
      font-family: Helvetica, sans-
serif;
      color: #fff;
}
h2 {
      margin ..................
      color: #6d8ead;
}
#wrap {
      margin: 0 auto;
      width: 800p..................
      background: #362416;   ..................
      border-left: 5px solid ..................
      border-right: 5px solid #281a0f;
}
#wrap h1 {
      margin: 0;
      padding: 10px;
      text-align: ..................
      background: #553f2d;   ..................
      border-bottom: 1px solid #362416;
      color: #fff;
      font-weight: normal;
      font-family: Georgia, serif;
}
#navigation ul {
      padding: 15px;
}
#navigation u..................
      color: #6d8ead;
      font-weight: bold;
      font-size: large;
      text-decoration: none;
}
#navigation ul li a.aktiv {
      color: #fff;
}
#seitenleiste h2 {..................
      background: #553f2d;
      margin: 0 0 10px 0;
      padding: 5px;
}
#fusszeile p {
      margin: 0;
      padding: 10..................
      background: #281a0f;
      text-align: center;
}
```

Spielen Sie mit den verschiedenen Farbkombinationen des Foo Bar-Besitzers herum und schauen Sie, was am besten mit dem Layout funktioniert.

screen.css

LÖSUNG ZUR ÜBUNG

Das sind die Teile der CSS-Datei, die eine Farbbehandlung brauchten. Werfen wir einen Blick auf den endgültigen Code und schauen wir, wie die fertige Website aussieht.

Wir haben das hellste Braun für den Hintergrund genommen und eine etwas dunklere Farbe für den oberen Rahmen.

screen.css

```
body {
      margin: 0;
      padding: 0;
      background: #cfcdb4;
      border-top: 10px solid #bcba9e;
      font-family: Helvetica, sans-
serif;
      color: #fff;
}
h2 {
      margin: #6d8ead;
      color:
}
#wrap {
      margin: 0 auto;
      width: 800px #362416;
      background:             #281a0f;
      border-left: 5px solid  #281a0f;
      border-right: 5px solid
}
#wrap h1 {
      margin: 0;
      padding: 10px;
      text-align: #553f2d;
      background:             #362416;
      border-bottom: 1px solid
      color: #fff;
      font-weight: normal;
      font-family: Georgia, serif;
}
```

```
#navigation ul {
      padding: 15px;
}
#navigation ul li a {
      color: #6d8ead;
      font-weight: bold;
      font-size: large;
      text-decoration: none;
}
#navigation ul li a.aktiv {
      color: #fff;
}
#seitenleiste h2 {
      background: #553f2d;
      margin: 0 0 10px 0;
      padding: 5px;
}
#fusszeile p {
      margin: 0;
      padding: 10px;
      background: #281a0f;
      text-align: center;
}
```

Das <div> #wrap bekommt die dunkelsten Brauntöne und stellt einen hübschen Kontrast zum weißen Text und dem hellen Hintergrund dar.

Alle Dateien für die Foo Bar-Website finden Sie im Beispielcode zum Buch.

Probefahrt

Erstellen Sie index.html, screen.css und die Foo Bar-Bilder (oder laden Sie sie herunter). Starten Sie Ihren Browser und zeigen Sie dem Foo Bar-Besitzer Ihr Layout und das Farbschema.

Drei Monate später ...

Das hat sich die Foo Bar »einfallen lassen«. Kommt Ihnen irgendwie bekannt vor, oder?

ÜBUNG

Wurde unser Design wirklich geklaut? Bevor Jana die Firmenanwälte kontaktiert, müssen wir absolut sicher sein. Zeit also für einen Vergleich. Werfen Sie einen Blick auf die beiden Designs und schreiben Sie alle Ähnlichkeiten und Unterschiede auf.

Das ist das Design, das wir an die Foo Bar geliefert haben.

Das ist das Design, für das sich die Foo Bar entschieden hat.

LÖSUNG ZUR ÜBUNG

Das sind nur einige wenige der Gemeinsamkeiten, die wir in den »beiden« Versionen der Foo Bar-Website entdeckt haben.

Sie haben unseren Firmenschriftzug verwendet und lediglich die Wörter darunter entfernt.

Die Navigation ist nicht mehr zentriert, und die Schriften wurden offensichtlich ein bisschen angepasst.

Die Specials sind an derselben Stelle … genau das Gleiche!

Sogar die Farben sind dieselben … die haben nicht mal richtig versucht, etwas zu ändern.

Es gibt keine Dummen Fragen

F: Das kann auf keinen Fall ein Versehen sein, oder?

A: Diese Frage müssen Sie natürlich stellen, aber normalerweise ist sie sehr leicht zu beantworten. Wenn zwei Websites so ähnlich aussehen, ist es nur schwer vorstellbar, dass das Design nicht gestohlen wurde. Selbst wenn Sie als Übung versuchen würden, eine Website zu entwickeln, die genau wie die der Foo Bar aussieht, würden Sie wahrscheinlich noch mehr Änderungen machen, als oben zu sehen sind.

F: Aber so ist das Web. Jeder klaut von jedem, oder nicht?

A: Wie Mutti schon gesagt hat: Nur weil es die Freunde machen, muss es nicht richtig sein. Wenn alle anderen von einer Klippe springen ... Sie verstehen schon. Wenn Sie hart an einem Design gearbeitet haben, haben Sie auch das Recht, dafür zu sorgen, dass es Ihres bleibt.

F: Okay, die haben uns definitiv angeschmiert. Was machen wir jetzt?

A: Gute Frage ...

Willkommen in der Welt der DESIGNPIRATERIE

Man sagt, Imitation sei die höchste Form der Schmeichelei. Aber was passiert, wenn Sie auf eine Website stoßen, die ganz klar Ihr Design gestohlen hat? Das Problem ist, dass es im Web sehr, sehr einfach ist, zu kopieren (und zu klauen)! Quellcode kann einfach angezeigt und kopiert werden, Bilder sind leicht herunterzuladen, und auch das CSS ist schnell kopiert.

Was können Sie also tun? Zuallererst müssen Sie wissen: Wenn Sie die Website erstellt haben (Ihr Design also ein Original ist), ***haben Sie das Urheberrecht daran***. Zum zweiten müssen Sie keinen Copyright-Hinweis auf die Seiten Ihrer Website schreiben, um das Urheberrecht zu besitzen. Ihr Design ist also bereits urheberrechtlich geschützt!

1. **Schreiben Sie eine höfliche E-Mail.**
   Fordern Sie den Inhaber der Website auf, Ihr urheberrechtlich geschütztes Material oder Design zu entfernen. Egal wie verärgert Sie sind, bleiben Sie höflich. Es ist wesentlich wahrscheinlicher, dass der Rechtsbrecher auf Ihre Forderung eingeht, wenn Sie freundlich bleiben.

Sie werden überrascht sein, was eine E-Mail alles bewirken kann. Oft hoffen Leute, die Ihre Designs klauen, einfach, dass Sie es nicht merken. Das Web ist eine große weite Welt ...

2. **Schreiben Sie eine Erinnerungs-E-Mail mit CC an Google.**
   Wenn Sie keine oder eine unverschämte Antwort erhalten, schicken Sie eine weitere Mail und weisen Sie darauf hin, dass Sie die Angelegenheit Ihrem Anwalt übergeben, falls das urheberrechtlich geschützte Material nicht von der Website entfernt wird.

3. **Ziehen Sie einen Anwalt zurate.**
   Wenn nichts anderes hilft, schalten Sie einen Anwalt für Urheberrecht ein. Ein Anwalt kann mindestens eine Unterlassungsanordnung in Ihrem Namen zustellen. Wenn Sie möchten, kann der Anwalt auch eventuell vor Gericht Schadensersatz geltend machen. Aber denken Sie daran, Anwälte für Urheberrecht sind nicht billig!

Das sollte wirklich der letzte Ausweg sein, da es tendenziell schnell teuer werden kann.

Seien Sie höflich, bestimmt und haben Sie keine Angst, >>rechtliche Schritte<< zu erwähnen, um Ihren Standpunkt klarzumachen.

Rote Laterne Design <rotelaterne@gmail.com>

Unberechtigte Ausübung des Urheberrechts

2 Nachrichten

Rote Laterne Design <rotelaterne@gmail.com> **Samstag,15. November 2008, 16:06 Uhr**
An: Foo-Bar <kontakt@foobar.com>

Sehr geehrte Damen und Herren,
uns ist aufgefallen, dass Ihr Etablissement unser (Rote Laterne Design) urheberrechtlich geschütztes Material ohne unsere Zustimmung verwendet Wir hatten kürzlich ein Angebot für Ihre Firma eingereicht und offensichtlich wurde das von uns zur Ansicht angefertigte Design für Ihre Website verwendet. Wir wurden weder darüber benachrichtigt, dass unser Angebot angenommen wurde, noch haben wir eine Vergütung für die Verwendung unseres Designs oder unsere Leistungen erhalten.
Wir bitten Sie daher darum, unser Material von Ihrer Homepage zu entfernen und davon abzusehen, unser urheberrechtlich geschütztes Material weiter zu verwenden. Ansonsten sehen wir uns leider gezwungen, rechtliche Schritte einzuleiten.

Mit freundlichen Grüßen,
Rote Laterne Design GmbH

Foo-Bar <kontakt@foobar.com>
An: Rote Laterne Design <rotelaterne@gmail.com>

Sehr geehrte Damen und Herren,

wir entschuldigen uns vielmals für dieses Mißverständnis, unsere Website sieht dem von Ihnen überlassenen Design auffallend ähnlich. Wir haben das urheberrechtlich geschützte Material entfernt und verwenden keine Designs oder Logos von Rote Laterne Design mehr. Wir entschuldigen uns nochmals für das Mißverständnis und hoffen, dass wir jegliche rechtlichen Schritte ausräumen können. Bitte lassen Sie uns wissen, falls wir noch etwas in der Angelegenheit tun können.

Mit freundlichen Grüßen,
Foo-Bar Management

Ich hatte erwartet, dass sich das hinzieht. Ich bin froh, dass sie die Website aus dem Netz nehmen.

Foo Bar hatte offensichtlich nicht damit gerechnet, dass wir die Website ansehen, und war sehr bemüht, rechtliche Schritte zu vermeiden. Manchmal reicht schon der Gedanke an rechtliche Schwierigkeiten aus, um Leute zum Einlenken zu bewegen.

Seien Sie klar, bestimmt, höflich und förmlich in der Korrespondenz mit eventuellen Designpiraten.

Es gibt mehr als nur eine Art von Webdesignern.

Manche Menschen möchten einfach nur Websites gestalten. Andere haben die Vision, Unternehmen zu gründen und über Tabellen zu brüten. Natürlich fallen die meisten irgendwo dazwischen. Es gibt eine Menge verschiedener Rollen, eben auch im Webdesign-Universum. Überlegen Sie sich, mit welchen Arten von Webdesign Sie sich beschäftigen müssen.

Welche Art Webworker sind Sie?

Beantworten Sie die Fragen der Webworker-Jobumfrage und finden Sie heraus, in welchem Teil des Webdesign-Universums Sie leben. Addieren Sie Ihre Punktzahl und erfahren Sie am Ende der nächsten Seite, wo Sie stehen.

Was für ein Webworker sind Sie?

Kreisen Sie die Zahl ein (von 1 = uninteressant bis 5 = sehr interessant), die Ihr Interesse an der jeweiligen Aufgabe am besten trifft.

1. **Ich schreibe gern Code, der das Content-Management von Websites unterstützt und mit Datenbanken interagiert.**

   1 2 3 4 5

2. **Ich möchte dafür sorgen, dass sich Benutzer in einer Website zurechtfinden und das Design insgesamt toll aussieht und richtig funktioniert.**

   1 2 3 4 5

3. **Ich arbeite gern mit Inhalten und der Informationsstruktur von Websites.**

   1 2 3 4 5

4. **Ich liebe Design, möchte aber auch ein bisschen Code schreiben.**

   1 2 3 4 5

5 **Ich bin gut in HTML und CSS und liebe es, Designs in Markup und Stylesheets umzusetzen.**

1 2 3 4 5

6 **Es macht mir Spaß, Webseiten zu basteln, die sich durch JavaScript und Ajax wie Desktop-Anwendungen verhalten.**

1 2 3 4 5

7 **Ich beobachte gern, wie Benutzer mit einer Website interagieren, weil mich ihre Verwendungsmuster interessieren.**

1 2 3 4 5

8 **Ich mache mir gern Gedanken über Navigation und darüber, welche Inhalte in einem bestimmten Projekt am wichtigsten sind.**

1 2 3 4 5

Die folgende Liste zeigt Ihnen, in welchem Teil der Webdesign-Welt Sie leben:

Wenn Sie 8 oder mehr Punkte bei **1** und **6** haben, sind Sie ein **Programmierer**.

Wenn Sie 8 oder mehr Punkte bei **2** und **8** haben, sind Sie ein **User-Experience-Designer.**

Wenn Sie 8 oder mehr Punkte bei **3** und **8** haben, sind Sie ein **Informationsarchitekt.**

Wenn Sie 8 oder mehr Punkte bei **4** und **6** haben, sind Sie ein **Frontend-Designer.**

Wählen Sie Ihren Job – und Ihr Geschäft – Ihrem Platz im Webuniversum entsprechend.

Wenn Sie als Designer in einer Webfirma glücklich und zufrieden sind, werden Urheberrechte wahrscheinlich in allzu naher Zukunft kein Thema für Sie sein. Und trotzdem kann es mit der guten Arbeit, die Sie für Jana (und natürlich Ihren eigenen Chef!) machen, durchaus passieren, dass Sie eines Tages ins Führungsteam aufgenommen werden.

Oder vielleicht reizt Sie ja die Führung eines Teams. Sie juckt der Unternehmergeist, und Sie möchten vielleicht eine eigene Firma gründen. Wenn Sie wissen, wer Sie sind, können Sie die richtige Firma finden und die richtigen Leute um sich sammeln.

Und falls Sie eine Firma gründen möchten, gibt es auch hier wieder viele verschiedene Typen ... genau wie bei den Webworkern:

Das ist die einfachste Geschäftsstruktur, da es genau genommen gar keine Struktur gibt. Jegliches Einkommen und alle Verpflichtungen fließen dem persönlichen Vermögen des/der Inhaber zu.

Freiberufler/GbR

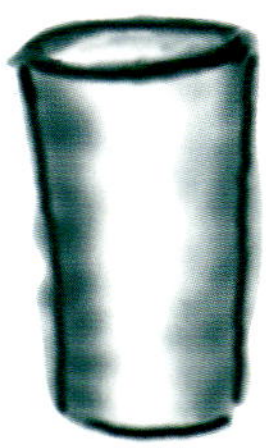

Aktiengesellschaft

Eine Aktiengesellschaft ist eine sehr komplizierte Geschäftsstruktur. Das Unternehmen ist eine Körperschaft, und es müssen strenge Regeln bei der Führung eines solchen Unternehmens eingehalten werden. Aktiengesellschaften können in der Gründung teuer sein, und ein guter Rechtsanwalt ist wichtiges Beiwerk.

Eine GmbH können Sie entweder allein oder zusammen mit anderen Gesellschaftern gründen, Sie brauchen allerdings ein bisschen Stammkapital dafür. Eine 1-Euro-GmbH bietet dem Inhaber die Einfachheit eines Einzelunternehmers mit dem Haftungsausschluss eines Unternehmens.

(1-Euro-)GmbH

ÜBUNG

Werfen Sie einen Blick auf die verschiedenen Unternehmen und schreiben Sie in die Lücken, ob sie Ihrer Meinung nach am besten als Freiberufler, (1-Euro-)GmbH oder AG auftreten.

Geschäftsmodelle

Schreiben Sie auf, welche Geschäftsstruktur Ihrer Meinung nach am besten zum beschriebenen Unternehmen passt.

Jo und ein Freund haben zusammen eine kleine Designfirma, in der beide Vollzeit arbeiten. Die Firma erwirtschaftet für beide genug, und sie denken darüber nach, einen dritten Designer dazuzunehmen, der ihnen bei den Projekten helfen kann.

....

Hans ist vollzeitbeschäftigt in einer großen Computerfirma und erstellt in seiner Freizeit Websites für kleine Unternehmen und Freunde. Er verdient hier und da ein bisschen Geld dazu, aber nicht genug, um sich damit ganz zu finanzieren.

....

Grüner Riese Design beschäftigt vier Mitarbeiter in Vollzeit und erzielt jedes Jahr einen sechsstelligen Gewinn. Die Inhaberin arbeitet als Creative Director und freut sich, dass ihre Firma klein geblieben ist und ortsansässige Unternehmen betreut.

....

Nationalweb ist ein großes Designunternehmen mit Büros in Berlin und München. Die meisten Kunden sind große, multinationale Unternehmen, und Nationalweb spielt mit dem Gedanken, eine amerikanische Niederlassung in New York zu eröffnen.

....

LÖSUNG ZUR ÜBUNG

Mal sehen, wie diese verschiedenen Firmen strukturiert und organisiert sind.

Geschäftsmodelle

Jo und ein Freund haben zusammen eine kleine Designfirma, in der beide Vollzeit arbeiten. Die Firma erwirtschaftet für beide genug, und sie denken darüber nach, einen dritten Designer dazuzunehmen, der ihnen bei den Projekten helfen kann.

Nachdem es sich hier um eine Partnerschaft handelt, ist eine formelle Unternehmensstruktur wie die GmbH am besten geeignet. Damit lassen sich die gemeinsamen Finanzen leichter organisieren.

(1-Euro-)GmbH

Hans ist vollzeitbeschäftigt in einer großen Computerfirma und erstellt in seiner Freizeit Websites für kleine Unternehmen und Freunde. Er verdient hier und da ein bisschen Geld dazu, aber nicht genug, um sich damit ganz zu finanzieren.

Freiberufler

Hans hat keine konstanten Einnahmen, und die Erstellung von Websites ist noch nicht mal sein Hauptberuf. Das zusätzliche Einkommen durch die Webauftritte taucht einfach nur in seiner persönlichen Einkommensteuererklärung auf.

Grüner Riese Design beschäftigt vier Mitarbeiter in Vollzeit und erzielt jedes Jahr einen sechsstelligen Gewinn. Die Inhaberin arbeitet als Creative Director und freut sich, dass ihre Firma klein geblieben ist und ortsansässige Unternehmen betreut.

GmbH

Obwohl Grüner Riese Design auch ohne Weiteres eine AG gründen könnte, ist eine GmbH im Moment völlig ausreichend. Eine GmbH ist eine juristische Person mit Haftungsausschluss und kann auch Mitarbeiter beschäftigen.

Nationalweb ist ein großes Designunternehmen mit Büros in Berlin und München. Die meisten Kunden sind große, multinationale Unternehmen, und Nationalweb spielt mit dem Gedanken, eine amerikanische Niederlassung in New York zu eröffnen.

Aktiengesellschaft

Nationalweb macht deutschlandweit Geschäfte und möglicherweise auch international. Eine AG ist eine kluge Entscheidung für dieses Unternehmen.

Jana grübelt über die Struktur von Rote Laterne Design.

Rote Laterne ist eine 1-Euro-GmbH. Wir sind nicht groß genug für eine AG, und die Mini-GmbH war günstig in der Gründung. Außerdem möchte ich meine Zeit lieber damit verbringen, neue Aufträge an Land zu ziehen, als noch mehr Papierkram zu erledigen. Apropos Aufträge …

Rote Laterne hat einen neuen potenziellen Kunden

Jana hat gerade eine E-Mail von einem Start-up aus Berlin erhalten, Trilobite Labs, die eine neue Website brauchen. Und zwar so schnell wie möglich. Trilobite Labs entwickeln eine Reihe wirklich cooler iPhone-Applikationen und brauchen eine Website, die ihr Feingefühl für Gestaltung widerspiegelt. Die Trilobiten haben aber selbst keine Zeit (oder auch nicht das Know-how), das selbst zu machen. Sie lieben den Sinn für Ästhetik von Rote Laterne, und Jana möchte, dass Sie sich wieder selbst übertreffen.

Das sucht Trilobite Labs:

Kundenanforderungen

- [ ] Eine statische Website mit einer Startseite, einer Infoseite, einer Kontaktseite und drei verschiedenen Produktseiten.
- [ ] Standardkonformer Code. Die Trilobite-Website muss auf allen möglichen Geräten funktionieren.
- [ ] Bildschirmeffekt für das Produktportfolio. Trilobite möchte sich topaktuell präsentieren, passend zu ihrer Arbeit mit den iPhone-Anwendungen.
- [ ] Mehrere unterschiedliche Designs zum Auswählen (gern auch auf Papier) und die Möglichkeit, Feedback zum Design zu geben, das in die endgültige Website einfließt
- [ ] Moderate Usability-Tests, um Probleme auszuschließen, bevor die Website online geht.

Mit einer der iPhone-Applikationen von Trilobite können Sie die Schlangen vor den T-Mobile-Läden prüfen, damit Sie nicht so lange für das neue 3G-iPhone anstehen müssen.

Spitzen Sie Ihren Bleistift

Nachdem Sie jetzt die Anforderungen für die Website kennen, nehmen Sie sich einige Minuten Zeit und denken darüber nach, wie viel eine solche Website kostet und wie lange es dauert, sie zu erstellen. Schreiben Sie Ihre Schätzungen auf die gestrichelten Linien:

....	....
Zeit (Stunden)	**Kosten (Euro)**

Einfach *schätzen*? Da muss es doch eine bessere Möglichkeit geben. Sollten die Kosten nicht auf einem Stundensatz basieren? Und wie finden wir einen vernünftigen Stundensatz?

Sie müssen Ihren Stundensatz kennen, bevor Sie ein Angebot machen.

Ob Sie nun selbstständig sind oder für Rote Laterne Design bzw. eine riesige Firma arbeiten, Sie sollten wissen, wie hoch Ihr Stundensatz ist. Dann können Sie ermitteln, wie viel Zeit Sie für die Fertigstellung eines Projekts brauchen, und einen realistischen, fairen Preis machen.

Das Schlimmste, was Sie machen können, ist, entweder zu viel oder zu wenig zu verlangen ... im einen Fall bekommen Sie keine Arbeit und im anderen kein Geld! Hier sehen Sie eine einfache Möglichkeit, einen vernünftigen Stundensatz zu ermitteln:

Ihr gewünschter Jahresverdienst.

Stundensatz = € 60.000 / ((8 x 5 x 50) x 0,60)

Gesamtstundenzahl in einem Jahr (8 Stunden pro Tag, 5 Tage die Woche, 50 Wochen im Jahr). Das ist ziemlich konservativ gedacht, wenn Sie ein Geschäft auf den Weg bringen möchten ...

Sie können nur etwa 60% Ihrer Zeit in Rechnung stellen, also multiplizieren Sie Ihre jährlichen Stunden mit 0,60.

€ 50/Stunde

Spitzen Sie Ihren Bleistift

Nun überlegen Sie, wie viel Zeit jeder Teil des Designvorgangs in Anspruch nimmt. Schreiben Sie Ihre Schätzung in die leeren Felder.

Schreiben Sie die geschätzte Gesamtstundenzahl in diese Spalte.

Planung

Die Zeit, die Sie anfangs für Meetings mit Kunden verwenden, um deren Bedürfnisse und Erwartungen herauszufinden. ....

Konzeption

In der Konzeptionsphase machen Sie sich Gedanken über den Inhalt der Website, entwerfen die Informationsarchitektur und entwickeln Storyboards. ....

Entwürfe und Korrekturen

In dieser Phase machen Sie die Entwürfe, überarbeiten das Design und geben dem endgültigen Konzept für die Website des Kunden den letzten Feinschliff. Kalkulieren Sie unbedingt auch Zeit für das Kunden-Feedback mit ein! ....

Umsetzung

Jetzt beginnen Sie, Code zu schreiben. HTML, CSS und JavaScript können in dieser Phase alle zu Wort kommen. Lieferung der endgültigen Designs. ....

Sonstige Kosten

Diese Kosten umfassen Reisen, Verbrauchsmaterialien und Sonstiges an Zeit oder Material, das dem Kunden in Rechnung gestellt werden soll. ....

Es gibt keine Dummen Fragen

F: Oh, oh, ich habe keine Ahnung, wie lange das alles dauert!

A: Das ist in Ordnung ... schätzen Sie einfach, so gut es geht. Denken Sie an ähnliche Projekte, in denen Sie an den verschiedenen Phasen gearbeitet haben, und versuchen Sie, sich zu erinnern, wie viel Zeit Sie jeweils daran gearbeitet haben. Es ist in Ordnung, wenn Sie nur schätzen.

F: Und ich schätze nur die tatsächliche Arbeitszeit? Keine Pausen oder Ähnliches, oder?

A: Ihre Schätzung sollte die gesamte Projektzeit umfassen: also einschließlich der Pausen, Besorgungen und allem anderen, was mit diesem bestimmten Projekt zu tun hat.

F: Was ist, wenn auch noch andere Leute in meinem Team mitarbeiten?

A: Gute Frage. Wenn zwei Menschen eine Stunde lang arbeiten, macht das zwei Stunden Arbeitszeit. Sie schätzen also die »Mannstunden« insgesamt, die ein Projekt in Anspruch nimmt, nicht die Anzahl der Stunden pro Tag oder Woche.

Spitzen Sie Ihren Bleistift
Lösung

Wie viel Zeit braucht das Design einer Website wirklich?

Planung

Die Zeit, die Sie anfangs für Meetings mit Kunden verwenden, um deren Bedürfnisse und Erwartungen herauszufinden.

20 Stunden

Das umfasst ungefähr 5 Stunden in Meetings, 13 Stunden Recherche und ein paar für die Anfahrt.

Konzeption

In der Konzeptionsphase machen Sie sich Gedanken über den Inhalt der Website, entwerfen die Informationsarchitektur und entwickeln Storyboards.

30 Stunden

IA-Diagramme und Storyboards können auch gut zwei Wochen in Anspruch nehmen.

Entwürfe und Korrekturen

In dieser Phase machen Sie die Entwürfe, überarbeiten das Design und geben dem endgültigen Konzept für die Website des Kunden den letzten Feinschliff. Kalkulieren Sie unbedingt auch Zeit für das Kunden-Feedback mit ein!

40 Stunden

Die Zeit für diese Phase kann variieren, je nachdem, wie der Kunde auf Ihre Entwürfe reagiert.

Umsetzung

Jetzt beginnen Sie, Code zu schreiben. HTML, CSS und JavaScript können in dieser Phase alle zu Wort kommen. Lieferung der endgültigen Designs.

40 Stunden

Die gesamte Umsetzung: Markup, Styling und Design. Code, Code und nochmals Code.

Sonstige Kosten

Diese Kosten umfassen Reisen, Verbrauchsmaterialien und Sonstiges an Zeit oder Material, das dem Kunden in Rechnung gestellt werden soll.

10 Stunden

Zusätzliche Fahrtkosten, Honorare für Subunternehmer und andere Kosten können die Zeit in dieser Kategorie erhöhen.

Beziffern Sie ein Gesamtangebot:

Den Stundensatz haben wir einige Seiten zuvor berechnet.

Stundensatz = € 60.000 / ((8 x 5 x 50) x 0,60) = 50 €/Std.

(140 Stunden) x (50,00/Std.) = 7000,00 €

Dieser Preis entspricht den Kosten einer kleinen bis mittleren Website, die von einer einzelnen Person für 50 € pro Stunde erstellt wird.

Es gibt keine Dummen Fragen

F: Brauche ich alle Leute des Webdesign-Universums, um eine Website erfolgreich fertigzustellen?

A: Nein, nicht wirklich. Als freiberuflicher Webentwickler können Sie auch mit vielen Wassern gewaschen sein und mit Ihren Kunden den gesamten Prozess durchlaufen. Falls nötig, können Sie einen Subunternehmer einschalten, der die Arbeiten übernimmt, die Sie selbst nicht machen können (z.B. Backend-Programmierung).

F: Was ist der Unterschied zwischen einer GmbH und der 1-Euro-GmbH?

A: Auch die 1-Euro-GmbH oder Mini-GmbH ist eine Gesellschaft mit beschränkter Haftung. Für eine »normale GmbH« müssen Sie allerdings ein Stammkapital von mindestens 25.000 € hinlegen, um die Firma zu gründen. Dafür haften weder Sie noch Ihre eventuellen Partner mit Ihrem eigenen Geld, sondern nur mit diesem sogenannten »Stammkapital«. Um die Gründung einer GmbH attraktiver zu gestalten, wurde 2008 die »Unternehmergesellschaft (haftungsbeschränkt)« eingeführt. Das Stammkapital dieser GmbH muss lediglich mindestens 1 € betragen (daher »1-Euro-« oder Mini-GmbH). Im Gegenzug müssen jährlich 25% der Gewinne als Sicherheit für eventuelle Gläubiger in das Stammkapital fließen. Eine UG (haftungsbeschränkt) genießt aber ebenfalls die Haftungsbeschränkung der »großen« GmbH.

F: Sind 50 €/Stunde der Durchschnitt? Wie stark können die Stundensätze bei Designunternehmen variieren?

A: Natürlich gibt es auch Leute, die Webdesign wesentlich günstiger anbieten. Trotzdem sind 50 €/Stunde eher als untere Grenze anzusehen. Professionelle Stundensätze können irgendwo zwischen 50 und 75 €/Stunde liegen und auf bis zu 200 €/Stunde hochgehen. Der Stundensatz variiert je nach Standort, Erfahrung und Größe des Unternehmens.

F: Was ist, wenn ich die Zeit für die Fertigstellung eines Projekts unterschätze?

A: Das kommt häufig vor. Die meisten Projekte werden auf Grundlage einer Schätzung angeboten, und der endgültige Preis kann höher oder niedriger als das ursprüngliche Angebot sein. Das Wichtigste dabei ist, dass Sie mit Ihren Kunden kommunizieren und sie wissen lassen, wo Sie innerhalb des Projekts stehen und wie nah der endgültige Preis an Ihr ursprüngliches Angebot heranreicht.

Spitzen Sie Ihren Bleistift

Nachdem Sie eine klarere Vorstellung von Zeit und Kosten eines typischen Projekts haben, machen wir jetzt mit der Schätztabelle von Rote Laterne ein Angebot für das Trilobite Labs-Projekt. Haken Sie die Kundenanforderungen ab, sobald sie von der Schätzung erfasst sind.

Kundenanforderungen

- ☐ Eine statische Website mit einer Startseite, einer Infoseite, einer Kontaktseite und drei verschiedenen Produktseiten.
- ☐ Standardkonformer Code. Die Trilobite-Website muss auf allen möglichen Geräten funktionieren.
- ☐ Bildschirmeffekt für das Produktportfolio. Trilobite möchte sich topaktuell präsentieren, passend zu ihrer Arbeit mit den iPhone-Anwendungen.
- ☐ Mehrere unterschiedliche Designs zum Auswählen (gern auch auf Papier) und die Möglichkeit, Feedback zum Design zu geben, das in die endgültige Website einfließt.
- ☐ Moderate Usability-Tests, um Probleme auszuschließen, bevor die Website online geht.

Rote Laterne-Projektschätztabelle (RLPST)

Aufgabenbeschreibung:

Name des Kunden: ....

Projektbeschreibung: ....

....

....

....

Planung

	Stunden		Stundensatz		Gesamt
Kundenmeetings:	4	x	75 €/Std.	=	300,00 €
Hintergrundrecherche:		x		=	
Reisen:		x		=	

Konzeption:

	Stunden		Stundensatz		Gesamt
Interne Meetings:	....	x	....	=	....
Informationsarchitektur:	....	x	....	=	....
Wireframes:	....	x	....	=	....
Konzepte Erscheinungsbild:	....	x	....	=	....

Entwürfe und Korrekturen:

Kundenmeetings:	....	x	....	=	....
Storyboards:	....	x	....	=	....
Überarbeitung Storyboards:	....	x	....	=	....

Umsetzung:

XHTML und CSS:	....	x	....	=	....
Backend-Programmierung:	....	x	....	=	....
Grafik und Illustration:	....	x	....	=	....
Texte:	....	x	....	=	....
Validierung und Debugging:	....	x	....	=	....

Sonstige Ausgaben:

Schriften und Grafiken:	....	x	....	=	....
Software:	....	x	....	=	....
Sonstiges:	....	x	....	=	....

Gesamtsumme

....	....
Projektstunden insgesamt	Gesamtkosten

Kopieren Sie sich das!

Wir wissen, dass Sie keine klare Vorstellung von diesen ganzen Kosten haben. Hier geht es darum, dass Sie sehen, wie eine echte Angebotserstellung aussehen kann.

Sie können diese Tabelle auch einfach für Ihre eigenen Angebote kopieren. Auf der nächsten Seite sehen Sie dann Beispieleinträge, die Ihnen zeigen, was ein echter Webjob kosten kann.

Spitzen Sie Ihren Bleistift – Lösung

Nachdem Sie eine klarere Vorstellung von Zeit und Kosten eines typischen Projekts haben, machen wir jetzt mit der Schätztabelle von Rote Laterne ein Angebot für das Trilobite Labs-Projekt. Haken Sie die Kundenanforderungen ab, sobald sie von der Schätzung erfasst sind.

Kundenanforderungen

- [x] Eine statische Website mit einer Startseite, einer Infoseite, einer Kontaktseite und drei verschiedenen Produktseiten.
- [x] Standardkonformer Code. Die Trilobite-Website muss auf allen möglichen Geräten funktionieren.
- [x] Bildschirmeffekt für das Produktportfolio. Trilobite möchte sich topaktuell präsentieren, passend zu ihrer Arbeit mit den iPhone-Anwendungen.
- [x] Mehrere unterschiedliche Designs zum Auswählen (gern auch auf Papier) und die Möglichkeit, Feedback zum Design zu geben, das in die endgültige Website einfließt.
- [x] Moderate Usability-Tests, um Probleme auszuschließen, bevor die Website online geht.

Rote Laterne-Projektschätztabelle (RLPST)

Die Aufgabenbeschreibung umreißt kurz, worum es in dem Projekt geht, und dient auch als kleine Erinnerung, wenn Sie an mehreren Projekten gleichzeitig arbeiten.

Aufgabenbeschreibung:

Name des Kunden: Trilobite Labs

Projektbeschreibung: Eine Website mit weniger als 10 Seiten, die Werbung für ein Produkt macht (Software). Kunde möchte mehrere Designideen sehen, bevor er sich für eine endgültige Version entscheidet. Der gesamte Code muss valide sein.

Planung

	Stunden		Stundensatz		Gesamt
Kundenmeetings:	4	x	75 €/Std.	=	300,00 €
Hintergrundrecherche:	20	x	75 €/Std.	=	1.500,00 €
Reisen:	1	x	75 €/Std.	=	75,00 €

20 Stunden sollten für die Anfangsphase des Projekts reichen. Das ist in erster Linie Recherche, in der Sie schauen, was andere Unternehmen im Segment Ihres Kunden machen. Wird manchmal auch Wettbewerbsanalyse genannt.

Konzeption:

	Stunden		Stundensatz		Gesamt
Interne Meetings:	2	x	75 €/Std.	=	150,00 €
Informationsarchitektur:	18	x	75 €/Std.	=	1.350,00 €
Wireframes:	10	x	75 €/Std.	=	750,00 €
Konzepte Erscheinungsbild:	6	x	75 €/Std.	=	450,00 €

Die Konzeption ist wichtig und kann Ihnen im weiteren Verlauf des Projekts eine Menge Zeit und Kopfschmerzen ersparen, wenn Sie sie richtig angehen.

Entwürfe und Korrekturen:

Kundenmeetings:	2	x	75 €/Std.	=	150,00 €
Storyboards:	15	x	75 €/Std.	=	1.125,00 €
Überarbeitung Storyboards:	5	x	75 €/Std.	=	375,00 €

In den Entwürfen und bei der Umsetzung beginnt Ihr Design richtig zu glänzen. Dann sieht der Kunde zum ersten Mal, was Sie bisher gemacht haben.

Umsetzung:

XHTML und CSS:	30	x	75 €/Std.	=	2.250,00 €
Backend-Programmierung:	0	x	75 €/Std.	=	0,00 €
Grafik und Illustration:	10	x	75 €/Std.	=	750,00 €
Texte:	2	x	75 €/Std.	=	150,00 €
Validierung und Debugging:	4	x	75 €/Std.	=	300,00 €

Diese Ausgaben werden nicht stundenweise abgerechnet. Typischerweise werden sie zum Selbstkostenpreis plus ein paar Prozent Aufpreis in Rechnung gestellt.

Sonstige Ausgaben:

Schriften und Grafiken:	–	x	–	=	200,00 €
Software:	–	x	–	=	55,00 €
Sonstiges:	–	x	–	=	100,00 €

Tolle Websites kosten Zeit und Geld.

Gesamtsumme

129 Stunden	10.030,00 €
Projektstunden insgesamt	Gesamtkosten

Kontern erlaubt.

Sie können fest damit rechnen, dass es potenzielle Kunden gibt, die Ihre Schätzung sehen und sofort damit anfangen, zu argumentieren, dass der Preis zu hoch sei. Wenn Sie erfahren sind, Ihren Designfähigkeiten vertrauen und die Projektkosten gut geschätzt haben, gehört es auch zu Ihren Aufgaben, potenziellen Kunden zu erklären, warum die Kostenschätzung so aussieht, wie sie aussieht.

Es verstößt nicht »gegen die Regeln«, Ihr Angebot dem Kunden gegenüber zu begründen. Ohne einen wirklich handfesten Grund sollten Sie sich von keinem Kunden zu einem niedrigeren Preis zwingen lassen. Denn dadurch werden nicht nur Ihre Fähigkeiten als Designer abgewertet, Sie bringen sich vielleicht auch noch in eine Situation, in der Sie mehr Arbeit in ein Projekt investieren, als Sie tatsächlich bezahlt bekommen. Und damit bringen Sie sich auf dem schnellsten Weg nicht nur um den wohlverdienten ***Ruhm***, sondern auch in den ***Ruin***.

Schicken Sie Ihren Kunden ein detailliertes Angebotsschreiben

Ein Angebotsschreiben schlüsselt dem Kunden alle Kosten detailliert auf. Außerdem stellt es genau klar, wie Sie zu Ihrem Angebot kommen. Ein kurzer Überblick über die einzelnen Kosten ist manchmal alles, was ein Kunde wissen muss, um zu verstehen, wie wertvoll Sie für sein Projekt sein können.

ÜBUNG

Verfassen Sie auf Basis der folgenden Vorlage ein Angebotsschreiben für das Trilobite Labs-Projekt, das umreißt, was wir tun und wohin die Gelder wandern.

Wir müssen wissen, für wen dieses Angebot ist und wann wir es erstellt haben.

An: ....

....

Datum: ....

Leistung: ....

....

....

Eine Untergliederung der Leistungen und Kosten hilft dem Kunden zu verstehen, was wir machen.

Kosten: ....

....

....

....

Ein unverbindlicher Zeitplan, damit der Kunde weiß, wie lange das Projekt voraussichtlich dauern wird.

Zeitplan: ....

....

....

Konditionen: ....

....

....

Das sind die Zahlungs- und Vertragsbedingungen.

LÖSUNG ZUR ÜBUNG

Werfen wir einen Blick auf das fertige Angebotsschreiben für Trilobite Labs:

An: Trilobite Labs
12345 Michlsburg

Datum: 24. Mai 2009

Leistung: Eine 6- bis 8-seitige Website mit validem Code, einschließlich Informationsdesign, Grafikdesign und XHTML-Seitenvorlagen.

Kosten:

Planung und Konzeption	4.575 €.
Designentwürfe	1.650 €.
Umsetzung	3.450 €.
Ausgaben	355 €.
SUMME	10.030 €.

Zeitplan:
4 Wochen: Lieferung IA und Wireframes
8 Wochen: Designentwürfe und Überarbeitung
16 Wochen: endgültige Lieferung

Konditionen: 25% Anzahlung bei Projektbeginn, Rest bei Lieferung. Dieses Angebot gilt für 60 Tage.

Vergewissern Sie sich, dass Sie die Adresse richtig schreiben. Das ist ziemlich wichtig.

Umreißen Sie die Leistungen und Kosten, damit die Kunden genau wissen, worauf sie sich einlassen.

Mit einem Zeitplan behalten Sie Ihre Aufgaben im Auge und geben dem Kunden eine Vorstellung davon, wann er mit einem endgültigen, fertigen Produkt rechnen kann

Legen Sie die Konditionen fest, damit Sie rechtzeitig bezahlt werden, und sorgen Sie dafür, dass der Kunde den Brief unterzeichnet, damit ihr Angebot offiziell abgesegnet ist.

Der Trilobite-Podcast: (noch) eine Herausforderung

Während Sie auf eine Entscheidung von Trilobite Labs zu Ihrem Angebot warten, bekommen Sie einen Anruf vom Trilobite-Geschäftsführer. Bei einem Mittagessen vor einigen Tagen hatten die Trilobiten eine Idee, die sie noch ins Programm aufnehmen möchten: Podcasting. Trilobite möchte wirklich einen offiziellen Firmen-Podcast über die delikaten Details der Entwicklung für iPhone und iPod Touch ins Leben rufen. Und Sie sollen herausarbeiten, wie Podcasting in das bereits erstellte Angebot passt.

Trilobite möchte die Firmen-Podcasts auf den Apple iTunes Store hochladen.

Es gibt nur einen Haken: Trilobite ist besorgt, wie sie den Podcast schützen können. Sie möchten, dass die Leute den Podcast gratis herunterladen (und auch beliebig weitergeben) können. Sie möchten aber auf keinen Fall, dass eine andere Website die Podcasts nimmt und weiterverkauft. Sie sollen dieses Problem lösen, zusammen mit den anderen, webbezogenen Themen.

Lizenzieren Sie Ihre Arbeit mit Creative Commons

Das Urheberrecht ist kompliziert (erinnern Sie sich noch an die Probleme, als die Foo Bar unser Design gestohlen hatte?). Was aber machen durchschnittliche Künstler, Produzenten, Schreiber, Entwickler oder Musiker, die kommunizieren möchten, wie ihre Arbeit von anderen verwendet werden darf, aber nicht in den haiverseuchten Wassern des traditionellen Urheberrechts schwimmen möchten? Das führt uns zu Creative Commons.

Creative Commons (http://de.creativecommons.org/) ist eine gemeinnützige Organisation, die das Angebot an kreativen Arbeiten erweitern möchte, auf deren Grundlage andere legal weiterarbeiten und sie verbreiten dürfen. Creative Commons hat eine Reihe einfacher Urheberrechtslizenzen entwickelt, die die »Grundrechte« der Autoren schützen. Die Creative Commons-Lizenzen haben in der modernen Welt der Medienproduktionen eine gewaltige Schlagkraft entwickelt.

Creative Commons wurde 2002 von Experten des MIT sowie aus Harvard und Stanford gegründet.

cc creative commons

KOPF-NUSS

Urheberrechtsangelegenheiten kommen häufiger vor, als Sie denken. Fallen Ihnen mindestens drei Dinge ein, die Sie in den letzten zwölf Monaten gemacht haben und deren Urheberrecht Sie schützen möchten?

Creative Commons-Lizenzen

Ohne Creative Commons (http://de.creativecommons.org/was-ist-cc/) wäre diese Seite nicht möglich.

Namensnennung

Mit dieser Lizenz können andere Ihre Arbeit weitergeben, umgestalten, verändern und als Grundlage für einen anderen Inhalt verwenden – auch kommerziell –, solange Sie als ursprünglicher Autor angegeben werden. Dies ist die entgegenkommendste angebotene Lizenz im Hinblick darauf, was andere mit Ihrer Arbeit machen können, wenn sie unter Namensnennung lizenziert ist.

Namensnennung – Weitergabe unter gleichen Bedingungen

Mit dieser Lizenz können andere Ihre Arbeit umgestalten, verändern oder als Grundlage für einen anderen Inhalt verwenden, auch zu kommerziellen Zwecken, solange sie Sie als den ursprünglichen Autor angeben und die neuen Arbeiten unter den gleichen Bedingungen lizenzieren. Diese Lizenz wird oft mit Open Source-Softwarelizenzen verglichen. Alle neuen Arbeiten, die auf Ihrem Inhalt basieren, erhalten die gleiche Lizenz, sodass auch alle Derivate kommerziell verwendet werden können.

Namensnennung – Keine Bearbeitung

Diese Lizenz gestattet die kommerzielle und nicht kommerzielle Redistribution, solange Ihr Werk ganz und unverändert weitergegeben und Ihr Name genannt wird.

Namensnennung – Keine kommerzielle Nutzung

Mit dieser Lizenz können andere Ihre Arbeit umgestalten, verändern oder als Grundlage für einen anderen Inhalt verwenden, allerdings nicht kommerziell. Und obwohl die neuen Arbeiten auch Ihren Namen nennen und nicht kommerziell sein müssen, müssen die abgeleiteten Arbeiten nicht unter den gleichen Bedingungen lizenziert werden.

Namensnennung – Keine kommerzielle Nutzung – Weitergabe unter gleichen Bedingungen

Mit dieser Lizenz können andere Ihre Arbeit umgestalten, verändern oder als Grundlage für einen anderen Inhalt verwenden, solange sie Ihren Namen als Rechteinhaber angeben und die neuen Inhalte unter denselben Bedingungen lizenzieren. Andere können Ihre Arbeit herunterladen und weitergeben, genau wie bei der Lizenz »Namensnennung – Keine kommerzielle Nutzung – Keine Bearbeitung«, aber diese auch übersetzen, umgestalten oder neue Geschichten auf Grundlage Ihrer Arbeit produzieren. Alle neuen Inhalte auf Grundlage Ihrer Arbeit erhalten die gleiche Lizenz, sodass alle Ableitungen ebenfalls nicht kommerziell sind.

Namensnennung – Keine kommerzielle Nutzung – Keine Bearbeitung

Diese Lizenz ist die restriktivste der sechs Hauptlizenzen und gestattet nur die Verbreitung. Sie wird auch die »Gratis-Werbe-Lizenz« genannt, weil andere Ihre Arbeit zwar herunterladen und verteilen dürfen, solange sie Ihren Namen erwähnen und zu Ihnen verlinken, sie aber in keiner Weise verändern oder kommerziell nutzen dürfen.

Suchen Sie anhand der folgenden Anforderungen die Creative Commons-Lizenz aus, die am besten zu den Bedürfnissen des Trilobite-Podcasts passt.

1. Trilobite möchte, dass jeder ihre Podcasts herunterladen, kopieren, verteilen und senden kann.

2. Trilobite möchte sichergehen, dass sie immer namentlich genannt werden, wenn ein Podcast in irgendeinem Format kopiert, verteilt oder gesendet wird.

3. Trilobite möchte sicherstellen, dass der Podcast nicht verändert, bearbeitet oder sonst irgendwie »verwurstet« wird. Und wenn der Podcast weitergegeben oder gesendet wird, dann wortwörtlich. Kein Schaschlik, bitte!

4. Trilobite möchte sichergehen, dass die Podcasts nicht zu kommerziellen Zwecken weitergegeben oder gesendet werden (also keine Dritten durch Weiterverkauf der Podcasts Geld machen).

Kreisen Sie die Lizenz ein, die zu den Bedürfnissen des Trilobite-Podcasts passt.

LÖSUNG ZUR ÜBUNG

Welche Lizenz haben Sie gewählt? Erfüllt sie alle vier Kriterien?

1. Trilobite möchte, dass jeder ihre Podcasts herunterladen, kopieren, verteilen und senden kann.

2. Trilobite möchte sichergehen, dass sie immer namentlich genannt werden, wenn ein Podcast in irgendeinem Format kopiert, verteilt oder gesendet wird.

3. Trilobite möchte sicherstellen, dass der Podcast nicht verändert, bearbeitet oder sonst irgendwie »verwurstet« wird. Und wenn der Podcast weitergegeben oder gesendet wird, dann wortwörtlich. Kein Schaschlik, bitte!

4. Trilobite möchte sichergehen, dass die Podcasts nicht zu kommerziellen Zwecken weitergegeben oder gesendet werden (also keine Dritten durch Weiterverkauf der Podcasts Geld machen).

Creative Commons ist perfekt, ganz besonders bei der Onlineverteilung nach einem ausgeklügelten Plan.

Namensnennung – Keine kommerzielle Nutzung hätte beinahe funktioniert, erlaubt aber Veränderungen am ursprünglichen Inhalt. Das will Trilobite verhindern.

Die Lizenz »Namensnennung – Keine kommerzielle Nutzung – Keine Bearbeitung« ist perfekt für den Podcast.

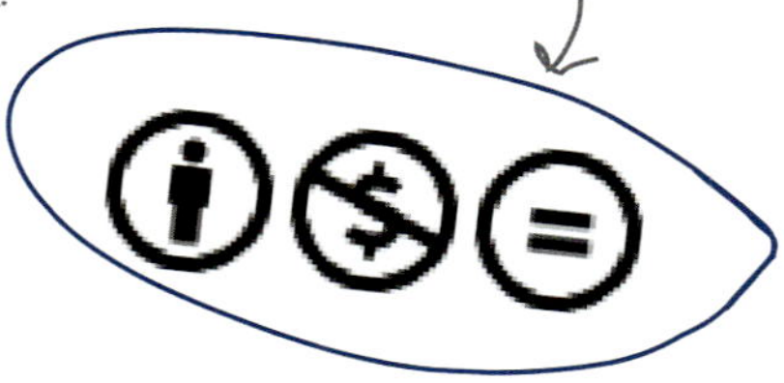

Wir haben gerade den Zuschlag für das Trilobite-Projekt bekommen, ihnen hat gefallen, was sie gesehen haben. Und nach einem Blick auf die Kostenaufstellung haben sie auch gemerkt, dass sie wirklich etwas für ihr Geld bekommen. Außerdem wissen sie sehr zu schätzen, dass Sie das mit der Lizenzierung ausgeknobelt haben. Gut gemacht!

An: Trilobite Labs
1234 Michlsburg

Datum: 24. Mai 2009

Leistung: Eine 6- bis 8-seitige Website mit validem Code, einschließlich Informationsdesign, Grafikdesign und XHTML-Seitenvorlagen.

Kosten:

Planung und Konzeption	4.575 €
Designentwürfe	1.650 €
Umsetzung	3.450 €
Ausgaben	355 €
SUMME	10.030 €

Zeitplan:
4 Wochen: Lieferung IA und Wireframes
8 Wochen: Designentwürfe und Überarbeitung
16 Wochen: endgültige Lieferung

Konditionen: 25% Anzahlung bei Projektbeginn, Rest bei Lieferung. Dieses Angebot gilt für 60 Tage.

Trilobite hat unterschrieben … es kann losgehen.

KAPITEL 11

Webdesign-Werkzeugkasten

Jetzt ist es an der Zeit, mit Ihrem Wissen hinaus in die Welt zu gehen. Hören Sie auf zu lesen. Na gut, lesen Sie noch die Punkte unten durch und hören Sie dann auf zu lesen. Oder vielleicht lesen Sie danach auch noch den Anhang ...

... auf jeden Fall sind Sie ein Webdesiger! Legen Sie das Buch weg und gestalten Sie! Machen Sie wunderschöne, barrierefreie und benutzerfreundliche Websites. Das Web kann eine Menge mehr davon gebrauchen.

Punkt für Punkt

- Jede Originalarbeit (Design, Code usw.) ist urheberrechtlich geschützt – unabhängig davon, ob Sie eine Copyright-Erklärung daruntersetzen oder nicht.
- Eine höfliche E-Mail, in der Sie darum bitten, Ihr urheberrechtlich geschütztes Material zu entfernen, ist eine wirksame Strategie, um Ihre Arbeit zu verteidigen.
- Für einen erfolgreichen Webworker ist es extrem wichtig, eine professionelle Identität zu entwickeln, diese zu präsentieren und daraus Kapital zu schlagen.
- Es ist wichtig, dass Sie die verschiedenen Rollen bei der Entwicklung einer Website verstehen und wissen, wohin Sie in dieser Struktur gehören.
- Freiberufler, GbR, GmbH, UG (haftungsbeschränkt) und AG sind Unternehmensstrukturen, die unterschiedliche Grade des Haftungsausschlusses und damit den entsprechenden Rahmen für Ihre Unternehmungen bieten.
- Machen Sie Ihre Hausaufgaben, wenn Sie ein Angebot für eine neue Arbeit erstellen. Berechnen Sie angemessene Stundensätze und bringen Sie sich nicht mit Dumping-Schätzungen um das nötige Kleingeld.
- Der Stundensatz eines Webdesigners kann irgendwo zwischen 50 €/Stunde in einem kleinen Marktbereich und bis zu 200 €/Stunde in großen Projekten für große Unternehmen liegen.
- Umreißen Sie die Bedingungen eines Projekts für Ihre Kunden in einem Angebotsschreiben, damit Sie sicher sein können, dass die Kunden auch wissen, wofür sie bezahlen und was sie bekommen.
- Auf lange Sicht spart es Ihnen eine Menge Ärger, wenn Sie dafür sorgen, dass Sie und Ihre Kunden sich im Klaren darüber sind, was Sie voneinander erwarten können.
- Mit einer Creative Commons-Lizenz können Sie kommunizieren, wie andere die Früchte Ihrer kreativen Arbeit verwenden dürfen.

Anhang: Was übrig bleibt

Die Top Ten (der unbehandeltenThemen)

Wir haben wirklich eine Menge geschafft in diesem Buch.

Allerdings gibt es noch einige wichtige Themen und Leckerbissen, die nicht in die bisherigen Kapitel gepasst haben. Wir finden sie trotzdem ziemlich wichtig und glauben, dass wir Sie schlecht beraten würden, wenn wir diese Themen nicht wenigstens anreißen würden. Daher dieses Kapitel. Nun, kein richtiges Kapitel, sondern eher ein Anhang (schon gut, es *ist* ein Anhang). Aber ein toller Anhang mit den Top Ten jener Leckerbissen, ohne die Sie uns nicht davonkommen.

Nr. 1: Interkulturelles und internationales Design

Das Web ist ein wirklich globaler Ort – und Ihre Websites müssen das auch sein. Menschen aus allen Ecken der Welt schauen auf *Ihren* Websites vorbei. Und jeder hat einen anderen kulturellen, sprachlichen und ethnischen Hintergrund – was sich auf die Wahrnehmung des Designs Ihrer Website auswirkt. Es gibt einige Dinge, die Sie im Hinterkopf behalten sollten, wenn Sie für ein internationales Publikum gestalten (oder ein Publikum aus einem anderen Kulturkreis).

Symbole haben in jeder Kultur eine andere Bedeutung

Symbole sind cool und können eine Menge Informationen auf engstem Raum vermitteln. Aber für Sie kann ein Symbol eine völlig andere Bedeutung haben als für jemanden aus einem anderen Land oder einer anderen Kultur.

Andere Sprachen, andere Länge

Wenn Sie den Inhalt einer Website in mehrere Sprachen übersetzen – das nennt man **Lokalisierung** –, werden Sie feststellen, dass einige Sätze wesentlich mehr oder weniger Platz beanspruchen als im Original:

Deutsch

»Klicken Sie hier für die neuesten Nachrichten auf dieser Website.«

Englisch

»Click here for current site news.«

Щелкните здесь для в настоящее время весточки места

Kyrillisch (Makedonisch, Russisch, Serbisch, Ukrainisch usw.)

Wenn Sie Ihre Website zunächst auf Deutsch gestalten und dann in Englisch übersetzen, werden Sie feststellen, dass die Sätze wesentlich weniger Platz beanspruchen – und Ihr sorgfältig geplantes Design durcheinanderbringen. Was tun? Sie müssen Ihre Website entweder so gestalten, dass eine größere oder geringere Anzahl Zeichen sich nicht wirklich auf das Layout auswirkt, oder die Website nach der Übersetzung neu formatieren. So oder so können Sie die unterschiedlichen Längen der verschiedenen Sprachen nicht ignorieren, wenn Ihre Website übersetzt wird.

Monat oder Jahr?

Selbst etwas so Einfaches wie die Darstellung eines Datums und einer Uhrzeit kann von Land zu Land unterschiedlich sein. Wenn auf Ihrer Website das Datum oder die Uhrzeit für das jeweilige Land oder den kulturellen Kontext falsch formatiert ist, können Ihre Benutzer verwirrt werden und sogar ein wichtiges Event oder eine Frist verpassen, Hier einige Gedanken, die Sie sich zu Datums-und Zeitformaten machen sollten:

4/5/2010

Fast überall auf der Welt wird das Format Tag-Monat-Jahr verwendet, in den Vereinigten Staaten dagegen das Format Monat-Tag-Jahr.

Ist das jetzt der 4. Mai 2010 oder der 5. April 2010?

3:25pm

In den Vereinigten Staaten wird die Uhrzeit im 12-Stunden-Format dargestellt.

In Europa ist die 24-Stunden-Uhrzeit Standard.

15:25

Möchten Sie wirklich diese Flagge verwenden?

Häufig wird die Sprachauswahl mit Flaggensymbolen dargestellt, Englisch z.B. mit dem Union Jack und Französisch mit der Trikolore. Leider *repräsentieren* Nationalitäten (und daher Flaggen) *keine bestimmten Sprachen*. Es gibt eine Menge Leute, die Französisch sprechen, aber nicht in Frankreich leben. Manche Benutzer könnten es als frustrierend oder befremdlich empfinden, dass eine Website ihre Muttersprache mit einem anderen Land gleichsetzt. Schreiben Sie die Sprache lieber in der jeweiligen Sprache aus – English, Français, Deutsch usw.

Südafrika hat elf offizielle Sprachen – für welche steht die südafrikanische Flagge?

Welche Flagge repräsentiert Englisch? In vielen Ländern der Welt ist Englisch die Amtssprache.

Für welche Sprache steht die EU-Flagge? Deutsch, Französisch, Spanisch, Portugiesisch, Englisch, Italienisch, Polnisch oder Finnisch?

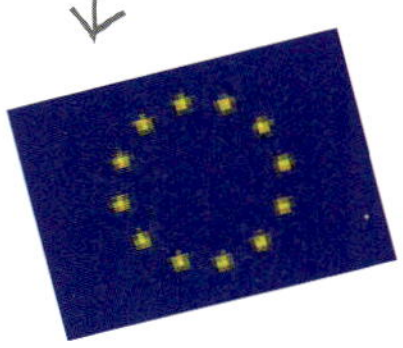

Bedeutet die kanadische Flagge Englisch oder Französisch? Beides sind Amtssprachen in Kanada.

Nr. 2: Die Zukunft des Web-Markups

Das Web entwickelt sich ständig weiter. Neue Markup- und Stilspezifikationen werden vom **World Wide Web Consortium** (W3C) vorgeschlagen, entwickelt und implementiert – die sich alle auf die Arbeit von Webdesignern auswirken. Besonders hervorzuheben seien an dieser Stelle HTML 5 und XHTML 2.

HTML 5 kontra XHTML 2

Sowohl die Spezifikation für HTML 5 als auch die für XHTML 2 werden derzeit vom W3C entwickelt. Das führt häufig zu einem Durcheinander, weil viele Leute glauben, XHTML 1.x sei der Nachfolger von HTML 4.01 (und HTML unterm Strich tot). Worin besteht nun wirklich der Unterschied zwischen XHTML 2 und HTML 5? XHTML 2 ist mehr oder weniger der Nachfolger von XHTML 1.x – und soll die Allzweck-Markup-Sprache des Webs sein: mit einem Minimum an Standardfunktionen, die leicht mit CSS und anderen Technologien erweitert werden können. Das wichtigste Ziel der XHTML 2-Arbeitsgruppe besteht darin, Struktur und Inhalt von Dokumenten noch weiter von der Darstellung zu trennen. Entsprechend hat die XHTML 2-Arbeitsgruppe Elemente wie `basefont`, `big`, `font`, `s`, `strike`, `tt`, `u`, `small`, `b`, `i` und `hr` komplett gestrichen. Außerdem hat sich die XHTML 2-Gruppe weniger um Abwärtskompatibilität bemüht und einiges vom syntaktischen Ballast früherer Inkarnationen von HTML abgeworfen. Das Ergebnis ist eine saubere und präzisere Sprache ... die allerdings nicht mit älteren HTML- (und einigen älteren XHTML-)Webseiten funktioniert.

HTML 5 verfolgt einen radikal anderen Ansatz. Statt eine Markup-Sprache für das Web zu bilden (wie sein Vorgänger HTML 4), entwickelt sich HTML 5 weg vom Dokument-Markup und hin zu einer Sprache speziell für Webanwendungen. Ein Großteil der HTML 5-Spezifikation konzentriert sich auf die Schaffung einer stabilen Clientumgebung voller Funktionen für die Entwicklung von Webapplikationen mit einer Vielzahl von APIs (und Elementen, die speziell mit diesen APIs zusammenarbeiten). Beispiele hierfür sind die 2D Drawing-API, die mit dem neuen `canvas`-Element verwendet werden kann, und eine API zum Abspielen von `video` und `audio`, die mit den neuen Video- und Audioelementen verwendet werden kann.

Eines der vielen coolen Dinge, die Sie von HTML 5 und XHTML 2 erwarten können, sind Navigationslisten. In XHTML 2 sehen Navigationslisten ungefähr so aus:

Die Navigation wird mit dem neuen nl-Element ausgezeichnet.

```
<nl>
  <label>Kategorie</label>
  <li href="/">Alle</li>
  <li href="/news">News</li>
  <li href="/videos">Videos</li>
  <li href="/bilder">Bilder</li>
</nl>
```

Navigationslisten müssen mit dem label-Element beginnen, das den Titel der Liste definiert.

li-Elemente zeichnen Links aus. Neu ist in XHTML 2 auch die Möglichkeit, mit dem href-Attribut aus einem beliebigen Element einen Hyperlink zu machen.

In HTML 5 sehen Navigationslisten ungefähr so aus:

```
<nav>
  <h1>Kategorie</h1>
  <ul>
    <li><a href="/">Alle</a></li>
    <li><a href="/news">News</a></li>
    <li><a href="/videos">Videos</a></li>
    <li><a href="/bilder">Bilder</a></li>
  </ul>
</nav>
```

In HTML 5 wird das neue nav-Element für Navigationslisten eingeführt.

Die Navigationslistenelemente werden mit dem üblichen Listen-Markup (ul & li) angelegt.

Leider ist nav, anders als in XHTML 2, kein Listenelement, das untergeordnete li-Elemente enthalten kann, um Links logisch zu strukturieren.

Der Sinn von Navigationslisten (insbesondere in XHTML 2) besteht darin, einfaches, schlankes Navigations-Markup zu erstellen, das dann mit CSS gestylt werden kann.

Wann ist es so weit?

Weder XHTML 2 noch HTML 5 wurden vom W3C offiziell freigegeben (obwohl die Spezifikationen und Empfehlungen veröffentlicht wurden). Wann werden sie also offiziell freigegeben? Das lässt sich nicht sagen. Da solche Spezifikationen offen und gemeinschaftlich entwickelt werden, gehen die Diskussionen und Beratungen der Mitglieder der einzelnen Arbeitsgruppen weiter, bis sie abgeschlossen sind und jeder die Gelegenheit hatte, sich einzubringen. Unterm Strich ist die Veröffentlichung der endgültigen Spezifikationen aber auch gar nicht das Thema. Entscheidend ist, wann (und wie schnell) die Browserhersteller die neuen Standards vollständig übernehmen.

Einen vollständigen Eindruck von der HTML 5-Spezifikation können Sie sich hier verschaffen:
http://www.w3.org/html/wg/html5/

Die XHTML 2-Spezifikation können Sie hier erforschen:
http://www.w3.org/TR/xhtml2/

Einer unserer Kunden, die Geschäftsführerin Rote Laterne.

Nr. 3: Die Zukunft von CSS

Genau wie HTML und XHTML entwickelt sich auch CSS weiter. XHTML 2 und HTML 5 sind zwar ganz cool für das Webdesign, aber CSS 3 (die nächste Version von CSS) ist das wahre Tüpfelchen auf dem i. Eines der interessantesten Dinge an CSS 3 ist, dass es als eine Reihe von Modulen erscheinen wird – statt in einer einzigen großen Version. Das bedeutet, dass CSS schneller aktualisiert werden kann und die Module auch einzeln erscheinen können. Die Module können unabhängig voneinander geändert und aktualisiert werden, wodurch Sie nicht mehr auf die nächste »große« Version von CSS warten müssen, um in den Genuss der Aktualisierung Ihres Lieblingsmoduls zu kommen.

Es wird eine ganze Menge cooler Module geben, aber eines der lässigsten ist sicher das Mehrspaltenmodul. Es bietet neue CSS-Eigenschaften, mit denen Designer die Anzahl der Spalten eines Elements festlegen können. Dadurch können Designer nicht nur wesentlich Print-ähnlichere Dokumente erstellen, die Erzeugung mehrspaltiger Layouts wird sogar komplett revolutioniert.

Das Mehrspaltenmodul umfasst die folgenden neuen CSS-Eigenschaften:

- `column-count` gibt die Anzahl der Spalten an, auf die sich der Inhalt des Elements verteilt.
- `column-width` gibt die Spaltenbreite an.
- `column-gap` legt das Padding zwischen den Spalten fest.
- `column-rule` definiert einen Rahmen zwischen den Spalten.

Einen vollständigen Überblick über alle CSS 3-Module finden Sie unter http://www.w3.org/TR/

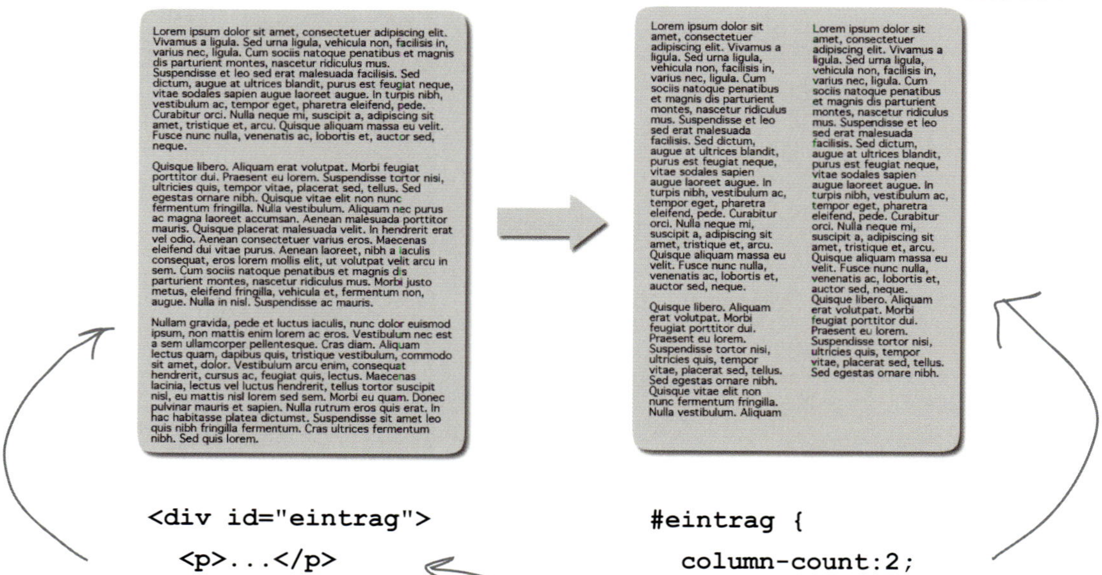

```
<div id="eintrag">
  <p>...</p>
  <p>..</p>
</div>
```

Schauen Sie nur, wie dieser HTML-Text ...

```
#eintrag {
  column-count:2;
}
```

... ganz leicht als zweispaltiges Layout gestylt werden kann.

Nr. 4: Für mobile Geräte gestalten

In den vergangenen Jahren kam der Gestaltung für mobile Geräte eine immer größere Bedeutung zu. Es gibt nicht nur neue mobile Netzinfrastrukturen, die wesentlich schnelleren Datentransfer ermöglichen, es kommen auch neue, wesentlich leistungsfähigere Geräte auf den Markt, die überall erhältlich sind und sich großer Beliebtheit erfreuen.

Geräte wie Googles Android-basierte Telefone oder die Apple iPhones verändern das Gesicht des mobilen Webs.

Bei der Gestaltung für mobile Geräte sollten Sie sich über einige Dinge Gedanken machen:

- Obwohl viele mobile Geräte mittlerweile über einen Zoom und eine Funktion zum Browsen verfügen, gestalten Sie dennoch für Geräte mit einem wesentlich kleineren Bildschirm, als Sie es gewohnt sind. Die Größen schwanken zwar, aber üblicherweise bewegt sich die Bildschirmgröße eines mobilen Geräts so um die 320 x 240. Entsprechend müssen Sie bei der Gestaltung Ihres Layouts unglaublich sparsam vorgehen ... es gibt einfach nicht viel Platz auf dem Bildschirm, mit dem Sie arbeiten können.
- Viele Anbieter berechnen ihren Kunden immer noch die an das Telefon übertragene Datenmenge. Das bedeutet, dass Sie leichtfüßige Seiten erstellen müssen. Außerdem ist die Konnektivität mobiler Geräte immer noch ein gutes Stück langsamer als die von Desktops oder Laptops. Je geringer die Größe der Seite, umso schneller wird sie heruntergeladen.
- Testen Sie Ihr Design unbedingt auf so vielen mobilen Geräten wie möglich (oder auf dem Zielgerät – das Sie mithilfe einer Zielgruppenrecherche ermitteln).

Erstellen Sie ein spezielles Stylesheet für mobile Geräte mit dem CSS-Medientyp »handheld«. Auf diese Weise können Sie Ihre Seite den Beschränkungen des Geräts entsprechend formatieren.

Nr. 5: Webapplikationen entwickeln

Das Web ist an dem Punkt angekommen, an dem Sie nicht nur Webseiten, sondern auch ganze **Webapplikationen** erstellen können – Websites, die sich (auf die eine oder andere Weise) wie Desktop-Applikationen verhalten. Diese Webapplikationen zeigen nicht nur Informationen an, sie ***machen*** auch etwas.

Zum Erstellen einer Webapplikation müssen Sie mit einer serverseitigen Skript- oder Programmiersprache arbeiten. Im Angebot stehen PHP, Ruby on Rails, Perl und ASP.NET. Jede Sprache hat ihre eigenen Stärken und Schwächen, und mit ein bisschen Recherche finden Sie diejenige, die Ihren Bedürfnissen entspricht. Die gewünschte Sprache hängt auch vom Server ab, auf dem Sie Ihre Webapplikationen laufen lassen. Bedenken Sie, dass bestimmte Server einige Websprachen unterstützen, andere dagegen nicht.

Bedenken Sie auch, dass Sie beim Programmieren von Webapplikationen entsprechende Designprinzipien anwenden müssen. Hier sehen Sie einige Bücher für den Einstieg in Webapplikationen:

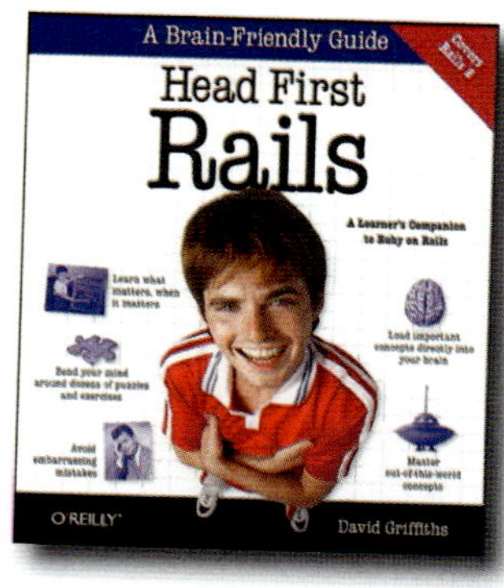

Nr. 6: Rhythmus im Layout

Rhythmus – die *Wiederholung von Designelementen* – ist ein Begriff, der oft im Print-Design verwendet wird. Aber denken Sie nicht, Rhythmus würde *nur* für das Print-Design ausschlaggebend sein ... im Web ist er genauso wichtig. Mit Wiederholungen erreichen Sie Konsistenz, die zur visuellen Logik des Layouts beiträgt. Wiederholen Sie ein verwendetes Element oder das Erscheinungsbild, und Ihre Website wirkt auf Ihre Benutzer intuitiver, benutzerfreundlicher und logischer.

Werfen wir einen Blick darauf, wie Wiederholungen eingesetzt werden können:

Dieses Design arbeitet mit Silhouetten, selbst die kleineren Überschriften haben diese Optik. Dadurch entsteht ein Fluss: der »Rhythmus« des Designs.

Das Hintergrundmuster der Kopfzeile wird in einem regelmäßigen Abstand wiederholt.

Jeder Teil des Inhalts steht in derselben Art von Struktur, die sich über die gesamte Länge der Seite wiederholt.

Die Elemente der Seitenleiste haben andere Farben, aber die gleiche Form. Noch mehr Rhythmus.

Nr. 7: Textkontrast

Damals in Kapitel 7 haben wir viel darüber gesprochen, wie Texte leichter zu überfliegen sind. Aber *scannbar* bedeutet nicht notwendigerweise *lesbar*. Lesbarer Text ist Text, der aufgrund der Farben und des Kontrasts leicht zu lesen ist, nicht weil er leicht (oder schwer) zu verstehen ist.

Es gibt eine Reihe von Dingen, mit denen Sie Text besser lesbar machen können. Am wichtigsten ist ein starker Kontrast zwischen Textfarbe und Hintergrundfarbe. Ist der Kontrast zwischen Text- und Hintergrundfarbe schwach, ist der Text für Ihre Benutzer schwer zu lesen.

Allerdings wurde das Potenzial des Webs für Applikationen im großen Stil nicht ausgeschöpft, bis Google Gmail vorstellte und kurz darauf Google Maps: webbasierte Anwendungen mit reichhaltigen Benutzeroberflächen und genauso viel Interaktivität wie auf einem PC. Die Sammlung von Technologien, die Google verwendete, wurde in einem wegweisenden Essay von Jesse James Garrett der Webdesign-Firma Adaptive Path auf den Namen AJAX getauft.

Weißer Text auf schwarzem Hintergrund (sogenannter Negativtext) ist sehr gut lesbar wegen des hohen Kontrasts zwischen Text- und Hintergrundfarbe.

Schwarzer Text auf weißem Hintergrund (sogenannter Positivtext) ist ebenfalls sehr gut lesbar wegen des hohen Kontrasts zwischen Text- und Hintergrundfarbe.

Das Platzen der Seifenblase des Internet-Hypes im Herbst 2001 markierte einen Wendepunkt für das Web. Viele Leute haben daraus geschlossen, dass der Hype um das Internet übertrieben war. Dabei sind solche Blasen und Gesundschrumpfungen ein häufiges Phänomen aller technologischen Revolutionen. Gesundschrumpfungen kennzeichnen üblicherweise den Punkt, an dem eine aufstrebende Technologie bereit für die Hauptrolle ist.

Das erste dieser Prinzipien lautete »Das Web als Plattform«. Doch auch das war nur die Wahlkampfparole eines Web 1.0-Lieblings: Netscape, der nach einem hitzigen Kampf mit Microsoft in Flammen zu Boden ging. Zwei andere ursprüngliche Web 1.0-Figuren, DoubleClick und Akamai, waren ebenfalls Pioniere, die das Web als Plattform nutzten. Die Leute sehen das zwar meistens nicht als »Webservice« an, aber Werbung war der erste weit verbreitete Webservice - der erste eingesetzte »Mashup« (noch so ein beliebtes Modewort).

Ein schwacher Kontrast zwischen Text und Hintergrund führt dazu, dass der Text sehr schwer zu lesen ist.

Nr. 8: Linknamen und passende Seitentitel

Wie wir in Kapitel 6 gesehen haben, ist eine vernünftige »Beschilderung« eines der wesentlichen Prinzipien benutzerfreundlichen und intuitiven Navigationsdesigns. Es gibt viele weitere Möglichkeiten, Benutzern eine klare Vorstellung davon zu geben, wo sie sich befinden, wohin sie navigieren können und dass sie am richtigen Ort angekommen sind. Ein einfacher Trick besteht darin, darauf zu achten, dass der Name eines Links mit dem Titel der Zielseite übereinstimmt. Auf diese Weise wissen die Benutzer sofort, dass sie auch auf der gewünschten Seite gelandet sind.

Nr. 9: Kontrast ist ein fundamentales Layoutwerkzeug

Kontrast ist nicht nur für Text- und Hintergrundfarbe wichtig. **Kontrast** im weiteren Sinne bezieht sich auch auf das Nebeneinander unterschiedlicher Grafikelemente. Klingt extravagant, ist aber nicht gar so schwer.

Kontrast wird häufig verwendet, um Elemente in einem Layout zu betonen. Es ist ganz einfach: Je größer der Unterschied zwischen einem Designelement und seiner Umgebung, umso mehr wird dieses bestimmte Element herausstechen. Bei Layouts sorgen üblicherweise zwei Dinge für Kontrast: Farben und Container. Wenn Sie Elemente auf einer Seite in einen Container stellen (Callout, Spalte, Fenster usw.), heben sie sich von den umliegenden Elementen ab. Und wenn Sie für ein Element und dessen Umgebung kontrastreiche Farben wählen, sticht dieses Element ebenfalls heraus.

Durch Kontrast können Sie einzelne Teile eines Layouts klar hervorheben und die Augen des Benutzers auf besonders wichtige Elemente des Layouts lenken.

Die Identität dieser Website wird sowohl durch einen Container als auch farblich hervorgehoben.

Sowohl die Farben als auch der Container lenken die Augen des Benutzers auf die Einführung dieser Website

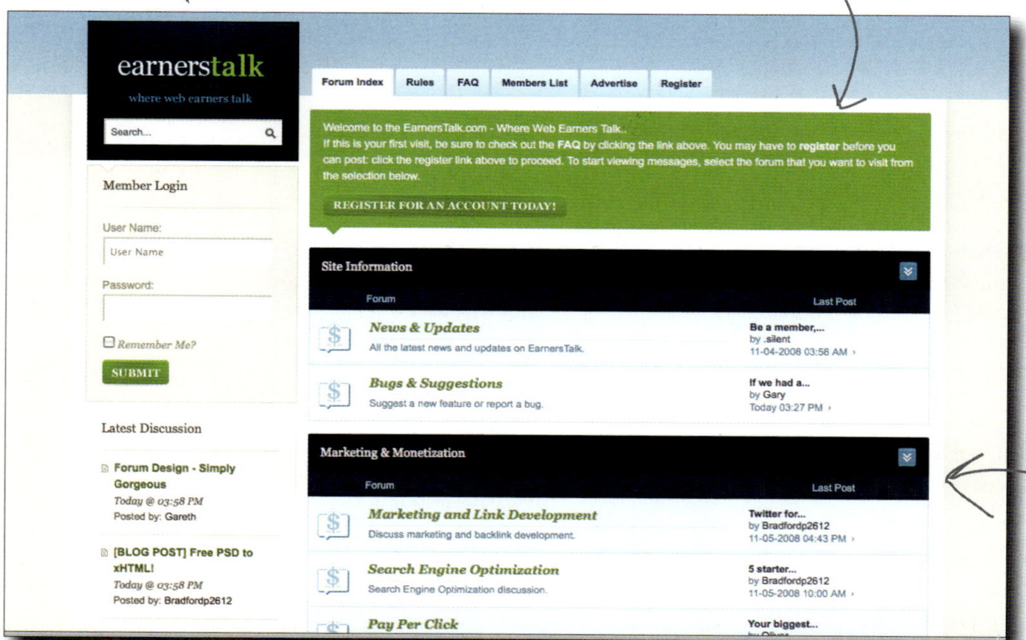

Der Kontrast zwischen der Hintergrundfarbe der Website und der Hintergrundfarbe des Hauptinhalts lenkt die Augen des Benutzers auf die entscheidenden Elemente der Website.

Kontrastreiche Farben fokussieren die Augen des Benutzers auf die wesentlichen Überschriften.

Nr. 10: Weitere Designtools

Es gibt massenweise tolle Online- und Offlinetools, die Ihnen dabei helfen, Ihr Design zu visualisieren, zu erstellen und umzusetzen. Damit sind keine visuellen Markup-Editoren wie Dreamweaver gemeint. Wir meinen Tools, die Ihnen beim Gestaltungsprozess helfen. Kuler haben wir bereits vorgestellt (eine tolle kleine Onlineanwendung zum Erstellen von Farbschemata), aber es gibt noch so viele weitere. Hier ein paar von den guten:

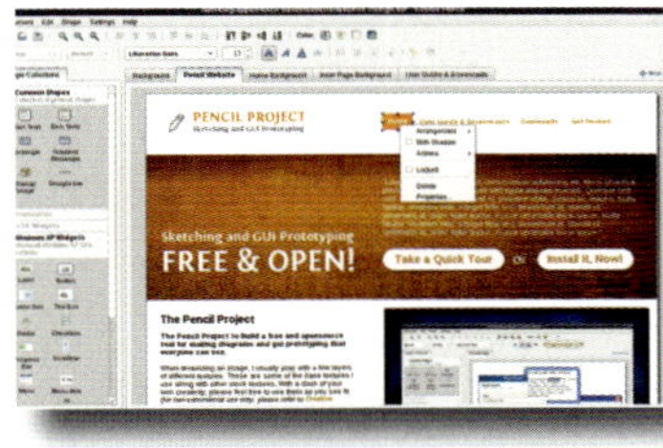

Pencil ist eine unglaublich leistungsfähige kleine Open Source-Anwendung, die speziell zum Erstellen von Storyboards, Prototypen für Benutzeroberflächen und Designdiagrammen entwickelt wurde. Es gibt zwei Varianten: ein Firefox-Add-on und eine Desktop-Anwendung (nur für Windows und Linux – leider bisher keine Mac-Version). Pencil ist im Prinzip ein Bildbearbeitungsprogramm mit speziellen Funktionen (z.B. integrierten GUI-Schablonen) für das Design von Benutzeroberflächen und Prototypen. Und das Beste: Pencil ist kostenlos! **`http://www.evolus.vn/Pencil`**

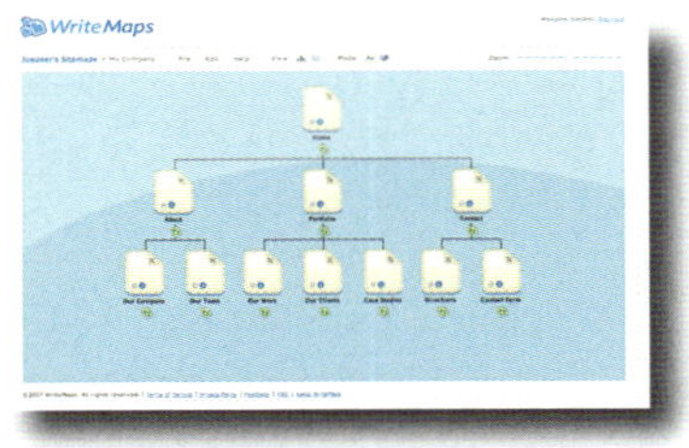

WriteMaps ist eine Webapplikation zum Erstellen solider Informationsarchitekturdiagramme. Außerdem können Sie damit Ihre IA-Diagramme weitergeben und zusammen mit anderen daran arbeiten. Genau wie Pencil ist auch WriteMaps absolut kostenlos. **`http://writemaps.com`**

Web Developer ist ein Firefox-Add-on, das Ihnen eine ganze Schar von Webentwicklungs-und Testtools bietet. Sie können damit das CSS der aktuell angezeigten Webseite direkt bearbeiten, alle Stylesheets einer Website nach Medientypen anzeigen lassen, alle Blockelemente einer Seite hervorheben, die Größe des Browserfensters automatisch anpassen und das Markup der aktuell angezeigten Webseite direkt ändern. **`http://chrispederick.com/work/web-developer/`**

CSSTidy ist eine Open Source-Desktop-Applikation (für Windows, Linux und Mac), die CSS einliest und optimiert. Dadurch kann die Größe Ihres CSS ohne Weiteres um 25% verringert werden – was besonders gut ist, falls Sie ein Optimierungsfreak sind oder für eine Plattform entwickeln, auf der es auf kleine Dateigrößen ankommt (z.B. mobile Geräte). **`http://csstidy.sourceforge.net`**

Firebug ist eine kostenlose Open Source-Erweiterung für Firefox, die ähnlich wie Web Developer vielfältige Tools für Webdesign, Entwicklung und Tests bietet. Sie können damit Markup und CSS untersuchen und bearbeiten, die verschiedenen CSS-Container einer Seite anzeigen (Box-Modell), die Reaktionszeit einer Seite (die zum Herunterladen benötigte Zeit) nach Dateitypen sortiert anzeigen, JavaScript direkt debuggen und ausführen, die JavaScript-Performance prüfen (und vieles mehr). **`http://getfirebug.com/`**

Index

Symbole

A

B

C

F

J

K

L

M

R

T

U

V

W

X

Y

Z